图书在版编目(CIP)数据

最美古文：古文观止里的奇趣世界. 4 /（清）吴楚材,（清）吴调侯编著；婉如改编. -- 长春：吉林出版集团股份有限公司, 2021.1

ISBN 978-7-5581-9365-1

Ⅰ. ①最… Ⅱ. ①吴… ②吴… ③婉… Ⅲ. ①古典散文 – 散文集 – 中国 ②《古文观止》– 注释 Ⅳ. ①H194.1

中国版本图书馆CIP数据核字（2020）第226798号

前言

《古文观止》，可是一本"口气"很大的书。

"观止"是什么意思？要从他的来源《左传》去找：吴国公子季札看过鲁国的《韶箾》演奏之后，赞叹地说出："观止矣！若有他乐，吾不敢请已。"（不用再看了！如果还有别的音乐，我也不敢请您演奏了。）意思就是欣赏《韶箾》已是顶级的音乐享受，其他乐曲没必要再听了。所以《古文观止》的书名含义，就是本书汇集了古文中顶级水准的文章，看过之后别的古文就不用研读了。

《古文观止》的编者吴楚材、吴调侯叔侄二人敢这样"夸下海口"，是因为这本书真的是从中国两千多年瀚如烟海的文学名篇中精中选精，如万仞寻玉、沧海拾珠一般，筛选出的222篇脍炙人口的顶级佳作。难怪这本"教材"一经问世，便成为后世最流行、最通俗、最广为人知、最有影响的古文选本，经久而不衰。书中所选以散文为主，兼收韵文、骈文，所涉内容或记人、记事、记景，或描述、议论、寓言，如同一部集大成的中国古代文学全景纪录片。为便于今人体会古文的文采精华，我们一改其他版本《古文观

止》按照年代顺序排列的惯例，精选113篇文章，按"叙事""人物""书信与评论""游记写景"的主题分编成了四卷，相信这样会更便于大家分门别类地欣赏、领悟古文的语言魅力，领会文字背后的隐喻与智慧。

本卷《青山隐隐水迢迢》，选取了25篇以写景为主的文章，通过这些言在物外，喻在景中的文字让读者如同身临其境般在祖国的名山大川间穿行。比如在中国最早的"科幻"色彩短篇《桃花源记》里，我们能看到陶渊明编织的一个浪漫的梦，那句"山有小口，仿佛若有光"透着一种治愈人心的温暖。在深度"驴友"苏东坡"二刷"赤壁的《后赤壁赋》中，我们会迷惑是居士梦到了仙鹤，还是仙鹤走入了居士的梦中，那句"我有斗酒，以待子不时之需"仿佛就是热梗"我有故事，你有好酒吗"的文言文演绎。在佛系人生的"鸡汤文"《黄冈竹楼记》中，我们会揣测恬静淡泊、豁达真我的生活态度才是人生的锦鲤，那句"夏宜急雨，有瀑布声；冬宜密雪，有碎玉声……宜鼓琴、宜咏诗、宜围棋、宜投壶……"，似乎告诉我们心若潇洒，谁都可以活成不需要推手的李子柒小姐姐……其实古人的写景游记，从来不单为美景而动笔，用力全在言外之意。或是揭示天地宏论、宇宙奥义的感叹，或是抒发人生真谛、高洁志趣的自我告白，其中凝练着中国传统文化和宗教中最核心的"三观"，折射出不同时代读书人在用行舍藏间的悲喜。古人留给后人的这些篇章，就是给予美丽的山河最好的回赠。

这是一本通俗易读但又不容易读完的书，如果每篇选文细细品味，真会有"韦编三绝"而意犹未尽的感觉。初学者可以直接从译文看故事，欣赏句读文采，撷取名言警句，简直是"金句"的宝库；进阶者学习行文架构，研究字句取舍，从中掌握章句技巧，参研文字精妙，一定对淬炼文笔大有帮助；更用心者则是感悟这文字之中、纸张之背透出的千古"文心"——这里有传统价值的精粹，有古往圣贤的心血，是"为往圣继绝学"的真义所在。总之，你一定会在这里找到对她爱不释手的理由。

我们更建议您能选取喜爱的篇目，试着背诵于心，正如巴金老人曾说过的："我仍然感谢我那两位强迫我硬背《古文观止》的私塾老师。像《桃花源记》《赤壁赋》等文章，读多了常常能够顺口背出来，然后体会到它们的真谛，从而从中慢慢摸索到文章的调子。这两百多篇'古文'可以说是我真正的启蒙老师。"

不及前贤于万一的我们，编辑此书奉献与您。信文字永恒，愿古墨新香。

王羲之 此地有崇山峻岭，茂林修竹，又有清流激湍，映带左右……

苏辙 连山绝壑，长林古木，振之以清风，照之以明月……

欧阳修 草木无情，有时飘零。人为动物，惟物之灵。

李觏 《诗》《书》之道废，人惟见利而不闻义焉耳。

欧阳修 掇幽芳而荫乔木，风霜冰雪，刻露清秀，四时之景无不可爱。

苏轼 事不目见耳闻，而臆断其有无，可乎？

欧阳修 醉翁之意不在酒，在乎山水之间也。

宋濂 登览之顷，万象森列，千载之秘，一旦轩露。

杜牧 秦人不暇自哀，而后人哀之，后人哀之而不鉴之，亦使后人而复哀后人也。

苏轼 彼游于物之内，而不游于物之外。

陶渊明 富贵非吾愿，帝乡不可期。

范仲淹 不以物喜，不以己悲。居庙堂之高，则忧其民；处江湖之远，则忧其君。

王禹偁 夏宜急雨，有瀑布声；冬宜密雪，有碎玉声。

李格非 洛阳之盛衰,天下治乱之候也。

苏轼 惟江上之清风,与山间之明月,耳得之而为声,目遇之而成色。

陶渊明 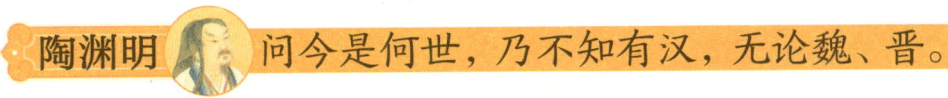 问今是何世,乃不知有汉,无论魏、晋。

孔稚珪 使其高霞孤映,明月独举,青松落荫,白云谁侣?

苏轼 匹夫而为百世师,一言而为天下法。

王安石 而世之奇伟瑰怪,非常之观,常在于险远,而人之所罕至焉,故非有志者不能至也。

柳宗元 噫!吾疑造物者之有无久矣。

归有光 可以见士之欲垂名于千载,不与澌然而俱尽者,则有在矣。

苏轼  太空冥冥,不可得而名。

柳宗元 溪虽莫利于世,而善鉴万类……

王勃 落霞与孤鹜齐飞,秋水共长天一色。

目录

一千五百年前的诗词大会开讲词
　　——兰亭集序 …………………………… 10

不是逃离，是寻觅
　　——归去来辞 …………………………… 14

最早的硬核科幻小说
　　——桃花源记 …………………………… 19

虚伪的隐士，神灵也会鄙视
　　——北山移文 …………………………… 23

旁征博引下的千古美文
　　——滕王阁序 …………………………… 30

历史是一面镜子
　　——阿房宫赋 …………………………… 37

自嘲，以溪水之名
　　——愚溪诗序 …………………………… 42

埋没于荒凉中的美好
　　——小石城山记 ………………………… 47

随遇而安，才有佛系人生
　　——黄冈竹楼记 ………………………… 50

洛阳是国家的晴雨表
　　——书《洛阳名园记》后 ……………… 54

君子的忧与乐
　　——岳阳楼记 …………………………… 58

一所学校的诞生
　　——袁州州学记 ………………………… 62

和平，是最可爱的风景
　　——丰乐亭记 ………………………………………… 66

乐山，乐水，其乐无穷
　　——醉翁亭记 ………………………………………… 71

听！秋天的声音
　　——秋声赋 …………………………………………… 75

一场与民同乐的雨
　　——喜雨亭记 ………………………………………… 80

超然是一种快乐
　　——超然台记 ………………………………………… 84

别用臆想做判断
　　——石钟山记 ………………………………………… 89

文豪间的两世书
　　——潮州韩文公庙碑 …………………………………… 94

清风明月总是情
　　——前赤壁赋 ………………………………………… 101

水月禅境，梦中孤鹤
　　——后赤壁赋 ………………………………………… 106

快乐是人生的锦鲤
　　——黄州快哉亭记 …………………………………… 110

有志、足力和"火把"
　　——游褒禅山记 ……………………………………… 115

有记无楼，想象成文
　　——阅江楼记 ………………………………………… 119

沧海桑田，唯文章永存
　　——沧浪亭记 ………………………………………… 124

一千五百年前的诗词大会开讲词

兰亭集序

东晋·王羲之

永和九年①，岁在癸丑。暮春之初，会于会稽山阴之兰亭②，修禊事也③。群贤毕至④，少长咸集⑤。此地有崇山峻岭，茂林修竹，又有清流激湍，映带左右，引以为流觞曲水⑥，列坐其次⑦，虽无丝竹管弦之盛，一觞一咏，亦足以畅叙幽情。是日也，天朗气清，惠风和畅。仰观宇宙之大，俯察品类之盛，所以游目骋怀，足以极视听之娱，信可乐也。

夫人之相与，俯仰一世，或取诸怀抱，晤言一室之内；或因寄所托，放浪形骸之外。虽取舍万殊，静躁不同，当其欣于所遇，暂得于己，快然自足，曾不知老之将至⑧。及其所之既倦，情随事迁，感慨系之矣！向之所欣，俯仰之间，已为陈迹，犹不能不以之兴怀，况修短随化，终期于尽！古人云："死生亦大矣。"岂不痛哉！

每览昔人兴感之由，若合一契⑨，未尝不临文嗟悼，不能喻之于怀。固知一死生为虚诞⑩，齐彭殇为妄作，后之视今，亦犹今之视昔，悲夫！

故列叙时人，录其所述。虽世殊事异，所以兴怀，其致一也。后之览者，亦将有感于斯文。

经典注释

①永和：东晋穆帝（345～356）年号。②会稽（kuài jī）：当时的郡名。在今浙江北部和江苏东南部一带。山阴：当时的县名。治所在今浙江绍兴。③修禊（xì）：一种祭礼，起源于周代。最早是在每年阴历三月上旬的巳日，到水边用香薰草药沐浴，以祓除不祥。曹魏以后固定在三月三日，内容也变成了水边宴饮、郊外游春一类的活动。④群贤：指谢安、孙绰等三十二位与会名流。⑤少长：年轻的人和年长的人。如王羲之的儿子王凝之、王徽之是少；谢安、王羲之等是长。⑥流觞（shāng）：修禊时的一种活动，把盛酒的杯子放在水上，让它随着流水漂浮，流到谁面前谁就拿起酒杯喝酒。⑦次：旁边，水边。⑧曾（zēng）：乃，竟。⑨契：符契，古代的契分左右两半，各执其一，相合为信。⑩一死生：庄子认为生死同时存在于一体，生死没有区别。一：看作一样。

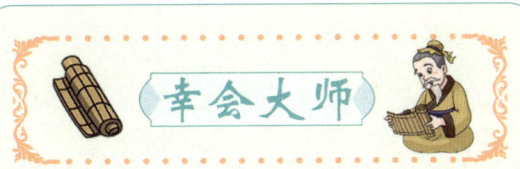

幸会大师

王羲之（303～361），字逸少，因为曾以右军将军的职衔领会稽内史，所以世人也称他为"王右军"，东晋著名的书法家、文学家。我们了解的王羲之，大多是他以"书圣"的身份，在书法领域自成一家，开创了独特风格的"王氏书法"。其实，王羲之还是位优秀的文学家，他的文章和诗赋都写得很好。除了收入《古文观止》的名篇《兰亭集序》，王羲之的《与会稽王书笺》《报殷浩书》《遗谢安书》等文章都是结构严谨、文字流畅、情真意切的佳作。

译文也很美

晋穆帝永和九年，是癸丑年。暮春三月初，我们在会稽郡山阴县的兰亭聚会，举行祓禊活动。许多贤德之士都来参加，年长的、年轻的，都会集在一起。这里有崇山峻岭、茂密的树林和挺拔的翠竹，又有清水急流，掩映环绕在亭子左右，把溪水引来作为流觞的曲折水道，大家依次坐在水边，虽然没有管弦齐奏的盛况，但一边饮酒，一边赋诗，也足以畅叙内心深处的情怀。这一天，天空晴朗，空气清新，微风和煦。抬头看浩瀚的宇宙，低头观察繁盛的万物，借此放眼纵览，舒展胸怀，足以尽享耳目的欢娱，实在是快乐啊！

人与人相处，俯仰之间度过一生。有的人和朋友在室内面对面畅谈，倾吐自己的胸怀抱负；有的人则把自己的志趣寄托在所爱好的事物上，旷达开朗，不受约束，放纵无羁地生活。虽然人们对生活的取舍不同，性格的恬静或浮躁也不相同，但是当他们因为所遇到的事物而喜悦，暂时得意，感到心满意足，这时竟然连衰老将要到来的事都忘记了。等到他们对所追求的事物已感厌倦，心情也随着事物的变化而改变，感慨也就会随之而来。以前所享受的快乐，顷刻之间已成为过去的事情，对这些尚且不能不发出感慨，又何况人的寿命长短，随着自然界而变化，终有穷尽的一天！古人说："死和生，也是大事情啊。"怎能不令人悲痛呢！

每次看到前人发出感慨的缘由，与我所感叹的像一张符契那样相合，没有一次不面对着前人的文章而嗟叹悲伤，心里却又不知道为什么会这样。我本来就知道把死亡和生存混为一谈是虚妄的，把长寿和短命等量齐观也是荒谬的，后代的人看待我们今天的人，也像我们今天的人看待古代人一样，这真是可悲啊！因此，我把此时与会人的名字，一一记下，抄录了他们所写的诗篇。尽管时代不同，事情也不一样，但都能引起人们的感慨，是因为人们的情趣是一样的。后代的读者，也将由这些诗文引起同样的感慨。

东晋穆帝永和九年（353）春季，王羲之与一批名士，在会稽山阴（今浙江省绍兴市）兰亭聚会，饮酒吟诗，选辑成集，本文即为王羲之为诗集所作序言。全文由事即景，由景寄情，由情入理，吟咏感怀，文辞优美，是一篇清新朴实的序言作品。此外本序以王羲之遒媚疏宕的行书所写，更是中国书法艺术的千古瑰宝。

全文共分三段。第一段先写明事由，众人在晚春时节，因为"修禊事"（古代在农历三月举行的以临水、洗濯、祭祀为主的祈福仪式），在兰亭山阴聚会，时间、地点、人物一应俱全。而后以明暗相衬的笔法描述当时美景，又虚写"虽无丝竹管弦"却依然能以吟咏相和，畅叙对山水人生的感情。其后则以景抒情，描叙周围景色，烘托"和畅"氛围，再从宇宙的宏大畅想到自身俯察的观照，自大及小，由宏至微，整体地展现出一种情景交融的状态。

第二段则笔锋一转，从上文喜乐的氛围转入对人生乐悲的慨叹。全段层递排比，由乐而悲，依次展开，先备述种种乐趣，固然"放浪""快然"，却不免乐极生悲。此番悲叹所生发，核心则是"修短随化"，本质上是对时间易逝、生命短暂这一种时空层面的悲叹。本段行文典雅闲适，而文意波澜起伏，可以说是一种人生不过如此的情怀写照。

第三段由岁月叹惋再作超越，虽然时光无情，人生易逝，但今古同悲，情感的共鸣却能超越时间，由此番情感凝聚的文学作品，当有无穷的生命。作者便以此生发，驳斥"一死生""齐彭殇"这种把生命和死亡直接等同，随波逐流的虚无主义，更从容托出作序缘由，是让后来者阅读到这篇文章的时候，对它有所感慨，是以文学艺术的创造，在岁月长河之间，留与后人感念，是为一层更为积极的文章意趣。

本文疏淡娴雅的行文风格更是一大特色：写水则"清流激湍"，写山则

"崇山峻岭"，全用相同部首，可见细微用心；文章字句展开，多用对偶，如"群贤毕至，少长咸集""仰观宇宙之大，俯察品类之盛"，显得工整有序；描叙日常事务则多用典借代，如以"丝竹"写音乐，以"俯仰"写日常生活，以"彭殇"写生死，虽为一篇散文，却仍见魏晋文章骈俪典雅的气质。

古文的智慧

人的生命是短暂的，人生的快乐也是有限的，也许等到欲望得到满足，我们又会觉得昨日的快乐已经索然无味。既然生死是一种人力不能左右的规律，那我们能做的就是珍惜时间，热爱生活，多做对社会有意义的事情，让自己的人生圆满、幸福。

不是逃离，是寻觅

归去来辞

东晋·陶渊明

归去来兮！田园将芜，胡不归！既自以心为形役，奚惆怅而独悲！悟已往之不谏，知来者之可追，实迷途其未远，觉今是而昨非。舟摇摇以轻扬①，风飘飘而吹衣。问征夫以前路，恨晨光之熹微。

乃瞻衡宇②，载欣载奔。僮仆欢迎，稚子候门。三径就荒③，松菊犹存。携幼入室，有酒盈樽。引壶觞以自酌，眄庭柯以怡颜。倚南窗以寄傲，审容膝之易安。园日涉以成趣，门虽设而常关。策扶老以流憩，时矫首而遐观。云无心以出岫④，鸟倦飞而知还。景翳翳以将入，抚孤松而盘桓。

归去来兮，请息交以绝游。世与我而相遗，复驾言兮焉求？悦亲戚之情话，乐琴书以消忧。农人告余以春及，将有事于西畴⑤。或命巾车，或棹孤舟⑥。既窈窕以寻壑⑦，亦崎岖而经丘。木欣欣以向荣，泉涓涓而始流。羡万物之得时，感吾生之行休。

已矣乎！寓形宇内复几时，曷不委心任去留？胡为遑遑欲何之？富贵非吾愿，帝乡不可期⑧。怀良辰以孤往，或植杖而耘耔⑨。登东皋以舒啸⑩，临清流而赋诗。聊乘化以归尽，乐夫天命复奚疑！

青山隐隐水迢迢

经典注释

①扬：飘扬，形容船行驶轻快的样子。②衡宇：横木为门的房屋，形容居处简陋。③三径：这里借用汉朝蒋诩的典故。据说蒋诩归隐后，在院中竹下开出三条小路，只和隐士求仲、羊仲二人往来。后人以"三径"代指隐士居所，作者以"三径"比喻自己的院落。④岫（xiù）：泛指山峰。⑤畴（chóu）：田地。⑥棹（zhào）：原意为船桨，这里用作动词，指划船。⑦窈窕（yǎo tiǎo）：山水幽深曲折的样子。⑧帝乡：天帝所居，也就是所谓仙境。⑨植杖：把拐杖竖在一边。耔（zǐ）：培土。⑩皋（gāo）：水边的高地。

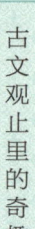

译文也很美

回去吧！田园快要荒芜了，为什么还不回去呢？既然让自己的心志受形体驱使，为什么还要惆怅而独自悲伤呢？我明白过去的错误已经不可挽回，却知道未来的事情还来得及弥补。虽然走入迷途但还不算太远，现在已经明白如今归隐田园是正确的而过去出仕却非常错误。船在水中轻快地漂荡，微风徐徐吹拂着衣服。向行人打听前面的路程，只恨早晨天色朦胧，难以看得真切。

刚刚望见自己的家门，便高兴地向前飞奔。家里的仆人出来迎接，孩子们等候在门庭。庭园的小路已经荒芜，青松秋菊却仍然茂盛。拉着孩子们跨进房门，屋里摆着盛满酒的酒樽。我端起酒杯自斟自饮，观赏那庭院的树木，多么惬意开心。倚靠着南窗寄托傲世的情怀，深深感到简陋的小屋也可以使人心绪安宁。每天在庭园散步很有乐趣，尽管大门时常关闭。我拄着拐杖各处走动，随意休息，有时举目眺望那远处的烟云。云彩无意飘出山巅，鸟儿飞倦了，也知道回巢。日光渐渐地暗下来，太阳快要落山，我用手抚摸着孤松而流连忘返。

回去吧！我要与世俗断绝交游。世俗既然与我的情志相违背，我还出去追求什么呢？倾听着亲人们的知心话语，使我感到愉快，弹琴读书可以消解忧愁。农夫们告诉我春天到来，我便要去西边的田间耕种。我时而乘着篷车，时而划着小船，既探求幽深的山谷，又经过高低不平的山丘。树木生气勃勃地成长，细细的泉水开始流动。我羡慕万物得到了大好的时光，又感叹自己的一生即将结束。

算了吧！寄身在天地中间还能有多长时间呢？为什么不随着自己的心意决定去留呢？为什么惶惶不安，还想要去哪里呢？富贵荣华不是我所追求的志向，神仙境界也不可达到。我只盼有个好天气，能独自一人去游玩，或是把拐杖竖在一边去锄草、培土。登上东边的山冈放声长啸，面对清澈的流水而赋诗。姑且随着大自然的变化，去归向生命的尽头吧！抱定乐天安命的态度，还怀疑什么呢？

> 既窈窕以寻壑，亦崎岖而经丘。木欣欣以向荣，泉涓涓而始流。羡万物之得时，感吾生之行休。

青山隐隐水迢迢

鉴赏文心

本文选自《陶渊明集》，选文略去了辞前序言。按此篇序言，本文是陶渊明中年时"不为五斗米折腰"，又向往自然，所以辞官归隐时创作。既抒发自己脱离官场藩篱的自由喜悦，又表现向往田园生活的高洁意趣。辞是一种起源于楚辞，介于诗歌与散文之间的赋体，兼具特定的音韵与灵活的四六句式，多用于抒情。本文题名"归去来辞"，即为"归去"的意思，"来""兮"皆为语气词，无实义。

全文共四段，以一句"归去来兮，田园将芜胡不归"开门见山。先写明自己"以心为形役"（被心境所奴役），在官场纠结的迷茫心情，终于能够幡然洞悟，"觉今是而昨非"。这里所谓"昨非"，指羁于名利的困境，而"今是"，则是辞官归隐的行动。

第二段则承接上文，备述"今是"，先写虚景，想象自己期盼归家，水路兼程的急切。如"遥遥""飘飘"这样的叠词，写出了重归自由后轻快愉悦的心态。此后依照时间次序，想象自己初到家时"载欣载奔"的欣喜情态与归家后饮酒自酌、流连庭院的闲适心情。这样三重喜悦交织在一起，与前文"奚惆怅而独悲"两相对照，突显作者重返自由的洒脱心境。

第三段再写虚景，是作者对后日生活的想象：从自家庭院兴发，来到山野之间，吟咏出游的意趣。再从自由生活的愉悦，感物生情，烘托出段末对万物自然生长与自身生命短暂的感慨，别有一丝旷达的意味，并为段

尾的感怀作为铺垫。

第四段是纯粹的人生向往与感情抒发，如同前文所选《兰亭集序》一般，乐极生叹：既然人生无常，则更需乐安天命，展现出一种清静无为的庄老哲学思想。由此可见魏晋时期盛行的玄学风尚对本文的影响。

本文既为结合散文与诗歌的辞赋文体，则尤见语言音韵之美。全文自首段"田园将芜胡不归"至文末"临清流而赋诗"，共转五韵，读来则音韵运转自如，朗朗上口，字句间亦颇见骈散对偶，用词典丽之美。北宋文学大家欧阳修讲："晋无文章，唯陶渊明《归去来兮辞》而已"，可见本文受后人推崇之重。

古文的智慧

解甲归田，垆边人似月，一叶舟船可以疗伤，一碗热汤可以暖心。柴门闻犬吠，风雪夜归人，这才是归宿。生命里无法言说的酸楚，需要一个温暖的怀抱，来承载和释放。得心安处，即为吾家。

说文布道 田园诗

田园诗就是歌咏田园生活与田园风光的诗歌，它多以农村景物和农民、牧人、渔夫的劳动为题材。但是，它不是以揭露或者表达现实生活中农民、牧人和渔夫的疾苦为目的，而是在纷繁动荡的世俗的人世间找一个最后的净土，一个精神家园的诗歌。从东晋大诗人陶渊明开创了田园诗体后，唐宋等诗歌中的田园诗变成了隐居不仕的文人和从官场退居田园的仕宦者们所作的以田园生活为描写对象的诗歌。

最早的硬核科幻小说

桃花源记

东晋·陶渊明

青山隐隐水迢迢

晋太元中①，武陵人捕鱼为业②。缘溪行，忘路之远近。忽逢桃花林，夹岸数百步，中无杂树，芳草鲜美，落英缤纷。渔人甚异之，复前行，欲穷其林。

林尽水源，便得一山。山有小口，仿佛若有光。便舍船，从口入。初极狭，才通人。复行数十步，豁然开朗。土地平旷，屋舍俨然，有良田、美池、桑竹之属，阡陌交通，鸡犬相闻。其中往来种作，男女衣著，悉如外人。黄发垂髫，并怡然自乐。见渔人，乃大惊，问所从来，具答之。便要还家③，设酒杀鸡作食。村中闻有此人，咸来问讯。自云先世避秦时乱，率妻子邑人来此绝境，不复出焉，遂与外人间隔。问今是何世，乃不知有汉，无论魏、晋④。此人一一为具言，所闻皆叹惋。余人各复延至其家，皆出酒食。停数日，辞去。此中人语云："不足为外人道也。"

既出，得其船，便扶向路，处处志之⑤。及郡下⑥，诣太守⑦，说如此。太守即遣人随其往，寻向所志，遂迷不复得路。

南阳刘子骥⑧，高尚士也。闻之，欣然规往，未果，寻病终。后遂无问津者。

经典注释

①太元：东晋孝武帝司马曜的年号（376～396）。这里的年代是虚写。②武陵：郡名，今湖南常德一带。③要：通"邀"，邀请。④无论：不要说，更不必说。⑤志：动词，做标记。⑥郡下：

郡里，指武陵郡。⑦诣：拜见。⑧南阳：郡名，治所在今河南南阳。刘子骥：人名，好游山水，是当时著名的隐士。

译文也很美

晋太元年间，武陵有个以捕鱼为生的人。一天，他沿着一条小溪划船前行，忘了路的远近。忽然遇到一片桃花林，只见两岸几百步以内，没有一棵杂树，芳香的青草清鲜美丽，落下的桃花散乱在地上。渔人觉得奇怪，就继续向前划船，想走完这片桃林。

桃林在溪水发源的地方就没有了，那里有一座山。山下有个小洞口，仿佛有光亮透出来。渔人便丢下船，从洞口走进去。刚进去时地方十分狭窄，仅容一人通过。再向前走几十步，豁然开朗。土地平坦广阔，房屋整整齐齐，有肥沃的田地、幽美的池塘、桑树竹林等。田间的小路纵横交错，村落间传来鸡鸣狗吠的声音。人们来往耕作，男男女女的衣着装束，都和外界一样。老老少少全都自由自在，快乐逍遥。他们看见渔人，大为惊讶，问他是从哪里来的，渔人全都做了回答。人们就邀请他回到家中，摆酒杀鸡热情款待。村里听说有这样一

个人，都来打听消息。他们自称祖先为了躲避秦代的战乱，领着妻子儿女和乡亲来到这个与世隔绝的地方，再没出去，于是和外界的人断绝了来往。他们询问现在是什么朝代，竟然不知道有汉朝，更不要说魏和晋了。渔人就把他所知道的一一讲给他们听，他们听了都惊叹感慨。其余的人也都相继邀请渔人到自己家中，拿出酒饭来招待他。渔人一连住了好几天，才告辞离开。这里的人叮嘱他说："这里的情况不要对外面的人说起。"

渔人出了洞口，找到自己的船，便顺着先前的来路，一处一处地做标记。回到郡里，便到太守那里报告了这个情况。太守随即派人跟着他前往，寻找以前做好的标记，结果迷失了方向，再也没有找到那条路。

南阳刘子骥，是一个志趣高尚的人。听说这件事，高高兴兴计划着去寻访。还没有实现，人就病死了。从那以后，再也没有人去探访桃花源了。

本文选自《陶渊明集》，是陶渊明所作《桃花源诗》的序文。本文以清远自然的口吻，舒展闲适的语言，描述理想中的美好社会——桃花源，以寄托自己社会理想的诉求，也表现对当时政治倾轧，社会黑暗的不满。

纵观全文结构，是一篇典型的山水游记展开模式。作者先写一个渔人无意中发现桃花源，然后写他在桃花源中的所见所闻，此后，再不能寻得桃花源的故事。文末再写一笔南阳高士寻觅桃花源，却无疾而终的传说。整体布局有如羚羊挂角，自如展开，又处处意味深长。

渔人进入桃花源部分是文章的主体，又分为渔人遇见桃花源，与在桃花源中两层。第一层写渔人无意间发现桃花源，多用三字或五字短句，显得参差错落，富有节奏感。而围绕渔人的探索，多用"忘""忽""甚""复"

这些虚实字词勾连，显得文章简明自然，展开有条不紊。

第二层写渔人在桃花源中的所见所闻，描写更为丰富，句式更为多变。写桃花源内人事景物，先四字层递，后长句铺陈，全方位展现这一理想型的社会景观。其后写渔人与村民相遇，从"见渔人，乃大惊"到"咸来问讯"，多用节奏急促的短句，描写出了村民初见外人的惊讶情态与待客时的天真热诚。此后，村民叙述桃花源来历，则复用长句，娓娓道来，是为一种岁月荏苒的历史叙说。

本文后续部分写渔民、太守、高士都不能寻得桃花源，是为本文画外之音，颇耐人寻味。大抵渔人寻得桃花源，全在身为天真纯质的渔樵之辈，无心无意之间，先"忘路之远近"，后"忽逢""舍船"，不顾身外之物，才有机会进入桃花源。此所谓道家的"忘机"

> 阡陌交通，鸡犬相闻。其中往来种作，男女衣著，悉如外人。黄发垂髫，并怡然自乐。

境界；而后渔人心怀名利，追觅桃花源，与南阳高尚之士，"欣然规往"，都是有所目的，又是佛家所说"着相"，可谓执迷不悟；再看桃花源村民避秦和当时刘裕篡晋，陶渊明辞官的时事隐作类比，与桃花源中一番天人相和，清平社会的描述，又可见陶渊明的理想社会关照与"耻事二姓"的儒家士人理念。这么一篇质朴通明的山水文章，实则蕴含儒释道三家杂糅思想，用意深远，韵味无穷。

古文的智慧

"桃花源"并不是世上一处具体的所在，而只是我们心灵深处的一个休憩之地。只要在心中保留一处这样的"桃花源"，当嘈杂繁芜的生活让心灵无法安定的时候，我们才不会让自己迷失方向。

虚伪的隐士，神灵也会鄙视

北山移文

南朝·孔稚珪

钟山之英，草堂之灵①，驰烟驿路②，勒移山庭。

夫以耿介拔俗之标③，潇洒出尘之想④，度白雪以方洁⑤，干青云而直上，吾方知之矣。若其亭亭物表，皎皎霞外，芥千金而不盼，屣万乘其如脱⑥，闻凤吹于洛浦，值薪歌于延濑，固亦有焉。岂期终始参差，苍黄反复⑦，泪翟子之悲，恸朱公之哭。乍回迹以心染，或先贞而后黩，何其谬哉！呜呼！尚生不存⑧，仲氏既往⑨，山阿寂寥，千载谁赏？

世有周子，俊俗之士，既文既博，亦玄亦史。然而学遁东鲁，习隐南郭，窃吹草堂，滥巾北岳，诱我松桂，欺我云壑。虽假容于江皋⑩，乃缨情于好爵。

其始至也，将欲排巢父，拉许由⑪，傲百氏，蔑王侯，风情张日，霜气横秋。或叹幽人长往，或怨王孙不游。谈空空于释部，核玄玄于道流。务光何足比，涓子不能俦。

及其鸣驺入谷⑫，鹤书赴陇⑬，形驰魄散，志变神动。尔乃眉轩席次，袂耸筵上，焚芰制而裂荷衣，抗尘容而走俗状。风云凄其带愤，石泉咽而下怆，望林峦而有失，顾草木而如丧。

至其钮金章⑭，绾墨绶⑮，跨属城之雄，冠百里之首。张英风于海甸，驰妙誉于浙右，道帙长摈，法筵久埋，敲扑喧嚣犯其虑，牒诉倥偬装其怀⑯。琴歌既断，酒赋无续，常绸缪于结课⑰，每纷纶于折狱，笼张、赵于往图⑱，架卓、鲁于前录，希踪三辅豪⑲，驰声九州牧。使其高霞孤映，明月独举，青松落荫，白云谁侣？磵户摧绝无与归，石径荒凉徒延伫⑳。至于还飙入幕，写雾出楹，蕙帐空兮夜鹤怨，山人去兮晓猿惊。

昔闻投簪逸海岸，今见解兰缚尘缨。

于是南岳献嘲，北陇腾笑，列壑争讥，攒峰竦诮。慨游子之我欺，悲无人以赴吊。故其林惭无尽，涧愧不歇，秋桂遣风，春萝罢月，骋西山之逸议，驰东皋之素谒。

今又促装下邑，浪栧上京，虽情殷于魏阙，或假步于山扃。岂可使芳杜厚颜，薜荔蒙耻，碧岭再辱，丹崖重滓㉑，尘游躅于蕙路㉒，污渌池以洗耳㉓。宜扃岫幌，掩云关，敛轻雾，藏鸣湍。截来辕于谷口，杜妄辔于郊端㉔。于是丛条瞋胆，叠颖怒魄，或飞柯以折轮，乍低枝而扫迹。请回俗士驾，为君谢逋客㉕。

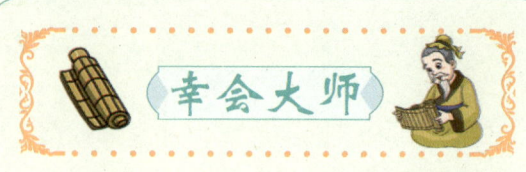

幸会大师

孔稚珪（447～501），南朝齐骈文家。一作孔珪，字德璋，会稽山阴（今浙江绍兴）人。南朝刘宋时，孔稚珪曾任尚书殿中郎。齐武帝永明年间，任御史中丞。齐明帝建武初年，上书建议北征。东昏侯永元元年（499），迁太子詹事，死后追赠金紫光禄大夫。

经典注释

①英、灵：神灵。草堂：周颙在钟山所建隐舍。②驿路：通驿车的大路。③耿介：光明正直。拔俗：超越流俗之上。标：风度、格调。④潇洒：脱落无拘束的样子。出尘：超出世俗之外。⑤度：比量。⑥芥：小草，此处用作动词。屣（xǐ）：草鞋，此处用作动词。⑦参差（cēn cī）：不一致。苍黄：青色和黄色。⑧尚生：尚子平，西汉末年隐士，入山担薪，卖之以供食饮。⑨仲氏：仲长统，东汉末年人，每当州郡召请他，他就称病不去，曾叹息说："若得背山临水，游览平原，此即足矣，何为区区乎帝王之门哉！"⑩江皋：

江岸。这里指隐士所居的长江之滨钟山。⑪巢父、许由：两人都是尧帝时期的隐士。⑫鸣驺（zōu）：指使者的车马。⑬鹤书：指征召的诏书。因诏板所用的书体如鹤头，因此得名。⑭金章：铜印。⑮绾（wǎn）：系。墨绶：黑色的印带。金章、墨绶为当时县令所佩带的身份标识物。⑯倥偬（kōng zǒng）：事务繁忙迫切的样子。⑰绸缪（chóu móu）：纠缠。⑱张赵：指张敞、赵广汉，两人都做过京兆尹，是西汉时期的能吏。⑲三辅：汉代称京兆尹、左冯翊、右扶风为三辅。⑳延伫（zhù）：长久站立有所等待。㉑重渍（zǐ）：再次蒙受污辱。㉒躅（zhú）：足迹。㉓污：污浊。渌池：清池。㉔妄辔：肆意乱闯的车马。㉕君：北山神灵。逋客：指逃亡者，这里指的是周颙本人。

译文也很美

钟山的英魂，草堂的神灵，如烟云般奔驰于驿路上，把这篇移文镌刻在山崖上。有些隐士，自以为有耿介超俗的气节，潇洒出尘的理想，品德纯洁，像白雪一样，人格高尚，与青云比肩，我现在才知道他们。至于那些亭亭玉立、超然物外，光洁灿烂胜过云霞，视千金如草芥，不屑一顾，视万乘如敝屣，挥手抛弃，在洛水之滨吹笙作鸣，在长河边听高人隐士采薪行歌，这种人原来也是有的。但怎么也想不到他们不能始终如一，就像青黄反复，如墨翟之悲素丝，如杨朱之泣歧路。刚到山中来隐居，忽然又染上凡心，开始非常贞洁，后来又变得肮脏，多么荒谬的事情啊！唉，尚子平、仲长统都已成为过去，高人隐居的山林显得非常寂寞，千百年来，还有谁在欣赏？

当今之世有一位姓周的先生，是一位不同流俗的俊才，他既有文采，学问也渊博，既通玄学，也长于史学。可是他偏偏仿效颜阖的遁世，学习南郭的隐居，混在草堂里滥竽充数，住在北山中冒充隐士。诱惑我们山中的松桂，欺骗我们山中的云崖，虽然在长江边假装隐居，心里却牵挂着高官厚禄。

当他刚来的时候，似乎把巢父、许由都不放在眼下，百家的学说，王侯的尊荣，他都瞧不起。风度之高胜于太阳，志气之凛盛如秋霜。一会儿慨叹当今没有幽居的隐士，一会儿又怪王孙远游不归。他能谈佛家的"四大皆空"，也能谈道家的"玄之又玄"，自以为上古的务光、涓子，都不如他。

等到皇帝派了使者鸣锣开道、前呼后拥，捧了征召的诏书，来到

山中,他立刻变得手舞足蹈、神魂颠倒,改变志向,暗暗心动。在宴请使者的筵席上,他扬眉挥袖,得意扬扬。他将隐居时所穿的用芰荷做成的衣服撕破烧掉,立即露出了一副庸俗的嘴脸。山中的风云悲凄含愤,岩石和泉水幽咽而怨怒,看看树林和山峦若有所失,百草和树木就像死了亲人那样悲伤。

后来他佩着铜印墨绶,成了一郡之中地位最高的县令。威风遍及海滨,美名传到浙东。道家的书籍久已扔掉,讲佛法的座席也早已抛弃。鞭打罪犯的喧嚣之声干扰了他的思虑,文书诉讼之类急迫的公务填满了他的胸怀。弹琴唱歌既已断绝,饮酒赋诗也无法继续,常常被官员业绩考核之类的事情牵绊,每每为判决案件而繁忙,只想着让自己的官声政绩达到史书记载中的张敞和赵广汉的水平,凌驾于卓茂和鲁恭之上,希望能成为三辅令尹或者九州刺史。他的离开让山中的朝霞孤零零地映照在天空,明月孤独地升起在山巅,青松落下绿荫,白云有谁和它做伴?房屋坍塌毁坏,没有人归来,石径荒凉,白白地久立等待。以至于旋风吹入帷幕,云雾从屋柱之间泻出,蕙帐空虚,夜间的飞鹤仿佛也因为人的离去感到怨恨,清晨的山猿也感到吃惊。昔日曾听说有人脱去官服逃到海滨隐居,今天却见到有人解下了隐士的兰佩而为尘世的绳缨所束缚。

于是,南岳嘲讽,北陇耻笑,深谷争相讥讽,群峰斥责。慨叹被那位游子所欺骗,伤心的是连慰问的人都没有。因此,山林感到非常羞耻,涧水感到非常惭愧,秋桂不飘香风,春萝也不笼月色。西山传出隐逸者的清议,东皋传出有德者的议论。

听说此人目前正在山阴整理行装,乘着船往京城而来,虽然他心中想的是朝廷,但或许会到山里来借住。如果是这样,岂可让我们山里的芳草蒙厚颜之名,让薜荔遭受羞辱,让碧岭再次受侮辱,让丹崖重新蒙受污浊,让他尘世间的游踪污浊山中的兰蕙之路,使那许由曾经洗耳的清池变得浑浊。应当锁上北山的窗户,掩上云门,收敛起轻雾,藏

青山隐隐水迢迢

匿好泉流。到山口去拦截他的车,到郊外去堵住他乱闯的马。于是,山中的树丛和重叠的草丛勃然大怒。或者用飞落的枝柯打折他的车轮,或者用低垂的枝叶遮蔽他的路径。请这位俗客回去吧,我们代表山神谢绝这位山中逃客的再次到来。

鉴赏文心

本文选自《昭明文选》,是一篇典型的辞赋体骈文。"移文"作为文章体裁,是一种公开性质的文书,多用于晓喻劝诫,表达观点,说服他人。本文假借周子这一名士,针对的是当时假称归隐,实则趋炎附势,贪恋权贵之辈,是一篇以拟人手法所写的讽刺文章。全文辞章华丽,用笔工整,气势充沛,想象雄奇,很有六朝骈文的特色。

全文由行文展开的不同视角,可分为三部分。第一部分总领全文,描写三种不同的隐士。或是超然物外,境界高妙;或是不慕名利,脱出世俗;而更有一种假隐士,看似归隐山林,洁身自好,实则借隐士虚名有所图谋。此段末尾再引用典故,叹惋隐士难求。本部分写这三种隐士的鲜明对照,为下文写周子这名假隐士做铺垫。

第二部分写周子先假做隐士,后出仕为官的经历。先以戏谑嘲讽的口吻,化用多名隐士的典故,又以滥竽充数的故事类比,点出周子"虽假容于江皋,乃缨情于好爵",写出了他追慕名利的本质。其后用前后对照,故作夸张的行文,先写周子归隐时伪装清高,好谈玄理,就连许由、务光这样的隐士也难以类比,而后来刚一承蒙朝廷征召,则丑态毕露,很快就不再演奏音乐与创作诗文,与先前的隐士风度判若两人,一心想要志取功名,闻名天下,可谓利欲熏心,野心毕现。

第三部分以拟人手法,假托山水草木,写北山为假隐士欺骗后的失落与愤怒,以及其他群山的嘲讽议论,显得生动活泼。而文末周子受诏入京,还想前往北山游玩的情节更是全文高潮。周子刚一接近,则山神震怒,草木云石纷纷谢客，让这样的俗人打道回府，更显出周子这种假隐士的虚伪庸俗。本部分以拟人写自然，情节颇具戏剧张力，突出了本文的讽刺特性。

全文词句对仗，文字巧妙，行文布局如行云流水，是为六朝骈文清丽典雅风格的集大成者。文中更以山水草石，万物灵秀入笔，与周子前隐后仕的波澜交相呼应，有典故征引的暗指，有夸张式的事实描叙，显得嬉笑怒骂，妙趣横生。

古文的智慧

虚伪的人为智者所轻蔑，为愚者所叹服，为阿谀者所崇拜，而为自己的虚荣所奴役。所以不论你追求的是地位，是财富，还是自我价值的实现，都请你以真诚的面孔示人，而不要成为一个被人鄙视的伪君子。

说文布道 什么是骈文

骈文是中国文学史上一种流行了上千年的文体，它行文对仗，有一定声律，特别符合《说文解字》中对骈字的解释——"双马并行拉车"，因而得名。骈文有三个特点：一是行文对仗；二是四六句为主，也就是一个完整的句子由两个部分组成，第一部分四个字，第二部分六个字，这是骈文的基本句型；三是使用典故多，这些典故包括历史故事、神话传说、名人名句等。骈文出现在汉代，兴盛于南北朝，在中唐时期开始衰落，元明时期成为绝唱。

旁征博引下的千古美文

滕王阁序

唐·王勃

  南昌故郡①，洪都新府。星分翼、轸②，地接衡、庐③。襟三江而带五湖④，控蛮荆而引瓯越。物华天宝，龙光射牛斗之墟；人杰地灵，徐孺下陈蕃之榻。雄州雾列，俊采星驰。台隍枕夷夏之交，宾主尽东南之美。都督阎公之雅望，棨戟遥临⑤；宇文新州之懿范，襜帷暂驻。十旬休暇，胜友如云，千里逢迎，高朋满座。腾蛟起凤，孟学士之词宗；紫电清霜，王将军之武库。家君作宰，路出名区⑥，童子何知⑦，躬逢胜饯。

  时维九月，序属三秋。潦水尽而寒潭清，烟光凝而暮山紫。俨骖𬴊于上路⑧，访风景于崇阿。临帝子之长洲⑨，得仙人之旧馆。层峦耸翠，上出重霄，飞阁流丹，下临无地。鹤汀凫渚，穷岛屿之萦回；桂殿兰宫，列冈峦之体势。披绣闼⑩，俯雕甍⑪，山原旷其盈视，川泽盱其骇瞩。闾阎扑地⑫，钟鸣鼎食之家，舸舰迷津，青雀黄龙之舳。虹销雨霁，彩彻云衢。落霞与孤鹜齐飞，秋水共长天一色。渔舟唱晚，响穷彭蠡之滨⑬，雁阵惊寒，声断衡阳之浦。

遥吟俯畅，逸兴遄飞。爽籁发而清风生，纤歌凝而白云遏。睢园绿竹[14]，气凌彭泽之樽[15]；邺水朱华[16]，光照临川之笔[17]。四美具，二难并。穷睇眄于中天[18]，极娱游于暇日。天高地迥，觉宇宙之无穷；兴尽悲来，识盈虚之有数。望长安于日下，指吴会于云间[19]。地势极而南溟深，天柱高而北辰远[20]。关山难越，谁悲失路之人？萍水相逢，尽是他乡之客。怀帝阍而不见[21]，奉宣室以何年[22]？

　　嗟乎！时运不齐，命途多舛。冯唐易老，李广难封。屈贾谊于长沙，非无圣主，窜梁鸿于海曲，岂乏明时？所赖君子安贫，达人知命。老当益壮，宁知白首之心？穷且益坚，不坠青云之志。酌贪泉而觉爽，处涸辙以犹欢。北海虽赊，扶摇可接；东隅已逝，桑榆非晚。孟尝高洁，空怀报国之心；阮籍猖狂，岂效穷途之哭！

　　勃，三尺微命，一介书生。无路请缨，等终军之弱冠[23]，有怀投笔，慕宗悫之长风[24]。舍簪笏于百龄[25]，奉晨昏于万里。非谢家之宝树[26]，接孟氏之芳邻。他日趋庭，叨陪鲤对，今晨捧袂[27]，喜托龙门。杨意不逢[28]，抚凌云而自惜，钟期既遇，奏流水以何惭？

　　呜呼！胜地不常，盛筵难再。兰亭已矣，梓泽丘墟[29]。临别赠言，幸承恩于伟饯；登高作赋，是所望于群公。敢竭鄙诚，恭疏短引。一言均赋，四韵俱成。

滕王高阁临江渚，佩玉鸣鸾罢歌舞。
画栋朝飞南浦云，朱帘暮卷西山雨。
闲云潭影日悠悠，物换星移几度秋。
阁中帝子今何在？槛外长江空自流。

经典注释

①南昌：一作"豫章"，汉代郡名，治所在南昌。②星分翼、轸（zhěn）：翼、轸，是两个星宿名。古时人们用二十八宿的方位来

区分地面的区域,称为分野。翼、轸是楚的分野,洪州古为楚地。③衡、庐:指湖南的衡山、江西的庐山。④襟三江:以三江为襟。襟,衣领。这里用为动词。三江,泛指长江中下游。⑤棨(qǐ)戟:有衣套的戟,用做官吏出行时的仪仗。⑥名区:指洪州。⑦童子:王勃自称。⑧骖騑(cān fēi):驾车的马,左称骖,右称騑。⑨帝子:指滕王李元婴。长洲:滕王阁前的沙洲。⑩绣闼(tà):饰有花纹的门。⑪甍(méng):屋脊。⑫闾(lú)阎:里巷的门。这里代指房屋。⑬彭蠡(lǐ):古泽名,即今鄱阳湖。⑭睢(suī)园:亦称梁园,即汉代梁孝王的竹园,梁孝王常于此园聚宾宴客。⑮彭泽:指陶渊明,其人曾做过彭泽令。⑯邺水:在邺下(今河北临漳),曹操父子经常和文士在此聚会。⑰临川:郡名,治所在今江西抚州,代指谢灵运。⑱睇眄(dì miǎn):斜视,这里指目光上下左右浏览。⑲云间:地名,江苏松江的古称,古属吴郡。此处"日下""云间"均为双关语。⑳北辰:北极星,这里暗指皇帝。㉑帝阍(hūn):天帝的守门人。这里指宫门。㉒宣室:汉代未央宫前殿称宣室殿,是皇帝斋戒的地方。贾谊曾在此被汉文帝召见,谈话至深夜。这里用这典故来自比。㉓终军:字子云,西汉人。二十多岁时,曾请缨出使南越,要缚住南越王。㉔宗悫(què):字元干,南朝宋南阳(今河南南阳)人,年少时很有抱负,曾自述志向为"愿乘长风破万里浪"。㉕簪笏(zān hù):古代官员使用的冠簪、手版,这里代指官职。㉖谢家之宝树:东晋谢安称赞其侄谢玄为"吾家之宝树"。㉗捧袂(mèi):捧着衣袖,表示恭敬的样子。㉘杨意:汉代官员杨得意,西汉文学家司马相如在他的引荐下,方得以入朝见武帝而发迹。㉙梓泽:晋朝石崇的私人园林金谷园的别称。

这里原是汉代的南昌郡城,如今是本朝的洪州都督府。在星空

属于翼、轸二星的分野，地形上与衡、庐两山相接。以三江为衣襟，以五湖为衣带，控制着荆楚，连接着闽越。物产有光华，天上显现宝气，宝剑的光芒直射牛星和斗星的区域；人物杰出，大地灵秀，隐士徐稚使得太守陈蕃专为他设下床榻。雄伟的州城在云雾中若隐若现，有才能的官吏像繁星在放射光芒。亭台和城池处在蛮夷和中原的交界，宾客和主人都是东南一带的名流。都督阎公有着崇高的声望，从远方而来镇守此地；宇文刺史是道德的楷模，赴任途中在此暂留。正逢十天一次的休假，高贵的人士像云团一般聚集在此，喜迎千里外的来宾，宾朋坐满了宴席。孟学士是辞章的宗师，文章的气势像蛟龙腾飞、凤凰起舞；王将军的武库，闪着紫电和青霜宝剑的光辉。家父在交趾做县令，我省亲路过这座名城，在下年幼无知，居然有幸参加了这难得的盛宴。

时光正值九月，节序已是深秋。积水消尽，寒冷的潭水变得分外清澈，烟霭凝聚，傍晚的山峦呈现出一派紫色。在山路上驾着马车，在崇山峻岭中寻访风景。来到滕王的长洲，得见仙人昔日的亭馆。楼台层叠，像高耸的青山，向上直插云霄；凌空的楼阁，泛着红光，向下看不见地面。栖息着白鹤和野鸭的河洲沙滩，岛屿纡曲回绕，没有尽头；用桂树和木兰建筑的殿堂楼馆，排列得像起伏的山峦。推开雕花的门扇，俯瞰装饰华美的屋脊，山川辽阔，尽收眼底，江湖盘曲，望之惊心。遍地是华丽的宅舍，全都是钟鸣鼎食的富贵人家，船只挤满渡口，都是雕饰有青雀黄龙的画舫。云气消散，雨过天晴，彩虹贯日，长空明朗。西落的晚霞伴着孤独的野鸭一齐向天边飞去，秋水映着长空连成一色。傍晚的渔船响起悠扬的歌声，响彻鄱阳湖的四周；雁群感到寒意而发出惊叫，回荡在衡阳的水边。

远望长吟，登高俯视而感到舒畅，豪情逸兴勃然而起。排箫的音响鼓荡起徐徐清风，细柔的歌声吸引住飘动的白云。今日的盛会，像昔日睢园竹林的聚会，善饮的人，酒量超过彭泽令陶渊明；今日赋诗像曹植在邺水边赞

咏荷花，诗人的文采足以和临川才子谢灵运媲美。良辰、美景、赏心、乐事，四美俱全，贤主、嘉宾，千载难遇。举目眺望长空，在这假日里尽情欢娱。天空高远，大地寥廓，令人感到宇宙的无穷无尽；欢乐逝去，悲伤袭来，我意识到兴衰贵贱都是命中注定。远眺长安，在西边的夕阳下遥指吴会，在缥缈的白云间。大地的尽头是极深的南溟，天柱高耸，遥指北极星。关山难以越过，有谁同情不得志的人？萍水相逢，大家都是异乡之客。心里怀念朝廷，却不能去朝见，什么时候才能像贾谊那样在宣室殿被召见？

啊！命运不好，前途坎坷。冯唐容易衰老，李广难以封侯。贾谊蒙受委屈，贬于长沙，并不是没有圣明的君主；使梁鸿被迫隐匿在齐鲁海滨，难道不是在政治清明的时代？所依靠的是君子安于贫贱，通达的人安于天命罢了。年纪虽老，志气应当更加旺盛，怎能在白头时改变心志？困难越多，节操越应该坚定，不能抛弃自己的凌云壮志。即使喝了贪泉的水，心境依然清爽无尘，即使身处干涸的车辙中，心中也依然欢乐。北海虽然十分遥远，乘着旋风可以达到；朝阳已过而珍惜黄昏却也为时不晚。正如清高的孟尝，空怀报国之心；怎能学放荡不羁的阮籍，在走投无路时痛哭流涕！

我年龄幼小，身份低微，只是个读书人。没有门路去请求君王赐予长缨，杀敌报国，尽管我已到了与终军相同的年龄；我怀着抛下笔墨的决心，去羡慕宗悫那乘风破浪的远大抱负。我舍弃了一生的功名，不远万里去侍奉父亲。我不是谢玄那样杰出的子弟，却也愿学孟母以贤者为邻。不久，我将到父亲身边，聆听他的教诲；今天我拱手请谒，高兴地得以登上龙门。遇不到杨得意那样的举荐之人，只好手抚《大人赋》这样的文章而空自叹惜；伯牙见到了钟子期，奏出《高山流水》的乐曲又有什么羞惭？

啊！名胜之地不会长存，盛大的宴会也难以再遇；兰亭的宴集已成为过去，梓泽名园也成了废墟。临别赠言，承蒙阎公的盛意；登高作诗，只有借重在座诸位。我冒昧地倾吐微薄诚意，恭敬地写下短序。大家按照分到的韵字作诗，我的一首也同时写成。

　　滕王建的高阁耸立江边，佩玉响的时候舞罢歌阑。

　　早晨南浦的云飞上画栋，傍晚西山的雨卷入朱帘。

　　云闲水静啊自在悠悠，时过境迁啊几度春秋。

　　阁中的王子现在哪里？门外的赣江空自长流。

　　本文写于唐高宗上元三年（676），王勃省亲途中路过洪州，适逢洪州牧阎伯屿宴请宾客。王勃即席赋诗，并作此序。按《新唐书·文艺传》的记载，这场宴会，原为主人"命其婿作序以夸客"，而王勃竟然毫不客气，当场作文。主人虽然恼怒，却在读过此文开头后，态度大变："乃矍然曰：'天才也！'请遂成文，极欢罢。"可见，一代文章天才王勃的文采笔力，英姿勃发。

　　本文共计七百余字，写开宴、登楼、观景、感怀、赋诗，章法严整，一气呵成。而具体行文之间，多用铺叙渲染的笔法，展现出骈文文笔华丽，意象繁复的特色。

　　文章开始先以由远及近的视角写宴会背景：先陈述山川形势，人杰地灵，再称赞宴会主宾，写自己参与宴会的荣幸之情。再由此出发，紧扣文题，写登楼观景的壮观景象。作者着眼于壮阔山水，以烘托亭台楼阁的雄伟壮观，以自然与人事对应，格调高远，尤其"落霞与孤鹜齐飞，秋水共长天一色"一句，化用北周名家庾信的《马射赋》的典故，文辞句式自成对偶，物象风景动静相和，成为千古写景名句。

　　其后，作者登楼触景生情，由天地壮阔见人生短暂，自然想到建功立业的壮志，与自己怀才不遇的愤懑。本段情景交融，又用冯唐、李广等千古以来失意之人的典故，以为共鸣。虽然悲哀无奈，却依然发出"穷且益坚，不坠青云之志"的高呼。可见作者年轻气盛的豪迈之情，为全文声势，更作高拔。

此后文章结尾部分，则复归主客欢宴，吟咏作对的主题，说明自己作序，实为抛砖引玉。文末赋诗，则与前文感慨作为呼应，表现斗转星移，人事变迁之叹。

本文承接六朝以至唐代骈文文笔工整，声律调谐的风格，而文章格调高拔，用典妥帖精到，修辞清新别致，并无一般骈文俗艳藻饰、堆砌板滞的弊病，是为骈文艺术的集大成者，可见王勃对自己诗文"壮而不虚，刚而能润，雕而不碎，按而弥坚"的追求。此外，本文体现的人生失意依然砥砺自勉的进取精神，更为古往今来文人骚客所称赞共鸣。

古文的智慧

古往今来，有多少有志之士，面对一切艰难险阻，总能执着地追求自己的理想，即使在郁郁不得志的逆境当中也不消沉放弃。当你面对困难，想要一声叹息，转身放弃的时候，就请默念这句："老当益壮，宁移白首之心？穷且益坚，不坠青云之志。"

说文布道 "腹稿"的由来

我们知道的王勃，是"初唐四杰"之一，诗作名篇有《送杜少府之任蜀州》，流传千古的文章有《滕王阁序》，历史上的王勃却有着更加传奇的经历。比如，他的散文虽然沿袭了六朝骈体文的文风，辞藻华丽，却能推陈出新，写出前人所未有的精神意境。《新唐书》曾记载他的故事，说王勃每次写文章，并不怎么反复思考，而是将笔墨纸砚备好，然后畅饮美酒，酒醉后用被子盖住脸，呼呼大睡。等到醒来后，王勃就能提笔成文，不改一字，这才有了典故"打腹稿"的诞生，指的就是王勃才思敏捷，能在自己胸腹中构思好整篇文章。

历史是一面镜子

阿房宫赋

唐·杜牧

六王毕①，四海一，蜀山兀，阿房出。覆压三百余里，隔离天日。骊山北构而西折，直走咸阳。二川溶溶②，流入宫墙。五步一楼，十步一阁，廊腰缦回，檐牙高啄，各抱地势，钩心斗角。盘盘焉，囷囷焉，蜂房水涡，矗不知其几千万落。长桥卧波，未云何龙？复道行空，不霁何虹？高低冥迷，不知西东。歌台暖响，春光融融，舞殿冷袖，风雨凄凄。一日之内，一宫之间，而气候不齐。

妃嫔媵嫱③，王子皇孙，辞楼下殿，辇来于秦④。朝歌夜弦，为秦宫人。明星荧荧，开妆镜也；绿云扰扰，梳晓鬟也⑤；渭流涨腻，弃脂水也；烟斜雾横，焚椒兰也；雷霆乍惊，宫车过也；辘辘远听，杳不知其所之也⑥。一肌一容，尽态极妍，缦立远视⑦，而望幸焉⑧。有不得见者，三十六年。燕、赵之收藏，韩、魏之经营，齐、楚之精英，几世几年，取掠其人，倚叠如山。一旦不能有，输来其间。鼎铛玉石⑨，金块珠砾，弃掷逦迤，秦人视之，亦不甚惜。

嗟乎！一人之心，千万人之心也。秦爱纷奢，人亦念其家。奈何取之尽锱铢，用之如泥沙？使负栋之柱，多于南亩之农夫；架梁之椽，多于机上之工女。钉头磷磷，多于在庾之粟粒⑩；瓦缝参差，多于周身之帛缕。直栏横槛，多于九土之城郭；管弦呕哑⑪，多于市人之言语。使天下之人，不敢言而敢怒，独夫之心，日益骄固。戍卒叫，函谷举，楚人一炬⑫，可怜焦土。

呜呼！灭六国者六国也，非秦也。族秦者，秦也，非天下也。嗟夫！使六国各爱其人，则足以拒秦。秦复爱六国之人，则递三世，可至万世而为君，谁得而族灭也？秦人不暇自哀，而后人哀之，后人哀之而不鉴之，亦使后人而复哀后人也。

经典注释

①六王：指齐、楚、燕、韩、赵、魏六国君主。②二川：指渭水和樊川。溶溶：河水流动的样子。③妃嫔媵嫱（yìng qiáng）：指六国的妃子和宫女。媵：后妃陪嫁的女子。嫱：宫中女官。④辇（niǎn）：古代贵族乘坐的车。这里作动词，乘车。⑤鬟（huán）：古代妇女梳的环形发结。⑥杳（yǎo）：远。⑦缦立：久久地站立。缦，通"慢"。⑧幸：古代指天子到达某地称"幸"。⑨鼎铛（chēng）玉石：把鼎当作铁锅，把玉当作石头，极言其不加爱惜。铛：炊器，平底锅。⑩庾（yǔ）：露天粮仓。⑪呕哑（ōu yā）：形容杂乱的乐器声。⑫楚人一炬：指项羽火烧咸阳的故事。

译文也很美

六国灭亡，秦始皇统一中国；蜀山的树木都被伐光了，阿房宫才盖起来。它占地三百多里，楼阁高耸，遮天蔽日。从骊山向北构筑宫殿，曲折地向西延伸，一直修到咸阳。渭水和樊川两条河，一直流入宫墙。五步一栋楼，十步一座阁；走廊曲折像缦带回环，飞檐像禽鸟在高处啄食；楼阁各依地势，参差环抱，宫室高低屋角，像钩带一样联结，飞檐彼此相向，又像在争斗。盘盘绕绕，曲折回旋，密集如蜂房，回旋如水涡，不知矗立着几千万座。长桥横卧在渭水上，天上没有云彩怎么会有龙？沟通楼阁的复道横空而过，彩色斑斓，没有雨过天晴，哪里来的彩虹？楼阁随着地势高高低低，使人迷糊，辨不清东西方向。台上歌声悠扬，使人感到有如春光那样和煦；殿中舞袖飘拂，好像带来阵阵寒意，使人感到风雨交加那样寒冷。在同一天，同

一座宫里，气候竟会如此不同。

六国的妃嫔媵嫱、王子皇孙，离开了故国的楼阁、宫殿，乘车来到秦国。他们日夜献歌弹琴，成了秦国的宫人。明星闪烁，是他们打开了梳妆的镜子；绿云缭绕，是他们早晨在梳理发鬓；渭水上泛起一层油腻，是他们倒掉的残脂剩粉；烟雾到处弥漫，是他们在焚烧椒兰；雷霆般的响声骤然而起，是宫车从这里经过；车轮声渐远渐弱，不知它去到哪里。宫人们都尽量显示自己的妩媚娇妍，久久地伫立着遥望远方，盼望皇帝的到来。有的三十六年始终不曾与秦始皇见面。

燕赵收藏的奇珍、韩魏经营的宝物、齐楚保存的重器，都是多少代、多少年从他们国家的人民手中掠夺来的，堆积得像山一般。一旦国破家亡，都运到这里来。在这里宝鼎被视同铁锅，美玉被看作石子，金子被当作土块，珍珠被视作瓦片，随意抛弃，秦人见了，也不觉得可惜。

青山隐隐水迢迢

唉！一个人的心，也就是千万人的心！秦始皇喜欢奢侈，百姓也眷念着自己的家；为什么掠夺时连一点点也不放过，挥霍起来却把它当成泥沙呢？负荷大梁的柱子，比在地里耕田的农夫还要多；架在屋梁上的椽子，比织机旁的织女还要多；一个个钉头，比粮仓里的谷粒还要多；参差不齐的瓦缝，比人们身上穿的丝缕还要多；栏杆纵横，比天下的城郭还要多；嘈杂的管弦声，比集市上人们的言语还要喧闹。使天下人都敢怒而不敢言；秦始皇这个独夫却日益骄横顽固。陈胜、吴广揭竿而起，刘邦一举攻占函谷关；楚霸王项羽的一把大火，可惜那阿房宫变成了一片焦土。

唉！灭亡六国的是六国本身，而不是秦国。灭亡秦国的是秦国本身，而不是天下百姓。唉！如果六国统治者都爱护他们的百姓，那么就有足够的力量抗拒秦国；如果秦朝统治者能爱护六国的人民，那么秦就可以传到三世，甚至可以传到万世，谁还能灭掉秦国呢？秦国来不及为自己的灭亡哀叹，只好让后世的人为他们哀叹；后世的人如果只是哀叹而不引以为鉴，那么又要让再后世的人为他们哀叹了。

鉴赏文心

本文按作者杜牧在《上知己文章启》中所写："宝历（唐敬宗年号）大起宫室，广声色，故作《阿房宫赋》"，应当是讽喻当时唐敬宗荒淫无度，大兴土木的行为。阿房宫秦末即遭项羽焚毁，本文全靠作者以雄奇想象，虚构描写，其后则指出秦亡乃咎由自取，可为统治者殷鉴。

通观全文，可谓叙议结合，抑扬顿挫。全文可分为两部分，前半部分是对阿房宫奢华外观的客观描述，多用浮夸想象，排比铺陈，其行文夸张，词句华丽，颇显文笔之工。后半部分则对秦国败亡，评论慨叹，又借古讽今，文笔间多有规劝之意。

文章以"六王毕，四海一，蜀山兀，阿房出"四个三字短句开篇，视角宏大，用笔豪迈精要，去声起韵，音节陡峭，勾勒出秦国一统天下的万世之功。其后描写阿房宫，则文笔汪洋恣肆，视角由远及近，由物及人，手法有排比对仗，有比喻铺张，极尽繁复巧妙。特别是描写宫中妃嫔一段，尤见作者夸张想象与绮丽文笔。从"明星荧荧"这个对妃嫔化妆的设喻开始，六个以"也"字结语的排比，极力展现宫中奢华与来往车马声势。段末一句嫔妃对皇帝"不得见者三十六年"的夸张结语，更显示出浩瀚宏远的历史感。其后写六国财富遭遇搜刮，则将金石珠玉与土块瓦砾作为对比，既展示秦国搜刮之巨，也隐指秦国横征暴敛的苛政，为下文议论铺垫。

第二部分以一句"嗟夫"发叹，说明秦国豪奢无道，实已失却民心。此后再用六个故作夸张的排比，说明秦国大兴土木，劳民伤财，终于引发民愤。宏大基业，竟然一朝即成"可怜焦土"，寥寥数句，怀古之情，油然而生。尾段则以顶真往复，对比反衬的论证，总结六国及秦国灭亡的教训。结语更是点明"后人哀之而不鉴之"，可见作者立足史实，关怀当下，劝诫君主吸取历史教训的文章主旨。

本文虽为辞赋，却以散文为主体形式展开，议论慨叹，流转自然，字句则注重对仗工整，音韵协和。全文描写、议论、叙事、抒情交织，面面俱到，以秦亡为发端，旨在劝喻，言辞风格，铺张扬厉，可与《古文观止》中贾谊的《过秦论》作为对照阅读。

> 秦人不暇自哀，而后人哀之，后人哀之而不鉴之，亦使后人而复哀后人也。

古文的智慧

经历一次磨折，一定要在思想上提高一步，这样才不冤枉。一个人吃苦碰钉子都不要紧，只要肯吸取教训，所谓人生或社会的教育就是这么回事。

自嘲，以溪水之名

愚溪诗序

唐·柳宗元

灌水之阳有溪焉①，东流入于潇水②。或曰："冉氏尝居也，故姓是溪为冉溪。"或曰："可以染也③，名之以其能，故谓之染溪。"余以愚触罪，谪潇水上。爱是溪，入二三里，得其尤绝者家焉。古有愚公谷④，今余家是溪，而名莫能定，土之居者犹龂龂然⑤，不可以不更也，故更之为"愚溪"。

愚溪之上，买小丘，为愚丘。自愚丘东北行六十步，得泉焉，又买居之，为愚泉。愚泉凡六穴，皆出山下平地，盖上出也。合流屈曲而南，为愚沟。遂负土累石，塞其隘，为愚池。愚池之东为愚堂，其南为愚亭，池之中为愚岛。嘉木异石错置，皆山水之奇者，以余故，咸以"愚"辱焉。

夫水，智者乐也。今是溪独见辱于"愚"，何哉？盖其流甚下，不可以灌溉；又峻急，多坻石⑥，大舟不可入也；幽邃浅狭，蛟龙不

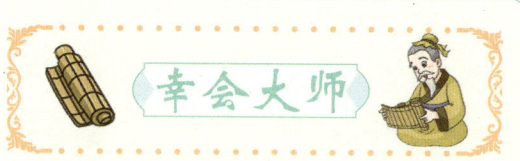

幸会大师

柳宗元（773～819），字子厚，河东解县（今山西永济）人，人称"柳河东"，"唐宋八大家"之一，也是唐代著名的文学家、诗人。在古诗方面，柳宗元的诗作现存140多首，其中绝句《江雪》在唐诗中堪称一流作品。在游记、寓言等方面，柳宗元同样为后世留下了极其优秀的作品，比如《永州八记》已成为中国古代山水游记名作。这些优美的山水游记，生动表达了诗人对自然美的感受，确立了山水游记作为独立的文学体裁在文学史上的地位。

屑，不能兴云雨。无以利世，而适类于余，然则虽辱而愚之，可也。

宁武子"邦无道则愚"⑦，智而为愚者也；颜子"终日不违如愚"⑧，睿而为愚者也。皆不得为真愚。今余遭有道，而违于理，悖于事，故凡为愚者莫我若也夫。然则天下莫能争是溪，余得专而名焉。

溪虽莫利于世，而善鉴万类，清莹秀澈，锵鸣金石⑨，能使愚者喜笑眷慕，乐而不能去也。余虽不合于俗，亦颇以文墨自慰，漱涤万物，牢笼百态，而无所避之。以愚辞歌愚溪，则茫然而不违，昏然而同归，超鸿蒙，混希夷，寂寥而莫我知也。于是作《八愚诗》，纪于溪石上。

经典注释

①灌水：潇水的支流，在今广西灌阳附近。②潇水：湘江的支流，源出湖南潇山。③可以染：指水流宜于用来调染料。④愚公谷：在今山东淄博北。⑤龂龂（yín）然：争论不休的样子。⑥坻（chí）：水中的高地或小洲。⑦宁武子：名俞，谥号武，春秋时的卫国大夫。⑧颜子：名回，字子渊，孔子的弟子。⑨锵（qiāng）鸣金石：指水流的声音如同敲打钟磬，铿锵作响。

译文也很美

灌水的北面有一条小溪，向东流入潇水。有人说："有个姓冉的人曾经在这里住过，所以这条溪水被命名为'冉溪'。"也有人说："这条溪里的水可以用来染色，根据它的这种性能，所以称它为'染溪'。"我因为愚昧而犯了罪，被贬谪到潇水。我喜爱这条溪水，沿着溪边行走了二三里路，发现了一个景色绝佳的地方，就把家安在了这里。古代有个愚公谷，现在我住在这条溪水旁，而溪水的名字没有定下来，当地的居民还在争论不休，不能不换个名

称，所以为它定名为"愚溪"。

　　在愚溪上游，我买了个小山丘，称为愚丘。从愚丘往东北方向走六十步，发现一处泉水，我又把它买了下来，并居住在这里，称为"愚泉"。这愚泉有六个泉眼，都出自山下平地，泉水都是由地下往上喷涌出来的。泉水合流后，弯弯曲曲向南流去，我称它为"愚沟"。于是堆土砌石，堵住愚沟的狭窄部位，筑成了一个愚池，愚池的东面是愚堂，它的南面是愚亭，愚池的中央是愚岛。美好的树木和奇异的石头在岛上参差错落，这些都是山水中的奇妙景色，因为我的缘故，都用"愚"字来给它们命名。

　　水本是聪明人所喜欢的，可现在这条溪水竟然被"愚"字所折辱，这是为什么呢？因为它水道很低，不能用来灌溉；又险峻湍急，有很多浅滩和石头，大船不能驶入；溪水幽深浅狭，蛟龙不屑在这里居住，不能凭借它兴云布雨，对世人没有什么好处，但这些特点正好像我这个人一样，既然如此，即使是玷辱了它，用"愚"字来称呼它，也是可以的。

　　宁武子"在国家动乱时显得很愚昧"，那是本来很聪明的人故意装作糊涂；颜子"从来不提与老师不同的见解"，好像是很迟钝，也是本来很聪明却故意表现得很愚笨，他们都不是真正的愚笨。如今，我在政治清明之时，却做了与事理相悖的事情，在愚人当中没有谁像我这么愚笨的

了。所以天下人没有谁能和我争这条溪水，我可以独占它并给它命名为"愚溪"。

这条溪水虽然对世人没有什么好处，却能够映照万物，清秀明澈，能发出金石般的响声，能使得愚笨的人笑逐颜开，对它眷恋爱慕不忍离去。我虽然不与世俗相合，也还能稍用文章来安慰自己，洗涤万物，囊括各样形态，而无所忌讳。我用愚笨的言辞来歌唱愚溪，觉得茫茫然没什么悖于事理的，昏昏然似乎都是一样的归宿，超越天地尘世，融入玄虚静寂之中，而寂寞清静之中没有人能了解我。于是我写下了《八愚诗》，记录在溪旁的石头上面。

鉴赏文心

柳宗元少年得志，弱冠之年就在长安士子中享有盛名，后来一举高中博学鸿辞科的进士。博学鸿辞科竞争极为激烈，是诸试中最为难考的，而一旦得中，按朝廷规定是可以直接委任实缺，成为治理一方的最高长官。

本来柳宗元的仕途是一帆风顺的，可他加入了当时风头正劲的王叔文集团。王叔文有改革弊政的打算，但卷入了皇子的夺嫡之争，结果他全力反对的皇子李纯登基，成了后来的唐宪宗。王叔文自己不得善终，他的友人，比如柳宗元也受到牵连，原本大有所为的政治前途就此荒废。

从京师高官被贬到湖南永州当一州司马，柳宗元的心中落差是巨大的。作为精通经史子集、诸子百家的大师，柳宗元的反思当然会有别于凡夫俗子的以头抢地、自暴自弃，或是以酒消愁了。灾难给了柳宗元一份宁静，使他有充足的时间和自然会晤，与自我对话。柳宗元在永州郊外发现了景色优美的冉溪，结庐而居，将附近的泉、沟等用"愚"命名，作了《八愚诗》，本文就是诗歌前的序文。

> 溪虽莫利于世，而善鉴万类，清莹秀澈，锵鸣金石，能使愚者喜笑眷慕，乐而不能去也。

文章共五段，从内容结构上可以分为四个部分。一、二段主要写愚溪的八处景点，都被冠名为愚。第三段写冉溪被命名为愚溪的原因，是因为其对世人没有任何好处。第四段写称自己为愚者的原因，是真的愚蠢。第五段写愚溪能善鉴万物，清莹秀澈，愚蠢的自己能漱涤万物，牢笼百态，两者都是名愚实智。

文中第四段提到了三种愚人：古代的宁武子、颜子和作者本人。宁武子是智而为愚，颜子是睿而为愚，作者是违于理、悖于世的真愚人。果真如此吗？文中的"遭有道"，是遇到了宪宗当朝清明的时世。然而宪宗是圣明的吗？这大概是一种讽刺吧！所以，"违于理""悖于事"，是作者在说反话了。文中又说因为我真的愚蠢，所以世上没有人能和我争这条溪水，这更是愤懑之言！

作者感叹"余虽不合于俗"，言外意在表达"我"被世俗给排挤了。被排挤后，虽然冷漠孤单，但在这无碍的大自然中，却能真正返璞归真，用自己能洗涤万物、包罗百态的笔写尽心中的痛苦无奈、清峻高洁，自得其乐，不是胜于生活在昏暗尘世的人们吗？

文章通篇以"愚"为线索，"余以愚触罪"到"以愚辞歌愚溪"，表达了一个遭受重重打击的士大夫的愤激不平之情，同时也是对当政者的控诉。

"满纸愤世言，一把忧时泪。作者自称愚，谁解其中味。"大概是最能概括这篇诗序的情感了吧！

古文的智慧

愚人依靠内心的直观感受来衡量好坏、善恶，想悲伤时就悲伤，想欢喜时就欢喜，这不单纯是一种生活的态度，更是一种人生的能力，也就是自信、快乐的能力。聪明人容易让人欣赏、喜欢，而感动我们的往往是愚人的善良和坚持。

埋没于荒凉中的美好

小石城山记

唐·柳宗元

自西山道口径北①，逾黄茅岭而下，有二道。其一西出，寻之无所得；其一少北而东②，不过四十丈，土断而川分③，有积石横当其垠④。其上为睥睨梁欐之形⑤，其旁出堡坞⑥，有若门焉。窥之正黑，投以小石，洞然有水声⑦，其响之激越⑧，良久乃已。环之可上，望甚远。无土壤而生嘉树美箭⑨，益奇而坚。其疏数偃仰⑩，类智者所施设也。

噫！吾疑造物者之有无久矣⑪。及是，愈以为诚有。又怪其不为之中州⑫，而列是夷狄⑬，更千百年不得一售其伎⑭，是固劳而无用⑮。神者傥不宜如是⑯，则其果无乎？或曰："以慰夫贤而辱于此者。"或曰："其气之灵，不为伟人，而独为是物，故楚之南少人而多石。"是二者，余未信之。

经典注释

①径：直往。②少：稍、略。③土断：山势突然断落，形成峭壁。④垠：边际、界限。⑤睥睨：通"埤堄"，城上如齿状的矮墙。梁欐：栋梁。这里指山石堆积形似城上望楼一类的建筑。⑥堡坞：像小城堡的石头。⑦洞然：石子击水的声音。⑧激越：声音高亢激昂。⑨箭：小竹子。⑩疏数偃仰：疏密起伏。数：密。偃：俯。⑪造物者：古人指创造万物的神灵。⑫中州：中原地区。⑬夷狄：古时对少数民族的称呼，这里指少数民族聚居的荒远地区。⑭更千百年：经历千百年而不能让其优美景致被人们所赏识、承认。更，经过。⑮固：真的。⑯不宜如是：不应这样做，即徒劳地把小石城山安排在荒僻的永州。

译文也很美

　　从西山路口一直向北走，越过黄茅岭往下走，有两条路：一条向西走，沿着它走过去什么也得不到；另一条稍微偏北又折向东去，只走了四十丈，路就被一条河流截断了，有积石横挡在这条路的尽头。石山顶部天然生成矮墙和栋梁的形状；旁边又凸出一块好像堡垒，有一个像门的洞，从洞口往里探望一片漆黑，丢一块小石子进去，咚的一下有石头落水的声音，那声音很洪亮，好久才会消失。石山可以盘绕着登到山顶，站在上面望得很远。山上没有泥土却长着很好的树木和竹子，而且形状奇特，质地坚硬。竹木分布疏密有致、高低参差，好像是有智慧的人特意布置的。

　　唉！我怀疑造物者的是否存在已很久了，到了这儿更认为造物者确实是有的。但又奇怪他不把这小石城山安放到人烟稠密的中原地区去，却把它摆在这荒僻遥远的蛮夷之地，即使经过千百年也没有可以显示奇异景色的机会，这简直是白耗力气而毫无用处，神奇的造物者似乎不会这样做的，那么造物主真的存在吗？有人说："造物主之所以这样安排，是用这美丽的景色来安慰那些被贬逐在此地的贤人。"也有人说："这地方山川钟灵之气不能孕育伟人，而唯独凝聚成奇山胜景，所以楚地的南部少出人才而多产奇峰怪石。"这两种说法，我都不太相信。

鉴赏文心

　　唐宪宗元和元年（806），柳宗元被贬到永州担任司马。其间，他的母亲病故，好友王叔文被处死。永州十年是柳宗元最困厄艰难的十年，但这十年却让这位文学家创作了大量作品，著名的《永州八记》就创作于此。本文就是其中之一。

　　文章篇幅很短，寓意却深。第一段主要是以记叙为主，写小石城山的景物，先写其方位偏僻又荒凉，再以凝练生动的语言写山上的奇景奇貌。小石城山山景之奇可以表现在这几个方面：土堡的形状"若门焉"，山洞的深窈使"投以小石，洞然有水声，其响之激越，良久乃已"，山树无土却生得嘉美而坚固；山石的分布疏密有致，"类智者所施设"。即山形之奇、山洞之奇、山树之奇。如此奇特的美景，不禁让人心生向往之情。

　　第二段以抒情和议论为主，从讨论造物者的有无，到造物者是否有意将小石城山安排在荒凉又少有人烟的南方，抒发了自己深沉的忧思。试想，小石城山如此之美景，竟然被遗落在偏远的荒野没有人来欣赏，受人冷落至此，怎能不为它而感到愤愤不平呢？它在这天地间坦坦荡荡，质朴自然，不矫揉也不造作；它孤独寂寞却从不宣扬孤寂，这就是千百年来一直待在这里的小山的本质与品格。可是，它也希望能有一个人发现它的美啊！这不就像同样被贬谪此地的柳宗元吗？

　　因为作者有着与小石城山相似的境遇，同样满腹才华，一样被贬谪到荒野偏僻无人问津之地。有人说"偏僻产生荒凉，荒凉产生空旷，空旷产生幽静，幽静产生忧郁，而忧郁产生思虑，有思虑就有美。"小石城山之于柳宗元何尝又不是这样呢？柳宗元的眼光是独到的，他又是幸运的，因为遇到了小石城山；小石城山也是幸运的，它的奇美终于被柳宗元点化成一朵空谷幽兰，绚烂了整个寂静的山谷。

　　全文融情入景，作者将个人被贬谪的幽怨愤懑之情融入于秀丽的景色，那就让这失意痛楚消融于永州郊野的嘉树美竹中吧！

青山隐隐水迢迢

古文的智慧

活着，就是要痛一痛的。有声有色地活过，其实就是有滋有味地痛过。有时候，你觉得痛，不是你有多苦，有多委屈，只是觉得自己很可怜，很无助，很孤单。即使形只影单，也要脚踏实地，走好人生的每一步。

随遇而安，才有佛系人生

黄冈竹楼记

北宋·王禹偁

黄冈之地多竹，大者如椽，竹工破之，刳去其节，用代陶瓦。比屋皆然，以其价廉而工省也。

子城西北隅①，雉堞圮毁，蓁莽荒秽②，因作小楼二间，与月波楼通。远吞山光，平挹江濑，幽阒辽夐，不可具状。夏宜急雨，有瀑布声；冬宜密雪，有碎玉声。宜鼓琴，琴调和畅；宜咏诗，诗韵清绝；宜围棋，子声丁丁然；宜投壶③，矢声铮铮然。皆竹楼之所助也。

公退之暇，被鹤氅衣，戴华阳巾，手执《周易》一卷，焚香默坐，清遣世虑④。江山之外，第见风帆沙鸟、烟云竹树而已。待其酒力醒，茶烟歇，送夕阳，迎素月，亦谪居之胜概也。

彼齐云、落星⑤，高则高矣；井幹、丽谯⑥，华则华矣。止于贮妓女，藏歌舞，非骚人之事，吾所不取。

吾闻竹工云："竹之为瓦，仅十稔⑦；若重覆之，得二十稔。"噫！吾以至道乙未岁，自翰林出滁上；丙申，移广陵；丁酉，又入西掖⑧；戊戌岁除日，有齐安之命；己亥闰三月，到郡。四年之间，奔走不暇，未知明年又在何处，岂惧竹楼之易朽乎？后之人与我同志，嗣而葺之，庶斯楼之不朽也。

经典注释

①予城：也称"瓮城"或"月城"，古时用于防卫的方形或半月形城墙。②蓁（zhēn）莽荒秽：杂草丛生，一片荒芜。蓁蓁，丛生的草木。③投壶：古代士大夫宴饮时的一种投掷游戏，宾主向一个像瓶子的壶中投掷筹棒，投中多的为胜。④世虑：世俗杂念。⑤齐云、落星：古代著名高楼。⑥井幹（hàn）、丽谯（qiáo）：古代著名高楼。⑦十稔（rěn）：十年。⑧西掖：指中书省，中央的行政机构，因位于皇宫的西边而得名。

译文也很美

黄冈一带盛产竹子，大的粗如椽子，竹匠剖开它，削去竹节，用来代替陶瓦，家家房屋都是这样，因为竹瓦价格低廉而且省工。

瓮城的西北角，垛口倒塌，荆棘丛生，一片荒芜，我在那里盖了两座小竹楼，和月波楼相连通。登上小楼，远望可以尽览山色，平视可以看见江水流淌。这些清幽寂静、辽阔广远的景致，不能详尽地描绘出来。夏天最适宜下一场急雨，小楼中会传出瀑布的声响；冬天最适宜下一场紧密的大雪，小楼中会发出碎玉的声响。小楼中很适宜弹琴，琴声和谐流畅；小楼中也适宜吟诗，诗韵清雅绝妙；小楼中还适宜下棋，棋子落盘叮叮作响；小楼中适宜投壶，箭声铮铮动听。这些美妙的声音，都是在竹楼中产生的。

在处理完公事之后的闲暇时间，我披着鹤氅，戴着华阳巾，手拿一卷《周易》，焚香静坐，消除世俗杂念。这时，水光山色以外，只有风帆沙鸟、烟云竹树罢了。等到酒醒之后，茶炉烟已经熄灭，送走

青山隐隐水迢迢

夕阳，迎来明月，这也是谪居生活中的乐事啊！

那齐云楼、落星楼，高大确实是高大；井幹楼、丽谯楼，华丽确实是华丽。但它们只不过是用来蓄养妓女，轻歌曼舞的所在，这不是诗人想要做的事情，我也不会采取这样的做法。

我听竹工说："用竹做瓦，只能用十年；如果铺两层，就可以用二十年。"唉！我在至道乙未年，由翰林学士被贬到滁州，丙申年又转到广陵；丁酉年又调入到中书省；戊戌年除夕那一天，奉命调到齐安；己亥年闰三月来到齐安郡。四年之间，奔走不停，不知明年又在什么地方，难道还担心竹楼容易朽坏吗？后来的人如果跟我志趣相同，能接着修缮它，那么这座竹楼就永远不会朽坏了。

王禹偁（954～1001），字元之，北宋诗人、散文家，济州巨野（今山东巨野县）人，因曾被贬于黄州，世称王黄州。北宋太平兴国八年进士，历任右拾遗、左司谏、知制诰、翰林学士等职务。因为敢于直言讽谏，屡受贬谪。宋真宗即位后，先贬知黄州，又迁蕲州，后病死于任上。王禹偁是北宋诗文革新运动的先驱，文学韩愈、柳宗元，诗崇杜甫、白居易，多反映社会现实，风格清新平易。

该文是作者著名的抒情散文，艺术上很有特色，结构严谨，构思巧妙，层次分明，多用排比，寓情于景，轻快自然，既抒写了作者随遇而安、贬谪不惧的心态，也含蓄地表现了其愤懑不平之情。文章清幽潇洒，可以与欧阳修的《醉翁亭记》相媲美。

本文共五段，从内容结构上可以分为三个部分。第一段主要写黄冈竹子多以及用它建造房屋的妙处。二到四段在前文的铺垫之上，详细写了谪居于黄冈竹楼的生活与感悟，在竹楼领略到美不可言的清幽雅致。无论是"远吞"所表现的幽静辽阔之景，还是"夏宜冬宜"的四季之趣，抑或是送夕阳迎素月之乐，都展现了作者谪居的悠闲自得。最后一段借寿命不足二十年的竹楼的命运来写自己不断被贬谪的命运，其中之感慨既让人唏嘘不已，又寄寓了作者的深切期望。

表现手法上，本文运用了大量的修辞，比如对比：文章第四段将闻名的四大名楼和自己简陋的竹楼进行对比，名楼蓄藏乐妓、安顿歌舞女子的用途终究比不上在竹楼焚香默坐、消除世俗杂念的脱俗儒雅，从而表达了作者高洁的志趣。除此，文中还大量使用了排比：如"宜急雨、宜密雪、宜鼓琴、宜咏诗、宜围棋、宜投壶"，连用六个"宜"字，两两相对，构成声律和谐、朗朗上口的排比，更见作者在竹楼生活的幽雅情趣。

本文寄寓深远，借在竹楼的生活场景表现了作者恬静淡泊的生活，悠闲的幽居状态，借竹楼来抒发自己屡遭贬谪的失意之情。全文以杂记的体例来抒发情感，虽然屡遭贬黜却不失恬静淡泊，可谓是这篇记文的独特之处。竹楼是作者高洁志趣的载体，是人格魅力的象征，更是他屡遭贬谪时安放苦闷心灵的精神家园。竹楼因人而流传千古，人因竹楼而产生"岂惧竹楼之易朽乎"的从容，这是二者共同的幸运。

古文的智慧

随遇而安是一种能力：人生或有悲喜，脚下路有长短，恰是那些坎坷与磨砺让我们蜕变与成长，懂得了与其执念，不如舍得，如此随心豁达地面对人生。最后，所有的苦难自有幸福的回甘。

青山隐隐水迢迢

书《洛阳名园记》后

洛阳是国家的晴雨表

北宋·李格非

洛阳处天下之中，挟殽、渑之阻①，当秦、陇之襟喉②，而赵、魏之走集③，盖四方必争之地也。天下当无事则已，有事则洛阳必先受兵。予故尝曰："洛阳之盛衰，天下治乱之候也④。"

唐贞观、开元之间，公卿贵戚开馆列第于东都者⑤，号千有余邸。及其乱离，继以五季之酷⑥，其池塘竹树，兵车蹂蹴，废而为丘墟，高亭大榭，烟火焚燎，化而为灰烬，与唐共灭而俱亡，无余处矣。予故尝曰："园圃之兴废，洛阳盛衰之候也。"

且天下之治乱，候于洛阳之盛衰而知⑦；洛阳之盛衰，候于园圃之兴废而得，则《名园记》之作，予岂徒然哉？

呜呼！公卿大夫方进于朝，放乎一己之私，自为之，而忘天下之治忽，欲退享此乐，得乎？唐之末路是已。

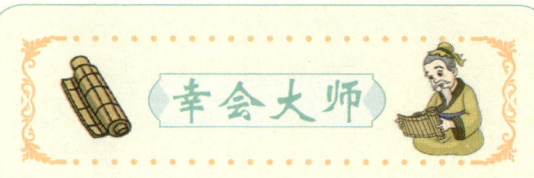

李格非（约1045～约1105），字文叔，齐州（今山东济南）人，北宋文学家，也是著名女词人李清照的父亲。宋神宗熙宁九年（1076），李格非中进士，后历任司户参军、试学官，教授、礼部员外郎等职务。李格非师承苏轼，一生写就的诗作、文章很多，但因为战乱都没有流传下来，保留至今的仅有《洛阳名园记》一篇。

①殽（yáo）：也作"崤"，位于函谷关东，地势险要。②襟

喉：这里指要害。襟，衣襟。喉，喉咙。③走集：边境上的壁垒。④候：征候，征兆。⑤东都：指洛阳。⑥五季：指五代，即后梁、后唐、后晋、后汉、后周五个政权。⑦候于：看……的迹象。

译文也很美

　　洛阳位于天下的中心，有崤山、渑池作为屏障，处在秦、陇两地的要塞之处，是赵、魏之间往来的必经要道，因此成为四方必争之地。天下太平无事便罢，一旦发生变乱，洛阳必定首先遭受兵灾。所以我曾说过："洛阳的盛衰，是天下治乱的征兆。"

　　唐代贞观、开元年间，王公贵族在东都洛阳修筑楼馆、营建宅第的号称有一千多家。到唐末发生战乱，接着又经历五代的严重破坏，那些池塘竹树，在兵车的蹂躏践踏下成了废墟；高大的亭台楼阁，被战火焚烧化为灰烬，与唐朝共同覆灭，没有留下一处园林。所以，我曾说过："园林的兴废是洛阳盛衰的征兆。"

　　天下的治乱从洛阳的兴衰中就能看出；洛阳的兴衰又能从园林的兴废中得知，那么，我写《名园记》难道是徒劳无益、白费笔墨的吗？

唉！公卿士大夫刚到朝廷任职，就放纵自己的私欲，将天下治乱的大事弃之不顾，只热心于营建自家的园林，希望退休时再来享受，这能做得到吗？唐朝灭亡就是这个原因啊！

在宋哲宗绍圣年间，李格非亲自游历了北宋繁盛之时的洛阳各大名园，从退休的宰相富弼到太子太师、许国公吕蒙正的大小园林十九处，并就此写下了《洛阳名园记》一书。这些园子大都建在唐代遗留的园林旧址，他细致描述了这些名园的山水花木、独特的布局以及景观建筑。本文是作者为《洛阳名园记》写的跋记，因为是写在书后，也可以称之为后记。

与其说这是一篇阐明写作意图的后记，还不如说它是一篇满含对国家担忧关切之情的政论性散文。文章从洛阳的兴盛衰落可以窥见一个国家是太平之世还是乱世展开议论，认为洛阳名园的兴盛衰落可以看出洛阳之城的盛衰。如此以小见大，可以看出作者对当前危在旦夕的国势清醒的认识和深深的忧虑。

文章共四段，从内容上可以分为三个部分。第一段强调洛阳在天下的枢纽地位，其险要的地理位置是古今兵家必争之地，因此洛阳的盛衰关乎天下的治乱。第二、三段阐述了从园林的兴废可以看出洛阳盛衰的观点，主要事实论据是唐朝贞观和开元年间各大公卿贵族在洛阳的名园于战乱中被焚烧殆尽的史实。第四段在前文层层铺垫之上的总结推论，得出"洛阳的盛衰是天下治乱的标志"的论点，并对当今官员在任时不能恪尽职守，反而一味满足私欲建造名园，只图卸任后安享名园之乐的做法进行了讽刺。全文层层推进，逻辑缜密，文中大量的排比更是加强了文章论证的气势，有很强的说服力。

《洛阳名园记》原本是作者游园所写的游记，但是在后记中作者却认为

> 公卿大夫方进于朝,放乎一己之私,自为之,而忘天下之治忽,欲退享此乐,得乎?

这小小的园林不仅关乎一个城市的盛衰,更关乎一个国家的治乱,并用唐朝的惨痛代价警醒告诫当前沉迷于享乐的"公卿大夫",足见作者忧国忧民之心。

二十年后,这繁盛一时的十九处名园均在靖康之变中灰飞烟灭,洛阳沦陷,北宋亡国,作者的担忧不幸成真。后来不少南宋文人诵读此文,无不流涕不已。

古文的智慧

最好的时候,也就是最危险的时候。一个国家如果没有危机意识,迟早会出问题;一个企业如果没有危机意识,迟早会垮掉;一个人如果没有危机意识,迟早会遭到不可测的祸端。在这个意义上,危机是一块试金石,要么在危机中再生,要么在危机中消亡。

青山隐隐水迢迢

君子的忧与乐

岳阳楼记

北宋·范仲淹

庆历四年春①,滕子京谪守巴陵郡②。越明年,政通人和,百废具兴。乃重修岳阳楼,增其旧制,刻唐贤、今人诗赋于其上,属予作文以记之。

予观夫巴陵胜状,在洞庭一湖。衔远山,吞长江,浩浩汤汤③,横无际涯;朝晖夕阴,气象万千。此则岳阳楼之大观也,前人之述备矣。然则北通巫峡,南极潇湘,迁客骚人,多会于此,览物之情,得无异乎④?

若夫霪雨霏霏,连月不开,阴风怒号,浊浪排空;日星隐曜,山岳潜形;商旅不行,樯倾楫摧;薄暮冥冥,虎啸猿啼。登斯楼也,则有去国怀乡⑤,忧谗畏讥,满目萧然,感极而悲者矣。

至若春和景明,波澜不惊;上下天光,一碧万顷;沙鸥翔集,锦鳞游泳;岸芷汀兰⑥,郁郁青青。而或长烟一空,皓月千里,浮光跃金,静影沉璧,渔歌互答,此乐何极!登斯楼也,则有心旷神怡,宠辱皆忘,把酒临风,其喜洋洋者矣。

嗟夫!予尝求古仁人之心,或异二者之为。何哉?不以物喜,不以已悲。居庙堂之高，则忧其民；处江湖之远，则忧其君。是进亦忧，退亦忧。然则何时而乐耶？其必曰"先天下之忧而忧，后天下之乐而乐"乎！噫！微斯人，吾谁与归？

经典注释

①庆历四年：公元1044年。庆历，宋仁宗年号。②滕子京：名宗谅，河南人，与范仲淹为同科进士，后因被人诬告，贬为岳州知州。巴陵郡：岳州，今湖南岳阳。③汤汤（shāng）：水势浩大的样子。④得无：能不，表示推测语气。⑤去国：离开京城，指被贬。国，指京城。⑥芷（zhǐ）：白芷，一种香草。汀：水中或水边的小块平地。

译文也很美

庆历四年春天，滕子京被贬为巴陵郡太守。到了第二年，政事推行得很顺利，百姓安居乐业，各种荒废的事业都兴办起来了。于是，他重新修建岳阳楼，扩大了它原来的规模，在楼上刻写唐代名人和当代文人的诗赋，并嘱托我写一篇文章来纪念这件事。

我在岳阳楼上看到巴陵郡的美景，全在这洞庭湖上。湖水连接着远处的山脉，吞吐着滚滚的长江，水面浩浩荡荡，无边无际；清晨，湖面上洒满了阳光；傍晚，又变得昏暗阴晦，景象千变万化。这就是岳阳楼的壮观景象，前人的描绘已经很详尽了。然而，这里往北可以通到巫峡，往南可以一直通到潇湘二水，被降职远迁的官员和喜欢吟诵的诗人，大多会聚在这里，他们浏览景物的心情，能没有区别吗？

在那细雨连绵、一连数月也不放晴的时候，阴冷的风怒号着，浑浊的浪涛翻腾到半空；日月星辰失去了光辉，山岳也隐没了它的雄姿；来往的客商无法通行，桅杆倾倒，船桨断折；一到傍晚，湖面昏

暗，似乎有老虎的怒吼和猿猴的悲啼。此刻人们登上这座楼，就会产生被贬离京城，怀念家乡，担心遭到他人诽谤和讥讽的心情，周围又都是萧瑟的景象，心情往往因为感伤而更加悲痛。

等到了春天，微风和煦，阳光明媚，湖面波平浪静；天光和水色相映生辉，碧绿的湖水一望无际；沙洲上的白鸥时而展翅飞翔，时而停落聚集，五光十色的鱼儿游来游去；岸上的芷草，小洲上的兰花，香气浓郁。有时天空上烟雾完全消散，皎洁的月光一泻千里，湖面上浮动着金色的光辉，月儿的倒影就像玉璧静沉在水底，渔夫的歌声也一唱一和，这真是一种无尽的乐趣！这时人们登上这座楼，就会感到胸怀开阔，心旷神怡，一切荣辱得失都被置之度外，临风畅饮，真是无限的惬意！

唉！我曾经探求过古代仁人的内心世界，他们或许与前面两种情况都不同。为什么呢？这是因为他们不因环境的顺心而欣喜，也不因个人的失意而难过。在朝廷做官就为百姓忧虑；隐退到江湖又替君主忧虑。这结果就是进朝做官也忧虑，退居江湖也担心。那么，他们什么时候才快乐呢？他们大概会说"在天下人忧虑之前忧虑，在天下人快乐之后快乐"吧！唉！如果没有这样的人，我还能与谁同道呢？

鉴赏文心

这篇文章写于宋仁宗庆历六年（1046）。范仲淹生活在北宋王朝内忧外患的年代，王朝内部阶级矛盾日益突出，外部契丹和西夏虎视眈眈。为了巩固政权，改善这一处境，以范仲淹为首的政治集团开始进行改革，后人称之为"庆历新政"。这次改革触犯了保守派的利益，遭到了他们的强烈反对。宋仁宗改革的决心也不坚定，在保守派官僚集团的压迫下，"庆历新政"以失败告终。而后，范仲淹因为得罪了宰相吕夷简，被贬放河南邓州，这篇文章便是写于邓州，而非写于岳阳楼。

记，是古代的一种文体，主要记载事物，通过记事、记物、写景、写人来抒发作者的感情和见解，可以即景抒情，也可托物言志。本文就是通过记述重修岳阳楼之事，描写岳阳楼之景，来表达自己的远大志向。

　　文章共五段，从内容结构上可以分为三个部分。第一段以记叙为主，写重新修建岳阳楼的背景和写记的缘由，着重说明滕子京谪守后的政绩。第二到四段是文章的主体，写被贬谪官员和诗人观赏景物时或喜或悲的情感。这一部分可以分为两层。第一层是第二段，写洞庭湖雄伟壮阔的景象，并提出疑问"览物之情，得无异乎？"第二层是第三、四段，用了两个排比的段落，写出了迁客骚人遇到阴雨晦暗之景时萧条凄凉的心情和看到明媚和煦之景时爽朗开阔的心情。这一暗一明、一喜一悲，就形成了鲜明的对比。第五段是第三部分，抒发了作者伟大的政治抱负和关心天下的开阔胸襟，全文的重点都在这最后一段。无论是"不以物喜，不以己悲"，还是"先天下之忧而忧"都镌刻史册，影响着后世无数的仁人志士，也引领着无数有识之士为着国家的"政通人和"而奋斗。

　　清代人吴楚材、吴调侯在编纂《古文观止》时，对范仲淹的《岳阳楼记》推崇备至，称赞其："岳阳楼大观，已被前人写尽，先生更不赘述，止将登楼者览物之情，写出悲喜二意。只是翻出后文忧乐一段正论。以圣贤忧国忧民心地，发而为文幸，非先生其孰能之？"可以说是对《岳阳楼记》在中国文学史上一次盖棺定论的总结。

古文的智慧

　　人生于世，免不了因为自己的得失进退而感到欣喜或悲伤，但若一个人关切的东西永远局限在自我身上，那么他的视野就会极为狭窄，他的人生就不能获得真正的价值。一个人，只有超越了自我，能对这个世界有更多的关切，对宇宙、人生有更多的思考，他才能真正有所作为。

青山隐隐水迢迢

一所学校的诞生

袁州州学记

北宋·李觏

皇帝二十有三年①，制诏州县立学。惟时守令，有哲有愚，有屈力殚虑，祗顺德意②；有假官借师，苟具文书。或连数城，亡诵弦声。倡而不和，教尼不行。

三十有二年，范阳祖君无泽知袁州③。始至，进诸生，知学宫阙状，大惧人材放失，儒效阔疏，亡以称上意旨。通判颍川陈君侁④，闻而是之，议以克合。相旧夫子庙狭隘不足改为，乃营治之东。厥土燥刚，厥位面阳，厥材孔良。瓦壁门庑，黝垩丹漆⑤，举以法。故生师有舍，庖廪有次。百尔器备，并手偕作。工善吏勤，晨夜展力，越明年成。

舍菜且有日⑥。盱江李觏谂于众曰⑦：惟四代之学，考诸经可见已。秦以山西鏖六国，欲帝万世，刘氏一呼而关门不守，武夫健将卖降恐后。何耶？《诗》《书》之道废，人惟见利而不闻义焉耳。孝武乘丰富，世祖出戎行，皆孳孳学术。俗化之厚，延于灵、献。草茅危言者⑧，折首而不悔，功烈震主者，闻命而释兵。群雄相视，不敢去臣位，尚数十年。教道之结人心如此。今代遭圣神，尔袁得圣君，俾尔由庠序践古人之迹。天下治，则谭礼乐以陶吾民；一有不幸，尤当仗大节，为臣死忠，为子死孝。使人有所赖，且有所法，是惟朝家教学之意。若其弄笔墨以徼利达而已，岂徒二三子之羞⑨，抑亦为国者之忧。

经典注释

①皇帝：这里指宋仁宗。②祗（zhī）：恭敬。③范阳：古郡名，在今河北涿州市一带。祖君无泽：祖无泽，字泽之，北宋上蔡（今河南上蔡县）人，历官直集贤院。袁州：治所在今江西宜春市。④通判：官名，地位略次于州府长官。陈君佺（shēn）：陈佺，字复之，北宋长乐（今福建长乐市）人，进士。⑤黝（yǒu）：淡黑色。垩（è）：白色土。⑥舍菜：也作"舍采"，古代入学时举行的一种仪式，即向孔子牌位献上菜蔬。⑦盱（xū）江：水名，一称抚河，又称建昌江，在今江西东部。谂（shěn）：规劝，告诉，勉励。⑧草茅：指在野的人。⑨二三子："二三君子"的略称，大家诸君的意思。

译文也很美

宋仁宗皇帝继位的第二十三年（1045），下诏命令各州县设立学馆。那时的州县长官，有的贤明，有的愚昧，奉行诏令时，有的尽心竭力，恭敬地仰承皇帝旨意；有的装装门面，充当官、师，胡乱写一道奉诏文书了事。以致有些地方，一连几座城邑，听不到琅琅的读书声。朝廷倡导而地方不响应，使得教学受阻，不能推行。

宋仁宗皇帝继位的第三十二年（1054），范阳人祖无泽任袁州知州。初来时，他就召见一批儒生，了解到学馆残缺破败的情况，他很担心人才流失，儒学的教化作用逐渐削弱，不能合乎皇上旨意。颍川人陈佺是袁州通判，他很赞同祖知州的意见。他们

青山隐隐水迢迢

一同察看了旧有的夫子庙,觉得地方太狭窄,不适宜改建为学馆,于是决定在知府衙门的东面建造新的学馆。那儿土地干燥坚硬,地势朝南,建筑材料也非常优良。学馆的殿堂、大门、房廊,有深灰、雪白、朱红、漆黑等颜色,完全合乎法度。所以学生、老师都有安身之所,厨房、粮仓都有安排之处。各种器物准备齐全,大家齐心协力建造。工匠技艺高超,官吏勤快不怠慢,没日没夜努力工作。过了一年,就将学馆建成了。

在即将开学之时,盱江人李觏对众人勉励说:"那虞、夏、商、周四代办学之事,我们只需考察一下经书就可以知道。秦始皇凭借崤山以西之地,与六国大战,想万世称帝,被刘邦率军振臂一呼,却连关门也守不住。武官战将,争相投降,唯恐落后,这是为什么呢?那是因为秦国废弃了诗书教化之道,使众人见利忘义的缘故。汉武帝即位于民富国强之际,光武帝出身于行伍之间,都能极力推行儒学,所以民风淳厚,一直影响到汉灵帝、汉献帝的时代。当时,那些在野之人敢于直言,即使有杀身之祸也不后悔自己的忠直;那些功劳大得连皇帝也感到害怕的大臣,一听到天子的命令就放下了武器。各路诸侯虎视眈眈,却都不敢称帝,这种局面尚且维持了数十年。儒家的教化之道竟能这样维系人心。如今躬逢圣明天子,你们袁州人又遇到了贤明的官长,使你们能通过学馆的教化,追随古代圣贤的遗迹。当天下太平的时候,则可以光大礼乐来陶冶我们百姓的性情;一旦有了变故,还可以坚持节操,做臣子的为国尽忠,当人子的为父尽孝。学了儒道,可以使人有所效法,有了精神支柱,这就是国家倡导教学之意。如果到这里来只学得一套舞文弄墨的本领以求得名利,那岂止是你们的羞耻,同样也是治国之人的忧虑。"

宋仁宗继位的第二十三年,朝廷下诏命各州县设立学馆,但效果不一。

等到宋仁宗继位第三十二年时,范阳人祖无泽去袁州任知州,看到了州里的学馆破败不堪,孔子庙狭窄逼仄,痛心不已,忧心忡忡。于是下令重新修建新的学馆,并且举行了庄重的祭祀孔子的仪式。祭礼上,邀请了李觏讲话。

事后,李觏写下了《袁州州学记》,记叙了当时袁州州学创办的经过,指出了创办学馆的意义,批评了当时创建学馆不力的地方官员。据史载,宜春最早兴建昌黎书院的正是祖无泽。

本文标题是"记",但文章主要观点是在第三段的议论。全文共三段。第一段主要写各个州郡官员对宋仁宗下诏办学的不同态度,为后文祖无泽在袁州创办学馆埋下伏笔。第二段详略得当地叙述了祖无泽任袁州知府时创办学馆的全过程和他创建学馆时的一丝不苟。文中分别就选州学地址、预备材料、学馆结构和墙面粉刷装饰等方面进行了叙述,但却没有用太多笔墨赞颂祖无泽的功绩,留待读者细细品味。第三段重在写祭礼上李觏自己

青山隐隐水迢迢

> 天下治,则谭礼乐以陶吾民;一有不幸,尤当仗大节,为臣死忠,为子死孝。

的讲话。从历史上秦国的经验教训谈到汉朝风俗教化的效果,意在说明教育与国家兴亡有着密不可分的关系。联系当时现实,指明仁宗下诏办学的宗旨——传授礼乐、陶冶情操、为朝廷效忠、为父母尽孝。最后,批评办学只为谋取个人功名利禄的错误想法,大有言已止而意未尽之感。

文章选材上最大的特色是详略得当,这也是本文写作的成功之处。例如,文章第二段仅用一个"阙"字概括原来破败不堪的学馆,但对创办学馆的全过程进行了很细致的介绍。

有人觉得李觏文中充满了对朝廷的愚忠,因为他在文中反复宣称"为臣死忠,为子死孝"。只是,如果我们反过来思量一下,把"君"解读为国家民族,不就是范仲淹所说的"处江湖之远,则忧其

君"的忧国忧民情怀了吗？李觏在讲话中强调儒学对维系人心、维护社会稳定等方面有重要功能，并勉励学生立经国济民之志，不贪图私利，其忧国忧民之赤诚跃然纸上。

古文的智慧

教育是一个国家最廉价的国防，教师是一个国家未来发展的基石，教育事业就是用优秀的人培养更优秀的人。

和平，是最可爱的风景

丰乐亭记①

北宋·欧阳修

修既治滁之明年，夏，始饮滁水而甘，问诸滁人，得于州南百步之近。其上则丰山耸然而特立②；下则幽谷窈然而深藏③，中有清泉翁然而仰出④。俯仰左右⑤，顾而乐之。于是疏泉凿石，辟地以为亭，而与滁人往游其间。

滁于五代干戈之际⑥，用武之地也。昔太祖皇帝，尝以周师破李景兵十五万于清流山下，生擒其将皇甫晖、姚凤于滁东门之外，遂以平滁。修尝考其山川，按其图记，升高以望清流之关⑦，欲求晖、凤就擒之所。而故老皆无在也，盖天下之平久矣。自唐失其政，海内分裂，豪杰并起而争，所在为敌国者，何可胜数？及宋受天命⑧，圣人出而四海一。向之凭恃险阻⑨，划削消磨，百年之间，漠然徒见山高而水清。欲问其事，而遗老尽矣⑩！今滁介江淮之间，舟车商贾⑪、四方宾客之所不至，民生不见外事而安于畎亩衣食，以乐生送死。而孰知上之功德，休养生息，涵煦于百年之深也？

修之来此，乐其地僻而事简，又爱其俗之安闲。既得斯泉于山谷之间，乃日与滁人仰而望山，俯而听泉，掇幽芳而荫乔木，风霜冰雪，刻露清秀，四时之景无不可爱。又幸其民乐其岁物之丰成，而喜与予游也。因为本其山川，道其风俗之美，使民知所以安此丰年之乐者，幸生无事之时也。

夫宣上恩德，以与民共乐，刺史之事也⑫。遂书以名其亭焉⑬。

经典注释

①丰乐亭：在今安徽滁州城西丰山北，为欧阳修被贬滁州后建造的。②耸然而特立：高峻挺拔地矗立着。耸然：高耸的样子。特：突出。③窈然：深幽的样子。④滃（wěng）然：水势盛大的样子。⑤俯仰：这里为环顾的意思。⑥干戈：古代兵器，此指战争。⑦清流之关：在滁州西北清流山上，是宋太祖大破南唐军队的地方。⑧及：等到。⑨向：从前。⑩遗老：指经历战乱的老人。⑪舟车商贾：坐船乘车的商人。⑫刺史：官名，宋人习惯上作为知州的别称。欧阳修此时为滁州知州，根据习惯自称为刺史。⑬名：起名，命名。

译文也很美

我担任滁州太守后的第二年夏天，才喝到滁州的泉水，觉得美味甘甜。于是向滁州人询问泉水的发源地，得知就在距离滁州城南面一百步的近处。泉眼之上是丰山，高耸地矗立着；下面是深谷，幽暗地潜藏着；中间有一股清泉，水势汹涌，向外涌出。我上下左右打量，很喜爱这里的风景。因此，我就让人疏通泉水，凿开石头，拓出空地，建造了一座亭子，于是，我和滁州人在这美景中往来游乐。

　　滁州在五代混战的时候,是个兵家必争的地区。过去,太祖皇帝曾经率领后周士兵在清流山下击溃南唐李璟的十五万军队,在滁州东门的外面活捉了南唐大将皇甫晖、姚凤,就这样平定了滁州。我曾经考察过滁州地区的山水,核查过滁州地区的图籍,登上高山来眺望清流关,想寻找皇甫晖、姚凤被捉的地方。可是,当时的老人都已经不在了,大概是天下太平的时间太久了。自从唐朝败坏了它的政局,全国四分五裂,英雄豪杰们全都起来争夺天下,到处都是敌对的政权,哪能数得清呢?到了大宋朝接受天命,圣人一出现,全国就统一了。以前所凭借的险要的割据势力都被消灭,在一百年间,人们只能看到山高水清。我要想问问那时的情形,可是遗留下来的老人已经不在人世了!如今,滁州处在长江、淮河之间,是乘船坐车的商人和四面八方的旅游者都不经过的地方,百姓不知道外面的事情,安心耕田,穿衣吃饭,欢乐地过着日子,一直到去世。有谁晓得这是皇帝的功德,才让百姓休养生息,滋润化育已达百年之久呢。

　　我来到此地,喜欢这里的僻静,而政事简单,又爱它的风俗安恬闲适。在山谷间找到这样的甘泉之后，于是每天同滁州的士人来游玩，抬头望山，低首听泉。春天采摘幽香的鲜花，夏天在茂密的乔木下乘凉，秋冬结冰飞雪之时，更鲜明地显露出它的清肃秀美，四时的风光，无一不令人喜爱。那时又遇到老百姓为谷物的丰收成熟而高兴，乐意与我同游。于是，根据这里的山脉河流，叙述这里风俗的美好，让民众知道能够安享丰年的欢乐，是因为有幸生于这太平无事的时代。

宣扬皇上的恩德，和民众共享欢乐，这是刺史职责范围内的事情。于是就写下这篇文章来为这座亭子命名。

鉴赏文心

庆历五年（1045）春天，执政大臣范仲淹、富弼等推行的新政，因触犯了公卿权贵的利益，遭到保守派的破坏，推行一年多就以失败告终。范仲淹等四人相继罢官。欧阳修当时任河北都转运按察使，上书为他们辩护，触犯了保守派的利益而被贬谪到滁州。到滁州的第一年，欧阳修奋发作为，大力发展当地的生产，使老百姓安居乐业，得到了滁州百姓的拥护和爱戴。

据《滁州志》载：欧阳修来滁州的第二年，有献新茶者，泉水极其甘美。生性好奇的欧阳修穷问之下终于在幽谷山下得一泉，于庆历六年在此泉之上建亭。据传，当年五谷丰登，万民欢乐，故命名为"丰乐亭"。《丰乐亭记》即写于此。

本文是杂记类散文，借丰乐亭来抒发人生感慨。作者虽然被贬，仕途失意，但仍然对朝廷忠贞不贰，歌颂了国家丰乐和宋朝的功德。既体现了作者的博大胸襟，抒发了与民同乐的思想，也反映了这个丰乐来之不易，暗含居安思危、乐不忘忧的情感。

文章共四段，从内容上可以分为三个部分。第一段开门见山，逐一点出"丰乐亭"三字并介绍了丰乐亭周围的环境。第二、三段插叙了兵革之事并介绍滁州现今的情况。从太祖皇帝赵匡胤平定滁州的往事引出第三段的丰乐太平景象，着重突出"丰"而"乐"。由丰山美景之乐转为太平时期的丰年之乐和太守与民同乐的丰乐，可谓由乱到治，由治又回想到战乱时期，居安思危之情跃然纸上。第四段点明题旨，交代亭子名称的来历、创作时间以及创作者的姓名。

本文文字简约而意义丰富，言辞隐微而主旨深远。作者与一般的迁客骚人不同，自己虽然遭遇贬谪，却仍然将国家安危放在第一位，其胸襟坦荡博大。文中隐隐透露的"乐而不能忘忧"的苦心，并不是没有道理的。就像清代文学评论家姚鼐对本文所做的分析，"宋代兵革不修，酿成积弱之祸，公盖预见及此，特言之以讽当世，足见经世之略"。

古文的智慧

从古至今，战乱从未止歇，世界还是那个世界。只是所幸，中国已经不是原来的中国。我们没有生在和平的年代，我们只是生在了这个和平的国家。

喜欢在文章中以文论道，是宋代文章的一大特点，即便是写人的传记文或者写景的游记文，宋人也常常夹杂着论道的语言。像欧阳修、王安石、苏轼的文章都体现了这一特点，所以"唐宋八大家"之一的曾巩称欧阳修"蓄道德而能文章"。欧阳修在滁州所作《丰乐亭记》《醉翁亭记》等，都没有过分突出忧愁烦闷的心情，而主要讲述了"山水之乐"和"人与山水的关系"等自然大道。这样的文章特点与唐代的韩愈、柳宗元有所不同。

乐山，乐水，其乐无穷

醉翁亭记

北宋·欧阳修

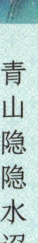

环滁皆山也①。其西南诸峰，林壑尤美。望之蔚然而深秀者，琅琊也②。山行六七里，渐闻水声潺潺，而泻出于两峰之间者，酿泉也③。峰回路转，有亭翼然临于泉上者，醉翁亭也。作亭者谁？山之僧智仙也。名之者谁？太守自谓也。太守与客来饮于此，饮少辄醉，而年又最高，故自号曰醉翁也。醉翁之意不在酒，在乎山水之间也。山水之乐，得之心而寓之酒也。

若夫日出而林霏开，云归而岩穴暝，晦明变化者，山间之朝暮也。野芳发而幽香，佳木秀而繁阴，风霜高洁，水落而石出者，山间之四时也。朝而往，暮而归，四时之景不同，而乐亦无穷也。

至于负者歌于途，行者休于树，前者呼，后者应，伛偻提携④，往来而不绝者，滁人游也。临溪而渔，溪深而鱼肥，酿泉为酒，泉香而酒洌。山肴野蔌⑤，杂然而前陈者，太守宴也。宴酣之乐，非丝非竹，射者中，弈者胜，觥筹交错⑥，起坐而喧哗者，众宾欢也。苍颜白发，颓乎其间者，太守醉也。

已而夕阳在山，人影散乱，太守归而宾客从也。树林阴翳⑦，鸣声上下，游人去而禽鸟乐也。然而禽鸟知山林之乐，而不知人之乐；人知从太守游而乐，而不知太守之乐其乐也。醉能同其乐，醒能述以文者，太守也。太守谓谁？庐陵欧阳修也⑧。

经典注释

①滁（chú）：州名，在今安徽滁县。②琅琊：山名，在滁州西南

十里。③酿泉：玻璃泉，因其宜于酿酒而得名。④伛偻（yǔ lǚ）：弯腰曲背的样子，指老年人。提携：带领着，这里指小孩。⑤山肴野蔌（sù）：野味。蔌，野菜。⑥觥（gōng）：用犀牛角做的一种大酒杯，这里泛指酒杯。筹：酒筹，行酒令时用来计数的竹签。⑦阴翳（yì）：指树木繁茂而遮蔽的样子。⑧庐陵：地名，今江西吉安。欧阳修是庐陵人，故称"庐陵欧阳修"。

译文也很美

滁州城的四周都是山。它西南的几座山峰，树林和山谷尤其秀美。一眼望去，草木郁郁葱葱，山林幽深而秀丽的地方，就是琅琊山。沿着山路走六七里，渐渐听到潺潺的水声，从那两座山峰之间倾泻而出的就是酿泉。山峰回绕，道路回旋，能看到有个像飞鸟展翅似的建筑，那就是醉翁亭。建造亭子的人是谁呢？是这座山上的智仙和尚。给它命名的人是谁呢？是太守用自己的号给它定的名字。太守同宾客们到这里喝酒，稍微喝一点就醉了，而且年纪又最大，因此自号为"醉翁"。醉翁的兴趣不在于酒，而在于山水之间。欣赏山水的乐趣，领会在心里而寄托在酒中。

如果太阳出来，林中的雾气就会消散；烟云归来，岩洞就又昏暗了。这样阴晴交替变化的，就是山间的清晨和黄昏。野花开放，香气清幽，树木繁茂，浓密成荫。天高气爽，霜色洁白；水位回落，山石显露，这就是山间的四季变化。清晨出去，傍晚归来，见到的四季景色各不相同，这其中的乐趣也是无穷的。

　　至于那些背东西的人在路上唱歌，行路的人在树下休息，前面的人打招呼，后面的人答应，老老小小，来来往往络绎不绝的，是滁州百姓在游玩。到溪边来钓鱼，溪水幽深，因此鱼儿肥；用酿泉的水酿酒，泉水香甜，酒味清醇。各种各样的野味、野菜，交错地摆在面前，这是太守摆设的宴席。酒宴上真正让人酣畅的乐趣，不在于美妙的音乐。投壶的射中了，下棋的下赢了，酒杯和酒筹杂乱交错，人们起起坐坐，闹闹嚷嚷，这是宾客们尽情欢乐的场面。那位面容苍老、头发斑白的老人，昏昏沉沉地坐在众人中间，正是喝醉了的太守本人。

　　不久，太阳下山，人影散乱，宾客们跟随太守回去了。这时，树林浓密成荫，鸟儿鸣叫，游人离去，鸟儿开始欢乐地跳跃。然而，鸟儿只知道山林的乐趣，却不了解人们的乐趣；人们只知道跟着太守游玩的乐趣，却不知道太守心中自有他的乐趣。醉了，能同大家一起尽情欢乐；醒了，又能用文章叙述这种快乐的，就是太守。太守是谁呢？就是庐陵的欧阳修。

青山隐隐水迢迢

鉴赏文心

宋仁宗庆历五年，欧阳修被贬滁州任知州。滁州山中寺庙的僧人智仙为了方便欧阳修在山中游乐、饮酒、赋诗、处理政务，而修建了一个亭子。当时年仅四十的欧阳修自号"醉翁"，故此亭名为醉翁亭，并为这个亭子写了一篇散文。

这篇被称为《丰乐亭记》姊妹篇的《醉翁亭记》，虽然同样是欧阳修被贬滁州期间所作，但不同的是，《醉翁亭记》更像是一杯装满诗情画意的清酒，一汪醴泉，别具清新雅丽之美。欧阳修将仕途失意的郁闷寄情于山水之中，融合于与民同乐之间，在他的笔下，那一幅幅清丽秀美的山水画，无不让人心旷神怡。

文章共四段，从内容上可以分为三个部分。第一段写醉翁亭的地理位置，引出相关的人与事。由山写到峰，由诸峰写到酿泉，由泉写到醉翁亭，由亭到人，由人至酒，由酒到醉翁，由醉翁引出"乐"字，继而点出主旨"醉翁之意不在酒，在乎山水之间也"，衔接流畅，一幅完整的"山水之乐图"展现在读者面前。

二、三两段主要写山间朝暮四季的不同景色、滁人的游乐以及太守的宴饮。第二段具体描写了山中朝暮、四季景物的变幻。第三段先写了滁州人游乐的和平恬静，接着写了太守设宴、宾客宴饮的欢乐喧闹，太守酒酣而醉，是醉于山水之乐，更是醉于与民同乐。这样的政通人和，怎能不让人陶醉呢？

第四段写宴会结束后众人归去的情景，用禽鸟之乐衬托游人之乐，游人之乐衬托太守之乐，委婉地道出了蕴含其中的思想情感。文中"醉能同其乐，醒能述以文者，太守也"与"醉翁之意不在酒，在乎山水之间也"相呼应，曲折地表达了作者自遣胸怀之情。

文章围绕"乐"字，写了山水之乐、游人之乐、宾客之乐、禽鸟之乐和太守之乐，通过描写醉翁亭的自然景色和太守宴游的场面，表达诗人寄情山水、与民同乐的思想。全文语言格调清丽，遣词凝练，音节铿锵，既有图画美，又有音乐美，就像一首美妙的散文诗。

洗尽铅华，放空身心，把心沉浸到这闲适、恬淡的情境里，在山水之间获得了一种淡雅自然又和谐的感受。这种感受也渗透在《醉翁亭记》里，使文章如田园诗一般，婉转而流畅，沉吟至今。

古文的智慧

子曰："知者乐水，仁者乐山；知者动，仁者静；知者乐，仁者寿。"山水其实相通，沉稳的山与奔流的水，诠释着生命的谜底。徜徉于山水之间，感受山的体温，就领悟了山的永恒；谛听水的流动，就把握了水的无限。

听！秋天的声音

秋声赋

北宋·欧阳修

欧阳子方夜读书，闻有声自西南来者，悚然而听之，曰："异哉！"初淅沥以萧飒，忽奔腾而砰湃，如波涛夜惊，风雨骤至。其触于物也，鏦鏦铮铮，金铁皆鸣，又如赴敌之兵，衔枚疾走①，不闻号令，但闻人马之行声。予谓童子："此何声也？汝出视之。"童子曰："星月皎洁，明河在天。四无人声，声在树间。"

予曰："噫嘻，悲哉！此秋声也，胡为乎来哉？盖夫秋之为状也，其色惨淡，烟霏云敛；其容清明，天高日晶；其气慄冽，砭人肌骨；其

意萧条，山川寂寥。故其为声也，凄凄切切，呼号奋发。丰草绿缛而争茂，佳木葱茏而可悦。草拂之而色变，木遭之而叶脱。其所以摧败零落者，乃一气之余烈。"

"夫秋，刑官也②，于时为阴；又兵象也，于行为金。是谓天地之义气，常以肃杀而为心。天之于物，春生秋实。故其在乐也，商声主西方之音③，夷则为七月之律④。商，伤也，物既老而悲伤。夷，戮也，物过盛而当杀。

"嗟夫！草木无情，有时飘零。人为动物，惟物之灵。百忧感其心，万事劳其形，有动乎中，必摇其精。而况思其力之所不及，忧其智之所不能，宜其渥然丹者为槁木，黟然黑者为星星⑤。奈何非金石之质，欲与草木而争荣？念谁为之戕贼，亦何恨乎秋声？"

童子莫对，垂头而睡。但闻四壁虫声唧唧，如助予之叹息。

经典注释

①枚：形状像筷子，两端有带，可系在脖子后。古代进军袭击敌方时，常命令士兵衔于口中，以防讲话。这种做法叫作"衔枚"。②刑官：司寇，古代掌管刑狱的官。③商声：五声（宫、商、角、徵、羽）之一。④夷则为七月之律：夷则是七月的音律。古音分十二律，即十二个高度不同的标准音：黄钟、大吕、太簇、夹钟、姑洗、仲吕、蕤（ruí）宾、林钟、夷则、南吕、无射（yì）、应钟。古人又将乐律和历法联系起来，十二律和十二月相配，夷则是七月的音律。⑤黟（yī）然黑者：指乌黑的头发，这里代指年轻人。

译文也很美

欧阳修正在夜里读书，听到西南方传来一种声音，觉得这声音十分可怕，不由得说道："太奇怪了！"这声音起初好像淅淅沥沥的雨声夹杂着萧飒的风声，忽然汹涌澎湃起来，像波涛在夜里翻滚，又像风雨骤然来临。它撞击到物体上，发出铮铮的声音，好像金属相击。又像偷袭敌人的军队，正衔枚迅跑，没有号令，只能听见人马行进的声音。我于是对童子说："这是什么声音？你出去看看。"童子答道："天上月亮皎洁，星辰晶莹，银河高悬在天，四下没有一点人声，那声音是从树林里传出来的。"

我叹息道："啊，真令人悲伤啊！这是秋天的风声，它怎么就来了呢？"大概秋天的景致总是这样的，它的色调凄清惨淡，云烟消散；它的容貌清新明丽，天高气爽，日色晶莹；它的气候寒冷萧瑟，刺人肌肤；它的意境苍凉萧条，山川寂静，无声无形。所以秋天发出的声音，时而凄凄切切，时而激昂奋进。秋风没到的时候，绿草繁茂，青翠如画，树木葱茏，令人心旷神怡。然而，秋风一旦来临，拂过草地草就要变色，树碰到它便要落叶。它用来摧败花草、让树木凋零的力量，是一种肃杀之气的余威。

秋天，是刑官行刑的季节，在时令上属阴；秋天又是战争的象征，在五行中属金。这就是所说的天地之义气，它常常以肃杀作为核心。自然对于万物，是春天使它们生长，秋天使它们结实。所以秋天在五声中又属于商声，而商声是代表西方的一种声音，而七月在音律上则与夷相配。商声，也就是伤的意思，万物衰老而感到悲伤。夷，是杀戮的意思，万物过了繁盛期，自然走向衰败。

唉！草木没有情感，到了一定时节就凋零。人是有情感的，又是万物之灵。百般的忧戚使他的内心伤感，无数的事情使他劳累。受到刺激，必然耗费元气，更何况常常思考自己力所不及的事情，忧虑自己的智慧达不到的

> 草木无情，有时飘零。人为动物，惟物之灵。百忧感其心，万事劳其形，有动乎中，必摇其精。

青山隐隐水迢迢

事情。这样，年轻的容颜变成了枯木，乌黑的头发变成了斑白。明明不是金石的肌体，却要同草木争胜呢？想想是谁伤害了自己，又为什么去怨恨这秋声呢？"

童子没有回答我，他已经低着头睡着了。只有四周墙上的虫子在唧唧地叫着，好像在与我一起叹息。

鉴赏文心

嘉祐四年（1059），五十三岁的欧阳修回到京城任职。他晚年虽身居高位，但长期的政治生涯让他看到了世事复杂，从而逐渐淡泊于名利。回首过往的仕途沉浮和政治变革，他不免产生郁闷心情。对政治和社会变局的郁结，人生短暂的感伤，这些都让欧阳修处于苦闷之中，《秋声赋》就写于此时。

秋天在古代是肃杀的象征，一切生命都在秋天终止。作者借秋声告诫世人：不必悲秋、恨秋，应反思自我，从而抒发了作者难有所为的郁闷和希望自我超脱的心情。

《秋声赋》是文赋的代表作之一，共分五段，从内容上可以分为三个部分。第一段用第一人称写作者夜读时听到秋声，进而对秋声进行描绘，点明文章主题即秋声。作者借用雨声、风声、涛声、金铁、行军等比喻，由远及近地描绘了秋声的具体状态，接着用与童子的对话，从联想回到现实，增强了真实感。

第二、三段是对秋声的描绘和对秋气的议论。第二段探求秋声形成的原因，从秋的色调、形貌、气息、意境等方面，描绘了秋天到来后万物所呈现的风貌和秋天的气质。这种秋气，是肃杀之气。第三段从社会和自然两方面，剖析了秋声。万物由盛而衰，是自然发展的规律。人是自然的一分子，又是社会的产物。从个体出发体验感悟自然和社会，体现了"天人合一"的思想。

第四、五段由感慨自然而感叹人生，再由感叹人生回归现实。第四段是本文主旨所在，作者在渲染秋气对万物摧残的基础上，指出忧劳对人的伤害比秋气对万物的摧残更盛。百般忧虑和万事操劳必然损害人的身心；内心受到刺激，必然损耗精力，自己伤害了自己，又何必去怨恨秋声呢？这就说明作者感到秋声之悲凉，其根源是面对国家和自己的处境而产生的忧思。这样的思绪让作者触物伤情，有感而发。第五段回归现实，重新面对秋风呼号，秋声凄切，只能黯然伤神罢了。

文章以"有声之秋"与"无声之秋"的对比作为基本框架行文，文势流畅而富于变化。悲秋是中国古典文学的永恒题材，欧阳修另辟蹊径，写秋天肃杀萧条，进而传达出"人事忧劳更甚于秋的肃杀"这一主题，立意新颖又别致。

古文的智慧

人生苦短，岁月无情；力所不及，智所不能，功业无成；韶华已逝，垂垂老矣……这就是欧阳修的痛苦，更是大多数精英人物的痛苦。其实，人生最大的痛苦来自不可抗拒的规律。所以我们要有"胜天"的勇气，也要有"放下"的智慧。

一场与民同乐的雨

喜雨亭记

北宋·苏轼

亭以雨名，志喜也。古者有喜，则以名物，示不忘也。周公得禾，以名其书；汉武得鼎，以名其年①；叔孙胜敌，以名其子②。其喜之大小不齐，其示不忘一也。

予至扶风之明年③，始治官舍。为亭于堂之北，而凿池其南，引流种树，以为休息之所。是岁之春，雨麦于岐山之阳④，其占为有年。既而弥月不雨，民方以为忧。越三月，乙卯乃雨，甲子又雨，民以为未足。丁卯大雨，三日乃止。官吏相与庆于庭，商贾相与歌于市，农夫相与忭于野⑤，忧者以喜，病者以愈，而吾亭适成。

于是举酒于亭上，以属客而告之，曰："五日不雨可乎？"曰："五日不雨则无麦。""十日不雨可乎？"曰："十日不雨则无禾。""无麦无禾，岁且荐饥⑥，狱讼繁兴，而盗贼滋炽⑦。则吾与二三子，虽欲优游以乐于此亭，其可得耶？今天不遗斯民，始旱而赐之以雨，使吾与二三子得相与优游而乐于此亭者，皆雨之赐也。其又可忘耶？"

既以名亭,又从而歌之,曰:"使天而雨珠,寒者不得以为襦⑧;使天而雨玉,饥者不得以为粟。一雨三日,伊谁之力?民曰太守。太守不有,归之天子,天子曰不然,归之造物。造物不自以为功,归之太空。太空冥冥,不可得而名。吾以名吾亭。"

青山隐隐水迢迢

经典注释

①汉武得鼎,以名其年:据《汉书·武帝纪》记载,汉武帝在汾水上得到一鼎,于是改年号为元鼎元年。②叔孙胜敌,以名其子:叔孙得臣,春秋时期鲁国人。他率兵打败入侵的北狄,抓获其国君侨如,于是他给自己的儿子取名叫侨如,以表其功。③扶风:凤翔府,今陕西凤翔。④雨(yù)麦:下麦雨,由龙卷风把麦子卷到空中而形成。⑤忭(biàn):拍手,表示高兴。⑥荐饥:连年饥荒。荐,接连不断的意思。⑦滋炽:产生发展。⑧襦(rú):短袄。

译文也很美

亭子用"雨"来命名,是为了记下某件喜事。古时候有了喜事,就用喜事来给事物命名,以表示永不忘记。周公得到周成王赏赐的奇妙的谷子,就以它作为自己的书名;汉武帝得到宝鼎,就用它作为自己的年号;叔孙得臣战胜了敌人,就用俘虏的敌人首领的名字作为自己儿子的名字。这喜事有大有小,但用它们来表示永不忘记的意思,却是一样的。

我到扶风府的第二年,开始修建官府的房舍。在正堂的北面,建了一座亭子,在亭子的南面开凿了一个水池,引来流水,种上树木,作为休息的地方。这年春天,岐山南面下了场"麦雨",占卜的结果是将会有一个丰收年。随后,整整一个月没有下雨,老百姓开始担忧了。过了三月,到了四月初二才下了场雨,十一日又下了场雨,老百

姓认为下得还不够。十四日又下了大雨,三天才停。官吏们在官府中相互庆贺,商人们在市场上一齐歌唱,农夫们在田野里一起拍手。忧虑的人因此而高兴起来,患病的人因此而痊愈,而我的亭子也恰巧在这时候落成了。

于是,我在亭子里摆酒设宴,借着劝客人饮酒的时候跟他们说:"五天不下雨可以吗?"客人们说:"五天不下雨就不长麦子了。""十天不下雨可以吗?"客人说:"十天不下雨禾苗就活不了了。""没有麦子,没有禾苗,就会出现连年饥荒,犯罪的案件会增加,盗贼也会越发嚣张。那么,我和你们即使想从容、悠闲地在亭子里饮酒作乐,又怎么可能呢?现在上天不遗弃这些百姓,刚开始干旱就赏赐人们雨水,我和你们能一起在亭子里悠闲地饮酒作乐,这都是雨水赐给的,我们怎么可以忘记呢?"

我已经给亭子取好名,又接着为它作歌,歌词说:"假如上天降下珍珠,寒冷的人不能用它做衣服;假如上天降下宝玉,饥饿的人不能用它做粮食。一连下了三天的大雨,这是靠谁的力量?百姓归功于太守。太守不能把美名据为己有,归功给天子。天子也说不是他的功劳,归功给万能的造物主。造物主也不认为自己有功,归功于茫茫的太空。太空辽阔深邃,找不到用来命名的东西。我就用'雨'来给我的亭子命名。"

鉴赏文心

本文作于宋仁宗嘉祐七年(1062),当时苏轼二十七岁,出任凤翔府签判一年,在公所附近建亭作为休息之所。适逢早春大旱,天降甘霖,人民欢欣喜悦,所以以此事为亭子命名作记。文章以"喜""雨""亭"三字分层点写,又交织合写,提炼主题,颇见匠心,行文中有历史实例,有主客问答,风格清新,手法多变,是苏轼早期记叙文章的代表。

文章开篇,先从"喜"字写起,选取古代周公、汉武帝等人得到宝物,战胜敌人，以"喜"命名的例子，为后文写亭子命名预做伏笔。此后自然引出修建官舍，建亭休憩的前因后果，再由时间顺序衍生出下雨解旱一事。本段写雨，寥寥几十字间，以气候时令与民心浮动对比并叙，显得波澜起伏，从先降小雨，又持续干旱，百姓担忧，写到后有大雨，人民欢乐，而突然以一笔"吾亭适成"做总结。此处用抑扬笔法，写人民前忧后乐，自己雨天建亭，则"喜雨亭"三字，又合为一体，颇见作者用心灵动。

既然"喜雨"的主题从容托出，文章便自然顺应叙事，写亭中宾主同乐情境。此处，作者又以设问手法，在主客问答中，假定无雨后颗粒无收，人民动乱的景象，再发出如今天降甘霖，是上天带来的恩惠这样的感慨，则将"喜雨"的主题，以正反映衬的技巧，层层递进，再做一番升华。最后，以一首欢快缥缈的歌谣，为"喜雨亭"命名的主题作结，将天赐甘霖的力量，由太守、天子、万物、太空一路归功，终于归结到"吾以名吾

> 今天不遗斯民，始旱而赐之以雨，使吾与二三子得相与优游而乐于此亭者，皆雨之赐也。其又可忘耶？

亭"的文章主题中来，更显出妙趣横生的特色。

本文为欢喜时令，建亭命名而作，飞扬跳脱的氛围跃然纸上。文章字句结构之间，有分写，有虚实，有对答，有歌咏，无不呈现出活泼诙谐、灵动多变的特点。此外，苏轼在文中多次提及人民所见所思，颇见一种儒家式的进取济世，与民同忧的精神，也体现出其年轻时锐意进取、风华正茂的胸怀。

与人民一致的快乐才是真正的快乐，也许是一场意味着丰收的雨，也许是一次全国同庆的体育盛会，也许是一场抗击疫病的胜利。你的快乐，我的快乐，我们的快乐累积到一起，才是人民的快乐。

超然是一种快乐

超然台记

北宋·苏轼

凡物皆有可观。苟有可观，皆有可乐，非必怪奇伟丽者也。哺糟啜醨①，皆可以醉，果蔬草木，皆可以饱。推此类也，吾安往而不乐？

夫所为求福而辞祸者，以福可喜而祸可悲也。人之所欲无穷，而物之可以足吾欲者有尽。美恶之辨战于中②，而去取之择交乎前，则可乐者常少，而可悲者常多，是谓求祸而辞福。夫求祸而辞福，岂人之情也哉？物有以盖之矣。彼游于物之内，而不游于物之外。物非有大小也，自其内而观之，未有不高且大者也；彼挟其高大以临我，则我常眩乱反复，如隙中之观斗，又乌知胜负之所在？是以美恶横生，而忧乐出焉，可不大哀乎！

予自钱塘移守胶西，释舟楫之安而服车马之劳，去雕墙之美而庇采椽之居③，背湖山之观而行桑麻之野。始至之日，岁比不登④，盗贼满野，狱讼充斥，而斋厨索然，日食杞菊⑤。人固疑予之不乐也，处之期年而貌加丰，发之白者，日以反黑。予既乐其风俗之淳，而其吏民亦安予之拙也。于是治其园圃，洁其庭宇，伐安邱、高密之木，以修补破败，为苟完之计。而园之北，因城以为台者旧矣，稍葺而新之。时相与登览，放意肆志焉。南望马耳、常山，出没隐见，若近若远，庶几有隐君子乎？而其东则庐山，秦人卢敖之所从遁也。西望穆陵⑥，隐然如城郭，师尚父、齐威公之遗烈犹有存者。北俯潍水，慨然太息，思淮阴之功，而吊其不终⑦。台高而安，深而明，夏凉而冬温。雨雪之朝，风月之夕，予未尝不在，客未尝不从。撷园蔬，取池鱼，酿秫酒⑧，瀹脱粟而食之⑨，曰："乐哉！游乎！"

方是时，予弟子由适在济南，闻而赋之，且名其台曰"超然"，以见予之无所往而不乐者，盖游于物之外也。

经典注释

①哺（bǔ）：吃。啜（chuò）：喝。醨：淡酒。②中：内心。③采椽之居：指简陋的房屋。④岁比不登：连年收成不好。岁：接连。登：庄稼成熟。⑤杞菊：菊花，枸杞。⑥穆陵：关名，故址在今山东临朐。⑦不终：不能善终。⑧秫（shú）酒：高粱酿的酒，也指糯米酿成的酒。⑨瀹（yuè）：煮。脱粟：只是去壳而没有加工的糙米。

青山隐隐水迢迢

译文也很美

但凡事物都有可观赏之处。只要值得观赏，就可以使人快乐，而不一定要是奇异瑰丽的东西。吃酒糟，喝淡酒，都可能使人醉倒。吃瓜果蔬菜，也都能让人充饥。以此类推，我到哪里去不会感到快乐呢？

人们追求福禄而躲避祸患，是因为福禄使人快乐而祸患使人悲哀。人的欲望是没有穷尽的，而能够满足我们欲望的东西却是有限的。如果心里总存在着美与丑的比较，眼前总是进行着取与舍的选择，那么，让人快乐的事就很少，而令人悲哀的事却很多。这实际上是追求祸患而抛弃福禄。求祸避福，难道是人之常情吗？这是由于受了外物的遮蔽。那些人游心于事物之内，而不是游心于事物之外。事物并没有大小的分别，从它的内在来观察，没有不高大的；它们倚仗其高大气势而俯视我们，而使我们眼花缭乱，难辨是非，恰如通过小小的缝隙来观战，又怎能知道胜负呢？因此，美丑交错而生，欢喜和忧愁也交替出现，这不是很可悲吗？

我从钱塘调任胶西后，舍去乘船的安逸，忍受骑马坐车的辛劳，离开了华丽的住宅，栖身于简陋的房舍；离开了赏心悦目的湖光山色，而来到充满桑麻的荒郊野地。刚到的时候，庄稼连年歉

收，盗贼到处都是，案件多得不计其数；厨房里空空如也，每天只吃些野菜，人们猜想我的心情一定不会快乐，但是我在这里住了一年，面容却更加丰满，头上的白发也一天天地变黑。我已经很喜爱这里淳朴的风俗，这里的官吏和百姓对我笨拙的能力也习以为常了。于是，我修葺了园圃，整理了庭院，砍伐安丘、高密山上的树木来修补破损之处，做暂时应付的办法。在园子的北面，靠着城墙建筑的高台已经破旧不堪；我就略加修理，使它焕然一新。我时常和友人一同登台眺望，在那里纵情开怀。向南遥望，马耳山、常山，忽隐忽现，似远似近，那里大概有隐居的高人吧？高台的东面是庐山，秦朝的卢敖曾在这里隐遁。向西眺望穆陵关，宛如一座高大的城堡，姜太公、齐桓公所建的功业仍然存留。向北眺望潍水，不禁慨然长叹，想起淮阴侯韩信当年的战功，哀叹他最后未得善终。此台高耸而平稳，深广而明亮，夏天凉爽，冬季温暖。无论雨雪纷飞的清晨，还是风清月明的夜晚，我没有不在的，宾客也始终陪同。我们采摘园中的蔬菜，钓取池中的鲜鱼，酿制高粱酒，煮粗糙米饭，大家一边品尝一边赞叹说："在这里游玩可真快乐！"

当时，我的弟弟苏辙恰好在济南，听说出游的情景后，就写了一篇赋，并且给这个台取名为"超然"，用来表示我不论到什么地方都不会不快乐，原因就在于我能超然于物外吧。

鉴赏文心

本文作于宋神宗熙宁四年（1071），当时苏轼因反对王安石变法，被排挤出权力斗争中心，暂任密州知州一年，生活稍微安定，便整修住所园圃北面的一个旧台，由弟弟苏辙命名，苏轼作记。"超然"二字，典出《道德经》第二十六章"虽有荣观，燕处超然"，指面对功名繁华，要以闲适的心态超脱对待。在此，则表现出作者在政治路途受挫后，心态依旧乐观挺拔，追求一种超然物外、不羁功名的境界。

> 彼游于物之内，而不游于物之外。物非有大小也，自其内而观之，未有不高且大者也。

文章先从正反两层，虚论超然物外的道理。开篇即以任何事物都有可观赏，可使人快乐的论调，为全文打下基础，其后再列举万物都能为人所乐，则可见作者一种自足自适的"闲人"心态。接着，作者从世人乐少悲多的现状讲起，得出世人大多心为外物困扰，不能超脱，因而处境悲哀的结论。两段正反映衬，则突出文章"超然"的主题，并为后续叙述整修超然台留下铺垫。

写整修超然台部分，可分为三层，第一层以三个排比，写自己从杭州调任密州，从富庶入凋敝的遭遇，是与前文世人眼中"求祸而辞福"这种看似可悲的境遇作为照应。第二层文意一转，写自己虽身处困境，气色却越加好，心境越发愉快。再以周边环境安宁，民风淳朴的情景映衬。自然引出第三层，政事太平，所以整治园囿，修建超然台的行动，可与欧阳修《醉翁亭记》中政治清平，所以与民同乐的韵味相做比照。

作者既然修台，则自然要铺陈一番登台的所见所闻、所思所感。再写登台，先四顾生发怀古之情，自南、东、西、北四个方向，分别感

青山隐隐水迢迢

怀各位隐士高人，旁征博引，逸兴遄飞。这些引述角度多元，既有卢敖这样隐居不出者，也有姜太公这样功成名就者，或者韩信这样不能善终者，颇显文章的层次丰富与作者的深远思考。其后由古写今，从季节更替和日常生活细节入手，细细勾勒出一种超然自适的生活情态。

文末略述苏辙命名始末，再以"盖游于物之外也"一句，点出题中真意。全文以"超然"为题眼，以"乐"为主旨，叙事抒情，描写议论，无一不包，无一不妙，可见，苏轼在日常生活式的散文写作之中，饱含一种圆融畅达的天然风格。

古文的智慧

面对生活中那一场又一场的相遇，需要用几分恬淡，几分超然去实践生命的豁达，用几分从容去融入生命的活泼，用几分舒缓去体味生命的宽阔，用几分坦然去活出生命的无限禅机。

说文布道：苏轼，升级版的"欧阳修"

欧阳修贬官之后，不做"凄凄之文"，而大讲山水之乐，苏轼也能苦中作乐，这一方面是出自他那本来放达的个性；另一方面则是因为他已经明白牢骚只会带来灾厄。就杂文的思想情调，苏轼是与欧阳修一脉相承的。另外，苏轼的文章写得明快、真实，也同欧阳修有些相似。苏轼在文学上的成就超越欧阳修的地方，是他的诗、词成就。以诗而言，苏诗不仅具有宋诗长于理趣的特点，而且也能突现苏轼的真情实感。

别用臆想做判断

石钟山记

北宋·苏轼

《水经》云①："彭蠡之口有石钟山焉②。"郦元以为下临深潭③，微风鼓浪，水石相搏，声如洪钟。是说也，人常疑之。今以钟磬置水中，虽大风浪不能鸣也，而况石乎！至唐李渤始访其遗踪④，得双石于潭上，扣而聆之，南声函胡，北音清越，枹止响腾⑤，余韵徐歇。自以为得之矣。然是说也，余尤疑之。石之铿然有声者，所在皆是也，而此独以钟名。何哉？

元丰七年六月丁丑，余自齐安舟行适临汝⑥，而长子迈将赴饶之德兴尉⑦，送之至湖口⑧，因得观所谓石钟者。寺僧使小童持斧，于乱石间择其一二扣之，硿硿然⑨，余固笑而不信也。至其夜月明，独与迈乘小舟至绝壁下。大石侧立千尺，如猛兽奇鬼，森然欲搏人。而山上栖鹘⑩，闻人声亦惊起，磔磔云霄间⑪。又有若老人咳且笑于山谷中者，或曰："此鹳鹤也⑫。"余方心动欲还，而大声发于水上，噌吰如钟鼓不绝⑬。舟人大恐。徐而察之，则山下皆石穴罅，不知其浅深，微波入焉，涵澹澎湃而为此也。舟回至两山间⑭，将入港口，有大石当中流，可坐百人，空中而多窍，与风水相吞吐，有窾坎镗鞳之声⑮，与向之噌吰者相应，如乐作焉。因笑谓迈曰："汝识之乎？噌吰者，周景王之无射也⑯，窾坎镗鞳者，魏庄子之歌钟也⑰。古之人不余欺也！"

事不目见耳闻，而臆断其有无，可乎？郦元之所见闻，殆与余同，而言之不详。士大夫终不肯以小舟夜泊绝壁之下，故莫能知。而渔工水师虽知而不能言。此世所以不传也。而陋者乃以斧斤考击而求之，自以为得其实。余是以记之，盖叹郦元之简，而笑李渤之陋也。

经典注释

①《水经》：中国古代一部专门记载江水河道的地理书，北魏郦道元曾为其作注。②彭蠡（lǐ）：今江西鄱阳湖。③郦元：郦道元，是我国古代杰出的地理学家。④李渤：唐代洛阳人，曾隐居庐山，后出仕。⑤桴（fú）：鼓槌。这里用作动词，是敲击的意思。⑥齐安：今湖北黄冈。临汝：今河南临汝。⑦迈：苏轼长子苏迈，字伯达。饶：州名，今江西波阳。德兴：市名，今江西德兴市。⑧湖口：县名，今江西湖口县，石钟山即在这里。⑨硿硿（kōng）：拟声词，形容当时敲击山石的声音。⑩鹘（hú）：一种猛禽。⑪磔磔（zhé）：形容鹘叫的声音。⑫鹳鹤：一种水鸟，形状像鹤但没有丹顶。⑬噌吰（chēng hóng）：拟声词，这里形容钟声洪亮。⑭两山：石钟山分为南北两座，南面的称上钟山，北面的称下钟山。⑮窾坎镗鞳（kuǎn kǎn tāng tà）：拟声词。坎，形容击物的声音。镗，形容钟鼓的声音。⑯周景王之无射（yì）：史书记载，周景王二十四年铸成"无射"钟。⑰歌钟：一种古乐器，即编钟，每套十六枚。

译文也很美

《水经》记载说："彭蠡鄱阳湖的湖口，有一座石钟山。"郦道元认为这座山下面是个深潭，微风吹起的波浪与水石相击，就发出洪钟般的响声。对这种说法，人们常常怀疑。现在把钟磬放在水中，即使是大风大浪也不能使它发出响声，更何况石头呢！到唐代，李渤才亲自到石钟山去考察这种情况，他在潭边找到两块礁石。敲击听听，南边的声音模糊而厚重，北边的声音高扬而清亮。停止敲击后，声音还在回荡，余音许久才慢慢消失。李渤自以为是找到了石钟山命名的原因。但对这种说法，我却更加怀疑。因敲击而发声的石头，到处都是，而偏偏这里却用钟来命名，这是什么原因呢？

元丰七年六月初九，我从齐安乘船到临汝去，同时，我的大儿子苏迈正要到饶州的德兴县去做县尉，我送他到湖口，于是趁此机会去看一看所谓石钟山。寺院里的和尚让一个小童拿着斧头，在散乱的岩石中选择一两块来敲打，石头发出硿硿的声音，我本来就觉得这种做法可笑，并不相信。到了那天晚上，月光明亮，我单独和儿子苏迈乘着小船来到那陡峭的悬崖下。巨大的山石有一千多尺高，倾斜耸立，像是凶猛的野兽，又像奇异的鬼怪，阴森森的，好像要扑到人身上的样子。山顶上在巢里栖宿的鹘鸟，听到人的声音也惊飞起来，在云霄里发出磔磔的叫声。在山谷中又传来像老人边咳嗽边笑的声音，有人说："这是鹳鹤的叫声。"我正感到害怕，想要回去，水面上却传来巨大的声响，像是敲钟擂鼓的洪亮声音，久久不停。船夫非常恐慌。我慢慢地仔细察看，发现山的下面都

青山隐隐水迢迢

是石穴和石头裂缝，不知道它们的深浅，微波冲进石穴和缝隙，就来回激荡，发出这样的声音。小船迂回到两山中间，将要进入港口时，有一块大岩石挡在水中间，石上可以坐一百多人，石头当中是空的，表面还有许多窟窿，吞吐风浪，发出窾坎镗鞳的声音，和刚才的响声互相应和，好像在奏乐一样。我于是笑着对苏迈说："你听出来没有？刚才的噌吰响声，正如周景王的无射钟声，眼前窾坎镗鞳的响声，正像魏庄子的编钟声。看来古人并没有欺骗我们啊！"

　　事情不是亲眼见到、亲耳听到，只根据自己的主观想象去推断它的有无，这样可以吗？郦道元的所见所闻，大概和我相同，可是描述得简略；士大夫们又不肯坐着小船在夜里来到绝壁之下，所以不能明白真相；而渔夫船工虽然知道，却不能准确地表达出来，所以石钟山命名的真正原因没有流传下来。可是，有些见识浅陋的人却用斧头敲打石头的办法来研究、寻求石钟山命名的原因，还自以为得到了真相。因此，我把这件事写下来，一方面是叹惜郦道元记载的简略，一方面是讥笑李渤的浅陋啊。

鉴赏文心

　　本文作于宋神宗元丰七年（1084），是一篇山水游记，讲述苏轼实地探访石钟山的经过和对石钟山得名来历的考证。全文既有游记文章历历在目的写景妙笔，也展现了宋人善于质疑的文章精神，是苏轼写景散文的代表作品。

　　全文以读古人文章存疑，实地考察石钟山，得出结论解疑的形式逐层递进，可分为三个部分。

　　第一部分引述北魏郦道元《水经注》与唐朝李渤分别对石钟山得名原因的说法。先叙述李渤对《水经注》的质疑，再以作者口吻，质疑李渤说法，巧做悬疑，抽丝剥茧，颇具兴味。

第二部分写作者实地勘察体验，以自身游赏的视角，徐徐展开，尤见细腻真实。作者勘察是在夜晚，所以本段写景状物，重在对各种声音的描摹譬喻，也是全文精彩之处。这些或"噌吰如钟鼓不绝"或"窾坎镗鞳"等，类似钟鼓乐器的象声式描写，与"石钟山"这一山名隐为相合。此段写亲身经历，既有质疑僧人敲山这样饶有趣味的情节，也有"如猛兽奇鬼""磔磔云霄间"这样充满动感而风格凌厉的描摹，也有查访石钟山后得知山名真相时，对儿子苏迈的对话言语，写景叙事抒情，浑然一体。

第三部分就前述经历，略做总结评析。先表明需目见耳闻，不能凭空想评判事物的求实精神，又从《水经注》作者郦道元语焉不详；文人士大夫不肯身体力行查证；渔人平民虽然知晓原因却不能言传三个层面分析"石钟山"名称来历被误传的原因，最后，批驳李渤用石头敲山得名的观点，肯定郦道元山名源于山岩与水、风互动发声的论说，为全文画上圆满句号，由情入理，韵味十足。

苏轼作此文为石钟山正名，文章流传后世，而"石钟山因何得名"这一问题也为明代罗洪先、清代俞樾、曾国藩等后人学者不断质疑、勘察、评析，亦是文学史上一段有趣公案。今天一般认为，石钟山得名是因为山形中空，形似古钟；风水流动声音与石灰岩敲击声音，声似古钟，形声结合，所以得名。苏轼因为时令气候所限，未能深入山中勘察石钟山全貌，实际上结论并不全面，但他在本文中表现出善于质疑求真的精神，却为不断思考求真的学者文人一脉相承。

古文的智慧

盲从限制你的智商，臆想干扰你的判断。判断事物的真相也好，人的价值也罢，不能仅仅以想象的画面为依据。要有怀疑的精神和实地探索的勇气，开动你的脑筋，用智慧看见没看见的事。

文豪间的两世书

潮州韩文公庙碑

北宋·苏轼

匹夫而为百世师，一言而为天下法，是皆有以参天地之化、关盛衰之运。其生也有自来，其逝也有所为。故申、吕自岳降，傅说为列星，古今所传，不可诬也。孟子曰："我善养吾浩然之气。"是气也，寓于寻常之中，而塞乎天地之间。卒然遇之，则王公失其贵，晋、楚失其富，良、平失其智，贲、育失其勇，仪、秦失其辩。是孰使之然哉？其必有不依形而立，不恃力而行，不待生而存，不随死而亡者矣。故在天为星辰，在地为河岳，幽则为鬼神，而明则复为人。此理之常，无足怪者。

自东汉以来，道丧文弊，异端并起，历唐贞观、开元之盛，辅以房、杜、姚、宋而不能救。独韩文公起布衣，谈笑而麾之①，天下靡然从公②，复归于正，盖三百年于此矣。文起八代之衰，而道济天下之溺，忠犯人主之怒，而勇夺三军之帅，此岂非参天地、关盛衰、浩然而独存者乎？盖尝论天人之辨，以谓人无所不至，惟天不容伪；智可以欺王公，不可以欺豚、鱼③；力可以得天下，不可以得匹夫匹妇之心。故公之精诚，能开衡山之云，而不得回宪宗之惑；能驯鳄鱼之暴，而不能弭皇甫镈、李逢吉之谤；能信于南海之民④，庙食百世，而不能使其身一日安于朝廷之上。盖公之所能者天也，其所不能者人也。

始潮人未知学，公命进士赵德为之师，自是潮之士皆笃于文行，延及齐民，至于今，号称易治。信乎孔子之言："君子学道则爱人，小人学道则易使也。"

潮人之事公也，饮食必祭，水旱疾疫，凡有求必祷焉。而庙在刺史公堂之后⑤，民以出入为艰，前太守欲请诸朝作新庙，不果。元祐五年，朝散郎王君涤来守是邦⑥，凡所以养士治民者，一以公为师。民既悦服，则出令曰："愿新公庙者听。"民欢趋之。卜地于州城之南七里，期年而庙成。

或曰："公去国万里而谪于潮，不能一岁而归。没而有知，其不眷恋于潮也审矣。"轼曰："不然。公之神在天下者，如水之在地中，无所往而不在也。而潮人独信之深、思之至，焄蒿凄怆⑦，若或见之。譬如凿井得泉，而曰水专在是，岂理也哉？"

元丰元年，诏封公昌黎伯，故榜曰："昌黎伯韩文公之庙"。潮人请书其事于石，因作诗以遗之，使歌以祀公。其辞曰：公昔骑龙白云乡⑧，手抉云汉分天章⑨，天孙为织云锦裳⑩。飘然乘风来帝旁，下与浊世扫秕糠⑪。西游咸池略扶桑⑫，草木衣被昭回光⑬。追逐李、杜参翱翔，汗流籍、湜走且僵⑭，灭没倒影不能望。作书诋佛讥君王，要观南海窥衡、湘，历舜九嶷吊英、皇⑮。祝融先驱海若藏⑯，约束蛟鳄如驱羊。钩天无人帝悲伤，讴吟下招遣巫阳⑰。犦牲鸡卜羞我觞⑱，于粲荔丹与蕉黄。公不少留我涕滂，翩然被发下大荒⑲。

经典注释

①麾：通"挥"，指挥。②靡然：倒下的样子。③豚、鱼：指小动物。《易·中孚》："信及豚鱼。"豚：小猪。④南海：这里指潮州。⑤刺史公堂：州官办公的地方。⑥朝散郎：文官名，从七品。⑦焄（xūn）蒿凄怆：指祭祀时引起凄凉悲怆的感情。焄：通"熏"，香气。蒿：雾气蒸发的样子。⑧白云乡：指仙境。⑨天章：天上的文章，这里指日月星云。⑩天孙：织女星。⑪秕（bǐ）糠：秕谷和米皮。⑫咸池：神话中的地名，传说为太阳沐浴的地方。扶桑：神话传说中的神木名，传说为太阳升起的地方。⑬衣被：原意是指人穿衣服，引申为"给予"，这里是受动用法，为"受到"的意思。昭回：这里指日月。⑭籍、湜（shí）：指唐朝诗人张籍和文学家皇

甫湜。⑮九嶷：山名，又名苍梧山，在今湖南宁远，相传为舜的埋葬地。⑯海若：传说中的北海之神。⑰巫阳：神巫名，古代善于占卜的人。⑱犦（bó）牲：以牦牛做祭祀品。犦：牦牛。鸡卜：古代一种占卜的方法。羞：进献。⑲大荒：古代传说中的山名，是太阳和月亮落下去的地方。

译文也很美

一个普通人能够成为百世的师表，一句话能够成为天下人的准则。这是因为这样的人都能够与天地万物所等同，都和国家兴盛衰亡联系在一起，他们的降生是有来历的，他们的逝世也是有作为的。所以，申伯、吕侯由高山之神降生，傅说死后化为天上的星辰，这些事古今相传，不可能有假。孟子说："我善于修养我的浩然正气。"这种浩然之气，寄寓于平常事物之中，又充满于天地之间。如果突然遇到这种气，王公贵族就会失去他们的尊贵，晋、楚这样的大国也显不出他们的富有，张良、陈平这样的谋士也显不出他们的智慧，孟贲、夏育这样的力士也显不出他们的神勇，张仪、苏秦也会失去他们的辩才。是什么东西使他们这样的呢？这必然有一种不依附形体而独立、不依靠外力而行动、不附着于生命而存在、不随着死亡而消逝的东西。所以，这种东西在天上就化为日月星辰，在地上就化为河流山脉，在阴间就化为鬼神，在人间就变成人。这是很平常的道理，不值得奇怪。

从东汉以来，道统沦丧，文风败坏，各种异端邪说一起涌现。经历了唐代贞观、开元的盛世，得到房玄龄、杜如晦、姚崇、宋璟这些贤明之臣的辅佐治理也无法挽救。只有韩文公从平民百姓间崛起，谈笑间指挥倡导，天下人倾倒追随他，使道统文化重又回归正道，到现在大约已经有三百年了。韩文公的文章振兴了已经衰败八代的文风，他的思想拯救了已经沉沦的天下；他的忠心触怒了君主，他的智勇折服了三军的统帅，这不正是能够等同天地万物、与国家兴盛衰亡联系在一起、独存于世的浩然正气吗？

有人曾经论述过天道和人事的区别，认为人凭借智力没有什么做不到的，唯有天道容不得人作伪；人的智慧可以用来欺骗王公，却不可以用来欺骗小猪和鱼类；可以凭借武力夺取天下，却不可以凭它得到百姓的心。所以，韩文公的精诚能够驱散衡山的乌云，却不能挽回唐宪宗心头的执迷不悟；能驯服凶暴的鳄鱼，却不能制止奸臣皇甫镈、李逢吉的毁谤；能取信于潮州百姓、世代享受庙堂上的祭祀，却不能使自己在朝廷上有一天的安宁。这是因为韩文公擅长的是顺应天道，不会屈从的是人事。

起初，潮州人不知道学习，韩文公委派进士赵德去当他们的老师。从此，潮州的读书人都专心于学问的研究和品德的修养，这种风气也影响到了普通百姓。到现在，潮州仍被称为容易治理的地方。孔子的话确实正确啊，他说："君子学习了道德礼仪就会爱护人民，百姓学习了道德礼仪，就容易治理。"潮州人供奉韩文公，做到每餐都一定要祭祀，遇到水旱灾害、瘟疫流行，凡有所求，一定向他祷告。但是韩文公的祠庙在衙门大堂的后面，百姓前往祭祀进进出出觉得很不方便，前任太守想就此奏请朝廷修建新庙，但没有实现。元祐五年，朝散郎王君涤来这里任地方官，凡是用来培养读书人、治理百姓的措施，他全都仿效韩文公。在百姓心悦诚服之后，他就下令说："愿意为韩文公重新修建祠庙的人听我的命令。"百姓就高兴地赶来修庙。于是，在潮州城南七里选择了一个地方作为庙址，一年后新庙就建成了。

有人说："韩文公离京城万里，被贬官到潮州，不到一年就被调回去了。如果他死后有知的话，他肯定不会眷恋潮州的。"我说："不会的！韩文公的神灵在天地间，就好像水在地上一样，无论什么地方都有。而潮州人对他怀有深挚的信赖、至切的思念。祭祀的时候，在缭绕的香烟中，感到十分悲伤，就仿佛见

青山隐隐水迢迢

到了他。如同凿井挖出了泉水，就说水只在这里，难道有这样的道理吗？"

元丰元年，皇帝下诏封韩文公为昌黎伯，所以新庙的匾额上写着："昌黎伯韩文公之庙。"潮州人请我把他的事迹刻写在石碑上，于是我写了一首诗送给他们，让他们歌唱，以此来祭祀韩公。歌词是这样的：从前您骑龙遨游白云仙乡，挥手分开银河，拨成天上的云彩，织女为您织造云锦衣裳。您乘风来到皇帝身旁，降临人间为的是扫除浊世的污垢。您向西游览咸池，经过扶桑，受您恩泽的草木有如日月发出光辉。您追随李白、杜甫和他们比翼翱翔，张籍、皇甫湜汗流满面地追随奔走，以至两腿发僵，也无法仰望到您那使倒影也消失的光辉。您斥责佛学，劝诫君王，反遭贬斥到荒远的地方，谪居南海，路经九嶷舜墓，凭吊女英、娥皇。祝融为您开路，海神躲藏起来，您为民除害赶走鳄鱼如驱赶羔羊。九天之上没有贤士，天帝感到悲伤，派遣巫阳唱歌下凡招请您的英魂回到身旁。今天啊，献上牦牛为祭品，还有美酒，请您品尝鲜红的荔枝，金黄的香蕉。文公啊，您不肯稍稍逗留，使我们无比悲伤，愿您披发轻快地返回仙乡。

鉴赏文心

本文是宋哲宗元祐七年（1092），苏轼应潮州（今广东潮安县）知州王涤邀请，为重修的韩愈庙写的碑文。韩愈在贬谪潮州时，在当地注重教化，多有政绩。本文即就此展开，赞誉韩愈文章事功。在唐宋八大家中，后人常将韩愈、苏轼并称，因为二人文章气势浩大雄浑，称为"韩潮苏海"。本文气势雄健，汪洋恣肆，又暗以韩愈遭遇与己自比，尤为感情深切，颇见苏轼论说文章豪放磅礴的特色。

全文开端布局，尽在文首"匹夫而为百世师，一言而为天下法"两句，

> 匹夫而为百世师，一言而为天下法，是皆有以参天地之化，关盛衰之运。其生也有自来，其逝也有所为。

既是韩愈一生文章事功的总结，也是为全文开篇破题，高屋建瓴，其后飞扬直下的行文布局做奠基。这两句话立意高远，先烘托圣人功业，却不直接写是谁足以当此声名，其后再依次展开写孟子"浩然之气"的作用，以深化凸显世上如此的圣人功名，是以这种"浩然正气"为依托。作者此段主要是议论虚写，善用排比，次第展开，从而在开篇就彰显出充沛气势。

下段由虚入实，从东汉以来的文章流弊讲起，旁征博引，更用对比层递的手法，从容托出韩愈"文起八代之衰，而道济天下之溺；忠犯人主之怒，而勇夺三军之帅"的功绩。第一句，是讲韩愈的文学成就，他倡导的古文运动，改变了东汉、魏、晋、宋、齐、梁、陈、隋八个朝代以来衰败颓靡的骈文风气；第二句，则讲韩愈的道德高尚与忧国忧民的情怀；第三句讲韩愈敢于直言犯上，上书《论佛骨表》（又名《谏迎佛骨表》）力谏君主不要迷信佛教；第四句讲韩愈任兵部侍郎时，以一介臣子的身份前往安抚镇州王庭凑叛乱的事迹。如此四句浩荡类比，从功绩、文学、道德、思想等多重维度为韩愈盖棺论定，如此再以"浩然而独存者乎"这样的赞叹作结，与首段的圣人功业论述相呼应，文首两句赞誉何人，便不言而喻。其后再从天意和人为两个视角，展开对比韩愈屡遭贬斥，却深得民心，流芳百世的生平往事，既是对韩愈人格的丰满补足，也有与自身境遇类比，隐含着一番叹惋愤懑之心。

文章至此，对韩愈文章事功已足加赞誉，再切入主题，引出为韩愈庙复建始末。本段重点突出韩愈在潮州教化民众，而百姓亦感恩戴德，乃至今日。其后更巧用"如水之在地中"的类比，来形容韩愈对当地的影响广大深远，从而批驳了韩愈任期过短，实则不眷恋潮州的

青山隐隐水迢迢

质疑，凸显出韩愈在当地的影响深远。文末以一首模仿韩愈古体的七言古诗结尾，将韩愈比作游仙，颇见韩诗"奇崛险怪"的神韵。

纵观全文，布局严谨畅达，体裁诗文一体，骈散相间，声情并茂，正如宋人洪茂所言："东坡之碑一出，而后众说尽废"，是评论韩愈生平的代表文章。

古文的智慧

榜样，是正能量的传播者，是促进社会发展的催化剂，是值得我们仰望的人。榜样，就像一粒种子，种在所有人的心里。它会不断冲击我们胆怯的壁垒，最终破土而出，让我们迈出关键一步，学习心中的榜样，也成为别人的榜样，在别人心里种下榜样的种子。

说文布道 宋人眼中的韩愈

在宋代学者的眼中，韩愈在古代散文史上的地位是得到了普遍肯定的。但对韩愈的诗歌以及对儒家道统的理解与做人的原则，宋人却产生了很大的争议，莫衷一是。比如，苏轼在《潮州韩文公庙碑》一文中，从文、道、忠、勇四个方面肯定了韩愈的价值，并将其认定为中唐时期的文坛领袖、儒家宗师。而作为政治家的王安石和道学家的朱熹却并不认同这一推定，他们认为韩愈一生追求的是个人的富贵功名，而非儒家大道，这是对韩愈个人地位的一种否定。

清风明月总是情

前赤壁赋

北宋·苏轼

壬戌之秋①，七月既望，苏子与客泛舟游于赤壁之下。清风徐来，水波不兴。举酒属客，诵《明月》之诗，歌"窈窕"之章。少焉，月出于东山之上，徘徊于斗、牛之间。白露横江，水光接天。纵一苇之所如②，凌万顷之茫然。浩浩乎如冯虚御风③，而不知其所止；飘飘乎如遗世独立，羽化而登仙。

于是饮酒乐甚，扣舷而歌之。歌曰："桂棹兮兰桨④，击空明兮溯流光。渺渺兮予怀，望美人兮天一方。"客有吹洞箫者，倚歌而和之。其声呜呜然，如怨如慕，如泣如诉，余音袅袅，不绝如缕，舞幽壑之潜蛟，泣孤舟之嫠妇⑤。苏子愀然⑥，正襟危坐而问客曰："何为其然也？"客曰："'月明星稀，乌鹊南飞'，此非曹孟德之诗乎？西望夏口，东望武昌，山川相缪⑦，郁乎苍苍，此非孟德之困于周郎者乎？方其破荆州，下江陵，顺流而东也，舳舻千里⑧，旌旗蔽空，酾酒临江⑨，横槊赋诗，固一世之雄也，而今安在哉？况吾与子渔樵于江渚之上，侣鱼虾而友麋鹿，驾一叶之扁舟，举匏樽以相属⑩。寄蜉蝣于天地，渺沧海之一粟。哀吾生之须臾⑪，羡长江之无穷。挟飞仙以遨游，抱明月而长终。知不可乎骤得，托遗响于悲风。"

苏子曰："客亦知夫水与月乎？逝者如斯，而未尝往也；盈虚者如彼，而卒莫消长也。盖将自其变者而观之，则天地曾不能以一瞬，自其不变者而观之，则物与我皆无尽也。而又何羡乎？且夫天地之间，物各有主，苟非吾之所有，虽一毫而莫取。惟江上之清风，与山间之明月，耳得之而为声，目遇之而成色。取之无禁，用之不竭，是造物者之无尽藏也，

而吾与子之所共适。"

客喜而笑,洗盏更酌,肴核既尽,杯盘狼藉,相与枕藉乎舟中⑫,不知东方之既白。

经典注释

①壬戌(xū):宋神宗元丰五年(1082)。②一苇:形容船小得像一叶芦苇。③冯(píng)虚御风:凌空驾风飞行。④桂棹(zhào)兮兰桨:桂树做的棹啊,木兰做的桨。划船工具长的为棹,短的为桨,桂和兰都是香木,这是对划船工具的美称。⑤嫠(lí)妇:寡妇。⑥愀(qiǎo)然:面色改变的样子。⑦缪(liáo):通"缭",环绕。⑧舳舻(zhú lú):船头和船尾的并称,泛指首尾相接的船只。⑨酾(shī)酒:本意为筛酒,这里是斟酒、饮酒的意思。⑩匏(páo)樽:用匏(一种葫芦)做成的酒器。⑪须臾:很短的时间。⑫相与枕藉(jiè):相互枕靠着睡觉。

译文也很美

壬戌年秋天,七月十六日,我同客人乘船在赤壁之下游览。清风慢慢吹来,江面波平浪静。我举起酒杯,邀请客人同饮,吟咏《明月》诗篇,诵唱"窈窕"一章。不一会儿,月亮从东山上升起,徘徊在斗、牛两个星宿之间。白茫茫的雾气笼罩在江面上,水光与夜空相接,连成一片。我们任由苇叶般的小船,在茫茫万顷的江面上随意漂荡。多么辽阔啊,好像是凌空乘风而去,不知道将停在何处;多么飘逸啊,好像离开了俗世,无拘无束,自由飞翔,变成了神仙。

于是大家喝着酒,高兴极了,敲着船舷唱起歌来。歌词是这样的:"桂木做的棹啊,兰木做的桨,拍打着清澈的江水啊,船儿迎着流动的波光。我的心想得很远啊,遥望着思慕的人啊,我们天各一方。"客人中有人会吹洞箫的，随着歌声相应和。箫声呜咽，像是哀怨，又像是思慕，像是哭泣，又像是倾诉，余音悠长，像一根轻柔的细丝线延绵不断。这箫声能使潜藏在深渊中的蛟龙起舞，能让孤舟上的寡妇悲泣。我也不禁感伤起来，整了整衣襟，端正坐好问客人说："这箫声为什么会如此悲凉呢？"客人说："'月明星稀，乌鹊南飞'，这不是曹孟德的诗句吗？我们从这里向西望见夏口，向东望见武昌，山川相连，郁郁苍苍，不正是曹孟德被周瑜围困打败的地方吗？当初曹操攻取荆州，打下江陵，大军顺流东下，战船相接，不下千里，战旗遮天蔽日，在江上临风饮酒，横握长矛赋诗，称得上是一时的英雄人物啊，可是现在却在哪里呢？何况我和你只是在江上打鱼，在沙洲上砍柴，和鱼虾为伴侣，与麋鹿做朋友，乘着一叶扁舟，举起葫芦做的酒杯互相劝酒。人生就像蜉蝣一样短暂地寄生在天地之间，渺小得像大海中的一颗米粒。不能不哀叹我们生命的短暂，羡慕长江水流的无穷无尽，所以希望和仙人一起遨游，但愿抱着明月永世长存。我知道这是不可能立刻实现的，因此只能把愁绪寄托于箫声，在秋风中吹奏出来。"

我说："你们也知道那水和月亮吗？江水总是滔滔不绝地流去，可大江却始终未曾流走；月亮总是那样时圆时缺地变化，但是它最终没有增也没有减啊。如果只从它变化的一个方面来看，那么天地之间的事物甚至连一眨眼的工夫都不能保持不变；要是从它不变的方面来看，那么万物和我们都是无穷无尽的，又何必羡慕它们呢？况且，这天地间的万物都各有其主，如果不属于我所有，即使是一丝一毫也不能取得。只有这江上的清风和山间的明月，耳朵听到就成为声音，眼睛看到就成为颜色，得到它们没有谁会来禁止，使用它们也是无穷无尽。这是大自然无穷无尽的宝藏，我可以和你们一起享受。"

客人听了我的话后都高兴地笑了。于是我们洗刷酒杯菜盘，重新斟酒。菜肴和果品都吃完了，酒杯菜盘也散乱地放着。大家互相靠着枕着睡在船里，不知不觉天已经放亮了。

鉴赏文心

宋神宗元丰五年（1082），苏轼因"乌台诗案"（指在元丰二年（1079）时，御史何正臣弹劾苏轼在移知湖州到任后的谢恩上表中，用语暗藏讥讽朝政之词，其他御史等官僚同时搜集苏轼罪状，弹劾苏轼。此案在御史台狱受审。（"乌台"，即御史台，因官署内遍植的柏树上常有乌鸦筑巢栖息而得名）被贬往黄州第三年后，与客同游赤壁，特作赋以记载此事。

有说法认为苏轼出于担忧政治牵连，故意隐去客名不提。本文作为散文辞赋，既有写景抒情的词句勾勒，又呈现出主客问答，托物言志的经典行文章法，先写尽人生困境之悲郁，后有超脱洒然的飞扬心境，颇见作者文章气度与人生旷达的境界。

本文行文展开，自主客同游时间、地点写起，写泛舟赏景，只用寥寥几笔，点写出"白露横江，水光接天"的江月秋景，再以吟诗饮酒的叙事描写并行，援引《诗经·月出》，又化用《滕王阁序》"秋水共长天一色"字句，颇见文人意趣。这种匠心意趣也体现在下文众人开始饮酒娱乐

的一段当中。作者饮酒欢歌，先写船桨与月影交织互动，又化用《楚辞·少司命》"望美人兮"一句笔意，虽然是写饮酒欢歌，已颇见屈原式的，将夫妇关系与君臣相和的类比，从而写出一种对自身贬谪境况的叹惋，后又写客吹洞箫，"如怨如慕，如泣如诉"，文风为之一变成悲郁叹惋，是以乐写悲，颇见文章抑扬顿挫的流转自然。

此后两段，是主客问答，抑客扬主的典型展开。客人由情景入史实，以英雄易逝，感怀岁月无情，人生渺小，再以己自比，只能"托遗响于悲风"。其实是作者感怀贬谪黄州的人生困局，以客自比，自然引起对时空的悲叹，由此生发出虚无消极的思考。下文的苏子之答，则从相对发展的角度，拓展客人无常湮灭之叹，客人羡慕长江的无穷无尽，实际上江水明月乃至万物，依然在不断变动。而动静之辩，全在自身心底的观念与诉求，由此进一步延伸出万物有主，个人不可强求，只要悠然自适的结论。最后主客一问一答，则客人悟道，

> 且夫天地之间，物各有主，苟非吾之所有，虽一毫而莫取。惟江上之清风，与山间之明月，耳得之而为声，目遇之而成色。

复归喜乐，物我两忘，"不知东方之既白"，颇见一种忘怀得失，从容豁达的理想境界。

本文作为辞赋，情理浑融，音韵相和。全文自首段"斗牛之间""羽化而登仙"起始，到文末"杯盘狼藉"部分，共计十二组韵脚，这种音韵交替与文意自乐入悲，又先抑后扬的高低流转相合，颇见本文妙手天成的意韵。

古文的智慧

人生是一场旅行，途中会遇到各色各样的人和事。而不如意事常八九，可与言者无二三。然而，你我皆行人，也是凡人，无须贪恋，顺其自然就好。人活一世，不可能什么都让你满意，不亏欠别人，不委屈自己，就足够了。

青山隐隐水迢迢

水月禅境，梦中孤鹤

后赤壁赋

北宋·苏轼

是岁十月之望①，步自雪堂②，将归于临皋③。二客从予，过黄泥之坂④。霜露既降，木叶尽脱，人影在地，仰见明月，顾而乐之，行歌相答。已而叹曰："有客无酒，有酒无肴，月白风清，如此良夜何！"客曰："今者薄暮，举网得鱼，巨口细鳞，状如松江之鲈⑤。顾安所得酒乎？"归而谋诸妇，妇曰："我有斗酒，藏之久矣，以待子不时之需。"

于是携酒与鱼，复游于赤壁之下。江流有声，断岸千尺。山高月小，水落石出。曾日月之几何，而江山不可复识矣！予乃摄衣而上，履巉岩⑥，披蒙茸，踞虎豹，登虬龙，攀栖鹘之危巢，俯冯夷之幽宫⑦。盖二客不能从焉。划然长啸，草木震动，山鸣谷应，风起水涌。予亦悄然而悲，肃然而恐，凛乎其不可留也。反而登舟，放乎中流，听其所止而休焉。时夜将半，四顾寂寥。适有孤鹤，横江东来，翅如车轮，玄裳缟衣，戛然长鸣，掠予舟而西也。

须臾客去，予亦就睡。梦一道士，羽衣蹁跹，过临皋之下，揖予而言曰："赤壁之游乐乎？"问其姓名，俛而不答。"呜呼噫嘻！我知之矣！畴昔之夜，飞鸣而过我者，非子也耶？"道士顾笑，予亦惊寤。开户视之，不见其处。

青山隐隐水迢迢

经典注释

①是岁：这年。这里指作《前赤壁赋》的同一年，即壬戌年（1082）。②步自雪堂：从雪堂出发。雪堂，作者谪居黄州时的住所，位于黄州东坡旁，作者因此自号东坡居士。③临皋：临皋馆，也是作者谪居黄州的住所，在黄冈之南、长江边上。④黄泥之坂（bǎn）：黄泥坂，黄冈东面东坡附近的山坡，是雪堂到临皋亭的必经之路。⑤松江之鲈：松江的鲈鱼十分鲜美。松江：吴淞江，流经江苏和上海。⑥履巉（chán）岩：登上陡峭的山岩。⑦冯夷：古代传说中的水神。

译文也很美

这一年十月十五日，我从雪堂走出来，准备回临皋馆。两位客人和我一起走，经过黄泥坂。这时已经降过霜露，树叶都落光了。人影映在地上，抬头可以看见明月当空。我们相顾而乐，一边走一边吟唱。过了一会儿，我叹息说："有客却没有酒，有酒却没有菜肴。月明风清，这美好的夜晚该怎样度过呢？"一位客人说："今天傍晚，我撒网捕到一条鱼，大嘴巴细鳞片，样子像是松江鲈鱼。不过哪里能找到酒呢？"回家后，我同妻子商量办法。妻子说："我有一斗酒，贮存好久了，就预备着你需要的时候饮用。"

于是我们带着酒和鱼，又一次到赤壁下游览。长江的流水发出声响，两岸的峭壁高达千尺。山峰高耸，月亮显得很小；江水下落，礁

107

石显露出来。距上次游览没过多久，这江山就变得认不出来了！我于是撩起衣襟上岸，攀登险峻的山崖，拨开丛生的杂草，蹲在形如虎豹的石头上，爬上像虬龙一样弯曲的大树，攀上鹘鸟筑在高处的巢，俯视着像水神居住的宫殿般的长江，两个客人都不能跟我一起攀登了。一声长啸划破天空，草木都震动起来，远远的山谷也荡起回声，大风吹起使波浪也汹涌。我感到一种莫名的悲伤，恐惧而毛骨悚然，片刻也不敢停留了。我返回小船，放船到江中，任凭它随波漂流，漂到哪里就在哪里停泊。此时将近半夜了，四周寂静空荡。恰好有只孤鹤横过长江从东飞来，翅膀像车轮，洁白的羽毛，黑色的尾羽像雪白的衣服下露出黑色的裙边，戛然一声长鸣，轻盈地从我的船边掠过，向西飞去。

一会儿客人走了，我也就回家睡觉了。梦中遇见一位道士，穿着羽衣飘逸地走来。经过临皋馆时，向我拱手问道："赤壁之游，玩得快乐吗？"我问他的姓名，他却低头不答。"啊！我知道了。昨天夜里，鸣叫着从我身边飞过的不正是您吗？"道士看着我笑了笑，我惊醒了，开门一看，已找不到他。

鉴赏文心

本文写于《前赤壁赋》三月之后，全文观景、饮酒、泛舟、感怀，无一不写，可与前赋联立为一个整体。如果说前赋重在主客问答，论道言志，本篇则旨在主客同游，体物观景，用笔言辞，更见散文式的铺叙描摹。本文写作时间正值万物寂寥的严冬，又加了由实入虚，如梦似幻的散笔，所以别具一番萧索缥缈的风格。

全文可分为三个部分。第一部分写游赏赤壁起因，不同前赋一笔带过的潇洒，本文下笔娓娓道来，从与客同行，景色正好；到有客无酒，有酒无菜的遗憾；谈及客人有鱼，妻子正好藏酒，于是三人正好赤壁重游……叙事行

> 时夜将半，四顾寂寥。适有孤鹤，横江东来，翅如车轮，玄裳缟衣，戛然长鸣，掠予舟而西也。

云流水，水到渠成，颇见作者闲适自如的人间兴味，可与作者同写于黄州贬谪时期，闲散天然的《记承天寺夜游》一文并看。

第二部分写主客三人同游赤壁，是为文章主体。一段赤壁观景，却可分为赤壁江景、弃舟登山，返程见孤鹤三层，颇见文章跌宕起伏的布局张力。写赤壁远景，用词精要，"山高月小，水落石出"八字，与前赋中以相对变化的视角观景的心态相和，自然有短短三月间"江山不可复识矣"的感慨。下文写弃舟登山，用"履、披、踞、登"四字，可谓步步惊心动魄，足见山势险要，攀岩游兴十足，而"盖二客不能从焉"，又凸显出作者孤高寂寥的心态。后文情景相和，凛冬狂风，万物肃然。作者也从游兴十足到四顾寂寥，感念起人事际遇，终于踏上归途。其后写孤鹤独飞，更是渲染出凛冬时节缥缈无依的悲郁与迷茫。

第三部分写主客俱散，本可作结，又加写一段作者入梦，与孤鹤化成的道士对答情节，可谓神来之笔。大抵道士化鹤，虚实流转，与庄周梦蝶，超然物外，可以说是殊途同归。最后"开户视之，不见其处"的缥缈结尾，更是将作者面对人生困途时的挣扎、迷茫与超脱，凝练为一体。

黄州贬谪时段，是苏轼政治生涯乃至人生路途上的困顿与低谷，但这段时间他创作的两篇《赤壁赋》，小品文《记承天寺夜游》与词作《念奴娇·赤壁怀古》，是为

青山隐隐水迢迢

他文学成就的巅峰篇章，都呈现出洒然自如、旷达超脱的理念境界，成为千古以来文人墨客所追觅的理想心境。

古文的智慧

随，不是随波逐流，而是知止而后安。只要心中有禅有莲，处处都是休憩内心的道场，处处都有朗月清风。以随遇而安的心态，过浮躁的红尘生活，随缘聚散，放下执念。

快乐是人生的锦鲤

黄州快哉亭记

北宋·苏辙

江出西陵，始得平地，其流奔放肆大，南合湘、沅，北合汉、沔①，其势益张。至于赤壁之下，波流浸灌，与海相若。清河张君梦得谪居齐安②，即其庐之西南为亭，以览观江流之胜，而余兄子瞻名之曰"快哉"。

盖亭之所见，南北百里，东西一舍，波澜汹涌，风云开阖；昼则舟楫出没于其前，夜则鱼龙悲啸于其下；变化倏忽，动心骇目，不可久视。今乃得玩之几席之上，举目而足。西望武昌诸山，冈陵起伏，草木行列，烟消日出，渔夫、樵父之舍，皆可指数③，此其所以为"快哉"者也。至于长洲之滨，故城之墟，曹孟德、孙仲谋之所睥睨，周瑜、陆逊之所驰骛④，其流风遗迹，亦足以称快世俗。

昔楚襄王从宋玉、景差于兰台之宫,有风飒然至者,王披襟当之,曰:"快哉此风!寡人所与庶人共者耶?"宋玉曰:"此独大王之雄风耳,庶人安得共之!"玉之言盖有讽焉。夫风无雄雌之异,而人有遇不遇之变⑤。楚王之所以为乐,与庶人之所以为忧,此则人之变也,而风何与焉?士生于世,使其中不自得,将何往而非病?使其中坦然,不以物伤性,将何适而非快?今张君不以谪为患,收会稽之余,而自放山水之间,此其中宜有以过人者。将蓬户瓮牖⑥,无所不快,而况乎濯长江之清流,挹西山之白云⑦,穷耳目之胜以自适也哉!不然,连山绝壑,长林古木,振之以清风,照之以明月,此皆骚人思士之所以悲伤憔悴而不能胜者,乌睹其为快也哉⑧!

经典注释

①汉、沔（miǎn）:汉沔本为一条河,北源出自陕西留坝一名沮水的为沔河,西源出自今陕西宁强的为汉水,二源合流后通称"沔水"或"汉水"。②齐安:古郡名,即黄州。③指数（shǔ）:指点计数。④骋骛（wù）:疾驰。⑤遇（yù）:参与。⑥蓬户:用蓬编的门。瓮牖（yǒu）:用瓮做的窗户。⑦挹（yì）:舀取,这里是观赏,阅览的意思。⑧乌睹:哪里看得出来。

译文也很美

　　长江从西陵峡流出,开始进入平原,水势奔腾浩荡。在南边与湘水、沅水合流,北边与汉水、沔水合流,水势愈显壮大。流到赤壁之下,波浪浩荡,就像是无边无际的海洋。清河人张梦得贬官后居住在齐安,就在房舍的西南方修建了一座亭子,用来观赏长江的美景,我的长兄子瞻给这座亭子起名为"快哉亭"。

临亭四望，能看到长江南北上百里、东西三十里，波涛汹涌，风云时聚时散；白天船只在亭前往来，夜间鱼龙在亭下悲鸣；景色瞬息万变，令人惊心动魄，不能长久地观看。如今，在亭子里凭几席而坐，举目四望，尽情观赏。向西眺望武昌的群山，只见山冈蜿蜒起伏，草木排列成行，烟云消散，阳光高照，渔翁、樵夫的房舍都历历可数。这就是称亭子为"快哉"的原因。至于沙洲的岸边，旧城的废墟，曾是曹孟德、孙仲谋所窥视的地方，是周瑜、陆逊率兵驰骋的疆场，那些留下来的传说和遗迹也足以让世俗之人称快。

以前，楚襄王让宋玉、景差跟随着同游兰台宫。一阵风吹来，飒飒作响，楚王敞开衣襟，迎着风说："这风让人多么痛快啊！这是我和百姓共享的吧？"宋玉说："这只是大王的雄风，百姓怎么能和您共享呢？"宋玉的话大概有讽喻的意味吧。风并没有雌雄的区别，而人却有境遇的不同。楚王之所以感到快乐，而百姓之所以感到忧愁，正是由于境遇的不同所造成的，跟风有什么关系呢？士人生活在世上，假使心中不坦然自得，那么到哪里没有忧愁？假如胸怀坦荡，不因为外界事物的影响而伤害性情，那么到什么地方能没有欢乐呢？现在，张梦得不把贬官当作忧愁，在处理完了公务之

后，便纵情漫游山水之间，这大概是因为他的内心有超过常人的地方。即使是用蓬草编门，以破瓮做窗，都没有什么不快乐的，更何况在清澈的长江中洗濯，观赏西山的白云，竭尽耳目所能而使自己欢畅呢？如果不是这样，那么，连绵的山峰，深陡的沟壑，辽阔的森林，参天的古木，为清风所吹动，为明月所高照，这些都会成为失意文人感到悲伤憔悴以至难以承受的景物，哪里还会在看到它们之时获得快乐呢！

鉴赏文心

元丰二年（1079），苏轼因"乌台诗案"被贬黄州。苏辙上书诉冤，同样遭贬。四年以后，与苏轼同谪居黄州的张梦得，在住所西南建快哉亭观景。此亭由苏轼取名，苏辙作记。全文以"快哉"为主题，写景抒情，议论说理，以求对三人贬谪命运的舒慰与自勉。

全文共计三段，笔意层层推进，章法严整。第一段交代文章背景。先写建亭处山川形势，由远及近，笔触简要而气势愈见开阔。再交代建亭人，命名缘由等系列背景。写明亭名"快哉"，为后文围绕快哉的叙写做铺垫。

第二段由写景至论史感怀。从两个角度直接写"快哉"由来：首先以大开大阖的笔法描述在亭中观景的壮美，又用对仗骈

最美古文
古文观止里的奇趣世界

> 连山绝壑，长林古木，振之以清风，照之以明月，此皆骚人思士之所以悲伤憔悴而不能胜者，乌睹其为快也哉！

偶的文辞，远至山川江河的自然壮阔，近到草木生长、屋舍渔樵的人间气象，无不详加描摹。其次则由观景到感怀，引出此地为三国时期，吴国故都武昌所在地，自然述说曹操、周瑜等三国人物风云际会的历史慨叹，则又有人文情怀的快意。

如果本文自此收笔，则是一般的纵情山水文章。本文破题在于下文对前篇"快哉"的否定与升华式的议论。作者先引用宋玉陪楚王观景，两人虽然欣赏同一片景色，而所怀忧乐却大相径庭的事例，借助最后宋玉的口吻"而风何与焉"，推翻了前文赏景感怀所以快哉的结论，自然引出了下文更为深刻的对何为"快哉"的探讨。此段论述，以两个相互对照的假设起笔，写明所谓"快哉"，更在于心态上的

"自得""坦然"，而与风景是否优美无关。再写亭主张梦得在山水之间闲适的自如心态，已经如同亭名一般，得到快意。最后再作反问，审视风景与快哉的关系，加深语气，论证有力。

本文既写观景之快，又写寻古之快，最后归于心中自得、从容自是之快。写景意象疏朗，议论晓畅通达，显示出虽遭贬谪困厄，却旷达乐观、积极开阔的人生境界。《古文观止》的编者吴楚材认为这篇"读之令人心胸旷达，宠辱俱忘"，可与范仲淹《岳阳楼记》、苏轼《前赤壁赋》等文中所体现出的，宋代文人在困境中乐观自勉的精神作为对照。

古文的智慧

豁达是一种自我行为修养。凡是豁达的人，常常注重修身养性，性格开朗健谈，深明人情世故，始终保持着一颗平常心，不慕荣华，不媚权贵，堂堂正正做人，坦坦荡荡处世。

有志、足力和"火把"
游褒禅山记①

北宋·王安石

褒禅山亦谓之华山。唐浮图慧褒始舍于其址②,而卒葬之,以故其后名之曰褒禅。今所谓慧空禅院者,褒之庐冢也③。距其院东五里,所谓华山洞者,以其乃华山之阳名之也。距洞百余步,有碑仆道④,其文漫灭⑤,独其为文犹可识,曰"花山"。今言"华"如"华实"之"华"者,盖音谬也。

其下平旷,有泉侧出,而记游者甚众,所谓"前洞"也。由山以上五六里,有穴窈然,入之甚寒,问其深,则其好游者不能穷也,谓之"后洞"。予与四人拥火以入,入之愈深,其进愈难,而其见愈奇。有怠而欲出者,曰:"不出,火且尽。"遂与之俱出。盖予所至,比好游者尚不能十一,然视其左右,来而记之者已少。盖其又深,则其至又加少矣。方是时,予之力尚足以入,火尚足以明也。既其出,则或咎其欲出者,而予亦悔其随之,而不得极乎游之乐也。

于是予有叹焉。古人之观于天地、山川、草木、虫鱼、鸟兽,往往有得,以其求思之深而无不在也。夫夷以近,则游者众;险以远,则至者少。而世之奇伟瑰怪、非常之观,常在于险远,而人之所罕至焉,故非有志者不能至也。有志矣,不随以止也⑥,然力不足者,亦不能至也。有志与力,而又不随以怠,至于幽暗昏惑,而无物以相之⑦,亦不能至也。然力足以至焉,于人为可讥,而在己为有悔。尽吾志也,而不能至者,可以无悔矣,其孰能讥之乎?此予之所得也。

青山隐隐水迢迢

予于仆碑,又以悲夫古书之不存,后世之谬其传而莫能名者⑧,何可胜道也哉!此所以学者不可以不深思而慎取之也。

四人者：庐陵萧君圭君玉，长乐王回深父，予弟安国平父、安上纯父⑨。

经典注释

①褒禅：指慧褒和尚。禅：这里指和尚。②浮图：梵语音译，本意为佛或佛教徒。这里指和尚。慧褒：唐贞观时高僧。③庐冢（zhǒng）：墓旁庐舍。庐：房屋。④仆道：倒在路上。⑤其文漫灭：碑文因磨损而模糊不清。⑥不随以止：不跟随（别人）而停止。⑦相（xiàng）：辅助。⑧名：说明白，这里用作动词。⑨安国平父：王安国，字平父。安上纯父：王安上，字纯父。二人都是王安石的弟弟。

译文也很美

褒禅山也叫作华山。唐代的和尚慧褒当初在这个山下居住，死后就埋葬在这里。由于这个原因，人们就把这座山称为"褒禅山"。现在所说的慧空禅院，就是慧褒和尚生前居住、死后埋葬的地方。距离禅院东边五里的地方，有个所谓华山洞，因为它在华山的南面而得名。离洞一百多步的地方，有块石碑倒在路边，碑文已经模糊不清了，唯独"花山"二字，还能辨认出来。现在念"华"字，如同"华实"的"华"，大概是把音念错了。

山洞下面平坦而空旷，有泉水从旁边涌出，刻字记游的人很多，这就是人们所说的"前洞"。从山下往上走五六里，有个深幽的山洞,进去后就会感到寒气逼人,问它有多深,就连那些喜欢游览的人,也走不到尽头,这就是"后洞"。我和另外四人拿着火把走进去,越往里走前进越难,而见到的景色就越发奇异。有个感到疲倦想要出来的人说:"不出洞,火把就要烧完了。"于是,大家都跟着他一起出来了。大概我所到的地方,同那些喜欢游览的人所到的地方相比,还不到十分之一,然而看看左右的洞壁,来到这里并且刻字留念的人已经很少了。大概再往里走,到的人就更少了。那时候,我的力气还足以继续往里走,火把也还足够继续照明。等到出来后,就有人责怪那个想要出来的人,我也后悔跟他一起出来而没能尽情享受游玩的乐趣。

对这件事,我有些感慨。古代的人观察天地、山川、草木、虫鱼、鸟兽,往往有心得,这是因为他们观察、思考得十分深刻并且一丝一毫也不放过。那些平坦又很近的地方,游览的人就多;艰险又遥远的地方,到达的人就少。可是世界上奇特雄伟、不同寻常的风光,往往是在艰险遥远而人们很少到达的地方,所以不是有志气的人就不能到达。既有志气,又不跟着别人停止前进,然而气力不够,也不能到达。有了志气和力量,又不随着别人懒惰不前,但是到了幽深昏暗、让人迷失的地方却没有外物的帮助,也不能到达。气力完全能够到达却没有到达,这在旁人看来是可笑的,而自己则应该感到后悔。如果尽了自己的努力,还是不能到达,那就没有什么可后悔的了,而谁又能讥笑你呢?这就是我的体会。

我对那倒在路上的石碑,又不由得感慨:由于许多古代书籍的失散,后代以讹传讹,使人不明真相的事,哪里能说得完呢!这就是做学问的人不能不认真思考而谨慎取舍的原因啊。

同游的四个人是:庐陵人萧君圭,字君玉;长乐人王回,字深父;我的弟弟王安国,字平父,王安上,字纯父。

青山隐隐水迢迢

鉴赏文心

本文是一篇游记，作者写于宋仁宗至和元年（1054）在舒州（今安徽安庆）任职时期。本文虽是一篇山水游记，却旨在借题发挥，以作者游赏褒禅山时的探险历程为基础，抒发感触，宣扬求真寻深的治学道理，可见作者严肃坚韧的进取精神。

本文结构严谨，可分为游览背景，游览过程，抒发议论与后续补充四个部分。

第一段以简略笔触介绍褒禅山地理来历，并简要介绍游览重点——华阳洞和仆碑的来历。本段特别介绍碑文与山洞命名的历史谬误问题，可见作者严谨务实的精神，并为后文议论感慨留下伏笔。

第二段主要讲述华阳洞前后两洞的游览历程。本段为下文议论的铺叙事实着眼，所以用笔有详略之分，略写前洞游览经历，详写众人游玩后洞，多人半途而废，而自己却不能尽兴的经过。本段游览历程，不同一般山水游记写景文章，对山岩林木、江河风云的大加描摹，更接近于平铺直叙式的记事文章，记叙细腻真实，对各个人物的活动描画入微，以此为后文议论作铺垫。而本文的写作重心，全在于后半部分的议论感慨。

第三、四段即为依据前文游览生发的感想。由前文进洞观景，越深越奇特的经历引喻学习历程，得出"世之奇伟瑰怪、非常之观，常在于险远"的结论。而又从"险远"二字引申出若想求学悟道，主观上需要志存高远的意志为基础，客观上要有充沛体力与有帮助的外物为支撑，如此才能有所成就的结论。这一番论述可谓主客结合，承接紧密。后文又从仆碑一事出发，点出为学者需深入思考，谨慎取证的态度与方法，进一步指明本篇山水游记阐述议论的本质。后续补充

> 有志矣，不随以止也，然力不足者，亦不能至也。有志与力，而又不随以怠，至于幽暗昏惑，而无物以相之，亦不能至也。

部分介绍同游人士,也可见作者细微描写,面面俱到的行文手法。

古文的智慧

人生当立志,无志则人难做,事难成。一个没有目标的人就像一艘没有舵的船,永远漂流不定,只会到达失望、失败和丧气的海滩。成功者总是那些有目标的人,鲜花和荣誉从来不会降临到那些无头苍蝇一样四处碰壁的人的头上。

有记无楼,想象成文

阅江楼记

明·宋濂

金陵为帝王之州。自六朝迄于南唐①,类皆偏据一方,无以应山川之王气。逮我皇帝,定鼎于兹,始足以当之。由是声教所暨,罔间朔南,存神穆清,与天同体,虽一豫一游②,亦可为天下后世法。京城之西北,有狮子山,自卢龙蜿蜒而来,长江如虹贯,蟠绕其下。上以其地雄胜,诏建楼于巅,与民同游观之乐,遂锡嘉名为"阅江"云。

登临之顷,万象森列,千载之秘,一旦轩露。岂非天造地设,以俟大一统之君,而开千万世之伟观者欤?当风日清美,法驾幸临,升其崇椒③,凭阑遥瞩,必悠然而动遐思。见江汉之朝宗,诸侯之述职,城池之高深,关阨之严固④,必曰:"此朕栉风沐雨,战胜攻取之所致也。"中夏之广,益思有以保之。见波涛之浩荡,风帆之上下,番舶接迹而来庭,蛮琛联肩而入贡⑤，必曰："此朕德绥威服，覃及内外之所及也⑥。"四陲之远，益思有以柔之⑦。见两岸之间、四郊之上，耕人有炙肤皲足之烦⑧，农女有捋桑行馌之勤⑨，必曰："此朕拔诸水火，而登于衽席者也⑩。"万方之民，益思有以安之。触类而思，不一而足。臣知斯楼之建，皇上所以发舒精神，因物兴感，无不寓其致治之思，奚止阅夫长江而已哉！

彼临春、结绮⑪，非不华矣；齐云、落星，非不高矣，不过乐管弦之淫响，藏燕、赵之艳姬，一旋踵间而感慨系之⑫，臣不知其为何说也。虽然，长江发源岷山，委蛇七千余里而入海，白涌碧翻，六朝之时，往往倚之为天堑。今则南北一家，视为安流，无所事乎战争矣。然则果谁之力欤？逢掖之士⑬，有登斯楼而阅斯江者，当思圣德如天，荡荡难名。与神禹疏凿之功同一罔极。忠君报上之心，其有不油然而兴耶？

臣不敏，奉旨撰记。欲上推宵旰图治之功者，勒诸贞珉⑭。他若留连光景之辞，皆略而不陈，惧亵也。

经典注释

①六朝：指三国时的吴、后来的东晋、南朝时期的宋、齐、梁、陈，它们都曾建都金陵。②豫：巡游。③椒：山顶。④阨（ài）：同"隘"，险要的地方。⑤琛（chēn）：珍宝。⑥覃：延长，延及。⑦柔：安抚，动词。⑧皲（jūn）：皮肤因寒冷受冻而裂开。⑨馌（yè）：给耕种者送饭。⑩衽（rèn）席：供躺

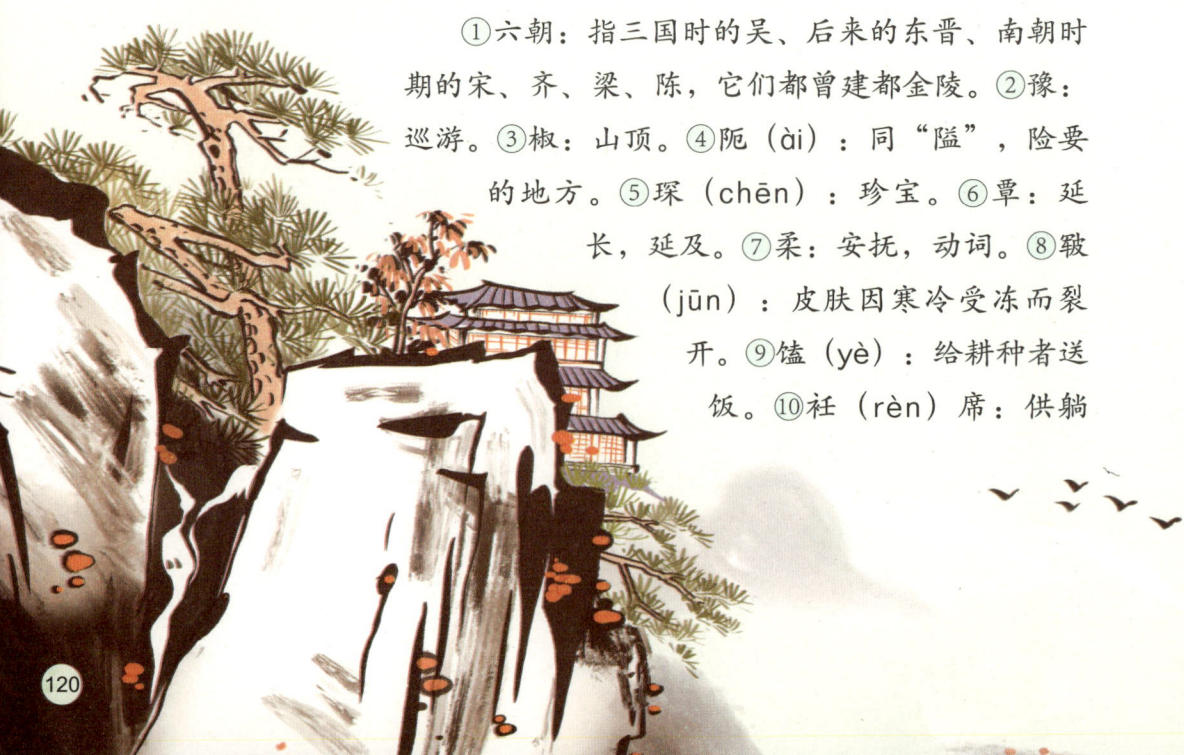

卧的席子。⑪临春：南朝陈后主所建的阁楼。结绮：陈后主为张贵妃建的阁楼，与临春阁一样均由沉香木筑成，毁于隋兵攻陷金陵时的大火。⑫旋踵（zhǒng）：转一下脚跟，形容十分迅速，时间短。⑬逢掖：古代儒士所穿的宽袖衣服。此指读书人。⑭贞珉：对碑石的美称。

青山隐隐水迢迢

译文也很美

金陵是帝王居住的地方。从六朝到南唐，政权大抵都割据一方，无法与山川间所蕴含的帝王之气相应合。直到我大明皇帝在这里建都，才和这里山川间的帝王之气相应合。从此，政令的声威、民风的教化施及全国，从极北的北方到最南的海疆都无所阻隔，涵养精神，肃穆清平，与天道融为一体，即使是一次简单的巡游娱乐，也足以成为天下后世效法的榜样。京城的西北方，有一座狮子山，从卢龙山弯弯曲曲地延伸至此。长江如同虹霓降临，曲折地盘绕在山脚下。皇上因为这里江山气势雄伟壮丽，诏令在群山之巅建造高楼，以便和百姓同享游览观赏的乐趣，于是就赐给它一个美好的名字叫作"阅江"。

登临阅江楼观赏的时候，万千景象繁密罗列，千载的奥秘一下子豁然显露。这难道不就是天地间早已安排好，来等待那一统天下的君王以展现出千秋万代雄伟壮观的景象吗？当风和日丽的时候，皇上前来观览，登上山巅凭栏远眺，必定神情悠悠而启动遐想。只见长江、汉江的流水滔滔东去，诸侯赴京朝见天子，高深的城池、严密稳固的关隘，必定会感慨说："这是我栉风沐雨、战胜强敌、攻城取地所获得的啊。"眼里看到广阔的中华大地，心里更想着要怎样来保全它；看见波涛浩荡起伏，帆船上下颠簸，外国船只相继前来朝见，四方珍宝争相进贡，必定会说："这是我用恩德安抚、以威力镇服，声望延及内外所达到的啊。"看到四方边陲那么僻远，就会更加设法安抚

它们,看见大江两岸之间、四郊田野之上,耕作的农夫有烈日烘烤皮肤、寒气冻裂脚趾的烦恼,农女有采桑送饭的辛勤,必定会说:"这是我拯救于水火之中而安置于床席之上的人啊。"对天下的百姓,更要想着让他们安居乐业。由看到这类现象而触发的感慨推及起来,真是不胜枚举。我知道这座楼的兴建,是皇上用来舒展自己抱负的,凭借景物来触发感慨,无不寄寓着他志在治理天下的思绪,这何止是在观赏长江的风景呢!

那临春阁、结绮阁,确实华美;齐云楼、落星楼,也确实高大。但它们无非是为演奏淫荡的歌曲而感到快乐,或藏匿着燕赵的美女以供寻欢,转瞬之间便与无穷的感慨联结在一起了,我简直不知怎么来解释它们。虽然这样,长江发源于岷山,曲折蜿蜒地流经七千余里才东流入海,波涛汹涌、碧浪翻腾,六朝的时候往往视它为天然险阻。如今已是南北一家,长江被看作是平安的河流,不再用于战争。然而,这到底是谁的力量呢?读书人登上此楼观看长江,应当想到皇上的恩德有如苍天,浩浩荡荡难以形容它的广阔,简直与大禹凿山疏水拯救万民的功绩一样无边无际。此时,忠君报国的心情,难道不会油然而生的吗?

我没有什么才能,奉皇上旨意撰写这篇记文。希望借此展现皇上日夜辛劳、谋划国家平安的功绩,把它刻在精美的石碑上。至于那些涉及风光美景的词句,就都略去不说,唯恐亵渎了天子建造此楼的本意!

鉴赏文心

朱元璋建国称帝后,心念自己曾经率领义军在金陵狮子山处大败敌军的功绩,下诏于山顶修建阅江楼,并亲自撰写《阅江楼记》,同时令诸位文臣各写一篇同名文章。宋濂奉旨撰写的这篇《阅江楼记》,文风庄重,抒情夹议,隐含规劝,不同于一般的歌功颂德文字,从而在数百篇文章中脱颖而出。

纵观全文,作者突出了尾段"留连光景之辞,皆略而不陈"的特色,仅略叙阅江楼建楼事由，而将重点放在皇帝登楼览胜后所思所想，借写皇帝心理自然引出建国功绩。在此之外，作者援引历史旧事，希望皇帝谦逊勤勉，从而使得本文在格调立意上超越了普通的称颂应制文字。

文章首段由远及近，从金陵城历史风貌写到狮子山的地理形势，再进一步托出文章事由，即皇帝下诏在山顶建楼，与民同乐。开篇写景叙事布局，以宏大见细微，立意高远。

第二段则另出新裁，并非笔墨铺陈阅江楼景，而是以皇帝驾车登楼，游景遐思的视角，从皇帝自身思绪的角度出发，来歌颂功绩。本段内部结构工整，写观景"三思"：如何保护广阔的华夏大地；如何安抚四方偏远的边陲之地；如何让百姓黎民安居乐业。这"三思"，从军事、外交、民生三个层面赞誉帝王的功绩，笔锋中更另有建国之后，更需守成的深意，夹杂着臣子劝勉帝王励精图治的一颗拳拳之心。

第三段笔锋一转，在段首引

> 长江如虹贯，蟠绕其下。上以其地雄胜，诏建楼于巅，与民同游观之乐。

用金陵城中，因骄奢败亡的南朝陈后主所建庭阁等历史典故，在赞誉朱元璋统一国家，免于战火的功德之外，更以委婉的笔调再度规劝皇帝，要以史为鉴，熟悉历史兴替，才能长治久安。

宋濂写作《阅江楼记》之后，朱元璋颇受震动，后又写表示停修阅江楼意愿的《又阅江楼记（并序）》与批判浮夸奉承之风的《辟阿奉文》，最终没有建成彰显帝王功绩的阅江楼。而这篇《阅江楼记》也以其挥洒雄浑的风格和委婉而有所分寸的政治意味，成为应制文中的名篇。

古文的智慧

历史是过去的现实，现实是未来的历史。只有多读一点历史，积累一点历史感，我们才能听清历史的回声，更好地从过去走向未来。

沧海桑田，唯文章永存

沧浪亭记

明·归有光

浮图文瑛①，居大云庵，环水，即苏子美沧浪亭地也②。亟求余作《沧浪亭记》，曰："昔子美之记，记亭之胜也，请子记吾所以为亭者③。"

余曰：昔吴越有国时，广陵王镇吴中④，治园于子城之西南，其外戚孙承佑，亦治园于其偏。迨淮海纳土，此园不废。苏子美始建沧浪亭，最后禅者居之，此沧浪亭为大云庵也。有庵以来二百年，文瑛寻古遗事，复子美之构于荒残灭没之余，此大云庵为沧浪亭也。夫古今之变，朝市改易⑤。尝登姑苏之台⑥，望五湖之渺茫，群山之苍翠，太伯、虞仲之所建⑦，阖闾、夫差之所争⑧，子胥、种、蠡之所经营，今皆无有矣，庵与亭何为者哉？虽然，钱镠因乱攘窃⑨，保有吴、越，国富兵强，垂及四世。诸子姻戚，乘时奢僭，宫馆苑囿，极一时之盛。而子美之亭，乃为释子所钦重如此。可以见士之欲垂名于千载，不与澌然而俱尽者⑩，则有在矣。

文瑛读书喜诗，与吾徒游，呼之为沧浪僧云。

经典注释

①文瑛：和尚的号，生平不详。②苏子美：名舜卿，字子美，北宋诗人，著有《苏学士集》，曾建造沧浪亭，并自号沧浪翁。③所以为亭者：建造亭子的原因。④广陵王：吴越王钱镠的儿子钱元瓘。⑤朝（cháo）市：指朝廷和集市，这里比喻改朝换代。⑥姑苏之台：在今江苏苏州西南的姑苏山上，春秋时吴王阖闾所建。⑦太

伯：周太王的长子。虞仲：周太王的次子，太伯的弟弟。传说周太王欲立幼子季历，太伯、虞仲便奔避江南，改从当地风俗，断发文身，成为当地君长，也是吴国的开创者。⑧阖闾：春秋吴国君主，刺杀吴王僚后自立为王。⑨攘（rǎng）：窃取、夺取。⑩澌（sī）然：冰消解、融释的样子。

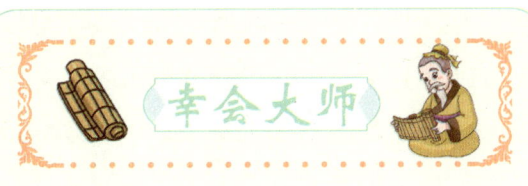

幸会大师

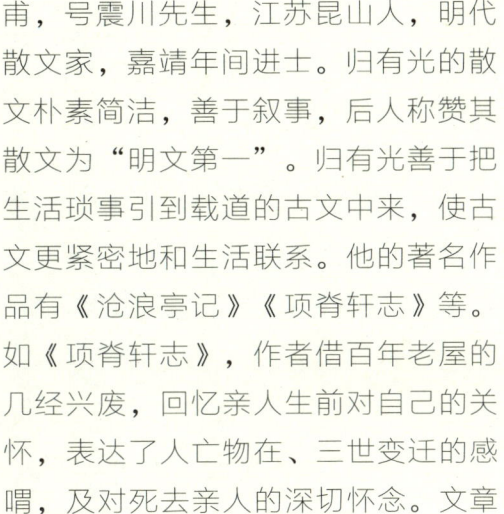

归有光（1506~1571），字熙甫，号震川先生，江苏昆山人，明代散文家，嘉靖年间进士。归有光的散文朴素简洁，善于叙事，后人称赞其散文为"明文第一"。归有光善于把生活琐事引到载道的古文中来，使古文更紧密地和生活联系。他的著名作品有《沧浪亭记》《项脊轩志》等。如《项脊轩志》，作者借百年老屋的几经兴废，回忆亲人生前对自己的关怀，表达了人亡物在、三世变迁的感喟，及对死去亲人的深切怀念。文章简洁生动，也是一篇脍炙人口的古文名篇。

译文也很美

文瑛和尚居住在大云庵，那里四周环水，这就是苏子美所建造的沧浪亭的旧址。文瑛多次请我写一篇《沧浪亭记》，说："过去苏子美的记文，写的是亭子的胜景，您就记下我修复这个亭子的缘由吧。"

我说：过去吴越建国时，广陵王镇守吴中，他在内城的西南处修建了一个园林，他的外戚孙承佑，也在旁边修了园林。到了吴越被宋国灭亡时，把淮南之地拱手送给宋国，这些园林也没有荒废。这时苏子美才修筑起沧浪亭，后来有些和尚居住在这里，在沧浪亭的遗址上修建了大云庵，这样，沧浪亭就变成了大云庵。从建成大云庵到如今已有两百年的历史了。文瑛寻访亭子的遗迹，在荒芜残破的废墟上重新修复苏子美时的建筑，这样，大云庵又变成了沧浪亭。历史变迁，

青山隐隐水迢迢

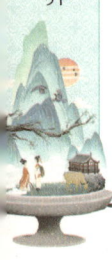

朝代更替不可避免。我曾经登上姑苏台，眺望着浩渺的五湖，苍翠的群山，那太伯、虞仲建立的国家，阖闾、夫差争夺的势力，伍子胥和文种、范蠡所筹划的事业，现在都已经消失了，庵与亭子又算得了什么呢？虽然钱镠只是趁着天下大乱窃取了权位，占有了吴越，国富兵强，延续了四代。他的子孙亲属乘机兴起，奢侈无度，修造的宫馆苑囿盛极一时，而子美的亭子却被一个和尚如此重视。由此可见，士人想要千载垂名，不像冰块溶解一样和那些曾盛极一时的东西共同消失，是有原因存在的。

文瑛好读书并且特别喜欢作诗，常同我们这些人交游，我们称他为"沧浪僧"。

古文的智慧

沧浪亭是北宋庆历四年（1044），词人苏舜钦谪居吴中时所建，当时苏舜钦与欧阳修、梅圣俞经常在亭中唱酬吟咏，沧浪亭名始盛。五百多年来，沧浪亭多次被扩建重修，后又衰落，成为僧居之地。嘉靖二十五年（1546），僧人文瑛重修沧浪亭，袁宏道则受邀作记。

本文不同于苏舜钦同名文章着重记叙亭中美景的思路，而是着眼古今来往，朝代变迁的宏大视角，以千年来亭名犹存的事实，写建亭者德行令人称道，文章也得以长久流传，从而凸显出重修沧

浪亭的主题，行文思路既格调高远，又别出心裁。

本文共计三段，行文章法分明。第一段讲作者受邀为文瑛作记的缘由，是"记吾所以为亭者"，托出文章主题。第二段则先为主题做铺垫，即讲述沧浪亭建造起始和历代变迁经过，囊括自五代吴越兴建园林到苏舜钦建沧浪亭，到后来成为僧居的历程。段末则以"荒残灭没"四字，表现出沧浪亭数百年来湮没而又复建的历史沧桑感。

接着，作者又从亭阁的易逝，延伸到对世事更迭的慨叹。既有历史兴衰视角的旁征博引，也运用对比手法：上溯春秋以来太伯、虞仲，阖闾、夫差，伍子胥和文种、范蠡等君王将相兴建的事业与争夺的目标，近引五代钱镠广建宫馆园林，极其兴盛，而所有这些，今天都湮没无闻。以此番历史兴衰，对比出千古以来为人崇敬，不断重修的沧浪亭。由此可见，士人想要千古流芳，一定是有原因的。作者在此处戛然而止，未直言原因，颇显文章的含蓄意蕴，实则不言自明，是对苏舜钦的功德文章流传后世的赞叹。

最后一段简要写复建沧浪亭的僧人文瑛的旨趣爱好。作者写文瑛被称为"沧浪僧"，再次与题目呼应，由写沧浪亭，实则写历来建亭者的品行节操。"沧浪"二字，语出《孟子·离娄》中孔子听见的儿歌"沧浪之水清兮，可以濯吾缨"，后来被屈原《楚辞·渔夫》引用，表现在政治黑暗时，不愿同流合污的隐居意味，可以说是与历代几位亭主，乃自归有光本人所追觅的精神境界颇为相和了。

古文的智慧

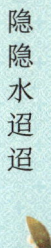

文化是一种社会现象，同时又是一种历史现象，是一个国家或民族特有的东西。任何一种文化，唯有代代传承，才能存之久远。

文字编辑：李国斌
封面设计：段　瑶
版式设计：罗　雷
　　　　　张大伟
美术编辑：张大伟
图片提供：视觉中国

图书在版编目(CIP)数据

最美古文 : 古文观止里的奇趣世界. 1 / (清) 吴楚材, (清) 吴调侯编著 ; 婉如改编. -- 长春 : 吉林出版集团股份有限公司, 2021.1

ISBN 978-7-5581-9365-1

Ⅰ. ①最… Ⅱ. ①吴… ②吴… ③婉… Ⅲ. ①古典散文 – 散文集 – 中国②《古文观止》– 注释 Ⅳ. ①H194.1

中国版本图书馆CIP数据核字（2020）第226795号

ZUIMEI GUWEN: GU WEN GUAN ZHI LI DE QIQU SHIJIE

最美古文：古文观止里的奇趣世界

编　　著	（清）吴楚材　吴调侯
改　　编	婉　如
出版策划	孙　昶
责任编辑	赵晓星
出　　版	吉林出版集团股份有限公司
	长春市福祉大路5788号，邮政编码130118
发　　行	吉林出版集团译文图书经营有限公司
	（http://shop34896900.taobao.com）
电　　话	总编办 0431-81629909　营销部 0431-81629880/81629881
制　　作	（www.rzbook.com）
印　　刷	艺堂印刷（天津）有限公司
开　　本	710mm × 1000mm 1/16
印　　张	37
字　　数	500千字
版　　次	2021年1月第1版
印　　次	2021年1月第1次印刷
书　　号	ISBN 978-7-5581-9365-1
定　　价	149.00元（全4卷）

◎ 如发现印装质量问题，影响阅读，请与印刷厂联系调换，电话：010-82021443。

前言

《古文观止》，可是一本"口气"很大的书。

"观止"是什么意思？要从它的来源《左传》去找：吴国公子季札看过鲁国的《韶箾》演奏之后，赞叹地说出："观止矣！若有他乐，吾不敢请已。"（不用再看了！如果还有别的音乐，我也不敢请您演奏了。）意思就是欣赏《韶箾》已是顶级的音乐享受，其他乐曲没必要再听了。所以《古文观止》的书名含义，就是本书汇集了古文中顶级水准的文章，看过之后别的古文就不用研读了。

《古文观止》的编者吴楚材、吴调侯叔侄二人敢这样"夸下海口"，是因为这本书真的是从中国两千多年瀚如烟海的文学名篇中精中选精，如万仞寻玉、沧海拾珠一般，筛选出的222篇脍炙人口的顶级佳作。难怪这本"教材"一经问世，便成为后世最流行、最通俗、最广为人知、最有影响的古文选本，经久而不衰。书中所选以散文为主，兼收韵文、骈文，所涉内容或记人、记事、记景，或描述、议论、寓言，如同一部集大成的中国古代文学全景纪录片。为便于今人体会古文的文采精华，我们一改其他版本《古文观

止》按照年代顺序排列的惯例，精选113篇文章，按"叙事""人物""书信与评论""游记写景"的主题分编成了四卷，相信这样会更便于大家分门别类地欣赏、领悟古文的语言魅力，领会文字背后的隐喻与智慧。

本卷《千古兴亡多少事》，选取了29篇以叙事为主的文章，其中既有人们耳熟能详的经典典故，又有名虽不显但光彩依然的历史传奇。比如《郑伯克段于鄢》中，共叔段的"no zuo no die"和郑庄公"欲令其亡必使其狂"的故意纵容就像手掌的两面，演绎出手足相残的悲剧，最终却又以庄公母子"黄泉相见"做了还算不错的收尾，可谓峰回路转。《曹刿论战》《烛之武退秦师》《蹇叔哭师》等一系列故事中主人公洞若观火般的"神预言"背后，是中国经典政治智慧和人文道义的结晶。《邹忌讽齐王纳谏》用经典的案例教会我们如何分辨和抵御来自"私我者""畏我者""有求于我者"的"糖衣炮弹"和"彩虹屁"，保持自我的清醒认识。而在《唐雎不辱使命》中，面对势如泰山压顶般的秦始皇，看单枪匹马

的唐雎是如何有理有力、见招拆招地把对方"怼怼",让你不由得暗暗称奇……这些文章大都言简意赅,不算长的篇幅却能把一个个故事讲得跌宕起伏,有些会令你击节赞叹、拍案惊奇,也有些会让你捶胸痛恨、拊掌叹息。读这些文章不仅能对中国古代的社会、人情有个面面之观,更能从古人记事的是非立场上读出"春秋笔法"的价值取向。

这是一本通俗易读但又不容易读完的书,如果每篇选文细细品味,真会有"韦编三绝"而意犹未尽的感觉。初学者可以直接从译文看故事,欣赏句读文采,撷取名言警句,简直是"金句"的宝库;进阶者学习行文架构,研究字句取舍,从中掌握章句技巧,参研文字精妙,一定对淬炼文笔大有帮助;更用心者则是感悟这文字之中、纸张之背透出的千古"文心"——这里有传统价值的精粹,有古往圣贤的心血,是"为往圣继绝学"的真义所在。总之,你一定会在这里找到对她爱不释手的理由。

我们更建议您能选取喜爱的篇目,试着背诵于心,正如巴金老人曾说过的:"我仍然感谢我那两位强迫我硬背《古文观止》的私塾老师。像《桃花源记》《赤壁赋》等文章,读多了常常能够顺口背出来,然后体会到它们的真谛,从而从中慢慢摸索到文章的调子。这两百多篇'古文'可以说是我真正的启蒙老师。"

不及前贤于万一的我们,编辑此书奉献与您。信文字永恒,愿古墨新香。

苏秦 今欲并天下，凌万乘，诎敌国，制海内，子元元，臣诸侯，非兵不可！

石蜡 臣闻爱子，教之以义方。

范雎 臣死而秦治，贤于生也。

周召公 防民之口，甚于防川。

张老 美哉轮焉，美哉奂焉。

司马错 欲富国者，务广其地；欲强兵者，务富其民……

郑庄公 多行不义必自毙。

邹忌 吾妻之美我者，私我也；妾之美我者，畏我也；客之美我者，欲有求于我也。

蹇叔 劳师以袭远，非所闻也。

卖柑者 又何往而不金玉其外、败絮其中也哉？

楚成王 君处北海，寡人处南海，唯是风马牛不相及也……

左丘明 信不由中，质无益也。

唐雎　若士必怒，伏尸二人，流血五步，天下缟素，今日是也。

晏子　故君为社稷死，则死之，为社稷亡，则亡之。

詹尹　夫尺有所短，寸有所长；物有所不足，智有所不明，数有所不逮，神有所不通。

曾子　君子之爱人也以德，细人之爱人也以姑息。

曹刿　夫战，勇气也。一鼓作气，再而衰，三而竭。

子犯　丧人无宝，仁亲以为宝。

苏洵　有乱之萌，无乱之形，是谓将乱，将乱难治，不可以有乱急，亦不可以无乱弛。

宫之奇　辅车相依，唇亡齿寒。

触龙　此其近者祸及身，远者及其子孙。

叔向　若不忧德之不建，而患货之不足，将吊不暇，何贺之有？

冯谖　狡兔有三窟，仅得免其死耳。

鲁仲连　所贵于天下之士者，为人排患、释难、解纷乱而无所取也。

目录

春秋第一宫廷权谋剧
　　——郑伯克段于鄢……………………… 10

失信的代价
　　——周郑交质…………………………… 16

爱子，请教之有方
　　——石碏谏宠州吁……………………… 19

鼓声中的智慧
　　——曹刿论战…………………………… 22

两个超级大国的碰撞
　　——齐桓公伐楚盟屈完………………… 26

想牙齿完好，请别抛弃嘴唇
　　——宫之奇谏假道……………………… 30

一场利字当头的外交谈判
　　——烛之武退秦师……………………… 34

哭声里的劝谏
　　——蹇叔哭师…………………………… 38

死社稷，不死君王
　　——晏子不死君难……………………… 41

辩证地去看宽与严
　　——子产论政宽猛……………………… 44

说话是人民的权利
　　——召公谏厉王止谤…………………… 48

预言是见微知著的能力
　　——单子知陈必亡……………………… 52

富贵是一场危机
　　——叔向贺贫…………………………… 58

一个君子的让国
　　——吴子使札来聘……………………… 61

人无远虑，必有近忧
　　——虞师晋师灭夏阳 ……………… 66

礼是比生命更重要的东西
　　——曾子易箦 ……………… 70

两位霸主，一场试探
　　——公子重耳对秦客 ……………… 73

客人善颂，主人善祷
　　——晋献文子成室 ……………… 76

成功的"忽悠"叫游说
　　——苏秦以连横说秦 ……………… 78

伐韩与伐蜀的国策大讨论
　　——司马错论伐蜀 ……………… 86

初次面试，请谨言慎行
　　——范雎说秦王 ……………… 90

有效的信息管理能给你一双慧眼
　　——邹忌讽齐王纳谏 ……………… 96

人才是君主最好的洞窟
　　——冯谖客孟尝君 ……………… 99

让忠言更顺耳
　　——触龙说赵太后 ……………… 106

一个人挽救一座城
　　——鲁仲连义不帝秦 ……………… 111

一场英雄主义的外交斗争
　　——唐雎不辱使命 ……………… 119

殉道者的孤独自白
　　——卜居 ……………… 123

一位父母官的人格映像
　　——张益州画像记 ……………… 126

人皆作假，我亦行骗
　　——卖柑者言 ……………… 132

春秋第一宫廷权谋剧

郑伯克段于鄢

左传

初,郑武公娶于申①,曰武姜②,生庄公及共叔段③。庄公寤生④,惊姜氏,故名曰"寤生",遂恶之。爱共叔段,欲立之,亟请于武公⑤,公弗许。

及庄公即位,为之请制⑥。公曰:"制,岩邑也⑦,虢叔死焉。他邑唯命。"请京⑧,使居之,谓之京城大叔⑨。祭仲曰⑩:"都城过百雉,国之害也。先王之制:大都不过参国之一⑪,中五之一,小九之一。今京不度,非制也,君将不堪。"公曰:"姜氏欲之,焉辟害?"对曰:"姜氏何厌之有!不如早为之所,无使滋蔓,蔓,难图也。蔓草犹不可除,况君之宠弟乎!"公曰:"多行不义必自毙⑫。子姑待之。"

既而大叔命西鄙、北鄙贰于己。公子吕曰:"国不堪贰,君将若之何?欲与大叔,臣请事之,若弗与,则请除之,无生民心。"公曰:"无庸,将自及⑬。"大叔又收贰以为己邑,至于廪延。子封曰:"可矣。厚将得众。"公曰:"不义不暱⑭,厚将崩。"

大叔完聚,缮甲兵,具卒乘⑮,将袭郑,夫人将启之。公闻其期,曰："可矣！"命子封帅车二百乘以伐京。京叛大叔段。段入于鄢，公伐诸鄢。五月辛丑，大叔出奔共。

书曰："郑伯克段于鄢。"段不弟，故不言"弟"。如二君，故曰"克"。称"郑伯"，讥失教也，谓之郑志，不言"出奔"，难之也。

遂置姜氏于城颍而誓之曰："不及黄泉，无相见也！"既而悔之。颍考叔为颍谷封人，闻之，有献于公。公赐之食，食舍肉，公问之，对曰："小人有母，皆尝小人之食矣，未尝君之羹，请以遗之。"公曰："尔有母遗，繄我独无！"颍考叔曰："敢问何谓也？"公语之故⑯，且告之悔。对曰："君何患焉！若阙地及泉⑰，隧而相见，其谁曰不然？"公从之。公入而赋："大隧之中，其乐也融融。"姜出而赋："大隧之外，其乐也泄泄。"遂为母子如初。

君子曰⑱："颍考叔，纯孝也。爱其母，施及庄公。《诗》曰：'孝子不匮，永锡尔类。'其是之谓乎！"

经典注释

①郑武公：郑庄公的父亲，名掘突。郑：国名，国都在今河南新郑。申：国名，姜姓，在今河南南阳。②武姜：郑武公之妻，郑庄公之母。"武"是丈夫的谥号，"姜"是娘家的姓。③共叔段：郑庄公的弟弟，名段，古人用"伯仲叔季"表示兄弟的排行，段比庄公小，故称"叔"，后来逃到共（gōng）国，所以称"共叔段"。④寤（wù）生：逆生，胎儿出生时脚先出来，也就是难产。⑤亟（qì）：屡次。⑥制：郑地名，一名虎牢，在今河南汜水西。⑦岩：险要。邑：人所居住的地方。⑧京：郑地名，在今河南荥阳东南。⑨大叔：太叔。大，同"太"。⑩祭（zhài）仲：郑国大夫，又称祭足、祭仲足。⑪参：同"三"。⑫毙（bì）：摔倒，跌跟头，先秦的"毙"多数不含"死"义。⑬自及：自及于难，意思是将自取

灭亡。及，至。⑭昵（nì）：亲近。⑮具卒乘（shèng）：补充兵员。⑯语（yù）：告诉。⑰阙：同"掘"，挖掘。⑱君子曰：《左传》中发表评论的方式，下文即对上述事件进行评论，评论有的是作者自己的，有的是别人的。

译文也很美

当初，郑武公从申国迎娶了一位夫人，人称她为武姜，武姜生了庄公和共叔段兄弟二人。庄公出生时难产，武姜受到了惊吓，所以给庄公起名叫寤生，武姜很不喜欢庄公。她偏爱共叔段，要立共叔段做太子，多次向武公请求，武公一直不肯答应。

等到庄公即位做了国君，武姜就替共叔段要求把制地封给他。庄公说："制是个险要的城邑，虢叔曾死在那里。如果要求其他地方，我都可以唯命是从，但制不行。"武姜于是要求把京邑封给共叔段，庄公答应了，让共叔段住在那里，人们称他为"京城太叔"。大夫祭仲说："一般城邑的城墙如果超过三百丈，就会成为国家的祸患。先王的制度：大城不得超过国都的三分之一，中等的不得超过五分之一，小城不得超过九分之一。现在京邑的城墙不合法度，与先王的制度不符，将来恐怕您会控制不了的。"庄公说："母亲武姜想要这样，我又怎能躲避这场祸乱呢！"祭仲回答说："武姜哪里会有满足的时候！我看不如早给太叔安排个地方，以免他的势力滋生蔓延。一旦蔓延起来，可就难对付了。蔓延的野草尚且难以除掉，何况您受宠的弟弟呢！"庄公说："坏事做多了，必定会自取灭亡。您暂且等着瞧吧！"

不久，太叔又命令西部和北部边境地区臣属于自己。公子吕对庄公说："国家不能接受两个国君，您究竟打算怎么办？要是想把君位让给太叔，就请允许我去侍奉他；若是不想交给他，那就请您除掉他，不要使百姓产生异心。"庄公还是说："不必这样做，他会自己走上绝路的。"后来，太叔又把两属的地方收归自己所有，一直扩展到廪延一带。公子吕又对庄公说："该采取行动了，太叔的土地扩大，就能控制更多的人力。"庄公说："对国君不义，对兄长不亲，土地越多，垮台得越快。"

太叔修治城郭，收集粮草，整治装备武器，准备好步兵和战车，要偷袭郑都了，武姜也准备开城门做内应。庄公掌握了他们约定的日期，就对部下说："现在可以平叛了！"庄公命令子封统率二百辆战车去攻打京城。京城人背叛了太叔。太叔只好逃到鄢邑。郑庄公又亲率军队到那里讨伐他。五月二十三日，太叔逃出郑国，投奔到共国去了。

《春秋》上记载："郑伯克段于鄢。"说太叔不讲孝悌之道，所以不称"弟"。如同两国的国君在交战，所以用了"克"字。称庄公为"郑伯"，是讥刺他对弟弟不加管教。这里说郑伯早有杀弟的意图，不明说太叔出奔，都是对庄公的责备。

此后，庄公就把母亲武姜安置在边远的颍城，并对她发誓说："不到黄泉之下，决不再见面了！"不久，庄公就后悔了。当时颍考叔正在颍谷做掌管疆界的官员，他听说此事以后，就说有礼物要献给庄公。庄公赐给他食物，颍考叔享用的时候，把肉挑出来放在一边。庄公便问他这是什么意思。颍考叔回答说："小人家有老母，我有的食物她都吃过了，可还从来没吃过您的东西。请允许我把这些食物带给她吃吧。"庄公说："你还有母亲可以孝敬，我却没有！"颍考叔便说："冒昧地问一句，您这话是什么意思呢？"庄公把事情的前因后果告诉了他，并且说自己已经感到后悔。颍考叔回答说："您何必在这件事上发愁呢！如果挖掘土地，直到见了泉水，然后再修一个隧道。你们就在隧道里相见，又有谁能说不是在黄泉下相见的呢？"庄公按照颍考叔的话进行布置，母子二人在地道中相见，庄公赋诗说："地道中母子相见，多么和睦快乐啊！"武姜出来也赋诗说："地道外面相见，多么舒畅快乐

千古兴亡多少事

啊！"于是母子二人和好如初。

君子说：颍考叔真是位纯正的孝子啊！他爱戴自己的母亲，还影响到庄公。《诗经》上说："孝子行孝道，感化自己的同类，上天就永远赐给福禄。"大概说的就是这种情况吧！

本文是中国古代最早的叙事散文之一，它以客观精准的叙事，记载了一段春秋时期郑国宗室内部的政治斗争。郑武公以长子郑庄公为继承人，而夫人武姜偏爱幼子共叔段，想要废长立幼。长兄郑庄公即位以后，故意把逾越规制的大城分封给共叔段，诱导他性格变得骄纵，肆意拓展封地。最终，共叔段联合母亲武姜发动叛乱失败，不得不逃亡国外，而郑庄公在颍考叔的劝说下，原谅了母亲，并挖掘地道与母亲见面，恢复了母子关系。

本文第一段到第四段讲郑庄公平息弟弟共叔段叛乱，第六段讲郑庄公与母亲武姜和解，第五段与第七段为史官评论。

作为一篇叙事散文，本文叙事写人详略得当，从郑庄公视角出发，重点写其定计放纵共叔段的部分，以简要言行写人，栩栩如生。如郑庄公听任共叔段受封大城，使其骄横跋扈，却说"多行不义必自毙"。等到听说共叔段准备谋反，则眼见捧杀共叔段一计可成，开始得意地高声呼喊计谋可行，生动展现了一个老谋深算的政治家形象。后文中大篇笔墨写郑庄公与母亲和解，既丰满了郑庄公注重孝道的性格，也蕴含了儒家经典宣扬孝悌的意图。

本文叙事记载中显露的"微言大义"风格，更是本文乃至《左传》全书突出的特色："郑伯克段于鄢"，这个题名寥寥数字，既评判人物，又定论历史：称郑庄公为郑伯，点出"伯"作为兄长的身份，是在批评郑庄公故意放纵弟弟，不加教导，虽然平息了叛乱，手段却过于阴险，并非儒家所推崇的治国方略。对弟弟共叔段直呼其名，不加敬语，是批评其犯上作乱的不敬行为。"克"字则表明本文所记载的历史事件并非简单的兄弟相争，而是形同国与国之间残酷的政治斗争。

"郑伯克段于鄢"作为儒家经典《左传》的开篇,选文颇含深意,借由一段国君与兄弟争权的历史记载,表现了儒家经典注重教化,崇尚遵礼守道的精神。其叙事客观严谨,不动声色;写人注重言行,栩栩如生;评论则力图精当,从字句着眼大局,突出呈现了《左传》于微妙处,暗含褒贬的语言艺术。

古文的智慧

母亲偏爱小儿子,尚且是人之常情,但因此帮助小儿子造反篡位就过分了;庄公对母亲的过错,没有正面冲突,在保全核心利益的前提下,逐步退让,然后寻找机会,一击取胜。在和母亲闹翻后,庄公也找机会和好。政治上的是非对错,往往不是三言两语可以说清的。

说文布道 —— 左传

《左传》原名《左氏春秋》,是中国第一部编年体历史著作,是依照鲁国十二个君主的次序记事的。记事起于鲁隐公元年(前722),止于鲁哀公二十七年(前468)。关于它的作者,司马迁和班固都认为是左丘明,并说明他的身份是鲁国太史。

《左传》比较系统地记述了春秋时代各国的政治、军事、外交、文化等历史情况,有着很高的史料价值。同时,它也是一部优秀的历史散文,它善于用简练的语言记述复杂纷繁的历史事件,善于描绘历史人物。这对后代的文学、史学和语言的发展都有较大的影响。

千古兴亡多少事

失信的代价

周郑交质

左传

郑武公、庄公为平王卿士①,王贰于虢②,郑伯怨王。王曰:"无之。"故周、郑交质③:王子狐为质于郑,郑公子忽为质于周。王崩,周人将畀虢公政④。四月,郑祭足帅师取温之麦。秋,又取成周之禾。周、郑交恶。

君子曰:"信不由中⑤,质无益也。明恕而行⑥,要之以礼⑦,虽无有质,谁能间之⑧?苟有明信⑨,涧、溪、沼、沚之毛⑩,蘋、蘩、蕰、藻之菜⑪,筐、筥、锜、釜之器⑫,潢污、行潦之水⑬,可荐于鬼神⑭,可羞于王公⑮,而况君子结二国之信,行之以礼,又焉用质?《风》有《采蘩》《采蘋》,《雅》有《行苇》《泂酌》,昭忠信也。"

经典注释

①平王卿士:周平王的执政大臣。②贰于虢:二心,这里有"偏重"的意思,指周平王想把政权一部分让虢公执掌。虢(guó),指西虢公,周王室的大臣。③交质:交换人质。④畀(bì):交给。⑤中:同"衷",内心。⑥明恕:互相体谅。⑦要(yāo):约束。⑧间(jiàn):离间。⑨明信:彼此了解,坦诚相待。⑩沼:小池塘。沚(zhǐ):水中的小块陆地。⑪蘋(pín):四叶菜,一种生于浅水中的草本植物。⑫筐、筥(jǔ):竹制容器,方为筐,圆为筥。锜(qí):有足的炊具。釜(fǔ):无足的炊具。⑬潢(huáng):积水池。污:积水。行(háng)潦:积水不流动称潢污,流动的积水称行潦。⑭荐:献祭。⑮羞:进奉。

译文也很美

郑武公、郑庄公先后担任周平王的执政大臣。因为周平王分权给大臣虢公,郑庄公认为周平王偏心虢公,开始怨恨周平王。周平王解释说:"没有这么回事(偏心虢公)。"于是,周王室、郑国交换人质:周平王的儿子王子狐去郑国做人质,郑庄公的儿子忽在周王室做人质。周平王去世后,周王室准备把国政全部交给虢公管理。四月,郑国的大夫祭足率军队割取了周王室属地温邑的麦子;秋季,又收割了成周的稻谷。周王朝和郑国开始互相仇恨。

君子说:"如果诚信不是发自心中,交换人质也没用。开诚布公,互相谅解,用礼仪来加以约束,虽然没有人质做保证,谁又能离间他们呢?只要有诚心,山涧溪流中的野草,浮萍白蒿这样的菜,竹筐铁锅一类的器物,低洼处沟渠中的积水,都可以供奉鬼神,可以进奉给王公,何况君子缔结两国的盟约,按礼仪行事,又哪里用得着人质啊?《国风》中有《采蘩》《采蘋》,《大雅》中有《行苇》《泂酌》,都是表彰忠诚信用的。"

鉴赏文心

本文选自《左传》,以简要的笔触刻画了"周郑交质"这一标志着周王室失去权威地位的重要历史事件,并以更为详尽的述评,说明国家之间的外交需要注重礼节与诚信。

文章首先对"周郑交质"做一个题解:周是天子国,而郑是诸侯国。按

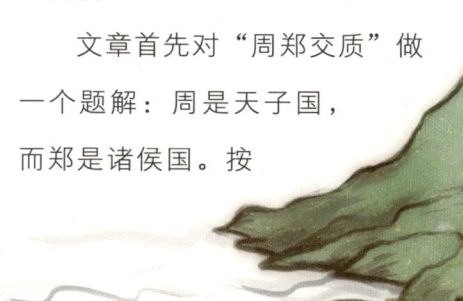

照当时的政治体系，两个国家本应该是上下级别的关系，却不得不以"交换质子"这一多出现在诸侯国之间的交际手段来维持双方的互信。这种手段既说明两个国家上下等级结构失序，没有"礼"的制约；又说明两国已经彼此失去信任。这个事件反映的是周平王在位期间，作为宗主国的周国，逐步失去对周围诸侯国掌控的历史趋势。

文章记叙部分写出两国交换质子的直接原因：周王面对逐渐掌握权力的诸侯郑庄公，意图分权给虢公，寻求制衡，却触怒了郑庄公。周王室不得不与郑庄公交换质子，意图重获信任。但正如本文后半部分的评论所指出的，如果两国不能开诚布公，这种取信方式并不能长久。果不其然，在周平王死后，继任的周天子依然想让虢公掌权，使得周、郑两国争端频发，终于交恶。

本文后半部分对这一历史事实的评论，将重点放在了对守信的阐述与议论上。作者基于史官视角，秉持"中正平和"的价值中立导向，先慨叹诚信守礼的重要性，又引用《诗经》中赞美"信"与"礼"的篇目，来进一步阐扬道德。这种行文手法，背后潜藏着对春秋时期礼崩乐坏的慨叹与批评，富有教化意味。而这种手法背后弘扬道德的价值导向，使得本文后半篇的历史评论部分，只将重点放在对礼仪操守、诚实守信等美德的宣扬上，忽视了周、郑两国交恶的本质是利益冲突分配不均的矛盾。

本文叙事精要简练，评论则多加阐发，突出呈现了为国立信的主题。

古文的智慧

两个国家之间如果不能开诚布公，只能通过交换人质的方式取信对方，显然是不能长久的，还会将关系进一步恶化。同样，人和人之间也是如此，诚信守礼才能取得彼此之间的信任。

爱子，请教之有方

石碏谏宠州吁

左传

卫庄公娶于齐东宫得臣之妹①，曰庄姜，美而无子，卫人所为赋《硕人》也②。又娶于陈，曰厉妫③，生孝伯，蚤死④。其娣戴妫生桓公⑤，庄姜以为己子。公子州吁，嬖人之子也⑥，有宠而好兵，公弗禁，庄姜恶之。

石碏谏曰⑦："臣闻爱子，教之以义方⑧，弗纳于邪。骄、奢、淫、佚⑨，所自邪也，四者之来，宠禄过也。将立州吁，乃定之矣，若犹未也，阶之为祸⑩。夫宠而不骄，骄而能降，降而不憾，憾而能眕者⑪，鲜矣⑫。且夫贱妨贵，少陵长，远间亲，新间旧，小加大，淫破义，所谓六逆也；君义，臣行，父慈，子孝，兄爱，弟敬，所谓六顺也；去顺效逆，所以速祸也。君人者，将祸是务去，而速之，无乃不可乎⑬？"弗听。其子厚与州吁游，禁之，不可。桓公立，乃老。

经典注释

①卫：国名，姬姓，在今河南淇县一带。东宫：太子的居所。②《硕人》：典出《诗经·卫风》中的一篇，是歌颂庄姜美丽的诗篇。③厉妫（guī）："厉"和下文"戴妫"的"戴"均为谥号，"妫"是娘家的姓。④蚤：通"早"。⑤娣：妹妹。古时诸侯娶妻，妹妹可随姐姐同嫁。桓公：名完，在位十六年，后为州吁所杀。⑥嬖（bì）人：出身低贱而受宠的人，这里指卫庄公的宠妾。⑦石碏（què）：卫国大夫。⑧义方：为人行事的规范。⑨佚（yì）：同

"逸"，这里指闲适享乐。⑩阶之为祸：一步步酿成祸乱。阶：阶梯，这里用作动词，指一步步引向。⑪眕（zhěn）：压抑，自安自重，忍耐而不轻举妄动。⑫鲜（xiǎn）：很少。⑬无乃不可乎：恐怕不可以吧？无乃：恐怕，莫非，用在反问句里，表示不以为然。

译文也很美

卫庄公娶了齐国太子得臣的妹妹，她后来被称为庄姜，庄姜容貌美丽，却没有儿子。卫国人写下《硕人》这首诗，来描写她的美貌。庄公又从陈国娶了一个妻子，叫厉妫，生了儿子孝伯，孝伯很小就夭折了。厉妫的妹妹戴妫与庄公生了桓公，庄姜收养了桓公，把他当作自己的儿子。公子州吁是庄公宠爱的妾室所生的儿子，卫庄公十分宠爱他。州吁喜欢军事，庄公非常放纵他，庄姜因此很不满，非常厌恶州吁。

大臣石碏劝谏庄公说："我听说一个人爱自己的儿子，一定要以正确的礼法来教导约束他，这样才能使他不走上邪路。骄傲、奢侈、淫荡、安逸，就是走向邪路的开端。这四种恶习之所以产生，都是宠爱和赏赐太过的缘故。如果要立州吁做太子，就应该定下来；要是不打算立他为太子，这样就会纵容他酿成祸乱。受宠爱而不骄傲，骄横的而能接受压制，受了压制而不怨恨，有怨恨而不为非作歹的人，实在太少有啦！再说卑贱的伤害高贵的，年少的欺负年长的，疏远的离间亲近的，新人挑拨旧人，地位低的压制地位高的，淫邪破坏道义，这是人们常说的六种悖逆天理的事情。君主行事公正适宜，臣子服从命令，父亲慈爱儿子，儿子孝顺父亲，哥哥爱护弟弟，弟弟敬重哥哥，这是人们常说的六种顺应礼法的事情；不做顺应礼义的事而去做违背礼义的事，就会招致祸害。做君主的应尽力除掉祸害，现在却反而招致祸害的到来，这恐怕是不可以的吧？"庄公不听。石碏的儿子石厚和州吁来往密切。石碏禁止他，但他不听从。到了桓公即位，石碏就告老还乡了。

本文选自《左传》，讲述了卫国大夫石碏劝诫卫庄公，需以仁义道德教导幼子的故事。全文共分两段：第一段介绍卫庄公宠爱幼子的背景；第二段写石碏的谏词，为文章主体。

在文首第一段的描述中，卫庄公宠爱小妾，爱屋及乌，对宠妾的儿子州吁也格外溺爱，甚至对州吁喜好军事的行为也不加禁止，这才引发了大夫石碏对卫庄公的劝诫。

第二段中，石碏谏词的结构，首先是开门见山地立论：教育儿子要以仁义道德的方式约束，才能使他不走上邪路。由此再做反面论证，指出若过度溺爱州吁，便会引发骄奢淫逸等种种不当的习惯。之后，石碏再提出具体举措，即早日立州吁为继承人，以名分与道义对其加以约束；接着又指出如果不能约束州吁，他必将因为骄纵与地位低下而作乱。

接下来的谏词次第排比，在伦理亲疏和社会规范层面梳理出是否顺应礼义的"六逆六顺"，详尽烘托了庄公溺爱幼子的不当之处，并再次提醒庄公这是在招致祸害。但是，庄公没有采纳，甚至石碏的儿子石厚也与州吁交好。石碏自己无力阻止石厚，只得在新君郑桓公即位之时告老还乡。至此

《古文观止》选篇便戛然而止。

在选文之外的《左传》后续部分里，庄公溺爱幼子果然导致恶果：州吁在三年后发动叛乱，弑杀郑桓公，自立为国君。石碏不得已大义灭亲，借陈国的力量，将州吁与儿子石厚的叛乱平定。《古文观止》此处有意而为地进行史实裁剪，意在呼应文章主题，突出石碏谏词所展现的教化思想。这段谏词层次衬托，严谨有序，态度上言辞恳切，内在则逻辑严谨，手法多变，运用排比与顶真等修辞手法，显得情理交融，突出了国君宠溺幼子便会致使国家败亡的观点，具有很强的教育意义。

教育孩子，如同培植一棵树苗，想要让孩子成为栋梁之材，就要用正确的世界观来约束他，教导他尊师重教，虚心接受各种批评指教，规避骄傲、奢侈、淫荡、逸乐的恶习，这样才能让他走上正路。

鼓声中的智慧
曹刿论战

左传

十年春，齐师伐我①，公将战②，曹刿请见③。其乡人曰④："肉食者谋之，又何间焉⑤？"刿曰："肉食者鄙，未能远谋。"遂入见。

问："何以战？"公曰："衣食所安，弗敢专也，必以分人。"对曰："小惠未遍⑥，民弗从也。"公曰："牺牲玉帛⑦，弗敢加也，必以信。"对曰："小信未孚⑧，神弗福也⑨。"公曰："小大之狱，虽不能察，必以情。"对曰："忠之属也，可以一战。战，则请从。"

公与之乘，战于长勺⑩。公将鼓之，刿曰："未可。"齐人三鼓，刿曰："可矣！"齐师败绩。公将驰之，刿曰："未可。"下，视其辙，登，轼而望之，曰："可矣！"遂逐齐师。

既克，公问其故，对曰："夫战，勇气也。一鼓作气，再而衰，三而竭。彼竭我盈，故克之。夫大国，难测也，惧有伏焉，吾视其辙乱，望其旗靡，故逐之。"

经典注释

①齐：指齐国，在今山东中部。我：指鲁国，在现在山东的西南部。②公：指鲁庄公，公元前693年到前662年在位。③曹刿（guì）：人名，鲁国人。④乡：古代的一种地方行政单位。⑤间（jiàn）：参与。⑥小惠未遍：小恩小惠未能遍及百姓。⑦牺牲：指牛羊猪之类。玉帛：玉器和丝织品。⑧孚（fú）：使人信服。⑨福：名词活用作动词，赐福、保佑的意思。⑩长勺：鲁地名，在今山东曲阜东。

译文也很美

鲁庄公十年春季，齐国的军队攻打鲁国。鲁庄公准备迎战，曹刿请求进见庄公。曹刿的同乡对他说："有权位的人自会谋划这件事，你又何必参与呢？"曹刿说："有权位的人目光短浅，不能深谋远虑。"于是入宫进见鲁庄公。

曹刿问鲁庄公："您凭借什么同齐国作战呢？"庄公说："衣食这类用来安定民生的东西，我从来不敢独自享用，一定把它分给别

人。"曹刿回答说："这些小恩小惠不能普遍施与百姓，百姓是不会跟随您的。"庄公说："祭祀用的牛羊、玉帛之类的东西，我从来不敢夸大虚报，一定用诚实的态度对待鬼神。"曹刿回答说："这只是小小的信用，还不能使神灵信任您，神灵是不会保佑您的。"庄公说："对大大小小的诉讼案件，我虽然不能一一详加清查，但一定会尽心尽力来处理。"曹刿回答说："这是忠于职守的行为，可以凭这个打一仗，作战时请让我跟随您左右。"

庄公和曹刿同乘一辆战车，在长勺和齐军交战。一开始，庄公就要击鼓进军，曹刿说："还不行。"齐国人击了三通战鼓之后，曹刿说："可以了！"鲁军发动进攻，齐军大败。庄公又要下令追击齐军，曹刿说："还不行。"他下车仔细察看了齐军战车留下的痕迹，又登上车前横木，观察齐军撤退的情形，这才说："可以了。"于是鲁军开始追击齐军。

战争胜利后，鲁庄公询问曹刿取胜的原因。曹刿回答说："打仗，靠的是勇气。第一次击鼓，士气振作；第二次擂鼓，勇气就减弱了；第三次擂鼓，士气已经消耗完了。敌方没有士气了，而我方士气正旺盛，所以战胜了敌人。齐国是大国，他们的行动是难以捉摸的，我害怕他们有埋伏。当我看到他们的车辙混乱，又望见他们的战旗已经倒下去了，确定齐军是败退的样子，所以才决定追击他们。"

鉴赏文心

本文记载了发生在春秋时期鲁庄公十年，鲁齐两国之间的"长勺之战"这一场经典的战争场景。全文仅二百二十二字，共四段，是《左传》中记载战争的一篇经典叙事文章。

第一段写曹刿对他的同乡论说贵族阶层没有才能，又心忧鲁国前景，从而求见鲁庄公。第二段写君臣间对参战准备的讨论。曹刿依次否决了

"获得贵族支持"与"得到神鬼帮助"这两个战争胜利的条件，而是支持"根据实情究察案件"这一能够获得民众支持的条件，体现了以民为本、立德胜战的儒家思想。

第三段以精当的叙事与言语写战争中曹刿把握时机，击鼓败敌的过程。本段采取对比叙事，写庄公初接战阵就想冲锋交战，刚战胜就想追赶敌军，不考虑是否为敌军诈败，显得急躁冒进，缺乏经验。而曹刿则根据战场形势指令军队按兵不动，等敌军士气下降再全力进攻；在追击战前先观察敌军的真实情况，有条不紊，经验老到。

第四段是战事总结，通过君臣对话补叙前文战事细节，并揭示了本战的关键：一是把握战机，能够敌盛我御，敌疲我打；二是追击时不可骄躁，要查看敌情，知己知彼，才能胜利。

本文作为叙事文的特色在于以人言事的写作手法，文章重点并不在记叙长勺之战的敌我情况，而是突出描叙曹刿这个出身社会底层的军事家的一言一行。既以简洁的

> 一鼓作气，再而衰，三而竭。彼竭我盈，故克之。夫大国，难测也，惧有伏焉，吾视其辙乱，望其旗靡，故逐之。

人物言行刻画战争经过，又意在言外，对鲁国上下尸位素餐，官僚庸碌的现状也有所批判。此外，本文使用对比写作的手法，对另一主角鲁庄公，也有不少着墨，侧面刻画出他虽然不通政事军略，也能顺应时势，听取正确意见。

本文是《左传》中的叙事经典，选材详略得当，切入角度独特，以言写事，突出了人物特色，也留下了"肉食者鄙""一鼓作气"等诸多后世流传的成语名言。

古文的智慧

看准时机，一鼓作气，是一件事成功的关键，无论是打仗这样的国之大事，还是在生活中处理日常小事，具备了这样的眼光和魄力，往往能够事半功倍。

两个超级大国的碰撞

齐桓公伐楚盟屈完

左传

春，齐侯以诸侯之师侵蔡①，蔡溃，遂伐楚。楚子使与师言曰："君处北海，寡人处南海②，唯是风马牛不相及也，不虞君之涉吾地也，何故？"管仲对曰："昔召康公命我先君太公曰③：'五侯九伯④，女实征之，以夹辅周室。'赐我先君履⑤，东至于海，西至于河，南至于穆陵，北至于无棣⑥。尔贡包茅不入，王祭不共，无以缩酒⑦，寡人是征。昭王南征而不复⑧，寡人是问。"对曰："贡之不入，寡君之罪也，敢不共给？昭王之不复，君其问诸水滨！"师进，次于陉⑨。

夏，楚子使屈完如师⑩。师退，次于召陵。齐侯陈诸侯之师，与屈完乘而观之。齐侯曰："岂不穀是为？先君之好是继。与不穀同好⑪，何如？"对曰："君惠徼福于敝邑之社稷⑫，辱收寡君，寡君之愿也。"齐侯曰："以此众战，谁能御之？以此攻城，何城不克？"对曰："君若以德绥诸侯⑬，谁敢不服？君若以力，楚国方城以为城⑭，汉水以为池，虽众，无所用之！"

屈完及诸侯盟。

经典注释

①诸侯之师：指参与进攻蔡国的鲁、宋、陈、卫、郑、许、曹等诸侯国的军队。②处北海、南海：泛指北方、南方边远的地方，不实指大海，形容两国相距甚远。③召（shào）康公：召公，周成王重要辅臣，"康"是谥号。先君：已故的君主。太公：指吕尚，他

是齐国的开国君主。④五侯：公、侯、伯、子、男五等爵位的诸侯。九伯：九州的长官。五侯九伯泛指各国诸侯。⑤履：践踏。这里指齐国可以征伐的范围。⑥海：指渤海和黄海。河：黄河。穆陵：地名，即今山东的穆陵关。无棣（dì）：地名，齐国的北境，在今山东无棣县附近。⑦缩酒：渗滤酒渣，祭祀时的仪式之一：把酒倒在束茅上渗下去。⑧昭王：周成王的孙子周昭王。⑨次：军队临时驻扎。陉（xíng）：山名，在今河南郾城县南。⑩屈完：楚国大夫。⑪不榖（gǔ）：诸侯自己的谦称。⑫徼（yāo）福：求福。敝邑：对自己国家的谦称。⑬绥（suí）：安抚。⑭方城：指楚国在北境修筑的楚长城。

译文也很美

鲁僖公四年的春天，齐桓公率领诸侯国的联军攻打蔡国。蔡国溃败，齐桓公顺势攻打楚国。楚成王派使者到军中对齐桓公说："您住在北方，我住在南方，双方相距遥远，即使是马牛雌雄相诱也不会跑到对方境内。没想到您踏入了我们的国土，这是什么缘故呢？"齐桓公的大臣管仲回答说："从前召康公命令我们先君姜太公说：'五等诸侯和九州长官，你都有权征讨他们，以便共同辅佐周王室。'召康公还给了我们先君征讨的范围：东到大海，西到黄河，南到穆陵，北到无棣。你们应当进贡的包茅没有按时进贡，周王室的祭祀供应不上，没办法渗滤酒渣，我的君主特意来征收贡物。当年周昭王南巡没有返回，我的君主特意来查问这件事。"楚国使臣回答说："贡品没有交纳，是我们国君的过错，我们怎么敢不供给呢？周昭王南巡没有返回，还是请您去问水边上的人吧！"于是齐军继续前进，临时驻扎在陉山。

这年夏天，楚成王派使臣屈完到齐军中交涉，齐军后撤，临时驻扎在召陵。齐桓公让诸侯国的联军摆开阵势，与屈完同乘一辆战车

检阅部队。齐桓公说:"这一切难道是为了我吗?他们不过是为了继承我们先代君王的友好关系罢了。你们也同我们建立友好关系,怎么样?"屈完回答说:"承蒙您来到敝国,并为我们的国家求福,与我们国君结为同好,这正是我们国君的心愿。"齐桓公说:"我率领这样的军队作战,谁能够抵挡他们?我让这些军队攻打城池,什么样的城攻不下?"屈完回答说:"如果您用仁德来安抚诸侯,哪个敢不顺服?如果您炫耀武力的话,那么楚国就把方城山当作城墙,把汉水当作护城河,您的兵马虽然众多,恐怕也没有用处!"

后来,屈完代表楚国与诸侯国订立了盟约。

鉴赏文心

本文选自《左传》,当时为春秋初年,周王室逐渐失去权威,各地诸侯开始发展壮大,进行吞并战争。本文记载了这种历史背景下,第一个春秋霸主齐国与南方的新兴大国楚国之间发生的外交斗争。本文特色在于并非对历史事件平铺直叙,而是以言辞烘托相应人物,再以人物言行推动情节发展,栩栩如生地展现了春秋舞台上的使节能臣在风云际会间,你来我往、唇枪舌剑的精彩交锋。

本文首段介绍历史背景:齐桓公纠集诸侯大军讨伐蔡国,进而图谋蔡国的盟友楚国。接着写楚国使节陈述两国分处南北,互不交接的地理情势,委婉质问入侵理由。而齐相管仲给出的说辞非常精彩:先引述前人盟约,指出三百多年前周王室给予齐国征伐诸侯的特权,又援引旧事,斥责楚国不按时进贡祭祀特产,致使周昭王南巡未归两大罪行。这段说辞旁征博引,巧立名目,援引自冷僻的历史典籍,却显得齐人伐楚名正言顺,冠冕堂皇。而楚国使节一面承认进贡不周的罪名,一面又论说地理,反驳周天子未归不是楚国的责任,显得委婉曲折,不卑不亢。这是齐楚外交的第一次争锋,结果是齐军继续进逼楚国。

第二段写楚国使者屈完的进一步交涉。齐桓公布军列阵，并邀请屈完观看军势，实则向楚国示威，最初还抛出两国交好的空头支票，显示和平的态度，旋即又展现"以此攻城，何城不克"的骄横霸道。而屈完面对如此威胁，也绵里藏针，冷静指出齐桓公若能以德服人，双方还能和平妥协，而已做好战争准备的楚国并不畏惧战争。最终，屈完代表楚国与齐桓公为首的诸侯国签订了和平条约，可以说第二次外交斗争是楚国扳回一城。

　　回顾本文这两处写人叙事的脉络，先是大段铺陈言辞交锋，再以简略笔墨展开情节，其间人物言行，栩栩如生。齐桓公作为春秋霸主的横行无忌，权略老到；齐相管仲学富五车，以史叙事的才情；而以屈完为代表的楚国使节则冷静沉着，有礼有节。作者以如此微妙的人物刻画，再辅以精到的叙事描写，使得本文成为一幕出彩的政治群像剧。

古文的智慧

　　楚国的使者屈完，沉稳冷静、不卑不亢的外交风度，坚毅果敢、不为威武所屈的外交风范，机智灵敏、随机应对的外交智慧，都给我们留下了深刻印象。而齐国的管仲，熟悉历史、谙于世故、无理也能说出理来的外交才情，以及齐桓公那种虽然骄横霸道、软硬兼施，却也不失身份的霸主形象，也都让我们过目难忘。阅读欣赏此文，不像是读史，倒像是看一场高潮迭起、精彩纷呈的外交斗争话剧。

想牙齿完好，请别抛弃嘴唇

宫之奇谏假道

左传

晋侯复假道于虞以伐虢①。宫之奇谏曰："虢②，虞之表也；虢亡，虞必从之。晋不可启，寇不可玩。一之为甚，其可再乎？谚所谓'辅车相依③，唇亡齿寒'者，其虞、虢之谓也。"

公曰："晋，吾宗也④，岂害我哉？"对曰："大伯、虞仲，大王之昭也⑤，大伯不从，是以不嗣。虢仲、虢叔⑥，王季之穆也；为文王卿士，勋在王室，藏于盟府⑦。将虢是灭，何爱于虞？且虞能亲于桓、庄乎？其爱之也？桓、庄之族何罪⑧，而以为戮，不唯乎？亲以宠逼，犹尚害之，况以国乎？"

公曰："吾享祀丰洁，神必据我。"对曰："臣闻之，鬼神非人实亲，惟德是依。故《周书》曰：'皇天无亲，惟德是辅。'又曰：'黍稷非馨，明德惟馨。'又曰：'民不易物，惟德繄物。'如是，则非德，民不和，神不享矣。神所冯依⑨，将在德矣。若晋取虞，而明德以荐馨香⑩，神其吐之乎？"

弗听，许晋使。宫之奇以其族行，曰："虞不腊矣。在此行也，晋不更举矣。"冬，晋灭虢。师还，馆于虞，遂袭虞，灭之。执虞公。

经典注释

①晋侯：指晋献公。②虢（guó）：国名，在今山西平陆境内。③辅：即面颊。车：牙床。④宗：同姓，同一宗族。晋、虞同为姬姓，同一祖先。⑤王：周太王。昭："昭"与下文的"穆"，都是指宗庙里神主的位次。古代宗庙制度，始祖的神位居中，其下左为昭，右为穆。昭穆相承，父子异列，祖孙同列，大王在周为穆，穆生昭，故大王之子为昭。⑥虢仲、虢叔：周王季的次子和三子，周文王弟，周太王孙。⑦盟府：掌管盟誓典策的部门。⑧桓、庄：桓叔和庄伯，是晋献公的曾祖和祖父。⑨冯：同"凭"，依托。⑩明德：美德，又指彰明德行。馨香：这里指代祭品。

译文也很美

晋侯又一次向虞国借路以攻打虢国。虞国大夫宫之奇规劝虞公说："虢国是咱们虞国的屏障；虢国灭亡了，虞国必定会跟着灭亡。我们不能被晋国开启贪心，也不能对敌人疏忽大意。我们借给晋国一次路已经很过分了，怎么可以再来第二次？俗话说'脸颊与牙床互相依靠，嘴唇缺了牙齿就会寒冷'，说的正是虞国和虢国这种情形啊。"

虞公说："晋国是我们的同宗，它怎么会伤害我们呢？"宫之奇回答说："当年的太伯和虞仲都是大王的儿子，太伯不听从父命，所以没有继承王位。虢仲、虢叔都是王季的儿子，又都做过周文王的执政大臣，对王室是有功劳的。因功受封的典策，至今还藏在盟府里。现在晋国既然连虢国都想灭掉，又怎么会爱惜虞国呢？

再说，晋国对虞国还能比对桓、庄的后代更亲近吗？桓、庄的后代有什么罪？晋献公把他们都杀了。这还不是因为他们对晋侯构成了威胁吗？亲族之间由于权势的威胁，尚且加以杀戮，何况是一个国家呢？"

虞公说："我进行祭祀之时祭品丰盛清洁，神一定会保佑我。"宫之奇回答说："我听说，鬼神是不随便亲近某人的，而只保佑有德行的人。所以《周书》里说：'上天对人不分亲疏，只保佑有德的人。'又说：'黍稷不算芳香，只有美德才芳香。'又说：'人们的祭品并没有改变，但是只有有德行的人的祭品鬼神才会享用。'如此看来，没有德行，百姓就不服从，神灵也不享用他的祭品。神灵所保佑的就在于德行了。如果晋国灭掉了虞国，而崇尚德行并以芳香的祭品奉献给神灵，神灵难道会吐出来吗？"

虞公不听从宫之奇的劝阻，答应了晋国使者借路的要求。宫之奇带着全族的人离开了虞国，说："虞国来不及进行岁终祭祀。晋国只需这一次行动就可以灭掉虞国，不必再出兵了。"冬天，晋国灭掉虢国。晋军回师途中，驻扎在虞国。突然乘机发动进攻，灭掉了虞国。捉住了虞公。

鉴赏文心

本篇选自《左传》，写晋国向小国虞国借道讨伐另一小国虢国，实则想借机一石二鸟，同时吞并虞国。虞国大夫宫之奇洞悉了晋国的阴谋，劝阻虞公，并驳斥了虞公其对晋、虞两国宗族亲情和神权的迷信。但是虞公不听，终于导致虞国被灭，虞公也被俘虏。

本文叙事简洁，仅用开篇"晋国再次向虞国借道讨伐虢国"与篇尾"晋国灭掉虢国后，在回师时顺道灭掉虞国"，简短的篇幅便交代清楚了晋国假道伐虢，连灭两国这一历史事件，而将笔墨致力于中间部分宫之奇与虞王的大段对话。借之刻画出深谋远虑的大夫宫之奇与天真迷信的虞公形象，从而体现出作者叙事写人之间的言外之意。

文章主体的两人对话部分：首先是宫之奇劝阻虞公，希望其拒绝晋国借道要求，以"唇亡齿寒"的事例说明了虞、虢两小国互相依存的关系。此处运用比喻手法，形象生动。

接下来，宫之奇从宗族情义和上天德行两个方面分别反驳虞公：首先阐述在宗族关系上，虞、虢两国更为亲密的事实，再揭露晋国国君杀害宗室的前科。但虞公仍然不听谏言，沉醉在自身有神佑的天真幻想里。宫之奇由此进一步阐述了上天保佑好德之人，而并非取决于贡品与虔诚的观点，虞公依然不听劝阻，坚持借道给晋国。看清形势的宫之奇马上携家出走，表现了人物当机立断的果断性格，人物形象更为丰满。

作者以浓墨重彩的对话刻画人物形象，虽然不着一字褒贬，却能自然写出宫之奇的远见、忠义与胆

> 辅车相依，唇亡齿寒。

识，以及虞公身为一国之君的天真与庸碌。在文末，作者更以史官的视角评论虞国灭亡的历史事实主要归罪给虞公，而且国家被灭亡得很容易，表现了对虞公直接批评的态度。

本文叙事与写人并行，由简明精练的叙事，于不动声色中展现起伏多变的情节，是《左传》叙事艺术的典范表现。写人部分多用比喻与反问的手法，刻画出面临危机时小国君臣的言行与性格特质，同时借由宫之奇之口，反映了朴素的民本思想。

古文的智慧

晋国向小国虞国借道，讨伐另一小国虢国，实则想借机一石二鸟，同时吞并虞国。虞国大夫宫之奇看清晋国阴谋，劝阻虞公，但是虞公不听，终于导致虞国被灭。宫之奇能够透过现象看到本质，成功预言了虞国的命运。

一场利字当头的外交谈判

烛之武退秦师

左传

晋侯、秦伯围郑,以其无礼于晋,且贰于楚也。晋军函陵①,秦军氾南②。

佚之狐言于郑伯曰③:"国危矣。若使烛之武见秦君④,师必退。"公从之。辞曰:"臣之壮也,犹不如人;今老矣,无能为也已。"公曰:"吾不能早用子,今急而求子,是寡人之过也。然郑亡,子亦有不利焉。"许之。

夜缒而出⑤。见秦伯,曰:"秦、晋围郑,郑既知亡矣。若亡郑而有益于君,敢以烦执事⑥。越国以鄙远,君知其难也,焉用亡郑以陪邻⑦?邻之厚,君之薄也。若舍郑以为东道主,行李之往来⑧,共其乏困⑨,君亦无所害。且君尝为晋君赐矣,许君焦、瑕⑩,朝济而夕设版焉,君之所知也。夫晋,何厌之有?既东封郑,又欲肆其西封。若不阙秦⑪,将焉取之?阙秦以利晋,唯君图之。"秦伯说,与郑人盟,使杞子、逢孙、杨孙戍之⑫,乃还。

子犯请击之⑬。公曰:"不可,微夫人之力不及此⑭。因人之力而敝之,不仁,失其所与,不知,以乱易整,不武⑮。吾其还也。"亦去之。

经典注释

①函陵:郑地名,在今河南新郑。②氾(fán)南:氾水之南,河水故道在今河南中牟南。③佚(yì)之狐:人名,郑国大夫。④烛之武:人名,郑国大夫。⑤缒(zhuì):用绳子拴着人(或

物）从上往下送。⑥执事：办事人员。此称秦穆公，不直称其人表示恭敬。⑦陪邻：这里指的是增强晋国的力量。当时秦国在西，郑国在东，晋国居中，假若郑亡，其疆土必然划归晋国，所以说"陪邻"。⑧行李：指代外交使者。⑨共：同"供"。⑩焦、瑕：晋国二邑名，都在河南陕县附近。⑪阙（jué）：侵损，削减。⑫杞子、逢（páng）孙、杨孙：三人都是秦国大夫。戍之：驻守在郑国，有代郑设防之意。⑬子犯：晋国大夫狐偃，字子犯。⑭夫人：那个人，指秦穆公。⑮武：古人的一种道德观念。以能够制止战乱为"武"。

译文也很美

晋文公和秦穆公联合围攻郑国，因为郑国国君对晋文公曾有过失礼的行为，而且又亲附楚国，对晋国怀有贰心。当时晋国的军队驻扎在函陵，秦国的军队驻扎在氾水的南面。

郑国大夫佚之狐对郑文公说："国家很危险了。如果派遣烛之武去见秦国国君，秦晋两国的军队一定会撤退的。"郑文公听从了他的建议。烛之武却推辞说："老臣年轻的时候，尚且比不上别人；如今老了，更做不成什么事了。"郑文公说："我不能及早任用您，现在有急事才来求您，这是我的过错。但是郑国灭亡了，对您也不利啊！"烛之武这才答应了。

当天夜里，郑人用绳子捆住烛之武的身子把他从城上放了下去，进入秦国军营。见到秦穆公后，烛之武说："秦、晋合兵围困郑国，郑国已经知道自己要亡了。如果灭掉郑国对您有好处，那就请您进行这场战争。越过一个国家到遥远的地方来开辟自己的边境，您知道这样做是很困难的。何必灭掉郑国来加强晋国的实力呢？晋国实力加强了，就相当于您实力削弱了。如果放弃进攻郑国，把郑国作为您东方道路上招待过客的主宾国，您的外交使者来往经过，郑国可以供给他

　　们缺乏的东西，对您也没什么害处。况且您曾经对晋惠公施与恩惠，晋惠公答应把焦、瑕两城送给您，可是他早上渡过黄河，晚上就在那里构筑工事来防备您，这些您都是知道的。晋国人的野心怎么会满足呢？他们把郑国作为它东面的疆界后，又要扩展它西面的疆界。那时如果不来侵害秦国，还会从哪儿去取得土地呢？攻打郑国是损害秦国来使晋国得到好处，请您仔细考虑考虑这件事吧！"秦穆公听了很认同，跟郑国人订立了盟约，派杞子、逢孙、杨孙在郑国驻防，然后撤军回国。

　　见秦国背盟撤退，晋国大夫子犯请求发兵攻打秦军，晋文公说："不行。当初没有这个人的帮助我到不了今天。得到过人家的帮助反而去伤害人家，不仁慈；失掉了自己的同盟国，不明智；用战乱来代替联合一致，不勇武。我们还是回去吧。"晋军也撤出了郑国。

鉴赏文心

　　本文选自《左传》，相比于之前的几篇《左传》选文，本文同样呈现出叙事与言语记载并行的特点，但本文与前文区别在于：国家人物关系更为复杂，叙事也一波三折，引人入胜。

　　全文共分四段，第一段简单介绍叙事背景：郑国曾经在两年前晋楚争霸中出兵助楚，从而得罪了晋国，面临晋国联合秦国的夹攻，国家危在旦夕。但此段特意未写郑国与秦国有何种直接矛盾，为后文事态发展埋下伏笔。

　　第二段则说明郑国对策是请出大夫烛之武临危受命。而烛之武此处受命则再起风波，从推辞牢骚到郑文公自责，再到烛之武秉持大义为国做说客，情节复杂，人物饱满。

第三段为本文主体部分，即烛之武如何说服秦国退军。本段说辞尤为精彩，首先，详尽说明保留郑国在地缘上的利益。接着又层次推进，托出秦晋两国看似交好实际上存在冲突的事实，以晋国曾经言而无信的历史劣行和现在咄咄逼人的霸主野心两个层面阐述晋国的威胁性，层次递进，有理有据，从而成功离间了秦、晋两国关系，使得秦国退军。

第四段则切入第三方晋国的视角，写大夫子犯建议派兵报复秦国，故事情节再起波澜。而晋文公则讲了一番仁义立国治军的道理，突出所谓"武德"，不宜背叛盟友，于是也从郑国撤军，一场冲突便消弭无形。

本文情节紧凑，寥寥几百字写就秦晋围郑，郑国大夫烛之武游说秦国退军，晋国欲报复秦国又退军这一系列起伏的情节，使得本文作为历史记叙而充满戏剧冲突，情节又前后照应，不失严谨，体现了高超的叙事艺术。

从人物刻画方面来看，本文虽然不加褒贬地导向，却写就了一群各有特色的出场人物：如面对危机秉持忠义的烛之武，追求利益的秦穆公，重视仁德，深谋远虑的晋文公等。特别是最后一段晋文公对退兵的陈述，既饱满了这次冲突的第三方形象，也从晋文公言辞中揭示出其时儒家所推崇的仁德思想，即以仁立国，以遵守信义为国家外交的前提。

烛之武被举荐的时候已经年过七十，须发皆白，却因为长期得不到重用而满腹牢骚，这说明了他其实一直渴望得到重用；"夜缒而出"，面对压境大军不卑不亢，从国家利益的角度说服秦穆公，还博得了对方的好感，可见他实则满腹才华。机会总是给有准备的人，即使暂时处在逆境中，也应该不断磨砺自己，以成大器！

哭声里的劝谏

蹇叔哭师

左传

杞子自郑使告于秦曰:"郑人使我掌其北门之管,若潜师以来,国可得也。"穆公访诸蹇叔①。蹇叔曰:"劳师以袭远,非所闻也。师劳力竭,远主备之,无乃不可乎?师之所为,郑必知之,勤而无所,必有悖心。且行千里,其谁不知?"公辞焉,召孟明、西乞、白乙②,使出师于东门之外③。蹇叔哭之,曰:"孟子④!吾见师之出而不见其入也。"公使谓之曰:"尔何知?中寿,尔墓之木拱矣⑤。"

蹇叔之子与师,哭而送之,曰:"晋人御师必于崤⑥。崤有二陵焉⑦,其南陵,夏后皋之墓也⑧,其北陵,文王之所辟风雨也。必死是间,余收尔骨焉!"秦师遂东。

经典注释

①蹇(jiǎn)叔:秦国大夫。②孟明、西乞、白乙:三人皆为秦将。孟明,复姓百里,名视,字孟明。西乞,复姓西乞,名术。白乙,复姓白乙,名丙。③东门:指秦都雍城(今陕西扶风)的东门。④孟子:对孟明的敬称。⑤中寿,尔墓之木拱矣:这里是骂蹇叔老而不死。中寿:古人以六十岁为中寿。拱:两手合抱。⑥崤(xiáo):同"殽",山名,在今河南洛宁西北,地势险要。⑦二陵:崤有南北两山,相距三十五里,称南陵、北陵。⑧夏后皋(gāo):夏代的君主,名皋,夏桀的祖父。

译文也很美

杞子从郑国派人报告秦穆公说:"郑国人叫我掌管都城北门的钥匙,如果您秘密发兵来此,郑国可以攻取。"秦穆公向蹇叔征求意见,蹇叔回答说:"兴师动众,使士兵劳累而去袭击远方的国家,这是我从来没听说过的。军队劳累,力气衰竭,远方的郑国也早有准备,这样做恐怕不行吧?况且我军的行动,郑国必然知道。辛辛苦苦却毫无结果,士兵必然产生反叛心理。而且行军千里,谁会不知道我们的举动呢?"穆公不听蹇叔的劝告,召集孟明视、西乞术、白乙丙三员大将,派他们带领军队从东门外出发,偷袭郑国。蹇叔哭着送他们,说:"孟明啊!我看到这支军队出去,再也看不到它回来了。"穆公派人对蹇叔说:"你知道什么?如果你六十岁就死了的话,现在坟墓上的树木都有两手合抱那么粗了!你个老家伙早该死了!"

蹇叔的儿子也参加了这支出征的队伍,蹇叔哭着送他,说:"晋国人一定会在崤山一带伏击我军。那里有两座大山:南面的称南陵,是夏朝帝王皋的坟墓;北面的称北陵,是周文王躲避风雨的地方。你一定会死在那里,我会到那里去收拾你的尸骨!"秦军于是向东进发。

鉴赏文心

本文选自《左传》,时间线上是《烛之武退秦师》一文的后续,记载秦穆公企图趁晋文公去世之际,发兵偷袭郑国一事。而秦国老臣蹇叔分析三国局势，得出偷袭行动有失仁义，必将失败的结论。他劝说秦穆公退兵未果，不得不再次于出师前"哭师"劝阻出兵，却依然失败。

本文如题所述，重点突出了蹇叔这一人物。蹇叔对出兵持反对态度，是基于对秦、晋、郑三方形势的精妙分析：秦国出兵，事发仓促，既不顺应地理人情与实际情况，使用偷袭的诡策，也在道德上为人所诟病，所以有了蹇叔在文章的上半部分的劝谏之语。

而蹇叔接下来两次以"哭师"的形式进谏，则是在正式上书进谏不被采纳后的无奈行为。在大军出兵前对着军队哭泣，这一行为充满表演性质，非常不合时宜，是一种激烈而富有情感表达的行为。蹇叔以此来劝说秦穆公，却得到了秦穆公的诅咒与抱怨。蹇叔第二次的"哭师"行为则是无奈慨叹随军出征的儿子的命运，虽然关乎亲情，实际上还是想要阻止出征，是一片为国家利益着想的拳拳之心，更加显露出他的忠诚、远见与委婉凄切。另一方面，对秦穆公的描写只有寥寥数语，却以对老臣言辞激烈的诅咒展现出了一个骄狂急切、利欲熏心的君主形象。

本文故事的后续是秦军果然如同蹇叔所料，被早有防备的晋国打败。这一结局实际上依然突出了儒家宣称的仁德思想。有德者可以占据道德意义的正当性，并能在实际中获得护佑：或是能在战争中取得胜利，或是如同晋文公撤军一样，能够规避风险；而无德者则如同发动偷袭的秦穆公，即使有明察的老臣劝阻，依然注定失败。

古文的智慧

利令智昏，是一个永恒的真理，无论是放在春秋霸主秦穆公身上，还是放在大字不识的市井小民身上，很少有人能跳出这个魔咒。文中的蹇叔从国家的利益出发，进谏不成，进而哭师，不仅看破了利益的诱惑，还预言了出征必败的结果，是少有的能透过利益看到危险的智者。

死社稷，不死君王

晏子不死君难

左传

崔武子见棠姜而美之①，遂取之②。庄公通焉③，崔子弑之④。

晏子立于崔氏之门外⑤，其人曰⑥："死乎？"曰："独吾君也乎哉？吾死也。"曰："行乎？"曰："吾罪也乎哉？吾亡也。"曰："归乎？"曰："君死，安归？君民者⑦，岂以陵民，社稷是主。臣君者，岂为其口实⑧，社稷是养。故君为社稷死，则死之，为社稷亡，则亡之。若为己死，而为己亡，非其私昵，谁敢任之？且人有君而弑之，吾焉得死之？而焉得亡之？将庸何归⑨？"门启而入，枕尸股而哭。兴，三踊而出⑩。人谓崔子："必杀之！"崔子曰："民之望也⑪，舍之，得民⑫。"

经典注释

①崔武子：崔杼，齐国大夫。棠姜：棠公的妻子。棠公是齐国棠邑大夫。②取：同"娶"。棠公死，崔杼去吊丧，见棠姜美，就娶了她。③庄公：齐庄公。通：私通。④弑（shì）：古代臣杀君、子杀父为弑。⑤晏子：晏婴，字平仲，齐国大夫，历仕灵公、庄公、景公三世。⑥其人：晏子左右的家臣。⑦君民者：做君主的人。⑧口实：指俸禄。⑨庸何：同义连用，即"何"，哪里。⑩兴：起立。三踊（yǒng）：跳跃了三下，表示哀

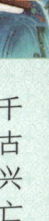

千古兴亡多少事

痛。⑪望：为人所敬仰。⑫舍：释放，宽大处理。

译文也很美

崔武子看见棠公家的遗孀棠姜，觉得她很美，便迎娶了她。不久，齐庄公与棠姜私通，崔武子因此杀死了齐庄公。

晏子站在崔家的门外。他的手下问他："是要为国君而死吗？"晏子说："国君只是我一人的君主吗，我为什么要死？"手下说："是要逃走吗？"晏子说："我有什么罪吗，我为什么要逃亡？"手下说："那回家吗？"晏子说："君主死了，我还能回哪儿去呢？作为百姓的君主，难道是凌驾于百姓之上的吗？君主的职责是要主持国政。作为君主的臣子，难道只是为了俸禄奔忙吗？臣子的职责是要协助管理国家啊！因此君主为国家社稷死，臣子就该追随他一起死；君主为国家社稷逃亡，做臣子的就该追随他逃亡。如果君主是为他自己死，为他自己逃亡，不是他私自宠爱的人，谁会承担这份灾祸啊？何况，人家有君主却要杀掉，我又怎么能为君主而死，为君主而逃亡呢？我又能回到哪里去呢？"崔家的门打开了，晏子进去，伏在齐庄公的尸体上大哭，哭完后站起来，又十分哀痛地跳了三下，然后走出了崔家。有人对崔武子说："你一定要杀掉晏子。"崔武子回答说："他是百姓拥戴的人物，放了他可以得到民心。"

鉴赏文心

本文选自《左传》，历史背景是齐庄公荒淫无道，与大臣崔武子的妻子棠姜有染，崔武子不堪受辱，竟设计在其家中杀死了庄公。而题名的"不死君难"，则指晏子冒着生命危险前往崔武子家中吊唁国君，最终没有以臣子身份为国君殉难一事。

晏子在诸多历史典籍的记载中，向来有能言善辩的才名，本文即展现了

> 君民者，岂以陵民，社稷是主。臣君者，岂为其口实，社稷是养。

晏子的"急智"，他面临为君殉难的道德困境和弑君乱臣虎视眈眈的现实危机，以与侍从的三问三答，步步托出自己不能为国君殉难，实是以社稷为重的核心观点，有理有节，义正词严，以致跋扈的乱臣也为之折服。

详解这三问三答，可见晏子的观点步步推进，以言立德，从而化解自身危机。晏子不为国君殉难，首先是因为国君背后有更重要的东西，即社稷与人民，占据了道德立场；第二问晏子不打算逃亡，因为自己无罪，行为无可指摘；第三问晏子不打算辞官回家，是点出自己作为臣子，仍有管理政事的责任，而反衬出国君应有主持国务的责任。经由这一系列铺垫，得出国家利益至上的结论。而自己以社稷为先，所以要负起为臣责任，不能愚忠，为昏君殉难。这一段论述，言辞慷慨有力，体现了儒家思想"社稷为重，君为轻"的进步理念。此外由晏子对国君责任的反复强调和对国君被弑的感慨可以看出，他对齐庄公的荒淫，以及崔武子弑君行为的批判。后文，晏子哀悼庄公时痛哭，多次顿足等种种细微的动作，则隐隐透露出晏子对如此昏庸的国君，仍然怀有一种关乎君臣道义的哀婉之情。

本文所述君臣争风吃醋，以致弑君暴行一事，以《左传》作为儒家经典的道德价值观看来，可以说是"君不君，臣不臣"。而本文主体部分，晏子对此事件所怀有的"国重君轻"的观点，则表现出他既能尽到君臣之礼节，也有对庸君乱臣的婉转批判。这是晏子的聪明才智体现，也是对"臣子是否应该为国君殉死"这个政治伦理难题的详尽解释。

古文的智慧

晏子的君主死得并不光荣，所以晏子说自己并不会为他死、为他

千古兴亡多少事

逃亡、为他哭泣，晏子只会因为君主的死对社稷造成的影响而感到惋惜。我们从晏子身上看到了作为臣子的一种正直和力量。在现在的社会中，每个人都身负着国家民族发展的责任，只关心自己利益的人永远是一个狭隘的人，而将自己的利益与民族国家的安危联系在一起的人，他们的人生才是有意义的。

辩证地去看宽与严
子产论政宽猛

左传

郑子产有疾①，谓子大叔曰②："我死，子必为政。唯有德者能以宽服民，其次莫如猛。夫火烈，民望而畏之，故鲜死焉③；水懦弱，民狎而玩之④，则多死焉，故宽难。"疾数月而卒。

大叔为政，不忍猛而宽。郑国多盗，取人于萑苻之泽⑤。大叔悔之，曰："吾早从夫子，不及此。"兴徒兵以攻萑苻之盗⑥，尽杀之，盗少止。

仲尼曰："善哉！政宽则民慢，慢则纠之以猛⑦，猛则民残，残则施之以宽。宽以济猛，猛以济宽，政是以和。"《诗经》曰：'民亦劳止，汔可小康⑧。惠此中国，以绥四方。'施之以宽也。'毋从诡随⑨，以谨无良。式遏寇虐，惨不畏明。'纠之以猛也。'柔远能迩，以定我王。'平之以和也。又曰：'不竞不绒⑩，不刚不柔，布政优优，百禄是遒⑪。'和之至也。"及子产卒，仲尼闻之，出涕曰："古之遗爱也。"

经典注释

①子产：公孙侨，字子产，郑简公时为郑国上卿。②子大叔：游吉，郑简公、郑定公时为卿，后继子产执政。③鲜（xiǎn）：少。④狎（xiá）：轻慢。玩：忽略。⑤取：同"聚"，聚集。萑苻（huán fú）：古泽名，因芦苇丛生而便于藏身，代指强盗出没的地方。⑥徒兵：步兵。⑦慢：怠慢，对上司无理。⑧汔（qì）：接近，差不多。⑨从：通"纵"。诡随：放肆谲诈。⑩逑（qiú）：急，急躁。⑪遒：迫近，聚集。

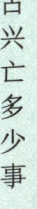

译文也很美

郑国的执政大夫子产得了重病，对继任的子大叔说："我死以后，您必定主政。只有道德高尚的人能够用宽厚的政策使民众服从，德行次一等的人不如采取严厉的政策。就像烈火，民众望见就害怕它，所以很少有人死于其中的；而水柔弱，民众轻慢而忽视它，就让很多人溺死在水里，所以宽厚的政策难以实施。"子产病了几个月后去世了。

大叔执政之后，不忍心采用严厉的政策，因而施行宽柔政策。结果，郑国出现了很多盗贼，他们聚集在萑苻泽。大叔后悔了，说："我早听从夫子（子产）的，就不会到此地步。"于是，发动步兵去攻击萑苻泽的盗贼，将他们全部杀死。盗贼才稍微被遏止。

孔子说："好啊！政策宽厚，民众就怠慢；民众怠慢，就只能用刚猛的政策来纠正。但是，政策刚猛民众就会受伤害，民众受伤害了就施与他们宽厚的政策来调和。用宽厚来调和严厉，用严厉来补充宽厚，政治因此而调和。《诗经》中说：'百姓已经辛劳了，可以让他们稍稍休息，赐予百姓恩惠，用来安定四方。'这是施与民众以宽厚啊。'不要放纵奸诈，用来防范邪恶；遏止盗贼肆虐，他们是不怕法度的。'这是用刚猛来纠正宽厚啊。'宽柔对待远方的民众能够使大家亲近,这样来稳定我们的王朝。'这是用和缓的政策来使民众平安祥和啊。《诗经》还说:'不争斗不急躁,不刚猛不柔弱,实施政策平和,所有的福祉就都汇集过来。'这是和平的最高境界啊。"等到子产逝世,孔子听说了,哭泣着说道:"他的仁爱,是古代贤明政治的遗风啊。"

本文选自《左传》,讲述郑国子产和其后继者子大叔谈论如何治理郑国一事,并附有儒家代表人物孔子的评论。全文系统性地呈现了儒家如何治理民众的政治理念。全文共分两部分,前两段叙事,后两段评论。

第一段介绍历史背景:郑国掌政者子产病重,临终前向大叔告知,治国要害在于慎用宽厚的政策。第二段则介绍大叔治理国家的过程,他先是采用宽厚的政策,结果民众作乱,面临危机的子大叔终于想起子产的忠告,以严厉的政策作为配合,使得叛乱得以平息,国家安宁。

第三段是孔子对子产执政风格的赞赏与肯定,同时也是儒家对国家治理经验的一次总结归纳。孔子的评论可以分为两部分,第一部分是对子产执政的简要总结:对民众宽厚,民众就怠慢;对民众严苛,民众会受到伤害,所以要将宽容和刚猛这两种政策导向结合,才能达到施政"中庸调和"的理想境界。第二部分则引用了《诗经》中对"宽""猛"这两种施政导向的情境描述,引用儒家经典策应说理,呼应治理政策的选取,说明儒家宽猛相济的政治理念,首先在于多使用宽容的政治平缓民众情绪,虽然严苛的政策也要使用,但终究是作为辅助手段。这一论证体现了儒家"仁政"的理念。本段议论说理结构明晰,语言生动,多加援引,层次递进,有理有据。结尾以孔子痛哭,悼念子产的行为作结,更加突出子产擅长治国理政,爱民而不纵民的形象。

总之，本文是一篇叙议结合，以人物言论具体呈现儒家思想的篇目。文章借助生动的言语叙写，既刻画出子产、子大叔、孔子这三个人物形象，又系统性地呈现出儒家如何实施仁政的政治理念。而子产提出的"宽猛并济"的政治理念，可以说对后世影响很大，成为传统社会中，统治阶级管理民众的标准手段。

古文的智慧

子产作为一代名相，执政二十年，内政外交都政绩卓著。"宽猛相济"的主张是他首先提出来的，对后世影响很大。子产所提出的"猛"，实际是为了预防犯罪，重点还在于"宽"，以宽仁治理国家。因此，得到孔子的赞赏。事物是错综复杂的，宽与猛都不是绝对的而是互相渗透的，大到治理国家，小到自我管理，都应斟酌情理，宽猛结合。

千古兴亡多少事

说话是人民的权利

召公谏厉王止谤

国语

厉王虐，国人谤王①。召公告曰②："民不堪命矣！"王怒，得卫巫，使监谤者，以告，则杀之。国人莫敢言，道路以目。

王喜，告召公曰："吾能弭谤矣，乃不敢言。"召公曰："是鄣之也。防民之口，甚于防川。川壅而溃③，伤人必多，民亦如之。是故为川者决之使导，为民者宣之使言。故天子听政，使公卿至于列士献诗，瞽献典④，史献书，师箴⑤，瞍赋⑥，矇诵⑦，百工谏，庶人传语，近臣尽规，亲戚补察，瞽、史教诲，耆、艾修之⑧，而后王斟酌焉，是以事行而不悖。民之有口也，犹土之有山川也，财用于是乎出，犹其有原隰、衍沃也，衣食于是乎生。口之宣言也，善败于是乎兴，行善而备败，所以阜财用、衣食者也⑨。夫民虑之于心而宣之于口，成而行之，胡可壅也？若壅其口，其与能几何⑩？"

王弗听，于是国人莫敢出言。三年，乃流王于彘⑪。

经典注释

①国人：古代居住在国都中的人，称"国人"。这里泛指民众。②召公：周厉王时的卿士，即执政大臣，名虎。③壅（yōng）：堵塞。④瞽（gǔ）：盲人，指乐官太师，古代乐官都由盲人担任。献典：进献乐曲。所献的乐曲，多采自民间，天子可以从中了解民情。⑤师：少师是低于太师的乐官。箴（zhēn）：一种有韵的带有劝诫性的文辞。⑥瞍（sǒu）：有眼无瞳的盲人。这里泛指盲人。

赋：有节奏地诵读。⑦瞍：有瞳而盲的人。这里泛指盲人。⑧耆艾：年六十称"耆"，年五十称"艾"。这里泛指朝中老臣和国君的老师。⑨阜（fù）：增加，丰富。⑩与：动词活用作名词，跟随者。⑪彘（zhì）：地名，在今山西霍州。

千古兴亡多少事

译文也很美

周厉王暴虐无道，国都里的人都在咒骂他。召公告诉厉王说："百姓不能忍受你的政令啦！"厉王很恼怒，找到一个卫国的巫师，叫他去监视那些指责自己的人。只要卫巫来报告，厉王就把被告发的人杀掉。住在国都里的人都不敢说话了，在路上相遇也只能用眼色互相示意。

周厉王很得意，告诉召公说："我能制止老百姓对我的指责啦，他们再也不敢吭声了。"召公回答说："你这样做只是堵住了人们的嘴。可是堵住老百姓的嘴，比堵截江河的水还要危险呢。河道堵塞就会造成决口，伤害的人一定很多。堵住老百姓的口，后果也是一样。因而，治水者只能排除水道的堵塞而加以疏通，治民者只能善于开导人民而让他们说话。所以君王处理政事，让公卿以至士人进献讽喻诗，乐师进献民间乐曲，史官进献史书典籍，少师诵读箴言，瞽者吟咏诗篇，瞍者诵读讽谏之言，掌管营建事务的官吏纷纷进谏，平民则将自己的意见辗转上传给君王，近侍之臣尽规劝之责，宗室姻亲都能补其过失、察其是非，乐师和史官施行教诲，元老重臣们经常加以劝诫，然后由君王斟酌取舍，这样，国家的政事施行起来才不违背情理。老百姓有口，就像大地有高山大河一样，财富、器物才从这里生产出来；又像高原和低地都有平坦肥沃的良田一样，衣服、食物才能从这里产生。人们用嘴巴发表议论，政事的成败得失才能显露出来。施行人们赞成的政令，防备失误的政令出现，这才是丰富人们衣食、财富的办法。人们心中所想通过嘴巴表达出来，他们考虑成熟了，就会自然流露出来，怎么可以堵塞呢？如果硬是堵住老百姓的嘴，那么跟随君王的人还能有多少呢？"

周厉王不听，于是国都里的人都不敢公开发表言论指斥他。过了三年，人们终于把他驱逐到彘地去了。

本文选自《国语上》，作为中国最早的国别体历史著作，《国语》相较于《左传》不动声色、隐微记事的叙述风格，更偏重以人物言论反映历史事实的行文手法。本篇即由写周厉王暴虐，控制言论，终于遭遇放逐的历史事件，呈现了这一特点。

本文陈述历史事件的前因后果非常简要，仅首段"厉王虐，国人谤王。"周厉王暴虐行事招致国人不满。此处的国人特指具有政治决策参与权利的贵族阶级，而并非现代语境下的一般人民大众。厉王实行高压政策，"国人莫敢言"，直到文尾"三年，乃流王于彘。"以相较前文《左传》选篇更为精练的文字叙述，写出了一个无道国君遭遇人民唾弃的历史事件。而本文的重点，在于召公对厉王的劝谏部分。

分析这段谏词，可以看到召公主要运用了两个形象的比喻，从"防民之口"如同洪水泻堤的事倍功半的灾难性后果，和"宣之于口"如同地理形势带来的好处这两个正反的对比来劝说厉王，显得生动而富有劝导意义。而中间的大段劝词

多用排比，句式整齐，音调铿锵，中正平和，显示出召公真诚严肃的良臣形象。这一段作为文章主题，将召公与见到"国人莫敢言"便得意扬扬的狂妄国君进行对比，补充了篇首文末的历史事实叙述之外，简略的人物形象。

总之，本篇作为《国语》中的名篇，开篇与结尾简要有力，前因后果严谨有道，展现出"史笔如刀"的精准叙事风格，中间部分则以大段铺陈，洋洋洒洒的人物对话，将厉王暴虐被放逐这一历史悲剧凝结在不听重臣劝谏这一历史图景之间，详略得当，饶有兴味。

千古兴亡多少事

古文的智慧

利用强权堵住众人之口，显然是徒劳的。周厉王以自我为中心，自己做得不对就用暴力来镇压，导致百姓的愤怒在心里滋生，这样只能导致局面越来越坏。表面上，百姓都不敢再说周厉王的坏话了；实际上，被压迫了很久的百姓，最终选择了反抗。其实，别人的建议是找出我们不足的一面镜子，善于聆听，才能不断改善自我，提升自我。

说文布道

国语

《国语》是中国最早的一部国别体史书，分记周、鲁、齐、晋、郑、楚、吴、越八国的史实，起于周穆王，止于鲁悼公，历时五百余年（约前990～前453）。其作者，司马迁和班固都认为是左丘明，但后人则多认为是战国时代的史官根据当时的一些史料整理而成，作者已不可考。《国语》所记的八国史料，详略程度差别很大，全书二十一卷，《晋语》就有九卷之多，而对齐、郑、吴、越则只侧重于几个人物和事迹。《国语》文辞深厚浑朴，书中杂有较多的天命、鬼神等迷信思想，成就远不如《左传》。

预言是见微知著的能力

单子知陈必亡

国语

定王使单襄公聘于宋①，遂假道于陈，以聘于楚。火朝觌矣②，道茀不可行也③。候不在疆④，司空不视涂，泽不陂⑤，川不梁；野有庾积⑥，场功未毕，道无列树，垦田若艺⑦；膳宰不置饩⑧，司里不授馆⑨，国无寄寓，县无旅舍；民将筑台于夏氏⑩。及陈，陈灵公与孔宁、仪行父南冠以如夏氏⑪，留宾弗见。

单子归，告王曰："陈侯不有大咎，国必亡。"王曰："何故？"对曰："夫辰角见而雨毕，天根见而水涸⑫，本见而草木节解，驷见而陨霜，火见而清风戒寒。故先王之教曰：'雨毕而除道，水涸而成梁，草木节解而备藏，陨霜而冬裘具，清风至而修城郭宫室。'故夏令曰：'九月除道，十月成梁。'其时儆曰：'收而场功，偫而畚挶，营室之中⑬，土功其始。火之初见，期于司里。'此先王所以不用财贿，而广施德于天下者也。今陈国，火朝觌矣，而道路若塞，野场若弃，泽不陂障，川无舟梁，是废先王之教也。

"《周制》有之曰：'列树以表道，立鄙食以守路⑭。国有郊牧，疆有寓望，薮有圃草⑮，囿有林池⑯，所以御灾也。其余无非谷土，民无悬耜⑰，野无奥草，不夺民时，不蔑民功。有优无匮，有逸无罢，国有班事，县有序民⑱。'今陈国道路不可知，田在草间，功成而不收，民罢于逸乐，是弃先王之法制也。

"周之《秩官》有之曰：'敌国宾至，关尹以告⑲，行理以节逆之，候人为导，卿出郊劳，门尹除门，宗祝执祀，司里授馆，司徒具徒，司空视涂，司寇诘奸，虞人入材⑳，甸人积薪㉑，火师监燎，水师监濯，膳宰致飧，廪人献饩，司马陈刍，工人展车，百官以物至，宾入如归。是故小大莫不怀爱。其贵国之宾至，则以班加一等，益虔。至于王使，则皆官正莅事，上卿监之。若王巡守，则君亲监之。'今虽朝也不才，有分族于周，承王命以为过宾于陈，而司事莫至，是蔑先王之官也。

"先王之令有之曰：'天道赏善而罚淫，故凡我造国㉒，无从匪彝㉓，无即慆淫，各守尔典，以承天休。'今陈侯不念胤续之常㉔，弃其伉俪妃嫔，而帅其卿佐以淫于夏氏，不亦渎姓矣乎？陈，我大姬之后也㉕，弃衮冕而南冠以出，不亦简彝乎？是又犯先王之令也。

"昔先王之教，茂帅其德也，犹恐陨越，若废其教而弃其制，蔑其官而犯其令，将何以守国？居大国之间，而无此四者，其能久乎？"

六年，单子如楚。八年，陈侯杀于夏氏。九年，楚子入陈。

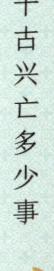

千古兴亡多少事

经典注释

①定王：周定王姬瑜。单（shàn）襄公：名朝，定王的卿士。聘：国事访问。②火：二十八宿中的心宿。觌（dí）：见。此指夏历十月，心宿早见于东方。③道茀（fú）：杂草遍地。④候：候人，路上迎送宾客的官吏。⑤陂（bēi）：泽边堵水的堤岸。⑥庾（yǔ）：露。积：积聚之物。⑦薿（yì）：茅草芽。⑧饩（xì）：活的牲畜。⑨司里：掌管客馆的官。⑩夏氏：指陈大夫夏征舒家。陈灵公与征舒母夏姬公开淫乱，所以要老百姓给夏氏筑台。⑪南冠：楚国的帽子。⑫天根：星宿名。⑬畚挶（běn jú）：装运土石的簸箕和筐篮。营室：室宿，东方七宿之一。⑭鄙食：道路间的供食之所。⑮薮（sǒu）：长草的沼泽。⑯囿：王室蓄养禽兽的园林。⑰耜（sì）：翻土的农具。⑱序民：轮番服役的百姓。⑲关尹：守关的官员。⑳虞人：管理山林水泽的官吏。㉑甸人：管理籍田的官员。㉒造国：受封的诸侯。㉓彝：常法。㉔胤续之常：血统接续的伦常。

胤：后嗣。㉕大姬：陈国始祖虞胡公之妻，为周武王的长女。

译文也很美

周定王派单襄公出使宋国，途中借道陈国，以便访问楚国。这时候已是清晨能见到火星的季节了，道路上杂草丛生，无法通行，负责接待宾客的官员不在边境迎候，司空不巡视道路，湖泽不筑堤坝，河流不架桥梁，野外堆放着谷物，谷场还没有修整，路旁没有种植树木，田里的庄稼稀稀拉拉，膳夫不供应食物，里宰不提供客馆，都邑内没有寄宿的寓所，郊县里没有旅舍，因为陈国百姓正在为夏征舒家修筑台观。到了陈国都城，陈灵公与大臣孔宁、仪行父穿戴着楚地流行的服饰到夏氏家玩乐，让客人久久等候而不会见。

单襄公回朝后告诉周定王说："陈侯如果不遭凶灾，国家也一定要灭亡。"周定王问："为什么这样说呢？"单襄公答道："角星在早晨出现时表示雨季结束，天根星在早晨出现时表示河流将干枯，氐星在早晨出现时表示草木将凋落，天驷在早晨出现时便要降霜了，心宿在早晨出现时表示天气已冷，该准备过冬了。所以先王的教诲说：'雨季结束时便修整道路，河流干枯时便修造桥梁，草木凋谢时便储藏谷物，霜降来临时备好冬衣，寒风吹起时就修整城郭宫室。'所以《夏令》说：'九月修路，十月架桥。'这时又提醒人们说：'结束场院的农活，备好土箕和扁担，当营室之星见于中天时，营造工作就要开始。在大火星刚出现时，到司里那儿去集合。'这正是先王能够不费钱财而向民众广施恩惠的原因啊。现在，陈国早晨已能见到大火星了，但是道路已被杂草堵塞，农村的谷场已被废弃，湖泊不筑堤坝，河流不备舟桥，这是荒废了先王的教诲。

"周代的制度规定：'种植树木以标明道路，郊外提供食宿以款待旅客。国家有专设的牧场，边境有接待宾客的设施，洼地里有茂盛的水草，园苑中有林木和水池，这都是用来防备灾害的。其余的地方都是用来栽种五谷的土地，百姓的农具不应该闲挂着，田野没有丛生的杂草。农时不被耽误，劳力不被浪费。生活富裕而不穷困，百姓安逸而不疲惫。都城中各类人员职责分明，郊外的百姓劳作井然有序。'如今陈国的道路无法辨认，农田埋没在杂草丛中，庄稼熟了无人收割，百姓为国君的享乐而精疲力竭，这是抛弃了先王的法度。

"周朝的《秩官》上说：'地位相等国家的宾客来访，关尹便向上报告，手持符节去迎接，候人引路，卿士到郊外表示慰问，门尹清扫门庭，宗祝陪同客人行祭礼，司里安排住处，司徒调派仆役，司空视察道路，司寇查禁奸盗，虞人供应物品，甸人运送燃料，火师照看火烛，水师料理盥洗，膳宰进送熟食，廪人献奉粮米，司马备齐草料，工人检修车辆，百官各按职责照应，客人来访如同回到了家里。因此大小宾客无不感到满意。如果大国的客人到了，接待的规格就提高一个等级，更加恭敬。至于天子派官员到来，则由各部门的长官接待，上卿加以督察。如果天子下来巡视，就由国君亲临督察。'如今，臣虽然没有什么才能，但还是天子的亲族，是奉了天子的使命作为宾客而途经陈国，然而主管的官员却不来照应，这是蔑视先王的官员。

"先王的法令中说：'天道是奖善惩恶的，所以凡由我们周室治国，不允许违背法令，不迁就怠惰放纵，各自遵守你们的职责，以接受上天的赐福。'如今，陈侯不顾念历代相承的法度，抛弃自己的夫人妃嫔，带领下属到夏氏那里去恣意淫乐，这不是亵渎了姬姓吗？陈侯是我们姬姓的后裔，却丢弃正式的礼服而穿戴楚地的服饰外出，这不是轻视了礼制吗？这又违背了先王的政令。

"过去先王的教诲,即使认真遵行还恐怕有所差池。像这样荒废先王的遗教、抛弃先王的法度、蔑视先王的官职、违背先王的政令,那么凭什么来保守国家呢?陈国夹在大国之间,而不仰仗先王的遗教、法度、分职、政令,能够支持长久吗?"

周定王六年,单襄公到楚国。定王八年,陈灵公被夏征舒杀害。定王九年,楚庄王攻入陈国。

本文选自《国语》,写周天子的卿士单襄公奉命出使宋国,途中借道陈国时,受到陈国国君怠慢,于是收集了种种陈国治国怠政的事实,回国向周定王怒斥陈国罪行,并从内政、经济、外交、德行等多个方面详加评述,预言了陈国灭亡一事。此后,陈国果然内外交患,被楚国灭亡。

文章叙事简略,重在论述。首段写单襄公在陈国受到怠慢经过,尾段写陈国灭亡预言证实。中间部分大幅篇章,主要目的在于如何陈述陈国罪名。

首段写单襄公受辱,多用写实的笔调,以使者行动视角出发。既陈述使者在边境没有受到迎接,行途没有官舍接待,都城中国君不会见使者,反而

在大臣家游乐等种种怠慢的实况；也写出陈国不修内政，国民生产凋敝的国家状况，从而为后文对陈国的全方位批判做了铺垫。

第二段首句，单襄公不惜故作夸张，也要指出陈国即将灭亡，直叙观点，引人眼球。下文则呼应周天子的疑问，全力论证陈国为何即将灭亡。单襄公先是陈述先王的德育、官职、法制与政令这几种理想化的政治体制，再由陈国法制失序、经济凋敝、官制混乱、统治者荒淫无德四个方面的对比论证，得出陈国无法长治久安的结论。

这四个论证相辅相成，其内在论证逻辑是相似的，都是从背弃先王教诲的角度出发，先正面阐述何为正确的先王治国之道，再将陈国的种种荒诞行为与先王的教导相互对比，以突出陈国失去德行教化的问题。议论部分运用了先引述经典立论，再做对比论证的手法。在具体的论据铺陈中，则多用排比，显得文章风格雄辩大气，言辞铿锵有力。如第三、第四、第五段以骈散结合的四字句式，对先王的法律制度做了详尽的阐释，再以陈国的失德行为作为对比，体现出单襄公的雄辩才能。

总之，本文略写出使受辱的历史事件，实则论证说理，借以阐发理想化的治国理念。而文末陈国印证预言灭亡这一带有神怪风格的描述，则可与前面《蹇叔哭师》一文中，蹇叔预言秦国出征结局并应验的情节进行对照阅读。这种在历史叙述中穿插预言的手法，常用来隐晦地表现作者对事件真正的态度。

古文的智慧

从混乱无序的细节上，把细节和整体联系起来思考，从而有理有据，做出正确的预判，这就是所谓远见。单襄公见微知著，他的论证很有说服力，有句话叫"细节决定成败"，事实证明他的预言完全准确，并不是耸人听闻之辞。

富贵是一场危机

叔向贺贫①

国语

叔向见韩宣子②，宣子忧贫，叔向贺之。宣子曰："吾有卿之名而无其实③，无以从二三子④，吾是以忧，子贺我何故？"

对曰："昔栾武子无一卒之田⑤，其官不备其宗器，宣其德行，顺其宪则⑥，使越于诸侯。诸侯亲之，戎、狄怀之，以正晋国。行刑不疚，以免于难。及桓子⑦，骄泰奢侈⑧，贪欲无艺⑨，略则行志，假货居贿⑩，宜及于难，而赖武之德，以没其身。及怀子⑪，改桓之行，而修武之德，可以免于难，而离桓之罪⑫，以亡于楚。夫郤昭子⑬，其富半公室，其家半三军，恃其富宠，以泰于国⑭。其身尸于朝⑮，其宗灭于绛⑯。不然，夫八郤，五大夫三卿⑰，其宠大矣。一朝而灭，莫之哀也，惟无德也。

"今吾子有栾武子之贫⑱，吾以为能其德矣⑲，是以贺。若不忧德之不建，而患货之不足，将吊之不暇⑳，何贺之有？"

宣子拜稽首焉㉑，曰："起也将亡，赖子存之。非起也敢专承之，其自桓叔以下嘉吾子之赐㉒。"

58

经典注释

①叔向：春秋时期晋国大夫羊舌肸（xī），字叔向。②韩宣子：名起，是晋国的上卿。③实：这里指财富。④二三子：指晋国的卿大夫。⑤栾武子：晋国的卿。一卒之田：古代军队编制，一百人为"卒"。一卒之田，百顷。是上大夫的俸禄。⑥宪则：法制。⑦桓子：栾武子的儿子。⑧骄泰：骄傲放纵。⑨艺：度，准则。⑩假货居贿：把财货借给人家从而取利。⑪怀子：桓子的儿子。⑫离：同"罹"，遭到。⑬郤（xì）昭子：晋国的卿。⑭以泰于国：就在国内非常奢侈。泰：过分、过甚。⑮其身尸于朝：郤昭子后来被晋厉公派人杀掉，他的尸体摆在朝堂示众。⑯其宗灭于绛：他的宗族在绛这个地方被灭掉了。绛：晋国的旧都，在现在山西省翼城县东南。⑰八郤，五大夫，三卿：郤氏八个人，其中五个大夫，三个卿。⑱吾子：您，古时对人的尊称。⑲能其德矣：能够践行他的道德了。⑳吊：忧虑。㉑稽首：顿首，把头叩到地上。㉒桓叔：韩氏的始祖。

译文也很美

叔向进见韩宣子，宣子担忧自家的穷困，叔向却向他道贺。宣子说："我有卿相的名义，却没有相应的财富，没有力量和同僚来往应酬，我因此发愁，你却祝贺我，这是为什么呢？"

叔向回答说："过去栾武子没有一百顷田地，家里祭宗庙的礼器也不完备，却宣扬德行，遵守法制，名声传于各国，诸侯亲近他，少数民族怀念他，使晋国一切走向正轨，执行刑法，毫无弊端。他虽然杀死晋厉公，却免除了自身的灾难。栾武子的儿子桓子骄傲奢侈，贪得无厌，放债取利，这人该遭祸害，却凭借栾武子的德行，竟得到善终。等到怀子，改变桓子行为，恢复武子德行，本该免祸，但由于他父亲罪恶，却只能逃奔楚国。另外，郤昭子家，财富有王室的一半，

武力有全国的一半,他凭借财势,横行国内。最后本人尸体在朝廷示众,宗族也在绛都灭亡。如果不是这样的话,他家出过五位大夫,三位卿相,荣耀到了极点,而一旦灭亡,没有一人同情,就因为没有德行。现在您有栾武子的贫困,我认为也能有他的德行,所以向您祝贺。如果不担忧没建树德行,却担忧财货不够,我哀悼你都没工夫,哪有什么时间祝贺的?"

宣子作揖磕头,说:"我差点要家族灭亡,依靠您的良言才活下来,不是我一个人要承受这份恩惠,从我始祖以下的族人都要感激您的恩德。"

鉴赏文心

《叔向贺贫》选自《国语》,是一篇以人物言论为主的记叙文。由"叔向祝贺宣子变得贫困"这一独特的人物行为出发,层层递进,阐明为人应注重建立德行,若不注重立德,单纯贪图财富,只是取祸之道。

本文的重点在于叔向为何祝贺贫困的论述部分。本部分首先举例说理,以栾武子三代人因建立德行而兴盛,因骄奢无德而衰落的事例和晋国郤昭子虽然富可敌国却难免败亡的事例,得出贫富的境遇并不重要,关键在于立德这一核心观点,从而进一步将宣子本人的贫穷情况引入论证框架中,认为如果只是忧患贫困,而不注重德行建立,则贫困依然需要担忧。指出叔向祝贺的并不是贫困本身,实际上是因为贫困所生发的行动,从反面论证了建立德行的重要性。

这一段论证层次推进,先论讲事例,后阐述论点,又能结合宣子本人境遇,进而反向论证,显得逻辑严谨,有理有据。也就难怪在尾段宣子心悦诚服,甚至郑重地以列祖列宗的名义来感激叔向的指点。

本文写叔向贺贫这一事件的画外之音,一是借叔向列举的丰富事例,批判当时贵族阶级铺张浪费,骄奢淫逸,德行沦丧的状态;二则依然是传统儒家经典式的教化导向。但本文不同于《左传》中对国君取信于民的"仁德"和在军事斗争中师出有名的"武德"的诸多书写,论述更具体细微,注重的是对个人与家庭的德行建构的阐释。

在物质文明高度发达的今天,人们对金钱的态度早就和古代人不一样了。在这篇文章里,安贫乐道是一种高尚的节操,对现在的我们来说,虽然不必再安于贫困,更应该积极建设国家,繁荣经济,创造财富。同时,也要树立正确的金钱观,不盲目追求金钱,取财有道。

一个君子的让国
吴子使札来聘①

公羊传

吴无君、无大夫,此何以有君、有大夫?贤季子也。何贤乎季子?让国也②。其让国奈何?谒也③,馀祭也,夷昧也,与季子同母者四。季子弱而才,兄弟皆爱之,同欲立之以为君。谒曰:"今若是迮而与季子国④,季子犹不受也。请无与子而与弟,弟兄迭为君,而致国乎季子。"皆曰:"诺。"故诸为君者,皆轻死为勇,饮食必祝曰:"天苟有吴国,尚速有悔于予身。"故谒也死,馀祭也立;馀祭也死,夷昧也立;夷昧也死,则国宜之季子者也。

季子使而亡焉。僚者，长庶也⑤，即之。季子使而反，至而君之尔。阖闾曰⑥："先君之所以不与子国而与弟者，凡为季子故也。将从先君之命与，则国宜之季子者也；如不从先君之命与，则我宜立者也。僚恶得为君乎？"于是使专诸刺僚⑦，而致国乎季子。季子不受，曰："尔弑吾君，吾受尔国，是吾与尔为篡也；尔杀吾兄⑧，吾又杀尔，是父子兄弟相杀，终身无已也！"去之延陵⑨，终身不入吴国。故君子以其不受为义，以其不杀为仁。

贤季子，则吴何以有君、有大夫？以季子为臣，则宜有君者也。

"札"者何？吴季子之名也。

《春秋》贤者不名⑩，此何以名？许夷狄者，不一而足也。

季子者，所贤也，曷为不足乎季子？许人臣者必使臣，许人子者必使子也。

经典注释

①吴子：指吴王余祭（zhài），吴王寿梦次子，吴王诸樊死后即位。札：季札，吴王寿梦的小儿子。②让国：指寿梦生前就想立季札，季札力辞，才立诸樊。寿梦死后，诸樊又要让位给季札，季札离开家，以耕种为生。③谒（yè）：诸樊，吴王寿梦的长子。下文的余祭、夷昧，也是梦寿的儿子。④迮（zé）：仓促。⑤僚：吴王僚，又称州于，夷昧之子，曾多次兴兵伐楚，后被专诸刺死。长庶：僚是夷昧之妾所生的长子。⑥阖闾：名光，谒之子，弑僚自立。⑦专诸：吴国勇士。他受命公子光，把匕首藏于鱼腹中，借献鱼之机，刺杀吴王僚，他也当场被杀。⑧吾兄：这里指吾兄（夷昧）之子，即吴王僚。⑨延陵：吴邑名，在今江苏常州武进区境内。⑩贤者不名：这是《春秋》作者表示褒贬的一种笔法，贤者称字不称名。

译文也很美

吴国本来没有国君、没有大夫，这则记载为什么承认它有国君、有大夫呢？是为了赞美季子之贤啊。

季子贤在哪里呢？在于他辞让国君的位置啊。

他辞让君位是怎么一回事呢？谒、余祭、夷昧，跟季子是一母所生的四兄弟。季子年幼而有才干，兄长们都喜欢他，都想立他做国君。谒说："如果现在就这样仓促地把君位给他，季子还是不会接受的。咱们不传位给儿子而传位给弟弟，兄弟依次做国君，最后就可以把君位传给季子了。"大家都说："好。"所以几个哥哥在位时都认为对死亡不在意就是勇敢，每次就餐必定祈祷说："上天如果让吴国存在下去，就快把灾难加到我身上吧。"所以谒死了，余祭做国君；余祭死了，夷昧做国君；夷昧死了，国君的位置应当属于季子了。

那时季子正出使在外，还没有回来。僚是夷昧的庶长子，他即位做了国君。季子出使回国，一回来便尊奉僚为国君。阖闾说："先君之所以不传位给儿子而传给弟弟，都是为了季子的缘故啊。如果遵照先君的命令，那么，君位就应该授给季子；如果不遵照先君的命令，那么我就应该做国君。僚怎么能做国君呢？"于是，便派专诸刺杀僚，并且把国家交给季子。季子不接受，说道："你杀了我的国君，我接受你的君位，这就变成和你一起篡位了；你杀了我哥哥的儿子，我再杀你，这样父子兄弟相互残杀，一辈子没有结束的时候！"于是季子离开国都到延陵去，一生也没有再回都城。因此，君子便认为他不接受君位是义，认为他反对互相残杀是仁。

千古兴亡多少事

以季子为贤，那么吴国为什么就有国君、有大夫了呢？因为既然承认季子是臣，就应当有国君啊。"札"字是什么意思？是吴国季子的名。《春秋》上对贤者称字不称名，这里为什么称名？称赞夷、狄，不能因为它有一件好事，就认为一切都完美了。季子是被赞美的人，为什么还认为他不完美呢？因为赞美人臣，要把他当作人臣对待，赞美人子要把他当作人子对待。

鉴赏文心

本文选自《公羊传》，它是一本阐释《春秋》本传的典籍。与注重记载史事的《左传》不同，《公羊传》的特点是叙述历史比较简略，将重点放在逐字逐句解释《春秋》原文的意思。因而《公羊传》富有阐释性的内容，历来被作为议论政治的工具，也是研究早期儒家思想的重要资料。

本文是对"吴子使札来聘"这句话背后的"微言大义"所做的解释与延伸。题名"吴子使札来聘"是《春秋》原文，引自《春秋》襄公二十九年，记载吴国派公子季札访问鲁国一事。全文即围绕这一句话的用语体例问题，由"吴子"是对吴国地位的肯定谈起，赞扬了公子季札身体力行儒家道德，礼让君位一事。

文章首先解释为何称"吴子"，吴子即指吴王。吴国地理位置偏南，不属于当时中原各国的政治文化语境，所以被蔑称为"夷狄"。按照《公羊传》的看法，以《春秋》记史的惯例，本来对吴国这种政治地位低下的"夷狄"小国，不应该在史书记载中专门指出它的国名和君名。此处却用"吴子"这样等同于对诸侯国君的敬语，和"聘"这个专用于国与国之间官员互访的词汇，是对吴国作为诸侯国的地位的承认。而这种承认的来源，便是对吴国公子季札谦让国君这一道德行为的肯定。作者由此笔锋一转，展开叙述季札礼让国位一事。

文章叙事以设问手法起笔，问答有据，转述自然。接下来，详叙季札谦

让国君一事的前因后果：季札本不愿成为国君，于是他的兄长们以兄终弟及的方式想把君位给季札。后来，夷昧的庶长子僚占据了君位，季札长兄诸樊的儿子阖庐不服，弑杀吴王僚，又让位给季札，而季札基于仁德，不杀弑君者阖庐，自己远走他国，坚持不当国君。这一系列对季札礼让国君前因后果的详尽记述，切要严谨地表现了儒家推崇的礼让精神。

文末则以史官口吻，对季札的德行从仁与义两个方面进行论断，即（季札）不受国君为义，不杀阖庐为仁，并由此延伸，对前文关于吴国与公子季札的称呼问题进一步阐述，以首尾呼应，总结人物，达成儒家经典褒贬人物、弘扬道德的作用。

古文的智慧

季子不接受君位，结束了"兄终弟及"的传统，他不接受王位，是出于谦让；他不因为公子光杀吴王僚而杀公子光，这是出于仁义。季子的这种礼让精神是儒家最称道的，它可以避免自相争夺和血亲残杀。

说文布道

公羊传

《公羊传》也称《春秋公羊传》，记事起于鲁隐公元年（前722），终于鲁哀公十四年（前481），传说是战国时齐人公羊高所作。《公羊传》记事简略，其体例一般是先引"经文"，然后自问自答，以阐述《春秋》的"微言大义"。西汉时，董仲舒专治《公羊传》，并由之发挥《春秋》的"大一统"思想，受到汉武帝的重视。《公羊传》也因此成为汉代经学的主要经典，成为历代今文经学家议论政事、褒贬人物的依据，也是我们现在研究战国到秦汉间儒家思想的重要资料。

人无远虑，必有近忧
虞师晋师灭夏阳

谷梁传

非国而曰"灭"，重夏阳也。虞无师①，其曰师，何也？以其先晋，不可以不言师也。其先晋何也？为主乎灭夏阳也②。夏阳者，虞、虢之塞邑也③。灭夏阳而虞、虢举矣。

虞之为主乎灭夏阳，何也？晋献公欲伐虢，荀息曰："君何不以屈产之乘、垂棘之璧④，而借道乎虞也？"公曰："此晋国之宝也。如受吾币⑤，而不借吾道，则如之何？"荀息曰："此小国之所以事大国也。彼不借吾道，必不敢受吾币。如受吾币，而借吾道，则是我取之中府而藏之外府⑥，取之中厩而置之外厩也。"公曰："宫之奇存焉，必不使受之也。"荀息曰："宫之奇之为人也，达心而懦，又少长于君，达心则其言略，懦则不能强谏，少长于君，则君轻之。且夫玩好在耳目之前，而患在一国之后，此中知以上乃能虑之。臣料虞君，中知以下也。"公遂借道而伐虢。

宫之奇谏曰："晋国之使者，其辞卑而币重，必不便于虞。"虞公弗听，遂受其币而借之道。宫之奇又谏曰："语曰：'唇亡则齿寒。'其斯之谓与？"挈其妻子以奔曹⑦。

献公亡虢，五年，而后举虞。荀息牵马操璧而前曰："璧则犹是也，而马齿加长矣。"

经典注释

①虞：春秋时小国名，故地在今山西平陆。②主：首恶，祸首。因虞借道于晋而灭虢，故称虞为首恶。③虢：指北虢，春秋时小国

名,故地在今河南三门峡东南。④屈:晋地名,在今山西吉县北,盛产良马。垂棘:晋地名,以产美玉著称,在今山西潞城市北。⑤币:馈赠的财物。这里指上文所说的良马、美玉。⑥府:古时国家收藏财物、文书的地方。⑦曹:春秋小国名,故地在今山东定陶县。

译文也很美

不是一个国家而说"灭",是重视夏阳。虞国没有出动军队,但《春秋》说是虞国的军队,为什么呢?因为虞国引导晋军进入虢国,所以不能不说是军队。虞国引导晋军进入虢国,说明了什么呢?说明了在灭夏阳这件事上虞国是主犯。夏阳是虞、虢交界处的一个要塞,夏阳一失,虞、虢两国都可以攻取了。

虞国为什么成了夏阳灭亡事件的主犯呢?当时,晋献公想攻打虢国,大夫荀息说:"您怎么不用屈地出产的良马和垂棘出产的玉璧,去向虞国借道呢?"晋献公说:"这些都是晋国的宝物啊。如果对方接受我的礼物,但是不借给我道路,我该怎么办呢?"荀息说:"这些是小国用来侍奉大国的东西,他们如果不肯借给我们道路,就一定不敢接受我们的礼物。如果接受了我们的礼物,借给我们道路,那就相当于我们把美玉从宫中的府库取出来存放到宫外的府库,把良马从宫中的马棚牵出来安置在宫外的马棚中,早晚都可以再拿回来。"献公说:"虞国有宫之奇在,一定不让虞公借路的。"荀息说:"虞国有宫之奇为人处世的特点,是心里明白但性格软弱,而且他从小就和虞公一起长大。心里明白说话就简略,性格软弱就不能坚决劝阻,从小和虞公一起长大,虞公就不会重视他。再说,供玩赏的物品摆在虞公眼前,而忧患在灭亡虢国之后,这是中等智力以上的人才能考虑到的,我料想虞公是个中等智力以下的人。"晋献公于是向虞国借道,攻打虢国。

宫之奇劝告虞公说:"晋国的使者,言辞谦恭而且礼品丰厚,一定会对虞国不利。"虞公不听，就接受了晋国的礼物，并借道给晋国。宫之奇再次劝告虞公说："谚语说'唇亡则齿寒'，大概说的就是这种情况吧！"虞公还是不听，宫之奇就带领着老婆孩子跑到曹国去了。

晋献公灭了虢国，五年之后攻取了虞国。荀息牵着马，拿着玉璧，走到晋献公面前说："玉璧还是老样子，只是马的年纪增加了。"

鉴赏文心

本文选自《谷梁传》，是与前文《左传》《公羊传》同为阐释春秋的典籍，它的体例特点与《公羊传》相同，简略叙事而多用人物对话阐释义理。晋人范宁作《春秋谷梁传序》评说春秋三传："《左氏》艳而富，其失也巫；《谷梁》清而婉，其失也短；《公羊》辩而裁，其失也俗。"意思是《左传》的文章优美，材料丰富，但缺点是多述鬼神、预言祸福；《谷梁传》辞清义理通畅，辞令清新，但缺点是材料短缺；《公羊传》叙事分明，善于裁断，但缺点是文章粗疏，陷于流俗。可以说是对这三部专著各自的史实叙述、语言特色有一个简要精当的评价。

本文与前文所选《左传》中《宫之奇谏假道》一篇同样讲述了晋国灭虞、虢两国这一历史事件，但两篇文章在后续叙述中产生分歧：《谷梁传》认为晋国当年灭虢，在五年之后灭虞；《左传》则认为晋国攻取夏阳以后又过三年，才再次假道虞国伐虢，回师途中顺道再灭虞国。除此之外，两文叙事侧重也有不同，本文注重写晋献公一方，而对虞国宫之奇君臣只做简略描写，可以与《宫之奇谏假道》一文对照阅读，加深理解。

本文《虞师晋师灭夏阳》引自《春秋》原文记载。下文是对这句话的阐释和对后续历史事实的延伸，共可分为四层。

第一层详尽阐释《春秋》原文：这句话将虞国放在晋国之前，既表明了虞国历史比晋国悠久，也说明了攻取夏阳的主导者是虞国军队，再通过"灭"

这个专用于灭国的词来形容不是国都的夏阳，指出夏阳重要的战略地位；第二层写晋献公君臣定计离间虞、虢两国，以晋献公与荀息的对话和以重宝贿赂虞公的计谋，更为详尽地叙述了假道伐虢一事的前因后果；第三层同《左传》选文情节相似，写宫之奇劝谏虞公失败，携家出逃；第四层则写晋国终于灭掉两国，荀息收回之前贿赂用的宝物。此处荀息的言论展示了一个志在必得的老道谋臣的形象。

全文叙事记言简要而全面，既有对历史记载逐字逐句的精微辨析，也有对晋献公君臣和虞公宫之奇君臣人物群像的刻画。全文结合《左传》相应选文，从不同角度刻画"唇亡齿寒"这一历史往事，立意图远，发人深省。

古文的智慧

晋献公君臣定计离间虞、虢两国，将虞国君臣的关系分析得十分透彻，可见晋国上下是做了充分准备的；而虞国的国君没有重视宫之奇的建议，只看到眼前的好处，却没有长远的目光，最后也被晋国所灭，这就应了那句话——人无远虑，必有近忧。

说文布道 —— 谷梁传

《谷梁传》是"春秋三传"之一。它的作者，班固认为是鲁人梁子，已无法确知。传说梁子和公羊高都受学于孔子的学生子夏，《谷梁传》与《公羊传》一样，也是梁子初传，经数世才由后代学者著作成书的。《谷梁传》强调必须尊重君王的权威，但不限制王权；君臣各有职分，各有行为准则；主张必须严格对待贵贱尊卑之别，同时希望君王要注意自己的行为，其对政治更迭、社会变动较为排斥。

礼是比生命更重要的东西

曾子易箦

礼记

曾子寝疾①，病。乐正子春坐于床下②，曾元、曾申坐于足③，童子隅坐而执烛。

童子曰："华而睆④，大夫之箦与⑤？"子春曰："止！"曾子闻之，瞿然曰："呼！"曰："华而睆，大夫之箦与？"曾子曰："然。斯季孙之赐也，我未之能易也。元，起易箦。"曾元曰："夫子之病革矣⑥，不可以变。幸而至于旦，请敬易之。"曾子曰："尔之爱我也不如彼！君子之爱人也以德，细人之爱人也以姑息⑦。吾何求哉？吾得正而毙焉，斯已矣。"举扶而易之，反席未安而没⑧。

经典注释

①曾子：春秋时鲁国人，名参，字子舆，孔子的弟子。②乐正子春：子春是曾子的弟子，官任乐正。乐正为公室乐官名。③曾元、曾申：都是曾参的儿子。④睆（huǎn）：光洁。⑤箦（zé）：竹席。⑥革（jí）：通"亟"，危急。⑦细人：小人。姑息：无原则地迁就。⑧没：通"殁（mò）"，死亡。

译文也很美

曾子卧病在床，病情很重。他的弟子乐正子春坐在床下，儿子曾元、曾申坐在曾子脚旁，童子坐在角落里，手里拿着灯烛。童子说："华美而又光洁，这是大夫用的席子吧？"子春说："别说话！"曾子听到声音惊醒了，问："什么事？"童子说："华美而又光洁，这是大夫用的席子吗？"曾子说："是的！这是季孙送给我的，我还没有来得及把它换下来。元，你扶我起来，把席子换了。"曾元说："您的病情危急，您不能动。希望您能够坚持到天亮，到时候我再恭敬地把席子换了。"曾子说："你对我的爱不如童子！君子是以德来爱人，见识短浅的人是以暂时的安逸来爱人。我如今还有什么可求的呢？我只要能得到正道，即使立刻倒下，我也心甘情愿。"于是，曾元托起曾子，扶着他换了席子，等换完再把曾子放回席子上，还没把他安顿好，曾子就去世了。

千古兴亡多少事

鉴赏文心

本文选自儒家经典《礼记》，《礼记》的特点是阐释礼仪，章法谨严。本篇可以说是突出这一特点，以写儒家重要人物曾子临终时依然坚守礼法一事，表现了儒家"克己复礼"的思想，体现儒家重视礼法的观念。

本文着眼于描述曾子临终这一时间点。第一段以简洁的笔触介绍了曾子临终卧床，弟子与家人随侍在侧，童仆在角落拿着蜡烛的场景。第二段写童仆发现曾子所卧床席不合礼制，并两度指出。而弟子让童仆住嘴，曾子坚持不能使用大夫层级才能享用的华美床席，家人再度劝阻曾子……这一系列连续的人物描写，简略而清晰，表现出了童子的天真直言，曾子家人与弟子的关心之情，曾子病重仍不忘坚持礼法，从而由此烘托出曾子坚持礼仪节序，乃至于要符合礼仪地逝去的言论。最终曾子还是坚持更换了合乎礼制的床席。

文章结尾处曾子尚未躺好便已去世这一记载在今天看来，似乎显得极端且迂腐。但《礼记》本篇中选入这一极端的"克己复礼"行为的意图，正在于强调儒家思想中关乎礼节的问题更要重于生命。而曾子作为孔子的弟子之一，便是这样一个严于律己的典范。本文通过对曾子临终时人物行动和言语细节的描绘，突出了儒家所宣扬的谦谦君子的形象。特别是"君子之爱人也以德，细人之爱人也以姑息"（君子关爱人也要依据仁义道德，小人关爱人则姑息纵容）这一句本文的主旨，更在于儒家礼德宣扬之外，赞许了坚持原则的必要性，即便放在当下，也是与时俱进的金玉良言。

古文的智慧

自律，就是在没有别人监督的情况下，自己要求自己，自觉遵守一些原则，来约束自己的一言一行。曾子作为儒家的重要人物，在自律方面已经达到了非常高的境界，他的自律就是遵守礼法。虽然在现在看来，他的行为有些迂腐，但自律的态度值得后人学习。

说文布道

礼记

《礼记》是解释《礼经》的书，先秦到汉的礼学家积累了很多解释说明《礼经》的"记"。西汉初年，传授《礼》的是鲁人高堂生，他的两个弟子戴德、戴圣对前代的《礼》做了整理，分别辑成了《大戴礼记》和《小戴礼记》（戴德是戴圣的叔叔，故有大小戴之名）。现在通行的《礼记》是戴圣所辑的《小戴礼记》，共四十九篇，内容庞杂。《礼记》是研究中国古代宗法制度、儒家思想及教育文化等问题的重要典籍。

公子重耳对秦客

两位霸主，一场试探

礼记

晋献公之丧，秦穆公使人吊公子重耳①，且曰："寡人闻之：'亡国恒于斯，得国恒于斯。'虽吾子俨然在忧服之中，丧亦不可久也，时亦不可失也，孺子其图之！"以告舅犯②。舅犯曰："孺子其辞焉。丧人无宝，仁亲以为宝。父死之谓何？又因以为利，而天下其孰能说之？孺子其辞焉。"

公子重耳对客曰："君惠吊亡臣重耳。身丧父死，不得与于哭泣之哀，以为君忧。父死之谓何？或敢有他志③，以辱君义？"稽颡而不拜④，哭而起，起而不私⑤。

子显以致命于穆公⑥。穆公曰："仁夫，公子重耳！夫稽颡而不拜，则未为后也⑦，故不成拜。哭而起，则爱父也。起而不私，则远利也。"

经典注释

①秦穆公：姓嬴，名任好，前659年至前621年在位。晋献公听信骊姬谗言，尽逐诸公子，派兵讨伐重耳和另一个儿子夷吾，重耳逃亡到狄国。献公死后，秦穆公问重耳有何打算。②舅犯：重耳的母舅狐偃，字子犯，狐突之子，随重耳逃亡。③他志：暗指返国即位的图谋。④稽颡（qǐ sǎng）：古代一种跪拜礼，屈膝下拜，以额触地，表示极度的虔诚。⑤私：指与秦使私下说话。⑥子显：秦国大夫公子絷（zhí）。⑦后：君，国君。

译文也很美

晋献公去世后，秦国君主穆公派使者慰问流亡在外的晋国公子重耳，并且传达自己的话说："寡人听说：'丧失国家常常在这个时候，得到国家也常常在这个时候。'虽然您恭敬严肃，正处在忧伤的服丧期间，但悲痛的状态也不可太久，得到国家的时机也不可轻易错过啊！年轻人，请考虑一下吧！"重耳将这事告诉舅舅子犯。子犯回答说："孩子，还是辞谢秦国人劝勉回国袭位的好意吧。流亡的人没有什么宝贵的东西，只有仁爱和亲情才是最宝贵的。父亲死去这是何等重大的事情啊，还要借此机会来谋利，那么天下之人有谁能拥护你呢？孩子，还是推辞吧。"

公子重耳便对秦国的使者说："承蒙贵国君侯施加恩惠，慰问流亡的外臣重耳。我逃亡在外，父亲去世，不能和亲人在灵前守丧，而使君侯为我担心。父亲死去这是何等重大的事情啊，我哪里还有其他的念头，有辱您来慰问我的情义啊？"重耳跪地磕头，但不行拜谢礼，哭着起身，然后不再跟秦国来的使者私下交谈。

子显把重耳的情况告诉秦穆公。穆公说："公子重耳真是仁义之人啊！叩拜但不拜谢，是他没以晋献公的继承人自居，所以没有拜谢。哭着起身，就表示哀悼父亲。起身但不私谈，就表示不愿谋求个人利益啊。"

鉴赏文心

本文选自《礼记》，记载了流亡在秦国的晋国公子重耳，谢绝秦穆公邀请他趁父亲晋献公去世，前往晋国夺权一事，以此宣扬儒家重视孝道的理念。

全文共分三段，写秦穆公派使者说服重耳；重耳与舅舅商议；重耳在商议后婉拒使者；秦穆公称赞公子重耳四层情节，叙事逻辑清晰。

晋献公去世时，秦穆公看似派使者公子絷前去公子重耳驻地吊唁，实则有意寻找代理人染指晋国利益。在吊唁现场，公子絷借机试探，暗示重耳回国夺取君位。而公子重耳的舅舅子犯则看破秦穆公图谋，阐释遵循孝义，以取信天下的重要性。重耳得到指点，认为回国夺权时机不够成熟，便以重情孝义为理由，婉拒了秦穆公，而秦穆公也以赞扬重耳的行为作为掩饰。

借语言与行动刻画人物是本文一大特色。本文几段人物言论，写婉拒秦穆公的公子重耳，犹如一位持守礼节的孝子；写劝说公子重耳的舅舅子犯，如同一名深谋远虑、秉持义理的老臣；写赞扬公子重耳言行的秦穆公，则是一个言辞老辣、擅长演戏的政客。寥寥几笔，以人物言语喻人，呼之欲出。

而对人物动作的细致描写，则与言语相映衬，更显得人物栩栩如生，如写公子重耳叩拜而不拜谢，是当时作为一名孝子，而并非晋国继承人的礼节，以此表现了重耳无意回国夺权的态度；而重耳哭着起身，则是说明谨守孝道，感情真挚。他所表现的这些姿态，表示了对回国夺权这一提议的婉拒，在擅长权谋、工于心计的秦穆公看来，非常得体老到，又无可指摘。于是秦穆公也顺势而为，对公子重耳的孝道行为大加赞扬。

总之，本文以仁义亲孝的道德理念为核心，围绕公子重耳与秦穆公双方的来往展开文章，以老臣子犯的言论，阐明了注重仁孝、取信于人的重要性，行文叙事符合《礼记》遵从礼仪的宗旨。

古文的智慧

百善孝为先，孝是中华民族的传统美德，一个孝字，道出了多少历史的辛酸与沧桑。古代的贤德明君都推行"仁孝治天下"，孝是我们传统道德中的重要成分。晋文公重耳能得天下，就在于他注重仁孝，在面临着重重考验时，理智拒绝了诱惑，成为重仁孝的典型。

客人善颂，主人善祷

晋献文子成室

礼记

晋献文子成室①，晋大夫发焉。张老曰②："美哉轮焉，美哉奂焉。歌于斯，哭于斯，聚国族于斯③。"

文子曰："武也，得歌于斯，哭于斯，聚国族于斯，是全要领以从先大夫于九京也④。"北面再拜稽首。君子谓之善颂、善祷。

经典注释

①文子：晋国大夫赵武，谥号献文子。②张老：晋国大夫名。张氏是姬姓的一个分支。③聚国族：指宴饮。国族，晋国的贵族。祭祀、丧礼、宴饮是古代礼制的重要活动。④全要领：免受刑罚的意思。要领：身体。要：同"腰"。领：头颈。先大夫：指文子死去的父、祖。九京：九原，在今山西新绛县北，是晋国卿大夫的墓地。

译文也很美

晋国人祝贺赵武的新居落成，晋国的大夫前往送礼祝贺。张老说："美啊，这么高大！美啊，这么金碧辉煌！可以在这儿祭祀，在这儿办丧礼，还可以在这儿宴饮宾客、聚会宗族。"

赵武说："我赵武能够在这儿祭祀，在这儿办丧礼，在这儿宴饮宾客、聚会宗族，是希望能保全性命，来追随亡祖亡父于九原啊！"说完，赵武面朝北方恭敬地跪拜了两次。君子说他们一个善于赞扬，一个善于祈祷。

本文选自《礼记》，是一篇仅有七十余字的短文，讲述晋献文子赵武终于受封大夫，能够建造新宅，光耀家门的故事。众人借乔迁新居的时机，纷纷来贺喜一事。这便是本文篇名"晋献文子成室"的起由。

全文可以分三个层次。

第一层，开头一句写明事由，交代时间、地点与人物背景：晋献文子赵武建造新宅，晋国大夫们纷纷送礼庆贺，说明了文章主角赵武的地位与权势。

第二层，是客人张老贺词与主人赵武的回应。首先看张老别出心裁的贺词。先是赞颂新屋"美轮美奂"，符合人之常情，也具有喜庆色彩。而后文一反常态，急转直下，突然在乔迁大吉的喜庆之日说起"哭于斯"这样在新屋里殡葬哭泣的不祥之事，显得惊世骇俗。张老的后半段贺词看起来超出常理，实际上每一句都是在提点赵武牢记曾经的血泪家史：赵武祖上赵衰、赵盾，都曾是晋国重臣，却遭人构陷，惨遭灭族之祸。只有赵盾之子赵朔的夫人躲进宫中，侥幸生下"赵氏孤儿"赵武，而赵武隐忍多年，终于报仇复位，受封重臣。

本文所述赵武迁新居一事，应当发生在他大仇得报后不久。所以，张老此处的祝词，用心良苦，实乃真心祝愿，也是对赵武过往血泪的提醒与规劝。因此，在文章后续部分，主人赵武将居丧哭泣的祝词转

到对赵家祖辈不幸命运的哀悼，对家族平安、自身能够善终的祝愿，又向北面行叩拜的重礼，显得庄重老到，姿态十足。

第三层即段尾，写当时的人评价这两人，客人善于赞颂，主人善于祈祷。事实正是如此，两人言论都紧密结合赵氏家史，显得超出常理又合乎情理。

本文在简要的叙述中突出了两个人物：用心良苦、心思委婉的张老和复仇后从容不迫、不忘居安思危的赵武，以言叙人，入木三分。

古文的智慧

晋献文子赵武终于受封大夫，能够建造新宅，光耀曾被灭族的家门。众人借乔迁新居的时机，纷纷来贺喜，但有一位客人张老，却借贺词提醒赵武牢记曾经的血泪家史。这与众不同的祝祷词，显然和当时的氛围格格不入，忠言逆耳，但却包含着张老的良苦用心。

成功的"忽悠"叫游说
苏秦以连横说秦

战国策

苏秦始将连横说秦惠王曰①："大王之国，西有巴、蜀、汉中之利，北有胡貉、代马之用，南有巫山、黔中之限，东有殽、函之固。田肥美，民殷富，战车万乘，奋击百万，沃野千里，蓄积饶多，地势形便，此所谓天府，天下之雄国也。以大王之贤，士民之众，车骑之用，兵法之教，可以并诸侯，吞天下，称帝而治。愿大王少留意，臣请奏其效。"

秦王曰:"寡人闻之,毛羽不丰满者不可以高飞,文章不成者不可以诛罚,道德不厚者不可以使民,政教不顺者不可以烦大臣。今先生俨然不远千里而庭教之,愿以异日。"

苏秦曰:"臣固疑大王之不能用也。昔者神农伐补遂,黄帝伐涿鹿而禽蚩尤,尧伐驩兜②,舜伐三苗③,禹伐共工④,汤伐有夏⑤,文王伐崇,武王伐纣,齐桓任战而霸天下。由此观之,恶有不战者乎?古者使车毂击驰⑥,言语相结,天下为一;约从连横,兵革不藏;文士并饬,诸侯乱惑;万端俱起,不可胜理;科条既备,民多伪态;书策稠浊,百姓不足;上下相愁,民无所聊;明言章理,兵甲愈起;辩言伟服,战攻不息;繁称文辞,天下不治;舌弊耳聋,不见成功;行义约信,天下不亲。于是乃废文任武,厚养死士,缀甲厉兵,效胜于战场。夫徒处而致利⑦,安坐而广地,虽古五帝、三王、五霸⑧,明主贤君,常欲坐而致之,其势不能,故以战续之。宽则两军相攻,迫则杖戟相撞⑨,然后可建大功。是故兵胜于外,义强于内;威立于上,民服于下。今欲并天下,凌万乘⑩,诎敌国⑪,制海内,子元元⑫,臣诸侯,非兵不可!今之嗣主⑬,忽于至道,皆惛于教⑭,乱于治,迷于言,惑于语,沉于辩,

纵横家

纵横家,据传是鬼谷子创立的学术流派,是在战国时期以从事政治外交活动为主的政治流派,《汉书·艺文志》将其列为"九流十家"之一。在春秋战国时期,"纵横家"是指一个独特的谋士群体,他们朝秦暮楚,事无定主,反复无常,多从主观的政治要求出发,谋取利益,按政治主张可以分为合纵派和连横派。其中,合纵派的主要代表是公孙衍和苏秦,连横派的主要代表是张仪。纵横家是春秋战国时期特定的国际形势的产物,其兴也快,其衰也速。在汉代建立了大一统的帝国以后,纵横家就很难再有用武之地了。

溺于辞。以此论之，王固不能行也。"

说秦王书十上而说不行。黑貂之裘弊，黄金百斤尽，资用乏绝，去秦而归。嬴縢履蹻⑮，负书担囊⑯，形容枯槁，面目黧黑⑰，状有愧色。归至家，妻不下纴⑱，嫂不为炊，父母不与言。苏秦喟叹曰："妻不以我为夫，嫂不以我为叔，父母不以我为子，是皆秦之罪也。"乃夜发书，陈箧数十，得太公《阴符》之谋⑲，伏而诵之，简练以为揣摩。读书欲睡，引锥自刺其股，血流至足。曰："安有说人主不能出其金玉锦绣、取卿相之尊者乎？"期年，揣摩成，曰："此真可以说当世之君矣！"

于是乃摩燕乌集阙，见说赵王于华屋之下，抵掌而谈。赵王大说，封为武安君，受相印，革车百乘，锦绣千纯，白璧百双，黄金万镒⑳，以随其后，约从散横，以抑强秦。故苏秦相于赵而关不通。

当此之时，天下之大，万民之众，王侯之威，谋臣之权，皆欲决于苏秦之策。不费斗粮，未烦一兵，未战一士，未绝一弦，未折一矢，诸侯相亲，贤于兄弟。夫贤人在而天下服，一人用而天下从，故曰：式于政，不式于勇；式于廊庙之内，不式于四境之外。当秦之隆，黄金万镒为用，转毂连骑，炫熿于道；山东之国，从风而服㉑，使赵大重。且夫苏秦特穷巷掘门、桑户棬枢之士耳㉒，伏轼撙衔㉓，横历天下，庭说诸侯之主，杜左右之口，天下莫之能伉㉔。

将说楚王，路过洛阳。父母闻之，清宫除道，张乐设饮㉕，郊迎三十里。妻侧目而视，倾耳而听；嫂蛇行匍伏，四拜自跪而谢。苏秦曰："嫂，何前倨而后卑也？"嫂曰："以季子位尊而多金。"苏秦曰："嗟乎！贫穷则父母不子，富贵则亲戚畏惧。人生世上，势位富厚，盖可忽乎哉！"

经典注释

①苏秦：字季子，战国时洛阳人，著名策士，纵横派代表人物。②驩兜（huān dōu）：尧的大臣，传说曾与共工一起作恶。③三苗：

古代少数民族。④共工：传为尧的大臣，与驩兜、三苗、鲧并称"四凶"。⑤有夏：夏朝末代君主桀。"有"字无义。⑥毂（gǔ）：车轮中央的圆孔，以容车轴。这里代指车乘。⑦徒处：白白地等待。⑧五霸：霸同"伯"，"五霸"即春秋五霸。⑨撞：冲刺。⑩万乘：兵车万辆，指大国。⑪诎（qū）：同"屈"，使……屈服。⑫元元：百姓。⑬嗣主：继位的君王。⑭惛（hūn）：糊涂，不明事理。⑮赢（léi）：缠绕。縢（téng）：绑腿布。⑯囊：背囊。⑰蟸（lí）：黑色。⑱纴（rèn）：纺织机。⑲阴符：兵书。⑳镒（yì）：古代计量单位，一镒二十四两。㉑山东：指崤山以东。㉒桑户：桑木为板的门。棬（quān）枢：树枝做成的门枢。㉓轼：车前横木。撙（zǔn）：节制。㉔伉：通"抗"，抵抗。㉕张：设置。

译文也很美

苏秦起先主张连横，曾经劝秦惠王说："大王您的国家，西面有巴、蜀、汉中的富饶，北面有胡貉和代地的物产，南面有巫山、黔中的屏障，东面有崤山、函谷关的坚固防线。耕田肥美，百姓富足，战车有万辆，武士有百万，在千里沃野上有多种出产，地势形胜而便利，这就是所谓天府之国，称得上天下显赫的大国啊。凭着大王的贤明，士民的众多，车骑的充足，兵法的教习，可以兼并诸侯，吞并天下，称帝而加以治理。希望大王能对此稍加留意，我请求来实现这件事。"

秦王回答说："我听说羽毛不丰满时不能高高飞翔，法令不完备时不能惩治犯人，道德不深厚时不能驱使百姓，政教不顺民心时不能烦劳大臣。现在您从远处跑来，在朝廷上开导我，我想以后再听您的教诲。"

苏秦说："我本来就怀疑大王不会接受我的意见。过去神农讨伐补遂，黄帝讨伐涿鹿、擒获蚩尤，尧讨伐驩兜，舜讨伐三苗，禹讨伐

最美古文 古文观止里的奇趣世界

共工，商汤讨伐夏桀，周文王讨伐崇国，周武王讨伐纣王，齐桓公用武力称霸天下。由此看来，哪有不用战争手段就能称霸天下的呢？古代各国使者乘车来回奔驰，通过会谈缔结盟约，使天下成为一体；后来搞起合纵连横，战争也就无可避免；文士们个个巧舌如簧，诸侯听得稀里糊涂；群议纷起，难以清理；规章制度虽已完备，人们照样欺诈作为；公文政令又多又乱，百姓难免衣食不足；君臣愁容相对，人民无所依靠；道理越是清楚明白，战乱反而层出不穷；穿着讲穿服饰的文士虽然善辩，相互攻战却难以止息；越是广泛地玩弄文辞，天下就越难以治理；说的人说得舌头都破了，听的人听得耳朵发聋，却始终不见成功；按照仁义礼信签订盟约，却不能使各国和睦友好。于是就废却文治、滥用武力，以优厚待遇蓄养勇士，备好盔甲，磨好兵器，在战场上决一胜负。想白白等待以招致利益，安然兀坐而想扩展疆土，即使是上古五帝、三王、五霸那样贤明的君主，也是不可能做到的，所以用战争来解决问题。相距远的就两支队伍相互进攻，相距近的持着刀戟相互冲刺，然后方能建立功业。因此，对外使用军队取得了胜利，对内因行仁义而强大；上面的国君有了权威，下面的人民才能驯服。现在，要想并吞天下，超越大国，使敌国屈服，制服海内，君临天下百姓，以诸侯为臣，非得发动战争不可！现在在位的国君，忽略了这个根本道理，都是教化不明，治理混乱,又被一些人的奇谈怪论所迷惑,沉溺在巧言诡辩之中。这样看来,大王您是不会采纳我的建议的。"

劝说秦王的奏折多次呈上,而苏秦的主张仍未实行,黑貂皮大衣穿破了,一百斤黄金也用完了,钱财一点不剩,只得离开秦国,返回家乡。苏秦缠着绑腿布,穿着草鞋,背着书箱,挑着行李,脸上又瘦又黑,一脸羞愧之色。回到家里,妻子不下织机,嫂子不去做饭,父母不与他说话。苏秦长叹道:"妻子不把我当丈夫,嫂子不把我当小叔,父母不把我当儿子,这都是我的过错啊!"于是半夜找书,摆开几十只书箱,找到了姜太公的兵书,埋头诵读,反复选择、熟习、研究、体会。读到昏昏欲睡时,苏秦就拿锥子刺自己的大腿,鲜血一直流到脚跟,并自言自语说:"哪有去游说国君,而不能让他拿出金玉锦绣,取得卿相之尊的人呢?"学满一年,研究成功,苏秦说:"这下真的可以去游说当代国君了!"

于是,苏秦就登上名为燕乌集的宫阙,在宫殿之下谒见并游说赵王,拍着手掌侃侃而谈。赵王大喜,封苏秦为武安君,拜受相印,以兵车一百辆、锦绣一千匹、白璧一百对、黄金一万镒跟在苏秦的后面,用来联合六国,瓦解连横,抑制强秦。所以,苏秦在赵国为相后,函谷关的交通就断绝了。

在这个时候,那么大的天下,那么多的百姓,王侯的威望,谋臣的权力,都要被苏秦的策略所决定。不花费一斗粮,不烦劳一个兵,一个战士也不作战,一根弓弦也不断绝,一支箭也不弯折,诸侯相亲,胜过兄弟。贤人在位而天下驯服,一人被用而天下合纵,所以说:应运用德政,不应凭借勇力;应用于朝廷之内,不应用于国土之外。在苏秦显赫尊荣之时,黄金万镒被他化用,随从车骑络绎不绝,一路炫耀,崤山以东各国随风折服,从而使赵国的地位大大加重。况且那个苏秦,只不过是出于穷巷、掘门、桑户、棬枢之中的贫士罢了,但他伏在车轼之上,牵着马的勒头,横行于天

千古兴亡多少事

下，在朝廷上劝说诸侯君王，堵塞左右大臣的嘴巴，天下没有人能与他匹敌。

苏秦将去游说楚王，路过洛阳。父母听到消息，收拾房屋，打扫街道，设置音乐，准备酒席，到三十里外郊野去迎接。妻子不敢正面看他，侧着耳朵听他说话；嫂子像蛇一样在地上匍匐，再三再四地跪拜谢罪。苏秦问："嫂子，过去为什么那么趾高气扬，而现在又如此卑躬屈膝呢？"嫂子回答说："因为你地位尊贵而且富有啊！"苏秦叹道："唉！贫穷的时候父母不把我当儿子，富贵的时候连亲戚也畏惧。人活在世上，权势地位和荣华富贵，难道是可以忽视的吗？"

鉴赏文心

本文选自《战国策·秦策一》。《战国策》由西汉刘向所编撰，原作者已不可考。刘向在《战国策序》中感慨战国形势："道德大废，上下失序"（道德礼乐制度被废除，上下失去了等级秩序），说明当时各诸侯国已经不只是如同春秋时期一般"礼崩乐坏"，而是彻底不受义理规训，肆意扩张，发动战争。本书即记载了如此动荡时期中，战国策士游说诸侯的政治主张和言行策略。如本文描写的苏秦，便是这么一位为名利驱使，博学善辩的典型策士。

本文以苏秦说秦受挫这一事件为发端，选取了苏秦受家人冷眼，发愤图强，进而成功游说赵王，从此位极人臣，而家人也对苏秦前倨后恭这几个典型的事件，写就一段曲折多变的人物传奇，从而展示了战国时期策士为谋求功利而好学苦读的普遍历史现实。

本文根据苏秦前后迥然不同的境遇，可分为两层。第一层写苏秦游说秦惠王对抗六国，却因言辞空泛，策略务虚被秦惠王以托词拒斥，失意回家，遭人歧视；第二层写苏秦发奋研读史书，获得赵王首肯，位极人臣，家人逢迎。这种先抑后扬的写法巧用多个层面的对比，以夸张化的叙事突出苏秦的多变人生。宏观上，先铺陈苏秦游说秦王失败后，垂头丧气的沦落形貌，后写苏秦发奋苦学，终于学有所成，以学识受拜赵国国相，金玉加身的富贵情状。两层联立，以抑写扬，显出苏秦故事的寓意深远。在具体行文的微观层面，细致描述了苏秦家人的种种行为：在苏秦沦落时，妻嫂的冷遇，父母鄙夷不屑，甚至要断绝亲情；在其显贵时，家人礼遇有加，嫂子甚至"蛇行匍伏"，妻子不敢直视苏秦。这两段描述前后照应，用词精微，栩栩如生，再与文章结尾苏秦得意忘形的感慨比照，既对当时的世态人情加以讽刺，又突出了策士求索功名的文章主旨。此外再探究苏秦前后的政治主张，并非从一而终，而是顺应时势，多次嬗变，则反映出当时策士罔顾义理、渴求功利的社会风貌。

本文开一代扬抑手法写人叙事之先，情节富有张力，人物形象突出，显示了《战国策》行文叙事铺张挥洒，人物言行富有气势的写作特点。

千古兴亡多少事

古文的智慧

纵横家苏秦多次游说秦王，都没有被重用。这时候，他身上的钱也用光了，只能灰溜溜回家。受挫的苏秦回到家，家里人对他也十分冷淡，甚至鄙夷不屑。于是，苏秦开始发奋读书，困了就用锥子刺大腿。"锥刺股"这个典故就是从他而来。终于，苏秦得到了赵王赏识，成了当时政坛的"超级巨星"。努力从来都不会晚，只要愿意付出，一定会收获成功。

伐韩与伐蜀的国策大讨论
司马错论伐蜀

战国策

司马错与张仪争论于秦惠王前。司马错欲伐蜀，张仪曰："不如伐韩。"王曰："请闻其说。"

对曰："亲魏善楚，下兵三川①，塞轘辕、缑氏之口，当屯留之道；魏绝南阳，楚临南郑，秦攻新城、宜阳，以临二周之郊，诛周主之罪②，侵楚、魏之地。周自知不救，九鼎宝器必出。据九鼎，按图籍，挟天子以令天下，天下莫敢不听，此王业也。今夫蜀，西僻之国，而戎狄之长也。弊兵劳众不足以成名；得其地不足以为利。臣闻'争名者于朝，争利者于市。'今三川、周室，天下之市朝也，而王不争焉，顾争于戎狄，去王业远矣。"

司马错曰："不然。臣闻之，欲富国者，务广其地；欲强兵者，务富其民；欲王者，务博其德，三资者备，而王随之矣。今王之地小民贫，故臣愿从事于易。夫蜀，西僻之国也，而戎狄之长也，而有桀、纣之乱③。以秦攻之，譬如使豺狼逐群羊也。取其地，足以广国也；得其财，足以富民。缮兵不伤众，而彼已服矣。故拔一国，而天下不以为暴；利尽四海④，诸侯不以为贪。是我一举而名实两附，而又有禁暴止乱之名。今攻韩劫天子，劫天子，恶名也，而未必利也，又有不义之名。而攻天下之所不欲，危！臣请谒其故：周，天下之宗室也；韩，周之与国也。周自知失九鼎，韩自知亡三川，则必将二国并力合谋，以因于齐、赵，而求解乎楚、魏。以鼎与楚，以地与魏，王不能禁。此臣所谓'危'，不如伐蜀之完也。"

惠王曰："善！寡人听子。"

卒起兵伐蜀，十月取之⑤，遂定蜀。蜀主更号为侯，而使陈庄相蜀⑥。蜀既属，秦益强富厚，轻诸侯。

经典注释

①下兵：发兵。三川：伊、洛、黄河流经的地区，此指韩国。②诛：讨伐。周主：指东周天子。③桀、纣之乱：指蜀王兄弟间的争端。④四海：疑作西海，指蜀国。⑤十月：指秦惠王后元九年十月。⑥陈庄：秦国大臣。相蜀：担任蜀相。

译文也很美

秦国大臣司马错和张仪在秦惠王面前争论。司马错想让秦国去攻打蜀国，可是张仪却反对说："不如攻打韩国。"秦惠王说："我想听听你的意见。"

张仪回答说："我们先亲近楚、魏两国，然后再出兵韩国，堵住辕辕和缑氏山的出口，挡住屯留的狐道；这样魏国和南阳之间的交通就断绝了，楚军逼近南郑，秦兵再攻打新城、宜阳，这样我们就可以兵临东西二周的城外，讨伐周天子的罪过，并且可以借机进入楚、魏两国，周天子知道自己情况紧急，就一定会交出传国之宝。我们有了传国之宝，再按照地图户籍，挟制周天子以号令诸侯，天下又有谁敢不听秦国的命令呢？这才是真正的霸王之业。至于蜀国，那是一个西方边远之地，又是蛮人的首领。我们即使兴兵攻打它，也不足以建立霸业；得到了蜀国的土地，也不能给我们带来任何利益。下臣听人说'争名的人要在朝廷，争

利的人要在市场。'如今韩国、周王室，才是天下的朝廷和市场。大王不去那里争，反而去争夺戎、狄等蛮夷之邦，这就离霸王之业太远了。"

司马错说："事情并不像张仪所说的那样，下臣听说要想使国家富强，就必须先扩张领土；要想增强军事实力，必须先使人民富足；而要想得到天下，就一定要先广施仁政。这三件事都能做到，那么很自然就可以称霸天下了。如今大王地盘小、百姓穷，所以臣希望大王先从容易的地方着手。蜀国是个地处西方的偏僻小国，而且是戎、狄之邦的首领，像夏桀、商纣统治时一样的混乱。如果让秦国去攻打蜀国，就好像让豺狼去驱逐羊群一样简单。秦国得到蜀国的土地，可以扩大版图；得到蜀国的财富，可以富足百姓。虽是用兵却不伤害一般百姓，况且又能让蜀国自动屈服。所以秦国即使灭亡了蜀国，诸侯也不会认为它暴虐；即使抢走了蜀国的一切财富珍宝，诸侯也不会认为秦国贪婪。因此，我们只要做伐蜀一件事，就可以名利双收，而且还可以得到除暴安良的美名。而今如果我们去攻打韩国，就等于是劫持天子，而劫持天子，这可是一个千夫所指的恶名，而且又未必能获得什么利益，反而会落得一个不仁不义的坏名声。干天下人都不愿做的事情，实在是一件危险的事！请允许下臣说明其中的危险：周是天下的宗主；韩国是周的盟国。周天子自己知道要失掉九鼎，韩国自己清楚要失去三川，这样两国必然精诚合作，联合齐、赵，而与楚、魏重修旧好。两国会把九鼎献给楚国，把土地割让给魏国，而这一切大王是不能制止的。这也就是下臣所说的'危险'所在。不如讨伐蜀国，这才是万全之策。"秦惠王说："的确是这样！寡人听您的。"

于是，秦国就出兵攻打蜀

> 欲富国者，务广其地；欲强兵者，务富其民；欲王者，务博其德，三资者备，而王随之矣。

国,这年十月就占领了蜀地。把蜀主的名号改为侯,并且派秦臣陈庄去做蜀的相国。蜀地既已划归秦国的版图,秦国就越发强盛富足,而且更加轻视天下诸侯。

本文选自《战国策·秦策一》,记载了秦惠王后元九年(前316)司马错与张仪针对秦国军事行动方向的一场军事论辩。此时,秦惠王想借巴蜀两国战乱之机讨伐蜀国,而恰逢韩国军队攻秦。秦相张仪主张讨伐韩国以威逼周天子,"挟天子以令天下",谋取政治威权;秦将司马错则主张讨伐蜀国,既能富国强兵,又能顾及名节。最终,秦惠王听从司马错意见,使秦国更加强盛。

全文围绕两人的论辩展开。两人辩驳的逻辑框架,都是采用先立论、后驳论的手法,突出谋略家的形象。

文章首先陈述张仪论辩:张仪作为典型的战国策士,只从名利着眼,所讲的谋略霸道激进。他建议秦国与魏楚两国交好,借机出兵攻打韩、郑两个小国,实则直逼周王,以夺取"九鼎"这一天子象征,展示自身的霸业。其次,张仪进一步驳斥讨伐蜀国的问题在于脱离战略要地,既不能挟制天子的功名,又劳师远征,损耗国力。

而接下来司马错的论述,则以秦国重臣的视角出发,既高屋建瓴,又言辞务实。这段论述首先点出谋定王业的要旨是地广物博、民富兵强、广施仁政,进而指出攻打蜀国,是因其君主暴政失德。秦军平定蜀地乱局,师出有名,最后,驳斥张仪讨伐韩国,意图逼迫周天子的谋略是急功近利,又有引发六国联合抗秦的风险。纵观司马错的谋略,既有从尊王大义出发的高远立意,之后又能以扩充国力的实际出发,结合开篇立论,指出得到蜀地,能够富国强兵的事实。这一论辩立意高远,又句句落在实际,层次递进,理据结合,从而全方位驳斥了张仪的空泛而激进的谋略。

文末略写了后续发展,即秦惠王采取司马错的建议,强盛国力,傲视六国。这一陈述从历史事态的发展,侧面印证了司马错的高瞻远瞩。

古文的智慧

张仪和司马错都是名臣,都具有常人不能及的谋略和眼光。但张仪只看到了眼前的利益,向往进取;而司马错更懂得开拓资源,先实现富强,再进攻别国。很多时候,从易到难,前期做好充足的准备,壮大自我,往往就成功了一半。

初次面试,请谨言慎行

范雎说秦王

战国策

范雎至①,秦王庭迎范雎②,敬执宾主之礼,范雎辞让。是日见范雎,见者无不变色易容者。秦王屏左右,宫中虚无人。秦王跪而进曰:"先生何以幸教寡人?"范雎曰:"唯唯。"有间,秦王复请,范雎曰:"唯唯。"若是者三。秦王跽曰:"先生不幸教寡人乎?"

范雎谢曰:"非敢然也。臣闻昔者吕尚之遇文王也③,身为渔父而钓于渭阳之滨耳。若是者,交疏也。已一说而立为太师,载与俱归者,其言深也。故文王果收功于吕尚,卒擅天下而身立为帝王。即使文王疏吕望而弗与深言,是周无天子之德,而文、武无与成其王也。今臣,羁旅之臣也,交疏于王,而所愿陈者,皆匡君臣之事,处人骨肉之间。愿以陈臣之陋忠，而未知王心也，所以王三问而不对者是也。

"臣非有所畏而不敢言也，知今日言之于前，而明日伏诛于后，然臣弗敢畏也。大王信行臣之言，死不足以为臣患，亡不足以为臣忧，漆身而为厉④，披发而为狂，不足以为臣耻。五帝之圣而死⑤，三王之仁而死⑥，五霸之贤而死⑦，乌获之力而死⑧，奔、育之勇而死⑨。死者，人之所必不免。处必然之势，可以少有补于秦，此臣之所大愿也，臣何患乎？

"伍子胥橐载而出昭关⑩，夜行而昼伏，至于菱水⑪，无以糊其口⑫，膝行蒲伏⑬，乞食于吴市，卒兴吴国，阖闾为霸。使臣得进谋如伍子胥，加之以幽囚不复见，是臣说之行也，臣何忧乎？箕子、接舆⑭，漆身而为厉，被发而为狂，无益于殷、楚。使臣得同行于箕子、接舆，可以补所贤之主，是臣之大荣也，臣又何耻乎？

"臣之所恐者，独恐臣死之后，天下见臣尽忠而身蹶也⑮，因以杜口裹足，莫肯向秦耳。足下上畏太后之严⑯，下惑奸臣之态；居深宫之中，不离保傅之手，终身暗惑，无与照奸，大者宗庙灭覆，小者身以孤危，此臣之所恐耳！若夫穷辱之事，死亡之患，臣弗敢畏也。臣死而秦治，贤于生也。"

秦王跪曰："先生是何言也！夫秦国僻远，寡人愚不肖，先生乃幸至此，此天以寡人慁先生⑰，而存先王之庙也。寡人得受命于先生，此天所以幸先王而不弃其孤也。先生奈何而言若此！事无大小，上及太后，下至大臣，愿先生悉以教寡人，无疑寡人也。"范雎再拜，秦王亦再拜。

经典注释

①范雎（jū）：楚国人，字叔。初事魏，受人诬陷，身受酷刑，后逃入秦国，深为昭王信任。后任昭王相，封应侯。②秦王：指秦昭王。③吕尚：姓姜，名望，字子牙，封于吕，故又称"吕尚"。④漆身而为厉（lài）：以漆涂身，遍体生疮，古代的一种刑法。厉，通

"癞",指中漆毒而生疮。⑤五帝:远古的五个帝王,一般是指黄帝、颛顼(zhuān xū)、帝喾(kù)、尧和舜。⑥三王:指的是夏商周三代的第一个君主,即夏禹、商汤、周文王。⑦五霸:一般指的是齐桓公、晋文公、楚庄王、秦穆公和宋襄公。⑧乌获:秦国力士名。⑨奔、育:孟奔(又作贲)和夏育,都是卫国(又说齐国)的勇士。⑩橐(tuó):口袋。⑪菠水:今溧水,源出安徽芜湖,东流入江苏境内。⑫糊:给……食物。⑬蒲伏:同"匍匐",爬行。⑭接舆:姓陆名通,是楚国的一个隐士。⑮蹵:跌倒。这里是被杀死的意思。⑯太后:指宣太后,秦昭王之母。⑰慁(hùn):打扰,扰乱。

译文也很美

范雎到了秦国,秦王在宫廷里迎接范雎,恭敬地行宾主之礼,范雎表示推辞谦让。这一天接见范雎,看到那个场面的人没有不感到惊讶失色的。秦王让身边的人退出去,宫中没有别人了。秦王跪着上前说:"先生有什么可以指教我的呢?"范雎说:"是,是。"过了一会儿,秦王再向他请教,范雎说:"是,是。"像这样前后三次,秦王挺直上身长跪着说:"先生不愿意指教我吗?"

范雎谢罪说:"不敢这样做啊。我听说,当初吕尚遇到文王的时候,他不过是个渔父在渭水北岸钓鱼罢了。像这样的话,说明他们没有什么交情。但随后一经交谈,文王就任命吕尚为太师,和他一起坐车回去,这是他们谈得很深的缘故啊。所以，文王果然依靠吕尚取得成功，终于占有天下，而且自己成为帝王。假使当初文王疏远吕尚，不和他深入交谈，那么周王室没有了称天子的德行，而文王、武王也没有了能辅助他们成就王业的人才了。如今，我是个旅居异乡的人，和大王的交情很浅。可是我希望陈述的，都是纠正君主错误的大事，而这些大事又涉及亲属骨肉之间的关系。我愿意向您陈述自己粗浅的忠言，可是我还不了解大王的心思，大王再三催问而我没作回答的原因就是这样。

"我并非因害怕而不敢说，我知道今天把话说出来，明天就可能被诛杀，然而我也并不害怕。大王真能听信并实行我的主张，死亡不足以成为我的祸殃，流亡不足以成为我的忧虑，浑身涂漆生疮，披头散发装疯，不足以成为我的耻辱。五帝那么圣明要死，三王那么仁爱要死，五伯那么贤能要死，乌获那么有力要死，孟奔、夏育那样勇敢要死。死，肯定是人无法避免的。处在难免一死的形势下，可以对秦国稍微有些益处，这就是我最大的希望了，臣子还有什么可担心的呢？

"伍子胥藏在袋子里用车子运出昭关，夜间赶路白天躲藏。到了溧水，没东西可吃，坐着走，爬着行，在吴国的市镇上讨饭，最后振兴了吴国，吴国阖闾成为霸主。假如臣子能像伍子胥那样进献计谋，就是把我禁闭起来，终生不能再见到大王，只要臣子的主张能得以实行，臣子还忧虑什么呢？箕子、接舆他们，浑身涂漆生疮，披头散发装疯，可是对殷朝、楚国并无好处。假如臣子能够跟箕子、接舆有相同的行为，能对我认为贤明的君主有所帮助，这就是臣子最大的荣耀了，臣子又有什么可耻辱的呢？

"臣子所怕的，只怕臣子死了以后，天下人看到臣子因为尽忠而被处死，从此闭上了嘴，裹住了手脚，没有人再愿到秦国罢了。大王对上怕太后的威严，对下受奸臣的伪装迷惑；身处深宫之中，离不开左右保姆的扶持，终生受到蒙蔽迷惑，没有帮助洞

千古兴亡多少事

察奸佞的人。这样的话，大则王室覆灭，小则身陷于孤立危险的境地，这才是臣子所担心的！至于那些被困受辱的事，死刑流亡的祸殃，臣子不会畏惧的。臣子死了而秦国能够治理好，这要胜过我还活在世上。"

秦王跪着说："先生，您这是什么话啊！秦国地处在偏僻而荒远的地方，寡人又愚昧无能，幸而先生来到我这儿，这是上天教寡人来劳烦先生您，以保住先王的宗庙。寡人能够接受您的教诲，这是上天降福先王并且不肯抛弃他的子孙啊！先生为什么还这么说呢？从今往后，事情无论大小，上至太后，下至群臣，希望先生您能毫无保留地教示寡人，不要再怀疑寡人了。"范雎拜谢两次，而秦王回拜两次。

鉴赏文心

本文选自《战国策·秦策三》，是一篇记叙类文章，讲述范雎见秦昭王时，试探再三，借以谋求秦王信任，然后进言游说的情景。

范雎作为一个外来的策士，要游说秦昭王处理外戚把持朝政、王权旁落这样的要害问题，可以说是"交浅言深"，风险极大。而他之所以能跳出周围人不敢进言的情势，获取秦昭王信任，与其巧立言行、环环相扣的高超游说艺术是分不开的。

范雎的论说策略，可以分为三层。首先是做足姿态，以秦王三问，范雎三不答这一逾越君臣常理的行为，做足保全自身的姿态，又烘托后续进谏的严肃气氛，使秦昭王对接下来的谏言在心态上有所重视。

其次，范雎引用周文王、吕尚君臣相和的历史典故，指出自己有意进谏，却受限于交浅言深的实际情况，再委婉点出自己进言的都是有关纠正君王偏差错误的要害问题，而这些问题往往与帝室亲族相关。既试探秦昭王的态度，又逐步逼近主题。在多加试探之后，范雎便以充实的历史援引，上溯到三皇五帝，近引伍子胥、箕子、接舆等一干忠实良臣，终于一气抒发，言说自己不惜死亡、流亡，甚至发狂也不足以称之为耻辱的拳拳忠心，进而直述宣太后与舅父魏冉一干外戚专权的弊病。其后再度反复陈述自己可能因为直言遭受的灾祸，回环往复，言辞恳切，进一步表明自己的忠义之心。

如此三重推进，由试探到诉忠心，由诉忠心到直言再反复陈明心迹，显得言辞晓畅有序，虽危言却不耸听，可见范雎擅长辞令，心思深沉的策士特质，也就难怪有后续秦昭王心悦诚服，毅然废除太后，肃清外戚，拜其为相，封其为应侯的一系列行为了。

古文的智慧

范雎不畏惧死亡和流亡的可能，对秦昭王坦诚相待；秦昭王也礼贤下士，多次跪拜，终于获得了范雎的忠心。这对君臣几进几退的试探，最终交付了彼此的真心。

范雎

范雎，著名政治家、军事谋略家，秦国丞相。范雎本是魏国中大夫须贾门客，后被须贾责难，潜入秦国。范雎见秦昭王之后，提出了"远交近攻"的策略，他主张将韩、魏作为秦国兼并的主要目标，同时应该与不接壤的齐国等保持良好关系。范雎被拜为客卿后，他提出加强王权，秦昭王遂收回宣太后的干政权，驱逐四贵，拜范雎为相。公元前262年，秦赵长平之战爆发，范雎以反间计使"纸上谈兵"的赵括代廉颇为将，使得白起大破赵军。长平之战后，范雎妒忌白起的军功，借秦昭王之命迫使白起自杀。后来，范雎失去秦昭王的宠信，不得不辞归封地，不久病死。

有效的信息管理能给你一双慧眼

邹忌讽齐王纳谏

战国策

邹忌修八尺有余①,而形貌昳丽②。朝服衣冠,窥镜,谓其妻曰:"我孰与城北徐公美?"其妻曰:"君美甚,徐公何能及君也!"城北徐公,齐国之美丽者也。忌不自信,而复问其妾曰:"吾孰与徐公美?"妾曰:"徐公何能及君也!"旦日,客从外来,与坐谈,问之:"吾与徐公孰美?"客曰:"徐公不若君之美也!"明日,徐公来,熟视之,自以为不如。窥镜而自视,又弗如远甚。暮,寝而思之,曰:"吾妻之美我者,私我也;妾之美我者,畏我也;客之美我者,欲有求于我也。"

于是入朝见威王曰:"臣诚知不如徐公美,臣之妻私臣,臣之妾畏臣,臣之客欲有求于臣,皆以美于徐公。今齐地方千里,百二十城,宫妇左右,莫不私王;朝廷之臣,莫不畏王;四境之内,莫不有求于王。由此观之,王之蔽甚矣!"王曰:"善!"乃下令:"群臣吏民,能面刺寡人之过者,受上赏;上书谏寡人者,受中赏;能谤议于市朝③,闻寡人之耳者,受下赏。"令初下,群臣进谏,门庭若市。数月之后,时时而间进④。期年之后⑤，虽欲言，无可进者。燕、赵、韩、魏闻之，皆朝于齐。此所谓战胜于朝廷。

经典注释

①邹忌：战国时齐国人，齐威王时任齐相，号成侯。②昳（yì）丽：光鲜美丽。③谤：公开指责别人的过失。④间（jiàn）：间或，断断续续的。⑤期（jī）年：满一年。

译文也很美

邹忌身高八尺以上，体形容貌潇洒俊美。他早晨穿戴好衣帽对着镜子细看，问他的妻子说："我跟城北徐公比起来谁更美？"邹忌的妻子说："您美多了，徐公怎么能比得上您呀！"城北徐公，是齐国出名的美男子。邹忌不太相信自己比徐公美，就又问他的侍妾："我跟徐公相比哪个更美？"侍妾说："徐公怎么能比得上您啊！"第二天，有位客人从外边来，邹忌和他坐着说话，又问客人说："我跟徐公相比谁更美？"客人说："徐公不如您美。"过了一天，徐公来访。邹忌仔细端详他，自以为比不上他；再照镜子看自己，更觉得差得很远。晚上，邹忌躺在床上想这件事："我妻子说我美，是偏爱我；侍妾说我美，是害怕我；客人说我美，是有求于我。"

于是邹忌上朝去见齐威王，说："我确实知道自己不如徐公美。可我的妻子偏爱我，我的侍妾害怕我，我的客人有求于我，都说我比徐公美。如今齐国的领土方圆千里，有一百二十座城池，大王的后妃和左右近臣没有一个不偏爱大王，满朝的大臣没有一个不怕大王，齐国之内没有一个人不有求于大王。由此看来，大王受到的蒙蔽是很严重的！"齐威王说："说得好。"于是下令："各大臣、官吏和百姓，能够当面指责寡人过失的，得上等奖赏；能够上书规劝寡人的，得中等奖赏；能够在公共场所批评议论而传入寡人耳朵的，得下等奖赏。"命令刚下达的时候，臣子们上朝规劝，从宫门到大殿好像集市一样。几个月以后，就只是偶尔有人上朝规劝。一年以后，即使想提意见，也没有什么可说的了。燕国、赵国、韩国和魏国听到这种情况后，都来朝见齐王，这就是所谓在朝廷里战胜了别国。

鉴赏文心

本文选自《战国策·齐策一》，记述邹忌劝谏齐威王广开言路，虚心纳谏，从而使国家兴盛，威服诸国的故事。全文以小见大，从邹忌观察身边妻、妾、来客反应出发，推论出治国的大道理，层次推进，又多用倒装、排比、层递等修辞手法，显得活灵活现，饶有趣味。

全文共分三层，第一层讲述邹忌发现妻、妾、来客都称赞自己比城北的徐公美，自己见到徐公却发现自己并不如徐公。邹忌苦思良久，终于发现妻、妾、来客出于各自的私心，才心口不一，使得自己受到蒙蔽。

第二层则笔锋一转，写邹忌上书齐威王，将自己受到蒙蔽的前因后果与齐威王的处境加以联系，运用类比论证，来劝说齐威王要善于听取意见。

第三层讲齐威王听从谏言，制定奖惩标准，得到显著的治国效果，使得齐国威名远扬，四方臣服。

灵动的布局与行文章法是本文一大特色，题名的一个"讽"字，突出邹忌劝喻的巧妙，在于能够从身边事到天下事。邹忌推论的三层"为人所求"，齐威王所受的三重蒙蔽，推进谏言时三层奖励，交相呼应，从劝谏起由到上书齐王再到劝谏生效，结构清晰，一气呵成。在具体行文中，本文叙事精当，尤其擅长层递排列，侧面叙事，文法多元：如邹忌劝谏齐威王时引述上文，从妻、妾、来客三人的"美我者"变成"美于徐公"，巧妙转化代词，使句式灵巧，参差多变；邹忌陈述齐国国情时，又能迭起排比，句式铺陈，显得理直气壮；后文讲纳谏成效，不是平铺直叙，只是写进谏的国人一

开始"门庭若市",后来虽然想进谏,却对国事无可指摘。以此反面衬托说明治国的诸端成效,齐国的清明政治进而使得诸侯都来朝见齐王。文末一句"此所谓战胜于朝廷"点题收尾,戛然而止,却意犹未尽。

本文叙事艺术层次迭起,语言精练简洁又活灵活现,是《战国策》中的名篇,历来受到名家推崇,如《古文观止》编者赞誉其"千古臣谄君蔽,兴亡关头,从闺阁小语破之,快哉",清代文学评论家金圣叹称赞本文"段段简峭",条理分明,均为对本文立意行文的综合评点。

古文的智慧

当别人赞美你时,你需要一双能辨别是非的眼睛,使你能认清自己;当别人提出不同的意见时,你需要一双愿意聆听的耳朵,使你能多些清醒的认识。一个人的见识总是有限的,很难在所有时候都面面俱到。兼听则明,偏听则暗,所以即使能力特别强的人,仍然需要听取别人的意见,全面认识,全面分析。

人才是君主最好的洞窟
冯谖客孟尝君①

战国策

齐人有冯谖者,贫乏不能自存,使人属孟尝君,愿寄食门下。孟尝君曰:"客何好?"曰:"客无好也。"曰:"客何能?"曰:"客无能也。"孟尝君笑而受之曰:"诺。"

左右以君贱之也,食以草具。居有顷,倚柱弹其剑,歌曰:"长铗归来乎②!食无鱼!"左右以告。孟尝君曰:"食之,比门下之客。"居有顷,复弹其铗,歌曰:"长铗归来乎!出无车!"左右皆笑之,以告。孟尝君曰:"为之驾,比门下之车客。"于是乘其车,揭其剑,过其友曰:"孟尝君客我。"后有顷,复弹其剑铗,歌曰:"长铗归来乎!无以为家!"左右皆恶之,以为贪而不知足。孟尝君问:"冯公有亲乎?"对曰:"有老母。"孟尝君使人给其食用,无使乏。于是冯谖不复歌。

后孟尝君出记,问门下诸客:"谁习计会③,能为文收责于薛者乎?"冯谖署曰:"能。"孟尝君怪之,曰:"此谁也?"左右曰:"乃歌夫'长铗归来'者也。"孟尝君笑曰:"客果有能也,吾负之,未尝见也。"请而见之,谢曰:"文倦于事,愦于忧,而性懧愚④,沉于国家之事,开罪于先生。先生不羞,乃有意欲为收责于薛乎?"冯谖曰:"愿之。"于是约车治装,载券契而行,辞曰:"责毕收,以何市而反?"孟尝君曰:"视吾家所寡有者。"

驱而之薛,使吏召诸民当偿者,悉来合券。券遍合,起矫命以责赐诸民,因烧其券。民称万岁。

长驱到齐,晨而求见。孟尝君怪其疾也,衣冠而见之,曰:"责毕收乎?来何疾也?"曰:"收毕矣。""以何市而反?"冯谖曰:"君云'视吾家所寡有者'。臣窃计,君宫中积珍宝,狗马实外厩,美人充下陈。君家所寡有者以义耳,窃以为君市义。"孟尝君曰:"市义奈何?"曰:"今君有区区之薛,不拊爱子其民,因而贾利之⑤。臣窃矫君命,以责赐诸民,因烧其券,民称万岁。乃臣所以为君市义也。"孟尝君不说,曰:"诺,先生休矣!"

后期年,齐王谓孟尝君曰:"寡人不敢以先王之臣为臣。"孟尝君就国于薛。未至百里,民扶老携幼,迎君道中,终日。孟尝君顾谓冯谖:"先生所为文市义者,乃今日见之。"

冯谖曰:"狡兔有三窟,仅得免其死耳。今有一窟,未得高枕而卧也，请为君复凿二窟。"孟尝君予车五十乘，金五百斤，西游于梁⑥。谓梁王曰："齐放其大臣孟尝君于诸侯，先迎之者，富而兵强。"于是，梁王虚上位，以故相为上将军，遣使者、黄金千斤、车百乘，往聘孟尝君。冯谖先驱诫孟尝君曰："千金，重币也；百乘，显使也。齐其闻之矣。"梁使三反，孟尝君固辞不往也。

齐王闻之，君臣恐惧，遣太傅赍黄金千斤⑦，文车二驷⑧、服剑一，封书谢孟尝君曰："寡人不祥，被于宗庙之祟⑨，沉于谄谀之臣，开罪于君。寡人不足为也，愿君顾先王之宗庙，姑反国统万人乎！"冯谖诫孟尝君曰："愿请先王之祭器，立宗庙于薛⑩。"庙成，还报孟尝君曰："三窟已就，君姑高枕为乐矣！"

孟尝君为相数十年，无纤介之祸者，冯谖之计也。

经典注释

①冯谖（xuān）：孟尝君的门客。②长铗（jiá）：铗，剑把，这里指剑。③计会（kuài）：管理和计算财务的工作。④怊（nuò）：同"懦"，懦弱。⑤贾（gǔ）利：用商贾的方式求取利益。⑥梁：魏国，因梁惠王都大梁（今河南开封），故自梁惠王后魏国亦称"梁"。⑦太傅：官名，国君的辅弼大臣。赍（jī）：送东西给人。⑧文车：绘有花纹的车。⑨祟（suì）：灾祸。⑩立宗庙于薛：在孟尝君的封地薛地建立齐国先王的宗庙。这样齐王就不能攻打薛地，而他国来攻打薛地时齐王也不能不出兵救助。

译文也很美

齐国有个叫冯谖的人，穷得不能养活自己了，他托人请求孟尝君，表示愿意到孟尝君门下做食客。孟尝君说："你有什么爱好？"冯谖回答说："没有什么爱好。"孟尝君又问："你有什么才能？"冯谖回答

说："没有什么才能。"孟尝君笑着收下了他，说："好吧。"

身边的人认为主人看不起冯谖，就供给他粗劣的食物。住了一段时间，冯谖靠着柱子弹他的剑，唱道："长剑啊，咱们还是回去吧！吃饭没有鱼！"左右的人把这事告诉孟尝君。孟尝君说："给他鱼吃，和吃鱼的门客同等对待。"住了不久，冯谖又弹他的剑，唱道："长剑啊，咱们还是回去吧！出门没有车！"左右的人都取笑冯谖，并把这件事告诉孟尝君。孟尝君说："给他配备车子，和乘车的门客同等对待。"于是，冯谖坐着车，拿着他的剑，去拜访他的朋友，说："孟尝君把我当作客人了。"此后过了一段时间，冯谖又弹着他的剑，唱道："长剑啊，咱们还是回去吧！没有钱养家！"左右的人都讨厌冯谖，认为他贪心不知满足。孟尝君问道："冯公有父母吗？"回答说："有个老母亲。"孟尝君派人供给她吃的和用的东西，不让她有什么短缺。于是，冯谖不再唱歌发牢骚了。

后来孟尝君张贴了一个通告，征询家里养的众门客："哪一位熟悉会计工作，能为我到薛邑去收债？"冯谖签上名字说："我能。"孟尝君觉得奇怪，问："这位是谁？"左右的人说："就是唱'长剑啊，咱们还是回去吧'的那个人啊。"孟尝君笑着说："这位客人果然是有才干的。我对不起他了，一直都没有见过他。"孟尝君请冯谖相见，向冯谖道歉说："我被琐事弄得精疲力竭，由于忧虑而头脑昏乱，生性又懦弱蠢笨，陷在国家的事务中，因此得罪了先生。先生不认为是羞辱，竟有意要为我到薛邑去收债吗？"冯谖说："愿意。"于是，套好车马，整理行装，带上债券契约启程了。告辞的时候，冯谖问："收完债，买些什么东西回来呢？"孟尝君说："看我家缺少什么就买什么吧。"

冯谖赶着马车到薛邑，叫官吏把该还债的人都召集起来验对债券。凭证全部验对过后，冯谖站起来，假传孟尝君的命令把欠的债赏赐给百姓，并把他们的债券都烧了，百姓们欢呼万岁。

冯谖驱车一路赶回齐国，大清早就求见孟尝君。孟尝君奇怪他这么快就回来了，穿戴整齐地接见他，问："债收完了吗？怎么回来得这么快？"冯谖说："收完了。""买些什么回来了？"冯谖说："您说'看我家缺少什么就买什么'。我私下考虑，您宫中堆满财宝，牲口圈里挤满了狗马，阶下站满美女。您家里缺少的就是仁义。我私下为您买了仁义。"孟尝君说："买仁义是怎么回事？"冯谖说："现在您有了小小的薛邑，不把那里的百姓当子女般抚爱，相反还要用商人的手段向他们取利。我已私自假托您的命令，把债赏赐给百姓，并把债券都烧了，乡民都喊万岁。这就是我为您买仁义的做法。"孟尝君心里很不高兴，说："好了，就这样算了吧！"

过了一年，齐王对孟尝君说："寡人不敢把先王的臣当作自己的臣。"言下之意是驱逐孟尝君，孟尝君只好到自己的封地薛邑去。距离薛邑还有一百里，老百姓就扶老携幼，在半路上迎接孟尝君整整一天。孟尝君回头对冯谖说："先生给我买的仁义，我今天才看到。"

冯谖说："狡兔有三个洞窟，仅仅可逃脱一死。现在您只有一个洞窟，还不能高枕无忧地躺着，请允许我为您再挖掘其他两个洞窟。"孟尝君给他五十辆车，五百斤黄金，冯谖向西到梁国去游说。对梁惠王说："齐王把他的大臣孟尝君放逐，能够最先迎接到孟尝君的国家就能国富而兵强。"于是，梁王空出相位，把原来的相国调任为上将军，又派遣使者带着黄金千斤、车子百辆，去聘请孟尝君。冯谖先驱车回薛邑，告诉孟尝君说："千斤黄金，是隆重的聘礼；出动百辆车子，是显赫的使节。齐国应该听说这件事了。"梁国的使者往返请了三次，孟尝君坚决辞谢不去。

齐王听到这些情况，君臣上下都很恐慌，于是派遣太傅送去黄金千斤，彩饰的车子两驷，佩剑一把，写了一封信向孟尝君表示歉意，说："寡人是个不祥的人，遭受祖宗降下的灾祸，被谄媚奉承之臣所蒙

蔽，得罪了您！寡人是不值得您来辅助的，但希望您看在先王宗庙的分上，暂且回到朝廷，治理万民！"冯谖告诫孟尝君说："希望求得祭祀先王的礼器，在薛邑建立宗庙。"宗庙建成后，冯谖回去向孟尝君报告说："您的三窟已经造好了，您可以高枕无忧地过快乐的日子了。"

孟尝君此后做了几十年相国，没有遭到一点点灾祸，全靠冯谖的计谋啊。

本文选自《战国策·齐策四》，历史背景为战国时期各国贵族阶层广泛搜罗人才，培育亲信的风气盛行。当时有四位贵族公子，以养士闻名，如本文所记述的齐国孟尝君，便是其中之一。本文介绍了孟尝君座下门客冯谖如何在孟尝君处获得地位，又如何施展智计，帮助孟尝君得到民心，重获相位，迁移宗庙，巩固其政治地位的过程，由此展现了孟尝君的好客之道，更突出了冯谖高瞻远瞩、足智多谋的人物特点。

本文叙事时间跨度长，人物关系错杂交织，却能写得多而不乱，情节抑扬顿挫，引人入胜，全在层递联动，前后呼应的叙事手段。如本文第一层写冯谖如何"弹剑高歌"，摆足姿态谋求地位；左右门客从"都笑话他"到"都厌恶他"的态度转变；孟尝君从看笑话的态度到给冯谖衣食等。这些叙述依据时间进展，将冯谖地位依次上升，门客对其日渐厌恶，孟尝君则对冯谖待遇宽厚的三方事态，交代得有条不紊。

第二层次则以冯谖定下计策，使孟尝君"高枕而卧"为目的这一轴线展开叙事。本部分开篇即骤起波澜，先讲冯谖毛遂自荐，去薛地收债却免除债务，使得人民对孟尝君感恩戴德。孟尝君虽然不悦，却也未作惩罚。而待到孟尝君失势，在薛地名望高涨时，才反衬出冯谖作为的效用，此为前后对比，以彰显戏剧效果。而后冯谖和盘托出"狡兔三窟"的策略，以人民拥戴的名望，大做舆论宣传，使齐王震惊恐惧，孟尝君复归相位，又进而向齐王请来礼器，谋求政治正当性。从而在文章最后有孟尝君高枕无忧，冯谖大计得定这样的喜剧化的结局。

本文多用先抑后扬，对比侧描的手法来突出人物形象。如写冯谖由无能贪婪到似乎有能，在薛地故作奇行，埋下伏笔。而后文自孟尝君失势开始，到冯谖几次定计施行，则一转铺陈曲折的叙事，行文爽快直叙，前后对照，凸显出其深谋远虑的智士形象。此外，写孟尝君对冯谖态度从轻蔑到郑重相待，写齐王对孟尝君的前倨后恭，无不从侧面烘托出冯谖的智略高妙，才干过人。

古文的智慧

千里马常有，而伯乐不常有，冯谖是千里马，他的伯乐就是孟尝君。孟尝君真心对待冯谖，满足他的种种要求，后来在孟尝君遇到危难时，冯谖也回报了孟尝君，帮助他再次登上相位。真心相待的朋友，往往不计较付出，也不求回报。

说文布道
战国四公子

战国四公子，指战国时齐国孟尝君田文、赵国平原君赵胜、魏国信陵君魏无忌、楚国春申君黄歇。他们作为战国时期齐、赵、魏、楚的执政者，礼贤下士，招揽数千名贤士门客，为自己的国家做出诸多贡献。魏国的信陵君魏无忌，为人仁厚并礼贤下士，他曾设计偷窃兵符假托皇命救助赵国，在历史上留下了一段"信陵君窃符救赵"的英雄佳话；赵国的平原君赵胜，因贤能而闻名，他倾其家有，犒赏食客，得敢死之士三千人，击退秦兵三十里，为邯郸围解；楚国的春申君黄歇，以辩才扬名，楚国太子完作为人质到秦国，被扣留了下来，春申君以命相抵，设计将太子救回楚国。

最美古文 古文观止里的奇趣世界

让忠言更顺耳
触龙说赵太后

战国策

赵太后新用事①，秦急攻之。赵氏求救于齐。齐曰："必以长安君为质②，兵乃出。"太后不肯，大臣强谏。太后明谓左右："有复言令长安君为质者，老妇必唾其面！"

左师触龙言愿见③。太后盛气而揖之④。入而徐趋⑤，至而自谢，曰："老臣病足，曾不能疾走⑥，不得见久矣，窃自恕。恐太后玉体之有所郄也⑦，故愿望见⑧。"太后曰："老妇恃辇而行。"曰："日食饮得无衰乎？"曰："恃粥耳。"曰："老臣今者殊不欲食，乃自强步，日三四里，少益嗜食⑨，和于身。"曰："老妇不能。"太后之色少解。

左师公曰："老臣贱息舒祺⑩，最少，不肖。而臣衰，窃爱怜之。愿令补黑衣之数，以卫王宫，没死以闻。"太后曰："敬诺。年几何矣？"对曰："十五岁矣。虽少，愿及未填沟壑而托之。"太后曰："丈夫亦爱怜其少子乎⑪？"对曰："甚于妇人。"太后曰："妇人异甚。"对曰："老臣窃以为媪之爱燕后贤于长安君⑫。"曰："君过矣，不若长安君之甚。"左师公曰："父母之爱子，则为之计深远。媪之送燕后也，持其踵为之泣，念悲其远也，亦哀之矣。已行，非弗思也，祭祀必祝之，祝曰：'必勿使反。'岂非计久长，有子孙相继为王也哉？"太后曰："然。"

左师公曰："今三世以前，至于赵之为赵⑬，赵王之子孙侯者，其继有在者乎？"曰："无有。"曰："微独赵，诸侯有在者乎？"曰："老妇不闻也。""此其近者祸及身⑭，远者及其子孙。岂人主之子孙则必不善哉？位尊而无功，奉厚而无劳，而挟重器多也。今媪尊长安之位，而封之以膏腴之地，多予之重器，而不及今令有功于国。一旦山陵崩,长安君何以自托于赵?老臣以媪为长安君计短也,故以为其爱不若燕后。"太后曰:"诺。恣君之所使之。"于是为长安君约车百乘质于齐,齐兵乃出。

子义闻之曰:"人主之子也,骨肉之亲也,犹不能恃无功之尊,无劳之奉,以守金玉之重也,而况人臣乎!"

经典注释

①用事:指执政掌权。②长安君:赵太后幼子的封号。③左师:官名,春秋战国时宋、赵等有左师、右师的官职,为掌实权的执政官。触龙:人名,赵国大臣。④揖:当作"胥",等待的意思。⑤徐趋:古代臣见君时应当快步往前走,但触龙因为脚病,走不快,只能徐趋。趋:小碎步疾走,古时见到尊长的一种表示。⑥曾(céng):竟然。⑦郄(xì):同"隙",本义为空隙,这里引申为有毛病。⑧望见:这是一种谦恭的说法,意即不敢走到近前,只能远远地观望。⑨耆:通"嗜",喜欢。⑩贱息:对自己儿子的谦称。舒祺:触龙儿子的名字。⑪丈夫:古时男子的通称。⑫媪(ǎo):对老年妇女的尊称。燕后:赵太后的女儿,嫁给燕王为妻。⑬赵之为赵:前"赵"指赵氏,原是春秋时晋国的一大贵族,公元前376年,赵氏与韩魏二氏三分晋地,各自立国。⑭近者:指"诸侯之子孙侯者"当中距离灾祸近的。

译文也很美

赵太后刚刚执掌国政,秦国就猛烈进攻赵国。赵国向齐国求救,齐国表示:"一定要用长安君做人质,才会出兵。"赵太后不愿意,大臣们极力劝说。赵太后明确地告诉身边的那些人:"再有人说让长安君去做人质的,我一定往他的脸上吐唾沫!"

左师触龙希望拜见赵太后，太后怒气冲冲地等着他。触龙进门后，慢慢地碎步前进，到了太后面前就请罪说："老臣得了脚病，连快跑都不行了，很久没能见到太后，只得私下里原谅自己。可是又担心太后的身体有什么不适，所以希望见见太后。"太后说："我靠辇车走动。"左师问："每天的饮食该不会有减少吧？"回答说："只能吃点粥罢了。"左师说："老臣近来很不想吃东西，于是自己就勉强散散步，每天走三四里路，渐渐地喜欢吃点东西，对身体也有所调剂。"太后说："我可做不到。"这些闲谈让太后的脸色稍微和缓了一些。

左师公说："老臣的劣子舒祺，年纪最小，也不成材。可是老臣老了，很疼爱他。希望能让他到王宫卫队里凑个数，来守卫王宫，我冒着死罪请求您。"太后说："可以。他多大了？"左师公回答说："十五岁了。虽然还小，但我希望在我还没死的时候把他托付给您。"太后说："男人也如此疼爱自己的小儿子吗？"左师公回答说："比妇人还要厉害呢。"太后说："还是妇人疼爱得特别厉害吧。"左师公说："老臣私下认为您疼爱燕后胜过疼爱长安君。"太后说："您错了，不如疼爱长安君那么厉害。"左师公说："父母疼爱儿女，总是替他们考虑得更长远。您送别燕后的时候，把着她的脚后跟为她掉眼泪，为她的远嫁惦念、伤心，实在是够悲伤的了。她走以后，您并不是不想念

她,每逢祭祀都要为她祈祷,祷告说'一定别让她回来。'难道不是为长远考虑,希望她子子孙孙世代相承做燕国的国君吗?"太后说:"是这样的。"

左师公说:"从现在上数三代,一直上推到赵国成为一个国家的时候,赵国国君的子孙封侯的,他们的后代还有继承爵位的人在吗?"太后回答说:"没有了。"左师公又说:"不只我们赵国,其他诸侯国被封的子孙还有在的吗?"太后回答说:"我没有听说过。"左师公说:"这大概就是祸患来得早就降临到自己身上,祸患来得晚就降临到子孙的身上,难道国君的子孙就一定都不好吗?只是因为他们地位高贵却没有什么功勋,俸禄丰厚却没有什么业绩,而且还拥有大量的贵重器物。现在您老人家使得长安君的地位很尊贵,并且封给他肥沃的土地,又给他大量的贵重器物,却不让他趁早为国家建立功勋。有朝一日您百年而去,长安君凭借什么在赵国安身立足呢?老臣认为您老人家替长安君考虑得太短浅了。所以,我认为您对他的疼爱不如燕后。"太后说:"好吧,就听凭您去指使他吧。"于是给长安君配备了一百乘车,到齐国去做人质,齐国的军队这才出动。

子义听说后,说:"天子的儿子,骨肉之亲,尚且不能没立功就拥有尊贵地位,没付出就得到回报,而拥有贵重的器物,更何况普通人呢?"

千古兴亡多少事

鉴赏文心

本文选自《战国策·赵策四》,记载赵孝成王元年(前265),秦国趁赵惠文王去世,新王年幼,发兵突袭赵国,使赵国陷入危机。老臣触龙以委婉曲折的劝谏手法,劝说溺爱幼子的赵太后派幼子长安君到齐国做人质,取得援军救援赵国的故事。

本文开头便波澜迭起,极力描写赵太后宠溺幼子,不愿派其去齐国做人

质换取救兵，甚至到了自称老妇，对劝说者"必唾其面"的地步。而触龙面对这样剑拔弩张的情境，要劝说一个溺爱幼子，以致有些神经质的固执老太婆，可以说是极为困难的。然而，纵观下文里触龙劝说赵太后的过程，并未正面提一句让长安君为人质，却让赵太后心悦诚服，主动提出任凭触龙安排长安君。最终两人达成共识，皆大欢喜的结局，是由于触龙的说辞平易共情，切入视角巧妙；而更重要的是触龙秉持的"使幼子于国有功，才是真正的爱子行为"这一观点具有信服力。

首先，触龙从关心太后着手，为引出主题制造氛围。他动作轻微迟缓，言语陈述自己老病，如同迟缓老年，以此营造与太后作为老人的相似情境。果然两人一番对话，全在日常饮食起居，营造共鸣，从而缓解了太后的戒备心理。触龙便由此旁敲侧击，借相托幼子一事，共事共情，引入子女教育的关键话题，更巧妙地利用太后溺爱幼子的心理，抛出"太后更爱女儿燕后"

这样的冲突性观点，引发太后反驳。触龙趁势进击，连续以赵国乃至诸侯国功业难以三代承继的历史事实设问，将太后处于被完全说服者的立场，终于直述利害，指出长安君若想立足赵国，必须有功于国。而这一番言辞，依然是建立在从长安君利益出发的共情立场上的。这一系列事例层次递进，如同春风化雨，看似言说他物，其实是"明修栈道，暗度陈仓"的手法，展现了触龙擅长揣摩人意的才智。

本文叙事行文技巧独到，文风细腻活泼，擅长以人物行为摹写其特征。而文中两人对子女教育问题的讨论，和由此衍生的"父母爱子女，要为他（她）深远考虑"的睿智观念，时至今日，依然具有借鉴意义。

古文的智慧

父母之爱子，则为之计深远。宠爱孩子，就要为孩子的未来考虑，希望孩子一生幸福顺心，健康快乐。所以，教育孩子的时候，就要让他遵守规则，尊重别人，讲文明礼貌，才能获得他人的尊重；教育孩子诚实守信，才能得到别人的信任。而不是一味宠爱，让孩子养成以自我为中心的不良习惯，从而饱受挫折。

一个人挽救一座城

鲁仲连义不帝秦

战国策

秦围赵之邯郸。魏安釐王使将军晋鄙救赵①。畏秦，止于荡阴，不进。

魏王使客将军辛垣衍间入邯郸，因平原君谓赵王曰："秦所以急围赵者，前与齐闵王争强为帝，已而复归帝，以齐故。今齐闵王益弱。方今唯秦雄天下，此非必贪邯郸，其意欲求为帝。赵诚发使尊秦昭王为帝，秦必喜，罢兵去。"平原君犹豫未有所决。

此时鲁仲连适游赵，会秦围赵，闻魏将欲令赵尊秦为帝，乃见平原君曰："事将奈何矣？"平原君曰："胜也何敢言事？百万之众折于外，今又内围邯郸而不去。魏王使客将军辛垣衍令赵帝秦，今其人在是，胜也何敢言事？"鲁连曰："始吾以君为天下之贤公子也，吾乃今然后知君非天下之贤公子也。梁客辛垣衍安在？吾请为君责而归之。"平原君曰："胜请为召而见之于先生。"

平原君遂见辛垣衍曰："东国有鲁连先生，其人在此，胜请为绍介而见之于将军。"辛垣衍曰："吾闻鲁连先生，齐国之高士也。衍，人臣也，使事有职。吾不愿见鲁连先生也。"平原君曰："胜已泄之矣。"辛垣衍许诺。

鲁连见辛垣衍而无言。辛垣衍曰："吾视居此围城之中者，皆有求于平原君者也。今吾视先生之玉貌，非有求于平原君者，曷为久居此围城之中而不去也？"鲁连曰："世以鲍焦无从容而死者②，皆非也，今众人不知，则为一身。彼秦，弃礼义、上首功之国也，权使其士，虏使其民。彼则肆然而为帝，过而遂正于天下，则连有赴东海而死耳，吾不忍为之民也！所为见将军者，欲以助赵也。"辛垣衍曰："先生助之奈何？"鲁连曰："吾将使梁及燕助之，齐、楚固助之矣。"辛垣衍曰："燕则吾请以从矣。若乃梁，则吾乃梁人也，先生恶能使梁助之耶？"鲁连曰："梁未睹秦称帝之害故也！使梁睹秦称帝之害，则必助赵矣。"辛垣衍曰："秦称帝之害将奈何？"鲁仲连曰："昔齐威王尝为仁义矣，率天下诸侯而朝周。周贫且微，诸侯莫朝，而齐独朝之。居岁余，周烈王崩，诸侯皆吊，齐后往。周怒，赴于齐曰：'天崩地坼，天子下席。东藩之臣田婴齐后至，则斮之。'威王勃然怒曰：'叱嗟！而母婢也！'卒为天下笑。故生则朝周，死则叱之，诚不忍其求也。彼天子固然，其无足怪。"

辛垣衍曰："先生独未见夫仆乎？十人而从一人者，宁力不胜，智不若邪？畏之也！"鲁仲连曰："然，梁之比于秦若仆邪？"辛垣衍曰："然。"鲁仲连曰："然则吾将使秦王烹醢梁王。"辛垣衍怏然不说，曰："嘻！亦太甚矣，先生之言也！先生又恶能使秦王烹醢梁王？"鲁仲连曰："固也，待吾言之。昔者，鬼侯、鄂侯、文王，纣之三公也。鬼侯有子而好，故入之于纣，纣以为恶，醢鬼侯。鄂侯争之急，辩之疾，故脯鄂侯。文王闻之，喟然而叹，故拘之于牖里之库百日③，而欲令之死。曷为与人俱称帝王，卒就脯醢之地也？

"齐闵王将之鲁，夷维子执策而从，谓鲁人曰：'子将何以待吾君？'鲁人曰：'吾将以十太牢待子之君。'夷维子曰：'子安取礼而来待吾君？彼吾君者，天子也。天子巡狩，诸侯避舍，纳筦键，摄衽抱几，视膳于堂下。天子已食，而听退朝也。'鲁人投其籥，不果纳，不得入于鲁。将之薛，假涂于邹。当是时，邹君死，闵王欲入吊，夷维子谓邹之孤曰：'天子吊，主人必将倍殡柩，设北面于南方，然后天子南面吊也。'邹之群臣曰：'必若此，吾将伏剑而死。'故不敢入于邹。邹、鲁之臣，生则不得事养，死则不得饭含。然且欲行天子之礼于邹、鲁之臣，不果纳。今秦万乘之国，梁亦万乘之国，俱据万乘之国，交有称王之名。睹其一战而胜，欲从而帝之，是使三晋之大臣不如邹④、鲁之仆妾也。

"且秦无已而帝，则且变易诸侯之大臣；彼将夺其所谓不肖，而予其所谓贤；夺其所憎，而与其所爱；彼又将使其子女谗妾为诸侯妃姬，处梁之宫，梁王安得晏然而已乎？而将军又何以得故宠乎？"

于是，辛垣衍起，再拜谢曰："始以先生为庸人，吾乃今日而知，先生为天下之士也！吾请去，不敢复言帝秦。"

秦将闻之，为却军五十里。适会公子无忌夺晋鄙军以救赵击秦，秦军引而去。

于是平原君欲封鲁仲连。鲁仲连辞让者三，终不肯受。平原君乃置酒，酒酣，起，前，以千金为鲁连寿。鲁连笑曰："所贵于天下之士者，为人排患、释难、解纷乱而无所取也。即有所取者，是商贾之人也，仲连不忍为也。"遂辞平原君而去，终身不复见。

经典注释

①安釐(lí)王：战国时期魏国的第六任国君，魏昭王的儿子。②鲍焦：周时隐士，廉洁自守，以砍柴、拾橡子为生，不臣天子，不交诸侯，子贡讥之，抱木而死。③牖(yǒu)里：地名，在今河南汤阴北。④三晋：指韩、赵、魏三个诸侯国。春秋末年，韩、赵、魏三家分晋，故称"三晋"。

译文也很美

秦国围困赵国的都城邯郸。魏安釐王派大将军晋鄙率领军队援救赵国。但晋鄙畏惧秦军，把军队驻扎在荡阴，不向前推进。

魏王又派客将军辛垣衍秘密潜入邯郸城，通过平原君对赵王进谏说："秦国之所以加紧围攻邯郸，就是因为先前秦王与齐闵王互相争强称帝，不久又取消了帝号，就是因为齐国的缘故。如今，齐国日渐衰弱，只有秦国能在诸侯之中称雄争霸，所以，秦围邯郸，并不是为了贪图邯郸之地，而是要称帝。如果赵国真能派遣使者尊崇秦昭王为帝，秦国肯定会很高兴，这样秦兵自然就会退兵。"平原君一直很犹豫，没能做出决定。

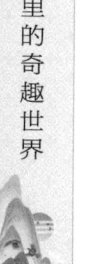

这个时候，鲁仲连恰巧来到了赵国，正碰上秦军围攻邯郸。他听说魏国想要让赵国尊崇秦王为帝，就去拜见平原君说："事情将要如何处理呢？"平原君回答说："我赵胜现在还哪敢谈战事呢？赵国的百万大军战败于长平，现在秦军围困邯郸，而没有什么办法使他们撤军。魏王派客将军辛垣衍叫赵国尊秦王为帝，现在辛将军就在这里，我还敢说什么呢？"鲁仲连说："开始我还一直以为您是诸侯国中贤明的贵公子，直到今天，我才知道您并不贤明。魏国来的那位叫辛垣衍的客人在哪里？请让我为您当面去斥责他，并让他回到魏国去。"平原君说："那我就把他叫来跟先生见见面吧。"

平原君于是就会见辛垣衍，对他说："齐国有位叫鲁仲连的先生，他现在就在这里，请允许我把他介绍给您，让他来跟您见见面。"辛垣衍说："我早已听说过鲁仲连先生，是齐国的高尚贤明之士。而我辛垣衍是魏王的臣子，此次出使是担负着重要职责的。我不愿去见鲁仲连先生。"平原君说："我已经把您在这里的消息告诉他了。"辛垣衍不得已，只得答应去见鲁仲连。

鲁仲连见到辛垣衍之后，没有开口说话。辛垣衍说："我看到居住在这个被围困的都城中的人，都对平原君有所需求。现在我见到先生的仪容相貌，不像是有求于平原君的人，那为什么还留在这个被围困的都城之中而不肯离开呢？"鲁仲连说："世上那些认为鲍焦是因为心胸狭窄而死去的人，都是错误的，现在一般人不了解鲍焦的死因，都认为他是为了自身利益而死的。秦国是一个抛弃了仁义礼制而崇尚杀敌斩首之功的国家。秦国君主用权术驾驭臣子，像对待奴隶一样使唤它的百姓。如果让秦国肆无忌惮地称帝，然后再进一步任其号令天下，那么我鲁仲连只有跳东海自杀了，我不能容忍做秦国的百姓！我之所以要见将军，只是想借此来帮助赵国啊。"辛垣衍说："先生您打算用什么来帮助赵国呢？"鲁仲连说："我将使魏国和燕国发兵救赵，而齐国、楚国本来就会帮助赵国。"辛垣衍说："燕国么，我认为它会听从您的。至于魏国，我就是魏国人，先生又怎么能使魏国帮助赵国呢？"鲁仲连回答："那是因为魏国还没有认清秦国称帝的危害的缘故！如果让魏国知道秦国称帝的危害，那么它一定会帮助赵国的。"辛垣衍又问道："秦国称帝到底能有什么危害呢？"鲁仲连说："当初，齐威王曾施行仁义，率领各诸侯国去朝见周天子。当时的周王室又贫穷，又衰弱，诸侯都不去朝见，而只有齐国朝见他。过了一年多，周烈王驾崩，诸侯国都去吊丧，齐国去晚了。周王室很愤怒，在给齐国的讣告里说：'天子驾崩，如同天崩地裂，新天子都睡在毡席上，亲自守丧。而东方藩国的臣子田婴所属的齐国竟敢迟到，所以就该斩了他。'齐威王听后勃然大怒，大骂道：'呸！你母亲也不过是个奴婢罢了。'结果竟成了天下的笑柄。齐威王之所以在周天子活着的时候去朝拜他，死后却辱骂他，确实是因为忍受不了周室过分的要求。然

千古兴亡多少事

而做天子的，本来就如此，这并没有什么好奇怪的。"

辛垣衍说："先生您难道没有见过奴仆吗？十个仆人跟随一个主子，难道是因为他们的力气没有主人大，智慧不如主人强吗？只是由于惧怕主人罢了！"鲁仲连问："这样说来，魏国和秦国的关系就像是奴仆与主人的关系了？"辛垣衍回答："是这样的。"鲁仲连问："既然如此，那么我就让秦王把魏王煮了剁成肉酱。"辛垣衍很不服气地说："咳！先生您的话也说得太过分了吧！您又怎么能使秦王把魏王煮了剁成肉酱呢？"鲁仲连说："当然可以了，等我讲给您听。从前，鬼侯、鄂侯和周文王三个人，是商纣王所封的三个诸侯。鬼侯有个女儿长得很漂亮，所以就把她进献给纣王，纣王却认为她丑陋，就把鬼侯剁成了肉酱。鄂侯极力为鬼侯争辩，所以纣王就把他制成了肉干。文王听说了这件事，长声叹息，于是，纣王就把文王关在牖里的监狱中，囚禁了一百天，想要把他置于死地。为什么同别人一样称王称帝，最后却落到被人制成肉酱、肉干的下场呢？

"齐闵王准备到鲁国去，夷维子驾车跟从，他对鲁国人说：'您打算用什么样的礼节来接待我的国君呢？'鲁国人回答：'我们将用十太牢的礼节来款待贵国的国君。'夷维子说：'您怎么能用这样的礼节来接待我们的国君呢？我们的国君是天子。天子巡视四方，各诸侯都要离开自己的宫室去别的地方避居，还要把掌管的钥匙交给国君，自己提起衣襟，捧着几案，在堂下小心侍候天子吃饭。等天子吃完了饭，诸侯才能告退去处理政务。'鲁国人一听这番话，立刻锁上了城门，没有让他们进城，齐闵王不能进入鲁国，就准备到薛地去，打算向邹国借路。恰巧在这个时候，邹国国君死了，齐闵王想入城吊丧，夷维子就对已故的邹君的儿子说：'天子来吊丧，主人一定要把灵柩移到相反的方向，在南边设立朝北的灵堂，然后让天子向南面祭吊。'邹国的大臣们说：'如果真要这么办，我们宁可自杀而死。'所以，齐闵王就不敢进入邹国。鲁国和邹国的臣子，当他们的国君活着的时候，不能供养侍奉，死后又得不到很好的安葬。然而当齐闵王让他们对自己行天子之礼时，他们也都不能接受。如今，秦国是拥有万辆兵车的大国，魏国也是拥有万辆兵车的大国，相互都有称王的资本，仅仅看到秦国打了一次胜仗，就要尊其称帝，这样看来，就是让赵、韩、魏三国的大臣还不如邹、鲁两个小国的仆妾啊！

"况且秦国如果贪欲不止当真称帝，会马上更换各诸侯国的大臣。他们将撤换他们认为没有才能的臣子，把职务授予他们认为有才能的人；撤换他们所憎恨的人，而把职务授予他们所偏爱的人；他们还会把本国的那些善于毁贤嫉能的女人配给诸侯充当妃嫔，日夜谗毁。这样的女人进入魏王的宫室里，魏王又怎么能安然度日呢？而将军您又怎么能继续像原来那样受到宠信呢？"

于是，辛垣衍站起身来，向鲁仲连拜了两拜，致歉说："起初我还认为先生只是个平庸之辈，如今我才知道先生是天下难得的杰出士人呀！请让我离开这里吧，我不敢再说尊秦为帝的事了。"

秦国的将军听说了这件事，就把围困邯郸的部队撤退了五十里。正在这时魏国的公子无忌夺取了将军晋鄙的兵权，率领军队前来援救赵国，攻打秦军，秦军只得撤退。

这时，平原君想封赏鲁仲连。鲁仲连推辞了三次，始终不肯接受，平原君就摆酒宴款待他。当酒喝得正畅快的时候，平原君站起身，上前用千金为赠礼向鲁仲连祝寿。鲁仲连笑着说："对天下的士人来说，最为宝贵的是为人排除忧患，解除危难，排解纷乱而不收取任何报酬。如果说收取报酬，那就是商人了，我鲁仲连不愿意做这样的事。"于是，辞别平原君而离开赵国，终生不再与平原君见面。

本文选自《战国策·赵策三》，记载了齐国义士鲁仲连于赵国危难之

际,坚持抗秦主张,驳斥魏将辛垣衍劝赵王尊奉秦王称帝一事。

本文历史背景是赵孝成王六年(前260),长平之战秦军大败赵军后,包围赵国国都邯郸。赵王向魏王求救,魏国君臣迫于秦国威势,表面派晋鄙率军支援,暗中派辛垣衍劝说赵王尊奉秦王为帝,以保全邯郸。而鲁仲连则对辛垣衍晓以大义,动以利害,劝说其打消这一想法。适逢魏公子无忌(信陵君)夺得兵权前来救援赵国,秦军退兵,邯郸危机得以化解。

全文按照时间顺序,以鲁仲连行动为脉络,讲述鲁仲连见平原君,逼问幕后劝说尊奉秦王称帝的辛垣衍,从而以大义为基,举例说理,辩驳此种观点,更在邯郸解围之后,功成身退,飘然而去。

鲁仲连的论说之道,首先在于阐明自身不为名利,占足义理,理直气壮。而在具体辩论之中,他采用多种说服的手法,既有如果辛垣衍坚持尊奉秦王称帝,他便为赵国殉节的威胁;又有殷商史实的丰富事例论据,也有以秦王烹魏梁王,秦王肆意行权的假设论证,让辛垣衍跳进逻辑陷阱,全方位地阐明了秦国的残暴本质,让辛垣衍心服口服。

全文字句的着眼处,全在烘托出鲁仲连这一个高洁义士的形象。主体部分的辩词,展示了他纵论古今、高瞻远瞩的一面,而文末他功成身退,不受平原君封赏、洒然而去的情节更是提升了其人物的品格,呈现了一个淡泊名利、放浪形骸的隐士形象,因而历来为诸多文人墨客所称道。如唐朝诗人李白歌咏其"倜傥高妙",清代学者徐乾学赞叹其"不帝秦,大义也;辞封爵,高节也",都是以本文对鲁仲连的描写为渊源,由此可见本文叙事状人的功力。

古文的智慧

鲁仲连具有不畏强暴、不居功、不计较个人利益的崇高品质。同时,他这种放浪不羁的性格,充满了人格魅力,为后世所传颂。

一场英雄主义的外交斗争
唐雎不辱使命

战国策

千古兴亡多少事

秦王使人谓安陵君曰①："寡人欲以五百里之地易安陵，安陵君其许寡人！"安陵君曰："大王加惠，以大易小，甚善。虽然，受地于先王，愿终守之，弗敢易。"秦王不说。安陵君因使唐雎使于秦。

秦王谓唐雎曰："寡人以五百里之地易安陵，安陵君不听寡人，何也？且秦灭韩亡魏，而君以五十里之地存者，以君为长者，故不错意也。今吾以十倍之地，请广于君，而君逆寡人者，轻寡人与？"唐雎对曰："否，非若是也。安陵君受地于先王而守之，虽千里不敢易也，岂直五百里哉②？"

秦王怫然怒，谓唐雎曰："公亦尝闻天子之怒乎？"唐雎对曰："臣未尝闻也。"秦王曰："天子之怒，伏尸百万，流血千里。"唐雎曰："大王尝闻布衣之怒乎？"秦王曰："布衣之怒，亦免冠徒跣，以头抢地耳。"唐雎曰："此庸夫之怒也，非士之怒也。夫专诸之刺王僚也，彗星袭月。聂政之刺韩傀也，白虹贯日。要离之刺庆忌也，苍鹰击于殿上。此三子皆布衣之士也，怀怒未发，休祲降于天③，与臣而将四矣。若士必怒，伏尸二人，流血五步，天下缟素，今日是也。"挺剑而起。

秦王色挠④，长跪而谢之曰："先生坐，何至于此！寡人谕矣。夫韩、魏灭亡，而安陵以五十里之地存者，徒以有先生也！"

经典注释

①秦王：指秦始皇嬴政，此时尚未称皇帝，故称王。②岂直：岂

止,只有。③休祲:吉凶的征兆。休:吉兆。祲:凶气。④色挠:脸上显出沮丧的表情。挠:屈服。

译文也很美

秦王派人对安陵君说:"我想用方圆五百里的土地交换安陵,安陵君您会答应我吗?"安陵君说:"大王给予恩惠,用大的土地交换小的土地,这是很难得的。即使如此,但我是从先王那里接受的封地,还想始终守护它,不敢交换。"秦王听了这话很不高兴。安陵君于是就派唐雎出使到秦国。

秦王对唐雎说:"我要用方圆五百里的土地交换安陵,安陵君不肯顺从我,为什么呢?况且秦国灭亡韩国和魏国,而安陵君却仅仅凭借方圆五十里的土地幸存下来,是因为我把安陵君看作长者,所以才没有打他的主意。现在我用十倍的土地,想让安陵君扩大领土,但是他违背我的意思,这是轻视我吗?"唐雎回答说:"不,绝不是这样的。安陵君从先王那里接受封地而守护它,即使是有方圆千里的土地

也不敢用安陵来交换，难道仅仅用五百里的土地就能交换吗？"

秦王气势汹汹地发怒了，对唐雎说："您曾听说过天子发怒吗？"唐雎回答说："我未曾听说过。"秦王说："天子发怒的时候，死伤百万，血流千里。"唐雎说："那么大王您曾经听说过平民发怒吗？"秦王说："平民发怒，也不过是摘掉帽子赤着脚，用头撞地罢了。"唐雎说："这是平庸无能的人发怒，而不是有才能有胆识的人发怒。当初，专诸刺杀吴王僚的时候，彗星的尾巴扫过月亮；聂政刺杀韩傀的时候，一道白光直冲太阳；要离刺杀庆忌的时候，苍鹰扑击到宫殿上。这三个人，都是平民出身的有胆识的人，心中的愤怒还没发作出来，上天就降示了吉凶的征兆，如今，专诸、聂政、要离再加上我，将成为四个人了。如果侠士要发怒，虽然只会让两个人的尸体倒下，血流仅仅五步远，但却可以使全国人民都穿丧服，今天就是这样。"于是唐雎拔出宝剑站了起来。

秦王听到这里变了脸色，长跪着向唐雎道歉："先生请坐！怎么会到这种地步呢！我明白了，韩、魏两国灭亡，而安陵国却仅凭五十里的土地幸存下来，只是因为有先生您啊！"

本文选自《战国策·魏策四》，记叙秦王嬴政意图巧使手段夺取魏国属国安陵，而安陵使臣唐雎大义凛然，理直气壮，终于挫败秦王阴谋的故事。本文情节跌宕起伏，以四百余字写就唐雎出使，秦王质问，两人交锋，秦王妥协四段情节，文风峭拔爽利，突出了秦王的骄横虚伪与弱国使节唐雎的有胆有识，读来令人惊心动魄。

首段略述事由，讲安陵君借先王名义婉拒秦王易地的无理要求，进而派唐雎出使秦国。第二段讲秦王夸耀自己毁灭韩国与魏国的功绩，故作威吓，并质问唐雎。而唐雎以先祖守土之责再度拒绝秦王要求。第三段开篇剑拔弩

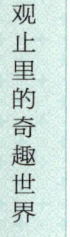

张，秦王故意大怒，以天子发怒后发动战争为威胁，将冲突推向高峰。而唐雎沉着冷静，引述几位刺客的英雄事迹，慷慨激昂，掷地有声，又以使者说客的身份，摇身一变为殉道烈士，近身威胁秦王。其说辞理直气壮，行动则充满悲壮气概，以致秦王不得不折服，在尾段暂时以权宜之计安抚唐雎。

本文多以对比手法，以故作夸张的情节展开，烘托人物形象。如以秦王前面肆意骄横，后面尴尬自谢的情态举止，全程映衬出唐雎的从容镇定；又如第三段以秦王发怒后发动战事的宏大场面，对比他心目中唐雎无可奈何的发怒表现；再托出唐雎自己要以生命威胁秦王，作为一名怒发冲冠的布衣志士，以极大托出极小，更加凸现弱国使节的危局与唐雎的凛然精神，显示了本文的艺术张力。

本文的艺术魅力亦体现在行文词句之间对人物情态举止的描写，虽然着墨不多，却字字精到。如写秦王、唐雎两人交锋，秦王每有言论，便口称"寡人"，一言不合就勃然大怒，骄横情态，栩栩如生。但当他为唐雎"挺剑而起"要与其同归于尽的行动所慑时，则显示出屈服的脸色向唐雎道歉，可以说将其色厉内荏的特质展现得淋漓尽致。而文章首段安陵君借先祖之名委婉回绝秦王的言辞，也在侧面写出一个圆中有方、有礼有节的小国明君形象。

古文的智慧

唐雎所谓"士之怒"比秦王的"天子之怒"来得更加崇高。能够不畏强权，不惧暴力，在面对强权时，充满了正义和胆识，唐雎虽然没有真的把秦王杀死，但他把临危不惧的侠士精神完全表现出来了。"天子之怒"不过是仗着自己的权势大开杀戒；"士之怒"却是为国家百姓的利益，牺牲自己，维护正义，是以国家的角度去铲除奸邪。这足以看出唐雎的临危不惧，以国家为大的高尚品质。

殉道者的孤独自白

卜居

楚辞

屈原既放，三年不得复见。竭智尽忠，而蔽障于谗，心烦虑乱，不知所从。乃往见太卜郑詹尹曰①："余有所疑，愿因先生决之。"詹尹乃端策拂龟曰②："君将何以教之？"

屈原曰："吾宁悃悃款款③，朴以忠乎？将送往劳来，斯无穷乎？宁诛锄草茅以力耕乎？将游大人以成名乎？宁正言不讳以危身乎，将从俗富贵以偷生乎，宁超然高举以保真乎，将哫訾栗斯、喔咿嚅唲以事妇人乎④？宁廉洁正直以自清乎，将突梯滑稽、如脂如韦⑤，以絜楹乎⑥？宁昂昂若千里之驹乎，将氾氾若水中之凫乎⑦？与波上下，偷以全吾躯乎？宁与骐骥亢轭乎，将随驽马之迹乎？宁与黄鹄比翼乎，将与鸡鹜争食乎？此孰吉孰凶，何去何从？世溷浊而不清，蝉翼为重，千钧为轻；黄钟毁弃，瓦釜雷鸣；谗人高张，贤士无名。吁嗟默默兮，谁知吾之廉贞？"

詹尹乃释策而谢曰："夫尺有所短，寸有所长，物有所不足，智有所不明，数有所不逮⑧，神有所不通。用君之心，行君之意。龟策诚不能知此事。"

经典注释

①太卜：官名，负责占卜的官员。②策：蓍草。龟：龟壳。龟和策都是古代占卜用的工具。③悃悃（kǔn）款款：诚实忠信的样子。④哫訾（zú zī）：阿谀逢迎的样子。栗斯：小心求媚的样子，斯是虚词。喔咿嚅（rú）唲（ér）：强颜欢笑的样子。妇人：指楚怀王的宠

姬郑袖。⑤突梯：滑溜的样子。滑稽：圆滑的样子。⑥絜（xié）：用绳子测量圆柱形物体。楹：柱子。⑦凫（fú）：野鸭。⑧数：指占卜。

屈原既遭放逐，三年不能再见楚王。屈原竭尽才智，忠贞不贰，却无端被谗人离间，不免心烦意乱，不知如何是好。于是，去见太卜官郑詹尹，对他说："我心中有些疑惑，想请先生为我一决。"詹尹连忙摆正蓍草，拂净龟壳，恭谨地问道："不知您有何见教？"

屈原说："我是应该诚恳忠实，保持心灵的纯朴呢，还是四处周旋逢迎，以免陷于穷困呢？是应该锄草耕作，勉力务农呢，还是结交权贵，去追求虚名？是应该直言不讳，无所避忌，不顾安危呢，还是安分随时，贪图富贵，苟且偷生？是应该超脱尘俗，飘然归隐，保持自己的本性呢，还是阿谀谄媚，强颜欢笑，去奉承那个妇人？是应该清廉正直，洁身自好呢，还是虚伪圆滑，趋炎附势呢？是昂藏不群，像日行千里的骏马呢，还是像浮游水面的野鸭，随波逐流，苟全性命？是应该与良马并驾齐驱呢，还是随劣马亦步亦趋？是应该同黄鹄比翼高飞呢，还是和鸡鸭一道争食？所有这些，哪个是吉，哪个是凶？我到底应该何去何从？人世间已是非颠倒，黑白不分，蝉翼以为重，千钧以为轻；黄钟竟被毁弃，瓦釜反如雷鸣；坏人窃据高位，飞扬跋扈，好人困顿失意，默默无闻。唉，沉默啊沉默，有谁知道我的廉洁坚贞？"

詹尹放下蓍草辞谢道："尺比寸长，也有它的不足，寸比尺短，也有它的长处；事物总会有所欠缺，智者也有糊涂的时刻；占卜未必事事都能预料，神明也难洞察一切。就凭您的心意去支配自己的行为吧，灵龟和蓍草对此实在无能为力。"

千古兴亡多少事

> 夫尺有所短，寸有所长，物有所不足，智有所不明，数有所不逮，神有所不通。用君之心，行君之意。龟策诚不能知此事。

本文选自《楚辞》，是西汉的经文家、目录学家刘向把屈原的诗歌及宋玉等人仿照屈原诗歌的作品编辑成的诗集。楚辞行文特色深沉简约，又具有楚地民歌的浪漫奔放，多用来抒发爱国忧民的情怀。本文即写屈原遭到放逐之前，心烦意乱，面见太卜郑詹尹，询问卜决疑一事，实则借此感慨世道奸邪横行，宣泄自己愤世嫉俗的情感。

本文写诗人屈原发问，情感真挚，意象繁生，令人眼花缭乱，以致最后太卜郑詹尹无法为其解惑，只得答出"用君之心，行君之意"这样的套话。其实屈原发问，也全是在受到谗言被迫远离朝堂，心烦意乱这样的现实背景下，以次第对比的诗歌式手法，慨叹国家与自身的命运。

这些对比以庸俗与超然为分野，两相比照：有高官贤士，谄媚妇人等一众人物形貌；有良驹驽马，黄鹄鸡鸭等或高飞或沦落的世间生灵；也有黄钟瓦釜等功用不同的器物，显得琳琅满目，意象纵横。诗人的发问看似全是陈列对比，陷入两相犹疑的抉择，实则言辞间褒贬自生，早已表明自己不愿同流合污的志趣。在陈列物象之后，屈原又由人事往来，身边俗物生发，将感慨发散至世间浩瀚万物。主题也逐次拔高，归结到对世道浑浊不清的愤懑中，终于发出"黄钟毁弃，瓦釜雷鸣"之叹。这里的黄钟指代诗人这样的良才，瓦釜则指不堪大用的小人。这句话妙用指代，可谓奇绝悲悯的千古愤言。此后的部分，诗人回归对自身境遇的哀惜：既然世道如此险恶，那只有一声"谁又知道我的廉洁忠贞"的幽幽叹息。忠臣之义，悲愤之情，浮于笔端。

本文的喷薄张扬的感情诉求，与问句反复铺陈，再三使用质疑式

的写法,形式上如同楚辞中的名篇《天问》。但本篇不同于诗人追问天际时,对宇宙万物的探索与慨叹,而是先质问世间,后复问己身,感情显得更为沉凝深邃。此外,本文更以主客问答式的文章体例,与散文和诗歌相结合的行文手法,对后世的全新文章体裁——汉赋加以启发,是为不同文体间流变演化的先声。

古文的智慧

尺有所短,寸有所长,万事万物总会有所欠缺,聪明的人也会有犯糊涂的时候。君子应该按照自己的心意去行事,而不是依靠占卜来解答自己心中的疑惑。跟随自己的心意,去做一个对社会有益的人,不困于神明,才是一个君子应该有的态度。

一位父母官的人格映像
张益州画像记

北宋·苏洵

至和元年秋,蜀人传言有寇至。边军夜呼,野无居人①。妖言流闻,京师震惊。方命择帅,天子曰:"毋养乱,毋助变,众言朋兴②,朕志自定。外乱不作,变且中起。既不可以文令③,又不可以武竞④,惟朕一二大吏。孰为能处兹文、武之间,其命往抚朕师。"乃推曰:"张公方平其人。"天子曰:"然。"公以亲辞,不可,遂行。冬十一月,至蜀。至之日,归屯军,撤守备,使谓郡县:"寇来在吾,无尔劳苦。"明年正月朔旦⑤，蜀人相庆如他日，遂以无事。又明年正月，相告留公像于净众寺⑥。公不能禁。

眉阳苏洵言于众曰："未乱易治也，既乱易治也。有乱之萌，无乱之形，是谓将乱，将乱难治，不可以有乱急，亦不可以无乱弛。惟是元年之秋，如器之敧⑦，未坠于地。惟尔张公，安坐于其旁，颜色不变，徐起而正之。既正，油然而退，无矜容⑧。为天子牧小民不倦，惟尔张公。尔繄以生，惟尔父母。且公尝为我言：'民无常性，惟上所待。人皆曰蜀人多变，于是待之以待盗贼之意，而绳之以绳盗贼之法。重足屏息之民⑨，而以碪斧令，于是民始忍以其父母妻子之所仰赖之身，而弃之于盗贼，故每每大乱。夫约之以礼，驱之以法，惟蜀人为易。至于急之而生变，虽齐、鲁亦然。吾以齐、鲁待蜀人，而蜀人亦自以齐、鲁之人待其身。若夫肆意于法律之外，以威劫齐民，吾不忍为也。'呜呼！爱蜀人之深，待蜀人之厚，自公而前，吾未始见也。"皆再拜稽首曰："然。"

苏洵又曰："公之恩在尔心，尔死，在尔子孙。其功业在史官，无以像为也。且公意不欲，如何？"皆曰："公则何事于斯？虽然，于我心有不释焉。今夫平居闻一善，必问其人之姓名与其邻里之所在，以至于其长短、小大、美恶之状，甚者或诘其平生所嗜好，以想见其为人。而史官亦书之于其传，意使天下之人，思之于心，则存之于目。存之于目，故其思之于心也固。由此观之，像亦不为无助。"苏洵无以诘，遂为之记。

公南京人，为人慷慨有大节，以度量雄天下。天下有大事，公可属。系之以诗曰：天子在祚⑩，岁在甲午。西人传言，有寇在垣。庭有武臣，谋夫如云。天子曰嘻，命我张公。公来自东，旗纛舒舒⑪。西人聚观，于巷于涂。谓公暨暨⑫，公来于于。公谓西人："安尔室家，无敢或讹。讹言不祥，往即尔常。春尔条桑，秋尔涤场。"西人稽首，公我父兄。公在西囿，草木骈骈。公宴其僚，伐鼓渊渊。西人来观，祝公万年。有女娟娟，闺闼闲闲。有童哇哇，亦既能言。昔公未来，期汝弃捐。禾麻芃

芃⑬，仓庾崇崇⑭。嗟我妇子，乐此岁丰。公在朝廷，天子股肱⑮。天子曰归，公敢不承？作堂严严，有庑有庭。公像在中，朝服冠缨。西人相告，无敢逸荒。公归京师，公像在堂。

经典注释

①野：郊外，这里指村庄。②朋兴：纷纷兴起。③文令：靠命令解决。④武竞：用武力镇压。⑤朔旦：农历初一的早晨。⑥净众寺：又名"万福寺"，在成都西北。⑦攲（qī）：侧倾。⑧无矜容：这里指不居功自傲。⑨重足：双足相叠，不敢迈步，形容非常恐惧的样子。⑩祚（zuò）：指皇位。⑪纛（dào）：古时军队的大旗。舒舒：飘展的样子。⑫暨暨（jì）：果敢的样子。⑬芃芃（péng）：杂乱茂密的样子。⑭庾（yú）：露天的谷仓。⑮股肱（gōng）：比喻重要的大臣。

译文也很美

宋至和元年秋天，四川地区的人传说敌寇将要进犯边境。守卫边境的军队在夜里惊呼，村庄里的百姓都逃走了。谣言四处流传，京城受到很大的震动。正在选派统帅时，天子说："不要酿成祸乱，不要助成兵变，即使谣言纷起，我的心意坚定。外乱不足以形成，只怕内乱趁机从中发生。这种事既不能用命令法制解决，又不能用武力镇压，只需一两个大臣去妥善处理。哪一个能去处理好这种既需文治又需武治的事情，我就派他前去安抚我的军队。"于是，大家推举说："张方平就是这样的人。"天子说："可以。"张公以侍奉双亲为由推辞，但天子不允许，张公就动身出发了。冬十一月，他到了蜀地。到达的那一天，就让驻军回去，撤除边境的守备，派人到各郡县告谕说："敌寇来了，由我处理，不必你们辛苦操劳。"第二年的正月初一，蜀地人如同往年一样相庆新年，于是平安无事。到了第二年的正月，蜀人互相商量在净众寺里保留张公画像，张公没能制止得住。

眉阳人苏洵对众人说："尚未发生变乱时容易治理，已经发生变乱也容易治理。有了变乱的苗头，但还没有变乱的表现，这就是将要发生之乱。将要发生变乱的状况是难以治理的，既不能因为有发生变乱的苗头就操之过急，也不能因为尚未发生变乱而放松警惕。至和元年秋天，局势如同器物已经倾斜，但还没有倒地。只有你们的张公，安然地坐在它旁边，脸色不变，慢慢地起身，把它扶正。扶正之后，从容退下，没有居功自傲的神色。替天子治理百姓而不知疲倦的，只有你们的张公。你们依靠他才得以生存，他就是你们的再生父母。而且张公曾经对我说过：'百姓没有不变的性情，只在于上面的官员如何对待他们。人们都说蜀地人经常发动变乱，于是就用对待盗贼的态度对待蜀地百姓，用对待盗贼的方法来约束他们。对本来就胆战心惊的百姓，却用严刑峻法去管理，于是百姓才狠心不顾父母妻儿所依赖的身躯去投靠盗贼，所以常常发生大的变乱。如果用礼数去约束他们，用法令来管理他们，蜀地人是最容易治理的。至于被逼得走投无路而发生变乱，即使在受过礼乐熏陶的齐鲁之乡也会发生。我运用对待齐鲁的办法来对待蜀地人，而蜀地人也会像齐鲁百姓那样来约束自己。至于不按法律为所欲为，用权势欺压百姓，我不愿意这样做啊。'唉！爱护蜀地人如此深切，对待蜀地人如此厚道，在张公以前，我还从未见过。"蜀地人听后，都重新礼拜叩头，说："是这样的。"

苏洵又说道："张公的恩德记在你们心中，你们死后，记在你们子孙的心中，他的功绩史官那里会有记载，就用不着画像了。况且张公本也不想让你们留像，怎么办呢？"众人都说："张公怎么会关心这些

事,即使这样,我们心中还是放不下。现今,平时听说有人做了一件好事,就一定要问问那人的姓名和住所,一直问到他身材的高矮、年龄的大小、容貌的美丑等情况,甚至于还有人问他平生的嗜好,以此来纪念他的为人。而史官也把这些写在他的传记中,目的是让天下人在心里记着他,在眼前也能看见他。眼里看得见,所以心里对他的印象就更加长久。由此看来,画像也不是没有意义的。"苏洵没有什么可对答的了,于是就替他们写下这篇画像记。

张公是南京人,为人慷慨,气节高尚,以度量宏大而闻名于天下。国家有大事要处理,张公是可以委任的。最后用诗记述他的事迹,写道:皇帝即位后,正是甲午年。西人纷纷谣传,说将有敌寇侵略边境。朝廷里面有武将,谋士多如云。天子却说,委派我张公去。张公自东而来,大旗迎风飘扬。蜀地人围拢争相观看,大街小巷挤满人。张公神态刚毅,悠然从容。他对蜀地人说:"安顿好你们的家室,不要再去传播谣言。谣言不吉祥,恢复你们的正常生活。春天修剪桑枝,秋天清扫谷场。"蜀地人叩头行礼,称他是我们的父兄。张公在蜀地的园林里,园林的草木十分茂盛。张公宴请僚属,击鼓作乐咚咚作响。蜀地人纷纷前来探望,祝愿张公延寿万年。姑娘们长得娇美,居住闺楼神态悠闲。哇哇哭闹的婴儿,如今已经会说话。若当初张公不来,你的父辈已打算把你们丢弃。如今庄稼茂盛,粮仓高高耸立。我们的妻子孩子,都为丰年而欢乐。张公以前在朝廷,是天子的重要大臣。天子召他回朝去,张公怎敢不从命?这里兴建起庄严的厅堂,既有廊房又有庭院。张公画像就在大堂正中,穿着朝服系着冠带。蜀地人互相鼓励,从此不再懒惰放纵。张公已回到京城,但画像永留在大堂。

本文作于嘉祐元年(1056),张方平时任益州知州,即题名中的"张益

> 而史官亦书之于其传，意使天下之人，思之于心，则存之于目。存之于目，故其思之于心也固。

州"。他以从容镇定的安抚政策，使边地盗寇攻蜀的谣言不攻自破，百姓安居乐业，竖立画像以表达感激。本文即记载此事前因后果，以此来称誉张方平宽仁爱民的精神与斐然政绩。

作为一篇赞颂政绩的文章，本文并未直接铺陈叙述张方平如何治理蜀地的方方面面，而是着重以笔墨详叙张方平出任益州知州始末，与他面对百姓纷乱，采用的遣返驻军，以静代动的政策。作者裁剪选取事实，可谓大有深意。据《宋史·张方平传》记载，当时因盗匪谣言四起，前任知州不但大动干戈，筑城练兵，更消耗军费，从陕西调遣兵力，可以说是劳民伤财。张方平看破谣言，让军队返回驻地，撤去守备的政策，显示出高远透彻的谋略眼光，也是为民众着想，免除赋税劳役。所以有蜀地居民为张方平画像，相互庆祝遇到这样体恤百姓的官员。

下文两段，以作者苏洵的口吻，夹叙夹议，侧面称誉张方平功德，逐次深入主题，可分三层：第一层依托前文，讲张方平力挽狂澜，消弭变乱，是在时势上对蜀人有恩。第二层从更宏观的视角，以仁政与苛政的对比出发，又引用齐地、鲁地等崇尚礼仪的地区作为对照，反映出蜀人因仁政得到治理，对知州心怀感恩，可见一种儒家所怀的"以民为本"政治指向。第三层以作者口吻的对话设问形式，托出本文题目"张方平画像记"这个主题，记述蜀人为张方平画像的经过。苏洵说，张方平不想这样做（画像）；蜀人又摆出"思之于心，则存之于目"的道理，而苏洵无言以对，自然作记。如此一段对答，娓娓道来，既彰显蜀人爱戴之情，也可见文章谋篇布局之妙。后文以一段四言赞歌，详尽记叙张方平生平事例与治蜀事略，全段用韵，音节铿锵，叙事通畅，是为全文补充作结。

纵观全文，作为一篇记叙类文章，结构明晰，层次严整，先有叙事，后发议论，又辅以古朴淳厚的四言赞歌，内容翔实，文风肃正，也颇见苏洵秉持的礼乐教化、实行仁政的儒家式治国理念。

古文的智慧

人应该学会克己行事，持清醒之心，以端正质朴的心态去观察世界、认识世界，才能探索万事万物运行的规律。在认识世界时，常常会被各种谣言和假象所迷惑，只有保持清醒的头脑，才能获得启迪。

人皆作假，我亦行骗

卖柑者言

明·刘基

杭有卖果者，善藏柑，涉寒暑不溃，出之烨然，玉质而金色。剖其中，干若败絮。予怪而问之曰："若所市于人者，将以实笾豆①，奉祭祀，供宾客乎？将炫外以惑愚瞽乎②？甚矣哉，为欺也！"

卖者笑曰："吾业是有年矣，吾业赖是以食吾躯。吾售之，人取之，未尝有言，而独不足子所乎③？世之为欺者不寡矣，而独我也乎？吾子未之思也。今夫佩虎符、坐皋比者④，洸洸乎干城之具也⑤，果能授孙、吴之略耶？峨大冠、拖长绅者，昂昂乎庙堂之器也⑥，果能建伊、皋之业耶？盗起而不知御，民困而不知救，吏奸而不知禁，法斁而不知理⑦，坐縻廪粟而不知耻⑧。观其坐高堂，骑大马，醉醇醴而饫肥鲜者⑨，孰不巍巍乎可畏、赫赫乎可象也？又何往而不金玉其外、败絮其中也哉？今子是之不察，而以察吾柑！"

予默默无以应。退而思其言，类东方生滑稽之流。岂其忿世嫉邪者耶？而托于柑以讽耶？

经典注释

①笾（biān）豆：古代祭祀时用以盛祭品的礼器。笾：竹制的食器。豆：木制的食器。②瞽（gǔ）：盲人。③子所：你的心意。④皋比（gāo pí）：虎皮，将军座位上垫着虎皮。此代指武将的座席。比，通"皮"，毛皮。⑤洸洸（guāng）：坚决勇敢的样子。干城：指卫国的良将。干为盾牌，城指城郭，都能起防御护卫的作用，常用来比喻捍卫者。⑥庙堂之器：比喻治理国家的大臣，此指朝廷的重臣。⑦斁（dù）：败坏。⑧坐：徒然，白白地。糜（mí）：通"靡"，消耗，浪费。⑨醇醴（chún lǐ）：味道浓郁的酒水。

译文也很美

杭州有个卖水果的人，很会贮藏柑子，那些柑子历经一年也不腐烂。拿出来以后依然光泽鲜亮，有着玉石般的质地，黄金般的颜色。把柑子剖开，看它的里面，干枯得像破棉絮一样。我感到奇怪，问那个卖柑子的人说："你出售给别人的柑子，是准备把它装在盛祭品的容器中，供奉神灵、招待宾客呢？还是要夸耀它的外表来迷惑傻瓜和盲人呢？太过分了吧，干这骗人的勾当！"

卖柑子的人笑着说："我干这一行已有好多年了，我依靠这一行来养活我自己。我卖它，别人买它，从来没有听到有什么议论，却偏偏不能满足你的需要吗？世上要弄欺骗手段的人不算少，难道只是我一个人在干这样的事吗？您没有考虑这些。如今那些佩带兵符，坐在

虎皮椅上的武将，威风凛凛的像是保卫国家的人才，他们果真能够拿出孙武、吴起那样的韬略吗？那些戴着高高的礼帽，衣服上装饰着长长带子的文臣，神气十足的像是治理国家的栋梁，他们果真能够建立伊尹、皋陶那样的功业吗？盗贼兴起却不知道抵御，百姓穷困而不知道赈济，官吏作奸犯法却不知道制止，法律败坏却不知道整顿，白白地耗费国家的粮食却不感到羞耻。看他们坐在高堂上，骑着大马，喝得醉醺醺的，鲜美的佳肴吃得饱饱的，哪一个不是仪表堂堂，威武可敬，气势显赫呢？然而他们又何尝不是外表像金玉而腹中像破絮呢？您对这些状况都视而不见，却偏偏来挑剔我的柑子！"

我沉默着，无法回答。回想他刚才说的那番话，觉得他好像是东方朔那样的人物，诙谐滑稽，言语却有深意。他是对世事表示愤慨，对邪恶表示憎恨的人吗？他是在用柑子来讽喻这个社会吗？

鉴赏文心

本文是一篇对话体的寓言，通过作者刘基和卖柑者的问答，以小见大，借卖柑者"金玉其外，败絮之中"这种以次充好行为的欺诈与辩解，来讽刺达官贵人衰朽不堪、欺世盗名的本质。

本文结构清晰，可分为作者自己怒斥卖柑者以次充好、欺骗世人与卖柑者强词夺理的自辩两个部分。第一部分先讲卖柑者生意兴隆，而作者却发现柑只是卖相不错，实为假货，于是斥责卖柑者骗人。

第二部分是卖柑者的自辩，颇见其言辞犀利、巧言激辩的智慧。卖柑者将自己欺骗世人的手段与当今武将文臣看似气宇轩昂，实则尸位素餐的本质作为类比，从而怒斥世道浑浊难明，朝廷腐败无能，又进而反问作者连当今这种世道都看不到，却来指责柑橘质量的问题，可以说是强词夺理，却又富有力度，饱含愤激，颇见借题发挥的功力。

本段说辞以卖柑者的层层反诘着眼，笔力激荡。卖柑者先点出"世之为欺者不寡矣,而独我也乎",又驳斥作者没有深入思考,显得理直气壮。其后,排比铺陈,引经据典,则句句讽刺当权者昏庸无能。如写武将谋略,则以"孙、吴之略"反问;写文臣,则以"伊、皋之业"反诘,将圣人功业与当世权贵对比,自然显出当今武将文臣不能成事。其后,再字句铺陈当今人民贫困、官吏奸诈、法律败坏的实际情况,更为详尽地描绘世道的衰朽不堪。接着另起视角,描摹"坐高堂,骑大马"官吏权贵们"金玉其外"的实质。最后,终于反问作者,又与前文描写柑的片段呼应,可见本文细致精微的布局手法。文末作者写自己将卖柑者与西汉东方朔等善于言辩讥刺的人做对比,由此本文针砭时弊的主题也就呼之欲出了。

古文的智慧

卖劣质产品的小贩,巧舌如簧,满肚子歪理,其实是作者借他的口,来讽刺当时社会上金玉其外、败絮其中的人。其实,世人都爱美丽的外表,往往忽视内在的真才实学,这就造成了世风日下。我们在平时的学习生活中,不能被徒有其表的事物欺骗,应该多学习,多思考。

文字编辑：李国斌
封面设计：段　瑶
版式设计：罗　雷
　　　　　张大伟
美术编辑：张大伟
图片提供：视觉中国

图书在版编目(CIP)数据

最美古文:古文观止里的奇趣世界.2/(清)吴楚材,(清)吴调侯编著;婉如改编.-- 长春:吉林出版集团股份有限公司,2021.1

ISBN 978-7-5581-9365-1

Ⅰ.①最… Ⅱ.①吴… ②吴… ③婉… Ⅲ.①古典散文-散文集-中国②《古文观止》-注释 Ⅳ.①H194.1

中国版本图书馆CIP数据核字（2020）第226797号

前言

《古文观止》，可是一本"口气"很大的书。

"观止"是什么意思？要从它的来源《左传》去找：吴国公子季札看过鲁国的《韶箾》演奏之后，赞叹地说出："观止矣！若有他乐，吾不敢请已。"（不用再看了！如果还有别的音乐，我也不敢请您演奏了）意思就是欣赏《韶箾》已是顶级的音乐享受，其他乐曲没必要再听了。所以《古文观止》的书名含义，就是本书汇集了古文中顶级水准的文章，看过之后别的古文就不用研读了。

《古文观止》的编者吴楚材、吴调侯叔侄二人敢这样"夸下海口"，是因为这本书真的是从中国两千多年瀚如烟海的文学名篇中精中选精，如万仞寻玉、沧海拾珠一般，筛选出的222篇脍炙人口的顶级佳作。难怪这本"教材"一经问世，便成为后世最流行、最通俗、最广为人知、最有影响的古文选本，经久不衰。书中所选以散文为主，兼收韵文、骈文，所涉内容或记人、记事、记景，或描述、议论、寓言，如同一部集大成的中国古代文学全景纪录片。

为便于今人体会古文的文采精华，我们一改其他版本《古文观止》按照年代顺序排列的惯例，精选113篇文章，按"叙事""人物""书信与评论""游记写景"的主题分编成了四卷，相信这样会更便于大家分门别类地欣赏、感悟古文的语言魅力，领会文字背后的隐喻与智慧。

本卷《吾将上下而求索》，选取了23篇以人物为主的文章，其中有的是选用古文全文，有的则是选取了文章的评说或综述部分。所涉人物有名声显赫的一代英豪、千古贤哲，也有湮没无闻的贩夫走卒、市井群徒；有一个人生平足以撑起全篇故事的，比如《屈原列传》中"众人皆浊我独清，举世皆醉我独醒"的楚大夫屈原；也有为群生立像勾勒出一派传奇的，比如"言必信、行必果"的《游侠列传序》、"谈言微中，可以解纷"的《滑稽列传》。原文中作者对这些人物的评述，往往是文章最精彩的部分：司马迁对楚霸王项羽败亡进行了极其精辟的总结，一句"自矜功伐"不断被后世所引用；《太史公自序》里这句"西伯拘羑里，演《周易》；孔子厄陈蔡，作《春秋》；屈原放逐，著《离骚》；左丘失明，厥有《国语》……人皆意有所郁结，不得通其道也，故述往事，思来者"，给了后来多少困窘绝望中的人以坚持下去的理由；而面对阉党邪恶势力的横行，五名普通的老百姓不畏强暴、英勇抗争、慷慨赴难的故事引发了《五人墓碑记》中的千古名谈："明死生之大，匹夫有重于社稷！"……这些经典的名句和篇章，也正昭示着我们民族的核心价值与历史正能量，是亘古不朽的人生宝藏。当您品读这些故事时，一定要多加留意。

这是一本通俗易读但又不容易读完的书，如果每篇选文细细品味，真会有"韦编三绝"而意犹未尽的感觉。初学者可以直接从译文看故事，欣赏句读文采，撷取名言警句，简直是"金句"的宝库；进阶者学习行文架构，研究字句取舍，从中掌握章句技巧，参研文字精妙，一定对淬炼文笔大有帮助；更用心者则是感悟这文字之中、纸张之背透出的千古"文心"——这里有传统价值的精粹，有古往圣贤的心血，是"为往圣继绝学"的真义所在。总之，你一定会在这里找到对她爱不释手的理由。

我们更建议您能选取喜爱的篇目，试着背诵于心，正如巴金老人曾说过的："我仍然感谢我那两位强迫我硬背《古文观止》的私塾老师。像《桃花源记》《赤壁赋》等文章，读多了常常能够顺口背出来，然后体会到它们的真谛，从而从中慢慢摸索到文章的调子。这两百多篇'古文'可以说是我真正的启蒙老师。"

不及前贤于万一的我们，编辑此书奉献与您。信文字永恒，愿古墨新香。

老子 天道无亲，常与善人。

伯夷 父死不葬，爰及干戈，可谓孝乎？
以臣弑君，可谓仁乎？

齐威王 此鸟不蜚则已，一蜚冲天；不鸣则已，一鸣惊人。

贾谊 贪夫徇财，烈士徇名，
夸者死权，众庶冯生。

范仲淹 云山苍苍，江水泱泱，先生之风，山高水长。

司马迁 夫不通礼义之旨，至于君不君，臣不臣，父不父，子不子。
君不君则犯，臣不臣则诛，父不父则无道，子不子则不孝。
此四行者，天下之大过也。

项羽 天亡我，非用兵之罪也！

韩愈 死而魂不与吾梦相接，吾实为之，其又何尤！

司马迁 渊深而鱼生之，山深而兽往之，人富而仁义附焉。

叔齐 登彼西山兮，采其薇矣。

司马迁 天下熙熙，皆为利来；
天下壤壤，皆为利往。

越石父 君子诎于不知己而信于知己者。

司马迁　君子富，好行其德，小人富，以适其力。

屈原 　举世混浊而我独清，众人皆醉而我独醒。

韩愈　一在天之涯，一在地之角，生而影不与吾形相依。

韩非　儒以文乱法，而侠以武犯禁。

屈原　新沐者必弹冠，新浴者必振衣，
　　　人又谁能以身之察察，受物之汶汶者乎！

管仲　生我者父母，知我者鲍子也。

司马迁　天道恢恢，岂不大哉！谈言微中，亦可以解纷。

叔齐　以暴易暴兮，不知其非矣。于嗟徂兮，命之衰矣！

孔子 　道不同，不相为谋。

老子　至治之极，邻国相望，鸡狗之声相闻，民各甘其食，
　　　美其服，安其俗，乐其业，至老死不相往来。

柳宗元　夫绳墨诚陈，规矩诚设，
　　　　高者不可抑而下也，狭者不可张而广也。

管仲　仓廪实而知礼节，衣食足而知荣辱。

韩愈 　食焉而怠其事，必有天殃，故吾不敢一日舍镘以嬉。

目录

末路英雄的赞歌
　　——项羽本纪赞 ·········· 10

高山仰止的圣贤
　　——孔子世家赞 ·········· 13

君王的婚姻是助力，也是牵绊
　　——外戚世家序 ·········· 16

绝食的理想主义者
　　——伯夷列传 ·········· 19

相知才是最难得
　　——管晏列传 ·········· 25

九死无悔的爱国者
　　——屈原列传 ·········· 32

不被理解的布衣英雄
　　——游侠列传序 ·········· 41

喜剧人的悲欢
　　——滑稽列传 ·········· 46

东方最早的经济学论文
　　——货殖列传序 ·········· 52

史官的自画像
　　——太史公自序 ·········· 57

文学史上的第一篇人物自传
　　——五柳先生传 ·········· 64

自食其力，方得心安
　　——圬者王承福传 ·········· 67

祭文中的千古绝唱
　　——祭十二郎文……………………………… 72

我的朋友柳宗元
　　——柳子厚墓志铭……………………………… 79

无为也是种作为
　　——种树郭橐驼传……………………………… 85

匠人的管理学
　　——梓人传……………………………………… 89

一个特立独行的朋友
　　——严先生祠堂记……………………………… 96

赠人玫瑰，手有余香
　　——义田记……………………………………… 100

坎坷出诗人
　　——梅圣俞诗集序……………………………… 105

墓志铭里的父亲肖像
　　——泷冈阡表…………………………………… 110

一个有故事的宅男
　　——方山子传…………………………………… 118

绝代天才的悲剧人生
　　——徐文长传…………………………………… 123

五个"匹夫"的身后之名
　　——五人墓碑记………………………………… 129

末路英雄的赞歌

项羽本纪赞

西汉·司马迁

太史公曰：吾闻之周生曰"舜目盖重瞳子"，又闻项羽亦重瞳子。羽岂其苗裔邪？何兴之暴也①！夫秦失其政，陈涉首难，豪杰蜂起，相与并争，不可胜数。然羽非有尺寸，乘势起陇亩之中，三年，遂将五诸侯灭秦②，分裂天下而封王侯，政由羽出，号为"霸王"。位虽不终③，近古以来未尝有也。及羽背关怀楚④，放逐义帝而自立，怨王侯叛己，难矣。自矜功伐，奋其私智而不师古⑤，谓霸王之业欲以力征经营天下，五年卒亡其国，身死东城，尚不觉寤而不自责⑥，过矣。乃引"天亡我，非用兵之罪也⑦"，岂不谬哉！

经典注释

①何兴之暴：怎么起来得这么突然。②五诸侯：指战国时的齐、赵、韩、魏、燕五个诸侯国。③位：指王位。不终：指没有维持下

来。"终",到最后。④背关:舍弃关中。⑤奋:振,这里有极力施展的意思。⑥寤:同"悟"。⑦引:拿过来,这里指找借口。

译文也很美

太史公说:我听周生说"舜的眼睛可能是两个瞳仁儿"。又听说项羽也是两个瞳仁儿。项羽难道是舜的后代吗?不然他发迹得怎么那么突然啊!秦朝搞乱了它的政治,陈涉首先发难,各路豪杰蜂拥而起,你争我夺,数也数不清。然而项羽并非有些许权柄可以凭借,他趁秦末大乱之势兴起于民间,只三年的时间,就率领原战国时的齐、赵、韩、魏、燕五国诸侯灭掉了秦朝,划分天下土地,封王封侯,政令全都由项羽发出,自号为"霸王",他的地位虽然没能保持长久,但近古以来像这样的人还不曾有过。至于项羽舍弃关中之地,思念楚国建都彭城,放逐义帝,自立为王,而又埋怨诸侯背叛自己,想成大事可就难了。他自夸战功,竭力施展个人的聪明,却不肯师法古人,认为霸王的功业,要凭借武力征伐诸侯治理天下,结果五年之间终于丢了国家,身死东城,仍不觉悟,也不自责,实在是大错特错。而他竟然拿"上天要灭亡我,不是用兵的过错"这句话来自我解脱,难道不荒谬吗?

鉴赏文心

本文选自《史记·项羽本纪》,是司马迁以"太史公曰"的史官口吻,对项羽一生波澜故事的评论。按照《史记》文体的分类,"本纪"所写的是帝王传记,项羽并非帝王,却列入"本纪"之中,这是称赞他青年起兵抗秦,威震天下这一形同开国帝王的不世功勋。

《项羽本纪》是《史记》中人物传记的杰作,它以雄奇有力的笔法,先写项羽早年的特立独行和窥见秦王、破釜沉舟,推翻暴秦的历史功绩,再

写鸿门宴，楚汉相争，四面楚歌时的英雄末路，可以说是波澜壮阔的鸿篇巨制。而本文作为对《项羽本纪》的总结与评论部分，更像是一幅人物速写小像，多用精当简略评论，全面评析项羽雄奇而悲剧化的一生，更在此外思考并评析了仁政的思想，从而体现了司马迁本人的政治偏好与写作风格。

本文作为人物评议，写作态度公正，秉持的感情真切。全文结构先扬后抑，先称赞项羽伟岸奇功，后责备他的过失暴行，再叹息他执迷天命，不反思自己的缺憾，从而成为一篇全面深刻的人物评论。作者首先写项羽重瞳，与禹重瞳的传说，故意写得神异怪诞，渲染项羽非同凡人的传奇背景。再从秦国失去政治地位的历史事实出发，展现出秦末天下大乱、群雄并起的风云历史，再由此一气铺陈，写出项羽三年之内如何灭秦的情状。则项羽的威势功名足以与帝王并称，所以列入本纪，并以此作为下一篇的《高祖本纪》的铺垫。

此后司马迁则结合项羽放弃关中，失去地利，罢免义帝，人心向背，最终失德败亡的历史事实，从另一面评论项羽的过失。司马迁认为项羽失败的核心原因，在于背弃先王仁政之道。这一结论体现出司马迁推崇仁政，贬斥暴政的政治关怀。而在此番恳切的批评之外，司马迁对项羽的态度也是非常复杂的。如文末连用"难矣""过矣""岂不谬哉"三层递进的语气词感叹，既是对项羽沉迷天命，不知反省的贬斥，也怀有对英雄落寞的一层惋惜之情。

古文的智慧

项羽是一个典型的悲剧性人物，他叱咤风云，轰轰烈烈，快意一生，但他最后兵败身死，令人惋惜。项羽自刎于乌江，从此赫赫功名烟消云散，他不去思考失败的原因，却怨恨上天不公，认为是自己时运不济。因果的联系是客观事物所固有的，不以人们的主观意志为转移，人们的因果观念只不过是客观因果联系的反映。项羽虽然身为一世枭雄，但没有认识到因果的客观性，反而怨恨上天，这种心态是不值得学习的。

说文布道

本纪

"本纪"之意是法则、纲纪。中国古代纪传体史书中的帝王传记始于司马迁的《史记》。在该书中，历代的帝王传记称为"本纪"，不过也有例外，如吕雉不是皇帝，但其传记称为《吕太后本纪》；又如项羽本无皇帝之实，也被列为《项羽本纪》，主要是因为司马迁认为吕后和项羽，虽然不是真正的皇帝，在当时却有如同皇帝般的影响力。

高山仰止的圣贤

孔子世家赞

西汉·司马迁

太史公曰：《诗》有之："高山仰止①，景行行止②。"虽不能至，然心向往之。余读孔氏书，想见其为人。适鲁，观仲尼庙堂、车服、礼器，诸生以时习礼其家③，余低回留之④，不能去云。天下君王至于贤人众矣，当时则荣，没则已焉。孔子布衣⑤，传十余世，学者宗之。自天子王侯，中国言六艺者折中于夫子⑥，可谓至圣矣！

经典注释

①仰止：敬仰。②景行（háng）：大道。③以时：按时。④低：敬。⑤布衣：平民。⑥折中：这里是判断的意思。

译文也很美

太史公说：《诗》中有这样的话："像高山一般令人瞻仰，像大道一般让人遵循。"虽然我不能达到这种境地，但是心里却向往着它。我读孔子的著作，可以想见他的为人。到了鲁地，参观了孔子的庙堂、车辆、衣服、礼器，目睹了读书的学生们按时到孔子旧宅中演习礼仪的情景，我怀着崇敬的心情徘徊留恋不愿离去。自古以来，天下的君王以及贤人也够多的了，当活着的时候都显贵荣耀，可是一死就什么都没有了。孔子是一个平民，他的名声和学说已经传了十几代，读书的人仍然尊他为宗师。从天子王侯开始，全国谈六艺的人，都把孔子的学说作为判断事物的权威准则，可以说孔子是至高无上的圣人了。

鉴赏文心

本文选自《史记·孔子世家》，与前篇《项羽本纪赞》同为文章结尾的评论部分。《史记》中的"世家"部分，一般是记载贵族诸侯之事。而孔子以一介布衣平民的身份，与春秋诸侯国贵族得以一并列入世家，有专门传记，可见司马迁对孔子与儒家思想的推崇。此外，司马迁在《太史公自序》中，详尽介绍了孔子溯源文脉，编纂儒家经典，承前启后，正道宗法的成就，可见他对孔子的赞誉与仰慕。

本文仅有百余字，却有提纲挈领之效，从何为孔子"至圣"处着眼，诚心论赞。段首即引用《诗经》"高山仰止，景行行止"句，以此设喻，盛赞孔子德行学识之伟岸。而后司马迁并不直叙孔子的成就，只是以一个仰慕者的视角，写自己如何观摩孔子著作，习得儒家精神，如何瞻仰古迹，见物思人。作者以如此独特的视角行文，虽然没有一字直接赞誉孔子，却能看出他身为后辈学子对孔子的向往之情，真诚之义。

第二段则以对比手法发端，以君子贤人的显贵，比照孔子的平民身份，再写众人只得一世的短暂浮名，而孔子以诗书的研究传习后世，受到久远的尊崇。这番对比着眼于岁月流逝，历史悠远，更显示出文章的深远。由此得见孔子的"至圣"地位。再细究作者称呼，先以后辈学人视角，从"孔氏"到"仲尼"，再直接抒发；从"孔子"到"夫子"，再到最后的"至圣"，层次烘托，细微之间可见司马迁的尊崇之情。

由此文出发，比照《太史公自序》中对《史记》承延《春秋》的写作目的，与孔子作《春秋》要义的相关论述，以及《史记》全文中，孔子入选"世家"，儒家诸弟子入选"列传"，可以得见孔子言行与儒家思想对司马迁的重大影响。

古文的智慧

读万卷书固然重要，但行万里路更重要，我们学习和工作，都应该将理论和实践相结合，理论来源于实践，理论指导实践，而实践则反过来证明理论，推动理论的发展。成为高山一样令人敬仰的人，或者像大道一样让人遵循，是孔子那样的圣人才能达到的境界，而我们，只需要做好自己的工作，遵循优良的传统，成为一个无愧于社会的人。

最美古文 古文观止里的奇趣世界

> 君王的婚姻是助力，也是牵绊

外戚世家序

西汉·司马迁

自古受命帝王及继体守文之君，非独内德茂也，盖亦有外戚之助焉。夏之兴也以涂山①，而桀之放也以妹喜。殷之兴也以有娀②，纣之杀也嬖妲己③。周之兴也以姜原及大任④，而幽王之禽也淫于褒姒。故《易》基《乾》《坤》，《诗》始《关雎》，《书》美釐降⑤，《春秋》讥不亲迎⑥。夫妇之际，人道之大伦也⑦。礼之用，唯婚姻为兢兢。夫乐调而四时和。阴阳之变，万物之统也，可不慎与？人能弘道⑧，无如命何。甚哉，妃匹之爱⑨，君不能得之于臣，父不能得之于子，况卑下乎？既欢合矣，或不能成子姓，能成子姓矣，或不能要其终，岂非命也哉？孔子罕称命，盖难言之也。非通幽明之变⑩，恶能识乎性命哉？

经典注释

①涂山：古部落名。这里指涂山氏女。传说禹娶涂山氏之女女娇为妻，生启，启建立夏朝。②娀（sōng）：远古氏族名。这里指有娀氏之女简狄。传说简狄吞燕卵有孕，生契，为商的始祖。③嬖：宠爱。④姜原：周始祖后稷之母。原，或作"嫄"。大任：周文王之母。大，同"太"。⑤《书》：《书经》，又称《尚书》。釐（lí）：料理。降：下嫁。⑥《春秋》讥不亲迎：按古代婚礼规定，不论贵族平民，在迎亲时夫婿都应亲自到女家迎娶新娘。鲁隐公二年（前721），纪国大夫裂繻到鲁国为其国君迎娶鲁隐公之女。《春秋》的记载是"纪裂繻来逆女"。《公羊传》认为《春秋》这样记载是"讥始不亲迎也"。逆，迎接。⑦人道：社会的伦理等级关系。⑧人能弘

道：此语出自《论语·卫灵公》。弘：扩大。道：这里指人伦之道。⑨妃（pèi）匹：配偶。妃，通"配"。⑩幽明：阴阳。

译文也很美

自古以来，承受天命的开国帝王和继承正统遵守先帝法度的国君，不只是内在的品德美好，大都也由于有外戚的帮助。夏代的兴起是因为有涂山氏之女，而夏桀被放逐是因为妹喜。殷代的兴起是由于有娀氏的女儿，商纣王的被杀是因为宠爱妲己。周代的兴起是由于有姜原及太任，而幽王被擒是因为他和褒姒的淫乱。所以《易经》以乾、坤两卦为基本，《诗经》以《关雎》开篇，《尚书》赞美尧亲自料理把女儿下嫁给舜，《春秋》讥讽娶妻不亲自去迎接。夫妇之间的关系，是人道之中最重大的伦常关系。礼的应用，只有婚姻最为谨慎。乐声协调四时就和顺，阴阳的变化是万物生长变化的统领，怎能不慎重呢？人能弘扬人伦之道，可是对天命却无可奈何。确实啊，配偶的亲爱之情，国君不能从大臣那里得到，父亲也不能从儿子那里得到，何况是更卑下的人呢！夫妇欢合之后，有的不能繁育子孙；能繁育子孙了，有的又不能得到好的归宿，这难道不是天命吗？孔子很少谈天命，大概是由于很难说清吧。不能通晓阴阳的变化，怎能懂得人性和天命的道理呢？

鉴赏文心

《史记·外戚世家》，历述薄氏、王氏、陈后等汉高帝至汉武帝的四朝皇后、太后及其家族情况与政治斗争，本文作为《史记·外戚世家》的序言部分，是全文的行文总纲。本文援引夏、商、周三代历史兴衰，与外戚休戚相关的历史事实，以论评汉朝外戚情

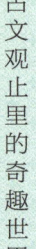

况,突出帝王婚嫁的重要性。而最后将婚嫁善终之事,拔高为人伦礼法大道,又归结于玄之又玄的天命。文章表达的含义有几番转折,可见本文意蕴深邃、暧昧难明的特色。

全文可分三层,开篇即点明旨要,将外戚的帮助与帝王的功业联系,说明外戚的贡献。二层既以历史为轴线,排比展开,依次论证,又在每一个小论证内引入正反对比。文章列举夏、商、周三代兴亡的历史案例,或是因君王家事和睦,有德兴国;或是君王荒淫,纲纪废弛,致使国家败亡,显得理据相合,字句严谨。三层则再度由此阐发,上述六经义理,将君王夫妇相合归于人伦道理,并进一步引经据典,指出君王婚嫁之事,是关乎人伦大道、可以尽心力而有所把握的,其间隐藏着作者对国君婚嫁诸事的规劝之意。

在文章末尾,作者由层层深入的三层前述,笔锋一转,援引"孔子罕称命,盖难言之也"(孔子很少论说命运的事情,大概是因为它难以被说清楚),做一层人伦之上,关于天命不可知的讨论感慨。此处司马迁反复感慨的"命",即指一种无法预测判断,无关个人德行,令人无可奈何的天命观念。由此可与《项羽本纪赞》《伯夷列传》的相关涉及天命讨论篇章联立,以加深理解。

本文立论高屋建瓴,行文旁征博引,又做隐微阐发,别有论道说理的意味。

古文的智慧

在《外戚世家》中,司马迁写了汉高祖至汉武帝几代天子的外戚事,司马迁不便于就他们的事大发特发议论,因而写法平铺直叙,多客观记录。而在这篇序中,司马迁站在男人主流社会的角度,反对女人专政。他借夏、商、周三代的得失,认为有妇德、能母仪天下的女人,也就能够帮助君王治理天下。而那些荒淫、狐媚的女人如妹喜、妲己、褒姒之流,她们却是亡国的祸水。外戚专权造成许多王朝的混乱,甚至灭亡,这不能不令人警醒和反思。

绝食的理想主义者
伯夷列传

西汉·司马迁

夫学者载籍极博①，犹考信于六艺。《诗》《书》虽缺，然虞、夏之文可知也②。尧将逊位，让于虞舜，舜、禹之间，岳牧咸荐③，乃试之于位，典职数十年，功用既兴，然后授政，示天下重器。王者大统，传天下若斯之难也。而说者曰：尧让天下于许由，许由不受④，耻之逃隐；及夏之时，有卞随、务光者⑤。此何以称焉？太史公曰：余登箕山⑥，其上盖有许由冢云。孔子序列古之仁圣贤人，如吴太伯、伯夷之伦详矣⑦。余以所闻由、光义至高，其文辞不少概见，何哉？

孔子曰："伯夷、叔齐，不念旧恶，怨是用希⑧。""求仁得仁，又何怨乎？"余悲伯夷之意，睹轶诗可异焉⑨。其传曰：伯夷、叔齐，孤竹君之二子也⑩。父欲立叔齐，及父卒，叔齐让伯夷。伯夷曰："父命也。"遂逃去。叔齐亦不肯立而逃之。国人立其中子。于是伯夷、叔齐闻西伯昌善养老，"盍往归焉！"及至，西伯卒，武王载木主⑪，号为文王，东伐纣。伯夷、叔齐叩马而谏曰："父死不葬，爰及干戈⑫，可谓孝乎？以臣弑君，可谓仁乎？"左右欲兵之，太公曰："此义人也。"扶而去之。武王已平殷乱，天下宗周，而伯夷、叔齐耻之，义不食周粟，隐于首阳山，采薇而食之。及饿且死，作歌，其辞曰："登彼西山兮，采其薇矣。以暴易暴兮，不知其非矣。神农、虞、夏忽焉没兮，我安适归矣？于嗟徂兮，命之衰矣！"遂饿死于首阳山。由此观之，怨邪非邪？

或曰："天道无亲，常与善人。"若伯夷、叔齐，可谓善人者非邪？积仁絜行如此而饿死！且七十子之徒，仲尼独荐颜渊为好学，然回也屡空，糟糠不厌，而卒蚤夭。天之报施善人，其何如哉？盗跖日杀不辜⑬，肝人之肉，暴戾恣睢，聚党数千人，横行天下，竟以寿终，是遵何德哉？此其尤大彰明较著者也。若至近世，操行不轨，专犯忌讳，而终身逸乐，富厚累世不绝。或择地而蹈之，时然后出言，行不由径，非公正不发愤，而遇祸灾者，不可胜数也。余甚惑焉，傥所谓天道，是邪非邪？

子曰："道不同，不相为谋。"亦各从其志也。故曰："富贵如可求，虽执鞭之士，吾亦为之。如不可求，从吾所好。""岁寒，然后知松柏之后凋。"举世混浊，清士乃见。岂以其重若彼，其轻若此哉？

"君子疾没世而名不称焉。"贾子曰："贪夫徇财，烈士徇名，夸者死权，众庶冯生⑭。"同明相照，同类相求。"云从龙，风从虎，圣人作而万物睹。"伯夷、叔齐虽贤，得夫子而名益彰；颜渊虽笃学，附骥尾而行益显。岩穴之士，趋舍有时，若此类名埋灭而不称⑮，悲夫！闾巷之人，欲砥行立名者，非附青云之士，恶能施于后世哉⑯！

经典注释

①载籍：书籍。②虞、夏之文：指《尚书》关于虞、夏禅让的记载。③岳牧：这里指四方部落的首领和九个州的长官。岳：指四岳。牧：指九牧。④许由：上古时代的隐士。⑤下随、务光：夏朝时的隐士。相传汤想把天下让给下随、务光，两人均引以为耻，投河自杀。⑥箕（jī）山：山名，在今河南登封市。⑦太伯：周文王姬昌的伯父，他认为小弟季历之子姬昌有德，因而出走，以便太王将君位传给季历，再传给姬昌。⑧是用：因此。希：稀少。⑨轶诗：指下文的《采薇》，诗中有对命运的哀叹。因《诗经》未收入，所以称轶诗。⑩孤竹君：孤竹国的国君。孤竹，商代的一个小国。⑪木主：木制的象征死者的牌位。⑫爰（yuán）：于是。⑬盗跖（zhí）：相传为春

秋时期的大盗，或认为是奴隶起义的领袖。"跖"是名。⑭冯：同"凭"，依靠。⑮埋（yīn）灭：埋没。⑯施（yì）：延续，留传。

译文也很美

世上记事的书籍虽然很多，但学者们仍然以"六艺"——《诗》《书》《礼》《乐》《易》《春秋》经典为征信的凭据。《诗经》《尚书》虽有缺损，但是记载虞、夏两代的文字都可以从中读到。尧将退位，把帝位禅让给虞舜。还有舜让位给禹的时候，四方诸侯长和州牧们都推荐夏禹，于是，让他们先试着任职工作，主持事务数十年，做出了成就，建立了功绩，然后再把国家大政交给他们，这是表示天下是不轻易授人的宝器。帝王是最大的统领者，把天下移交给继承者就是如此慎重。然而也有人说过，尧要把天下让给许由，许由不肯接受，以为是一种耻辱而逃走隐居起来；到了夏代的时候，又有卞随、务光等人以接受君位为耻。这些人又为什么要受到称许呢？太史公说：我登过箕山，相传山上有许由之墓。孔子依次评论古代的仁人、圣人、贤人，对吴太伯和伯夷等讲得很详细。我听说许由、务光等节义品德至为高尚，而经书中有关他们的文辞却一点儿也见不到，这是为什么呢？

孔子说："伯夷、叔齐，不计较人家以前的过错，因此怨恨他们的人就少。追求仁德而得到仁德，又有什么可怨恨的呢？"我对伯夷兄弟的用意深感悲痛，但看到未被载入经书的诗歌又感到诧异。他们的传记说道：伯夷、叔齐是孤竹君的两个儿子。父亲想把王位传给叔齐，等到父亲去世以后，叔齐要让位给伯夷。伯夷说："这是父亲的遗命啊！"于是便逃走了。叔齐也不肯即位而逃走。国人只好立孤竹君的第二个儿子为王。这时，伯夷、叔齐听说西伯姬昌能够很好地奉养老人，便商量着说：

吾将上下而求索

"我们何不去投奔他呢？"等到达那里，西伯已去世了。周武王用车载着西伯的神位，追谥其为文王，率军东进去征伐商纣。伯夷、叔齐拉住周武王的马而谏阻道："父亲死了却不安葬，大动干戈去打仗，这难道是孝的行为吗？身为臣子，却要去杀害国君，这难道可以算作仁德吗？"周武王左右的人准备杀掉他们，姜太公说："他们是义士啊！"让人扶着他们离开了。周武王摧毁了殷商的暴虐统治，天下都归附了周朝，而伯夷、叔齐却认为这是很可耻的事，为了表示对殷商的忠义，不肯再吃周朝的粮食，隐居在首阳山中，靠着采食薇菜充饥。等饿到快要死的时候，作了一首歌，歌词说："登上那西山啊，采些薇菜呀！用暴力来取代暴力，还不知道这是错误的。神农、虞舜和夏禹，授政仁人相禅让，圣人倏忽辞世去，我辈今日向何方？啊，别啦，永别啦！命运衰薄令人哀伤！"终于饿死在首阳山中。从这些记载来看，伯夷、叔齐是怨呢，还是不怨呢？

有人说："天道并不对谁特别偏爱，但通常是帮助善良人的。"像伯夷、叔齐，总可以算得上是善良的人了吧！难道不是吗？他们行善积仁，修养品行，这样的好人竟然给饿死了！再说孔子的七十二位贤弟子这批人吧，仲尼特别赞赏颜渊的好学。然而颜渊常常为贫穷所困扰，连酒糟谷糠一类的食物都吃不饱，终于过早地去世了。上天对于好人的报偿，到底是怎样的呢？盗跖天天在屠杀无辜的人，割人肝，吃人肉，凶暴残忍，胡作非为，聚集党徒数千人，横行天下，竟然能够长寿而终。他又究竟积了什么德，行了什么善呢？这几个例子是最典型、最能说明问题的了。若要说到近代，那种品行不端、专门违法乱纪的人，反倒能终身安逸享乐，富贵优裕，一代一代地传下去；而有的人（诚如孔子教诲的那样）居住的地方要精心地加以选择；说话要待到合适的时机才开口；走路只走大路，不抄小道；不是为了主持公正，就不表露愤懑，结果反倒遭遇灾祸。这种情形多得简直数也数不清。我深感困惑不解。倘若有所谓天道,那么这是天道呢,或者说不是呢?

孔子说:"主张不同的人,不互相商议谋划。"都各自按照自己的意志去做事。孔子又说:"富贵如果能够求得,就是要手拿鞭子的卑贱的职务,我也愿意去干;如果不能求得,那还是按照我自己的喜好去干吧!""天气寒冷以后,才知道松树、柏树是最后落叶的。"世间到处混浊龌龊,那清白高洁的人就显得格外突出。这岂不是因为他们是如此重视道德和品行,又是那样鄙薄富贵与苟活啊!

"令君子感到痛心的是他们到死名声都不被大家所称颂。"贾谊说:"贪得无厌的人为追求钱财而不惜一死,胸怀大志的人为追求名节而不惜一死,作威作福的人为追求权势而不惜一死,芸芸众生只顾惜自己的生命。"同是明灯,方能相互辉照;同是一类,方能相互亲近。"飞龙腾空而起,总有祥云相随;猛虎纵身一跃,总有狂风相随;圣人一出现,万物的本来面目便都被揭示得清清楚楚。"伯夷、叔齐虽然贤明,由于得到了孔子的赞扬,名声才更加响亮;颜渊虽然好学,由于追随孔子,品德的高尚才更加明显。那些居住在深山洞穴之中的隐士们,他们出仕与退隐也都很注重原则,有一定的时机,而他们的名字(由于没有圣人的表彰)就大都被埋没了,不被人们所传颂,真可悲啊!一个下层的平民,要想磨炼品行,成名成家,如果不依靠德高望重的贤人,怎么可能让自己的名声流传于后世呢?

鉴赏文心

本文是《史记》列传部分的第一篇。"传"指转述、引申,是以人物事迹为核心的传记,而所谓"列传"即指诸多人物记叙的合并排列。《太史公自序》中说"作《伯夷列传》第一"。司马迁将本文称为"第一",首先在于表彰伯夷、叔齐兄弟"末世争利,维彼奔义"这一谦让国君的品德,由此可见《史记》接续《春秋》,受"拨乱反正"的儒家经典思想的影响。

其次，本文取材来自早期的儒家经典，不取信许由等更久远的传说人物的历史记叙，而是选用孔子所评论的伯夷事迹。可见司马迁作为史官撷取史料谨慎取信的原则，是为其后七十列传作为范例。

全文写伯夷、叔齐生平，先写尧让国事迹，以此生发、映衬伯夷、叔齐美德。而后以孔子言论为引，阐述伯夷、叔齐的让国仁德与不食周粟之义。此段末司马迁引用两人绝笔，以其间悲哀之情，质疑孔子说伯夷、叔齐"无怨"，使文章再起波澜。下文再引用《道德经》中"天道无亲，常与善人"（天道并没有亲疏的区别，经常眷顾善于顺应天道的人）句，与前文两人事迹做对照，再纵横引述颜回多德早夭等一系列史事，从而质疑是否存在惩恶扬善的天道。这一系列由仁德无报、质疑天道的描述，语气哀婉感叹，饱含忧愤，而期间意旨，全在下文"若至近世"一句中对德行与天道命运不符的叙述中，实则借古喻今，激愤当世，感怀己遇。为后文抒发自己的创作旨趣作为铺垫。

> **天道无亲，常与善人。**

尾段则先以孔子之语抒发，指出君子价值观不同，不在看重富贵，不怕苦难，更在于自身操守的坚持与名誉流传。从而自然表现出自己在悲慨世道之外，更想要为湮没在历史中的圣贤高士著书立传的愿望。由此开篇立名，揭示了《史记》七十篇列传的本意。

作为一篇人物传记，本文只略写伯夷、叔齐事迹，主体多为议论感叹，又夹叙多种圣贤言论，在对兄弟二人的德行赞叹之外，饱含对天道世事的质疑，对道德价值、人生选择与苦难意义追问，也借以阐明自己发愤著述的决心意志，可谓婉转生发，含义深广，当与《太史公自序》一文比照阅读，以彰显文义。

古文的智慧

天道是否存在，属于玄学，无论天道如何，选择成为什么样的人，其实，只需要问一问自己的内心。太史公认为，我们应该像孔子那样，即便举世混浊，哪怕终生贫困，仍然保持品行的高洁。伯夷和叔齐也是这样的人，宁愿饿死，也不愿改变自己的品性。我们固然不赞同轻视生命，也不鄙薄对名利的追求，只要在物欲横流的社会执中守正，在竞争中有所坚守，就十分难能可贵了。

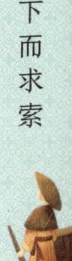

相知才是最难得

管晏列传

西汉·司马迁

管仲夷吾者①，颍上人也②。少时常与鲍叔牙游③，鲍叔知其贤。管仲贫困，常欺鲍叔④，鲍叔终善遇之，不以为言。已而鲍叔事齐公子小白⑤，管仲事公子纠。及小白立为桓公，公子纠死，管仲囚焉。鲍叔遂进管仲。管仲既用，任政于齐，齐桓公以霸，九合诸侯，一匡天下，管仲之谋也。

管仲曰："吾始困时，尝与鲍叔贾，分财利多自与，鲍叔不以我为贪，知我贫也。吾尝为鲍叔谋事而更穷困，鲍叔不以我为愚，知时有利不利也。吾尝三仕三见逐于君，鲍叔不以我为不肖，知我不遭时也。吾尝三战三走，鲍叔不以我为怯，知我有老母也。公子纠败，召忽死之⑥，吾幽囚受辱，鲍叔不以我为无耻，知我不羞小节而耻功名不显于天下也。生我者父母，知我者鲍子也。"

鲍叔既进管仲，以身下之，子孙世禄于齐，有封邑者十余世，常为名大夫。天下不多管仲之贤而多鲍叔能知人也⑦。

管仲既任政相齐，以区区之齐在海滨，通货积财，富国强兵，与俗同好恶⑧。故其称曰："仓廪实而知礼节，衣食足而知荣辱，上服度则六亲固⑨。""四维不张⑩，国乃灭亡。""下令如流水之源，令顺民心。"故论卑而易行，俗之所欲，因而予之，俗之所否，因而去之。其为政也，善因祸而为福，转败而为功。贵轻重，慎权衡。桓公实怒少姬，南袭蔡，管仲因而伐楚，责包茅不入贡于周室⑪。桓公实北征山戎⑫，而管仲因而令燕修召公之政。于柯之会，桓公欲背曹沫之约，管仲因而信之，诸侯由是归齐。故曰："知与之为取，政之宝也。"

管仲富拟于公室，有三归、反坫⑬，齐人不以为侈。管仲卒，齐国遵其政，常强于诸侯。后百余年而有晏子焉。

晏平仲婴者，莱之夷维人也⑭。事齐灵公、庄公、景公，以节俭力行重于齐。既相齐，食不重肉，妾不衣帛。其在朝，君语及之，即危言⑮；语不及之，即危行。国有道，即顺命；无道，即衡命。以此三世显名于诸侯。

越石父贤，在缧绁中。晏子出，遭之途，解左骖赎之⑯，载归。弗谢，入闺，久之。越石父请绝。晏子戄然，摄衣冠谢曰："婴虽不仁，免子于厄，何子求绝之速也？"石父曰："不然。吾闻君子诎于不知己而信于知己者⑰。方吾在缧绁中⑱，彼不知我也。夫子既已感寤而赎我，是知己；知己而无礼，固不如在缧绁之中。"晏子于是延入为上客。

晏子为齐相，出，其御之妻从门间而窥其夫。其夫为相御，拥大盖，策驷马，意气扬扬，甚自得也。既而归，其妻请去。夫问其故，妻曰："晏子长不满六尺，身相齐国，名显诸侯。今者妾观其出，志念深矣，常有以自下者。今子长八尺，乃为人仆御，然子之意自以为足，妾是以求去也。"其后夫自抑损。晏子怪而问之，御以实对，晏子荐以为大夫。

太史公曰：吾读管氏《牧民》《山高》《乘马》《轻重》《九府》及《晏子春秋》，详哉其言之也。既见其著书，欲观其行事，故次其传。至其书，世多有之，是以不论，论其轶事。

管仲世所谓贤臣，然孔子小之。岂以为周道衰微，桓公既贤，而不勉之至王，乃称霸哉？语曰："将顺其美，匡救其恶，故上下能相亲也。"

岂管仲之谓乎？方晏子伏庄公尸哭之，成礼然后去，岂所谓"见义不为，无勇"者邪？至其谏说，犯君之颜，此所谓"进思尽忠，退思补过"者哉？假令晏子而在，余虽为之执鞭，所忻慕焉。

经典注释

①夷吾：管仲，名夷吾，字仲。②颍上：在今安徽颍上。③鲍叔牙：春秋时期齐国大夫。游：交往。④欺：这里指分财产时多占便宜。⑤小白：齐桓公，与下文公子纠都是齐襄公的弟弟。⑥召忽：与管仲一起侍奉公子纠。⑦多：认为难得。⑧俗：指庶民百姓。⑨服度：遵循法度。⑩四维：指礼、义、廉、耻。⑪责包茅不入贡于周室：齐桓公以楚国不向周王室进献包茅为由，进攻楚国。⑫山戎：北方少数民族。⑬三归：三处建筑华丽的台。反坫（diàn）：指堂屋两柱间放祭祀和宴会所用的礼器和酒的台子。⑭莱：国名。⑮危言：直言。⑯左骖（cān）：车子左边的马。⑰诎（qū）：同"屈"。⑱缧绁（léi xiè）：捆犯人的绳索，这里指拘禁。

译文也很美

管仲，名夷吾，是颍上人。他年轻的时候，常和鲍叔牙交往，鲍叔牙知道他贤明、有才干。管仲家贫，经常占鲍叔牙的便宜，但鲍叔牙始终很好地对待他，不因为这些事而有什么怨言。不久，鲍叔牙侍奉齐国公子小白，管仲侍奉公子纠。等到小白被立为齐桓公以后，桓公让鲁国杀了公子纠，管仲被囚禁。于是鲍叔牙向齐桓公推荐管仲。管仲被任用以后，在齐国执政，桓公凭借着管仲而称霸，并以霸主的身份，多次会合诸侯，使天下归正于一，这都是管仲的智谋。

管仲说："我当初贫困的时候，曾经和鲍叔牙经商，分钱财时自己常常多拿一些，但鲍叔牙不认为我贪财，知道我生活贫困。我曾经

为鲍叔牙办事，结果使事情更加糟糕，但鲍叔牙不认为我愚笨，知道时机有利和不利。我曾经多次做官，多次都被君主免职，但鲍叔牙不认为我没有才干，知道我没有遇到好时机。我曾多次作战，多次战败逃跑，但鲍叔牙不认为我胆小，知道我还有老母需要奉养。公子纠失败，召忽死了，我被关在大牢中受屈辱，但鲍叔牙不认为我无耻，知道我不会为小节而羞，却会因为功名不曾显耀于天下而耻。生我的是父母，了解我的是鲍叔牙啊！"

鲍叔牙推荐了管仲以后，情愿把自身置于管仲之下。他的子孙世世代代在齐国享有俸禄，得到封地的有十几代，多数是著名的大夫。因此，天下的人不称赞管仲的才干，反而赞美鲍叔牙能够识别人才。

管仲出任齐相执政以后，凭借着小小的齐国在海滨的条件，流通货物，积聚财富，使得国富兵强，与百姓同好恶。所以，他在《管子》一书中说："仓库储备充实了，百姓才懂得礼节；衣食丰足了，百姓才能分辨荣辱；国君的作为合乎法度，六亲才会得以稳固。不提倡礼义廉耻，国家就会灭亡。国家下达政令就像流水的源头，顺着百姓的心意流下。"所以政令符合下情就容易推行。百姓想要得到的，就给他们；百姓所反对的，就替他们废除。管仲执政的时候，善于把祸患化为吉祥，使失败转化为成功。他重视事物的轻重缓急，慎重地权衡事情的利弊得失。齐桓公实际上是怨恨少姬改嫁而向南袭击蔡国，管仲就寻找借口攻打楚国，责备其没有向周王室进贡菁茅。桓公实际上是向北出兵攻打山戎，而管仲就趁机让燕国整顿召公时期的政教。在柯地会盟，桓公想背弃被曹沫逼迫订立的盟约，管仲就顺应形

势劝他信守盟约，诸侯们因此归顺齐国。所以说："懂得给予正是为了取得的道理，这是治理国家的法宝。"

管仲富贵得可以跟国君相比拟，拥有设置华丽的三归台和国君的宴饮设备，齐国人却不认为他奢侈僭越。管仲逝世后，齐国仍遵循他的政策，常常比其他诸侯国强大。此后过了百余年，齐国又出了个晏婴。

晏平仲，名婴，是齐国莱地夷维人。他辅佐了齐灵公、庄公、景公三代国君，由于节约俭朴又努力工作，在齐国受到人们的尊重。他做了齐国宰相，食不兼味，妻妾不穿丝绸衣服。在朝廷上，国君说话涉及他，就正直地陈述自己的意见；国君的话不涉及他，就正直地去办事。国君能行正道，就顺着他的命令去做；不能行正道时，就对命令斟酌着去办。因此，他在齐灵公、庄公、景公三代，名声显扬于各国诸侯。

越石父是个贤才，正在囚禁之中。晏子外出，在路上遇到他，就解开乘车左边的马，把他赎出来，用车拉回家。晏子没有向越石父告辞，就走进内室，过了好久没出来，越石父就请求与晏子绝交。晏子大吃一惊，匆忙整理好衣帽道歉说："我即使说不上善良宽厚，也总算帮助您从困境中解脱出来，您为什么这么快就要求绝交呢？"越石父说："不是这样的，我听说君子在不了解自己的人那里受到委屈，而在了解自己的人面前意志就会得到伸张。当我在囚禁之中，那些人不了解我。你既然已经受到感动而醒悟，把我赎买出来，这就是了解我；了解我却不能以礼相待，还不如在囚禁之中。"于是，晏子就请他进屋，待为贵宾。

晏子做齐国宰相时，一次坐车外出，车夫的妻子从门缝里偷偷地看她的丈夫。她丈夫替宰相驾车，头上遮着大伞，挥动着鞭子赶着四匹马，神气十足，洋洋

得意。不久回到家里,妻子就要求离婚,车夫问她离婚的原因,妻子说:"晏子身高不过六尺,却做了齐国的宰相,名声在各国显扬,我看他外出,志向思想都非常深沉,常有那种甘居人下的态度。现在你身高八尺,才不过做人家的车夫,看你的神态,却自以为挺满足,因此我要求和你离婚。"从此以后,车夫就谦虚恭谨起来。晏子发现了他的变化,感到很奇怪,就问他,车夫也如实相告,晏子就推荐他做了大夫。

太史公说:我读了管仲的《牧民》《山高》《乘马》《轻重》《九府》和《晏子春秋》,这些书上说得太详细了!读了他们的著作,还想让人们了解他们的事迹,所以就编写了他们的合传。至于他们的著作,社会上已有很多,因此不再论述,只记载他们的逸事。

管仲是世人所说的贤臣,然而孔子小看他,难道是因为周朝统治衰微,桓公既然贤明,管仲不勉励他实行王道却辅佐他只称霸主吗?古语说:"要顺势助成君子的美德,纠正挽救他的过错,所以君臣百姓之间能亲密无间。"这大概说的就是管仲吧?当初晏子枕伏在庄公尸体上痛哭,完成了礼节然后离去,难道是人们所说的"遇到正义的事情不去做就是没有勇气"的表现吗?至于晏子直言进谏,敢于冒犯国君的威严,这就是人们所说的"进就想到竭尽忠心,退就想到弥补过失"的人啊!假使晏子还活着,我即使替他挥动着鞭子赶车,也是我非常高兴和十分向往的啊!

本文选自《史记》,是一篇人物评传。管指管仲,晏指晏子,两人虽然相距百年,却分别帮助齐桓公与齐景公治理齐国。两人同有辅佐国君,使齐国富强的功绩,所以作为合记写在同一篇目里。本文作为人物传记,以知己相和入手,以生平逸事为佐,来叙述人物。而两人主要的政治成就,则放在《史记·齐世家》一篇内论述,可以说是详略得当,别出心裁,以突出人物重点。

> 生我者父母，知我者鲍子也。

全文可分为三部分，以时间为纲，以知贤荐贤为轴，先写管仲，再写晏子，最后以太史公论赞作结。写管仲部分，先重在对管鲍之交的描写，略写管仲，详写鲍叔牙对管仲的相知、容忍、引荐，也有管仲视角的自白，语调真挚。而后才引出管仲以经济之道治国，为齐桓公谋得霸业的谋略才干。此后笔调一转，以百年之后有一位叫晏子的臣子这样的时间顺序展开，托出写晏子部分。

本文写晏子可分三段。先是对晏子"节俭力行"这一人物品行的简要描述，也是与上文管仲的豪奢做一对比。而后依然以求贤这一主题出发，着重写晏子"重用越石父"与"引荐御者"两件逸事，突出人物求贤若渴，德才兼备的特质。这两件逸事的叙事手段也有所不同，写越石父，是从晏子行动出发的平铺叙事，以精当动词点写，如救越石父时"解左骖赎之"（解开左边拉车的马来为他赎身）的迫

切，道歉时"摄衣冠谢"（整理好衣冠致歉），显得生动形象，而写晏子引荐御者一事，则从御者妻子对晏子的赞誉出发，侧面映衬，再回归晏子的提拔行动，奇正相应。这种正反映衬的手法既具体而微，也宏观体现在对管仲和晏子或豪奢或节俭的对照中，尽管两人行状各异，却同为治国股肱，体现了司马迁文章布局的张力。

本文尾段为司马迁的评论，以归总文义，补足两人形貌。先是说明本文摘选逸事的写作原因，然后总结赞颂两位能臣。特别是称赞晏子时，表现出希望晏子在世，他能够为晏子持鞭驾车，追随左右的愿景。更是表现出司马迁身为史官的知音相和，历史慨叹之情，这既是表现对此高洁雅士的景仰，更是联想到自身境遇，对自己遭遇贬斥，不能遇到知己的感慨。

吾将上下而求索

古文的智慧

富足的物质是一个国家礼节法度的基础，如果礼义廉耻这四维

"不张"，国家就要灭亡。穷山恶水出刁民。试问在一个人人吃不饱饭的国度，百姓命都难保的情况下，谁还去管什么礼节，谁还去尊法守法？至少对于大部分人来说，是很难做到的。

九死无悔的爱国者
屈原列传

西汉·司马迁

屈原者，名平，楚之同姓也①。为楚怀王左徒②。博闻强志，明于治乱，娴于辞令。入则与王图议国事，以出号令，出则接遇宾客，应对诸侯。王甚任之。

上官大夫与之同列，争宠而心害其能。怀王使屈原造为宪令，屈平属草稿未定，上官大夫见而欲夺之，屈平不与，因谗之曰："王使屈平为令，众莫不知，每一令出，平伐其功，曰以为'非我莫能为'也。"王怒而疏屈平。

屈平疾王听之不聪也，谗谄之蔽明也，邪曲之害公也，方正之不容也，故忧愁幽思而作《离骚》。离骚者，犹离忧也。夫天者，人之始也；父母者，人之本也。人穷则反本③，故劳苦倦极，未尝不呼天也；疾痛惨怛，未尝不呼父母也。屈平正道直行，竭忠尽智以事其君，谗人间之，可谓穷矣。信而见疑，忠而被谤，能无怨乎？屈平之作《离骚》，盖自怨生也。《国风》好色而不淫，《小雅》怨诽而不乱。若《离骚》者，可谓兼之矣。上称帝喾，下道齐桓，中述汤、武，以刺世事。明道德之广崇、治乱之条贯，靡不毕见。其文约，其辞微，其志洁，其行廉。其称文小而其指极大，举类迩而见义远。其志洁，故其称物芳；其行廉，故死而不容。自疏濯淖污泥之中，蝉蜕于浊秽，以浮游尘埃之外，不获世之滋垢，皭然泥而不滓者也④。推此志也，虽与日月争光可也。

屈平既绌⑤，其后秦欲伐齐，齐与楚从亲，惠王患之，乃令张仪详去秦，厚币委质事楚，曰："秦甚憎齐，齐与楚从亲，楚诚能绝齐，秦愿献商、於之地六百里⑥。"楚怀王贪而信张仪，遂绝齐，使使如秦受地。张仪诈之曰："仪与王约六里，不闻六百里。"楚使怒去，归告怀王。怀王怒，大兴师伐秦。秦发兵击之，大破楚师于丹、淅，斩首八万，虏楚将屈匄，遂取楚之汉中地⑦。怀王乃悉发国中兵，以深入击秦，战于蓝田。魏闻之，袭楚至邓。楚兵惧，自秦归。而齐竟怒不救楚，楚大困。

明年⑧，秦割汉中地与楚以和。楚王曰："不愿得地，愿得张仪而甘心焉。"张仪闻，乃曰："以一仪而当汉中地，臣请往如楚。"如楚，又因厚币用事者臣靳尚⑨，而设诡辩于怀王之宠姬郑袖。怀王竟听郑袖，复释去张仪。是时屈原既疏，不复在位，使于齐，顾反，谏怀王曰："何不杀张仪？"怀王悔，追张仪不及。

其后诸侯共击楚，大破之，杀其将唐眜⑩。

时秦昭王与楚婚，欲与怀王会。怀王欲行，屈平曰："秦，虎狼之国，不可信，不如无行。"怀王稚子子兰劝王行："奈何绝秦欢？"怀王卒行。入武关，秦伏兵绝其后，因留怀王，以求割地。怀王怒，不听。亡走赵，赵不内。复之秦，竟死于秦而归葬。

长子顷襄王立，以其弟子兰为令尹。楚人既咎子兰以劝怀王入秦而不反也。

屈平既嫉之，虽放流，眷顾楚国，系心怀王，不忘欲反，冀幸君之一悟、俗之一改也。其存君兴国，而欲反覆之。一篇之中三致意焉。然终无可奈何，故不可以反，卒以此见怀王之终不悟也。人君无愚智、贤不肖，莫不欲求忠以自为，举贤以自佐，然亡国破家相随属，而圣君治国累世而不见者⑪，其所谓忠者不忠，而所谓贤者不贤也。怀王以不知忠臣之分，

吾将上下而求索

故内惑于郑袖，外欺于张仪，疏屈平而信上官大夫、令尹子兰。兵挫地削，亡其六郡，身客死于秦，为天下笑。此不知人之祸也。《易》曰："井渫不食，为我心恻，可以汲。王明，并受其福。"王之不明，岂足福哉？

令尹子兰闻之大怒，卒使上官大夫短屈原于顷襄王，顷襄王怒而迁之。

屈原至于江滨，被发行吟泽畔，颜色憔悴，形容枯槁。渔父见而问之曰："子非三闾大夫欤？何故而至此？"屈原曰："举世混浊而我独清，众人皆醉而我独醒，是以见放。"渔父曰："夫圣人者，不凝滞于物而能与世推移。举世混浊，何不随其流而扬其波？众人皆醉，何不铺其糟而啜其醨⑫？何故怀瑾握瑜而自令见放为？"屈原曰："吾闻之，新沐者必弹冠，新浴者必振衣，人又谁能以身之察察，受物之汶汶者乎！宁赴常流而葬乎江鱼腹中耳，又安能以皓皓之白而蒙世之温蠖乎！"乃作《怀沙》之赋⑬。于是怀石遂自投汨罗以死。

屈原既死之后，楚有宋玉、唐勒、景差之徒者，皆好辞而以赋见称。然皆祖屈原之从容辞令，终莫敢直谏。其后楚日以削，数十年竟为秦所灭。

自屈原沉汨罗后百有余年，汉有贾生⑭，为长沙王太傅，过湘水，投书以吊屈原。

太史公曰：余读《离骚》《天问》《招魂》《哀郢》，悲其志。适长沙，过屈原所自沉渊，未尝不垂涕，想见其为人。及见贾生吊之，又怪屈原以彼其材，游诸侯，何国不容？而自令若是！读《鵩鸟赋》⑮，同生死，轻去就，又爽然自失矣。

经典注释

①楚之同姓：楚王族本姓芈（mǐ），楚武王熊通的儿子瑕封于屈，他的后代遂以屈为姓，瑕是屈原的祖先。②楚怀王：楚威王的儿子，名熊槐。③反本：追思根本。④濯淖（zhuó nào）：污浊。蝉蜕（tuì）：这里是摆脱的意思。获：玷污。滋：通"兹"，

黑。皭（jiǎo）然：洁白的样子。滓（zǐ）：污黑。⑤绌（chù）：通"黜"，废，罢免。⑥商、於（wū）：秦地名。商，在今陕西商县东南。於，在今河南内乡东。⑦屈匄（gài）：楚大将军。汉中：今湖北西北部、陕西东南部一带。⑧明年：指楚怀王十八年（前311）。⑨靳尚：楚大夫。⑩唐昧：楚将。楚怀王二十八年（前301），秦、齐、韩、魏攻楚，杀唐昧。⑪世：三十年为一世。⑫餔（bǔ）：通"哺"，食。啜（chuò）：喝。醨（lí）：薄酒。⑬《怀沙》：在今本《楚辞》中，是《九章》的一篇。今人多以为系屈原怀念长沙的诗。⑭贾生：即贾谊。⑮《鵩鸟赋》：贾谊所作。

译文也很美

屈原名平，与楚国的王族同姓。他曾担任楚怀王的左徒。见闻广博，记忆力很强，通晓治理国家的道理，熟习外交应对辞令。对内与怀王谋划商议国事，发号施令；对外接待宾客，应酬诸侯。怀王很信任他。

上官大夫和他官位相等，想争得怀王的宠幸，心里嫉妒屈原的才能。怀王让屈原制定法令，屈原起草尚未定稿，上官大夫见了就想夺走它，屈原不肯给，他就在怀王面前谗毁屈原说："大王叫屈原制定法令，大家没有不知道的，每一项法令发出，屈原就夸耀自己的功劳说：除了我，没有人能做的。"怀王很生气，就疏远了屈原。

屈原痛心怀王不能听信忠言，明辨是非，被谗言和谄媚之词蒙蔽了聪明才智，让邪恶的小人危害公正的人，端方正直的君子则不为朝廷所容，所以忧愁苦闷，写下了《离骚》。"离骚"，就是离忧的意思。天是人类的根源，父母是人的根本。人处于困境就会追念本源，所以到了极其劳苦疲倦的时候，没有不叫天的；遇到病痛或忧伤的时候，没有不叫父母的。屈原行为正直，竭尽自己的忠诚和智慧来辅助君主，谗邪的小人来离间他，可以说困境到了极点！诚信却被怀疑，

忠实却被诽谤,能够没有怨恨吗?屈原之所以写《离骚》,就是由怨恨引起的。《国风》虽然多写男女爱情,但不过分。《小雅》虽然多讥讽指责,但并不宣扬作乱。像《离骚》,可以说是兼有二者的特点了。它对远古称道帝喾,近世称述齐桓公,中古称述商汤和周武王,用来讽刺当时的政事。阐明道德的广阔崇高,国家治乱兴亡的道理,无不完全表现出来。他的文笔简约,词意精微,他的志趣高洁,行为廉正。文章说到的虽然细小,但意义却非常重大,列举的事例虽然浅近,但含义却十分深远。由于志趣高洁,所以文章中多用香花芳草作比喻,由于行为廉正,所以到死也不为奸邪势力所容。他独自远离污泥浊水之中,像蝉脱壳一样摆脱浊秽,浮游在尘世之外,不受浊世的玷辱,保持皎洁的品质,出污泥而不染。可以推断,屈原的志向,即使和日月争辉,也是可以的。

屈原已被罢免。后来秦国准备攻打齐国,齐国和楚国结成合纵联盟互相亲善。秦惠王对此担忧,就派张仪假装脱离秦国,用厚礼和信物呈献给楚王,对怀王说:"秦国非常憎恨齐国,齐国与楚国却合纵相亲,如果楚国确实能和齐国绝交,秦国愿意献上商、於之间的六百里土地。"楚怀王起了贪心,信任了张仪,就和齐国绝交,然后派使者到秦国接受土地。张仪抵赖说:"我和楚王约定的只是六里,没有听说过六百里。"楚国使者愤怒地离开秦国,回去报告怀王。怀王发怒,大规模出动军队去讨伐秦国。秦国发兵反击,在丹水和淅水一带大破楚军,杀了八万人,俘虏了楚国的大将屈匄,于是夺取了楚国的汉中一带。怀王又发动全国的兵力,深入秦地攻打秦国,交战于蓝田。魏国听到这一情况,袭击楚国一直打到邓地。楚军恐惧,从秦国撤退。齐国终于因为怀恨楚国,不来援救,楚国处境极端困窘。

第二年,秦国割汉中之地与楚国讲和。楚王说:"我不愿得到土地,只希望得到张仪就甘心了。"张仪听说后,就说:"用一个张仪来抵当汉中地方,我请求到楚国去。"到了楚国，他又用丰厚的礼品贿赂当权的大臣靳尚，通过他在怀王宠姬郑袖面前编造了一套谎话。怀王竟然听信郑袖，又放走了张仪。这时屈原已被疏远，不在朝中任职，出使在齐国，回来后，劝谏怀王说："为什么不杀张仪？"怀王很后悔，派人追张仪，已经来不及了。

后来，各国诸侯联合攻打楚国，大败楚军，杀了楚国将领唐昧。这时秦昭王与楚国通婚，要求和怀王会面。怀王想去，屈原说："秦国是虎狼一样的国家，不可信任，不如不去。"怀王的小儿子子兰劝怀王去，说："怎么可以断绝和秦国的友好关系！"怀王终于前往。一进入武关，秦国的伏兵就截断了他的后路，于是扣留怀王，强求割让土地。怀王很愤怒，不听秦国的要挟。他逃往赵国，赵国不肯接纳。只好又到秦国，最后死在秦国，尸体运回楚国安葬。

怀王的长子顷襄王即位，任用他的弟弟子兰为令尹。楚国人都抱怨子兰，因为他劝怀王入秦而最终未能回来。屈原也为此怨恨子兰，虽然流放在外，仍然眷恋着楚国，心里挂念着怀王，念念不忘返回朝廷。他希望国君总有一天醒悟，世俗总有一天改变。屈原关怀君王，想振兴国家，扭转当前的局面，在他每一篇作品中，都再三表现出来。然而终于无可奈何，所以不能够返回朝廷。由此可以看出怀王始终没有觉悟啊。国君无论愚笨或明智、贤明或昏庸，没有不想求得忠臣来为自己服务，选拔贤才来辅助自己的。然而国破家亡的事接连发生，而像圣明君主好好治理国家这样的事情已经多少世代没有出现了，这是因为所谓忠臣并不忠，所谓贤臣并

不贤。怀王因为不明白忠臣的职分,所以在内被郑袖所迷惑,在外被张仪所欺骗,疏远屈原而信任上官大夫和令尹子兰,军队被挫败,土地被削减,失去了六个郡,自己也被扣留死在秦国,为天下人所耻笑。这是不了解人的祸害。《易经》说:"井淘干净了,还没有人喝井里的水,使我心里难过,因为井水是供人汲取饮用的。君王贤明,天下人都能得福。"君王不贤明,难道还谈得上福吗!

令尹子兰得知屈原怨恨他,非常愤怒,终于让上官大夫在顷襄王面前说屈原的坏话。顷襄王发怒,就放逐了屈原。

屈原到了江滨,披散头发,在水泽边一面走,一面吟咏着。脸色憔悴,身体干瘦。渔父看见他,便问道:"您不是三闾大夫吗?为什么来到这儿?"屈原说:"整个世界都是混浊的,只有我一人清白;众人都沉醉,只有我一人清醒。因此被放逐。"渔父说:"圣人,不受外界事物的束缚,而能够随着世俗变化。整个世界都混浊,为什么不随大流而且推波助澜呢?众人都沉醉,为什么不吃点酒糟,喝点薄酒?为什么要怀抱美玉一般的品质,却使自己被放逐呢?"屈原说:"我听说,刚洗过头的一定要弹去帽上的灰沙,刚洗过澡的一定要抖掉衣上的尘土。谁能让自己清白的身躯,蒙受外物的污染呢?宁可投入长流的大江而葬身于江鱼的腹中,又哪能使自己高洁的品质,去蒙受世俗的尘垢呢?"于是他作了《怀沙》赋。因此抱着石头,就自投汨罗江而死。

屈原死了以后,楚国有宋玉、唐勒、景差等人,都爱好文学,而以善作赋被人称赞。但他们都效法屈原辞令委婉含蓄的一面,始终不敢直言进谏。在这以后,楚国一天天削弱,几十年后,终于被秦国灭掉。

自从屈原沉汨罗江后一百多年,汉代有个贾谊,担任长沙王的太傅。路过湘水时,写了文章来凭吊屈原。

太史公说:我读《离骚》《天问》《招魂》《哀郢》,为他的志向不能实现而悲伤。到长沙,经过屈原自沉的地方,未尝不流下眼泪，追怀他的为人。看到贾谊凭吊他的文章，文中又责怪屈原如果凭他的才能去游说诸侯，哪个国家不会容纳，却自己选择了这样的道路！读了《鹏鸟赋》，把生和死等同看待，把弃官和得官等闲视之，这又使我感到茫茫然失落什么了。

鉴赏文心

本文选自《史记·屈原贾生列传》的屈原相关部分，略去了屈原作的《怀沙赋》。《史记》中所载屈原事迹，是最早记载屈原生平的资料，具有极高的学术历史价值。

本文以屈原生平为主线，先写屈原富有才华，与楚怀王相知，又受谗失势，因而作《离骚》抒发不平。在备述《离骚》行文风格，文章特色后，又转写楚怀王视角，先写楚怀王贪利短视，被秦国说客张仪欺骗，外交失势，割土求和；又听信小人谗言放走张仪，最后终于自己也受骗远行，客死在秦国。此段历史叙事后，再回转到屈原满腔悲愤，却再遭流放的遭遇。而被放逐的屈原在泽畔行吟时与渔父对答，更是彰显出他高洁的志趣。文章结尾则写屈原投江自杀，后人摹写其辞赋，却不能直言不讳，最后楚国被灭的历史，作为补叙。作者最后再加以议论评点，抒发对屈原的同情敬仰，感怀悲叹。

本文行文一波三折，叙事波澜迭起，颇见司马迁写人状物的笔法。

司马迁写屈原，首先在于直接的人物对比手法：大段铺陈楚王昏庸无能，烘托屈原的政治远见；以小人谗臣的无耻奸诈，彰显屈原的高洁清白。以丰富的侧面描写，使人物品格饱满。这些书写，有对《离骚》文学评论式的概括，以此写出屈原的高洁品格与文辞才能；有屈原与渔父的两人对答，议论明志；也有后文楚人作赋，贾谊投书凭吊的行为举止，亦展现出屈原的爱国悲切与声名远扬。

全文叙事抒情论说融为一体，每每铺陈一段人物叙事，便化用诗人辞

> "举世混浊而我独清，众人皆醉而我独醒，是以见放。"

赋，抒发感怀。写法上可以说是承接了屈原本人创作《离骚》所用的浪漫抒情手法。

屈原才高气盛，因忠诚被贬斥，政治郁郁不得志，文辞则流传后世。这与作者司马迁本人为李陵鸣不平而上书，却身心受辱的遭遇尤为相似。司马迁写屈原，何尝不是比照自身，两人境遇与悲愤之情息息相通。是以本文在《史记》七十篇列传中，感情尤为真挚，可谓婉转徊侧，饱含忧愤。鲁迅称赞《史记》，"史家之绝唱，无韵之《离骚》"，当可从此文发端。

古文的智慧

一个人的行为诠释着他对人生的理解，对生命的看法。屈原爱国坚持真理、宁死不屈的精神，千百年来感动着无数中华儿女。他两次被流放，想要革新图强，遭受打击，却不愿背叛祖国。慷慨以死明志，既让人崇敬，也让人惋惜。

离骚

《离骚》是战国时期诗人屈原创作的诗篇，是中国古代最长的抒情诗。此诗以诗人自述身世、遭遇、心志为中心。前半篇反复倾诉诗人对楚国命运和人民生活的关心，表达要求革新政治的愿望和坚持理想、虽逢灾厄也绝不与邪恶势力妥协的意志；后半篇通过神游天界、追求实现理想和失败后欲以身殉的陈述，反映出诗人热爱国家和人民的思想感情。全诗运用大量的神话传说和丰富的想象，形成绚烂的文采和宏伟的结构，表现出积极的浪漫主义精神，并开创了中国文学史上的"骚体"诗歌形式，对后世产生了深远的影响。

不被理解的布衣英雄
游侠列传序

西汉·司马迁

韩子曰："儒以文乱法，而侠以武犯禁。"二者皆讥，而学士多称于世云①。至如以术取宰相、卿大夫，辅翼其世主，功名俱著于春秋，固无可言者。及若季次、原宪，闾巷人也②，读书怀独行君子之德，义不苟合当世，当世亦笑之。故季次、原宪终身空室蓬户，褐衣疏食不厌。死而已四百余年，而弟子志之不倦。今游侠，其行虽不轨于正义，然其言必信，其行必果，已诺必诚，不爱其躯，赴士之厄困，既已存亡死生矣，而不矜其能，羞伐其德，盖亦有足多者焉。

且缓急，人之所时有也。太史公曰：昔者虞舜窘于井廪，伊尹负于鼎俎，傅说匿于傅险③，吕尚困于棘津，夷吾桎梏，百里饭牛④，仲尼畏匡，菜色陈、蔡。此皆学士所谓有道仁人也，犹然遭此菑，况以中材而涉乱世之末流乎？其遇害何可胜道哉！

鄙人有言曰："何知仁义，已飨其利者为有德。"故伯夷丑周，饿死首阳山，而文、武不以其故贬王⑤，跖、蹻暴戾，其徒诵义无穷。由此观之，"窃钩者诛，窃国者侯，侯之门，仁义存"，非虚言也。

今拘学或抱咫尺之义，久孤于世，岂若卑论侪俗，与世浮沉而取荣名哉？而布衣之徒，设取予、然诺⑥，千里诵义，为死不顾世，此亦有所长，非苟而已也。故士穷窘而得委命，此岂非人之所谓贤豪间者邪？诚使乡曲之侠⑦，予季次、原宪比权量力，效功于当世，不同日而论矣。要以功见言信⑧，侠客之义又曷可少哉？

古布衣之侠，靡得而闻已。近世延陵、孟尝、春申、平原、信陵之徒⑨，皆因王者亲属，借于有土卿相之富厚，招天下贤者，显名诸侯，不

可谓不贤者矣。比如顺风而呼,声非加疾,其势激也。至如闾巷之侠,修行砥名⑩,声施于天下⑪,莫不称贤,是为难耳。然儒、墨皆排摈不载。自秦以前,匹夫之侠,湮灭不见,余甚恨之。以余所闻,汉兴有朱家、田仲、王公、剧孟、郭解之徒⑫,虽时扞当世之文罔⑬,然其私义,廉洁退让,有足称者。名不虚立,士不虚附。至如朋党宗强比周⑭,设财役贫⑮,豪暴侵凌孤弱,恣欲自快,游侠亦丑之。余悲世俗不察其意,而猥以朱家、郭解等令与暴豪之徒同类而共笑之也。

经典注释

①二者:指儒、侠。讥:非难。学士:指儒生。称:被人称扬。②季次:即公皙哀,孔子的学生。原宪:即子思,孔子的学生。闾巷人:即平民百姓。③傅险:又作"傅岩",地名。据卷三《殷本纪》记载,傅说本为在傅岩服苦役的犯人,后被武丁发现,委以重任,使商代大治。④百里:即百里奚。饭牛:喂牛。⑤贬王:损害王者的声誉。⑥设:大。此指重视,看重。⑦乡曲:乡间、民间。"乡曲之侠"当指民间的游侠。⑧要:总之。⑨延陵:春秋时代吴国公子季札,被封于延陵,故称延陵季子。⑩砥名:砥砺名节,提高名声。⑪施(yì):延。⑫朱家、田仲、王公、剧孟、郭解:皆汉代侠士。⑬扞(hàn):违。文罔:通"文网",法律禁令。⑭朋党宗强:结成帮派的豪强。

比周：互相勾结。比，近。周，合。⑮设财役贫：依仗自己的财富役使穷人。

译文也很美

韩非子说："儒生以文章来破坏法度，而侠士以勇武的行为违犯禁令。"韩非对这两种人都加以讥笑，但儒生却多被世人所称扬。至于用权术取得宰相卿大夫的职位，辅助当代天子，功名都被记载在史书之中，这本来没有什么可说的。至于像季次、原宪，是平民百姓，用功读书，怀抱着特异的君子的德操，坚守道义，不与当代世俗苟合，当代世俗之人也嘲笑他们。所以季次、原宪一生住在空荡荡的草屋之中，穿着粗布衣服，连粗饭都吃不饱。他们死了四百余年了，而他们世代相传的弟子们，却不知倦怠地怀念着他们。现在的游侠者，他们的行为虽然不符合道德法律的准则，但是他们说话一定守信用，做事一定果敢决断，已经答应的必定实现，以示诚实，肯于牺牲生命，去救助别人的危难。已经经历了生死存亡的考验，却不自我夸耀本领，也不好意思夸耀自己功德，大概这也是很值得赞美的地方吧。

况且危急之事，是人们时常能遇到的。太史公说：从前虞舜在淘井和修廪时遇到了危难，伊尹曾背负鼎俎当厨师，傅说曾藏身傅岩服苦役，吕尚曾在棘津遭困厄，管仲曾经戴过脚镣与手铐，百里奚曾经喂牛当奴隶，孔子曾经在匡遭拘囚，在陈、蔡遭饥饿。这些人都是儒生所称扬的有道德的仁人，尚且遭遇这样的灾难，何况是中等才能而又遇到乱世的人呢？他们遇到的灾难怎么可以说得完呢？

世俗人有这样的说法："何必去区别仁义与否，已经受利的就是有德。"所以伯夷以吃周粟为可耻，竟饿死在首阳山；而文王和武王却没有因此而损害王者的声誉。盗跖和庄跻凶暴残忍，而他们的党徒却歌颂他们道义无穷。由此可见，"偷盗衣带钩的

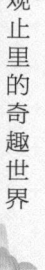

要杀头,窃取国家政权的却被封侯,受封为侯的人家就有仁义了",这话并非虚假不实之言。

现在拘泥于片面见闻的学者,有的死守着狭隘的道理,长久地孤立于世人之外,哪能比得上以低下的观点迁就世俗,随世俗的沉浮而猎取荣耀和名声的人呢?而平民百姓之人,看重取予皆符合道义、应允能实现的美德,千里之外去追随道义,为道义而死却不顾世俗的责难,这也是他们的长处,并非随便就可做到的。所以读书人处在穷困窘迫的情况下,愿意托身于他,这难道不就是人们所说的贤能豪侠中间的人吗?如果真能让民间游侠与季次、原宪比较权势和力量,比对当今社会的贡献,是不能同日而语的。总之,从事情的显现和言必有信的角度来看,侠客的正义行为又怎么可以缺少呢!

古代的平民侠客,没有听说过。近代延陵季子、孟尝君、春申君、平原君、信陵君这些人,都因为是君王的亲属,依仗封国及卿相的雄厚财富,招揽天下的贤才,在各诸侯国中名声显赫,

不能说他们不是贤才。这就比如顺风呼喊,声音并非更加洪亮,而听的人感到清楚,这是风势激荡的结果。至于闾巷的布衣侠客,修行品行,磨砺名节,好的名望传布天下,无人不称赞他的贤德,这是难以做到的。然而儒家和墨家都排斥扬弃他们,不在他们的文献中加以记载。从秦朝以前,平民侠客的事迹,已经被埋没而不能见到,我很感遗憾。据我听到的情况来看,汉朝立国以来,有朱家、田仲、王公、剧孟、郭解这些人,他们虽然时常违犯汉朝的法律禁令,但是他们个人的行为符合道义,廉洁而有退让的精神,有值得称赞的地方。他们的名声并非虚假地树立起来的,读书人也不是没有根据地附和他们的。至于那些结成帮派的豪强,互相勾结,依仗财势奴役穷人,凭借豪强暴力欺凌孤独势弱的人,放纵欲望,自己满足取乐,这也是游侠之士认为可耻的。我哀伤世俗之人不能明察这其中的真意,却错误地把朱家和郭解等人与暴虐豪强之流的人视为同类,一样地加以嘲笑。

鉴赏文心

本文是《史记·游侠列传》的序言，说明写作《游侠列传》的原因意义。《游侠列传》中所写朱家、剧孟和郭解等一众江湖侠客，多具有急公好义，不顾个人利益，喜好伸张正义的特质，是游离于国家秩序之外的社会力量。本篇序言即以游侠与高士做对比，层层展开，多方对比，以论证游侠行为的正当性，为其发声立论。

本文段首引用一句韩非子的"儒以文乱法，而侠以武犯禁"（儒士用文章扰乱法令，游侠用武力触犯禁律）言论，是在用对比手法，将儒士这一为世人所推举的身份与游侠并列，抬高其格调。而后展开论述，讲儒士并非功成名就的传统士子，而是秉持身为君子高尚品德的布衣高士，如此论说入微，并将布衣君子与同为社会底层的游侠之士相比，抬高游侠格调，显得理据十足。

此后一段立足实际，由世道无情，人常遇危难的残酷现实展开，连举数例有德者横遭困厄的事实，以此论证侠义存在的必要性。又反而批评空谈仁义的拘学之儒，反复论证，突出布衣之徒立足底层，功在当世的侠义精神。

尾段则拓展细分了游侠的概念，既写招纳天下贤者，名扬诸侯之间的贵

族侠客，也写注重自我修行，声明远扬的底层闾巷侠士，将其正面与前文所述追逐功名的朝堂腐儒与洁身自好的民间儒士对照，又在后文将追求仁义的游侠与侵凌孤弱的暴徒区分开。以充实明确"游侠"的概念，为其正名，补足儒家墨家对侠客的无理贬斥。司马迁此番文章观点，可以说是在当时汉武帝罢黜百家独尊儒术的背景下，特立独行，超脱常规，亦隐含对当时世俗颠倒是非不论黑白的愤慨。而这一层对秉持正义的游侠的同情，对"一般法律公权之外，社会正义如何执行"这一问题的探讨论说，亦得见司马迁作为一代历史大家的高远眼光。

古文的智慧

急人之难，舍己救人之美，总是把别人的事放在第一位，为了帮助别人，甚至不惜牺牲自己的利益。他们尽管贫穷，然而一旦有朋友求助，合于义，必然全力以赴，这正是游侠精神的可贵之处，感人之处，他们把救助困厄的社会道德推向了极致。

喜剧人的悲欢

滑稽列传

西汉·司马迁

孔子曰："六艺于治一也①。《礼》以节人②，《乐》以发和，《书》以导事，《诗》以达意，《易》以神化，《春秋》以道义。"太史公曰：天道恢恢，岂不大哉！谈言微中③，亦可以解纷。

淳于髡者,齐之赘婿也,长不满七尺,滑稽多辨,数使诸侯,未尝屈辱。齐威王之时,喜隐④,好为淫乐长夜之饮,沉湎不治,委政卿大夫。百官荒乱,诸侯并侵,国且危亡,在于旦暮,左右莫敢谏。淳于髡说之以隐曰⑤:"国中有大鸟,止王之庭,三年不蜚又不鸣,王知此鸟何也?"王曰:"此鸟不蜚则已,一蜚冲天⑥;不鸣则已,一鸣惊人。"于是乃朝诸县令长七十二人,赏一人,诛一人,奋兵而出。诸侯振惊,皆还齐侵地。威行三十六年。语在《田完世家》中。

　　威王八年,楚大发兵加齐⑦。齐王使淳于髡之赵请救兵,赍金百斤,车马十驷。淳于髡仰天大笑,冠缨索绝⑧。王曰:"先生少之乎?"髡曰:"何敢!"王曰:"笑岂有说乎?"髡曰:"今者臣从东方来,见道傍有穰田者,操一豚蹄、酒一盂,而祝曰:'瓯窭满篝⑨,污邪满车⑩,五谷蕃熟⑪,穰穰满家。'臣见其所持者狭而所欲者奢,故笑之。"于是齐威王乃益赍黄金千镒、白璧十双、车马百驷。髡辞而行,至赵。赵王与之精兵十万、革车千乘。楚闻之,夜引兵而去。

　　威王大说,置酒后宫,召髡赐之酒。问曰:"先生能饮几何而醉?"对曰:"臣饮一斗亦醉,一石亦醉。"威王曰:"先生饮一斗而醉,恶能饮一石哉!其说可得闻乎?"髡曰:"赐酒大王之前,执法在傍,御史在后,髡恐惧俯伏而饮,不过一斗径醉矣。若亲有严客,髡帣韝鞠䐻⑫,侍酒于前,时赐余沥,奉觞上寿,数起,饮不过二斗径醉矣。若朋友交游,久不相见,卒然相睹,欢然道故⑬,私情相语,饮可五六斗径醉矣。若乃州闾之会⑭,男女杂坐,行酒稽留⑮。六博投壶,相引为曹,握手无罚,目眙不禁⑯,前有堕珥⑰,后有遗簪,髡窃乐此,饮可八斗而醉二参。日暮酒阑,合尊促坐⑱,男女同席,履舄交错⑲,杯盘狼藉,堂上烛灭,主人留髡而送客,罗襦襟解,微闻芗泽⑳,当此之时,髡心最欢,能饮一石。故曰酒极则乱,乐极则悲,万事尽然,言不可极,极之而衰。"以讽谏焉。齐王曰:"善!"乃罢长夜之饮,以髡为诸侯主客。宗室置酒,髡尝在侧。

经典注释

①六艺：即六经，指《仪礼》《乐经》《尚书》《诗经》《周易》《春秋》，是儒家的经典著作。②节人：指节制、规范人的言行。③谈言微中：谈话微妙而切中事理。④喜隐：喜欢说隐语，隐语即谜语。⑤说之以隐：用隐语来游说齐威王。⑥蜚（fēi）：同"飞"。⑦加齐：侵犯齐境。加，施压、覆盖。⑧冠缨索绝：结缚帽子的带子都挣断。缨，系帽用的带子。⑨瓯窭满篝：高地上收获的谷物盛满篝笼。瓯窭，犹杯窭，形容高地狭小之处。⑩污邪：低洼田地。⑪蕃熟：茂盛丰熟。⑫帣（juàn）韛（gōu）：卷着袖子。韛，袖套。鞠跽（jì）：弯腰跪着。⑬道故：话旧，追述往事。⑭若乃：至于。州闾：乡里。⑮行酒：依次饮酒。稽留：延长，停留。⑯眙：直视，瞪着眼。⑰堕珥：掉在地上的耳环。⑱合尊：把残余的酒并为一樽。⑲履舄（xì）交错：这里指男女的鞋子错杂地放在一起。履，鞋子。舄，木屐。⑳芗泽：浓浓的香气。芗，同"香"。

译文也很美

孔子说："六经对于治理国家来讲，作用是相同的。《仪礼》是用来规范人的生活方式的，《乐经》是用来促进人们和谐团结的，《尚书》是用来记述往古事迹和典章制度的，《诗经》是用来抒情达意的，《周易》是用来窥探天地万物的神奇变化的，《春秋》是用来通晓微言大义、衡量是非曲直的。"太史公说：世上的道理广阔无垠，难道不伟大么！言谈话语如果能稍稍切中事理，也是能排解不少纷扰的。

淳于髡是齐国的一个入赘女婿，身高不足七尺，为人滑稽，能言善辩，屡次出使诸侯之国，从未受过屈辱。齐威王在位时，喜好说隐语，又好彻夜宴饮，逸乐无度，陶醉于饮酒之中，不管政事，把政事委托给卿大夫。文武百官荒淫放纵，各国都来侵犯，国家危亡就在旦夕之间。齐王身边近臣都不敢进谏。淳于髡用隐语来规劝讽谏齐威王，说："都城中有只大鸟，落在了大王的庭院里，三年不飞又不叫，大王知道这只鸟是怎么一回事吗？"齐威王说："这只鸟不飞则已，一飞就直冲云霄；不叫则已，一叫就使人惊异。"于是就诏令全国七十二个县的长官全来入朝奏事，奖赏一人，诛杀一人；又发兵御敌，诸侯十分惊恐，都把侵占的土地归还齐国。齐国的声威竟维持达三十六年。这些话全记载在《田完世家》里。

齐威王八年（前371），楚国派遣大军侵犯齐境。齐王派淳于髡出使赵国请求救兵，让他携带礼物黄金百斤，驷马车十辆。淳于髡仰天大笑，将系帽子的带子都挣断了。威王说："先生是嫌礼物太少吗？"淳于髡说："怎么敢嫌少！"威王说："那你笑，难道有什么说辞吗？"淳于髡说："今天我从东边来时，看到路旁有个祈祷田神的人，拿着一个猪蹄、一杯酒，祈祷说：'高地上收获的谷物盛满篝笼，低田里收获的庄稼装满车辆；五谷繁茂丰熟，米粮堆积满仓。'我看见他拿的祭品很少，而所祈求的东西太多，所以笑他。"于是齐威王就把礼物增加到黄金千镒、白璧十对、驷马车百辆。淳于髡告辞起行，来到赵国。赵王拨给他十万精兵、一千辆裹有皮革的战车。楚国听到这个消息，连夜退兵而去。

齐威王非常高兴，在后宫设置酒肴，召见淳于髡，赐他酒喝。问他说："先生能够喝多少酒才醉？"淳于髡回答说："我喝一斗酒也能醉，喝一石酒也能醉。"威王说："先生喝一斗就醉了，怎么能喝一石呢？能把这个道理说给我听听吗？"淳于髡说："大王当面赏酒给我，执法官站在旁边，御史站在背后，我心惊胆

战,低头伏地地喝,喝不了一斗就醉了。假如父母有尊贵的客人来家,我卷起袖子,弓着身子,奉酒敬客,客人不时赏我残酒,屡次举杯敬酒应酬,喝不到两斗就醉了。假如朋友间交游,好久不曾见面,忽然间相见了,高兴地讲述以往情事,倾吐衷肠,喝五六斗就醉了。至于乡里之间的聚会,男女杂坐,彼此敬酒,没有时间的限制,又做六博、投壶一类的游戏,呼朋唤友,相邀成对,握手言欢不受处罚,眉目传情不遭禁止,面前有落下的耳环,背后有丢掉的发簪,在这种时候,我最开心,可以喝上八斗酒,也不过两三分醉意。天黑了,酒也快喝完了,把残余的酒并到一起,大家促膝而坐,男女同席,鞋子木屐混杂在一起,杯盘杂乱不堪,堂屋里的蜡烛已经熄灭,主人单留住我,而把别的客人送走,绫罗短袄的衣襟已经解开,略略闻到阵阵香味,这时我心里最为高兴,能喝下一石酒。所以说:'酒喝得过多就容易出乱子,欢乐到极点就会发生悲痛之事。'所有的事情都是如此。这番话是说,无论什么事情都不可走向极端,到了极端就会衰败。"淳于髡以此来婉转地劝说齐威王。

威王说:"好。"于是停止了彻夜欢饮之事,并任用淳于髡为接待诸侯宾客的宾礼官。齐王宗室设置酒宴,淳于髡常常作陪。

鉴赏文心

本文选自《史记·滑稽列传》,记载了战国时楚国优孟、秦时优旃这一类滑稽人物的事迹,以颂扬他们不与世俗同流合污,不争名利的高洁精神。本篇只截取了开头的短序和齐国淳于髡的故事。淳于髡在这三个故事里,以妙语急智,讽喻君王,使其悔悟,表现其巧妙的智慧与高洁的政治情操,可以说是突出《太史公列传》中关于滑稽的描写在于"谈言微中,亦可以解纷"(说话婉转又符合情分,也是可以弭除纠纷)的列传要义了。

本文开篇作者即托出孔子所言"六艺",以且中肯实的论调,介绍治国六经的能效。而将儒家经典的治国要务与滑稽之人的调笑之语做对比，可以说是故作惊人之语，难怪古文编者评论本文"齿牙伶俐"，但也更能体现出滑稽者嬉笑怒骂、讽喻结合的特质，可见作者司马迁的笔力胸襟。

其下依次展开三个讽喻故事，譬喻分明，妙趣横生。首先是以大鸟为隐喻，激发齐威王发奋图强，而齐威王亦以隐语对答，两人一来一往，才智相得。而后齐王励精图治、威震诸国，可以说是对第一段的回应对照，段末引述《史记》正史部分对照，可以说是奇正相应，详略得当。第二个故事里则以精到笔墨写人，将淳于髡写为一个憨态可掬的狂士，而后则以道旁祭祀田地者贪图无厌的故事讽喻齐王求索不当，从而再度劝喻齐王，以重宝获取救兵。第三个故事则写饮酒趣味，以劝喻齐威王滥饮危害，本段句式又为之一变，以不同层次欢宴上的饮酒沉醉大做文章，抒写醉酒危害，显得挥洒自如，层次递进，可以说是寓庄于谐了。

通览全文，作者写人叙事笔法变化多端，有谜题机锋，有速写勾勒，有譬喻论道，有长段铺陈，可以说是以"滑稽"文法叙写"滑稽"之事。文章开篇将此滑稽诸事与六艺正论并举，则可见司马迁在字里行间书写的人物才智背后，亦有治国匡道的家国情怀。从《滑稽列传》中脱出，回顾司马迁上书劝谏身心遭受残害的背景，看这些策士谋臣故作巧语，委婉规劝又能君臣相和的诸般故事，未尝不能看出司马迁本人内心的诸味杂陈，饱含忧愤。

古文的智慧

在与人交流时，如果想要对朋友提出自己的建议，应该用词恰当、语气委婉，使其乐于接受。善意、巧妙的说话艺术，不但在人际交往乃至事业中都是一种必不可少的能力，更是我们自身教养和素质的体现。懂得给对方一点余地、一些尊重，就是人生一门终生学习的必修课。

东方最早的经济学论文

货殖列传序

西汉·司马迁

《老子》曰:"至治之极,邻国相望,鸡狗之声相闻,民各甘其食,美其服,安其俗,乐其业,至老死不相往来。"必用此为务,晚近世涂民耳目①,则几无行矣。

太史公曰:夫神农以前,吾不知已。至若《诗》、《书》所述虞、夏以来,耳目欲极声色之好,口欲穷刍豢之味,身安逸乐,而心夸矜势能之荣,使俗之渐民久矣,虽户说以眇论②,终不能化。故善者因之,其次利道之③,其次教诲之,其次整齐之,最下者与之争。

夫山西饶材、竹、穀④、纑⑤、旄⑥、玉石,山东多鱼、盐、漆、丝、声色,江南出楠、梓⑦、姜、桂、金、锡、连、丹沙、犀、玳瑁、珠玑、齿、革,龙门、碣石北多马、牛、羊、旃、裘⑧、筋、角,铜、铁则千里往往山出棋置。此其大较也⑨。皆中国人民所喜好,谣俗被服饮食、奉生送死之具也。故待农而食之,虞而出之⑩,工而成之,商而通之。此宁有政教发征期会哉?人各任其能,竭其力,以得所欲。故物贱之征贵,贵之征赋，各劝其业，乐其事，若水之趋下，日夜无休时，不召而自来，不求而民出之。岂非道之所符而自然之验邪？

《周书》⑪曰："农不出则乏其食，工不出则乏其事，商不出则三宝绝⑫，虞不出则财匮少。"财匮少而山泽不辟矣。此四者，民所衣食之原也。原大则饶，原小则鲜。上则富国，下则富家。贫富之道，莫之夺予，而巧者有余，拙者不足。故太公望封于营丘，地潟卤⑬，人民寡，于是太公劝其女功，极技巧，通鱼盐，则人物归之，繦至而辐凑⑭。故齐冠带衣履天下，海岱之间敛袂而往朝焉⑮。其后齐中衰，管子修之，设轻重九府，则桓公以霸，九合诸侯，一匡天下，而管氏亦有三归，位在陪臣，富于列国之君。是以齐富强至于威、宣也⑯。

故曰："仓廪实而知礼节，衣食足而知荣辱。"礼生于有而废于无。故君子富，好行其德，小人富，以适其力。渊深而鱼生之，山深而兽往之，人富而仁义附焉。富者得势益彰，失势则客无所之，以而不乐。谚曰："千金之子，不死于市。"此非空言也。故曰："天下熙熙，皆为利来；天下壤壤，皆为利往。"夫千乘之主、万家之侯、百室之君尚犹患贫，而况匹夫编户之民乎！

经典注释

①晚近世：亦作"挽近"。挽，通"晚"。离现在最近的时代。涂：堵塞。②户说：挨家挨户地劝说。眇论：微妙的理论。眇，通"妙"。③利道之：以利引导它。道，同"导"。④榖：木名，即楮木，树皮可以造纸。⑤绋（lú）：野麻，可以织布。⑥旄：牦牛尾。尾上的长毛可做舞蹈道具和旌旗的装饰。⑦梓：梓树，木材可以制作器具。⑧旃、裘：毡子和皮衣。旃，通"毡"。⑨大较：大略、大概。⑩虞：掌管山林水泽的官员，包括开发山泽资源的人。⑪《周书》：《尚书》组成部分之一。相传是记载周代史事之书。⑫三宝：

指粮食、器物、财富。⑬潟（xì）卤（lǔ）：不适宜耕种的盐碱地。⑭缧至：像绳索相连一样接连而来。缧，用绳索穿好的钱串。辐凑：形容四方人物来归，像辐之集中于毂一般。辐：车轮中间的直木。凑，聚集。⑮敛袂：整理衣袖。⑯威：指齐威王田因齐。宣：指齐宣王田辟疆。

译文也很美

《老子》中说："太平盛世到了极盛时期，虽然邻近的国家互相望得见，鸡鸣狗吠之声互相听得到，而各国人民却都认为自家的饮食最甘美，自己的服装最漂亮，习惯于本地的习俗，喜爱自己所从事的行业，以至于老死也不互相往来。"到了近世，如果还要按这一套去办事，那就等于堵塞人民的耳目，几乎是无法行得通。

太史公说：神农氏以前的情况我不了解。至于像《诗》《书》所述虞舜、夏朝以来的情况则是人们耳目总要听到最好听，看到最好看的，口里总想尝遍各种肉类的美味，身体安于舒适快乐的环境，心中又夸耀有权势、有才干的光荣。统治者让这种风气浸染百姓，已经很久了，即使用老子的这些妙论挨门逐户地去劝说开导，终不能感化谁。所以，最好的办法是听其自然，其次是随势引导，其次是加以教诲，再次是制定规章制度加以约束，最坏的做法是与民争利。

崤山以西盛产木材、竹子、楮木、野麻、旄牛尾、玉石；崤山以东多有鱼、盐、漆、丝、美女；江南出产楠木、梓树、生姜、桂花、金、锡、铅、朱砂、犀牛、玳瑁、珠子、象牙、兽皮；龙门、碣石山以北地区盛产马、牛、羊、毡、裘、兽筋、兽角；铜和铁则分布在周围千里远近，山中到处都是，有如棋子满布。这是关于各地物产分布的大致情况。这些都是中原百姓所喜好的，是人们通常用来作为穿衣吃饭、养生送老所需要的东西。所以，人们都是依靠农民耕种取得食物，依靠虞人进山开采、渔夫下水捕捉获得物品，依靠工匠制造取得器具，依靠商人贸易流通货物。这难道还需要官府发布政令，征发百姓，限期会集吗？人们都凭自己的才能，竭尽自己的力量，来满足自己的欲望。所以，低价的货物能够高价出售，高价的货物能够低价购进。人们各自努力经营自己的本业，乐于从事自己的工作，就像水从高处流向低处那样，日日夜夜没有休止的时候，不用召唤便会自动前来，不用请求便会生产出来。这难道不是符合规律而得以自然发展的证明吗？

《周书》里说："农民不种田，粮食就会缺乏；工匠不做工生产，器具就会缺少；商人不做买卖，吃的、用的和钱财这三种宝物就会断绝来路；虞人不开发山泽，资源就会短缺，资源匮乏了，山泽就不能进一步开发。"农、工、商、虞这四个方面，是人民衣食的来源。来源大则富裕，来源小则贫困；来源大了，上可以富国，下可以富家。或贫或富，没有谁能剥夺或施予，但机敏的人总是财富有余，而愚笨的人却往往衣食不足。所以，姜太公被封在营丘时，那里本来多是盐碱地，人烟稀少，于是姜太公便鼓励妇女致力于纺织刺绣，极力提倡工艺技巧，又让人们把鱼类、海盐贩运到其他地区去，结果别国的人和财物纷纷流归于齐国，就像钱串那样，络绎不绝，就像车辐那样，聚集于此。所以，齐国因能制造冠带衣履供应天下所用，东海、泰山之间的诸侯们便都整理衣袖去朝拜齐国。后来，齐国中途衰落，管仲重新修治姜太公的事业，设立管理财政的九个官府，使齐桓公得以称霸，多次以霸主身份会合诸侯，使天下政治得到匡正；而管仲本人也有了三归台，官位虽只是陪臣，却比各国的君主还要富有。从此，齐国富强，一直延续到威王、宣王之时。

所以说："粮仓充实了，百姓就会懂得礼节；衣食丰足了，百姓就会知道荣辱。"礼产生于富有，而废弃于贫穷。因此，君子富有了，就喜好去做仁德之事；小人富有了，就会随心所欲地做他能做的事。江河深，鱼就在那里生存；山林深，野兽就在那里藏身；人富有了，仁义就会依附于他。富有者得了势越发显

赫，失了势，依附于他的宾客也便无处容身，因而心情不快。谚语说："家有千金的人，不会犯法受刑死于闹市。"这不是空话。所以说："天下之人，熙熙攘攘，都是为利而来，为利而往。"那些拥有千辆兵车的天子，享有万户封地的诸侯，占有百室封邑的大夫，尚且担心贫穷，何况编入户口册内的普通老百姓呢！

鉴赏文心

本文是《史记·货殖列传》的序言，"货殖"二字，即以货殖财，通过货物生产流动，累积增值财富的意思。本文肯定经济生产的重要性，提倡自由倾向的经济政策，并进而提出发展经济，才能国富民强的论点，将国民日常社会经济活动的记载引入正史，可以说心怀远大，眼光高远。

全文计有五段，第一段由现实中货殖之风盛行，反驳老子"小国寡民"的治国思想，质疑这一思想在当下的实际意义。第二段则借由引用古代典籍，说明人民对于华美生活和谋取利润的追求，是从本性出发，而由此生发经济治国之策，在于对这一趋势善加引导，而下策则是与民争利，实际上是对汉武帝盐铁收归国有政策的影射批评。第三段则画风一变，犹如游记，对各地物产娓娓道来，再铺陈实例，以翔实的物产丰盈写生产发展与商业流通的重要性，体现了作者严谨求实的学术精神。第四段则前引史书典籍，后引管仲富国强民的历史实例，说明货殖问题重要性。尾段再引管仲"仓廪实而知礼节"（仓库充实才能知道礼节）的名言，由衣食富足上溯到政教礼法的顺利施行，由民间至庙堂，步步推进，拔高主题。

纵观全文五段，虽然是一篇说理文章，但数百字间，有旁征博引的历史凭据，有发自身心的社会心理层面的论说，有立足实际的社会风物调查，也有雄健充沛的大段立论。其字里行间对国计民生的殷切关怀，对商业经济在社会发展的重大意义的阐明，是为司马迁在《太史公之序》中所言"究天人之际，通古今之变"的完全呈现。

古文的智慧

君子爱财，当取之有道，如此，君子亦可喻于利。对人性中追求财富、耽于享乐的心理应该有正确的认识，采取因势利导的态度，而非鄙视和否定。人类这种对财富、安逸及享乐的强烈渴求不仅是人性本身的内在需要，也是社会经济能够发展的重要动因。那些凭借自身能力成为名扬天下的富商巨贾，是值得赞美的，而那些懒惰、不愿努力摆脱贫贱的人是应该感到羞愧的。

吾将上下而求索

史官的自画像
太史公自序

西汉·司马迁

太史公曰："先人有言①：'自周公卒五百岁而有孔子。孔子卒后至于今五百岁，有能绍明世，正《易传》，继《春秋》，本《诗》《书》《礼》《乐》之际。'意在斯乎！意在斯乎！小子何敢让焉！"

上大夫壶遂曰："昔孔子何为而作《春秋》哉？"太史公曰："余闻董生曰：'周道衰废，孔子为鲁司寇，诸侯害之，大夫壅之②。孔子知言之不用、道之不行也，是非二百四十二年之中③，以为天下仪表，贬天子，退诸侯，讨大夫，以达王事而已矣。'子曰：'我欲载之空言，不如见之于行事之深切著明也。'夫《春秋》，上明三王之道，下辨人事之纪，别嫌疑，明是非，定犹豫，善善恶恶，贤贤贱不肖，存亡国，继绝世，补敝起废，王道之大者也。《易》著天地、阴阳、四时、五行，故长于变。《礼》经纪人伦④，故长于行。《书》记先王之事，故长于政。《诗》记山川、溪谷、禽兽、草木、牝牡、雌雄，故长于风。《乐》乐所以立，故长于和。《春秋》辨是非，故长于治人。是故《礼》以节人，《乐》以发和，《书》以道事，《诗》以达意，《易》以道化，《春秋》以道义。

"拨乱世反之正，莫近于《春秋》。《春秋》文成数万，其指数千，万物之散聚皆在《春秋》。《春秋》之中，弑君三十六，亡国五十二，诸侯奔走不得保其社稷者，不可胜数。察其所以，皆失其本已。故《易》曰：'失之豪厘⑤，差以千里。'故曰：'臣弑君，子弑父，非一旦一夕之故也，其渐久矣。'故有国者不可以不知《春秋》，前有谗而弗见，后有贼而不知。为人臣者不可以不知《春秋》，守经事而不知其宜，遭变事而不知其权。为人君父而不通于《春秋》之义者，必蒙首恶之名；为人臣子而不通于《春秋》之义者，必陷篡弑之诛、死罪之名。其实皆以为善，为之不知其义，被之空言而不敢辞。夫不通礼义之旨，至于君不君、臣不臣、父不父、子不子。君不君则犯，臣不臣则诛，父不父则无道，子不子则不孝。此四行者，天下之大过也。以天下之大过予之，则受而弗敢辞。故《春秋》者，礼义之大宗也。夫礼禁未然之前，法施已然之后，法之所为用者易见，而礼之所为禁者难知。"

壶遂曰："孔子之时，上无明君，下不得任用，故作《春秋》，垂空文以断礼义，当一王之法。今夫子上遇明天子，下得守职，万事既具，咸各序其宜，夫子所论，欲以何明？"太史公曰："唯唯，否否，不然。余闻之先人曰：'伏羲至纯厚，作《易》八卦。尧、舜之盛，《尚书》载之，礼乐作焉。汤、武之隆，诗人歌之。《春秋》采善贬恶，推三代之德，褒周室，非独刺讥而已也。'汉兴以来，至明天子，获符瑞⑥，建封禅，改正朔⑦，易服色，受命于穆清⑧，泽流罔极，海外殊俗，重译款塞⑨，请来献见者，不可胜道。臣下百官力诵圣德，犹不能宣尽其意。且士贤能而不用，有国者之耻；主上明圣而德不布闻，有司之过也。且余尝掌其官，废明圣盛德不载，灭功臣、世家、贤大夫之业不述，堕先人所言⑩，罪莫大焉！余所谓述故事，整齐其世传，非所谓作也，而君比之于《春秋》，谬矣。"

于是论次其文。七年而太史公遭李陵之祸，幽于缧绁⑪。乃喟然而叹曰："是余之罪也夫！是余之罪也夫！身毁不用矣。"退而深惟曰："夫《诗》《书》隐约者，欲遂其志之思也。昔西伯拘羑里，演《周易》。孔子厄陈、蔡，作《春秋》。屈原放逐，著《离骚》。左丘失明，厥有《国语》。孙子膑脚，而论兵法。不韦迁蜀，世传《吕览》。韩非囚秦，《说难》《孤愤》。《诗》三百篇，大抵贤、圣发愤之所为作也。此人皆意有所郁结，不得通其道也，故述往事，思来者。"于是卒述陶唐以来，至于麟止⑫，自黄帝始。

吾将上下而求索

经典注释

①先人：指司马谈。②壅：阻挠。③是非：褒贬。以是为是，以非为非。二百四十二年：指《春秋》所记历史时间。④经纪：安排，料理。⑤豪：通"毫"。⑥符瑞：祥瑞的征兆，吉兆。⑦改正朔：修订历法。正，一年的开始。朔，一月的开始。正朔，即一年的第一天。⑧穆清：指天。⑨重（chóng）译：辗转翻译。款塞：叩塞门。⑩堕（huī）：毁坏。⑪缧绁：系犯人的绳索，此指牢狱。⑫至于麟止：谓《史记》述事止于武帝获麟之年，犹《春秋》止于获麟。武帝获麟在元狩元年（前122）。

译文也很美

太史公说："先人说过：'自周公死后五百年而有孔子。孔子死后到现在五百年，有能继承清明之世，正定《易传》，接续《春秋》，意本《诗》《书》《礼》《乐》的人吗？'其用意就在于此，在于此吧！我又怎敢推辞呢。"

上大夫壶遂问："从前孔子为什么要作《春秋》呢？"太史公说："我听董生讲：'周朝王道衰败废弛，孔子担任鲁国司寇，诸侯嫉害他，卿大夫阻挠他。孔子知道自己的意见不被采纳，政治主张无法实行，便褒贬评定二百四十二年间的是非，作为天下评判是非的标准，贬抑无道的天子，斥责为非的诸侯，声讨乱政的大夫，为使国家政事通达而已。'孔子说：'我与其载述空洞的说教，不如举出在位者所作所为以见其是非美恶，这样就更加深切显明了。'《春秋》这部书，上阐明三王的治道，下辨别人事的纪纲，辨别嫌疑，判明是非，论定犹豫不决之事，褒善怨恶，尊重贤能，贱视不肖，使灭亡的国家存在下去，断绝了的世系继续下去，补救衰敝之事，振兴废弛之业，这是最大的王道。《易》载述天地、阴阳、四时、五行，所以在说明变化方面见长。《礼》规范人伦，所以在行事方面见长。《书》记述先王事迹，所以在政治方面见长。《诗》记山川、溪谷、禽兽、草木、牝牡、雌雄，所以在风土人情方面见长。《乐》是论述音乐立人的经典，所以在和谐方面见长。《春秋》论辩是非，所以在治人方面见长。由此可见《礼》是用来节制约束人的，《乐》是用来诱发人心平和的，《书》是来述说政事的，《诗》是用来表达情意的，《易》是用来讲变化的，《春秋》是用来论述道义的。

"平定乱世，使之复归正道，没有什么著作比《春秋》更切近有效。《春秋》不过数万字，而其要旨就有数千条。万物的离散聚合都在《春秋》之中。在《春秋》一书中，记载弑君事件三十六起，被灭亡的国家五十二个，诸侯出奔逃亡不能保其国家的数不胜数。考察其变乱败亡的原因，都是丢掉了作为立国立身根本的春秋大义。所以《易》中讲'失之毫厘，差以千里'。所以说'臣弑君，子弑父，并非一朝一夕的缘故，它发展渐进已是很久了'。因此，做国君的不可以不知《春秋》，否则就是逸佞之徒站在面前也看不见，奸贼之臣紧跟在后面也不会发觉。做人臣者不可以不知《春秋》，否则就只会株守常规之事却不懂得因事制宜，遇到突发事件则不知如何灵活对待。

做人君、人父若不通晓《春秋》的要义，必定会蒙受首恶之名。做人臣、人子如不通晓《春秋》要义，必定会陷于篡位杀上而被诛伐的境地，并蒙死罪之名。其实他们都认为是好事而去做，只因为不懂得《春秋》大义，而蒙受史家口诛笔伐的不实之言却不敢推卸罪名。如不明了礼义的要旨，就会弄到君不像君，臣不像臣，父不像父，子不像子的地步。君不像君，就会被臣下干犯，臣不像臣就会被诛杀，父不像父就会昏聩无道，子不像子就会忤逆不孝。这四种恶行，是天下最大的罪过。把天下最大的罪过加在他身上，也只得接受而不敢推卸。所以《春秋》这部经典是礼义根本之所在。礼是禁绝坏事于发生之前，法规施行于坏事发生之后；法施行的作用显而易见，而礼禁绝的作用却隐而难知。"

壶遂说："孔子的时代，上没有圣明君主，他处在下面又得不到任用，所以撰写《春秋》，留下一部空洞的史文来裁断礼义，当作一代帝王的法典。现在先生上遇圣明天子，下能当官供职，万事已经具备，而且全部各得其所，井然相宜，先生想要阐明的是什么呢？"太史公说："是也是，非也非，不完全是这么回事。我听先人说过：'伏羲最为淳厚，作《易》八卦。尧舜的强盛，《尚书》做了记载，礼乐在那时兴起。商汤周武时代的隆盛，诗人予以歌颂。《春秋》扬善贬恶，推崇夏、商、周三代盛德，褒扬周王室，并非仅仅讽刺讥斥呀。'汉朝兴建以来，至当今英明天子，得见祥瑞的征兆，举行封禅大典，改订历法，变换服色，受命于上天，恩泽流布无边，海外不同习俗的国家，辗转几重翻译到

吾将上下而求索

中国边关来,请求进献朝见的不可胜数。臣下百官竭力颂扬天子的功德,仍不能完全表达出他们的心意。再说士贤能而不被任用,是做国君的耻辱;君主明圣而功德不能广泛传扬使大家都知道,是有关官员的罪过。况且我曾担任太史令的职务,若弃置天子圣明盛德而不予记载,埋没功臣、世家、贤大夫的功业而不予载述,违背先父的临终遗言,罪过就实在太大了。我所说的缀述旧事,整理有关人物的家世传记,并非所谓著作呀,而您拿它与《春秋》相比,那就错了。"

于是开始论述编次所得文献和材料。到了第七年,太史公遭逢李陵之祸,被囚禁狱中。于是喟然而叹道:"这是我的罪过啊!这是我的罪过啊!身体残毁没有用了。"退而深思道:"《诗》《书》含义隐微而言辞简约,是作者想要表达他们的心志和情绪。从前周文王被拘禁羑里,推演了《周易》;孔子遭遇陈蔡的困厄,作有《春秋》;屈原被放逐,著了《离骚》;左丘明双目失明,才编撰了《国语》;孙子的腿受了膑刑,却论述兵法;吕不韦被贬徙蜀郡,世上才流传《吕览》;韩非被囚禁在秦国,才写有《说难》《孤愤》;《诗》三百篇,大都是圣人贤士抒发愤懑而作的。这些人都是心中聚集郁闷忧愁,理想主张不得实现,因而追述往事,考虑未来。"于是终于下定决心记述唐尧以来直到武帝获麟的元狩元年的历史,而从黄帝开始。

鉴赏文心

本文节选自《史记·太史公自序》,是司马迁为《史记》作的序言。按秦与西汉人著书惯例,本篇放在《史记》全书最后,是为全文目录,提纲挈领,梳理全书。本文的节选略去了司马迁的自述家世部分,对战国思想流演的综述和对《史记》各篇的纲要,在于突出司马迁编纂《史记》的原委、宗旨与过程,彰显其继承先人志业,扬传六经旨要,奋发创作,慷慨激昂的史家精神。

全文可分五段。首段以司马迁父亲述说的周公、孔子旧事生发,说明自己撰写《史记》的使命在于订正《易传》，继写《春秋》，是对先人旧业的继承与发扬。

第二段则借作者与壶遂的问答对第一段所述加以阐述，详写孔子编撰《春秋》的目的旨要与六经各自的作品特色。以借机说明自己写作《史记》，是承袭六经，更能上溯《春秋》，以达成与孔子撰写《春秋》相近的作用，即溯源历史，辨明道义，阐述君臣之道，人伦之理的功用。

第三段则以退为进，论说不敢自比《史记》为《春秋》，只是整理旧文，编撰成史，不止如同《春秋》带有道德倾向的"采善贬恶"（采选好的行为，贬斥恶的行为），更在于歌颂盛世明君。这可以看作司马迁身为"罪人"所以保全自身的谨慎之语。

第四段讲自己未完成《史记》即因上书支持李陵一事遭罪，所以引述一众圣贤志士发愤著述之事，引为自勉。从尾段说明《史记》著述起止年代看，《史记》终结于汉武帝元狩元年（前122）狩猎获麟一

> 夫不通礼义之旨，至于君不君，臣不臣，父不父，子不子。君不君则犯，臣不臣则诛，父不父则无道，子不子则不孝。此四行者，天下之大过也。

事，其实是与《春秋》结尾西狩获麟一事作为对照。再回顾第三段司马迁不敢自比《春秋》的言论，实则是他顾忌时政形势，对这种《史记》与《春秋》的写作对应有所隐微。再综合对照司马迁在《孔子世家赞》中对孔子赞誉部分，可见他创作《史记》，是在追慕孔子编纂《春秋》的行动，以不负家业，著书立名。

纵观全文，作为《史记》这一本文学性突出的历史著作的导览，本文以问答对谈，展开论述，行文雄浑大气，举例纵论古今，可见作者胸中之块垒，述史之才情。

司马迁读万卷书、行万里路。

幼时读书，学习十分认真刻苦，遇到疑难问题，总是反复思考，直到弄明白为止。年轻时，他从长安出发，云游四方，不仅增长了见识，磨砺了意志。最重要的是，这段经历见闻，让司马迁把从前从书本上学到的知识和自己的亲身考察结合起来，这对于以后司马迁创作《史记》这一巨著有着不可忽视的巨大作用。

文学史上的第一篇人物自传

五柳先生传

东晋·陶渊明

先生不知何许人也，亦不详其姓字。宅边有五柳树，因以为号焉。闲静少言，不慕荣利。好读书，不求甚解，每有会意，便欣然忘食。性嗜酒，家贫不能常得。亲旧知其如此①，或置酒而招之。造饮辄尽，期在必醉，既醉而退，曾不吝情去留②。环堵萧然③，不蔽风日，短褐穿结④，箪瓢屡空，晏如也⑤。常著文章自娱，颇示己志。忘怀得失，以此自终。

赞曰：黔娄有言⑥："不戚戚于贫贱，不汲汲于富贵⑦。"其言兹若人之俦乎⑧？衔觞赋诗，以乐其志，无怀氏之民欤？葛天氏之民欤⑨？

经典注释

①如此：指嗜酒而不能常得。②吝情：在意，舍不得。③环堵：四周的墙壁。④短褐（hè）：粗布短衣。⑤晏如：安然自得的样子。⑥黔娄：春秋时鲁国人，不愿出仕，屡次辞去诸侯聘请。⑦汲

汲：竭力追求的样子。⑧俦（chóu）：辈，同类。⑨无怀氏、葛天氏：传说中上古时代的氏族首领。据说在他们的时代，民风淳朴，百姓心无好恶，甘其食，乐其俗，老死不相往来。

译文也很美

先生不知是什么地方人，也弄不清他的姓和字。他的屋旁种着五棵柳树，因此就用"五柳"作为他的别号了。五柳先生安闲沉静，沉默寡言，不羡慕高官厚禄。喜欢读书，但不执着于对一字一句的琐碎解释；每当读书有所体会的时候，就会高兴得忘了吃饭。生性爱喝酒，但因为家贫不能经常喝。亲朋故交了解了这种情况，有时设酒来邀请他。他来喝酒总是开怀畅饮，直到大醉方休，喝醉后便告辞，从不在意去留。他的家四壁空空，不能挡风遮日，身上的粗布衣服破烂不堪，打满了补丁，箪瓢经常是空的，但他总是安然自得。他常常写文章作诗自我娱乐，很能表明自己的志向。他忘却那世俗的得失，愿意这样度过一生。

赞语说道：黔娄的妻子曾说："不为贫贱而忧愁哀伤，也不为富贵而奔走追求。"这话所说的就是像五柳先生这样的人吧？饮酒作诗，使自己的志趣得到满足。他是生活在无怀氏时代，还是生活在葛天氏时代里的人呢？

鉴赏文心

本文选自《陶渊明传》，大概作于陶渊明晚年，可以看作其以史传口吻，托名五柳先生，写的"自序传"形式的文章，形式别出心裁，饶有趣味。同时表现出作者本人安贫乐道，高洁旷达的情操志趣。

本文可分为传记本体和史官口吻的评论两个部分。传记本体可分为三层。第一层讲述"五柳先生"名字的由来，是"不知何许人""不详其姓字",所以才以宅边的五棵柳树作为"五柳"的名号。其为人散淡闲适,可见一斑。

第二层则描写五柳先生"闲静少言,不慕荣利"(安静少说话,不爱慕功名利禄)的性格特质与"好读书""性嗜酒"的爱好志趣。本层文字活泼有趣,写出了一个不谙世事、憨态可掬却又品行洁雅的高士形象。

第三层由前文品行志趣出发,写五柳先生安贫乐道,著文自娱的适意生活。前文写喜好读书,"每有会意",此处写"常著文章自娱";前文写"不慕荣利",此处写"箪瓢屡空,晏如也"(装米与酒的用具经常变空,却安然自若),以前后呼应,相互印证的手法写出五柳先生淳朴高洁的人格精神。

文末的赞与前文《史记》选文的赞类似,同为假托史官口吻的评论,先引用安贫守贱的高士典范,战国黔娄妻子不因为贫贱低落,不追求功名利禄的事迹,以凸显总结五柳先生的人格精神。后文所写的"无怀氏""葛天氏",更是上古时期,所谓先王之道的理想政治体现。既以典故传说,映衬五柳先生的人格精神与日常生活,又暗中隐藏着陶渊明本人对理想社会的推崇与向往。

本文虽短,却写人状貌,叙议结合,平淡之间显出精到的点写功力,大有《左传》《史记》等经典史传文学的潇洒笔意。

古文的智慧

五柳先生虽然生活贫困窘迫,但他坦然自若。他辞官回乡,是因为不堪忍受官场的腐败,即便早就知道归隐之后,自己必定要过一种清贫的日子,但他却毫不在乎。贫穷不能改变他的志趣,更改变不了他对人生的态度。每个生命都遵循着本能生活着,无所谓高贵与卑微,生命的尊严在于自由,而不是钱财名利。

自食其力，方得心安

圬者王承福传

唐·韩愈

圬之为技，贱且劳者也①。有业之，其色若自得者。听其言，约而尽。问之，王其姓，承福其名。世为京兆长安农夫②。天宝之乱，发人为兵，持弓矢十三年。有官勋，弃之来归，丧其土田，手镘衣食。余三十年，舍于市之主人，而归其屋食之当焉③。视时屋食之贵贱④，而上下其圬之佣以偿之。有余，则以与道路之废疾饿者焉。

又曰：粟，稼而生者也⑤，若布与帛，必蚕绩而后成者也。其他所以养生之具，皆待人力而后完也。吾皆赖之。然人不可遍为，宜乎各致其能以相生也⑥。故君者，理我所以生者也，而百官者，承君之化者也。任有大小，唯其所能，若器皿焉。食焉而怠其事，必有天殃，故吾不敢一日舍镘以嬉⑦。夫镘易能⑧，可力焉，又诚有功，取其直，虽劳无愧⑨，吾心安焉。夫力易强而有功也⑩，心难强而有智也。用力者使于人，用心者使人，亦其宜也。吾特择其易为而无愧者取焉。嘻！吾操镘以入富贵之家有年矣。有一至者焉，又往过之，则为墟矣。有再至、叁至者焉，而往过之，则为墟矣。问之其邻，或曰：噫！刑戮也。或曰：身既死而其子孙不能有也。或曰：死而归之官也。吾以是观之，非所谓食焉怠其事而得天殃者邪？非强心以智而不足、不择其才之称否而冒之者邪？非多行可愧、知其不可而强为之者邪？将富贵难守⑪、薄宝而厚飨之者邪？抑丰悴有时⑫、一去一来而不可常者邪？吾之心悯焉，是故择其力之可能者行焉。乐富贵而悲贫贱，我岂异于人哉？"

又曰：功大者，其所以自奉也博。妻与子，皆养于我者也，吾能薄而功小，不有之可也。又吾所谓劳力者，若立吾家而力不足，则心又劳也。

一身而二任焉，虽圣者不可为也。

愈始闻而惑之，又从而思之，盖贤者也，盖所谓独善其身者也⑬。然吾有讥焉，谓其自为也过多，其为人也过少，其学杨朱之道者邪⑭？杨之道，不肯拔我一毛而利天下。而夫人以有家为劳心，不肯一动其心以蓄其妻子，其肯劳其心以为人乎哉！虽然，其贤于世之患不得之而患失之者，以济其生之欲、贪邪而亡道、以丧其身者⑮，其亦远矣！又其言有可以警余者，故余为之传，而自鉴焉。

经典注释

①圬（wū）：粉刷墙壁。②京兆长安：京兆，原意是地方大而人口多的地方，指京城及其郊区。京，大；兆，众多。唐时长安属京兆府，故称京兆长安。③屋食：房租和伙食费。④视时：根据当时。⑤稼：种植。⑥致：尽。⑦镘：镘子，粉刷墙壁的工具。⑧易能：容易掌握的技能。⑨直：同"值"，价值，这里指报酬。⑩强（qiǎng）：勉力、努力。⑪将：还是。⑫飨：通"享"。抑：表示选择，或者，还是。丰悴（cuì）：丰富和衰弱。⑬独善其身：指修身养性，保全己身，不管世事。《孟子·尽心上》："穷则独善其身，达则兼济天下。"⑭杨朱：战国时人，成语"一毛不拔"的思想说的就是他。⑮亡（wú）：无。

译文也很美

粉刷墙壁作为一种手艺，是卑贱而且辛苦的。有个人以这作为职业，样子却好像自在满意。听他讲的话，言词简明。

意思却很透彻。问他，他说姓王，承福是他的名。祖祖辈辈是长安的农民。天宝年间发生安史之乱，抽调百姓当兵，他也被征入伍，手持弓箭战斗了十三年，有官家授给他的勋级，但他却放弃官勋回到家乡来。由于丧失了田地，就靠拿着镘子维持生活。三十多年，他寄居在街上的屋主家里，并付给相当的房租、伙食费。根据当时房租、伙食费的高低，来增减他粉刷墙壁的工价，归还给主人。有钱剩，就拿去给流落在道路上的残疾、贫病、饥饿的人。

他又说："粮食，是人们种植才长出来的。至于布匹丝绸，一定要靠养蚕、纺织才能制成。其他用来维持生活的物品，都是人们劳动之后才获得的，我都离不开它们。但是人们不可能样样都亲手去制造，最合适的做法是各人尽他的能力，相互协作来求得生存。所以，国君的责任是治理我们，使我们能够生存，而各种官吏的责任则是秉承国君的旨意来教化百姓。责任有大有小，只有各尽自己的能力去做，好像器皿的大小虽然不一，但是各有各的用途。如果光吃饭不做事，一定会有天降的灾祸。所以我一天也不敢丢下我的泥镘子去游戏嬉戏。粉刷墙壁是比较容易掌握的技能，可以努力做好，又确实有成效，还能取得应有的报酬，虽然辛苦，却问心无愧，因此我心里十分坦然。力气容易使出来，并且取得成效，脑子却难以勉强使它获得聪明。这样，干体力活的人被人役使，用脑力的人役使人，也是应该的。我只是选择那种容易做而又问心无愧的活来取得报酬哩！唉！我拿着镘子到富贵人家干活有许多年了。有的人家我只去过一次，再从那里经过，当年的房屋已经成为废墟了。有的我曾去过两次，三次，后来经过那里，也成为废墟了。向他们的邻居打听，有的说：'唉！他们家主人被判刑杀掉了。'有的说：'原主人已经死了，他们的子孙不能守住遗产。'也有的说：'人死了，财产都充公了。'我从这些情况来看，不正是光吃饭不做事遭到了天降的灾祸吗？不正是勉强自己

去干才智达不到的事，不选择与他的才能相称的事却要去充数据高位的结果吗？不正是多做了亏心事，明知不行，却勉强去做的结果吗？也可能是富贵难以保住，少贡献却多享受造成的结果吧！也许是富贵贫贱都有一定的时运，一来一去，不能经常保有吧？我的心怜悯这些人，所以选择力所能及的事情去干。喜爱富贵，悲伤贫贱，我难道与一般人不同吗？"

他还说："贡献大的人，他用来供养自己的东西多，妻室儿女都能由自己养活。我能力小，贡献少，没有妻室儿女是可以的。再则我是个干体力活的人，如果成家而能力不足以养活妻室儿女，那么也够操心的了。一个人既要劳力，又要劳心，即使是圣人也不能做到啊！"

我听了他的话，起初还很疑惑不解，再进一步思考，觉得他这个人大概是个贤人，是那种所谓独善其身的人吧。但是我对他还是有些批评，觉得他为自己打算得太多，为别人打算太少，这难道是学了杨朱的学说吗？杨朱之学，是不肯拔自己一根毫毛去有利于天下，而王承福把有家当作劳心费力的事，不肯操点心来养活妻子儿女，难道会肯操劳心智为其他的人吗！但尽管如此，王承福比起世上那些一心唯恐得不到富贵，得到后又害怕失去的人，比那些为了满足生活上的欲望，以致贪婪奸邪无道以致丧命的人，又好上太多了。而且他的话对我多有警醒之处，所以我替他立传，用来作为自己的借鉴。

鉴赏文心

圬者，就是泥瓦匠；传，是记录叙述某人言语和行为的一种文体，不同于一般传记。文题的意思是记叙泥瓦匠王承福的言行。

王承福家世代居住在京都长安，天宝之乱时立了战功却不接受封勋，回家做了一个自食其力的泥瓦匠。韩愈遇到王承福时，已经中了进士，年约三十三，求官而不得只好做了幕僚，境遇困窘。聊天中，发现王承福一些观点简练又独特，也契合自己的社会理想，于是就为之作传。

该传记分为三个部分。第一段写王承福放弃了官职勋阶回到了家乡做泥瓦匠，并交代了其职业特点，紧紧扣住卑贱劳苦的特征。第二段写王承福放弃官勋从事泥瓦匠职业的三个缘由和好吃懒做遭天祸的三种不同情况。由于不同行业组成的社会、不同的社会分工要求和自己的能力所限，他选择"用力"而不"用心"的职业，这说明他有清醒的自我认识和自我定位；至于终日吃喝怠惰的人终会受到老天的惩罚。在这里，韩愈巧妙地借助王承福所见所闻所思所感，叙述了大富大贵人家如果好吃懒做就会保全不了自己的情况。第三到四段写了王承福不愿意娶妻生子的原因和作者对王承福的看法。因为自己功德小，只能凭借双手吃饭而不能凭借脑力役使人，所以不蓄养妻子。作者肯定了王承福自食其力的做法，有引以为鉴的价值。

　　本文结构思路清楚明了，逻辑严谨。虽然是记叙文，却处处生发议论，记叙简练，记叙中穿插议论。如第二段在针对"食焉怠事"进行议论时，又加入了王承福对富贵人家形象生动的描绘和叙述，显示了作者细密有条理的记叙和论述能力。

　　"传"这一文体源于司马迁写的《史记》中的列传，一般是给历史上赫赫有名的人物作传。然而唐宋八大家开了传记创作的先河，他们把目光放在了小人物身上，通过记录其事迹，用形象生动的细节描写等反映主人公的精神，留下了一篇又一篇散文佳作，亲民思想可见一斑。

古文的智慧

　　王承福虽然只是一个泥瓦匠，却有着一流的职业道德和良好的敬业精神，他常常告诫自己："食焉而怠其事，必有天殃，故吾不敢一日舍镘以嬉。"就是说，吃了饭却不好好工作，会受到上天惩罚，所以不敢丢下镘子去玩乐。泥墙的时候兢兢业业，一丝不苟，工钱上也绝不漫天要价，真是一位诚实守信、爱岗敬业、按劳取酬的榜样啊！

吾将上下而求索

祭文中的千古绝唱

祭十二郎文

唐·韩愈

年、月、日，季父愈闻汝丧之七日，乃能衔哀致诚，使建中远具时羞之奠①，告汝十二郎之灵：

呜呼！吾少孤，及长，不省所怙②，惟兄嫂是依。中年，兄殁南方，吾与汝俱幼，从嫂归葬河阳。既又与汝就食江南，零丁孤苦，未尝一日相离也。吾上有三兄，皆不幸早世，承先人后者，在孙惟汝，在子惟吾，两世一身，形单影只。嫂常抚汝指吾而言曰："韩氏两世，惟此而已！"汝时尤小，当不复记忆，吾时虽能记忆，亦未知其言之悲也。

吾年十九，始来京城。其后四年，而归视汝③。又四年，吾往河阳省坟墓，遇汝从嫂丧来葬。又二年，吾佐董丞相于汴州，汝来省吾，止一岁，请归取其孥④。明年，丞相薨⑤，吾去汴州，汝又不果来。是年，吾佐戎徐州，使取汝者始行，吾又罢去，汝又不果来。吾念汝从于东，东亦客也，不可以久。图久远者，莫如西归，将成家而致汝。呜呼！孰谓汝遽去吾而殁乎！吾与汝俱少年，以为虽暂相别，终当久相与处，故舍汝而旅食京师，以求斗斛之禄。诚知其如此，虽万乘之公相，吾不以一日辍汝而就也！

去年，孟东野往，吾书与汝曰："吾年未四十，而视茫茫，而发苍苍，而齿牙动摇。念诸父与诸兄，皆康强而早世，如吾之衰者，其能久存乎？吾不可去，汝不肯来，恐旦暮死，而汝抱无涯之戚也。"孰谓少者殁而长者存，强者夭而病者全乎？呜呼！其信然邪？其梦邪？其传之非其真邪？信也，吾兄之盛德而夭其嗣乎？汝之纯明而不克蒙其泽乎？少者强者而夭殁、长者衰者而存全乎？未可以为信也！梦也，传之非其真也！东野之书、耿兰之报⑥，何为而在吾侧也？呜呼！其信然矣！吾兄之盛德而天其嗣矣！汝之纯明宜业其家者⁷，不克蒙其泽矣！所谓天者诚难测，而神者诚难明矣！所谓理者不可推，而寿者不可知矣！

虽然，吾自今年来，苍苍者或化而为白矣，动摇者或脱而落矣，毛血日益衰⁸，志气日益微，几何不从汝而死也！死而有知，其几何离？其无知，悲不几时，而不悲者无穷期矣！汝之子始十岁，吾之子始五岁，少而强者不可保，如此孩提者，又可冀其成立邪？呜呼哀哉！呜呼哀哉！

汝去年书云："比得软脚病，往往而剧。"吾曰："是疾也，江南之人常常有之。"未始以为忧也。呜呼！其竟以此而殒其生乎？抑别有疾而致斯乎？汝之书，六月十七日也。东野云，汝殁以六月二日，耿兰之报无月日。盖东野之使者，不知问家人以月日，如耿兰之报，不知当言月日。东野与吾书，乃问使者，使者妄称以应之耳。其然乎？其不然乎？

今吾使建中祭汝，吊汝之孤与汝之乳母。彼有食可守以待终丧⁹，则待终丧而取以来⑩；如不能守以终丧，则遂取以来。其余奴婢，并令守汝丧。吾力能改葬⑪，终葬汝于先人之兆⑫，然后惟其所愿。呜呼！汝病吾不知时，汝殁吾不知日，生不能相养以共居，殁不得抚汝以尽哀，敛不凭其棺，窆不临其穴⑬，吾行负神明，而使汝夭，不孝不慈，而不得与汝相养以生、相守以死。一在天之涯，一在地之角，生而影不与吾形相依，死而魂不与吾梦相接，吾实为之，其又何尤！彼苍者天，曷其有极！

自今以往，吾其无意于人世矣！当求数顷之田于伊、颍之上⑭，以待余年。教吾子与汝子，幸其成⑮；长吾女与汝女，待其嫁。如此而已。呜呼！言有穷而情不可终，汝其知也邪？其不知也邪？呜呼哀哉！尚飨！

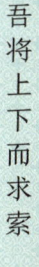

吾将上下而求索

经典注释

①建中：人名，一般认为是韩愈的家人。②所怙（hù）：所依靠的人，指父亲。怙，依靠。③视：古时探亲，上对下曰视，下对上曰省。④孥（nú）：妻儿的统称，即家属。⑤薨（hōng）：唐代

二品以上的官员去世称"薨"。⑥耿兰：人名，当是韩氏在宣州的家仆。⑦业：用作动词，继承事业。家：指家业。⑧毛血：这里指代身体。⑨终丧：守满三年丧期。⑩取以来：指把十二郎的儿子和乳母接来。⑪力能改葬：假设之意。即先暂时就地埋葬。⑫兆：葬域，墓地。⑬窆（biǎn）：落葬，下棺入土。⑭伊颍：伊水和颍水，均在今河南境内，此指故乡。⑮幸其成：希望他们能够成材。韩愈子韩昶后中进士，十二郎子韩湘亦中进士。

译文也很美

某年某月某日，叔父韩愈在听到你去世消息后的第七天，才得以含着哀痛向你表达心意，让建中从远方备置了作为祭品用的应时佳肴，告慰于你十二郎的亡灵：

唉！我幼年丧父，等到长大，还不知道父亲的模样，哥哥和嫂子是唯一依靠。哥哥在中年时，死在南方。我和你当时年纪都还小，跟随嫂嫂送哥哥的灵柩回河阳安葬。随后又一起到江南谋生。孤苦伶仃，不曾有一天分离过。我上面有三个哥哥，不幸很早就去世了。继承先父的后代，在孙辈里的只有你，在儿辈里只有我，两代都只剩一个人，孤孤单单。嫂嫂常常一面抚着你的头一面指着我说："韩家两代，只有你们两个人了！"那时你还小，当然不能记得，我那时虽能记得，但也不懂得她话中的悲凉。

我十九岁时，初次来到京城。四年以后，才回家去看你。又过了四年，我去河阳凭吊祖先的坟墓，碰上你护送嫂嫂的灵柩回来安葬。又过了两年，我

在汴州辅佐丞相董晋,你来看望我,住了一年,你请求回去接家室。第二年,董丞相去世,我离开汴州,结果你没能来成。那一年,我在徐州辅助军事,派去接你的人刚刚动身,我又免官离职,结果你又没能来成。我想,你跟随我在东边的徐州,也是客居,不可能久住;从长远考虑,还不如我回到西边河阳老家去,打算在那里把家安置好,再把你接来。唉!谁能料到你竟突然离我而去了呢?当初,我和你都年轻,以为虽然暂时分别,终究会长久地在一起的。所以我才离开你到长安,以寻求微薄的俸禄。如果早知道这样,纵然是做极尊极贵的公卿宰相,我也不愿离开你一天而去就职。

去年,孟东野前往江南,我托他带信给你说:"我年纪还不到四十,却视力模糊,头发灰白,牙齿松动。想起各位父兄,都在健康强壮的盛年早早去世,像我这样身体衰弱的人,难道能够长久地活在世上吗?我不能离开职守,你又不同意来,恐怕我早晚一死,你就将会怀有无穷无尽的忧伤。"谁知年轻的却先死去了,而年老的反而还活着,强壮的夭折了,而衰弱的反而还活在人间呢?唉!这确实是真的吗?这是在做梦吗?传送的消息不可靠吧?如果是真的,那么我哥哥有美好的德行反而丧失了后代?你那么纯正贤明却不能承受他的遗泽吗?难道年少身强的反而早死,年长衰弱的却应活着吗?我不敢相

信这是真的。如果这是梦,那么是传送的消息不真实吗?孟东野的来信、耿兰的丧报,却又为什么在我的身边呢?唉!这是真的了!我哥哥有那么美好的德行竟早早丧失了后代,你那么纯正贤明本当继承家业的,竟不能承受他的遗泽!所谓天理实在让人难以推测,神意实在让人难以明白!这真是天理不可推究、寿命不可预知啊!即使这样,我自从今年以来,灰白的头发有些已变成全白了,松动的牙齿即将脱落了。体质一天比一天衰弱,精神一天比一天萎靡。用不了多久,也就随着你死去了!如果死后能有灵,那么我们又能分离多久呢?如果死后没有灵,那我也悲伤不了多少时候,而没有悲伤的日子倒是无穷无尽的。你的儿子才十岁,我的儿子刚五岁。年少身强的都不能保全,像这样的孩子,又怎么能希望他们成人立业呢?唉,悲痛啊!唉,真是悲痛!

你去年来信说:"近来得了脚病,时常发作得很厉害。"我说:"这种病,江南的人常常得。"没有把它当作值得忧虑的事。唉,难道竟然仅仅因为这个病而丧了命吗?还是由于有别的病而导致这样的不幸呢?你的信是六月十七日写的。孟东野说你死于六月二日;耿兰的丧报没有说日期。大概是因为东野的使者不知道向你家里的人问明日期?或是耿兰报丧竟不知道应该告诉日期?或是东野给我写信时,才去问使者,使者随便说了一个日子罢了?是这样的呢?还是不是这样的呢?

现在我派建中来祭奠你,慰问你的孩子和你的乳母。如果他们拥有的粮食能够守丧到丧期终了,就等到丧期结束后再把他们接来;如果不能守到丧期终了,那么我就立刻把他们接来。剩下的奴婢,叫他们一块儿守丧。如果我有能力给你迁葬,最后一定把你安葬在祖先的墓地中,让奴婢们按照自己的意愿或去或留。唉,你患病我不知道时间,你去世我不知道日子,活着的时候不能相互照顾、共同生活,死的时候不能抚摸着你的遗体来表达我的哀思,入殓时不能靠着棺木扶灵,下葬时不能亲临你的墓穴。我的行为辜负了神明,而使你年少夭折，我对上不孝，对下不慈，我既不能与你相互照顾着生活，又不能和你一块儿死去。一个在天涯，一个在地角。你活着的时候不能和我形影相依，死后灵魂又不能与我在梦中相聚，这都是我造成的，又能抱怨谁呢？那青青的上天啊，我的悲痛哪里有尽头！

从今以后，我没有心思奔忙于人世了！我应当在伊水和颍水畔置办几顷田地，度过我的余年。教养我的儿子和你的儿子，希望他们成材；抚养我的女儿和你的女儿，等到她们出嫁。我的心愿就这样罢了。唉，话有说完的时候，而哀痛之情却没有终止，你是知道呢？还是不知道呢？啊！悲痛呀！祈望你享用祭品吧！

鉴赏文心

十二郎，名老成，是韩愈二哥韩介的儿子，幼年过继在韩愈大哥韩会膝下，因在家族中排行第十二而被称为十二郎。韩愈三岁丧父，由大哥韩会夫妻抚养，自幼与十二郎一同成长，和韩老成虽是叔侄关系，却情同手足。十九岁时韩愈离家去长安，自此在外漂泊奔波十几年，和十二郎的见面机会少之又少。

唐德宗贞元二十年，韩愈官运开始显达，在长安任监察御史，本以为可以与十二郎相聚之时，却突然传来十二郎病死的噩耗，韩愈悲痛欲绝，写下了这篇字字血泪的祭文。

祭文是古人为了祭奠去世的人而写的文章，一般由祭奠者自己书写。自唐宋八大家后，祭文成了抒发情感的文体。本文一改祭文歌功颂德、铺叙生平等的惯例，择日常琐事抒发内心难以名状的悲恸之情。

祭文主体内容可以分为三个部分。第一至二段主要写两个人之间的深情厚谊，无论是身世家世的不幸还是幼年时的孤苦相依，抑或后来两人的三别三会到最终的永别，都是作者永远无法忘怀又遗憾无穷的情景。第三至五段主要写对十二郎病死的万般痛楚以及十二郎的死因和死的日期。"其信然邪？其梦邪？其传之非其真邪"将作者初晓噩耗时的那种不愿意相信又不得不相信的悲恸心理刻画得淋漓尽致。第六至七段主要写对十二郎悼念及对其遗孤的慰问，并交代了以后迁葬和如何教育养育十二郎遗孤等事情。

有人说：读《出师表》不落泪者其人不忠；读《陈情表》不落泪者其人不孝；读《祭十二郎文》不落泪者其人不友。真不知道世界上还能有怎样的文字如此让人吞吐呜咽、眼涩心悲，真切朴素却紧扣读者心神，实在是"祭文中千年绝调"！

古文的智慧

珍惜每一次的团聚，珍重每一次的别离。因为每一次的别离，都有可能是最后一次的见面。韩愈原本指望着等生活稳定了，再接侄儿同住。可没想到世事无常，夙愿竟化为泡影。韩老成毫无征兆地离开人世，永远离开韩愈，这也成为韩愈的终生遗憾。现在的我们，也常常以工作繁忙为理由，没空回家。等到有了时间，父母已经年老，甚至过世了，只能哀叹"子欲养而亲不待"。因此，不要等到失去了才知道亲情的宝贵！

我的朋友柳宗元

柳子厚墓志铭

唐·韩愈

子厚，讳宗元。七世祖庆①，为拓跋魏侍中，封济阴公。曾伯祖奭②，为唐宰相，与褚遂良、韩瑗俱得罪武后，死高宗朝。皇考讳镇，以事母弃太常博士，求为县令江南。其后以不能媚权贵，失御史。权贵人死，乃复拜侍御史。号为刚直，所与游皆当世名人。

子厚少精敏，无不通达。逮其父时，虽少年，已自成人，能取进士第，崭然见头角，众谓柳氏有子矣。其后以博学宏词授集贤殿正字。俊杰廉悍，议论证据古今，出入经史百子，踔厉风发③，率常屈其座人，名声大振，一时皆慕与之交。诸公要人，争欲令出我门下，交口荐誉之。

贞元十九年，由蓝田尉拜监察御史④。顺宗即位，拜礼部员外郎。遇用事者得罪，例出为刺史。未至，又例贬州司马。居闲益自刻苦，务记览，为词章，泛滥停蓄，为深博无涯涘，而自肆于山水间。元和中，尝例召至京师，又偕出为刺史，而子厚得柳州。既至，叹曰："是岂不足为政邪？"因其土俗，为设教禁，州人顺赖。其俗以男女质钱，约不时赎，子本相侔，则没为奴婢。子厚与设方计，悉令赎归。其尤贫力不能者，令书其佣，足相当，则使归其质。观察使下其法于他州，比一岁，免而归者且千人。衡湘以南为进士者，皆以子厚为师。其经承子厚口讲指画为文词者，悉有法度可观。

其召至京师而复为刺史也，中山刘梦得禹锡亦在遣中，当诣播州。子厚泣曰："播州非人所居，而梦得亲在堂，吾不忍梦得之穷，无辞以白其大人，且万无母子俱往理。"请于朝，将拜疏，愿以柳易播⑤，虽重得罪，死不恨。遇有以梦得事白上者，梦得于是改刺连州。呜呼！士穷乃见节义。今夫平居里巷相慕悦，酒食游戏相征逐，诩诩强笑语以相取下，握手出肺肝相示，指天日涕泣，誓生死不相背负，真若可信。一旦临小利害，仅如毛发比，反眼若不相识，落陷阱，不一引手救，反挤之又下石焉者，皆是也。此宜禽兽夷狄所不忍为，而其人自视以为得计，闻子厚之风，亦可以少愧矣。

子厚前时少年，勇于为人，不自贵重顾藉，谓功业可立就，故坐废退。既退，又无相知有气力得位者推挽，故卒死于穷裔⑥，材不为世用，道不行于时也。使子厚在台、省时⑦，自持其身，已能如司马、刺史时，亦自不斥；斥时，有人力能举之，且必复用不穷。然子厚斥不久，穷不极，虽有出于人，其文学辞章，必不能自力以致必传于后，如今，无疑也。虽使子厚得所愿，为将相于一时⑧，以彼易此，孰得孰失，必有能辨之者。

子厚以元和十四年十一月八日卒，年四十七。以十五年七月十日归葬万年先人墓侧⑨。子厚有子男二人，长曰周六，始四岁，季曰周七⑩，子厚卒乃生。女子二人，皆幼。其得归葬也，费皆出观察使河东裴君行立⑪。行立有节概，重然诺，与子厚结交，子厚亦为之尽，竟赖其力。葬子厚于万年之墓者，舅弟卢遵。遵，涿人，性谨慎，学问不厌。自子厚之斥，遵从而家焉，逮其死不去。既往葬子厚，又将经纪其家，庶几有始终者。

铭曰：是惟子厚之室，既固既安，以利其嗣人。

经典注释

①庆：柳庆，字更兴，曾任北魏侍中，封平齐公，是柳宗元七世祖。②奭（shì）：字子燕，柳旦之孙，唐高宗时为中书令，是柳宗元高祖子夏之兄，当为高伯祖，本文误记为曾伯祖。③踔（chuō）厉风发：指议论纵横，滔滔不绝，言辞奋发，见识高远。④蓝田尉：贞元十七年（796）柳宗元调任蓝田尉，十九年（798）入拜监察御

史。⑤以柳易播：指柳宗元自愿到播州去，让刘禹锡去柳州。⑥穷裔（yì）：穷困的边远地区。⑦台、省：御史台和尚书省。⑧为将相于一时：被贬"八司马"中，只有程异后来得到李巽推荐位至宰相，但不久就去世了，也无功绩，此处暗用程异作比。⑨万年：县名，在今陕西临潼东北。⑩周七：即柳告，字用益，柳宗元遗腹子。⑪河东裴君行立：裴行立，元和十二年（817）为桂管观察使，柳宗元的上司。

译文也很美

子厚，名叫宗元。他的七世祖柳庆做过北魏的侍中，被封为济阴公（应为平齐公）。曾伯祖柳奭做过唐朝的宰相，同褚遂良、韩瑗一起得罪了武则天皇后，在高宗时被处死。父亲名叫柳镇，为了侍奉母亲，放弃了太常博士的官位，请求到江南做县令。后来因为他不肯向权贵献媚，丢掉了御史官的职务。直到那位权贵死了，才重新被任命为侍御史。人们都说他刚毅正直，与他交往的都是当时知名人士。

子厚小时候就非常精明聪敏，通晓百事。他父亲在世时，他虽然还年轻，但已经成才，考取进士，显示出出众的才华，大家都说柳家有个好儿子。后来通过博学宏词科的考试，被任命为集贤殿正字。他才智出众，清廉刚毅，发表议论时旁征博引，精通古史今事和诸子百家，言辞锋利，见识高远，常常令在座的人折服。于是他的名声轰动一时，人们都敬慕他并希望与他交往。显贵们也都争着要收他做自己的门生，同声推荐称赞他。

贞元十九年，他由蓝田尉升任为监察御史。顺宗继位后，又升任为礼部员外郎。赶上当权的人犯了罪，他也被一起贬出京城做刺史。还未到任，又被依照条例贬为永州司马。处于闲散的职位，他更加刻苦用功，专心致志地读书和写作。他作的诗文，文笔汪洋恣肆，风格雄厚凝练，像无边的海水那样博大精深。他自己则纵横于山水之间。

元和年间，他曾经与同案人一起被召回到京师，又一起被遣放出做刺

史，而他分在柳州。到任之后，他慨叹道："这里难道就不能做出政绩吗？"他按照当地的风俗，为柳州制定了教谕和禁令，全州百姓都顺从信服。当地有个风俗，把儿女做抵押向人借钱，双方约定如果不能按时赎回，等到利息与本金相等时，债主就把人质没收做奴婢。子厚为此想尽办法，让他们都能被赎回去。那些特别穷困没有能力赎回的，就让债主记下人质当佣工的工钱，等到足够抵销债务时，就让债主归还被抵押的人质。观察使把这个办法推广到其他州县，大约一年后，免除奴婢身份回家的将近一千人。衡山、湘水以南准备考进士的人，都把子厚当作老师，那些受过子厚亲自讲授和指点的人，所写文章的章法和技巧有很多可取之处。

他被召回京城并且再次被派做刺史的时候，中山人刘梦得（刘禹锡）也在被遣放之列，应当去播州。子厚流着泪说："播州（今贵州遵义一带）不是一般人能住的地方，况且刘梦得的母亲还在，我不忍心看到梦得处境如此困窘，以至没法对母亲说，况且也绝没有母子同去的道理。"他向朝廷上疏请求，愿意拿柳州换播州，即使因此再次获罪，至死也不悔恨。正赶上有人把刘梦得的情况报告了皇帝，梦得于是改赴连州任刺史。啊！人们在困窘的时候才能显出气节道义！现在有些人平时街坊居处，相爱友好，经常相约宴饮游戏，来往频繁，很融洽地在一起，强作笑脸，装出谦恭的样子，握手言欢时似乎肝胆相照，指着天日流泪赌咒，发誓不论生死都不背弃朋友，简直像真的一样可信。然而一旦碰上小小的利害冲突，哪怕只有毛发般大小，就翻脸不认人。朋友落入陷阱，不伸手去搭救，反而趁势推挤，往下丢石头，这种人到处都是啊！这些事情连禽兽和野蛮人都不忍心去做，而那些人却自以为做得高明。他们听到子厚的高尚德行，也该有点惭愧了吧。

子厚当初年轻时，勇于帮助别人，不知道珍重爱惜自己，以为功名业绩唾手可得，因此受到牵连而遭到贬斥。贬斥后，又没有熟识的、有力量有地位的人相助，因此最终死在穷困的边远地区。才干不能在当世发挥，抱负不得在当世施展。如果子厚当时在尚书省、御史台任职时，能谨慎约束自己，像在做司马、刺史时一样，也自然不会遭贬斥了。被贬斥后，如果有能力不凡的人推举他，也必然会被重新任用而不至于穷困潦倒一生。可是，如果子厚被排斥的时间不长，困厄不深重，即使才能比别人高，他在文学著作方面也必然不会下苦功夫以至达到像今天这样流传后世的程度，这是毫无疑问的。即使让子厚实现他的愿望，一度官至将相，拿那个换这个，是得还是失，一定能有辨别它的人。

子厚在元和十四年十一月八日去世，终年四十七岁。在元和十五年七月初十安葬在万年县祖先墓旁。子厚有两个儿子：大的叫周六，才四岁；小的叫周七，是子厚去世后才出生的。两个女儿，都还小。他的灵柩能够回乡安葬，费用都是观察使河东人裴行立先生支付的。行立先生为人有气节，重信用，与子厚是朋友，子厚对他也是尽心尽力，最后竟然是仰赖着他的力量才办理了后事。把子厚安葬到万年县墓地的，是他的表弟卢遵。卢遵是涿州人，性情谨慎，做学问永不厌烦。自从子厚被贬斥之日起，卢遵就跟随着他，住在他家，直到他去世也没有离开。既送子厚归葬，又准备安排料理子厚的家属，可以称得上是有始有终的人了。

铭文说：这就是子厚安息的地方，既稳固又舒适，对子厚的子孙后代会有益处的。

鉴赏文心

唐宪宗元和十四年，年仅四十七岁的柳宗元在柳州去世。在政治上和柳宗元不属于同一派系的韩愈先后写了《祭柳子厚文》《柳子厚墓志铭》两篇文章。柳宗元临死之前，曾托韩愈照料自己的身后之事，可见两人交情之深。

碑志是古代纪念性的文字。墓志铭是古代一种文体，分为"铭"和

"志"。"志"主要用散文化的笔法记录死者的姓氏、仕途履历和生平主要事迹;"铭"主要用韵文来表达对死者的悼念和赞颂。以前一般将墓志铭刻在石头上,随同死者一起埋入墓中,后来将这个刻有墓志铭的石头立在墓前,成了墓碑。

本篇墓志铭从内容上可以分为三个部分。第一段主要写死者的家世,主要强调了先辈的高风亮节、孝顺父母、刚直不阿三个方面。第二至六段主要叙述描写了柳宗元生平五个方面。第七至八段,主要写柳宗元之死、归葬和墓铭内容。

文章的第二部分是本文的主体部分,可以分为五个层次。第一层写柳宗元年少有为,少年时的意气风发可以看出他的才华之高,名不虚传。第二层写做官被贬,先写升官再写被贬谪至永州,柳宗元在得失升迁之间以文抒怀,在永州期间写下了不朽篇章。第三层写在被贬柳州的政绩,柳州四年关心民间疾苦,移风易俗,有很高的为政才能以及在文化传播上的功劳。第四层写其虽在困境之中,依然体贴刘禹锡的困境,主动提出以柳州换不适宜人居住的播州,既可以看出柳宗元对孝道的继承与发扬,也可以看出他对朋友的气节和道义。第五层总结评价了子厚一生,高度概括了"文穷而后工"的道理,将生前富贵死后无名与生前困顿文章显扬进行对比,得失显而易见。

墓志铭一直要求简古深奥,所以往往没有生气。但这篇却以朋友之义为线索,写得神采飞扬,丝丝入扣,实为绝顶出色之作。

古文的智慧

在工作和学习中,做事要有始有终,善始善终,不断精益求精,必须对自己高标准、高要求,绝不半途而废,养成良好的习惯,才能让自己在学习、工作中脱颖而出,开创更美好的未来。

无为也是种作为

种树郭橐驼传

唐·柳宗元

　　郭橐驼①，不知始何名。病偻，隆然伏行，有类橐驼者，故乡人号之"驼"。驼闻之曰："甚善，名我固当。"因舍其名。亦自谓"橐驼"云。其乡曰丰乐乡，在长安西。驼业种树，凡长安豪家富人为观游及卖果者，皆争迎取养。视驼所种树，或迁徙，无不活，且硕茂，早实以蕃。他植者虽窥伺效慕，莫能如也。

　　有问之，对曰："橐驼非能使木寿且孳也②，能顺木之天，以致其性焉尔。凡植木之性，其本欲舒，其培欲平，其土欲故，其筑欲密。既然已，勿动勿虑，去不复顾。其莳也若子③，其置也若弃。则其天者全而其性得矣。故吾不害其长而已，非有能硕茂之也；不抑耗其实而已，非有能早而蕃之也。他植者则不然，根拳而土易；其培之也，若不过焉则不及。苟有能反是者，则又爱之太殷，忧之太勤，旦视而暮抚，已去而复顾。甚者爪其肤以验其生枯，摇其本以观其疏密，而木之性日以离矣。虽曰爱之，其实害之；虽曰忧之，其实仇之，故不我若也，吾又何能为哉！"

　　问者曰："以子之道，移之官理可乎？"驼曰："我知种树而已，官理非吾业也。然吾居乡，见长人者好烦其令④，若甚怜焉，而卒以祸。旦暮吏来而呼曰：'官命促尔耕，勖尔植⑤，督尔获，蚤缫而绪⑥，蚤织而缕，字而幼孩⑦，遂而鸡豚⑧。'鸣鼓而聚之，击木而召之。吾小人辍飧饔以劳吏者，且不得暇⑨，又何以蕃吾生而安吾性邪？故病且怠。若是，则与吾业者其亦有类乎？"

　　问者嘻曰："不亦善夫！吾问养树，得养人术。"传其事以为官戒也。

经典注释

①橐（tuó）驼：即骆驼。②孳（zī）：繁殖生长得快。③莳：种植。④长（zhǎng）人者：治理人民的长官。⑤勖（xù）：勉励。⑥缫（sāo）：煮茧抽丝。而：通"尔"，你们。绪：丝头，这里指丝。⑦字：养育。⑧豚：小猪。⑨飧（sūn）：晚饭。饔（yōng）：早饭。

译文也很美

郭橐驼，不知他最初叫什么名字。由于得了佝偻病，后背高高隆起，俯伏着走路，有点像骆驼的样子，所以乡里人叫他"橐驼"。橐驼听到别人这样叫他，说："很好，这样叫我的确很恰当。"因此便舍弃了他原来的名字，也自称作"橐驼"。他居住的地方叫丰乐乡，在长安城的西边。橐驼的职业是种树，凡是长安那些修建供观赏游乐的园林的豪门富人，以及卖水果的商人，都争相迎接和雇用他。看橐驼种的树，即使是移植的，也没有不成活的。并且长得高大茂盛，果实结得又早又多。其他种树的人虽然偷偷仿效，但没有谁能赶得上他。

有人问他这是什么原因，他回答说："我并没有什么使树木具有旺盛的活力并结很多果实的特殊办法，只不过能顺应树木自然的生长规律，使它的本性能够得到充分发展罢了。种树的方法，一般来说树根要舒展，培土要平，要用熟土，土要砸结实，这样做了以后就不要再去动它，也不必担心它不能成活，离开后就不必再照管它了。种植树木时，要像爱护自己的孩子一样，种完之后，放到那里就如同扔掉一样。这样，树木的天性没有被破坏，它的本性就能得到发展。所以说，我只不过是不妨害树木的自然生长而已，并没有什么使它高大茂盛的特殊本领；我只不过是不抑制和损耗它的果实罢了，并没有什使它的果实早熟多结的诀窍。其他种树的人却不是这样，树根掘曲，并且换了新土，培土时不是过多就是过少。即使有不那样做的人，却又过分地关心它的生长，过多地忧虑它不能成活。早晨去看看，晚上去摸摸，刚刚离开就又回头来看，甚至用手指抓破树皮来检验树木是活着还是死了，摇动树干来观察培的土是松还是实，这样树木的本性就逐渐丧失了。这样做，虽说是爱护它，实际是害它；虽说是为它担心，其实是以它为敌。所以都不如我啊，其实我又有什么特殊的本领呢？"

发问的人说："把你种树的道理，转用到做官治理百姓上，可以吗？"橐驼说："我只知道种树罢了，做官治理百姓，不是我的事情啊。然而我住在乡里，看到那些官吏喜欢不断地发布各种命令，好像很爱惜百姓，但最后却给百姓造成了灾祸。每天早晚，差吏来到村中喊叫：'官长命令催促你们耕田，勉励你们播种，督促你们收割。快点缫好你们的丝，快点纺好你们的线。抚育好你们幼小的子女，喂养好你们的鸡和猪。'一会儿击鼓让人们聚集起来，一会儿敲木梆把大家招引过来。我们这些小百姓顾不上吃晚饭、早饭来应酬慰劳差吏，尚且都没有空暇，又靠什么来使我们人口兴旺、生活安定呢？所以都非常困苦而且疲乏。像这样，那就与我们种树行业的人大概也有相似之处吧？"

发问的人笑着说道:"这不是说得很好吗?我问怎样养树,却得到了治民的办法。"于是记下这件事,把它作为官吏的戒鉴。

鉴赏文心

古人勤勉于种树,树木也造福于古人,激发了文人墨客的灵感,留下了许多以树为主题的诗词文章。柳宗元向来有"柳痴"之称,被贬谪于柳州以后,曾经在柳江种了很多柳树,流传有"柳州柳刺史,种树柳江边"之说。他写的散文《种树郭橐驼传》对种树有很强的指导意义,也有着很强的现实讽喻义。

文章共四段,从内容上可以分为三个部分。第一部分是第一段,仿照史传的体例介绍了主人公的身世,并指明郭橐驼是种树的高手。第二部分是第二三段,写郭橐驼的种树经验以及从种树转到做官治民上的看法。第三部分是最后一段,写问话者的意外收获和写传目的。

本文名义上是"传",但与一般意义上的人物传记有区别。从内容而言,是一篇传记体的讽喻性寓言,即为了阐明某个道理而运用讲故事的手段。本文就是通过探讨种树的规律来阐述治理国家的道理。文章借郭橐驼之口,深入地阐明了处理政务需要顺应老百姓的心意,使人民能不受官府过分的干扰,得到休养生息的机会。

文章最突出的写作手法是对比。对比能突出事物的特点,收到不言自明的效果。作者围绕"顺木之天以致性",先从种植的当和不当做对比,郭橐驼种植尊重树木的本性,着重于种树的要领,在种植之时非常细心地顺应树木的本性,所以取得了理想效果,他植者全然不顾树木的本性,只能遭遇"木之性日以离"的恶果;再从管理的善和不善进行对比,主人公听之任之的做法和他植者无微不至的做法导致了完全不一样的结果;最后总结出他植者不如己植者,显示郭橐驼种树之道的正确性。

然而,仅仅是种树之道的正确吗?本文托物寓意,以种树来比喻治国治民的原则，并以寓言的形式进行讽谏，委婉地提出了顺民之性以养民、宽简为政、使民安居乐业的主张，这才是作者的真实意图。

古文的智慧

每个人都是独立的个体，都有自己独特的天赋，各有各的兴趣爱好，不能通通用一根标尺来衡量和约束自己。遵循自己的个性和兴趣，遵从自己内心的向往和需求，善于寻找自己所擅长的，就更容易找到适合自己发展的方向，实现自己心中的梦想。

匠人的管理学

梓人传①

唐·柳宗元

裴封叔之第，在光德里。有梓人款其门②，愿佣隙宇而处焉③。所职寻引④、规⑤矩⑥、绳墨⑦，家不居砻⑧斫之器⑨。问其能，曰："吾善度材，视栋宇之制，高深、圆方、短长之宜，吾指使而群工役焉。舍我，众莫能就一宇。故食于官府，吾受禄三倍；作于私家，吾收其直大半焉⑩。"他日，入其室，其床阙足而不能理⑪，曰："将求他工。"余甚笑之，谓其无能而贪禄嗜货者。

其后，京兆尹将饰官署，余往过焉。委群材⑫，会众工，或执斧斤⑬，或执刀锯，皆环立向之。梓人左持引，右执杖，而中处焉。量栋宇之任⑭，视木之能，举挥其杖曰："斧！"彼执斧者奔而右；顾而指曰：

"锯！"彼执锯者趋而左。俄而⑮斤者斫，刀者削，皆视其色，俟其言，莫敢自断者。其不胜任者，怒而退之，亦莫敢愠焉。画宫于堵，盈尺而曲尽其制，计其毫厘而构大厦，无进退焉。既成，书于上栋曰"某年某月某日某建"，则其姓字也。凡执用之工不在列。余圜视大骇，然后知其术之工大矣。

继而叹曰：彼将舍其手艺，专其心智，而能知体要者欤？吾闻劳心者役人，劳力者役于人。彼其劳心者欤？能者用而智者谋，彼其智者欤？是足为佐天子相天下法矣！物莫近乎此也。彼为天下者本于人。其执役者，为徒隶、为乡师、里胥；其上为下士，又其上为中士、为上士；又其上为大夫、为卿、为公。离而为六职⑯，判而为百役。外薄四海，有方伯、连率⑰。郡有守，邑有宰，皆有佐政⑱。其下有胥吏，又其下皆有啬夫⑲、版尹，以就役焉⑳，犹众工之各有执伎以食力也。彼佐天子相天下者，举而加焉，指而使焉，条其纲纪而盈缩焉，齐其法制而整顿焉，犹梓人之有规矩、绳墨以定制也。择天下之士，使称其职；居天下之人，使安其业。视都知野，视野知国，视国知天下，其远迩细大，可手据其图而究焉，犹梓人画宫于堵而绩于成也。能者进而由之，使无所德；不能者退而休之，亦莫敢愠。不衒能，不矜名。不亲小劳，不侵众官，日与天下之英才讨论其大经，犹梓人之善运众工而不伐艺也㉑。夫然后相道得而万国理矣。

相道既得，万国既理，天下举首而望曰："吾相之功也。"后之人循迹而慕曰："彼相之才也。"士或谈殷、周之理者，曰伊、傅、周、召㉒，其百执事之勤劳而不得纪焉，犹梓人自名其功而执用者不列也。大哉相乎！通是道者，所谓相而已矣。其不知体要者反此。以恪勤为公，以簿书为尊，衒能矜名。亲小劳，侵众官，窃取六职百役之事，听听于府庭㉓，而遗其大者、远者焉，所谓不通是道者也。犹梓人而不知绳墨之曲直、规矩之方圆、寻引之短长，姑夺众工之斧斤刀锯以佐其艺，又不能备其工，以至败绩，用而无所成也。不亦谬欤？

或曰："彼主为室者，傥或发其私智㉔，牵制梓人之虑，夺其世守而道谋是用㉕,虽不能成功,岂其罪耶?亦在任之而已。"余曰:"不然。夫绳墨诚陈,规矩诚设,高者不可抑而下也,狭者不可张而广也。由我则固,不由我则圮㉖。彼将乐去固而就圮也,则卷其术,默其智,悠尔而去,不屈吾道,是诚良梓人耳。其或嗜其货利,忍而不能舍也,丧其制量,屈而不能守也,栋桡屋坏㉗,则曰:'非我罪也。'可乎哉?可乎哉?"

余谓梓人之道类于相,故书而藏之。梓人,盖古之审曲面势者,今谓之"都料匠"云。余所遇者,杨氏,潜其名。

经典注释

①梓人:木工,建筑工匠。②欵:叩。③隙宇:空房。④职:掌管。寻引:度量工具。⑤规:圆规。⑥矩:曲尺。⑦绳墨:墨斗。⑧砻:磨。⑨斫:砍。⑩直:通"值"。⑪阙:通"缺"。⑫委:堆积。⑬斧斤:砍木的工具。⑭任:承担。⑮俄:不久。⑯六职:指中央政府的吏、户、礼、兵、刑、工六部。⑰方伯:古代诸侯的领袖;连率:盟主、统帅;二者均指地方长官。⑱佐政:副职。⑲啬夫:相当于乡官,主管诉讼和赋税。⑳版尹:管户口的小官。㉑伐:夸耀。㉒伊、傅、周、召:伊尹、傅说、周公、召公。㉓听听:争辩的样子。㉔傥:同"倘"。㉕道谋:过路人的意见。《诗经·小旻》:"如彼筑室于道谋,用是不溃于成。"㉖圮:倒塌。㉗桡:弯曲。

译文也很美

裴封叔的家宅在德里地方。有位木匠敲他的门,希望租间空屋子居住,用替屋主人服役来代替房租。他所执掌的是些度量长短,规划方圆和校正曲直的工具;家里不储备磨砺和砍削的器具。问他有什么能耐,他说:"我善于计算,测量木材。观看房屋的式样和,高深、圆方、短长的适合不适合;我指挥驱使,而由众工匠去干。离了我,

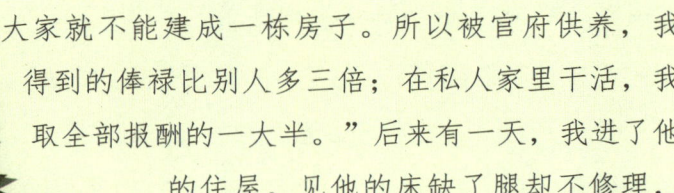

大家就不能建成一栋房子。所以被官府供养，我得到的俸禄比别人多三倍；在私人家里干活，我取全部报酬的一大半。"后来有一天，我进了他的住屋。见他的床缺了腿却不修理，他对我说："将要请别的工匠来修理。"我很耻笑他，说他是没有才能却贪图俸禄，喜爱钱财的人。

后来，京兆伊将要修饰官衙的房屋，我到过那里。（在那里）蓄积了大量木材，召集了许多工匠。有的拿着斧斤，有的拿着刀锯，都围成一圈站着，面朝着（那位）木匠。木匠左手拿着长尺，右手拿着木杖，站在中间。他衡量房屋的承担情况，察看木料的性能酌情选用。挥动他的木杖说："用斧子砍！"那拿斧子的就跑到右边去砍；回头指着木材说："用锯锯！"那拿锯的就跑到左边去锯。不一会，拿斧子的砍，拿刀的削，全都看着他的脸色，等待他的发话，没有一个敢自做主张的。那些不能胜任的人，被他愤怒地斥退了，也不敢有一点怨恨。他在墙上绘了官署房子的图样，刚满一尺大小的图样却细致详尽地画出了它的建筑构造，按照图上微小的尺寸计算，建造起的高楼大厦，没有一点误差的地方。已建成后，在上栋上写道：某年某月某日某某修建，原来是他的姓名，凡是被他役使的工匠都不在上面列名。我围绕着一看，感到非常惊讶，然后我才知道他技术的精湛和伟大啊！

接着我就感叹地说：他大概是放弃了他的手艺，专门使用他的思想智慧，能知道全局要领的人吧？我听说"劳心的人役使别人，劳力的人被别人役使"；他大概是劳心的人吧？有一般技艺的人出力劳动，有才智的人出谋划策，他大概是有才智的人吧？这满可以作为辅佐天子，做天下宰相的人所效法学习的呀！事情没有比这再相近似的了。那些治理天下的人把治人当作根本大事，那些干具体事的人是徒隶、是乡师、里胥。级别稍微高一点的是下士，下士上面是中士、上士，再往上是大夫、卿、公。那辅佐天子，做天下宰相的人，推荐人才，委任职责，发出命令，指派任务，整顿纲纪，进行增减，统一法治。这就好像梓人有正方圆和定曲直的工具而绘制出图样似的。选择天下的官吏，使他们适合自己的职务；安置天下的老百姓，使他们安居乐业。看了国都就了解了郊外，看了郊外就了解了诸侯国，看了诸侯国就了解了整个天下。那些远近大小的国事，可以根据手中的图本来研究、了解。这就好像梓人在墙上绘画官署房子的图样而完成工程一样。把有才能的人提拔上来，并充分发挥他的本领，使他不必对任何人感恩戴德；把没有才能的人辞退，让他休息，他也不敢恼恨。不夸耀自己的才能，不自尊自大，虚图功名，不亲自去做那些微小琐碎的事情，不干涉众官的工作，每天和天下的杰出的人才一起讨论治理国家的根本道理。这就像梓人善于运用众工匠而不自夸手艺一样。这样以后，做宰相的道理才算懂得，各诸侯国才得到了治理。

　　找到做宰相的正道，国家得到治理之后，全国百姓都会景仰地说："这是我们宰相的功劳啊！"后世人追念他的业绩而羡慕地说："那宰相真有才能啊！"有些谈论殷、周之治的读书人只称赞伊尹、傅说、周公、召公，而那些从事各种具体事物的官员虽然终日辛劳，却在史书上没有记载，就像那位木匠在屋梁上写下自己的姓名表功，而那些干活的工匠却不能列名一样。伟大啊宰相，通晓这些道理的，只有宰相而已。那些不知道全局要领的人却与此相反。（他们）以谨小慎微，忙忙碌碌为大事，以抄写官署中的文书，簿册为重责，夸耀自己的才能，自尊自大，亲自去做那些微小琐碎的事情，干涉众官的工作，侵夺部下官吏应做的事拿来自己做，并洋洋得意地在相府夸耀自己，却丢掉了那些重大的，长远的事情。这是所说的不懂得做宰相的道理的人。这就像梓人不懂得绳墨可正曲直，规矩可画方圆，寻引可量短长，暂且夺取工匠们的斧子刀锯来帮助他们发挥技艺，却又不能完成他们的工作，以至于事情失败，使用了（他们）却没有成功一样。这不也是错误的吗？

有人说："如果房子的主人，依凭他的知识，而干涉木匠师傅的规划，不采用师傅世代相传的悠久经验，导致房子垮了，难道是木匠师傅的过错吗？那是因为主人不信任木工师傅才造成的错误。"我认为不是这样！因为绳子、墨汁、圆规和尺的测量都很明确，高的地方不能随意变低，狭小的不能随意扩大。如果按照我的计划，房子就很坚固，反之不按照我的设计图，房子就会倾倒。如果主人甘于房舍不坚而易坍塌，木匠师傅只好带着自己的技术和智慧，欣然离去。坚持自己的主张，不妥协，才是真正的好木匠师傅呀！反之，如果贪图钱财，容忍主人的干涉，不愿意离去，不坚持房子的建筑原则，有一天，栋柱或横梁歪了，房子倾倒了，木匠师傅就推卸说：'这不是我的过错呀！'可以这样吗？可以这样吗？"

我认为木匠师傅之道与宰相之道很类似，所以特别写下来，然后收藏起来。在古代，木匠师傅又称为"审曲面势"的人，在今天，则被称为"监督建筑之人"。我所遇到的这位木匠师傅，他姓杨，名叫潜。

鉴赏文心

孟子说："劳心者治人，劳力者治于人。"这是社会分工问题。梓人，是木工，建筑工匠，也是社会不可或缺的人才之一。然而作者重点不在讲社会分工，而是描述了梓人整修官署时所表现的组织施工等方面的才能，分析了宰相统百官辅助君主治理国家的工作要点，叙述了劳力与劳心的区别，并暗中道出治国之道。

文章托物寓意，通过木匠杨潜善于估算木材，善于分配其他木匠干活的故事，生动形象地阐述了宰相如何治理国家的道理——选择天下的人才，使他们能够称职；安顿天下的百姓，使他们能够乐业。

本文共五段，从内容上可以分为三个部分。一、二段主要讲梓人的来历和作者对他的猜疑，以及后来看到梓人指挥众匠人建造官厅后的佩服。梓人的"善度材""善用众人"让作者感叹不已。三、四段在前文的铺垫和隐喻之上，分析了宰相统领百官治理国家的要点，即重在选用合适的人才，把他们安置在合适的岗位上发挥自己的才能，并阐明了作者对当朝选拔任用官员的意见。第五段总述写这篇文章的缘由，并简要介绍了梓人的姓名。

本文写作手法最突出的地方是对比隐喻。梓人建官署时表现的"善用工"，宰相治理国家要"善用人"；梓人对"不胜任者"，态度是面含怒色将他们撤掉，也没有工匠敢表露任何的不满和怨恨，宰相对"能进者"，按照正常流程举荐任用，使之不需要感激任何人的恩德，对"不能者"，将他罢黜回家，也没有人敢恼怒怨恨。第三段中又将"知体要"的宰相和"不知体要者"进行对比，"知体要"的宰相如同梓人杨潜一样"善度材""善用人"，而不识大体不懂要领的人则是包揽各种差事，忽略重大久远的事业，把事情弄得很糟，不能取得一番成就。如此种种，很可谓有异曲同工之妙啊！

文中借用孟子"劳心者治人，劳力者治于人"的观点，无论是当时还是现今，都有其积极意义。好的宰相或者好的管理者就应该运用个人的聪明才智，有全局观，不妄自尊大，贪图虚名，不亲自做琐碎之事，不干涉下属正确的措施，方能治理好一个国家或者管理好一个团队。

古文的智慧

依靠自己的劳动谋生，自食其力的人，无论在古代还是现代，都是值得尊敬的。掌握着不同技能的人组成这个社会，自然而然，社会就有了分工，有了层级，因此就要承认劳动性质差异，也要承认阶级分工、分化的合理性。

一个特立独行的朋友
严先生祠堂记

北宋·范仲淹

先生①，光武之故人也，相尚以道。及帝握《赤符》②，乘六龙，得圣人之时，臣妾③亿兆④，天下孰加焉？惟先生以节高之。既而动星象，归江湖，得圣人之清。泥涂轩冕，天下孰加焉？惟光武以礼下之。

在《蛊》⑤之上九⑥，众方有为，而独"不事王侯，高尚其事"，先生以之；在《屯》之初九⑦，阳德方亨，而能"以贵下贱，大得民也"，光武以之。盖先生之心，出乎日月之上；光武之量，包乎天地之外。微先生不能成光武之大，微光武，岂能遂先生之高哉？而使贪夫廉，懦夫立，是大有功于名教也。

仲淹来守是邦，始构堂而奠焉。乃复为其后者四家⑧，以奉祠事。又从而歌曰："云山苍苍，江水泱泱，先生之风，山高水长。"

经典注释

①先生：指严光，东汉余姚人，一名遵，字子陵。②《赤符》：《赤伏符》，新莽末年谶纬家所造符箓，谓刘秀上应天命，当继汉统为帝。后亦泛指帝王受命的符瑞。③臣妾：原指男女奴隶，这里引申为被统治的人民。④亿兆：古代以十万为亿，十亿为兆。⑤《蛊》：六十四卦之一。⑥上九：九爻。⑦《屯》：六十四卦之一。⑧复：复除徭役。

译文也很美

严先生是光武帝的老朋友，他们之间以道义互相推崇。后来光武帝得到预言天命所归的《赤伏符》，乘驾着六龙的阳气，获得了登极称帝的时机。那时他统治着千千万万的人民，天下有谁能比得上呢？只有先生能够以节操方面来尊崇他。后来先生与光武帝同床而卧触动了天上的星象，后来又归隐江湖，回到富春江畔隐居，清操自守，鄙弃禄位，达到了圣人自然清静的境界。先生视官爵为泥土，天下又有谁比得上呢？只有光武帝能够用礼节对待他。

在《蛊》卦的"上九"爻辞中说，大家正当有为的时候，"偏偏显示不侍奉王侯，保持自己品德的高尚"。先生正是这样做的。在《屯》卦的"初九"爻辞中说，阳气（帝德）正开始亨通，因而能够显示"以高贵的身份交结卑贱的人，深得民心"。光武帝正是这样做的。可以说先生的品质，比日月还高；光武帝的气量比天地还广阔。如果不是先生就不能成就光武帝的气量的宏大；如果不是光武帝，又怎能促成先生品质的崇高呢？先生的作为使贪婪的人清廉起来，胆怯的人勇敢起来，这对维护礼仪教化确实是很有功劳的。

我到这个州任职后，开始建造祠堂来祭奠先生，又免除了先生四家后裔的徭役，让他们负责祭祀的事情。从而又作了一首歌：云雾缭绕的高山，郁郁苍苍，大江的水浩浩荡荡，先生的品德啊，比高山还高，比长江还长。

鉴赏文心

西汉末余姚人严子陵，年少时曾出外游学，读书很刻苦，学问广博而才能多样，性格恬淡而耿直。与南阳人刘秀是同学，两人一起探讨学问，结下了深厚的友谊。后来刘秀做了东汉开国皇帝，即光武帝，多次请子陵出任高职而被拒。为了躲避朝廷，子陵携家人隐居山野，垂钓富春江。本文是作者慕严子陵之高义而修建祠堂纪念先生所作的散文。

当时，范仲淹被贬于睦州。据史载，范仲淹被贬时都有同僚为他践行，不是称他"此行极光"，就是称之"此行愈光"，或者称之"此行尤光"，可见他时时刻刻在为国家担忧。他所贬之地睦州不仅山清水秀，而且有着严子陵这样的东汉高义之人。作为"先天下之忧而忧，后天下之乐而乐"的知府范仲淹，自然由子陵会想到自己，由能容天地的光武帝想到当今朝廷。所以"构堂而奠"，写文记之，既有对先生的敬仰爱慕之情，也有对盛世的期盼之心。

文章篇幅很短，只有二百余字。第一段回忆旧事，写先生和光武帝的深厚情谊，皆以道义彼此推重对方。光武帝作为一国之君，普天之下无人能比。但先生高尚的气节操行却让光武帝能以礼敬之，实属难得。第二段引用典故，为二人的做法寻找理论依据。将先生比日月还高的品行与光武帝包容天下的气量并列，道出二者彼此成就对方美名的原因。但是在作者心里，先生还是要略胜一筹，因为先生之德"大有功于名教"。第三段写这篇散文的始末和缘由，再次表达自己对先生山高水长之高风亮节的爱慕和赞颂。

从古至今，隐士很多，但是他们内心追求的志向却大有不同。有为了求官而隐于山野的，也有纯粹为了保持自己安贫乐道、清高气节而隐居的。前者是假隐士，后者是真隐士，先生属于后者，他一心为了保持高洁而隐居富春江，所以得到了后世人的敬仰，这也正是范仲淹说先生"以节高之"的缘由。

文章的结构精致而巧妙，虚中有实，实中有虚。多次将严子陵和光武帝并列而析，写光武帝能礼贤下士、大度能容，更重要的是为了写子陵不慕权贵、清高耿直的气节。赞扬二者的同时，也是暗暗批评当时官场上追逐名利的社会恶习。以光武映衬严光，是想用严光得以真隐来对比反衬出当时世道的清明，暗含作者未遇明主的惆怅。

古文的智慧

严光受儒家天下"有道则见，无道则隐"思想和老庄哲学的影响，面对风波险恶的仕途和污浊、腐朽的官场，设想通过避官遁世、归隐山林，摆脱名利富贵的诱惑，给自己营造一个心理上的避风港，进而寻回自我的本根，实现其人格的自我完善。应该说，这并不是什么过高的期求，但对一个封建时代的士人来说，却须以终生的安贫处贱为代价。

赠人玫瑰，手有余香

义田记

北宋·钱公辅

范文正公①，苏人也。平生好施与，择其亲而贫、疏而贤者，咸施之②。方贵显时，置负郭常稔之田千亩，号曰"义田"，以养济群族之人。日有食，岁有衣，嫁娶凶葬皆有赡。择族之长而贤者主其计，而时共出纳焉。日食，人一升；岁衣，人一缣。嫁女者五十千，再嫁者三十千；娶妇者三十千，再娶者十五千；葬者如再嫁之数，葬幼者十千。族之聚者九十口，岁入给稻八百斛。以其所入，给其所聚，沛然有余而无穷。屏而家居俟代者与焉③，仕而居官者罢莫给。此其大较也。

初，公之未贵显也，尝有志于是矣，而力未逮者二十年。既而为西帅，及参大政，于是始有禄赐之入，而终其志。公既殁，后世子孙修其业，承其志，如公之存也。公虽位充禄厚，而贫终其身。殁之日，身无以为敛，子无以为丧，惟以施贫活族之义，遗其子而已。

昔晏平仲敝车羸马，桓子曰："是隐君之赐也。"晏子曰："自臣之贵，父之族，无不乘车者；母之族，无不足于衣食者；妻之族，无冻馁者;齐国之士,待臣而举火者三百余人。如以,而为隐君之赐乎?彰君之赐乎?"于是齐侯以晏子之觞,而觞桓子。予尝爱晏子好仁,齐侯知贤,而桓子服义也④。又爱晏子之仁有等级,而言有次第也。先父族,次母族,次妻族,而后及其疏远之贤。孟子曰:"亲亲而仁民,仁民而爱物。"晏子为近之。今观文正公之义田,贤于平仲,其规模远举,又疑过之。

呜呼!世之都三公位,享万钟禄,其邸第之雄、车舆之饰、声色之多、妻孥之富,止乎一己而已,而族之人不得其门者,岂少也哉?况于施贤乎!其下为卿,为大夫,为士,廪稍之充⑤、奉养之厚,止乎一己而已,而族之人操瓢囊为沟中瘠者⑥,又岂少哉?况于他人乎!是皆公之罪人也。

公之忠义满朝廷,事业满边隅,功名满天下,后必有史官书之者,予可无录也。独高其义,因以遗其世云。

经典注释

①范文正公:即范仲淹,字希文,谥文正。②咸:都。③屏:弃,指丢了官。④服义:在正确的道理或正义面前,表示心服。这里指桓子受觞而不辞。⑤廪稍:公家给予的粮食。⑥沟中瘠:指饿死在沟渠中。瘠,通"胔"。

译文也很美

范文正公,苏州人。平时乐于用钱财帮助别人,无论是关系亲近而贫穷还是关系疏远而贤能的人,他都予以帮助。当他贵重显达之时,购置近城保收的良田一千亩,称作"义田",用来养育救济本家族的人们。使他们天天有饭吃,年年有衣穿,嫁女、娶妻、生病、丧葬都予以资助。选择家族中年长辈高而且贤德的人主管账目,经常总计收入和支出。每天的饭，一人供给一升米；每年的衣服，每人分给一匹细绢。嫁闺女的发给五十千钱，闺女改嫁的发给三十千钱；娶儿媳妇的发给三十千钱，再娶的发给十五千钱；丧葬发给的费用和闺女再嫁的数目相同，孩子的丧事发钱十千。族人聚居的九十多口，义田每年收入供分配用的稻子八百斛，用它所收入的粮食，来供应在这里的聚居的族人，充裕有余而无枯竭之时。退居在家、等待职务的人予以供给，出仕为官的人则停止供给。这就是它的大致情况。

当初，范公还未贵重显达时，就曾有过这种愿望，而无力实现长达二十年之久。后来做了西部边境的统帅，又入朝参与主持朝政，从此才开始有了俸禄赏赐的收入，而终于实现了自己的志愿。他去世之后，后代的子孙修明他的事业，继承他的志向，和他在世的时候一样。他虽地位高俸禄多，却终生过着清贫的生活。逝世的时候，甚至没有钱财装殓，子女们也没有钱财为他举办像样的丧事，他只是把救济贫寒、养活亲族的道义，留传给子女罢了。

古时候晏平仲乘破车、驾瘦马。陈桓子说："这是隐瞒君主的赏赐啊。"晏子回答说："自从我显贵以后，父系的亲族，没有不坐车的人；母系的亲族，没有衣食不足的人；妻子的亲族，没有挨饿受冻的；齐国的士子，等待我的接济而点火做饭的有三百多人。像这样，是隐瞒君主的赏赐呢？还是彰明君主的赏赐呢？"于是齐君使用晏子的酒杯，罚桓子饮酒。我仰慕晏子好行仁德，齐君了解贤者，而桓子能认错服义，又仰慕晏子的仁德有亲疏层次之分，而言辞有井然的次序：先说父系亲族，后说母系亲族，再说妻子的亲族，最后才提到关系疏远的贤者。孟子说："由爱自己的亲人而施仁德于民众，由对民众仁德而爱惜世间万物。"晏子的作为接近于这一点。现在从范文正公的购置义田这件事来看，是比晏平仲还要贤明啊。他施行的规模的久远和全面，恐怕是要超过晏子的。

啊！当今世上那些身居三公职位，享受万钟禄米的人，他们宅第的雄伟，车驾的华丽，歌妓的众多，妻儿的富有，仅是为满足自己一个人的私欲而已。本族的亲人不能登门的，难道还少吗？何况说帮助疏远的贤者呢？地位在他们以下的是卿，是大夫，是士，禄米充裕，可享用的丰富，也仅是为满足自己一个人的私欲而已。本族的亲人，拿着破碗讨饭，成为沟中饿殍的，难道还少吗？何况对于其他人呢？这些人都是范文正公的罪人啊！

范文正公的忠义誉满朝廷，功业流布边境，功名传遍天下，后代一定会有史官记载的，我可以不用赘述了。唯独敬仰推崇他的道义，因而记叙"义田"之事以留赠世人。

鉴赏文心

身为北宋名臣的范仲淹，年少时有高尚的节操，不汲汲于富贵，慷慨有志于天下，用大气节立身，为后世所熟悉与景仰。但是他乐善好施的事情，世人很少了解。钱公辅和范仲淹都是苏州人，同朝为官，对范文正公了解很深，所以写了《义田记》来称颂他的品格，表达敬仰之情。

"义"是全篇的文眼，意在赞美范仲淹乐善好施、勤俭节约购置义田、尽其所有周济他人的高风亮节的行为。全文采用记叙后议论的表达方式，前两段以叙述为主，对范仲淹设立义田的相关情况做了简要说明，从而为后三段的议论铺设。

本文共五段，从内容结构上看可以分为三个部分。一、二段主要介绍了范仲淹乐于助人的品性、义田制度的概况和

设立义田夙愿实现的艰苦历程。开篇言简意赅，用"平生好施与"点明范文正公乐善好施、赡养族人的品格，为创办义田埋下伏笔。并详细记述了义田设置的经过、相关措施制度、救助概况、管理者和运作方式等，让读者具体形象地感受到范文正公义田的形象特点。接着追溯范文正公二十多年的义田夙愿得以实现的艰苦历程，在其死后子孙修业承志，如同范仲淹在世时的情景，用子孙后辈的贤能孝顺来衬托了文正公自奉俭约、周济群族的胸怀与高洁人格。

三、四段多处衬托对比，既用晏子亲亲仁民的美德正衬范文正公的贤能，又古今对比，用不肯济人饥寒的权贵显宦反衬范文正公之义行。段末"皆公之罪人"的结论，如当头棒喝，发人深省。这两段一扬一抑、借宾显主，既可深化主题，同时也表现了作者的价值判断与好恶取舍。

最后一段主要阐明写作缘由。先用"忠义满朝廷，事业满边陲，功名满天下"三个排比句总结范仲淹的一生，表达作者对他无限的崇敬。再以"独高其义，因以遗其世"作结，表明写作目的。

全文重在记叙事件，笔触平实，感情真切，在歌颂范文正公乐善好施、不谋私利、周济他人的高风义举的同时，也批判了当时自私自利、无视他人疾苦的公卿权贵，正反对比之下，范公的精神品格尤为让人景仰羡慕。

古文的智慧

范仲淹是"忠义满朝廷，事业满边陲，功名满天下"的完美政治家，在《岳阳楼记》中，范仲淹那句"先天下之忧而忧，后天下之乐而乐"，让他成为当时的道德楷模。而这篇《义田记》则是他对这句话的完美诠释。忧国之兴衰，心怀天下苍生，胸怀天下的忧患意识成为历史上杰出人物的共性之一，而崇高的天下观更是成为社会公德的最高原则。

坎坷出诗人

梅圣俞诗集序

北宋·欧阳修

予闻世谓诗人少达而多穷①，夫岂然哉②？盖世所传诗者，多出于古穷人之辞也。凡士之蕴其所有③，而不得施于世者，多喜自放于山巅水涯之外，见虫鱼草木、风云鸟兽之状类，往往探其奇怪，内有忧思感愤之郁积，其兴于怨刺④，以道羁臣寡妇之所叹⑤，而写人情之难言。盖愈穷则愈工，然则非诗之能穷人，殆穷者而后工也⑥。

予友梅圣俞，少以荫补为吏⑦，累举进士⑧，辄抑于有司⑨，困于州县⑩凡十余年。年今五十，犹从辟书，为人之佐，郁其所蓄不得奋见于事业。其家宛陵，幼习于诗，自为童子，出语已惊其长老。既长，学乎六经仁义之说，其为文章，简古纯粹，不求苟说于世⑪，世之人徒知其诗而已。然时无贤愚，语诗者必求之圣俞。圣俞亦自以其不得志者，乐于诗而发之，故其平生所作，于诗尤多。世既知之矣，而未有荐于上者。昔王文康公尝见而叹曰⑫："二百年无此作矣！"虽知之深，亦不果荐也。若使其幸得用于朝廷，作为"雅""颂"，以歌咏大宋之功德，荐之清庙，而追商、周、鲁《颂》之作者，岂不伟欤！奈何使其老不得志而为穷者之诗，乃徒发于虫鱼物类、羁愁感叹之言？世徒喜其工，不知其穷之久而将老也，可不惜哉！

圣俞诗既多，不自收拾。其妻之兄子谢景初，惧其多而易失也，取其自洛阳至于吴兴以来所作⑬，次为十卷⑭。予尝嗜圣俞诗，而患不能尽得之，遽喜谢氏之能类次也⑮，辄序而藏之。其后十五年，圣俞以疾卒于京师，余既哭而铭之，因索于其家，得其遗稿千余篇，并旧所藏，掇其尤

者六百七十七篇⑯，为一十五卷。呜呼！吾于圣俞诗，论之详矣，故不复云。庐陵欧阳修序。

经典注释

①少达而多穷：作诗的人在功名富贵或事业上得意的少，穷困不得志的多。达，显达。穷，穷困不得志。②夫岂然哉：难道真是这样吗？③蕴其所有：胸中怀藏他所有的才学、抱负。蕴，藏蓄，积聚。④兴于怨刺：兴起怨恨、讽刺的念头。⑤道：表达出。羁臣：羁旅之臣，即在外地宦游的官吏，也可泛指贬谪在外的官员。⑥殆：大概、几乎。⑦荫补：因长辈功绩、爵位而受庇荫，赐予官职。梅圣俞由于他叔父的官勋而做了河南主簿。⑧累举进士：屡次参加进士考试。⑨辄抑于有司：每次都受到主考官的压抑。有司，负有专职的官吏，这里指主考官。⑩困于州县：只在州县做小官。⑪说：同"悦"，取悦，迎合。⑫王文康公：指曾担任洛阳留守的王曙，"文康"是他的谥号，梅圣俞做过他的下属，并受到他的赏识。⑬吴兴：在今浙江湖州。⑭次：编排。⑮遽喜：惊喜。⑯掇：拾取。

译文也很美

我听世人常说：诗人仕途畅达的少，困厄的多。

难道真是这样吗？大概是由于世上所流传的诗歌，多出于古代困厄之士的笔下吧。大凡胸藏才智而又不能充分施展于世的士人，大都喜爱到山头水边去放浪形骸，看见虫鱼草木风云鸟兽等事物，往往探究它们的奇特怪异之处，内心有着忧愁感慨愤激的郁积，这些情感化为诗兴，即寄托在怨恨讽刺之中，道出了逐臣寡妇的慨叹，而写出了人所难于言传的感受。大概越困厄就越能写得工巧。如此说来，并非写诗使人困厄，应该是困厄后才能写出好诗来。

我的朋友梅圣俞，年轻时由于荫袭补为下级官吏，屡次被推荐去考进士，总是遭到主考部门的压制，在地方上困厄了十多年。年已五十了，还要靠别人下聘书，去当人家的办事员。郁积着自己的才能智慧，不能在事业上充分地表现出来。他家乡在宛陵，幼年时就学习诗歌，从他还是个孩童时起，写出诗句来就已使得父老长辈感到惊异了。等到长大，学习了六经仁义的学问，他写出的文章古朴纯正，不希求苟且取悦于世人，因此世人只知道他会写诗罢了。然而当时人不论贤愚，谈论诗歌必然会向圣俞请教。圣俞也喜欢把自己不得志的地方通过诗歌来发泄，因此他平时所写的东西，其中诗歌就特别多。社会上已经知道他了，却没有人向朝廷推荐他。从前王文康公曾看到他的诗作，慨叹地说："二百年没有这样的作品了！"虽然对他了解很深，可还是没有加以推荐。假使他有幸得到朝廷的任用，写出如《诗经》中雅、颂那样的作品，来歌颂大宋的功业恩德，献给宗庙，使他类似于《商颂》《周颂》《鲁颂》等作者，难道不是很雄伟的吗？可惜他到老也不得志，只能写困厄者的诗歌，白白地在虫鱼之类上抒发穷苦愁闷的感叹。社会上只喜爱他诗歌的工巧，却不知道他困厄已久将要老死了，这难道不值得叹息吗？

圣俞的诗很多，自己却不收拾整理。他的内侄谢景初担心它太多容易散失，选取他从洛阳到吴兴这段时间的作品，编为十卷。我曾经酷爱圣俞的诗作，担心不能全部得到它，十分高兴谢氏能为它分类编排，就为之作序并保存起来。从那以后过了十五年，圣俞因病在京师去世，我已痛哭着为他写好了墓志铭，便向他家索求，得到他的遗稿一千多篇，连同先前所保存的，选取其中特别好的共六百七十七篇，分为十五卷。啊，我对圣俞的诗歌已经评论得很多了，所以不再重复。庐陵欧阳修序。

二十五岁的欧阳修担任西京留守推官时，在洛阳与年长他五岁的梅圣俞相识，从此二人结为至交好友。梅圣俞即北宋著名诗人梅尧臣，他一生不得志，所作诗歌多反映社会矛盾和民生疾苦，平淡朴实。欧阳修特别喜欢圣俞的诗，经常向圣俞讨教诗歌方面的问题，在诗歌创作和理论上受梅圣俞的影响很大。后来欧阳修为他的诗集作序，写《梅圣俞诗集序》，包含倾慕和同情。

作为序言，本文体现了该文体的内容要素，既有成书的基本情况，又介绍了作者和本书相关的创作情况、创作思想、著作的主要特点，还介绍了作序人与该书紧密相关的思想——"穷者而后工"，这也成了本序的灵魂。

全序一共三段。第一段从理论上阐述了处于困境，诗才会写得好的文学创作理论。开篇先辨析世人的观点——诗人很少有显达的，多数穷困，其原因是世间流传的诗歌多出于古代困窘之人的笔下。大多数流传于世的诗歌，基本都是由仕途上很不得志的人所写，他们长期抑郁愤慨，以诗歌来抒发怨恨讽刺现实。从而得出结论——穷而后工。

第二段简述梅圣俞的生平、为人以及他的诗歌。大概可以分为三个层次，用一个"穷"字来概述梅圣俞一生困窘的现状，用一个"工"字来评价他诗歌简朴纯正富有古风等特点，用一个"息"字感叹其怀才不遇、蹉跎将老的可悲。这悲的真正原因还在于他的"穷"和"工"，用梅圣俞一生的经历证明了"穷而后工"的道理。

末段交代梅圣俞诗集的搜集、整理、编次、作序过程，从侧面反映出欧阳修对梅圣俞其人、其诗的珍爱和重视，更烘托了梅诗的工巧。

本文通过对梅圣俞坎坷仕途的叙写，提出了诗歌"穷者而后工"的观点。即诗人在极度困窘的情境之中，有了忧思感愤的真情实感，才能把抽象的感情诉诸笔端，倾注于诗歌。这个见解，与司马迁所说的"诗三百篇，大抵圣贤发愤之所为作也"有异曲同工之妙。序文围绕评述梅诗这一中心，将议论、叙事、抒情巧妙地糅合在一起，行文中无不体现出作者对这位杰出诗人的倾慕和同情。

古文的智慧

　　"穷"，即处于困境、不得志；"工"，即工巧、精巧。"穷而后工"即在处于困境后，才能写出诗文来。文人之所以能达到"穷而后工"，本源于他们内心的高贵。他们的外部身份可以一变再变，但无论境遇如何，他们内心的高贵却未曾全然销蚀。只有不断学习，努力提升自己的文学素养，才可能达到"工"的境界。

说文布道 唐宋八大家

　　唐宋八大家，又称为"唐宋散文八大家"，是唐代和宋代八位散文家的合称，分别为唐代柳宗元、韩愈和宋代欧阳修、苏洵、苏轼、苏辙、王安石、曾巩八位。其中韩愈、柳宗元是唐代古文运动的领袖，欧阳修、三苏（苏轼、苏辙、苏洵）等四人是宋代古文运动的核心人物，王安石、曾巩是临川文学的代表人物。他们先后掀起的古文革新浪潮，使诗文发展的陈旧面貌焕然一新。八大家中苏家父子兄弟有三人，人称"三苏"，分别为苏洵、苏轼、苏辙，又有"一门三学士"之誉。故可用"韩柳欧王曾三苏"概括。

墓志铭里的父亲肖像

泷冈阡表

北宋·欧阳修

呜呼！惟我皇考崇公，卜吉于泷冈之六十年，其子修始克表于其阡①，非敢缓也，盖有待也。

修不幸，生四岁而孤。太夫人守节自誓，居穷自力于衣食，以长以教，俾至于成人。太夫人告之曰："汝父为吏廉而好施与，喜宾客，其俸禄虽薄，常不使有余，曰：'毋以是为我累。'故其亡也，无一瓦之覆、一垄之植以庇而为生，吾何恃而能自守邪？吾于汝父，知其一二，以有待于汝也。自吾为汝家妇，不及事吾姑，然知汝父之能养也。汝孤而幼，吾不能知汝之必有立，然知汝父之必将有后也。吾之始归也，汝父免于母丧方逾年。岁时祭祀，则必涕泣曰：'祭而丰，不如养之薄也。'间御酒食，则又涕泣曰：'昔常不足，而今有余，其何及也！'吾始一二见之，以为新免于丧适然耳。既而其后常然，至其终身未尝不然。吾虽不及事姑，而以此知汝父之能养也。汝父为吏，尝夜烛治官书，屡废而叹。吾问之，则曰：'此死狱也，我求其生不得尔。'吾曰：'生可求乎？'曰：'求其生而不得，则死者与我皆无恨也。矧求而有得耶②！以其有得，则知不求而死者有恨也。夫常求其生，犹失之死，而世常求其死也？'回顾乳者抱汝而立于旁，因指而叹曰：'术者谓我岁行在戌将死，使其言然，吾不及见儿之立也，后当以我语告之。'其平居教他子弟，常用此语。吾耳熟焉，故能详也。其施于外事，吾不能知。其居于家，无所矜饰，而所为如此，是真发于中者耶！呜呼！其心厚于仁者耶！此吾知汝父之必将有后也。汝其勉之。夫养不必丰，要于孝；利虽不得博于物，要其心之厚于仁。吾不能教汝，此汝父之志也。"修泣而志之不敢忘。

先公少孤力学，咸平三年③进士及第。为道州判官，泗、绵二州推官，又为泰州判官，享年五十有九，葬沙溪之泷冈。太夫人姓郑氏，考讳德仪，世为江南名族。太夫人恭俭仁爱而有礼，初封福昌县太君④，进封乐安、安康、彭城三郡太君。自其家少微时，治其家以俭约，其后常不使过之，曰："吾儿不能苟合于世，俭薄所以居患难也。"其后修贬夷陵，太夫人言笑自若，曰："汝家故贫贱也，吾处之有素矣。汝能安之，吾亦安矣。"

自先公之亡二十年，修始得禄而养。又十有二年，列官于朝，始得赠封其亲。又十年，修为龙图阁直学士、尚书吏部郎中，留守南京。太夫人以疾终于官舍，享年七十有二。又八年，修以非才入副枢密⑤，遂参政事⑥。又七年而罢。自登二府⑦，天子推恩，褒其三世。盖自嘉祐以来⑧，逢国大庆，必加宠锡。皇曾祖府君⑨，累赠金紫光禄大夫、太师、中书令⑩；曾祖妣，累封楚国太夫人。皇祖府君，累赠金紫光禄大夫、太师、中书令兼尚书令⑪；祖妣，累封吴国太夫人；皇考崇公，累赠金紫光禄大夫、太师、中书令兼尚书令；皇妣，累封越国太夫人。今上初郊，皇考赐爵为崇国公，太夫人进号魏国。

于是小子修泣而言曰："呜呼！为善无不报，而迟速有时，此理之常也。惟我祖考，积善成德，宜享其隆。虽不克有于其躬，而赐爵受封，显荣褒大，实有三朝之锡命，是足以表见于

后世，而庇赖其子孙矣。"乃列其世谱，具刻于碑。既又载我皇考崇公之遗训，太夫人之所以教而有待于修者，并揭于阡。俾知夫小子修之德薄能鲜，遭时窃位，而幸全大节，不辱其先者，其来有自。

熙宁三年，岁次庚戌⑫，四月辛酉朔，十有五日乙亥，男推诚、保德、崇仁、翊戴功臣，观文殿学士，特进⑬，行兵部尚书⑭，知青州军州事，兼管内劝农使⑮，充京东路安抚使⑯，上柱国，乐安郡开国公，食邑四千三百户，食实封一千二百户，修表。

经典注释

①表：墓碑。阡：墓道。②矧（shěn）：况且。③咸平三年：即公元1000年。咸平，宋真宗年号。④太君：旧时官吏母亲的封号。宋朝大臣的母亲分别加封国太夫人、郡太君、县太君。⑤副枢密：又称枢密副使或同知枢密院事，是中央最高军事机关的副长官。⑥参政事：即参知政事，实际上的副宰相。⑦二府：指枢密院与中书省。⑧嘉祐：宋仁宗年号（1056~1063）。⑨府君：后世子孙对祖先的敬称。⑩金紫光禄大夫：加金章紫的光禄大夫。光禄大夫，在宋代为文职阶官称号，是散官，正三品。太师：三公之一，宋代无实职。中书令：宋代一般为赠官。⑪尚书令：宋代赠官，班次在中书令之上。⑫熙宁三年：即公元1070年。熙宁，是宋神宗的年号。⑬特进：宋代文散官第二阶，正二品。⑭行：兼。宋代兼任低职为行。兵部尚书：尚书省兵部长官。⑮内劝农使：州官兼管农事。⑯京东路：辖今河南、山东、江苏一带。路，宋代行政区划名称。安抚使：路的军政长官。

译文也很美

唉！想我先父崇国公选择吉地安葬在泷冈之后六十年，他的儿子欧阳修我才能为他在墓道上竖建墓碑，这不是我敢故意延缓，而是期待他能得到更多显赫的追封。

我实在不幸,生下来刚刚四岁,就失去了父亲。母亲立誓守节,家境日益贫困,就靠她一个人维持全家生计。她抚养我,教导我,终于哺育我长大成人。她告诉我说:"你父亲为官清廉,乐于施舍,喜欢结交宾客,俸禄虽然微薄却不求节余,说:'不要为了金钱使我受累。'因此他去世后,没有留下一间房子、一垄土地,使我们能够赖以为生。那么我靠什么安贫自守支撑门户呢?主要是我知道一些你父亲的事情,所以我把全部期望寄托在了你的身上。自我嫁到你家,婆婆已经去世,我没能赶上侍奉她,可我了解到你父亲是个能尽孝道奉养父母的人。你现在没了父亲,年纪又小,我不能预料你将来一定会有什么建树,但我相信你父亲必然能子孙绵延,后继有人。我当初嫁来的时候,你父亲服完母丧刚过一年。每逢年节祭祀,他就必定伤心落泪地说:'祭祀无论怎样丰盛,也比不上父母在世时对他们的微薄奉养。'有时进用酒食,他也会泪流满面地说:'以前家用常常不足,现在生活宽裕了,却再也无法孝敬父母了!'起初一两次,我还以为他是刚刚服完母丧,所以免不了这样哀痛。可是后来见他始终这样,一直到去世时都是如此。我虽然没能侍奉上婆婆,可是通过这件事,就知道你父亲是非常孝顺的。你父亲做官时,曾经在夜里点着蜡烛审阅官府断狱的文书,我见他屡屡停下来叹息,我问他,他便对我说:'这是该判死罪的案子,我想为他寻条活路,可惜没有一点办法。'我问:'犯了死罪的人也可以活命吗?'他说:'我尽力为他开脱,如果还是不成,那么死者和我也都没有遗憾了。况且经我设法努力,有的犯人确实可以免去一死呢!正因为有人能够得到赦免,所以我知道不替他们寻求活路就让他们去死的人是有遗恨的。像这样尽量为判死罪的人开脱,仍然免不了有人被误判处死,何况世上的刑狱之官大多是要治人于死罪呢!'这时他回过头来,看到奶娘正抱着你站在旁边,于是指着你叹息道:'算命的人说我岁星行经戌年时便要死去,假使像他说的那样,我已来不及看到儿子长大成人了,将来一定要把我的话告诉他。'平时他教导别的子弟也常说这些话,我听熟了,所以能详细讲述给你。他在外面办的事,我无从知道。在家里,他从不装腔作势,他做的这一切确实是发自内心的啊。唉,他的心肠比仁者还要宽厚呢!这就是我知道你父亲肯定会子孙有继的道理。孩子,你千万要勉励自己按你父亲的教诲去做。说到奉养父母,其实不一定要多么丰厚,关键是要有尽孝之心。做有利别人的事,虽然不能广济博施,让人们普遍受益,但重要的是要有深厚的仁爱之心。我没什么可以教导你的,这些都是你父亲的心愿。"我淌着泪牢牢记下了这些话,一时一刻都不敢忘记。

先父也是幼年丧父,通过刻苦攻读,于咸平三年考中了进士,先后做过道州判官,泗州、绵州推官,还做过泰州判官,享年五十九岁,葬在沙溪的泷冈。先母姓郑,她父亲名德仪,家里世代都是江南的名门大族。母亲为人恭敬勤俭,仁爱有礼,最初封为福昌县太君,后又晋封为乐安、安康、彭城三郡太君。自家境贫寒时起就以节俭持家,后来一贯如此,不让家用超过当初。她说:"我儿子不能苟且迎合当世,现在节俭一点,就可以应付以后的患难日子。"后来我被贬官，全家到了夷陵，母亲仍是谈笑自如，说："你家原本贫贱，所以我早已习惯这样的日子了。你能安于这种生活，我也就安心了。"

自先父去世后二十年，我才开始得到官禄来奉养母亲。又过了十二年，我到朝廷做官以后，才有了赠封亲属的荣耀。又过十年，我任龙图阁直学士、尚书吏部郎中，留守南京时，母亲患病死在了官舍，享年七十二岁。又过八年，没有什么才能的我被任命为枢密副使，接着充任参知政事，七年后被罢免。从我进入二府为官，天子推广恩德，褒奖我家三代，因而自嘉祐以来，每逢国家大庆，必定给予恩赐封赏。先曾祖父一再受赠至金紫光禄大夫、太师、中书令。先曾祖母一再受封至楚国太夫人。先祖父一再受赠至金紫光禄大夫、太师、中书令兼尚书令。先祖母一再受封至吴国太夫人。先父崇国公，一再受赠至金紫光禄大夫、太师、中书令兼尚书令。先母一再受封至越国太夫人。当今神宗皇帝即位后第一次郊祀，赏赐先父崇国公的爵位，先母则晋封为魏国太夫人。

于是我流着泪说："唉！行善绝不会没有回报，只不过时间或迟或早罢了，这是世上的常理。想我的祖先，世代积善，终成仁德，理应享受丰厚的报偿。虽然他们在世时没能亲身得到，但是身后能够赐爵受封，恩宠有加，显赫荣耀，褒扬光大，又确有仁宗、英宗、神宗三朝颁发的诏命，这就足以记载下来昭明后世，并庇荫保护他们的子孙了。于是排列出世系家谱，一一刻在碑上。然后又将先父崇国公的遗训与先母对我的教诲和期待，全都详尽地刻在了墓碑上。使人们知道我的德行浅薄，才能有限，只是恰逢时机窃居高位，却能侥幸保全大节而不辱没先祖，这是有其缘由的。

熙宁三年，岁次庚戌年，四月初一辛酉日，十五乙亥日，子推诚、保德、崇仁、翊戴功臣，观文殿学士，特进兼兵部尚书，知青州军州事，兼管内劝农使，充任京东东路安抚使，上柱国，乐安郡开国公，食邑四千三百户，食实封一千二百户，修谨立此表。

鉴赏文心

本文是欧阳修在北宋熙宁三年，父亲逝世六十周年时，感怀父亲功德写成的墓志铭。欧阳修丧父时年仅四岁，大致上无法直接知晓和接触到父亲的生平事迹，因此本文是根据他在北宋皇祐五年（1053）护送母亲归葬泷冈时所作的《先君墓表》为蓝本，精心增修润饰写成。全文以虚实相衬的写作手法，借助母亲口吻，追忆父亲言行，彰显其品格，一文双表，既写父恩，又怀母爱，可谓感人至深。

全文主线，在于首段"非敢缓也，盖有待也（不是有意拖延，实在是因为有所等待）"一句。欧阳修之所以等待六十年才为父亲撰写墓志铭，是按当时惯例：后代显贵，可追封亡故先人，光宗耀祖，告慰先辈。这一个"待"字，便是全文核心，既讲自己待到官职显贵，便写表告慰父母，也是写母亲安贫自守，等待儿子成才。

下文展开，便依照此视角，讲述母亲如何抚养教育自己的历程。本段铺陈笔墨，贯注感情，父恩母德，可谓历历在目，是全文主体。全段主要以对话形式呈现，是本文高明之处：虽是写母亲养育之恩，而母亲句句口吻之中，屡次提及"此知汝父之能养"（因此知道你父亲很孝顺，能供养父母）"此汝父之志"（这些都是你父亲的愿望）强调出母亲的言传身教，多是来自父亲遗志，也展现出一个清廉勤政，仁厚奉亲的父亲形象。欧阳修由此种实写母亲，侧面点写父亲恩德的笔法，避免了撰写此文时，因父亲早逝，对父亲生活缺乏设身处地记忆的困难。

由此父母恩情叙述后，作者再按照一般碑志铭文格式，写父亲生平官职，卒年葬地，再补叙母亲太夫人郑氏的生平世家，加以一两笔过去回忆的对话点写，颇显作者用情之切，感念至深。

最后两段，作者自父亲亡故起始，层层累叠自己获封官职与朝廷对父母的追赠官职，回归文首"有所等待"的主题。文末以一段铭文式的咏叹作结，先写一番恩德有报的道理，再慨叹自己"幸全大节，不辱其先"（有幸保全大节，没有辱没先人），将成就归功于先辈教导，为本文画上一个得偿所愿的句号。

本文欲彰显父亲，则先详写母恩，由母扬父，明暗交织，颇见作者选取事例时的详略有致。全文并无华丽辞藻，纯粹以言语细腻、感情真挚出彩，是为墓志铭类的千古名文。

古文的智慧

中国是一个重视"孝道"的文化大国，"孝"是我们中华民族的传统美德，也是儒家思想的重要内容之一。父母在，我们就永远有家可回。孝，不一定要等到成功发达，应该要趁早，珍惜和父母相处的时光，多一些陪伴，否则就会"子欲养而亲不待"，留下遗憾。

一个有故事的宅男

方山子传

北宋·苏轼

方山子①，光、黄间隐人也。少时慕朱家、郭解为人，闾里之侠皆宗之②。稍壮，折节读书③，欲以此驰骋当世，然终不遇。晚乃遁于光、黄间，曰岐亭④。庵居蔬食⑤，不与世相闻。弃车马，毁冠服，徒步往来山中，人莫识也。见其所著帽，方耸而高，曰："此岂古方山冠之遗像乎⑥？"因谓之"方山子"。

余谪居于黄，过岐亭，适见焉。曰："呜呼！此吾故人陈慥季常也，何为而在此？"方山子亦矍然问余所以至此者，余告之故。俯而不答，仰而笑，呼余宿其家。环堵萧然，而妻子奴婢皆有自得之意。余既耸然异之，独念方山子少时使酒好剑，用财如粪土。前十九年，余在岐山⑦，见方山子从两骑，挟二矢，游西山。鹊起于前，使骑逐而射之，不获。方山子怒马独出，一发得之。因与余马上论用兵及古今成败，自谓一时豪士。今几日耳，精悍之色，犹见于眉间，而岂山中之人哉？

然方山子世有勋阀⑧，当得官，使从事于其间，今已显闻。而其家在洛阳，园宅壮丽，与公侯等。河北有田，岁得帛千匹，亦足以富乐。皆弃不取，独来穷山中，此岂无得而然哉？

余闻光、黄间多异人，往往佯狂垢污，不可得而见。方山子傥见之欤⑨？

经典注释

①方山子：姓陈名慥（zào），字季常，太常少卿陈希亮之子，生卒年月不详。苏轼任凤翔签判时与他交游。②闾里：乡里。③折

节：改变以往的志向和行为。④岐亭：岐亭镇，在今湖北麻城。⑤庵：小草屋。⑥方山冠：汉代祭祀宗庙时乐师戴的帽子，用彩色的丝织成。唐、宋时隐士常戴。⑦岐山：在今陕西凤翔，境内有岐山。⑧勋阀：功劳。古代仕宦之家大门外立两柱以榜贴功状，左柱曰阀，右柱曰阅。⑨傥：同"倘"，或许。

译文也很美

方山子，是光州、黄州一带的隐士。年轻时仰慕朱家、郭解的为人，乡间的豪侠都尊崇他。稍微长大一点后，他改变了以往的志向和行为，发奋读书，想要借此在当世有所作为，可惜始终没有机遇。晚年隐居在光州、黄州之间一个叫岐亭的地方。从此住在小草屋里，吃粗劣的食物，不和世人相往来。并且抛弃了车马，毁坏了读书人穿的衣帽，徒步来往于山中，山里的人都不认识他。看到他戴的帽子，帽顶呈方形且高耸，说："这不是古代方山冠遗留下来的模样吗？"因此就称他为方山子。

我贬官后住在黄州，有一次经过岐亭，刚好遇见他，不禁说道："哎呀，这是我的老朋友陈季常，你怎么会在这里呢？"方山子也惊讶地问我到这里来的原因。我把到这里来的原因告诉他，他低头沉默，接着又仰天大笑。招呼我到他家，他家里空荡荡的，但妻子、儿女和奴婢却都面带怡然自得的神

最美古文——古文观止里的奇趣世界

情。我惊讶不已，觉得他很奇异。我想起方山子年轻时，纵情饮酒，喜好舞剑，挥金如土。十九年前，我在岐山，看见方山子带两个骑马的随从，夹着两支箭在西山游猎。前方飞起一只喜鹊，方山子让随从骑马追赶并射杀它，没能射中；方山子独自纵马迅猛追杀，一箭就射中了。他于是和我在马上谈论用兵之法，论及古今的成败之事，自认是一代豪杰。至今已过了多少日子，精明强悍的神色仍显现在眉宇之间，他怎么会是山中的隐居之人呢？

方山子家世代有功勋，他自己也理应得到官职。假使让他投身官场，现在应该已经名声显赫了。他的家原在洛阳，庭院高大堂皇，能与公侯之家相媲美。在河北有田产，每年能收入上千匹绢帛，也足够过上富贵快乐的生活。但他都抛弃不要，独自来到这穷山僻壤，如果没有自得的乐趣他会这样吗？

我听说光州、黄州一带有很多奇异的人，常常假作癫狂，衣衫破烂，我总无法见到。方山子或许能遇见他们吧？

鉴赏文心

本文是苏轼为好友陈慥写的一篇人物传记，因陈慥喜戴类似汉代乐师祭祀时用的"方山冠"，所以被称为"方山子"，即为题名来源。当时苏轼正值因"乌台诗案"被贬谪到黄州的人生低谷，机缘巧合，与这位早已归隐的旧友相会，所以颇多感慨，特作此文为传。

本文布局展开，颇见苏轼文章构思精奇的特色。大抵人物传记，开篇多从人物名号事业，性格志趣展开。本文却故作悬疑手法，先以道听途说者的视角，精到点写，引发文章兴味；再从世间流传的"方山子"故事展开，写出其先入世后归隐的人生轨迹，再由喜欢戴古人方冠，所以取名"方山子"的人物轶事，托出文章主角的高洁形貌。

下文再写作者贬谪途中，与"方山子"重逢，原来是旧友陈慥，由前文传说描摹展开，引入现实叙写。作者先引用陶渊明《五柳先生传》的"环堵萧然"（屋中空空荡荡，非常简陋）四字，再写家人怡然自得情境，连用映衬笔法，古今对照，写出主人隐居的从容情态，下文再引入往事回忆，穿插写好友当年风华正茂之时，既有箭射猛兽的勇武，又怀治国韬略的豪侠形象，则再与今日怡然自得的隐士形象再作对照，物是人非之叹，旧友重逢之喜，自身遭遇之感怀，相互烘托，浑融一体。

其后作者再作展开，用对比手法，谈及方山子家世显赫，说明方山子归隐，是对高官厚禄主动放弃之后的行为，而并不正面解释方山子归隐缘由，却再作两段诘问，慨叹方山子归隐"此岂无得而然哉"（这难道不是心中有独到的体会，才会归隐吗）和方山子是否见过"佯狂垢污"（装作癫狂，衣服脏破）的山野异人。则文章笔意，不言自明，所谓"佯狂垢污"的山林高士，其实就是方山子本人。由此明问隐答，托出写人主题，文章便由此从容作结。

本文行文手法，多形同本书所编司马迁的《伯夷叔齐列传》《屈原列传》等传记文章的韵味，写人叙事，议论抒情交织呼应，写出一个曾经豪爽

游侠而今山林高士的"侠隐"好友形象,亦是借"欲以此驰骋当世,然终不遇"(想要以此在现世中驰名,却最终没有得到机会)这句对方山子的人物评语,慨叹自身。

古文的智慧

苏轼豁达积极的情怀是被贬黄州之后形成的,在人生中这么艰难的日子里,苏轼邂逅了隐居在此的方山子,他乡遇故知,让身遭厄运的苏轼心头暖暖的。面对好山好水,知心好友相伴,也就变得乐观了,也就有了自信,有了自信,便觉得世上没有什么值得忧虑担心的,人的境界就上了一层,所见所思也就比其他人更远,看得更开,这便是"旷达"。

说文布道
乌台诗案

宋神宗熙宁二年(1069),任用王安石为参知政事,主持变法改革。由于苏轼与变法派的政见不合,遭受排挤,于熙宁四年(1071)任杭州通判,之后又分别担任密州、徐州、湖州知州。在任职上,苏轼看到了新法执行过程中的诸多流弊,令他极为反感,于是便形诸吟咏,对新法的弊端进行批评和讽谏。元丰二年(1079),御史何正臣等上表弹劾苏轼,奏苏轼的上表中,用语暗藏讥刺朝政,随后又牵连出大量苏轼诗文为证。这案件先由监察御史告发,后在御史台狱受审。据载,御史台中有柏树,野乌鸦数千栖居其上,故称御史台为"乌台",亦称"柏台"。"乌台诗案"由此得名。

绝代天才的悲剧人生

徐文长传

明·袁宏道

徐渭，字文长，为山阴诸生，声名籍甚。薛公蕙校越时，奇其才，有国士之目①。然数奇，屡试辄蹶。中丞胡公宗宪闻之，客诸幕。文长每见，则葛衣乌巾，纵谈天下事，胡公大喜。是时公督数边兵②，威镇东南，介胄之士，膝语蛇行③，不敢举头，而文长以部下一诸生傲之，议者方之刘真长、杜少陵云。会得白鹿④，属文长作表，表上，永陵喜⑤。公以是益奇之，一切疏计⑥，皆出其手。文长自负才略，好奇计，谈兵多中，视一世事无可当意者。然竟不偶。

文长既已不得志于有司，遂乃放浪曲糵，恣情山水，走齐、鲁、燕、赵之地，穷览朔漠。其所见山奔海立、沙起云行、雨鸣树偃，幽谷大都，人物鱼鸟，一切可惊可愕之状，一一皆达之于诗。其胸中又有勃然不可磨灭之气，英雄失路、托足无门之悲，故其为诗，如嗔如笑，如水鸣峡，如种出土，如寡妇之夜哭、羁人之寒起。虽其体格时有卑者，然匠心独出，有王者气，非彼巾帼而事人者所敢望也⑦。文有卓识，气沉而法严，不以摸拟损才，不以议论伤格，韩、曾之流亚也⑧。文长既雅不与时调合⑨，当时所谓骚坛主盟者⑩，文长皆叱而奴之，故其名不出于越，悲夫！

喜作书，笔意奔放如其诗，苍劲中姿媚跃出，欧阳公所谓"妖韶女，老自有余态"者也。间以其余，旁溢为花鸟，皆超逸有致。

卒以疑杀其继室，下狱论死。张太史元汴力解，乃得出。晚年愤益深，佯狂益甚，显者至门，或拒不纳。时携钱至酒肆，呼下隶与饮。或自持斧击破其头，血流被面，头骨皆折，揉之有声。或以利锥锥其两耳，深入寸余，竟不得死。周望言晚岁诗文益奇，无刻本，集藏于家。余同年有官越者，托以钞录，今未至。余所见者，《徐文长集》《阙编》二种而已。然文长竟以不得志于时，抱愤而卒。

石公曰：先生数奇不已，遂为狂疾；狂疾不已，遂为囹圄。古今文人牢骚困苦，未有若先生者也。虽然，胡公间世豪杰⑪，永陵英主。幕中礼数异等，是胡公知有先生矣。表上，人主悦，是人主知有先生矣；独身未贵耳。先生诗文崛起，一扫近代芜秽之习，百世而下，自有定论，胡为不遇哉？

梅客生尝寄予书曰："文长吾老友，病奇于人，人奇于诗。"余谓文长无之而不奇者也。无之而不奇，斯无之而不奇也。悲夫！

经典注释

①国士之目：对杰出人物的评价。国士，国中才能出众的人。②督数边兵：胡宗宪总督南直隶、浙、闽军务。③膝语蛇行：跪着说话，爬着走路，形容极其恭敬惶恐。④会得白鹿：《徐文长自著畸谱》："三十八岁，孟春之三日，幕再招，时获白鹿二……令草两表以献。"⑤永陵：明世宗嘉靖皇帝的陵墓，此用来代指嘉靖皇帝本人。⑥疏计：两种文体。疏，即臣下给皇帝的奏疏。计，通"记"，书牍、札子。⑦巾帼而事人：像妇人似的跟随顺从于人。帼，妇女的头巾，用巾帼代指妇女。⑧流亚：匹配的人物。⑨时调：指当时盛行于文坛的拟古风气。⑩主盟者：指嘉靖时后七子的代表人物王世贞、李攀龙等。⑪间世：间隔几世。古称三十年为一世。形容不常有的。

译文也很美

徐渭，表字文长，是山阴生员，声名很盛。薛蕙做浙江试官时，对他的才华感到震惊，把他看作国士。然而他运气不佳，屡次应试屡次落第。中丞胡宗宪听说后，把他聘作幕僚。文长每次参见胡公，总是身着葛布长衫，头戴乌巾，挥洒自如，侃侃谈论天下大事，胡公听后十分赞赏。当时胡公统率着几支军队，威镇东南沿海，部下将士在他面前，总是侧身缓步，跪下回话，不敢仰视。而文长以帐下一生员的身份对胡公的态度却如此高傲，好议论的人把他比作刘真长、杜少陵一流人物。恰逢胡公猎得一头白鹿，认为祥瑞，嘱托文长作贺表。表文奏上后，世宗皇帝很满意。胡公凭借这个更加器重文长，所有疏奏计簿都交他办理。文长深信自己才智过人，好出奇制胜，所谈论的用兵方略往往切中要害。他恃才傲物，觉得世间的事物没有能入他眼目的，然而却总是没有机会一展身手。

　　文长既然不被当权者重用，就放浪形骸，肆意狂饮，纵情山水。他游历了山东（齐鲁）、河北（燕赵），又饱览了塞外大漠。他所见的山如奔马、海浪壁立、胡沙满天和雷霆千里的景象，风雨交鸣的声音和奇木异树的形状，乃至山谷的幽深冷清和都市的繁华热闹，以及奇人异士、怪鱼珍鸟，所有前所未见，令人惊愕的自然和人文景观，他都一一化入了诗中。他胸中一直郁结着强烈的不平奋争精神和英雄无用武之地的悲凉。所以他的诗有时怒骂，有时嬉笑，有时如山洪奔

流于峡谷，发出轰雷般的涛声，有时如春芽破土，充满蓬勃的生机，有时像寡妇深夜的哭声那样凄厉，有时像逆旅行客冲寒启程那样无奈。虽然他诗作的格调有时比较卑下，但是匠心独运，有大气象和超人的气概。那种如以色事人的女子一般媚俗的诗作是难以望其项背的。徐文长对于为文之道有真知灼见，他的文章气象沉着而法度精严，不为墨守成规而压抑自己的才华和创造力，也不漫无节制地放纵议论以致伤害文章的严谨理路，真是韩愈、曾巩一流的文章家。徐文长志趣高雅，不与时俗合调，对当时所谓的文坛领袖，他一概加以愤怒的抨击，所以他的文字没人推崇，名气也只局限在家乡浙江一带。这实在令人为之悲哀！

文长喜好书法，他用笔奔放有如他的诗，在苍劲豪迈中另以一种妩媚的姿态跃然纸上，欧阳公所谓的"美人迟暮另具一种韵味"的说法，可用于形容文长的书法。文长以诗、文、书法修养的余绪，涉笔成花鸟画，也都超逸有情致。

后来，文长因被疑忌误杀他的继室妻子而下狱定死罪。张元汴太史极力营救，方得出狱。晚年的徐文长对世道愈加愤恨不平，于是有意做出一种更为狂放的样子，达官名士登门拜访，他时常会拒绝相见。他又经常带着钱到酒店，叫下人仆隶和他一起喝酒。他曾拿斧头砍击自己的头颅，血流满面，头骨破碎，用手揉摩，咔咔有声。他还曾用尖利的锥子锥入自己双耳一寸多深，竟然没有死。周望声称：文长的诗文到晚年愈加奇异，没有刻本行世，诗文集稿都藏在家中。我有在浙江做官的科举同年，曾委托他们抄录文长的诗文，至今没有得到。我所见到的，只有《徐文长集》《徐文长集阙编》两种而已。而今徐文长竟以不合于时，不得伸展抱负，带着对世道的愤恨而死去了。

石公说：徐文长先生的命途多艰，坎坷不断，致使他激愤成狂疾。狂病的不断发作，又导致他被投入监狱。从古至今文人的牢骚怨愤和遭受到的困难苦痛，再没有能超过徐文长先生的了。但尽管如此，仍有胡公这样的不世之豪杰，世宗这样的英明帝王赏识他。徐文长在胡公幕中受到特殊礼遇,这是胡公认识到了他的价值;他的上奏表文博得皇帝的欢心,表明皇帝也认识到了他的价值。唯一欠缺的,只是未能置身显贵而已。文长先生诗文的崛起,可以一扫近代文坛庞杂卑陋的习气,将来历史自会有公正的定论,又怎么能说他生不逢时,始终不被社会承认呢?梅客生曾经写信给我说:徐文长是我的老朋友,他的怪病比他这个怪人更要怪,而他作为一个怪人又比他的怪诗更要怪。我则认为徐文长没有一处地方不怪异奇特,正因为没有一处不怪异奇特,所以也就注定他一生命运没有一处不艰难、不坎坷。令人悲哀呀!

鉴赏文心

徐渭,初字文清,后改字文长,兼具文学家、书画家、戏曲家、军事家的头衔,堪称一位绝代才子。徐渭死后四年,作者袁宏道为他写的杂剧《四声猿》折服,又碰巧读到徐渭的残稿《阙编》,十分欣赏他的文章,特意为他作传。

徐渭书画狂放自适,为人恃才傲物,文章风格与袁宏道所推崇的直接抒发自身心灵体悟,追求真实的写作理念相和。是以本篇传记,从徐渭的奇特率真处着眼,写如此一个失意天才的往事,亦是同为失意文人的袁宏道倾注感情,引为自勉。

本文以一个"奇"字为主线,以对徐渭命数奇蹇、人生多艰的慨叹为基调,写其人事才情奇崛,艺术成就奇特,从"奇"字的两种涵意入手,行文布局不落窠臼,可以说是以奇文写奇人。

首段以三个奇字开篇,写徐渭才情过人,名士们惊奇他的才华,堪称是国家的杰出人才。虽然"数奇"(运气不好),命运不幸不能仕途,却有权臣胡宗宪"益奇之"(愈发觉得徐渭是奇才),从而使得他以一介布衣身份,纵谈天下大事,可见其人奇,才奇,命运奇。本段写徐渭并非直叙,而是从旁人视角，以雄奇笔调，写出徐渭虽然命运多舛，却狂放不羁的奇才形象。

二、三两段，则详尽展开，写徐渭诗文书画之奇。徐渭命运不幸，便放浪形骸，纵情山水，又将一种悲郁豪迈之气，诉诸创作。所以他的诗别具匠心，有王者气概，文章立意高远，风格沉凝有章法，不同于当时世人庸常作品，姿态奇拔超越。其后写书画之奇。则先化用欧阳修《水谷夜行寄子美圣俞》一诗"譬如妖韶女，老自有余态"（就像妖娆美丽的女子，老了也风韵犹存）这一对人的评论，来称赞徐文长书法，比喻奇诡，富有特色。最后点评画作，仅仅以"超逸有致"（超凡飘逸，富有情致）四字作结，可谓论赞精到。

第四段复归徐渭命运慨叹。写他杀妻获罪，惊骇世间，又患奇病，经常自残疯癫。本段叙述可谓极尽夸张之能事，不但奇崛，笔意之间甚至带有几分奇诡。

最后作者以"石公"这一自称口吻对徐渭给予评价，依然是如同《左传》《史记》式的历史评论，是从才能作品身世各个层面，为他盖棺定

论，以宣扬文名，流传后世。本段论赞，宣扬徐渭才能诗文，尤显感情真挚充沛，亦何尝不是引以自照，与作者袁宏道自己纵情山水，放浪不羁的情怀相合。

古文的智慧

吃得苦中苦，方为人上人。徐文长虽然很有才华，却十分狂傲，总觉得自己不得志，最终命运多艰、坎坷不断。其实，没有人能随随便便成功，只有具备了坚韧的意志和打败一切的决心，勇往直前，披荆斩棘，才能谱写属于自己的传奇。

吾将上下而求索

五个"匹夫"的身后之名

五人墓碑记

明·张溥

五人者，盖当蓼洲周公之被逮①，激于义而死焉者也。至于今，郡之贤士大夫请于当道，即除魏阉废祠之址以葬之②，且立石于其墓之门，以旌其所为③。呜呼！亦盛矣哉！

夫五人之死，去今之墓而葬焉，其为时止十有一月耳。夫十有一月之中，凡富贵之子，慷慨得志之徒，其疾病而死，死而湮没不足道者，亦已众矣。况草野之无闻者欤！独五人之皦皦④，何也？

予犹记周公之被逮，在丁卯三月之望。吾社之行为士先者⑤，为之声义，敛赀财以送其行，哭声震动天地。缇骑按剑而前⑥，问："谁为哀者?"众不能堪,抶而仆之⑦。是时以大中丞抚吴者,为魏之私人,周公之逮所由使也。吴之民方痛心焉,于是乘其厉声以呵,则噪而相逐,中丞匿于溷藩以免⑧。既而以吴民之乱请于朝,按诛五人,曰:颜佩韦、杨念如、马杰、沈扬、周文元,即今之傫然在墓者也⑨。

然五人之当刑也,意气扬扬,呼中丞之名而詈之,谈笑以死。断头置城上,颜色不少变。有贤士大夫发五十金,买五人之脰而函之,卒与尸合。故今之墓中,全乎为五人也。

嗟夫!大阉之乱,缙绅而能不易其志者,四海之大,有几人欤?而五人生于编伍之间,素不闻诗书之训,激昂大义,蹈死不顾,亦曷故哉?且矫诏纷出,钩党之捕,遍于天下,卒以吾郡之发愤一击,不敢复有株治。大阉亦逡巡畏义,非常之谋⑩,难于猝发,待圣人之出,而投缳道路⑪,不可谓非五人之力也。

由是观之,则今之高爵显位,一旦抵罪,或脱身以逃,不能容于远近;而又有剪发杜门,佯狂不知所之者。其辱人贱行,视五人之死,轻重固何如哉?是以蓼洲周公,忠义暴于朝廷,赠谥美显,荣于身后;而五人亦得以加其土封,列其姓名于大堤之上。凡四方之士,无有不过而拜且泣者,斯固百世之遇也!不然,令五人者保其首领,以老于户牖之下,则尽其天年,人皆得以隶使之,安能屈豪杰之流,扼腕墓道,发其志士之悲哉?故予与同社诸君子,哀斯墓之徒有其石也,而为之记⑫,亦以明死生之大,匹夫之有重于社稷也。

贤士大夫者,冏卿因之吴公、太史文起文公、孟长姚公也。

经典注释

①蓼(liǎo)洲周公:蓼洲是周顺昌的号。天启六年(1626),周顺昌因不满魏忠贤而被捕。②阉:对宦官的鄙称。③旌:表扬。④皦皦(jiǎo):明亮的样子。这里指被人们所纪念和传颂。⑤吾

社：指张溥所参加并领导的复社。⑥缇骑：原是汉代执金吾所统辖的骑士，在明代用以称锦衣卫的官校。⑦抶（chì）：打。仆（pū）：跌倒。⑧溷（hùn）：古时称厕所为溷。⑨傫然：居高临下的样子。⑩非常之谋：指篡夺皇位的阴谋。⑪圣人：指崇祯帝。⑫石：指墓碑。当时虽已为五人立了墓碑，但在墓碑上并未镌刻其事迹、功业，所以说"徒有其石"。

译文也很美

这五个人，原来是在蓼洲先生周顺昌被逮捕时，激于大义而牺牲的。到如今，吴郡的贤明士大夫向当局申请，把魏忠贤废祠的地基加以清理，把他们埋葬在那里，并且墓门前竖立石碑，以表彰他们的所作所为。啊，这也真是隆盛啊！

从这五个人被害，到今天建墓埋葬，也不过十一个月的时间。在这十一个月中，那些富贵之人，意气激昂、志得意满之人，由于疾病

而死亡，死后就此泯没、不再被人提起的已经很多了，何况是民间没有名声的人呢！但独独这五个人，在死去之后仍然美名昭著，这是什么缘故呢？

我还记得周公被捕的那天，是在天启七年丁卯三月十五日。我们复社中那些在行为道德上可以作为一般读书人表率的人，为周先生宣扬正义，聚集钱财，并且为他北上送行，哭声震天动地。来逮捕他的锦衣卫官校手按剑柄，跑到群众面前，喝问谁在替他哀哭？大家再也不能忍受了，就把他们打倒在地。当时以中丞的官衔担任吴地巡抚的，是魏忠贤的党羽，周公被捕就是由于他的指使。当地人民对他满心痛恨，于是趁他厉声斥责之时，大喊着上前追逐，中丞躲藏在厕所的篱笆内才得以免受攻击。之后他就以吴地人民暴乱申报朝廷，处死五个人，他们是颜佩韦、杨念如、马杰、沈扬、周文元，也就是现在合葬在墓中的人。

这五个人临刑时，意志坚定，气势昂扬，口里高喊着中丞的姓名斥骂着，从容就义。他们的头被挂在城上，脸色毫无改变。有贤明的士大夫拿出五十两银子，把五人的头颅买下，用盒子保藏起来，最后与尸体合葬在一起。所以，现在墓中五个人的尸首是完整的。

唉！在那个大宦官魏忠贤乱政弄权的时候，做高官而不丧失志向操守的，放眼全国，又能有几个人呢？而这五个人虽然生于民间，从来没有听过儒家经典所载的训诫，却能慷慨激昂地伸张正义，甚至不惜生命，这是什么缘故呢？况且当时魏忠贤伪造的诏书不断地发布，到处都在逮捕所谓的"钩党"，最后因为遭到我们吴郡地区的一次愤怒的抗击，才不敢再株连、迫害别人；魏忠贤这个阉人头子也就此犹豫畏缩，害怕正义的力量，谋朝篡位的阴谋迟迟不敢发动，等到崇祯皇帝即位以后，他在路上畏罪自杀了，这不能不说是由于这五个人的力量啊！

从这件事看来，今天的那些做着大官、地位显赫的人，一旦犯了罪受到惩处，有的脱身而逃，不能得到远近的人们的宽恕；有的就剃光头发做了和尚，整日里闭门不出；还有的装疯卖傻，不知逃窜到什么地方去了。他们可耻的人格和卑贱的行为，与这五个人的死亡相比，究竟是哪个轻哪个重呢？所以，蓼洲周公的忠义暴白于朝廷，被赠予美好光明的封号，死后也无比荣耀。而这五个人也因此被安葬在这座坟墓，他们的姓名被刻在大堤上，从各地经过此地的人，没有不下拜悼念他们并哭泣的，这实在是百世难逢的遭遇呀！假如不是这样，这五个人保全性命，平平安安地老死于家中，那么他们虽然能安然地活满自然的寿数，但不过是别人的奴仆和工具，怎能使豪杰为之倾倒，在墓道上握腕痛惜，抒发志士的悲感呢？因此，我与同社诸君子哀伤此墓徒有墓碑而为它写了这篇《墓碑记》，就是想要说明生死的巨大意义，说明平民对于国家的重要性。

上文提到的贤明的士绅，就是太仆寺卿吴因之，太史文公文起和姚孟长。

明末天启元年，宦官魏忠贤专权，阉党当政，镇压异己，残害大臣。东林党人多次上疏弹劾魏忠贤。天启六年，阉党以莫须有罪名到苏州逮捕东林党人周顺昌，苏州百姓奋起反抗。事后，阉党大范围搜捕暴动群众，颜佩韦等五人为保护百姓，挺身投狱，慷慨就义。次年，崇祯即位，周顺昌得到昭雪，苏州百姓将五人合葬，称为"五人之墓"，作者张溥为此写了碑记。

本文名义上是"记"，实为一篇政论文。全文夹叙夹议，既有语言、神态、动作描写，又有举例、对比、假设论证。

从内容上分为四个部分。第一到二段交代了五人死的原因以及建五人墓碑的由来，并设疑——"独五人之皦皦，何也"激发人的思考，从而引出下文。开篇直接点明五人死的原因是为了正义，正因此，苏州百姓为了表彰并纪念他们，就将他们合葬在姑苏城外虎丘山前山塘河大堤之上。第三到四段

记述了苏州百姓反抗阉党暴力的斗争过程和五人谈笑以死的大义凛然。第五到六段论证了五人之死的意义。第七段补充叙述三位贤士大夫的姓名，形成首尾呼应。

纵观全文，议论为主，主要集中在四、五段。在死后声名上，将五人之死的光明磊落与富贵之子慷慨之徒死的湮没进行对比，突出了五人的义举，极度赞扬了五人"激于义而死"的不同常人；在做人品格上，将五人"激昂大义，蹈死不顾"和"缙绅"易志变节进行对比，突出了五人疾恶如仇为正义而死的品格是重于社稷的；在死的气节上，将五人"谈笑以死"从容就义和"高爵显位"的"辱人贱行"进行对比，揭示荣耀和耻辱的不同结果，更见五人之死是何其壮烈！

然而这五义士皆出生于草根阶层，有轿夫，有卖衣服的小商人，是姑苏街头巷尾讨生活的不识诗书之人。他们互不相识，除了周文元之外，其余四人都与周顺昌没有交往。周公罹难时，五人出于义愤自发参与斗争并主动担责救姑苏百姓，大骂阉党从容就义，此情此景，惊天地泣鬼神也！

古文的智慧

鲁迅在《中国人失掉自信力了吗》中说："我们自古以来，就有埋头苦干的人，有拼命硬干的人，有为民请命的人，有舍身求法的人……虽是等于为帝王将相做家谱的所谓'正史'，也往往掩不住他们的光耀，这就是中国的脊梁。"张溥的《五人墓碑记》中记述了颜佩伟、杨念如、马杰、沈扬、周文元五人的"蹈死不顾"，他们正是鲁迅先生所称的"中国的脊梁"。无论是饱读诗书的士大夫，还是大字不识的市井白丁，舍生取义者，皆是民族的脊梁！

吾将上下而求索

说文布道

东林党

东林党是明朝末年以江南士大夫为主的官僚阶级政治集团。由顾宪成创立，直到明朝灭亡，经历了近40年时间。万历三十二年（1604），顾宪成等人修复宋代杨时讲学的东林书院，与高攀龙、钱一本等在这里讲学。当时正值明末社会矛盾日趋激化之时，东林人士讽议朝政、评论官吏，他们要求廉正奉公，振兴吏治，开放言路，革除朝野积弊，反对权贵贪纵枉法。这些主张得到当时社会的广泛同情与支持，同时也遭到宦官及其依附势力的激烈反对。两者之间因政见分歧发展演变形成明末激烈的党争局面。东林党有着极强的道德标准，他们能找出社会上的问题，但是从未有找出解决的办法，所以美国学者贺凯对于东林党的评价是"他们是一支重整道德的十字军，但不是一个改革政治的士大夫团体"。

文字编辑：韩　飞
封面设计：段　瑶
版式设计：罗　雷
　　　　　张大伟
美术编辑：张大伟
图片提供：视觉中国

目录 | CONTENTS

司马光｜《宋史·司马光传》 ················ 6

守株待兔｜战国·韩非子 ···················· 6

精卫填海｜《山海经》 ······················ 7

王戎不取道旁李｜南朝·刘义庆 ············ 7

囊萤夜读｜《晋书·车胤传》 ················ 8

铁杵成针｜南宋·祝穆 ······················ 8

少年中国说（节选）｜梁启超 ·············· 9

古人谈读书 ································ 11

自相矛盾｜战国·韩非子 ···················· 13

杨氏之子｜南朝·刘义庆 ···················· 14

伯牙鼓琴｜《吕氏春秋》 ···················· 14

书戴嵩画牛｜北宋·苏轼 ···················· 15

学弈｜战国·孟子 …………………………………… 16

两小儿辩日｜战国·列子 ……………………………… 16

《世说新语》二则｜南朝·刘义庆 …………………… 17

割席断交｜南朝·刘义庆 ……………………………… 19

《论语》十二章｜春秋·孔子 ………………………… 19

诫子书｜三国·诸葛亮 ………………………………… 21

狼｜清·蒲松龄 ………………………………………… 22

狼子野心｜清·纪昀 …………………………………… 23

穿井得一人｜《吕氏春秋》 …………………………… 24

杞人忧天｜战国·列子 ………………………………… 25

孙权劝学｜北宋·司马光 ……………………………… 26

卖油翁｜北宋·欧阳修 ………………………………… 27

陋室铭｜唐·刘禹锡 …………………………………… 28

爱莲说｜北宋·周敦颐 ………………………………… 29

河中石兽 | 清·纪昀 ………………………………… 30

三峡 | 北魏·郦道元 ………………………………… 31

答谢中书书 | 南朝·陶弘景 ………………………… 32

记承天寺夜游 | 北宋·苏轼 ………………………… 33

与朱元思书 | 南朝·吴均 …………………………… 34

《孟子》二章 | 战国·孟子 ………………………… 35

愚公移山 | 战国·列子 ……………………………… 37

周亚夫军细柳 | 西汉·司马迁 ……………………… 39

桃花源记 | 东晋·陶渊明 …………………………… 40

小石潭记 | 唐·柳宗元 ……………………………… 42

核舟记 | 明·魏学洢 ………………………………… 44

《庄子》二则 | 战国·庄子 ………………………… 46

《礼记》二则 ……………………………………… 47

马说 | 唐·韩愈 ………………………………… 49

岳阳楼记 | 北宋·范仲淹 ……………………… 50

醉翁亭记 | 北宋·欧阳修 ……………………… 52

湖心亭看雪 | 明·张岱 ………………………… 54

鱼我所欲也 | 战国·孟子 ……………………… 56

唐雎不辱使命 | 《战国策》 …………………… 57

送东阳马生序 | 明·宋濂 ……………………… 59

曹刿论战 | 《左传》 …………………………… 62

邹忌讽齐王纳谏 | 《战国策》 ………………… 64

陈涉世家 | 西汉·司马迁 ……………………… 65

出师表 | 三国·诸葛亮 ………………………… 69

司马光

宋史·司马光传

群儿戏于庭，一儿登瓮①，足跌没水中。众皆弃去②，光持石击瓮破之，水迸，儿得活。

> **注释**
>
> ①瓮：装水的大缸。②弃：丢下……离去。

> **译文**
>
> 小时候，司马光和一群小孩在庭院里玩耍，其中一个小孩爬到大水缸上面，不小心掉进了水缸中，被水淹没。其他的小孩很害怕，惊慌地跑开了，只有司马光搬起石头砸水缸。水缸被砸破了，水流了出来，那个孩子也获救了。

守株待兔

战国·韩非子

宋人有耕者。田中有株①。兔走触株，折颈而死。因释其耒而守株②，冀复得兔③。兔不可复得，而身为宋国笑。

> **注释**
>
> ①株：树桩。②释：放下。耒（lěi）：一种耕田的农具。③冀：希望。

> **译文**
>
> 宋国有个农夫，他的田地里有一截树桩。一天，一只跑得飞快的野兔撞在树桩上，折断了脖子死掉了。从此，这个农夫便放下手中的农具，专门守在树桩旁边，希望能再等到兔子撞在树桩上。但最终没再等到兔子，他自己也被宋国人耻笑。

精卫填海
《山海经》

炎帝之少女，名曰女娃①。女娃游于东海，溺而不返②，故为精卫，常衔西山之木石，以堙于东海③。

注释

①炎帝：传说中上古时期的部落首领。少女：小女儿。②溺：淹没。③堙：填塞。

译文

炎帝的小女儿，名字叫女娃。女娃去东海游玩，不小心溺水了，就再也没有回来，并化作了一只精卫鸟。为了报复东海，精卫鸟经常嘴里衔着西山上的树枝和石块扔进海里，想把东海填满。

王戎不取道旁李
南朝·刘义庆

王戎七岁，尝与诸小儿游①。看道边李树多子折枝，诸儿竞走取之②，唯戎不动。人问之，答曰："树在道边而多子，此必苦李。"取之，信然③。

注释

①尝：曾经。②竞走：争着跑过去。③信然：的确如此。

译文

王戎七岁的时候，有一次和一群小伙伴一起玩耍。他们看见路边李子树上挂着很多果实，把树枝快压断了。其他孩子都争着跑去摘李子，只有王戎一人没有动。有人问他为什么不去，王戎回答说："李树长在路边，这么多李子却没有人摘，那一定是苦李子。"小伙伴们摘来李子一尝，发现的确如此。

囊萤夜读
《晋书·车胤传》

胤恭勤不倦①，博学多通②。家贫不常得油，夏月则练囊盛数十萤火以照书③，以夜继日焉。

> **注释**
>
> ①恭：谦逊有礼。②通：通晓，明白。③练囊：白色薄绢做的口袋。

> **译文**
>
> 晋朝人车胤谦逊有礼，勤劳而不知疲倦，通晓很多方面的知识。他家境贫寒，时常缺少灯油使用。夏天的夜晚，车胤就用白绢做成透光的袋子，装数十只萤火虫，照着书本夜以继日地学习。

铁杵成针
南宋·祝穆

磨针溪，在象耳山下。世传李太白读书山中，未成，弃去。过是溪①，逢

老媪方磨铁杵②。问之,曰:"欲作针。"太白感其意③,还卒业④。

注释

①是:这个。②方:正在。③感其意:被他的意志感动。④还卒业:回去完成了学业。

译文

磨针溪在象耳山脚下。世代相传李白曾在山中读书,还没有完成学业,就放弃学习离开了。他路过一条小溪,见一位老妇人在磨铁棒,便问她要做什么用。老妇人说:"我要把它磨成针。"李白被她的意志所感动,就回去完成了学业。

少年中国说(节选)
梁启超

故今日之责任,不在他人,而全在我少年。少年智则国智,少年富则国富,少年强则国强,少年独立则国独立,少年自由则国自由,少年进步则国进步,少年胜于欧洲则国胜于欧洲,少年雄于地球则国雄于地球。

红日初升,其道大光。河出伏流,一泻汪洋。潜龙腾渊,鳞爪飞扬。乳虎啸谷,百兽震惶。鹰隼试翼,风尘吸张①。奇花初胎,矞矞皇皇②。干将发硎,有作其芒③。天戴其苍,地履其黄④。纵有千古,横有八荒⑤。前途似海,来日方长。

美哉,我少年中国,与天不老!壮哉,我中国少年,与国无疆!

注释

①鹰隼试翼,风尘吸张:鹰隼展翅试飞,掀起狂风,飞沙走石。隼,一种凶猛的鸟。②矞矞皇皇:华美瑰丽,富丽堂皇。③干将发硎,有作其芒:宝剑在磨刀石上磨出来,发出耀眼的光芒。干将,古代宝剑名。硎,磨刀石。④天戴其苍,地履其黄:头顶着苍天,脚踏着黄土大地。⑤八荒:指东、南、西、北、东北、东南、西南、西北八个方向上极远的地方。

译文

所以说今天的责任,不在别人身上,而全在我国少年身上。少年聪明我们国家就聪明,少年富裕我们国家就富裕,少年强大我们国家就强大,少年独立我们国家就独立,少年自由我们国家就自由,少年进步我们国家就进步,少年胜过欧洲我们国家就胜过欧洲,少年称雄于世界我们国家就称雄于世界。

红日跃出地平线,光芒万丈照四方;黄河之水涌出大地,奔腾澎湃浩浩荡荡；潜龙自深渊中腾空而起，鳞爪尖利舞动飞扬；幼虎向着山谷一声长啸，百兽顿时害怕惊慌，鹰隼振翅起飞，狂风肆虐尘土飞扬；珍奇的花含苞待放，灿烂明艳富丽堂皇；干将宝剑新磨完毕，发出耀眼的寒光。头顶着苍天，脚踏着大地，以时间为度我们有着悠久的历史，从空间来看我们有着辽阔的疆域。我们的前途像海一样宽广，未来的日子将无限悠长。

美丽啊，我的少年中国，将与天地共存不老！雄壮啊，我中国的少年，将同祖国万寿无疆！

古人谈读书

—

《论语》

敏而好学①，不耻下问②。

知之为知之，不知为不知，是知也。

默而识之③，学而不厌，诲人不倦。

注释

①敏：聪敏。②耻：以……为耻。③识：记住。

译文

天资聪明而又好学的人，不会因为向地位、学问不如自己的人请教而感到耻辱。

知道就是知道，不知道就是不知道，这才是真正的智慧。

默默地记住所学的知识，学习不觉得满足，教导别人不知道疲倦。

二

南宋·朱熹

余尝谓读书有三到①，谓心到、眼到、口到。心不在此，则眼不看仔细，心眼既不专一，却只漫浪诵读②，决不能记，记亦不能久也。三到之中，心到最急③。心既到矣，眼口岂不到乎？

注释

①谓：说。②漫浪：随意。③急：要紧，重要。

译文

我曾经说过：读书有三到，即读书的时候心要到、眼要到、口要到，也就是要专心，要认真看，要诵读。心思不在书本上，那么眼睛就不会仔细看；心和眼既然没有专心一意，却只是随意地诵读，那么绝对记不住，就算记住了，也记不长久。这三到中，心到最重要。心思如果已经集中了，眼睛和口还会不到吗？

三

清·曾国藩

盖士人读书①，第一要有志，第二要有识，第三要有恒②。有志则断不甘为下流③；有识则知学问无尽，不敢以一得自足，如河伯之观海，如井蛙之窥天，皆无识者也；有恒者则断无不成之事。此三者缺一不可。

注释

①士人：泛指知识阶层。②恒：恒心。③下流：下等，劣等。

译文

　　大凡致力于读书的人，第一要有志向，第二要有见识，第三要有恒心。有志向就绝对不会甘心处在下等位置；有见识就知道学问是没有尽头的，不敢稍微有一点收获就自我满足，像河伯观看大海，井底之蛙观看天空，这都是没有见识的表现；有恒心就绝对没有干不成的事情。志向、见识、恒心，这三者缺一个都不行。

自相矛盾
战国·韩非子

　　楚人有鬻盾与矛者①，誉之曰："吾盾之坚，物莫能陷也②。"又誉其矛曰："吾矛之利，于物无不陷也。"或曰："以子之矛，陷子之盾，何如？"其人弗能应也。夫不可陷之盾与无不陷之矛③，不可同世而立。

注释

　　①鬻（yù）：卖。②陷：穿透。③夫：放在句首，表示将发议论。

译文

　　有一个楚国人，既卖盾又卖矛。他夸自己的盾说："我的盾坚固无比，没有什么东西能够穿透它。"然后，他又夸自己的矛说："我的矛非常锋利，没有什么东西是它穿不透的。"有人问他："如果用你的矛刺你的盾，结果会怎样呢？"那人一句话也回答不上来。所以可见，什么都刺不穿的盾和什么都能刺穿的矛，是不可能同时存在的。

杨氏之子
南朝·刘义庆

梁国杨氏子九岁,甚聪惠①。孔君平诣其父②,父不在,乃呼儿出。为设果,果有杨梅。孔指以示儿曰③:"此是君家果。"儿应声答曰:"未闻孔雀是夫子家禽。"

注释

①惠:同"慧",智慧。②诣(yì):拜访。③示:给……看。

译文

梁国有户杨姓人家有个九岁的儿子,他非常聪明。孔君平来拜访他的父亲,他父亲不在,便叫他出来。他为孔君平端来水果,水果中有杨梅,孔君平指着杨梅给孩子看,说:"这是你家的水果。"杨氏子听后回答说:"没听说孔雀是先生您家的家禽啊。"

伯牙鼓琴
《吕氏春秋》

伯牙鼓琴,锺子期听之。方鼓琴而志在太山①,锺子期曰:"善哉乎鼓琴,巍巍乎若太山。"少选之间而志在流水②,锺子期又曰:"善哉乎鼓琴,汤汤乎若流水。"锺子期死,伯牙破琴绝弦,终身不复鼓琴,以为世无足复为鼓琴者。

注释

①志:心志,情志。太山:泛指大山、高山。一说指东岳泰山。②少选:一会儿,不久。

> **译文**

伯牙弹琴，锺子期静静地欣赏他的乐曲。伯牙弹奏到表现高山的乐曲时，锺子期说："你弹得真好呀，就像大山一样高峻。"一会儿，伯牙弹奏到表现流水的乐曲时，锺子期又说："你弹得真好呀，就像流水一样浩荡。"锺子期死后，伯牙摔坏琴、弄断弦，立誓一辈子不再弹琴，因为他认为世上再没有值得他为之弹琴的人了。

书戴嵩画牛

北宋·苏轼

蜀中有杜处士①，好书画，所宝以百数。有戴嵩《牛》一轴，尤所爱，锦囊玉轴，常以自随。

一日曝书画，有一牧童见之，拊掌大笑，曰："此画斗牛也。牛斗，力在角，尾搐入两股间②，今乃掉尾而斗，谬矣③。"处士笑而然之。古语有云："耕当问奴，织当问婢。"不可改也。

> **注释**

①处士：本指有德才而不愿去做官的人，后来也指未做官的士人。②搐：抽缩。股：大腿。③谬：错误。

> **译文**

蜀地有一位姓杜的读书人，他喜好书法绘画，珍藏的书画作品有数百件。其中，有一幅戴嵩画的《斗牛图》，他非常喜爱，就用锦缎作画囊，用玉作画轴，并经常随身携带。

有一天，他晾晒书画，一个放牛的小孩看到了这幅画，拍手大笑，说道："这画画的是争斗的牛！牛在争斗时，力量用在牛角上，尾巴就会收缩夹在两条大腿中间，现在这幅画却画的是牛摇着尾巴争斗，是错误的。"杜处士也笑了，认为他说得对。古话说："耕地要问种田的农夫，纺织要问织布的妇女。"这其中蕴含的道理是不会改变的。

学弈

战国·孟子

弈秋,通国之善弈者也。使弈秋诲二人弈,其一人专心致志,惟弈秋之为听;一人虽听之,一心以为有鸿鹄将至①,思援弓缴而射之②。虽与之俱学,弗若之矣③。为是其智弗若与?曰:非然也。

注释

①鸿鹄:指天鹅、大雁一类的鸟。②缴(zhuó):古时指带有丝绳的箭,射出后可以将箭收回。③弗若:不如。

译文

弈秋是全国最擅长下棋的人。让弈秋教导两个人下棋,其中一人专心致志地学习,只听弈秋的教导;另一个人虽然也在听弈秋的教导,却一心只想着有大雁(或是天鹅)飞过来,然后拉弓搭箭将它射下来。虽然二人一起学习下棋,但后者的棋艺不如前者好。难道是因为他的智力比别人差吗?结论是:当然不是这样。

两小儿辩日

战国·列子

孔子东游,见两小儿辩斗①,问其故。

一儿曰:"我以日始出时去人近,而日中时远也。"

一儿曰:"我以日初出远,而日中时近也。"

一儿曰:"日初出大如车盖,及日中则如盘盂②,此不为远者小而近者大乎?"

一儿曰:"日初出沧沧凉凉,及其日中如探汤③,此不为近者热而远者凉乎?"

孔子不能决也。

两小儿笑曰："孰为汝多知乎？"

注释

①辩斗：辩论，争论。②盘盂：盛物的器皿。圆的为盘，方的为盂。③探汤：把手伸到热水里去。这里指天气很热。

译文

孔子到东方游历，途中遇见两个小孩在争论，便问他们争辩的原因。有一个小孩说："我认为太阳刚升起时距离人近，而到中午的时候距离人远。"另一个小孩则认为太阳刚升起的时候距离人远，而到中午的时候距离人近。一个小孩说："太阳刚升起的时候大得像车盖，等到正午就小得像盘子，这不正是远处的看着小而近处的看着大的道理吗？"另一个小孩说："太阳刚升起的时候感觉清凉，等到中午时像把手伸进热水里一样，这不正是近的时候感觉热而远的时候感觉凉的道理吗？"孔子不能判决谁对谁错。两个孩子笑着说："谁说你知识渊博呢？"

《世说新语》二则

南朝·刘义庆

咏雪

谢太傅寒雪日内集①，与儿女讲论文义。俄而雪骤②，公欣然曰："白雪纷纷何所似？"兄子胡儿曰："撒盐空中差可拟③。"兄女曰："未若柳絮因风起。"公大笑乐。即公大兄无奕女，左将军王凝之妻也。

注释

①内集：把家里人聚集在一起。②俄而：不久，一会儿。骤：急。③差可拟：大体可以相比。差，大体。拟，相比。

> **译文**

在一个雪花纷飞的日子，谢安把家人聚集在一起，给孩子们讲解文章的道理。不一会儿，雪下大了，谢安高兴地说："你们看，这纷纷扬扬的白雪像什么呢？"谢安的侄子谢朗说："大概就像在空中撒盐吧。"谢安的侄女说："与其说撒盐，不如说雪花像柳絮一样在空中乘风飞舞。"谢安高兴得大笑起来。这个女孩就是谢安哥哥谢奕的女儿谢道韫，也是左将军王凝之的妻子。

陈太丘与友期行

陈太丘与友期行[①]，期日中。过中不至，太丘舍去，去后乃至。元方时年七岁，门外戏。客问元方："尊君在不？"答曰："待君久不至，已去。"友人便怒曰："非人哉！与人期行，相委而去。"元方曰："君与家君期日中[②]。日中不至，则是无信；对子骂父，则是无礼。"友人惭，下车引之[③]。元方入门不顾。

> **注释**

①期行：相约同行。期，约定。②家君：对人谦称自己的父亲。③引：拉，牵拉。

> **译文**

陈太丘和朋友相约一起出行，约定的时间在正午。结果，正午过了朋友还没有到，陈太丘不再等他，自己先走了。陈太丘离开后朋友才到。陈太丘的儿子元方当时才七岁，正在门外玩耍。陈太丘的朋友问元方："你父亲在家吗？"元方回答："我父亲等了您很久等不到，他已经先走了。"友人因此生气地说："真不是君子啊！说好相约同行，却丢下我先走了。"元方说："您与我父亲约好正午出发，到了正午您却没到，这是不讲信用；对着儿子骂人家的父亲，这是没有礼貌。"友人感到很惭愧，下车去拉元方的手，元方却转身回家去了，看都不看他一眼。

割席断交

南朝·刘义庆

管宁、华歆共园中锄菜,见地有片金,管挥锄与瓦石不异,华捉而掷去之。又尝同席读书,有乘轩冕过门者①,宁读如故,歆废书出看②。宁割席分坐,曰:"子非吾友也。"

注释

①轩冕:古时大夫以上官员的车乘和冕服。 ②废:抛下。

译文

管宁和华歆一起在菜园里锄地。忽然发现地上有一块金子,管宁不为所动,仍然挥动着锄头,就跟看到瓦片石头一样。华歆抓起地上的金子看看,然后又扔掉它。管宁和华歆曾坐在同一张席子上读书,有个人坐着豪车、穿着官服从门前经过,管宁毫不关心,只顾专心读书,华歆却抛下书出去观看。管宁就割断席子和华歆分开坐,并说:"今后你不是我的朋友了。"

《论语》十二章

春秋·孔子

子曰:"学而时习之,不亦说乎?有朋自远方来,不亦乐乎?人不知而不愠①,不亦君子乎?"(《学而》)

曾子曰:"吾日三省吾身:为人谋而不忠乎?与朋友交而不信乎?传不习乎?"(《学而》)

子曰:"吾十有五而志于学,三十而立,四十而不惑②,五十而知天命,六十而耳顺,七十而从心所欲,不逾矩③。"(《为政》)

子曰:"温故而知新,可以为师矣。"(《为政》)

子曰:"学而不思则罔,思而不学则殆④。"(《为政》)

子曰:"贤哉,回也!一箪食,一瓢饮,在陋巷,人不堪其忧,回也不

改其乐。贤哉，回也！"（《雍也》）

子曰："知之者不如好之者，好之者不如乐之者⑤。"（《雍也》）

子曰："饭疏食，饮水，曲肱而枕之，乐亦在其中矣。不义而富且贵，于我如浮云。"（《述而》）

子曰："三人行，必有我师焉。择其善者而从之，其不善者而改之。"（《述而》）

子在川上曰："逝者如斯夫，不舍昼夜。"（《子罕》）

子曰："三军可夺帅也，匹夫不可夺志也。"（《子罕》）

子夏曰："博学而笃志，切问而近思，仁在其中矣。"（《子张》）

注释

①愠：生气，恼怒。②惑：迷惑，疑惑。③逾矩：越过法度。逾，越过。矩，法度。④罔：迷惑，感到迷茫而无所适从。殆：疑惑。⑤乐：以……为快乐。

译文

孔子说："学习过知识并且按时复习，这不是很愉快的事吗？有志同道合的朋友从远方来，不是很快乐的事吗？别人不认识我，我也不恼怒，这不正是有才德之人的表现吗？"

曾子说："我每天多次反省自己：替别人谋划事情是不是做到尽心竭力了？与朋友交往是不是坚守诚信了？老师传授的知识是不是按时复习了？"

孔子说："我十五岁立志做学问，三十岁能立足社会并有所成就，四十岁遇到事情不再迷惑，五十岁能体悟到上天的意志，六十岁能听得进不同的意见，到七十岁做事才能顺从自己的心意，不超越法度。"

孔子说："温习学过的知识，可以得到新的理解与体会，凭借这一点就可以做老师了。"

孔子说："一味学习却不思考就会感到迷茫而无所适从，一味空想却不学习就会心中充满疑惑而缺乏主见。"

孔子说:"颜回是多么贤明啊!一竹篮饭,一瓢水,住在简陋的小巷子里,别人都忍受不了这种忧愁清苦,颜回却不改变自己好学求知的志向。颜回是多么得贤明啊!"

孔子说:"知道学习的人比不上爱好学习的人;爱好学习的人比不上以学习为乐趣的人。"

孔子说:"吃粗粮,喝冷水,蜷曲着胳膊做枕头,快乐也就蕴含在其中了。用不正当的手段获得的大富大贵,对我来说就像是天上的浮云一样。"

孔子说:"多个人同行,其中必定有人可以做我的老师。我选择他好的方面学习,他不好的方面就对照自己加以改进。"

孔子在河边感叹道:"时光像河水一样流逝,日夜不停。"

孔子说:"军队的主帅可以被更换,但是普通人的志气却不能被改变。"

子夏说:"广泛学习,坚定志向,恳切地发问求教,多思考当下的事,仁德就蕴含在其中了。"

诫子书

三国·诸葛亮

夫君子之行,静以修身,俭以养德。非淡泊无以明志①,非宁静无以致远②。夫学须静也,才须学也,非学无以广才,非志无以成学。淫慢则不能励精,险躁则不能治性。年与时驰,意与日去,遂成枯落③,多不接世,悲守穷庐,将复何及!

注释

①淡泊:内心恬淡,不慕名利。②致远:达到远大目标。③枯落:凋落,衰残。比喻人年老志衰,没有用处。

译文

大凡有道德修养的人,他们都是通过宁静专一来提高自身修养,通过朴实节俭来培养自己的品德。不恬淡寡欲就没办法明确志向,不安宁静心就没办法实现远大目标。学习必须静心专一,才干必须通过学习才能获得。不学习就无法增长才华,没有志向就不能在学习上有所成就。放纵懈怠就无法振奋精神,轻薄浮躁就不能修养性情。年华随时光而飞驰,意志随岁月而消逝。最终年老衰残,人生中的大多数时间对社会没有什么贡献,只能悲哀地困守在自己的陋室之中,那时即便悔恨又怎么来得及?

狼

清·蒲松龄

　　一屠晚归,担中肉尽,止有剩骨。途中两狼,缀行甚远[①]。

　　屠惧,投以骨。一狼得骨止,一狼仍从。复投之,后狼止而前狼又至。骨已尽矣,而两狼之并驱如故。

　　屠大窘,恐前后受其敌。顾野有麦场,场主积薪其中,苫蔽成丘[②]。屠乃奔倚其下,弛担持刀。狼不敢前,眈眈相向[③]。

　　少时,一狼径去,其一犬坐于前。久之,目似瞑,意暇甚。屠暴起,以刀劈狼首,又数刀毙之。方欲行,转视积薪后,一狼洞其中,意将隧入以攻其后也。身已半入,止露尻尾[④]。屠自后断其股,亦毙之。乃悟前狼假寐,盖以诱敌。

　　狼亦黠矣[⑤],而顷刻两毙,禽兽之变诈几何哉?止增笑耳。

注释

①缀:接连,紧跟。②苫蔽:覆盖、遮盖。③眈眈:凶狠注视的样子。④尻:屁股。⑤黠:狡猾。

译文

  一个屠户傍晚回家,他担子里的肉已经卖完了,只剩下几根骨头。屠户半路上遇到两只狼,尾随他走了很远。

  屠户感到害怕,就扔了一根骨头给狼。一只狼得到骨头就停了下来,另一只狼仍然跟在屠户的身后。屠户再次扔出骨头,后面得到骨头的狼停住了,之前获得骨头的狼又跟了上来。骨头已经扔完了,可是两只狼还是像之前一样一起追赶屠户。

  屠户感到处境危急,担心自己遭受狼的两面攻击。他看到田野中有个麦场,麦场的主人把柴草堆积在那里,覆盖成小山一样。屠户于是奔跑过去倚靠在柴草堆下,卸下担子握起屠刀。两只狼不敢上前,瞪眼望着屠户。

  一会儿,一只狼离开了,另一只狼像狗一样蹲坐在屠户面前。过了很长时间,蹲坐的那只狼的眼睛似乎闭上了,神情很悠闲。屠户突然跳起来,用刀猛砍这只狼的头,连砍几刀把它杀死了。屠户刚打算离开,转身看见柴草堆后面,另一只狼正在挖洞,想从柴草堆中打洞来从后面攻击屠户。狼的身体已经钻进去一半,只露出屁股和尾巴。屠户从后面砍断了狼的大腿,杀死了第二只狼。这时屠户才明白前面的狼假装睡觉,是想借此分散自己的注意力。

  狼真是太狡猾了,可是一会儿工夫它们就都被杀死了,禽兽的诡诈手段能有多少啊!只不过是给人增加笑料罢了。

狼子野心

清·纪昀

  有富室偶得二小狼,与家犬杂畜①,亦与犬相安。稍长,亦颇驯,竟忘其为狼。一日,主人昼寝厅事,闻群犬呜呜作怒声,惊起周视,无一人。再就枕将寐,犬又如前。乃伪睡以俟②,则二狼伺其未觉,将啮其喉,犬阻之不使前也。乃杀而取其革。此事从侄虞惇言。狼子野心,信不诬哉③!然野心不过遁逸耳④;阳为亲昵,而阴怀不测,更不止于野心矣。兽不足道,此人何取自贻患耶⑤!

注释

①畜：养。②俟：等待。③信不诬哉：确实不虚妄啊。诬，虚假、虚妄。④遁逸：逃跑。⑤贻患：留下祸患。

译文

一个有钱人偶然获得两只小狼，就把它们和家里的狗混在一起饲养。小狼和狗玩得很好，相安无事。后来，两只小狼渐渐长大了，它们相当驯服，以至于主人忘记了它们是狼。一个白天，主人在大厅里睡觉，听到一群狗发出"呜呜呜"的发怒声，惊醒后向四周看，没有一个人。当他头刚贴上枕头准备入睡时，狗又像之前一样"呜呜呜"地怒吼。为了探明真相，主人假装睡着，看看接下来会发生什么。很快，主人发现是两只狼等他睡着时，想趁机咬住他的喉咙，狗通过吼叫阻止了它们，不让它们靠近。于是，主人杀了这两只狼并且扒下了它们的皮。这件事是我的堂侄虞惇讲述的。狼子野心，的确不假！那凶恶的本性只不过是被深深地隐藏起来罢了。两只狼表面上装作很温驯，但背地里心怀诡计，这绝不只是出于凶恶的本性。禽兽不值得多说什么，而我们更应该思考的是：这个富人为什么要收养这两条狼而给自己留下祸患呢？

穿井得一人
《吕氏春秋》

宋之丁氏，家无井而出溉汲①，常一人居外。及其家穿井，告人曰："吾穿井得一人。"有闻而传之者；"丁氏穿井得一人。"国人道之②，闻之于宋君。宋君令人问之于丁氏，丁氏对曰："得一人之使，非得一人于井中也。"求闻之若此，不若无闻也。

注释

①溉汲：打水浇田。溉，浇灌、灌溉。汲，从井里取水。②国人：指居住在国都中的人。

> **译文**
>
> 宋国有一户姓丁的人家,家里没有水井,需要外出很远打水浇田,因此经常要派一个人在外面奔波。等他家挖了一口水井后,丁氏就告诉别人说:"我家挖了这口井,就像多得了一个人。"听了这件事的人就向别人传播:"丁家挖井挖到了一个人。"居住在国都的人不断讲述这种传言,最终,宋国的国君也知道了这个消息。国君让人向丁家询问情况,丁氏回答说:"挖一口井就不用再派人留在外面,相当于多得到一个人的劳力,而不是在井内挖到一个人。"像这样不实的传闻,还不如不听。

杞人忧天

战国·列子

　　杞国有人忧天地崩坠,身亡所寄①,废寝食者。

　　又有忧彼之所忧者,因往晓之,曰:"天,积气耳,亡处亡气。若屈伸呼吸,终日在天中行止②,奈何忧崩坠乎?"

　　其人曰:"天果积气,日月星宿,不当坠耶?"

　　晓之者曰:"日月星宿,亦积气中之有光耀者,只使坠,亦不能有所中伤。"

　　其人曰:"奈地坏何?"

　　晓之者曰:"地,积块耳,充塞四虚③,亡处亡块。若躇步跐蹈,终日在地上行止,奈何忧其坏?"

　　其人舍然大喜,晓之者亦舍然大喜。

注释

① 亡：无，没有。 ② 行止：行动，活动。 ③ 四虚：四方。

译文

杞国有个人担忧天会崩塌、地会陷落，到时候自己将无处藏身，以至于忧虑到睡不好觉、吃不下饭。

有一个人担心他这样忧虑对身体不好，就去开导他，说："天不过是聚积的气体罢了，没有哪个地方是没有空气的。你身体的伸缩，嘴巴的呼吸，整天都在天空中活动，为什么会担心天崩塌、地陷落呢？"

那个人回答说："天如果是气体，太阳、月亮、星辰不应该坠落下来吗？"

开导他的人说："太阳、月亮、星辰也是空气中发光的东西，即使掉下来，也不会造成什么伤害。"

那个人又说："那么地如果塌陷了又怎么办呢？"

开导他的人说："大地，是聚积的土块罢了，填满了四方，没有什么地方是没有土块的。你行走、踩踏，整天都在地上活动休息，为什么担心地会塌陷呢？"

经过开导解释，那个杞国人消除了忧虑，非常高兴；开导他的人不担心了，也很高兴。

孙权劝学

北宋·司马光

初，权谓吕蒙曰："卿今当涂掌事①，不可不学！"蒙辞以军中多务。权曰："孤岂欲卿治经为博士邪②！但当涉猎③，见往事耳。卿言多务，孰若孤？孤常读书，自以为大有所益。"蒙乃始就学。及鲁肃过寻阳，与蒙论议，大惊曰："卿今者才略，非复吴下阿蒙！"蒙曰："士别三日，即更刮目相待，大兄何见事之晚乎！"肃遂拜蒙母，结友而别。

注释

①当涂：当道，当权。②孤：古时王侯的自称。③涉猎：粗略地阅读。

译文

当初，孙权对吕蒙说："你现在当权管事，不能再不学习了呀！"吕蒙总是以军务繁忙作为理由推脱。孙权说："我不是要求你研究儒家经典，成为经学专家。我只是觉得，你多少应当读一些书，了解历史。你说军务太多，谁能比得上我事务多呢？我经常读书，自认为有很大的收获。"于是，吕蒙开始读书学习。

等到鲁肃经过寻阳的时候，和吕蒙谈论公事。吕蒙的谈吐让鲁肃非常吃惊，说："你如今的才华和谋略，不再是之前吴国的那个阿蒙了（阿蒙是吕蒙的小名）！"吕蒙回答说："读书人分别几天，就该用新的眼光去看他，老兄你才知道这个道理啊？"鲁肃于是拜见吕蒙的母亲，和吕蒙结为好友，然后才告辞离去。

卖油翁

北宋·欧阳修

陈康肃公善射，当世无双，公亦以此自矜①。尝射于家圃，有卖油翁释担而立，睨之久而不去。见其发矢十中八九，但微颔之。

康肃问曰："汝亦知射乎？吾射不亦精乎？"翁曰："无他，但手熟尔。"康肃忿然曰②："尔安敢轻吾射！"翁曰："以我酌油知之。"乃取一葫芦置于地，以钱覆其口，徐以杓酌油沥之，自钱孔入，而钱不湿。因曰："我亦无他，惟手熟尔。"康肃笑而遣之③。

注释

①自矜:自夸。②忿然:气愤的样子。③遣之:让他走。遣,打发。

译文

康肃公陈尧咨擅长射箭,世上再找不到第二个技术这么高超的人,他也借此自夸。曾经他在自家园子射箭,有个卖油的老翁放下担子站在那里,斜着眼看着他射箭,很久都没有离开。卖油的老翁看康肃公射十次能中八九箭,只是对他微微点头而已。

康肃公问卖油翁:"你也懂得射箭吗?我的射箭技法难道不够精妙吗?"卖油的老翁说:"没有什么特别精妙之处,只不过是技艺熟练罢了。"康肃公听后气愤地说:"你怎么敢轻视我射箭的本领!"老翁说:"凭我倒油的经验就能明白这个道理。"于是,卖油翁取出一个葫芦放在地上,把一枚铜钱盖在葫芦口上,慢慢地用勺子盛油倒入葫芦里,油从钱孔注入而钱却没有沾到油。老翁说道:"我也没有什么特别之处,只不过是手法熟练罢了。"康肃公笑着打发他走了。

陋室铭
唐·刘禹锡

山不在高,有仙则名。水不在深,有龙则灵。斯是陋室,惟吾德馨①。苔痕上阶绿,草色入帘青。谈笑有鸿儒,往来无白丁。可以调素琴②,阅金经。无丝竹之乱耳,无案牍之劳形③。南阳诸葛庐,西蜀子云亭。孔子云:何陋之有?

注释

①馨:能散布很远的香气,这里指德行美好。②素琴:不加装饰的琴。③案牍:指官府文书。

译文

山不在于高,有神仙就会有名气。水不在于深,有龙就会有灵气。虽然这房子简陋，但因为我品德高尚就不觉得简陋了。青苔蔓延到台阶上，整个台阶都绿了；草色映入竹帘，使室内染上青色。在这里谈笑的都是博学之人，来往者中没有知识浅薄之人。可以弹奏不加装饰的琴，阅读佛经。没有弦管奏乐的声音扰乱耳朵，没有官府的公文使身体劳累。南阳有诸葛亮的草庐，西蜀有扬子云的亭子。孔子说：这有什么简陋的呢？

爱莲说
北宋·周敦颐

水陆草木之花，可爱者甚蕃①。晋陶渊明独爱菊。自李唐来，世人甚爱牡丹。予独爱莲之出淤泥而不染，濯清涟而不妖②，中通外直，不蔓不枝，香远益清，亭亭净植，可远观而不可亵玩焉。

予谓菊，花之隐逸者也；牡丹，花之富贵者也；莲，花之君子者也。噫！菊之爱，陶后鲜有闻③。莲之爱，同予者何人？牡丹之爱，宜乎众矣。

注释

①蕃：多。②濯清涟而不妖：经过清水洗涤但不显得妖艳。③鲜：少。

译文

水里、陆地上各种草本、木本的花，值得喜爱的非常多。晋代的陶渊明只喜爱菊花。自李氏唐朝以来，世上的人非常喜爱牡丹。而我唯独喜爱莲花从淤泥中长出却不沾染污秽，经过清水的洗涤却不显得妖艳。莲的柄内部贯通，外部笔直。它不横生藤蔓，不旁生枝茎，香气远播更加清香，笔直洁净，挺立在水中，人们只能远远地观赏而不能靠近玩弄它。

要我说，菊花是花中的隐士；牡丹，是花中的富贵者；莲花，是花中品德高尚的君子。唉！对于菊花的喜爱，陶渊明以后就很少听到了。对于莲花的喜爱，像我一样的还有什么人呢？对于喜爱牡丹的人，想来有很多吧！

河中石兽

清·纪昀

　　沧州南一寺临河干，山门圮于河①，二石兽并沉焉。阅十余岁，僧募金重修，求二石兽于水中，竟不可得，以为顺流下矣。棹数小舟②，曳铁钯，寻十余里无迹。

　　一讲学家设帐寺中，闻之笑曰："尔辈不能究物理。是非木杮③，岂能为暴涨携之去？乃石性坚重，沙性松浮，湮于沙上，渐沉渐深耳。沿河求之，不亦颠乎？"众服为确论。

　　一老河兵闻之，又笑曰："凡河中失石，当求之于上流。盖石性坚重，沙性松浮，水不能冲石，其反激之力，必于石下迎水处啮沙为坎穴，渐激渐深，至石之半，石必倒掷坎穴中。如是再啮，石又再转。转转不已，遂反溯流逆上矣④。求之下流，固颠；求之地中，不更颠乎？"如其言，果得于数里外。然则天下之事，但知其一，不知其二者多矣，可据理臆断欤？

注释

①山门圮于河：佛寺的外门塌陷在河水中。②棹：划（船）。③是非木杮：这不是木片。木杮，削下来的木片。④溯流：逆流。

译文

　　沧州的南面有一座寺庙，靠近河岸。佛寺的外门倒塌在了河里，门前的两只石兽也一起沉没在河水中。过了十多年，僧人们募集资金重修寺庙，想在河水中寻找两只石兽，最终还是没找到。僧人们以为石兽顺着水流流到下游了，于是划着几只小船，拖着铁钯，沿着下游寻找了十几里，依然没有发现石兽的踪迹。

　　一个讲学的人在寺庙中设馆教书，听说了这件事，就笑着说："你们这些人真是不懂得事物的原理啊。这不是木片，怎么能被暴涨的河水冲走呢？石头的特性是坚硬沉重，泥沙的特性是松软轻浮，石兽沉没在沙子上，越沉越深，所以才找不到啊。沿着河流寻找石兽，不是颠倒了是非吗？"大家信服了，认为这个人的说法是正确的。

一位老护河士兵听说了讲学家的分析，又笑着说："凡是落入河中的石头，都应当去上游寻找它。因为石头的特性是坚硬沉重，沙的特性是松软轻浮，水流不能冲走石头，河水撞击石头产生的冲击力，必定在石头下面迎着水流的地方冲刷沙子形成坑洞。水流激荡，沙坑越来越深，当坑洞扩大到石头底部的一半时，石头必然倒下来掉入坑洞中。像这样水流再次冲刷，石头又会再次转动。这样地转动不停止，于是石头反而逆流跑到上游去了。到河的下游寻找石兽，本来就很荒唐；在石兽沉没的地方寻找它们，不是显得更荒唐了吗？"人们按照他所说的去寻找，果然在几里外的上游中找到了石兽。既然这样，那么天下的事情，只知道表面现象，不知道根本道理的情况很多，可不能随意进行判断啊！

三峡
北魏·郦道元

自三峡七百里中，两岸连山，略无阙处①。重岩叠嶂，隐天蔽日，自非亭午夜分，不见曦月②。

至于夏水襄陵，沿溯阻绝。或王命急宣，有时朝发白帝，暮到江陵，其间千二百里，虽乘奔御风，不以疾也。

春冬之时，则素湍绿潭③，回清倒影，绝巘多生怪柏④，悬泉瀑布，飞漱其间，清荣峻茂，良多趣味。

每至晴初霜旦，林寒涧肃，常有高猿长啸，属引凄异，空谷传响，哀转久绝。故渔者歌曰："巴东三峡巫峡长，猿鸣三声泪沾裳。"

注释

①阙：同"缺"，空隙，缺口。②曦月：日月。曦，日光，这里指太阳。③素湍：激起白色浪花的急流。湍，急流。④绝巘：极高的山峰。

> **译文**

在三峡七百里的范围内,两岸都是相连的山,全然没有中断的地方。重重叠叠的岩石与山峰,遮住了天空和太阳。如果不是正午,就看不见太阳;如果不是半夜,就看不见月亮。

等到夏天江水漫上山陵的时候,上行和下行的航道都被阻断,不能通行。如有皇帝的命令要紧急传达,有时只要早晨从白帝城出发,傍晚就到了江陵,这之间有一千二百多里,即使骑着飞奔的快马,驾着疾风,也没有船这么快。

等到春天和冬天的时候,就可以看见激起白色浪花的急流回旋着清波,碧绿的潭水倒映着景物的影子。极高的山峰上生长着许多奇形怪状的柏树,泉水和瀑布就像悬挂在山峰之间,飞速地往下冲荡。水清树荣,山高草盛,很有趣味。

每逢天刚放晴或者下霜的早晨,树林和山涧就显出一片凄寒和寂静,常有攀爬在高处的猿猴拉长声音哀叫,声音接连不断,声调凄惨悲凉,在空荡的山谷里传来回声,悲凉婉转,很久才消失。所以三峡打鱼人用歌谣唱道:"巴东三峡之中巫峡最长,猿猴哀叫几声,人就会哀伤得掉下眼泪,打湿衣裳。"

答谢中书书

南朝·陶弘景

山川之美,古来共谈。高峰入云,清流见底。两岸石壁,五色交辉①。青林翠竹,四时俱备。晓雾将歇②,猿鸟乱鸣;夕日欲颓,沉鳞竞跃③。实是欲界之仙都。自康乐以来,未复有能与其奇者④。

> **注释**
>
> ①五色交辉:这里形容石壁色彩斑斓,交相辉映。②歇:消散。③沉鳞:指水中潜游的鱼。④与:参与。这里有欣赏、领悟的意思。

译文

　　大山、江河的美丽，自古以来就是世人喜欢谈论和鉴赏的。高高的山峰耸入云端，明净的溪流清澈见底。两岸的石头崖壁色彩斑斓，交相辉映。青色的树林和碧绿的竹子，四季轮回往复。清晨的雾气将要消散了，猿猴、飞鸟杂乱地鸣叫；夕阳快要落山了，水中潜游的鱼儿争相在水面跳跃。这实在是人间的仙境啊。自从南朝谢灵运以来，再没有能够领略这种奇丽景色的人了。

记承天寺夜游
北宋·苏轼

　　元丰六年十月十二日夜，解衣欲睡，月色入户，欣然起行。念无与为乐者①，遂至承天寺寻张怀民。怀民亦未寝，相与步于中庭。庭下如积水空明②，水中藻、荇交横③，盖竹柏影也。何夜无月？何处无竹柏？但少闲人如吾两人者耳。

注释

　　①念：考虑，想到。②空明：形容水的澄澈。③藻、荇（xìng）：均为水生植物。

译文

　　元丰六年十月十二日夜晚，我脱下衣服准备睡觉，看到月光从门窗照进来，因此高兴地起身出门。考虑到没有人和我一起游乐，于是到承天寺寻找张怀民。张怀民也还没入睡，就一起在院子里散步。月光照在庭院的地面上，像积满的清水一样清澈透明。水中藻、荇这些水草交错纵横，原来是竹子和柏树的影子。哪个夜晚没有月亮呢？哪个地方没有竹子和柏树呢？只是缺少像我们两个这样清闲的人罢了。

与朱元思书

南朝·吴均

风烟俱净，天山共色。从流飘荡，任意东西①。自富阳至桐庐一百许里，奇山异水，天下独绝。

水皆缥碧，千丈见底。游鱼细石，直视无碍。急湍甚箭，猛浪若奔。

夹岸高山，皆生寒树②，负势竞上，互相轩邈，争高直指，千百成峰。泉水激石，泠泠作响③；好鸟相鸣，嘤嘤成韵。蝉则千转不穷，猿则百叫无绝。鸢飞戾天者，望峰息心；经纶世务者，窥谷忘反。横柯上蔽，在昼犹昏；疏条交映，有时见日。

注释

①任意东西：任凭船随意向东或向西漂流。②寒树：这里形容树密而绿，让人心生寒意。③泠泠：拟声词，形容水声清越。

译文

雾气随风飘散荡尽，天空和群山融为同一种颜色。乘船随着江流漂荡，任凭船随意向东或向西漂荡。从富阳到桐庐一百里左右的水路，有着奇特的山水景色，天下独一无二。

水都是青白色的，哪怕千丈深的水都清澈得一眼能望到底。水底游动的鱼儿和细小的石头都清晰可见，毫无障碍。湍急的水流比箭还快，凶猛的巨浪像飞奔的骏马。

江两岸的高山上，全都生长着茂密而翠绿的树木，让人心生寒意；山峦凭借高峻的地势，争着向上，仿佛互相比赛看谁伸展得更高更远。这些山笔直向上直插云天，形成千百座山峰。泉水冲击着岩石，发出清越的响声；美丽的鸟儿相互和鸣，叫声嘤嘤，和谐动听。蝉则是长久不断地鸣叫，猿则是啼叫成百上千次也不停息。那些像搏击长空的雄鹰一样极力追求功名利禄的人，看到这些奇伟的山峰，追逐名利的心也会平静下来；那些忙于处理天下

大事的人，看到这些幽美的山谷也会流连忘返。横斜的树枝遮蔽了天空，大白天也跟黄昏时分一样昏暗；稀疏的枝条互相掩映，有时还能看到阳光。

《孟子》二章

战国·孟子

富贵不能淫

景春曰："公孙衍、张仪岂不诚大丈夫哉①？一怒而诸侯惧，安居而天下熄②。"

孟子曰："是焉得为大丈夫乎？子未学礼乎？丈夫之冠也，父命之③；女子之嫁也，母命之，往送之门，戒之曰：'往之女家，必敬必戒，无违夫子！'以顺为正者，妾妇之道也。居天下之广居，立天下之正位，行天下之大道。得志，与民由之；不得志，独行其道。富贵不能淫，贫贱不能移，威武不能屈④，此之谓大丈夫。"

注释

①诚：真正，确实。大丈夫：指有大志、有作为、有气节的男子。②天下熄：指战争停息，天下太平。③命：教导，训诲。④淫：使……惑乱，使……迷惑。移：使……改变，使……动摇。屈：使……屈服。

译文

景春说："公孙衍、张仪难道不是真正有大志、有作为、有气节的大丈夫吗？他们一旦发起怒来，连诸侯都恐惧；他们安静下来，天下就太平无事。"

孟子说:"他们哪里算得上有志气、有作为的大丈夫呢?您没有学过礼吗?男子成年举行加冠礼时,父亲给以训导;女子出嫁时,母亲给予训导,送她到门口,告诫她说:'你到了夫家,一定要恭敬,一定要谨慎,不要违背你的丈夫!'把顺从当作处事标准,这是给人做妻妾的妇女遵从的法则。公孙衍、张仪和这些妇女没什么区别。真正的大丈夫,居住在天下最宽广的住宅——'仁'里,站在天下最正确的位置——'礼'上,走着天下最正确的道路——'义'的中间。志向得到实现,就与百姓一同遵循正道而行;志向不能得到实现,就独自行走自己的道路。富贵不能使他的思想迷惑,贫贱不能使他的操守动摇,威武不能使他的意志屈服,这才叫作有大志、有作为、有气节的大丈夫。"

生于忧患,死于安乐

舜发于畎亩之中①,傅说举于版筑之间,胶鬲举于鱼盐之中,管夷吾举于士,孙叔敖举于海,百里奚举于市。故天将降大任于是人也,必先苦其心志,劳其筋骨,饿其体肤,空乏其身②,行拂乱其所为③,所以动心忍性,曾益其所不能。

人恒过④,然后能改;困于心,衡于虑,而后作⑤;征于色,发于声,而后喻。入则无法家拂士⑥,出则无敌国外患者,国恒亡。然后知生于忧患而死于安乐也。

注释

①畎亩:田地。②空乏:使……资财缺乏。③拂:违背。乱:扰乱。④恒过:常常犯错误。⑤作:奋起。这里指有所作为。⑥拂(bì)士:辅佐君王的贤士。拂,同"弼",辅佐。

译文

舜在田地中耕作的时候被起用,傅说在给人筑墙的时候被提拔,胶鬲在贩卖鱼盐的时候被赏识,管夷吾在从狱官手里释放出来的时候被任用,孙叔敖隐居海滨的时候被发现，百里奚从买卖奴隶的集市里被赎回。

因此上天要把重任降临在某个人身上的时候，必定要先使他的内心痛苦，使他的筋骨劳累，使他经受饥饿之苦，使他身处贫困之中，使他做事不顺，通过这些使他的心灵受到震撼，使他的性格坚忍起来，增加他之前所不具备的能力。

人常常犯错误，之后才能改正；内心困苦，思虑堵塞，然后才能奋起；心思表露在脸色上，流露在言谈中，然后才能被人了解。如果在内没有坚守法度的大臣和辅佐君王的贤士，在外没有实力相当的国家和来自外国的威胁，这样的国家就会有覆灭的危险。

通过这些，我们就会知道常处忧愁祸患之中可以使人生存，常处安逸快乐之中可以使人死亡的道理了。

愚公移山
战国·列子

太行、王屋二山，方七百里，高万仞，本在冀州之南，河阳之北。

北山愚公者，年且九十，面山而居。惩山北之塞①，出入之迂也，聚室而谋曰："吾与汝毕力平险②，指通豫南，达于汉阴，可乎？"杂然相许。其妻献疑曰："以君之力，曾不能损魁父之丘，如太行、王屋何？且焉置土石？"杂曰："投诸渤海之尾，隐土之北。"遂率子孙荷担者三夫，叩石垦壤，箕畚运于渤海之尾③。邻人京城氏之孀妻有遗男，始龀④，跳往助之。寒暑易节，始一反焉。

河曲智叟笑而止之曰："甚矣，汝之不惠！以残年余力，曾不能毁山之一毛，其如土石何？"北山愚公长息曰⑤："汝心之固，固不可彻，曾不若孀妻弱子。虽我之死，有子存焉。子又生孙，孙又生子；子又有子，子又有孙；子子孙孙无穷匮也，而山不加增，何苦而不平？"河曲智叟亡以应。

操蛇之神闻之，惧其不已也，告之于帝。帝感其诚，命夸娥氏二子负二山，一厝朔东⁶，一厝雍南。自此，冀之南，汉之阴，无陇断焉。

注释

①惩：苦于。②毕力：尽全力。③箕畚：用竹篾、柳条等编织的器具。这里是用箕畚装土石的意思。④始龀（chèn）：刚刚换牙，指七八岁。始，才、刚。龀，换牙。⑤长息：长叹。⑥厝：放置、安放。

译文

太行、王屋两座山，纵横七百里，高七八千丈。它们原本在冀州的南边，黄河的北边。

北山下面有个名叫愚公的人，年龄将近九十岁了，面对着大山居住。他苦于山北部的阻塞，出来进去都要绕远路，于是召集全家人商量说："我和你们全力铲平险峻的大山，使道路一直通到豫州南部，到达汉水南岸，可以吗？"大家纷纷表示赞同。他的妻子提出疑问说："凭你的力量，连魁父这座小山都不能削减一些，还能把太行、王屋怎么样呢？况且往哪里放置挖下来的土和石头呢？"众人纷纷说："把土石扔到渤海边上，隐土的北边去。"于是愚公带领儿孙中能挑担子的三个人，凿石头，挖泥土，用箕畚装土石运到渤海边上。邻居京城氏的孀妻有个遗孤，刚刚换牙，才七八岁，也蹦蹦跳跳地去帮助他们。因为路途遥远，冬夏换季，搬山的人们才能往返一次。

河湾上有个号称智叟的老者讥笑愚公说："你也太不聪明了！就凭你老迈的年纪和残余的气力，连山上的一棵草都动不了，又能把土块石头怎么样呢？"北山愚公长叹一声说："你思想顽固到了不可改变的地步，还不如寡妇和孩子。即使我死了，还有儿子在；儿子又生孙子，孙子又生儿子；儿子又有儿子，儿子又有孙子；子子孙孙没有穷尽，可是山却不会再增高了，为什么要担忧挖不平呢？"智叟无话可答。

手中抓着蛇的山神得知愚公要移山，怕他不停地挖下去，就把此事报告给了天帝。天帝被愚公的诚心所感动，命令大力神夸娥氏的两个儿子背走那两座大山，一座放在朔方东部，一座放在雍州南边。从这之后，冀州的南部，汉水的南岸，再也没有山冈阻隔了。

周亚夫军细柳

西汉·司马迁

文帝之后六年，匈奴大入边。乃以宗正刘礼为将军①，军霸上；祝兹侯徐厉为将军，军棘门；以河内守亚夫为将军，军细柳：以备胡。

上自劳军②。至霸上及棘门军，直驰入，将以下骑送迎。已而之细柳军，军士吏被甲，锐兵刃，彀弓弩③，持满。天子先驱至，不得入。先驱曰："天子且至！"军门都尉曰："将军令曰：'军中闻将军令，不闻天子之诏。'"居无何，上至，又不得入。于是上乃使使持节诏将军："吾欲入劳军。"亚夫乃传言开壁门。壁门士吏谓从属车骑曰："将军约，军中不得驱驰。"于是天子乃按辔徐行④。至营，将军亚夫持兵揖曰："介胄之士不拜，请以军礼见。"天子为动，改容式车。使人称谢："皇帝敬劳将军。"成礼而去。

既出军门，群臣皆惊。文帝曰："嗟乎，此真将军矣！曩者霸上、棘门军⑤，若儿戏耳，其将固可袭而虏也。至于亚夫，可得而犯邪！"称善者久之。

注释

①宗正：掌管皇族事务的官员。②劳军：慰问军队。③彀（gòu）弓弩：拉开弓箭。彀，张开，拉开。④按辔：控制住车马。⑤曩：先前。

译文

汉文帝后元六年，匈奴大规模侵入边境。于是，朝廷以宗正官刘礼作为将军，驻军在霸上；以祝兹侯徐厉作为将军，驻军在棘门；以河内郡郡守周亚夫作为将军，驻军细柳。朝廷用这样的安排来防备匈奴侵扰。

一天，皇帝亲自去慰问军队。到了霸上和棘门的军营，

驾车长驱直入，将军及其属下都骑着马迎接。不久来到了细柳军营，只见大小官兵都披戴盔甲，手持锐利的兵器，开弓搭箭，保持战备状态。皇帝的先行卫队到了营前，没能进入。先行的卫队说："皇上即将驾到。"守卫军营的将官回答："军中只听从将军的命令，不听从天子的诏令。"过了不久，皇帝驾到，也不被允许进入军营。于是皇帝就派使者手拿符节去告诉将军："我要进入军营慰劳军队。"周亚夫才传令打开军营大门。守卫营门的官兵对跟随皇帝的车马随从说："将军规定，军营中不准骑马驾车奔驰。"于是皇上的车队也只好拉住缰绳，控制车马，缓缓前行。到了大营，将军周亚夫手持兵器，拱手行礼说："穿戴盔甲的将士不行跪拜之礼，请允许我按照军礼参见陛下。"皇帝受到感动，表情严肃起来，扶着车前横木俯身表示敬意。皇帝派人向周亚夫致意说："皇帝敬重您，慰劳您。"劳军礼仪完成后，皇帝就驾车离开了。

出了细柳军营的大门，大臣们都感到惊诧。文帝感叹地说："这才是真正的将军啊。先前霸上、棘门的军营，就像儿戏一样，那里的将军遇到敌人偷袭，恐怕就会被俘虏。至于周亚夫，怎么可能被打败呢！"后来，文帝又对周亚夫称赞了很长时间。

桃花源记

东晋·陶渊明

晋太元中，武陵人捕鱼为业。缘溪行①，忘路之远近。忽逢桃花林，夹岸数百步，中无杂树，芳草鲜美，落英缤纷。渔人甚异之②，复前行，欲穷其林。

林尽水源，便得一山，山有小口，仿佛若有光。便舍船，从口入。初极狭，才通人。复行数十步，豁然开朗。土地平旷，屋舍俨然③，有良田、美池、桑竹之属。阡陌交通，鸡犬相闻。其中往来种作，男女衣着，悉如外人④。黄发垂髫⑤，并怡然自乐。

见渔人，乃大惊，问所从来。具答之。便要还家，设酒杀鸡作食。村中闻有此人，咸来问讯。自云先世避秦时乱，率妻子邑人来此绝境，不复出焉，遂与外人间隔。问今是何世，乃不知有汉，无论魏晋⑥。此人一一为具言所闻，皆叹惋。余人各复延至其家，皆出酒食。停数日，辞去。此中人语云："不足为外人道也。"

既出，得其船，便扶向路，处处志之。及郡下，诣太守⑦，说如此。太守即遣人随其往，寻向所志，遂迷，不复得路。

南阳刘子骥，高尚士也，闻之，欣然规往。未果，寻病终。后遂无问津者。

注释

①缘：沿着，顺着。②异：对……感到惊异、诧异。③俨然：整齐的样子。④悉：全，都。⑤黄发垂髫：指老人和小孩。黄发，旧说是长寿的象征，指老人。垂髫，垂下来的头发，指小孩。⑥无论：不要说，更不必说。⑦诣：拜访。

译文

东晋太元年间，武陵有个人以捕鱼为生。一天，他沿着溪水划船而行，忘记走了多远。忽然遇到一片桃花林，在小溪两岸的几百步处，中间没有其他树木，花草鲜美，落花纷繁，渔人对此感到非常诧异。他继续往前走，想要走到林子的尽头。

桃花林的尽头就是溪水的源头，渔人发现有一座小山，山上有个洞口，洞里面隐约透着光亮。渔人下船，从洞口走进去。开始时非常狭窄，只能容得下一人通过。他又走了几十步，突然变得明亮开阔。渔人眼前这片土地平坦宽阔，房屋排列整齐，还有肥沃的田地、美丽的池塘，以及桑树、竹子等。田间小路四通八达，鸡鸣狗吠的声音此起彼伏。人们在田间往来耕种，男女的穿戴全与外边的人一样。老人和小孩儿都自得其乐。

这里的人看见了渔人，非常惊讶，问他从哪里来。渔人一一回答。这里的人便邀请他到家中做客，摆酒、杀鸡以款待他。村里其他人听说来了这么一个人，都来打听消息。他们说自己的先祖是为了躲避秦朝的战乱，率领妻儿乡邻们来到这个与世隔绝的地方,从此再没有人出去,所以和外面的一切隔绝往来。村里的人问渔人如今是什么朝代,他们不知道有汉朝,更别说魏、晋两朝了。渔人把自己知道的所有事都说了出来,村民们听了都感叹惋惜。其余的人各自又把渔人邀请到自己的家中,都拿出自己的美酒佳肴来款待他。渔人停留了几日后,就向村里的人告辞。村里的人告诉他:"这里的情况不要对外面的人说啊。"

渔人出来后,找到自己的船,就沿着来时的路回去,他处处做了记号。等回到武陵,他就去拜见太守,并说了自己的这番经历。太守立即派人员跟他前往,寻找渔人先前作的记号,最终迷路了,后来再也找不到通往桃花源的路了。

南阳有个人叫刘子骥,他是一个高尚的读书人,他听到这个消息后,兴奋地计划着前往桃花源。但没有实现,不久后就病死了,后来就再也没有人去探访桃花源了。

小石潭记

唐·柳宗元

从小丘西行百二十步,隔篁竹①,闻水声,如鸣珮环②,心乐之。伐竹取道,下见小潭,水尤清冽。全石以为底,近岸,卷石底以出,为坻,为屿,为嵁,为岩③。青树翠蔓,蒙络摇缀,参差披拂。

潭中鱼可百许头,皆若空游无所依,日光下澈,影布石上。佁然不动④,俶尔远逝⑤,往来翕忽⑥,似与游者相乐。

潭西南而望,斗折蛇行,明灭可见。其岸势犬牙差互,不可知其源。

坐潭上,四面竹树环合,寂寥无人,凄神寒骨,悄怆幽邃。以其境过清,不可久居,乃记之而去。

同游者:吴武陵,龚古,余弟宗玄。隶而从者,崔氏二小生,曰恕己,曰奉壹。

注释

①篁竹：竹林。②如鸣珮环：好像佩、环碰撞的声音。③坻：水中高地。嵁：不平的岩石。④怡然：静止不动的样子。⑤俶尔：忽然。⑥翕忽：轻快迅疾的样子。

译文

从小丘向西走一百二十多步，隔着一片竹林，就可以听到水声。水声清脆动听，好像珮环碰撞的声音。这样清脆动听的水声，我一听就觉得心情愉悦，在心里为听到这样的水声而高兴。于是我砍倒竹子，从而开辟出一条可以步行过去欣赏水景的小道。我慢慢地顺着砍出的小路走近欣赏，一直走下去就看见一个浅浅的小水潭。这小小的水潭在路边无人知晓，水声尤为清冽动听，潭水也格外清凉。除此以外，这小潭以整块的石头为底，靠近岸边的地方，这石底周边部分翻卷过来露出水面。石块露出水面的部分就变成水中高地，瞧来也颇有一番趣味。潭边有青翠的树木，树上垂下藤蔓苍翠互相，遮掩缠绕，微风拂来，这些藤蔓随风摇曳，长度参差不齐，随风飘动，引人浮想联翩。

潭中的鱼大约有一百来条，这些鱼都好像在空中游动，没有什么可以依傍的。阳光径直往下直照到水底，也照在鱼身上，鱼的影子映在石上，凝视这些鱼，这群鱼却呆呆地一动不动。忽然，这些鱼儿就向远处游去了，鱼群来来往往，轻快敏捷，有的静止有的游动，好像在和我们互动，引我们开怀。

从小石潭的西南方向看去，溪水像北斗星那样曲折，像蛇那样蜿蜒前行，时隐时现。小石潭两岸的地势像狗的牙齿那样交错不齐，纷繁复杂找不到小石潭的源头。

我坐在潭边，举目望去，潭的四周都是竹林和树林，树木寥落凄清无人。让人感到心情凄凉，寒气透骨。潭边凄凉幽深，沉浸在凄清的氛围里，让人心情低落。于是我不在这里长久停留，就提笔记下此时此景后迅速离开

和我一起去小潭的人有吴武陵、龚古、我的弟弟宗玄。跟着同去的有姓崔的两个年轻人。一个叫作恕己，一个叫作奉壹。

核舟记

明·魏学洢

明有奇巧人曰王叔远,能以径寸之木①,为宫室、器皿、人物,以至鸟兽、木石,罔不因势象形,各具情态。尝贻余核舟一②,盖大苏泛赤壁云。

舟首尾长约八分有奇,高可二黍许。中轩敞者为舱,箬篷覆之③。旁开小窗,左右各四,共八扇。启窗而观,雕栏相望焉。闭之,则右刻"山高月小,水落石出",左刻"清风徐来,水波不兴",石青糁之。

船头坐三人,中峨冠而多髯者为东坡④,佛印居右,鲁直居左。苏、黄共阅一手卷。东坡右手执卷端,左手抚鲁直背。鲁直左手执卷末,右手指卷,如有所语。东坡现右足,鲁直现左足,各微侧,其两膝相比者,各隐卷底衣褶中。佛印绝类弥勒,袒胸露乳,矫首昂视,神情与苏、黄不属。卧右膝,诎右臂支船⑤,而竖其左膝,左臂挂念珠倚之——珠可历历数也。

舟尾横卧一楫。楫左右舟子各一人。居右者椎髻仰面,左手倚一衡木,右手攀右趾,若啸呼状。居左者右手执蒲葵扇,左手抚炉,炉上有壶,其人视端容寂,若听茶声然。

其船背稍夷,则题名其上,文曰"天启壬戌秋日,虞山王毅叔远甫刻",细若蚊足,钩画了了,其色墨。又用篆章一,文曰"初平山人",其色丹。

通计一舟,为人五;为窗八;为箬篷,为楫,为炉,为壶,为手卷,为念珠各一;对联、题名并篆文,为字共三十有四。而计其长曾不盈寸。盖简桃核修狭者为之。嘻,技亦灵怪矣哉!

注释

①径寸之木:直径一寸的木头。②贻:赠。③箬篷:用箬竹叶做的船篷。④峨冠:高高的帽子。⑤诎:弯曲。

译文

在明代,有一个手艺精巧的人叫王叔远,他能用直径一寸的小木头,雕刻出宫殿、器具、人物,甚至还有飞鸟、走兽、树木、石头,全都是就着材料刻成各种形象，各自具有完整的神情姿态，惟妙惟肖，精巧动人。他曾经送给我一个用桃核雕刻成的小船，刻的是苏轼乘船游赤壁的情景。

核舟的船头到船尾大约长八分多一点，有两个黄米粒左右大小。中间高起而宽敞的部分是船舱，用箬竹叶做的船篷覆盖在船舱上面。在船舱旁雕刻着小窗，在左边和右边都有四扇窗户，一共有八扇。打开窗户看向外面，在这里可以看到雕刻着花纹的栏杆左右相对。关上窗户是一副对联，右边刻着"山高月小，水落石出"，左边刻着"清风徐来，水波不兴"，这些字都被石青涂成了青翠的颜色。

船头坐着三个人，中间戴着高高的帽子、胡须浓密的人是苏东坡，北宋名僧佛印位于苏轼的右边，黄鲁直位于苏轼的左边。苏东坡、黄鲁直两人共同看着一幅书画长卷。东坡右手拿着长卷的右端，左手轻按在鲁直的背上。鲁直左手拿着长卷的左端，右手指着长卷，好像在和苏轼说些什么。苏东坡露出右脚，鲁直露出左脚，身子都略微侧斜，他们互相靠近的两膝，都被遮蔽在手卷下边的衣褶里。佛印则和佛教的弥勒菩萨类似，袒胸露乳，抬头仰望，神情和苏东坡、鲁直不相同。他平放右膝，曲着右臂支撑在船板上，左腿屈膝竖起，左臂上挂着一串念珠，靠在左膝上——念珠简直可以清清楚楚地数出来，这雕刻真是让人拍案叫绝。

在船尾横放着一支船桨。船桨的左右两边各有一个撑船的人。位于右边的撑船的人梳着锥形发髻，仰着脸，左手倚在一根横木上，右手扳着右脚趾头，好像在大声呼喊。而左边撑船的人右手拿着一把蒲葵扇，左手轻按着火炉，炉上有一水壶，那个人的眼睛正视着茶炉，神色平静，好像在听茶水烧开了没有。

船的顶部较平，作者就把自己的名字题写在上面，刻的是"天启壬戌秋日，虞山王毅叔远甫刻"，笔画像蚊子的脚一样细小，笔画清楚明白，这些字的颜色是黑色的。还刻着一枚篆字图章，文字是"初平山人"，这些字的颜色是红的。

笼统计算一下，一条船上总共刻了五个人；八扇窗户；用箬竹叶做的船篷，做的船桨，做的炉子，做的茶壶，做的手卷，做的念珠各一个；对联、题名和篆文，刻的字共计三十四个。可是计算它的长度，竟然还不满一寸。原来是挑选长而窄的桃核雕刻而成的。噫，这样的技艺真是神奇啊！

《庄子》二则

战国·庄子

北冥有鱼

北冥有鱼，其名为鲲①。鲲之大，不知其几千里也；化而为鸟，其名为鹏。鹏之背，不知其几千里也；怒而飞，其翼若垂天之云。是鸟也，海运则将徙于南冥②。南冥者，天池也。《齐谐》者，志怪者也③。《谐》之言曰："鹏之徙于南冥也，水击三千里，抟扶摇而上者九万里，去以六月息者也。"野马也，尘埃也，生物之以息相吹也。天之苍苍，其正色邪？其远而无所至极邪？其视下也④，亦若是则已矣。

注释

①鲲（kūn）：大鱼的名字。②海运：海水运动。古有"六月海动"之说。海动时必有大风，因此大鹏可以乘风南飞。③志怪：记载怪异的事物。志，记载。④其视下也：大鹏从天空往下看。其，指大鹏。

译文

北海有一条鱼，它的名字叫鲲。鲲很大，不知道它有几千里长，它变化成一只鸟，鸟的名字叫鹏，它的背有几千里长。它奋起而飞的时候，鹏的翅膀，好像悬挂在天上的云。这只鹏，海水运动的时候它就要飞往南海。南海是一个天然的水池。《齐谐》是一本记载怪异事物的书。这本书里面记载说："大鹏迁徙到南海的时候，翅膀拍打着水面，激起三千里的浪花，乘着旋风飞到九万里的高空之中，凭借着六月的大风而离开。"山野中的雾气，空气中的尘埃，都是生物用气息吹拂的结果。天色湛蓝，是它真正的颜色吗？还是因为天空高远而看不到尽头呢？大鹏从天空中往下看，也不过像人在地面上看天一样罢了。

庄子与惠子游于濠梁之上

庄子与惠子游于濠梁之上①。庄子曰："鲦鱼出游从容②，是鱼之乐也。"惠子曰："子非鱼，安知鱼之乐？"庄子曰："子非我，安知我不知鱼之乐？"惠子曰："我非子，固不知子矣；子固非鱼也，子之不知鱼之乐，全矣！"庄子曰："请循其本③。子曰'汝安知鱼乐'云者，既已知吾知之而问我。我知之濠上也。"

注释

①濠梁：濠水上的桥。濠，水名，在现在安徽凤阳。②鲦（tiáo）鱼：一种白色小鱼。③循其本：追溯话题本源。循，追溯。

译文

庄子和惠子一起在濠水的桥上游玩。庄子说："你看鲦鱼在水里游得多么悠闲从容，这是鱼的快乐啊。"惠子说："你又不是鱼，怎么知道鱼的快乐的？"庄子说："你也不是我，你从哪里知道我不知道鱼的快乐的？"惠子说："我不是你，当然不知道你快不快乐；你也不是鱼，你自然也不知道鱼的快乐，这样就对啦。"庄子说："让我们回到最初的话题，你开始问我'你怎么知道鱼是快乐的呢'，说明你已经清楚我知道，所以才来问我是从哪里知道的。而我则是在濠水的桥上知道的呀。"

《礼记》二则

虽有嘉肴

虽有嘉肴，弗食，不知其旨也①；虽有至道②，弗学，不知其善也。是故学然后知不足，教然后知困。知不足，然后能自反也；知困，然后能自强也。故曰：教学相长也。《兑命》曰"学学半③"，其此之谓乎！

注释

①旨：味美。②至道：最好的道理。③学（xiào）学半：教别人，占自己学习的一半。前一个"学"，同"敩"（xiào），教导。

译文

虽然有好吃的食物菜肴，不去吃它，就不知道它的滋味有多鲜美；虽然有高尚的道理，但是不去学就不知道它的好处在哪里。所以只有学习之后才能知道自己的不足在哪里。去教导别人，然后才知道自己也有许多困惑的地方。知道自己的不足之处，而后才能够反省自己；知道自己困惑的地方，然后才能自我勉励。所以说教与学是互相促进的。教别人，也能增长自己的学问。文章《兑命》上说："教人是学习的一半。"大概说的就是这个道理吧？

大道之行也

大道之行也①，天下为公。选贤与能②，讲信修睦③。故人不独亲其亲，不独子其子，使老有所终，壮有所用，幼有所长，矜、寡、孤、独、废疾者皆有所养，男有分，女有归。货恶其弃于地也，不必藏于己；力恶其不出于身也，不必为己。是故谋闭而不兴，盗窃乱贼而不作，故外户而不闭。是谓大同。

注释

①大道：指儒家推行的上古时代的政治制度。②选贤与能：选拔推举品德高尚、有才干的人。与，同"举"。③讲信修睦：讲求诚信，培养和睦气氛。

译文

在大道通行天下的时候，天下是人们所共有的。选拔推举品德高尚、有才干的人，讲求诚信，培养和睦氛围。所以人们不仅仅只敬爱他们自己的父母，不仅仅只疼爱自己的孩子，让人们年老了有养老的保障，青壮年能发挥自己的才能，为社会尽力，使老而无妻的人、老而无夫的人、幼年丧父的孩子、老而无子的人、残疾人都能得到供养，男子都有职分，女子能够有归宿。厌恶把财物扔在地上的行为，但是之所以厌恶不一定是想要据为己有；厌恶自己不费力气就白白获得，但是自己多出力气不一定是为了一己私利。能遵守这样的道理，阴谋诡计就不会产生，偷盗财物、作乱害人的行为就不会出现，因此家家户户大门都不用上锁，这样的世界就叫作大同世界。

马说

唐·韩愈

世有伯乐，然后有千里马。千里马常有，而伯乐不常有。故虽有名马，祗辱于奴隶人之手①，骈死于槽枥之间②，不以千里称也。

马之千里者，一食或尽粟一石。食马者不知其能千里而食也③。是马也，虽有千里之能，食不饱，力不足，才美不外见，且欲与常马等不可得，安求其能千里也？

策之不以其道④，食之不能尽其材，鸣之而不能通其意，执策而临之，曰："天下无马！"呜呼！其真无马邪？其真不知马也！

注释

①祗：同"只"，仅仅。②骈死：一同死。骈，本义为两马并驾，引申为并列。槽枥：马槽。③食：同"饲"，喂。本句中两个"食"读音和意思相同。④策：马鞭。这里是动词，用马鞭驱赶。

译文

世上先有伯乐，然后才有千里马。千里马经常有，但是伯乐不常有。所以即使有名贵的马，也只能辱没在仆役的手中，跟普通的马一同死在槽枥之间，不以千里马而著称。

日行千里的马，一顿能吃完一石粮食。喂马的人因为不知道马能日行千里，而跟普通的马一样来喂养它。这样的马，虽然有日行千里的能力，但吃不饱，力气就不足，其力量和矫健无法表现出来。想要和普通的马一样尚且做不到，怎么能够要求它日行千里呢？

不按驱使千里马的正确方法去鞭策它，喂养它也不能竭尽它的才能，听千里马嘶鸣，却不能通晓它的意思，拿着鞭子面对它，说："天下没有千里马！"唉，难道真的没有千里马吗？大概是真的不认识千里马吧！

岳阳楼记

北宋·范仲淹

庆历四年春①，滕子京谪守巴陵郡②。越明年，政通人和，百废具兴。乃重修岳阳楼，增其旧制，刻唐贤、今人诗赋于其上，属予作文以记之。

予观夫巴陵胜状，在洞庭一湖。衔远山，吞长江，浩浩汤汤③，横无际涯；朝晖夕阴，气象万千。此则岳阳楼之大观也，前人之述备矣。然则北通巫峡，南极潇湘，迁客骚人，多会于此，览物之情，得无异乎④？

若夫霪雨霏霏，连月不开，阴风怒号，浊浪排空；日星隐曜，山岳潜形；商旅不行，樯倾楫摧；薄暮冥冥，虎啸猿啼。登斯楼也，则有去国怀乡⑤，忧谗畏讥，满目萧然，感极而悲者矣。

至若春和景明，波澜不惊；上下天光，一碧万顷；沙鸥翔集，锦鳞游泳；岸芷汀兰⑥，郁郁青青。而或长烟一空，皓月千里，浮光跃金，静影沉璧，渔歌互答，此乐何极！登斯楼也，则有心旷神怡，宠辱皆忘，把酒临风，其喜洋洋者矣！

嗟夫！予尝求古仁人之心，或异二者之为。何哉？不以物喜，不以己悲。居庙堂之高，则忧其民；处江湖之远，则忧其君。是进亦忧，退亦忧。然则何时而乐耶？其必曰"先天下之忧而忧，后天下之乐而乐"乎！噫！微斯人，吾谁与归？

注释

①庆历四年：公元 1044 年。庆历，宋仁宗年号。②滕子京：名宗谅，河南人，与范仲淹为同科进士，后因被人诬告，贬为岳州知州。巴陵郡：岳州，今湖南岳阳。③汤汤：水势浩大的样子。④得无：能不，表示推测语气。⑤去国：离开京城，指被贬。国，指京城。⑥芷：白芷，一种香草。汀：水中或水边的小块平地。

译文

庆历四年春天，滕子京被贬为巴陵郡太守。到了第二年，政事推行得很顺利，百姓安居乐业，各种荒废的事业都兴办起来了。于是，他重新修建岳阳楼，扩大了它原来的规模，在楼上刻写唐代名人和当代文人的诗赋，并嘱托我写一篇文章来纪念这件事。

我在岳阳楼上看到巴陵郡的美景，全在这洞庭湖上。湖水连接着远处的山脉，吞吐着滚滚的长江，水面浩浩荡荡，无边无际；清晨，湖面上洒满了阳光；傍晚，又变得昏暗阴晦，景象千变万化。这就是岳阳楼的壮观景象，前人的描绘已经很详尽了。然而，这里往北可以通到巫峡，往南可以一直通到潇湘二水，被降职远迁的官员和喜欢吟诵的诗人，大多会聚在这里，他们浏览景物的心情，能没有区别吗？

在那细雨连绵、一连数月也不放晴的时候，阴冷的风怒号着，浑浊的浪涛翻腾到半空；日月星辰失去了光辉，山岳也隐没了它的雄姿；来往的客商无法通行，桅杆倾倒，船桨断折；一到傍晚，湖面昏暗，似乎有老虎的怒吼和猿猴的悲啼。此刻人们登上这座楼，就会产生被贬离京城，怀念家乡，担心遭到他人诽谤和讥讽的心情，周围又都是萧瑟的景象，心情往往因为感伤而更加悲痛。

等到了春天，微风和煦，阳光明媚，湖面波平浪静；天光和水色相映生辉，碧绿的湖水一望无际；沙洲上的白鸥时而展翅飞翔，时而停落聚集，五光十色的鱼儿游来游去；岸上的芷草，小洲上的兰花，香气浓郁。有时天空上烟雾完全消散，皎洁的月光一泻千里，湖面上浮动着金色的光辉，月儿的倒影就像玉璧静沉在水底，渔夫的歌声也一唱一和，这真是一种无尽的乐趣！这时人们登上这座楼，就会感到胸怀开阔，心旷神怡，一切荣辱得失都被置之度外，临风畅饮，真是无限的惬意！

唉！我曾经探求过古代仁人的内心世界，他们或许与前面两种情况都不同。为什么呢？这是因为他们不因环境的顺心而欣喜，也不因个人的失意而难过。在朝廷做官就为百姓忧虑；隐退到江湖又替君主忧虑。这结果就是进朝做官也忧虑，退居江湖也担心。那么，他们什么时候才快乐呢？他们大概会说"在天下人忧虑之前忧虑，在天下人快乐之后快乐"吧！唉！如果没有这样的人，我还能与谁同道呢？

醉翁亭记

北宋·欧阳修

环滁皆山也①。其西南诸峰，林壑尤美。望之蔚然而深秀者，琅琊也②。山行六七里，渐闻水声潺潺，而泻出于两峰之间者，酿泉也③。峰回路转，有亭翼然临于泉上者，醉翁亭也。作亭者谁？山之僧智仙也。名之者谁？太守自谓也。太守与客来饮于此，饮少辄醉，而年又最高，故自号曰醉翁也。醉翁之意不在酒，在乎山水之间也。山水之乐，得之心而寓之酒也。

若夫日出而林霏开，云归而岩穴暝，晦明变化者，山间之朝暮也。野芳发而幽香，佳木秀而繁阴，风霜高洁，水落而石出者，山间之四时也。朝而往，暮而归，四时之景不同，而乐亦无穷也。

至于负者歌于途，行者休于树，前者呼，后者应，伛偻提携④，往来而不绝者，滁人游也。临溪而渔，溪深而鱼肥，酿泉为酒，泉香而酒洌。山肴野蔌⑤，杂然而前陈者，太守宴也。宴酣之乐，非丝非竹，射者中，弈者胜，觥筹交错⑥，起坐而喧哗者，众宾欢也。苍颜白发，颓乎其间者，太守醉也。

已而夕阳在山，人影散乱，太守归而宾客从也。树林阴翳⑦，鸣声上下，游人去而禽鸟乐也。然而禽鸟知山林之乐，而不知人之乐；人知从太守游而乐，而不知太守之乐其乐也。醉能同其乐，醒能述以文者，太守也。太守谓谁？庐陵欧阳修也。

注释

①滁（chú）：州名，在今安徽滁县。②琅琊：山名，在滁州西南十里。③酿泉：玻璃泉，因其宜于酿酒而得名。④伛偻（yǔ lǚ）：弯腰曲背的样子，指老年人。提携：带领着，这里指小孩。⑤山肴野蔌（sù）：野味。蔌，野菜。⑥觥（gōng）：用犀牛角做的一种大酒杯，这里泛指酒杯。筹：酒筹，行酒令时用来计数的竹签。⑦阴翳（yì）：指树木繁茂而遮蔽的样子。

译文

滁州城的四周都是山。它西南的几座山峰，树林和山谷尤其秀美。一眼望去，草木郁郁葱葱，山林幽深而秀丽的地方，就是琅琊山。沿着山路走六七里，渐渐听到潺潺的水声，从那两座山峰之间倾泻而出的就是酿泉。山峰回绕，道路回旋，能看到有个像飞鸟展翅似的建筑，那就是醉翁亭。建造亭子的人是谁呢？是这座山上的智仙和尚。给它命名的人是谁呢？是太守用自己的号给它定的名字。太守同宾客们到这里喝酒，稍微喝一点就醉了，而且年纪又最大，因此自号为"醉翁"。醉翁的兴趣不在于酒，而在于山水之间。欣赏山水的乐趣，领会在心里而寄托在酒中。

如果太阳出来，林中的雾气就会消散；烟云归来，岩洞就又昏暗了。这样阴晴交替变化的，就是山间的清晨和黄昏。野花开放，香气清幽，树木繁茂，浓密成荫。天高气爽，霜色洁白；水位回落，山石显露，这就是山间的四季变化。清晨出去，傍晚归来，见到的四季景色各不相同，这其中的乐趣也是无穷的。

至于那些背东西的人在路上唱歌，行路的人在树下休息，前面的人打招呼，后面的人答应，老老小小，来来往往络绎不绝的，是滁州百姓在游玩。到溪边来钓鱼，溪水幽深，因此鱼儿肥；用酿泉的水酿酒，泉水香甜，酒味清醇。各种各样的野味、野菜，交错地摆在面前，这是太守摆设的宴席。酒宴上真

正让人酣畅的乐趣，不在于美妙的音乐。投壶的射中了，下棋的下赢了，酒杯和酒筹杂乱交错，人们起起坐坐，闹闹嚷嚷，这是宾客们尽情欢乐的场面。那位面容苍老、头发斑白的老人，昏昏沉沉地坐在众人中间，正是喝醉了的太守本人。

不久，太阳下山，人影散乱，宾客们跟随太守回去了。这时，树林浓密成荫，鸟儿鸣叫，游人离去，鸟儿开始欢乐地跳跃。然而，鸟儿只知道山林的乐趣，却不了解人们的乐趣；人们只知道跟着太守游玩的乐趣，却不知道太守心中自有他的乐趣。醉了，能同大家一起尽情欢乐；醒了，又能用文章叙述这种快乐的，就是太守。太守是谁呢？就是庐陵的欧阳修。

湖心亭看雪

明·张岱

崇祯五年十二月，余住西湖。大雪三日，湖中人鸟声俱绝。是日更定矣①，余拏一小舟②，拥毳衣炉火，独往湖心亭看雪。雾凇沆砀③，天与云与山与水，上下一白，湖上影子，惟长堤一痕、湖心亭一点、与余舟一芥、舟中人两三粒而已。

到亭上，有两人铺毡对坐，一童子烧酒炉正沸。见余大喜曰："湖中焉得更有此人！"拉余同饮。余强饮三大白而别。问其姓氏，是金陵人，客此。及下船，舟子喃喃曰："莫说相公痴，更有痴似相公者。"

注释

①更（gēng）定：晚上八点左右。②拏（ná）：撑（船）。③雾凇沆砀：冰花周围弥漫着白汽。沆砀，白气弥漫的样子。

译文

　　明朝崇祯五年十二月，我居住在西湖附近。大雪接连下了三天，纷纷扬扬的大雪覆盖了湖面，没有游人前来欣赏这幅美景，四周寂静无声，人的影踪、飞鸟的声音都消失了。这天晚上八时左右，我撑着一叶小舟，裹着裘皮衣服，围着火炉御寒，独自前往湖心亭欣赏雪景。湖面上冰花周围弥漫着白气，天空、白云、远山、水面连成一片，从上到下从近到远都是一片寂静的白色。在这茫茫白景之中，仅有湖上的影子相随。这影子不过是西湖长提在雪中隐隐露出的一道痕迹，湖心亭的形状就像一个小斑点一样。此外还有像芥子一样渺小的我，以及我的小船、船上两三个微不足道的人影罢了。

　　进入湖心亭，我看见有两个人铺着毡子，正面对面坐在毡子上。一个童子正在热酒炉里的酒。酒炉被童子烧得滚烫，正不断冒出袅袅白烟。这两个人看见我，非常高兴地说："湖心亭里还有这样的人呢！"这两个人拉着我一同喝童子烧得滚烫的酒。我不忍扫兴，勉强自己喝掉了他们斟给我的三大杯酒，然后就和这两个人道别。我觉得和这两个人相见恨晚，想和他们交朋友。与他们交谈知道他们是金陵人，并不是本地人，只是和我一样客居于西湖附近。等到下船的时候，船夫喃喃自语地说："相公您算痴迷的人了，没想到还有和相公您一样痴迷的人啊！"

鱼我所欲也

战国·孟子

鱼，我所欲也；熊掌，亦我所欲也。二者不可得兼，舍鱼而取熊掌者也。生，亦我所欲也；义，亦我所欲也。二者不可得兼，舍生而取义者也。生亦我所欲，所欲有甚于生者，故不为苟得也①；死亦我所恶，所恶有甚于死者，故患有所不辟也。如使人之所欲莫甚于生，则凡可以得生者何不用也？使人之所恶莫甚于死者，则凡可以辟患者何不为也？由是则生而有不用也，由是则可以辟患而有不为也。是故所欲有甚于生者，所恶有甚于死者。非独贤者有是心也，人皆有之，贤者能勿丧耳。

一箪食，一豆羹②，得之则生，弗得则死。呼尔而与之，行道之人弗受；蹴尔而与之③，乞人不屑也。万钟则不辩礼义而受之，万钟于我何加焉！为宫室之美、妻妾之奉、所识穷乏者得我与？乡为身死而不受，今为宫室之美为之；乡为身死而不受，今为妻妾之奉为之；乡为身死而不受，今为所识穷乏者得我而为之：是亦不可以已乎？此之谓失其本心。

注释

①苟得：苟且取得，这里是苟且偷生的意思。②豆：古代盛食物的器具，形似高脚盘。③蹴：踩踏。

译文

鱼是我所想要的，熊掌也是我所想要的，当这两种东西不能同时拥有时，我会放弃鱼而选取熊掌。生命是我所想要的，道义也是我所想要的，这两样东西不能同时都拥有时，我会牺牲生命而选择道义。生命是我所想要的，但我想要的还有比生命更重要的东西，所以我不做苟且偷生之事。死亡是我所厌恶的，但我所厌恶的还有超过死亡的事，因此为了比生命还重要的事情，即便会遭遇灾祸我也不躲避。假如人们想要的东西没有比生命更重要的，那么一切可以保全生命的方法，又有什么手段不可用呢？如果人们所厌恶的事情没有超过死亡的，那么凡是能够用来逃避灾祸的手段，哪一种不可以采用呢？采用某种手段就能够活命，可是有的人却不肯采用；采用某种办法就能够躲避灾祸，可是有的人也不肯采用。由此可见，他们所喜爱的有比生命更重要的东西，那就是"义"；他们所厌恶的，有比死亡更严重的事，那就是"不义"。不单单贤能的人有这种思想，人人都有，只不过是贤人能够不丧失罢了。

一碗食物，一碗汤，得到它就能活下去，得不到它就会饿死。如果没有礼貌地吆喝着给别人吃，饥饿的行人也不愿接受；用脚踢给别人吃，就连乞丐也会不肯接受。面对优厚的俸禄，却不先辨别是否合乎礼义就接受了它。这样的话，优厚的俸禄对我有什么益处呢？是为了宫殿住宅的华美、妻妾的侍奉和所认识的穷苦人感激我吗？先前为了大义宁死也不愿接受，现在却为了住宅的华美却接受了它；先前为了大义宁死也不愿接受，现在却为了妻妾的侍奉却接受了它；先前为了大义宁死也不愿接受，现在为了所认识的穷人感激自己却接受了它。这种行为难道不应该停止吗？这就是我所说的丧失了人的本性。

唐雎不辱使命
《战国策》

秦王使人谓安陵君曰①："寡人欲以五百里之地易安陵，安陵君其许寡人！"安陵君曰："大王加惠，以大易小，甚善。虽然，受地于先王，愿终守之，弗敢易。"秦王不说。安陵君因使唐雎使于秦。

秦王谓唐雎曰："寡人以五百里之地易安陵，安陵君不听寡人，何也？且秦灭韩亡魏，而君以五十里之地存者，以君为长者，故不错意也。今吾以十倍之地，请广于君，而君逆寡人者，轻寡人与？"唐雎对曰："否，非若是也。安陵君受地于先王而守之，虽千里不敢易也，岂直五百里哉②？"

秦王怫然怒，谓唐雎曰："公亦尝闻天子之怒乎？"唐雎对曰："臣未尝闻也。"秦王曰："天子之怒，伏尸百万，流血千里。"唐雎曰："大王尝闻布衣之怒乎？"秦王曰："布衣之怒，亦免冠徒跣，以头抢地耳。"唐雎曰："此庸夫之怒也,非士之怒也。夫专诸之刺王僚也,彗星袭月。聂政之刺韩傀也,白虹贯日。要离之刺庆忌也,苍鹰击于殿上。此三子皆布衣之士也,怀怒未发,休祲降于天③,与臣而将四矣。若士必怒,伏尸二人,流血五步,天下缟素,今日是也。"挺剑而起。

秦王色挠④,长跪而谢之曰:"先生坐,何至于此!寡人谕矣。夫韩、魏灭亡,而安陵以五十里之地存者,徒以有先生也。"

注释

①秦王:指秦始皇嬴政,此时尚未称皇帝,故称王。②岂直:岂止,只有。③休祲:吉凶的征兆。休,吉兆。祲,凶气。④色挠:脸上显出沮丧的表情。挠,屈服。

译文

秦王派人对安陵君说:"我想用方圆五百里的土地交换安陵,安陵君您会答应我吗?"安陵君说:"大王给予恩惠,用大的土地交换小的土地,这是很难得的。即使如此,但我是从先王那里接受的封地,还想始终守护它,不敢交换。"秦王听了这话很不高兴。安陵君于是就派唐雎出使到秦国。

秦王对唐雎说:"我要用方圆五百里的土地交换安陵,安陵君不肯顺从我,为什么呢?况且秦国灭亡韩国和魏国,而安陵君却仅仅凭借方圆五十里的土地幸存下来,是因为我把安陵君看作长者,所以才没有打他的主意。现在我用十倍的土地,想让安陵君扩大领土,但是他违背我的意思,这是轻视我吗?"唐雎回答说:"不,绝不是这样的。安陵君从先王那里接受封地而守护它,即使是有方圆千里的土地也不敢用安陵来交换,难道仅仅用五百里的土地就能交换吗?"

秦王气势汹汹地发怒了,对唐雎说:"您曾听说过天子发怒吗?"唐雎回答说:"我未曾听说过。"秦王说:"天子发怒的时候,死伤百万,血流千里。"唐雎说:"那么大王您曾经听说过平民发怒吗?"秦王说:"平民发怒,也不过是摘掉帽子赤着脚,用头撞地罢了。"唐雎说:"这是平庸无能的人发怒，而不是有才能有胆识的人发怒。当初，专诸刺杀吴王僚的时候，彗星的尾巴扫过月亮；聂政刺杀韩傀的时候，一道白光直冲太阳；要离刺杀庆忌的时候，苍鹰扑击到宫殿上。这三个人，都是平民出身的有胆识的人，心中的愤怒还没发作出来，上天就降示了吉凶的征兆，如今，专诸、聂政、要离再加上我，将成为四个人了。如果侠士要发怒，虽然只会让两个人的尸体倒下，血流仅仅五步远，但却可以使全国人民都穿丧服，今天就是这样。"于是唐雎拔出宝剑站了起来。

秦王听到这里变了脸色，长跪着向唐雎道歉："先生请坐！怎么会到这种地步呢！我明白了，韩、魏两国灭亡，而安陵国却仅凭五十里的土地幸存下来，只是因为有先生您啊！"

送东阳马生序

明·宋濂

　　余幼时即嗜学。家贫，无从致书以观，每假借于藏书之家，手自笔录，计日以还。天大寒，砚冰坚，手指不可屈伸，弗之怠①。录毕，走送之，不敢稍逾约。以是人多以书假余，余因得遍观群书。既加冠，益慕圣贤之道。又患无硕师名人与游，尝趋百里外，从乡之先达执经叩问。先达德隆望尊，门人弟子填其室，未尝稍降辞色。余立侍左右，援疑质理，俯身倾耳以请；或遇其叱咄，色愈恭，礼愈至，不敢出一言以复；俟其欣悦②，则又请焉。故余虽愚，卒获有所闻。

　　当余之从师也，负箧曳屣，行深山巨谷中。穷冬烈风，大雪深数尺，足肤皲裂而不知③。至舍，四支僵劲不能动，媵人持汤沃灌④，以衾拥覆，久而乃和。寓逆旅，主人日再食，无鲜肥滋味之享。同舍生皆被绮绣，戴朱缨宝饰之帽，腰白玉之环，左佩刀，右备容臭，烨然若神人；余则缊袍敝衣处其间⑤，略无慕艳意，以中有足乐者，不知口体之奉不若人也。盖余之勤且艰若此。今虽耄老,未有所成,犹幸预君子之列,而承天子之宠光,缀公卿之后,日侍坐备顾问,四海亦谬称其氏名,况才之过于余者乎?

今诸生学于太学,县官日有廪稍之供,父母岁有裘葛之遗,无冻馁之患矣;坐大厦之下而诵诗书,无奔走之劳矣;有司业、博士为之师,未有问而不告、求而不得者也;凡所宜有之书,皆集于此,不必若余之手录,假诸人而后见也。其业有不精、德有不成者,非天质之卑,则心不若余之专耳,岂他人之过哉?

东阳马生君则,在太学已二年,流辈甚称其贤。余朝京师,生以乡人子谒余,撰长书以为贽,辞甚畅达。与之论辨,言和而色夷。自谓少时用心于学甚劳,是可谓善学者矣。其将归见其亲也,余故道为学之难以告之。谓余勉乡人以学者,余之志也;诋我夸际遇之盛而骄乡人者,岂知予者哉?

注释

① 弗之怠(dài):即"弗怠之",不懈怠,不放松抄录书。② 俟(sì):等待。③ 皲(jūn)裂:皮肤因寒冷干燥而开裂。④ 媵(yìng)人:侍婢,这里指旅舍中的仆役。⑤ 缊(yùn)袍敝(bì)衣:破旧的衣服。缊,乱麻。敝,破旧。

译文

我年幼时就痴迷于读书。由于家里贫穷,没有办法得到书来看,就常常向藏书的人家求借,亲手抄写,计算着约定日期按时送还。冬天非常寒冷,砚台里的墨汁都冻成坚冰,手指冻得不能弯曲伸直,即便这样我读书也不放松。抄写完毕后,便马上跑去还书,不敢稍微超过约定的期限。因此有很多人都愿意把书借给我,于是我能够阅览各种书籍。成年以后,我更加仰慕古代圣贤的学说,又苦于不能与学识渊博的老师、名人交往,曾经赶到数百里以外,拿着经书向乡里有道德、有学问的前辈请教。前辈道德声望很高,门人弟子挤满了他的屋子,他的言辞和脸色从未稍微温和一点。我在他旁边站着侍候,提出疑问,询问道理,俯下身子,侧着耳朵请教;有时遇到他训斥,我的表情更加恭顺,礼节更加周到,不敢说一个字为自己辩解;等到他高兴了,就又去请教。因此我虽然愚笨,但最终有不少收获。

当我离开家门外出从师求学的时候，背着书箱，拖着鞋子，行走在深山大谷之中。隆冬时节，寒风猛烈，雪有好几尺深，脚上的皮肤受冻裂开口子都不知道。回到客舍，四肢冻得僵硬不能动弹。服侍的仆役拿热水为我冲洗，用被子裹着我的身体，很久才暖和起来。寄居在旅店里，老板每天只供应两顿饭，没有新鲜肥嫩的食物可以享受。同客舍的人都穿着华丽的丝绸衣服，戴着用红色帽带和珠宝装饰的帽子，腰间挂着白玉环，左边佩着宝刀，右边挂着香袋，光彩照人，像神仙一样；我却穿着破袄旧衫处在他们中间，但我却没有羡慕之心。因为心中有足以令自己快乐的事情，所以不觉得吃穿享受不如别人。我求学的勤奋和艰苦大概就是这个样子。如今我虽已年老，没有什么成就，但还是很幸运地置身于君子的行列中，承受着天子的恩宠荣耀，跟随在公卿之后，每天在皇帝身旁陪侍，听候询问，天下的人也称颂我的姓名，更何况那些才能超过我的人呢？

现在的太学生们在太学中学习，朝廷每天供给膳食，父母每年都提供冬天的皮衣和夏天的葛衣，没有冻饿的忧愁了；坐在宽大的屋子中之下诵读诗书，没有奔走的劳苦；有司业和博士作他们的老师，没有询问而不告诉、求教而无所收获的情况了；凡是应该具备的书籍，都集中在这里，不必再像我那样用手抄写，向别人求借后才能阅览。他们中如果学业有所不精通，品德有所未养成的，如果不是天赋、资质低下，那么就必定是用心不像我那么专一，难道可以说是别人的过错吗！

东阳县的太学生马君则，在太学中已学习两年了，同辈人很称赞他的德行。我到京师朝见皇帝时，马生以同乡晚辈的身份拜见我，写了一封长信作为礼物，文辞很顺畅通达，同他议论辩驳，言语谦和而脸色平易。他自己说少年时对于学习很用心、很刻苦，这可以说是善于学习的人吧！他将要回家拜见父母，我专门将自己求学的艰难告诉他。如果有人说我这是勉励同乡后辈努力学习，那么确实是我的本意；如果有人诋毁我这是夸耀自己际遇好而在同乡前骄傲，这难道是了解我的人说的话吗？

曹刿论战
《左传》

十年春，齐师伐我①，公将战②，曹刿请见③。其乡人曰④："肉食者谋之，又何间焉⑤？"刿曰："肉食者鄙，未能远谋。"遂入见。

问："何以战？"公曰："衣食所安，弗敢专也，必以分人。"对曰："小惠未遍⑥，民弗从也。"公曰："牺牲玉帛⑦，弗敢加也，必以信。"对曰："小信未孚⑧，神弗福也⑨。"公曰："小大之狱，虽不能察，必以情。"对曰："忠之属也，可以一战。战，则请从。"

公与之乘，战于长勺⑩。公将鼓之，刿曰："未可。"齐人三鼓，刿曰："可矣！"齐师败绩。公将驰之，刿曰："未可。"下，视其辙，登，轼而望之，曰："可矣！"遂逐齐师。

既克，公问其故，对曰："夫战，勇气也。一鼓作气，再而衰，三而竭。彼竭我盈，故克之。夫大国，难测也，惧有伏焉，吾视其辙乱，望其旗靡，故逐之。"

注释

①齐：指齐国，在今山东中部。我：指鲁国，在现在山东的西南部。②公：指鲁庄公，公元前693年到前662年在位。③曹刿（guì）：人名，鲁国人。④乡：古代的一种地方行政单位。⑤间（jiàn）：参与。⑥小惠未遍：小恩小惠未能遍及百姓。⑦牺牲：指牛羊猪之类。玉帛：玉器和丝织品。

⑧孚(fú)：使人信服。⑨福：名词活用作动词，赐福、保佑的意思。⑩长勺：鲁地名，在今山东曲阜东。

译文

鲁庄公十年春季，齐国的军队攻打鲁国。鲁庄公准备迎战，曹刿请求进见庄公。曹刿的同乡对他说："有权位的人自会谋划这件事，你又何必参与呢？"曹刿说："有权位的人目光短浅，不能深谋远虑。"于是入宫进见鲁庄公。

曹刿问鲁庄公："您凭借什么同齐国作战呢？"庄公说："衣食这类用来安定民生的东西，我从来不敢独自享用，一定把它分给别人。"曹刿回答说："这些小恩小惠不能普遍施与百姓，百姓是不会跟随您的。"庄公说："祭祀用的牛羊、玉帛之类的东西，我从来不敢夸大虚报，一定用诚实的态度对待鬼神。"曹刿回答说："这只是小小的信用，还不能使神灵信任您，神灵是不会保佑您的。"庄公说："对大大小小的诉讼案件，我虽然不能一一详加清查，但一定会尽心尽力来处理。"曹刿回答说："这是忠于职守的行为，可以凭这个打一仗，作战时请让我跟随您左右。"

庄公和曹刿同乘一辆战车，在长勺和齐军交战。一开始，庄公就要击鼓进军，曹刿说："还不行。"齐国人击了三通战鼓之后，曹刿说："可以了！"鲁军发动进攻，齐军大败。庄公又要下令追击齐军，曹刿说："还不行。"他下车仔细察看了齐军战车留下的痕迹，又登上车前横木，观察齐军撤退的情形，这才说："可以了。"于是鲁军开始追击齐军。

战争胜利后，鲁庄公询问曹刿取胜的原因。曹刿回答说："打仗，靠的是勇气。第一次击鼓，士气振作；第二次擂鼓，勇气就减弱了；第三次擂鼓，士气已经消耗完了。敌方没有士气了，而我方士气正旺盛，所以战胜了敌人。齐国是大国，他们的行动是难以捉摸的，我害怕他们有埋伏。当我看到他们的车辙混乱，又望见他们的战旗已经倒下去了，确定齐军是败退的样子，所以才决定追击他们。"

邹忌讽齐王纳谏

《战国策》

邹忌修八尺有余①，而形貌昳丽②。朝服衣冠，窥镜，谓其妻曰："我孰与城北徐公美？"其妻曰："君美甚，徐公何能及君也！"城北徐公，齐国之美丽者也。忌不自信，而复问其妾曰："吾孰与徐公美？"妾曰："徐公何能及君也！"旦日，客从外来，与坐谈，问之："吾与徐公孰美？"客曰："徐公不若君之美也！"明日，徐公来，熟视之，自以为不如。窥镜而自视，又弗如远甚。暮，寝而思之，曰："吾妻之美我者，私我也；妾之美我者，畏我也；客之美我者，欲有求于我也。"

于是入朝见威王曰："臣诚知不如徐公美，臣之妻私臣，臣之妾畏臣，臣之客欲有求于臣，皆以美于徐公。今齐地方千里，百二十城，宫妇左右，莫不私王；朝廷之臣，莫不畏王；四境之内，莫不有求于王。由此观之，王之蔽甚矣！"王曰："善！"乃下令："群臣吏民，能面刺寡人之过者，受上赏；上书谏寡人者，受中赏；能谤议于市朝③，闻寡人之耳者，受下赏。"令初下，群臣进谏，门庭若市。数月之后，时时而间进④。期年之后⑤，虽欲言，无可进者。燕、赵、韩、魏闻之，皆朝于齐。此所谓战胜于朝廷。

注释

①邹忌：战国时齐国人，齐威王时任齐相，号成侯。②昳(yì)丽：光鲜美丽。③谤：公开指责别人的过失。④间(jiàn)：间或，断断续续的。⑤期(jī)年：满一年。

译文

邹忌身高八尺以上，体形容貌潇洒俊美。他早晨穿戴好衣帽对着镜子细看，问他的妻子说："我跟城北徐公比起来谁更美？"邹忌的妻子说："您美多了，徐公怎么能比得上您呀！"城北徐公，是齐国出名的美男子。邹忌不太相信自己比徐公美，就又问他的侍妾："我跟徐公相比哪个更美？"侍妾说："徐公怎么能比得上您啊！"第二天，有位客人从外边来，邹忌和他坐着说话，又问客人说:"我跟徐公相比谁更美?"客人说:"徐公不如您美。"过了一天,徐公来访。邹忌仔细端详他,自以为比不上他;再照镜子看自己,更觉得差得很远。晚上,邹忌躺在床上想这件事:"我妻子说我美,是偏爱我;侍妾说我美,是害怕我;客人说我美,是有求于我。"

于是邹忌上朝去见齐威王,说:"我确实知道自己不如徐公美。可我的妻子偏爱我,我的侍妾害怕我,我的客人有求于我,都说我比徐公美。如今齐国的领土方圆千里,有一百二十座城池,大王的后妃和左右近臣没有一个不偏爱大王,满朝的大臣没有一个不怕大王,齐国之内没有一个人不有求于大王。由此看来,大王受到的蒙蔽是很严重的!"齐威王说:"说得好。"于是下令:"各大臣、官吏和百姓,能够当面指责寡人过失的,得上等奖赏;能够上书规劝寡人的,得中等奖赏;能够在公共场所批评议论而传入寡人耳朵的,得下等奖赏。"命令刚下达的时候,臣子们上朝规劝,从宫门到大殿好像集市一样。几个月以后,就只是偶尔有人上朝规劝。一年以后,即使想提意见,也没有什么可说的了。燕国、赵国、韩国和魏国听到这种情况后,都来朝见齐王,这就是所谓在朝廷里战胜了别国。

陈涉世家

西汉·司马迁

陈胜者,阳城人也,字涉。吴广者,阳夏人也,字叔。陈涉少时,尝与人佣耕,辍耕之垄上①,怅恨久之,曰:"苟富贵,无相忘。"佣者笑而应曰:"若为佣耕,何富贵也?"陈涉太息曰:"嗟乎!燕雀安知鸿鹄之志哉!"

二世元年七月,发闾左適戍渔阳②,九百人屯大泽乡。陈胜、吴广皆次当行,

为屯长。会天大雨,道不通,度已失期。失期,法皆斩。陈胜、吴广乃谋曰:"今亡亦死③,举大计亦死,等死,死国可乎?"陈胜曰:"天下苦秦久矣。吾闻二世少子也,不当立,当立者乃公子扶苏。扶苏以数谏故,上使外将兵。今或闻无罪,二世杀之。百姓多闻其贤,未知其死也。项燕为楚将,数有功,爱士卒,楚人怜之。或以为死,或以为亡。今诚以吾众诈自称公子扶苏、项燕,为天下唱,宜多应者。"吴广以为然。乃行卜。卜者知其指意,曰:"足下事皆成,有功。然足下卜之鬼乎!"陈胜、吴广喜,念鬼,曰:"此教我先威众耳。"乃丹书帛曰:"陈胜王",置人所罾鱼腹中。卒买鱼烹食,得鱼腹中书,固以怪之矣。又间令吴广之次所旁丛祠中,夜篝火,狐鸣呼曰:"大楚兴,陈胜王!"卒皆夜惊恐。旦日,卒中往往语,皆指目陈胜。

吴广素爱人,士卒多为用者。将尉醉,广故数言欲亡,忿恚尉④,令辱之,以激怒其众。尉果笞广。尉剑挺,广起,夺而杀尉。陈胜佐之,并杀两尉。召令徒属曰:"公等遇雨,皆已失期,失期当斩。藉第令毋斩,而戍死者固十六七。且壮士不死即已,死即举大名耳,王侯将相宁有种乎!"徒属皆曰:"敬受命。"乃诈称公子扶苏、项燕,从民欲也。袒右,称大楚。为坛而盟,祭以尉首。陈胜自立为将军,吴广为都尉。攻大泽乡,收而攻蕲。蕲下,乃令符离人葛婴将兵徇蕲以东⑤。攻铚、酂、苦、柘、谯皆下之。行收兵,比至陈,车六七百乘,骑千余,卒数万人。攻陈,陈守令皆不在,独守丞与战谯门中。弗胜,守丞死,乃入据陈。数日,号令召三老、豪杰与皆来会计事。三老、豪杰皆曰:"将军身被坚执锐,伐无道,诛暴秦,复立楚国之社稷,功宜为王。"陈涉乃立为王,号为张楚。当此时,诸郡县苦秦吏者,皆刑其长吏,杀之以应陈涉。

注释

①辍耕之垄上:停止耕作走到田埂上息。之,动词,去、往。②发闾左適戍渔阳:征发贫苦人民去驻守渔阳。闾左,指贫苦人民,古时贫者居住闾左,富者居住闾右。③亡:逃跑。或:有人。④忿恚(fèn huì):恼怒,这里是"使……恼怒"的意思。⑤徇:招抚。

译文

　　陈胜是阳城人，字涉。吴广是阳夏人，字叔。陈胜年轻时，曾经和别人一起被雇佣给地主耕地，有一天他停止耕作走到田埂上休息，惆怅了很久，对大家说："如果我们将来富贵了，不要忘了彼此啊。"一个同伴笑着回答说："你不过是受雇耕作的人，哪来的富贵呢？"陈胜长叹了一声说："唉，小小的燕雀怎么能知道鸿鹄的志向呢？"

　　秦二世元年七月，朝廷征发贫苦民众去驻守渔阳，其中九百人停驻在大泽乡。陈胜、吴广都被编入谪戍的队伍，担任戍守队伍的小头目。恰巧遇到天降大雨，道路阻塞不通，估计已经误期。误了期限，按照秦朝的法律，九百人都会被斩首。陈胜、吴广就商议说："现在逃跑被抓也是死，发动起义也是死，同样是死，为国事而死，可以吗？"陈胜说："天下百姓苦于秦朝的残暴统治已经很久了。我听说秦二世是始皇帝的小儿子，不应该当皇帝，应该继承皇位的是公子扶苏。扶苏因为多次劝谏始皇帝的缘故，被派到外面去带兵。现在有人听说他没什么罪，秦二世却杀了他。老百姓大都听说过扶苏的贤能，却不知道他已经死了。项燕是楚国的将领，多次立下战功，又爱护将士兵卒，楚国人都很同情他。有人认为他死了，有人认为他逃跑了。现在我们说自己是公子扶苏和项燕的队伍，号召天下百姓反抗暴秦，应当会有很多响应的人。"吴广认为陈胜的话很有道理，于是二人就找占卜的人来预测吉凶。占卜的人知道他们的意图，就说："你们的大事都能成功，会建立大功业。你们把这件事向鬼神卜问一下吧！"陈胜、吴广很高兴，说："这是教我们利用鬼神来震慑众人，使他们畏惧服从我们。"于是就用丹砂在丝帛上写上"陈胜王"三个字，放在别人捕获的鱼的肚子里。士兵们买鱼回来熬汤，看到了鱼肚子里的帛书，觉得这事很奇怪。陈胜又派吴广到驻地旁边的神庙中，用灯笼罩着火装作"鬼火"，模仿狐狸的声音大喊："大楚将兴，陈胜为王。"士兵听到了声音，都感到惊恐不安。第二天，士兵们到处谈论，都用手指指点点，用眼睛示意其他人注意陈胜。

　　吴广向来爱护士兵，士兵大多愿意听他命令。押送戍卒的县尉喝醉了，吴广故意说想要逃跑，使县尉恼怒，让县尉责辱自己，以此来激怒士兵们。县尉果然拔剑出鞘想杀吴广，吴广夺过利剑反而杀了县尉。陈胜过来帮忙，一起杀了两个县尉。之后，陈胜召集自己部属的人说："诸位遇上大雨，都已误了期限，误期是要杀头的。即使能免于死刑，可是去守卫边塞，也有十之六七的人会死。壮士不死便罢了，要死就该名扬后世，王侯将相难道是老天注定的吗？"部属的人都说："愿意听从您的号令。"于是陈胜就假称是自己是公子扶苏和项燕的队伍，以顺从百姓的希望。起义者个个露出右臂作为标志，号称大楚。他们筑成高台并在台上宣誓，用两个县尉的人头祭天。陈胜自立为将军，吴广任都尉。他们攻打大泽乡，招收大泽乡的军队，攻打蕲县。攻下蕲县以后，派符离人葛婴率军巡行蕲县以东的地方，陈胜则攻打铚、酂、苦柘、谯等地，都攻占下来，起义军还在行军沿途招收士兵。等到达陈县时，已有战车六七百辆，骑兵一千多人，士兵好几万人。攻打陈县时，那里的郡守和县令都不在，只有守丞带兵在有瞭望塔的城门中同起义军作战。守丞战死后，起义军进城占领了陈县。过了几天，陈胜下令召集当地负责教化的乡官和有势力、有地位的乡绅一起来集会议事。这些人都说："将军您亲自穿着坚固的铠甲，手里拿着锐利的武器，讨伐没有道义的暴君，消灭残暴的秦朝，重建楚国的政权，按照功劳应当称王。"陈涉于是自立为王，对外宣称要张大楚国。这时，全国各地吃尽秦朝苦头的百姓，纷纷起来惩处当地的官吏，来响应陈胜的号召。

出师表

三国·诸葛亮

臣亮言：先帝创业未半而中道崩殂。今天下三分，益州疲敝，此诚危急存亡之秋也。然侍卫之臣不懈于内，忠志之士忘身于外者，盖追先帝之殊遇，欲报之于陛下也。诚宜开张圣听，以光先帝遗德，恢宏志士之气，不宜妄自菲薄，引喻失义，以塞忠谏之路也。宫中府中，俱为一体，陟罚臧否①，不宜异同。若有作奸犯科及为忠善者，宜付有司论其刑赏，以昭陛下平明之治，不宜偏私，使内外异法也。

侍中、侍郎郭攸之、费祎、董允等，此皆良实，志虑忠纯，是以先帝简拔以遗陛下。愚以为宫中之事，事无大小，悉以咨之，然后施行，必能裨补阙漏②，有所广益。将军向宠，性行淑均，晓畅军事，试用于昔日，先帝称之曰能，是以众议举宠以为督。愚以为营中之事，事无大小，悉以咨之，必能使行阵和穆③，优劣得所也。亲贤臣，远小人，此先汉所以兴隆也；亲小人，远贤臣，此后汉所以倾颓也。先帝在时，每与臣论此事，未尝不叹息痛恨于桓、灵也。侍中、尚书、长史、参军④，此悉贞亮死节之臣也，愿陛下亲之信之，则汉室之隆，可计日而待也。

臣本布衣，躬耕于南阳，苟全性命于乱世，不求闻达于诸侯。先帝不以臣卑鄙，猥自枉屈⑤，三顾臣于草庐之中，谘臣以当世之事，由是感激，遂许先帝以驱驰。后值倾覆，受任于败军之际，奉命于危难之间，尔来二十有一年矣。先帝知臣谨慎，故临崩寄臣以大事也。受命以来，夙夜忧叹，恐托付不效，以伤先帝之明，故五月渡泸⑥，深入不毛。今南方已定，兵甲已足，当奖帅三军，北定中原，庶竭驽钝⑦，攘除奸凶，兴复汉室，还于旧都。此臣之所以报先帝，而忠陛下之职分也。至于斟酌损益，进尽忠言，则攸之、祎、允之任也。愿陛下托臣以讨贼兴复之效，不效，则治臣之罪，以告先帝之灵。若无兴德之言，则责攸之、祎、允之咎，以彰其慢。陛下亦宜自谋，以咨诹善道，察纳雅言，深追先帝遗诏，臣不胜受恩感激。今当远离，临表涕泣，不知所云。

注释

①陟（zhì）罚臧（zāng）否（pǐ）：奖赏善惩罚恶。陟，奖赏，提升。臧否，善恶，这里是动词，评定人物的好坏。②裨（bì）：增益、补助。③行（háng）阵：这里指军队。④侍中：指郭攸之、费祎。尚书：协助皇帝处理政务的官吏。这里指陈震。长（zhǎng）史：汉丞相及三公（太尉、司徒、司空）府均设长史，为三公辅佐。这里指张裔。参军：丞相府主管军务的佐官。这里指蒋琬。⑤猥（wěi）自：使自己降低身份。猥，卑下。这里是谦辞。⑥泸：泸水，即金沙江。⑦驽（nú）钝：比喻自己才能平庸。

译文

臣诸葛亮上表进言：先帝开创功业还没有完成一半，就中途去世了。现在天下已经形成了三个国家鼎立的局势，益州地区人力物力疲惫困乏，这实在是危急存亡的重要时刻。然而侍奉护卫的臣子在宫廷内从不懈怠，忠诚坚贞的将士在外奋不顾身，这都是因为怀念先帝对他们非同一般的赏识，所以想对陛下报答。陛下实在应该广泛听取群臣的意见，来光大先帝留下的美德，弘扬志士的气节，不应该随便看轻自己，不要在言谈训谕时说不恰当的话，以致堵塞忠臣进谏的道路。宫廷的近臣与府中的官吏是一个整体，奖惩功过，评定好坏，不应该有差别。如果有人为非作歹或触犯法令，或是有尽忠为善的人，都应该交给主管的官吏来评定是罚还是赏，来表明陛下公正贤明的治理方针，不应该有所偏袒，使得皇宫中和府中的法度有所不同。

侍中郭攸之、费祎、黄门侍郎董允等都是善良诚实、意志忠贞的纯正之人，所以先帝选拔出来留给陛下任用。臣下认为宫廷中事，无论大小，都征求他们的意见，然后再施行，必定能够补救欠缺疏漏的地方，扩大效益。向宠将军品性善良公正，精通军事，当初曾被试用过，先帝称赞他有才干，因此群臣推举他做中部督。臣下认为军队里的事务，都征求他的意见，一定能使军队协调齐心，处置合宜，各得其所。亲近贤良的臣子，疏远奸佞小人，是前汉所以兴旺强盛的原因；亲近小人，疏远贤良的臣子，是后汉所以衰败覆灭的原因。先帝在世的时候，每当和臣下议论到这件事，没有一次不对桓、灵二帝的作为表示痛恨而发出叹息。侍中（郭攸之、费祎）、尚书令（陈震）、长史（张裔）、参军（蒋琬），都是坚贞坦诚、能以死报国的臣子，希望陛下亲近他们，信任他们，那么汉朝的兴旺就指日可待了。

我本来是个平民，在南阳以耕种为生，只求在乱世中保全性命，不想去向诸侯谋求高官厚禄和显赫的名声。先帝却不认为臣下卑俗浅陋，甘受耻辱，亲自屈就，三顾茅庐，向我询问关于当时天下大势的意见，因此臣下深为感激，就答应为先帝奔走效劳。后来，遇上战败，就在这军事失利的时候臣下接受了委托，在危急艰难的时刻接受了使命。如今算来已经有二十一个年头了。先帝知道臣下处事谨慎，所以在临终的时候把国家大事托付给我。自从接受遗命以来，臣下日夜忧虑叹息，唯恐对所托付的事情做不出成效，以致损害先帝的英明。所以五月渡过泸水，深入荒芜之地。现在南方已经平定，武器装备已经非常充足，应当鼓励和率领全军北上平定中原，臣下希望能竭尽自己低劣的能力，铲除邪恶凶残的敌人，复兴汉室，使长安、洛阳仍旧成为大汉王朝的国都。这就是臣下用来报答先帝，并向陛下效忠的职责和本分。至于权衡国家政事的利弊兴衰，竭力进献忠言，那就是郭攸之、费祎、董允的责任了。希望陛下把讨伐奸贼复兴汉室的任务交给臣下，如果没有成效，就请治臣以重罪，以告慰先帝的英灵。如果没有发扬盛德的建议，就责备郭攸之、费祎、董允等人的疏忽怠慢，以揭示他们的过失。陛下自己也应该考虑谋划，征求治理国家的好办法，明察并采纳群臣有益的言论，深深记住先帝的遗训，那样臣下便是受陛下大恩而感激不尽了。现在臣下即将辞别远行，对着奏书不禁流下眼泪，都不知说了些什么。

图书在版编目(CIP)数据

最美古文：古文观止里的奇趣世界.3/(清)吴楚材，(清)吴调侯编著；婉如改编. -- 长春：吉林出版集团股份有限公司，2021.1

ISBN 978-7-5581-9365-1

Ⅰ.①最… Ⅱ.①吴… ②吴… ③婉… Ⅲ.①古典散文－散文集－中国②《古文观止》－注释 Ⅳ.①H194.1

中国版本图书馆CIP数据核字（2020）第226796号

前言

《古文观止》，可是一本"口气"很大的书。

"观止"是什么意思？要从它的来源《左传》去找：吴国公子季札看过鲁国的《韶箾》演奏之后，赞叹地说出："观止矣！若有他乐，吾不敢请已。"（不用再看了！如果还有别的音乐，我也不敢请您演奏了。）意思就是欣赏《韶箾》已是顶级的音乐享受，其他乐曲没必要再听了。所以《古文观止》的书名含义，就是本书汇集了古文中顶级水准的文章，看过之后别的古文就不用研读了。

《古文观止》的编者吴楚材、吴调侯叔侄二人敢这样"夸下海口"，是因为这本书真的是从中国两千多年瀚如烟海的文学名篇中精中选精，如万仞寻玉、沧海拾珠一般，筛选出的222篇脍炙人口的顶级佳作。难怪这本"教材"一经问世，便成为后世最流行、最通俗、最广为人知、最有影响的古文选本，经久而不衰。书中所选以散文为主，兼收韵文、骈文，所涉内容或记人、记事、记景，或描述、议论、寓言，如同一部集大成的中国古代文学全景纪录片。为便于今人体会古文的文采精华，我们一改其他版本《古文观

止》按照年代顺序排列的惯例，精选113篇文章，按"叙事""人物""书信与评论""游记写景"的主题分编成了四卷，相信这样会更便于大家分门别类地欣赏、领悟古文的语言魅力，领会文字背后的隐喻与智慧。

本卷《云中谁寄锦书来》，选取了36篇以书信和评论为主的文章，它们有的是个人志向的吐露抒发，也有针砭时弊的良谏直言。作者直抒胸臆，行文酣畅，言辞恳切，情感也最真挚。比如你我随口而出的名句"人固有一死，或重于泰山，或轻于鸿毛"，只有当你从它的出处《报任安书》中通篇读下来，才会体会出"隐忍苟活"的司马迁字字泣血地写出这句千古名句是多么震撼人心；在诸葛亮的《前出师表》中，那个民间故事里智力"近乎妖"的军师孔明不见了，你看到的是一位为"小主子"操碎了心的老丞相，一个苦口婆心甚至有点絮叨的"孩奴"，让你对"鞠躬尽瘁"的他更多了几分亲近、一丝心疼；还有柳宗元的《桐叶封弟辨》和苏东坡的《贾谊论》《晁错论》，就像是在看辩论赛的辩手，用巧妙的立论、新颖的角度、雄辩的言辞让你折服，说它是唐宋的"奇葩说"也不为过……这些名篇将作者心中喷薄欲出的澎湃情感化作条理分明的款款美文，令你或为文章巧妙思辨缜密而叫绝，或为娓娓道来的人生遭际而共情，仿佛跨越时空的作者本尊正对着你阐述诉说，这正是"云中谁寄锦书来"的魔力。

这是一本通俗易读但又不容易读完的书，如果每篇选文细细品味，真会有"韦编三绝"而意犹未尽的感觉。初学者可以直接从译文看故事，欣赏句读文采，撷取名言警句，简直是"金句"的宝库；进阶者学习行文架构，研究字句取舍，从中掌握章句技巧，参研文字精妙，一定对淬炼文笔大有帮助；更用心者则是感悟这文字之中、纸张之背透出的千古"文心"——这里有传统价值的精粹，有古往圣贤的心血，是"为往圣继绝学"的真义所在。总之，你一定会在这里找到对她爱不释手的理由。

我们更建议您能选取喜爱的篇目，试着背诵于心，正如巴金老人曾说过的："我仍然感谢我那两位强迫我硬背《古文观止》的私塾老师。像《桃花源记》《赤壁赋》等文章，读多了常常能够顺口背出来，然后体会到它们的真谛，从而从中慢慢摸索到文章的调子。这两百多篇'古文'可以说是我真正的启蒙老师。"

不及前贤于万一的我们，编辑此书奉献与您。信文字永恒，愿古墨新香。

韩愈 业精于勤，荒于嬉，行成于思，毁于随。

李密 臣无祖母，无以至今日；祖母无臣，无以终余年。
母孙二人，更相为命，是以区区不能废远。

诸葛亮 臣鞠躬尽瘁，死而后已，
至于成败利钝，非臣之明所能逆睹也。

乐毅 古之君子交绝不出恶声；忠臣之去也，不洁其名。

司马迁 猛虎在深山，百兽震恐，及在槛阱之中，
摇尾而求食，积威约之渐也。

李陵 男儿生以不成名，死则葬蛮夷中，谁复能屈身稽颡，
还向北阙，使刀笔之吏弄其文墨耶！

骆宾王 请看今日之域中，竟是谁家之天下！

刘禹锡 山不在高，有仙则名；水不在深，有龙则灵。

李斯 泰山不让土壤，故能成其大；
河海不择细流，故能就其深；王者不却众庶，故能明其德。

苏洵 泰山崩于前而色不变，麋鹿兴于左而目不瞬。

刘基 一昼一夜，华开者谢。一秋一春，物故者新。
激湍之下，必有深潭；高丘之下，必有浚谷。

韩愈 师者，所以传道、受业、解惑也。

邹阳 明月之珠、夜光之璧，以暗投人于道，
众莫不按剑相眄者。何则？无因而至前也。

晁错 夫腹饥不得食，肤寒不得衣，
虽慈母不能保其子，君安能以有其民哉！

李密 外无期功强近之亲，内无应门五尺之童，茕茕孑立，形影相吊。

司马迁 人固有一死，死或重于泰山，
或轻于鸿毛，用之所趣异也。

乐毅 善作者，不必善成，善始者，不必善终。

韩愈 弟子不必不如师，师不必贤于弟子，
闻道有先后，术业有专攻，如是而已。

刘基 昔日之所无，今日有之不为过；昔日之所有，今日无之不为不足。

贾谊 一夫作难而七庙隳，身死人手，为天下笑者，何也？
仁义不施，而攻守之势异也。

魏徵 求木之长者，必固其根本；欲流之远者，必浚其泉源。

诸葛亮 亲贤臣，远小人，此先汉所以兴隆也；
亲小人，远贤臣，此后汉所以倾颓也。

邹阳 众口铄金，积毁销骨也。

苏轼 古之所谓豪杰之士，必有过人之节，人情有所不能忍者。

司马相如 明者远见于未萌，而知者避危于无形，
祸固多藏于隐微，而发于人之所忽者也。

苏轼 古之立大事者，不惟有超世之才，亦必有坚忍不拔之志。

韩愈 世有伯乐，然后有千里马。
千里马常有，而伯乐不常有。

目录

忠臣的自我辩护书
　　——乐毅报燕王书 …… 10

大秦第一模范公文
　　——谏逐客书 …… 17

给一位将死朋友的回信
　　——报任安书 …… 22

帝国的崛起和消亡
　　——过秦论上 …… 35

陛下，粮食真的很重要
　　——论贵粟疏 …… 41

绝望中的抗议信
　　——狱中上梁王书 …… 48

谏言需要微妙的技巧
　　——上书谏猎 …… 56

一位"叛国者"的自白书
　　——答苏武书 …… 59

莫论人非才是处世良方
　　——马援诫兄子严敦书 …… 67

一首忧君报国的正气歌
　　——前出师表 …… 70

北伐的宣言书
　　——后出师表 …… 75

忠孝外表下的君臣博弈
　　——陈情表 …… 81

居安思危是领导者的责任
　　——谏太宗十思疏 …… 85

有种文字像匕首
　　——为徐敬业讨武曌檄 …… 89

战争是血肉的磨盘
　　——吊古战场文 …… 94

修一个安贫乐道的房间
　　——陋室铭 …… 100

自荐的艺术
　　——与韩荆州书 …… 102

儒学于我是道统，也是旗帜
　　——原道 …… 107

毁谤的诞生
　　——原毁 … 115

千里马的错误使用方式
　　——杂说四 … 120

师生相处的学问
　　——师说 … 122

满把辛酸泪，一片干谒情
　　——进学解 … 126

论劝人的尺度
　　——送董邵南序 … 132

荒唐莫过于盲从
　　——桐叶封弟辨 … 135

暴政比蛇毒更可怕
　　——捕蛇者说 … 138

抱歉，我拒绝圆谎
　　——心术 … 143

名将的自我修养
　　——留侯论 … 148

小不忍则乱大谋
　　——贾谊论 … 153

逃避责任，苦果自尝
　　——晁错论 … 157

天下归秦的地缘解读
　　——六国论 … 162

一封华丽的自荐信
　　——上枢密韩太尉书 … 166

写给文坛偶像的感谢信
　　——寄欧阳舍人书 … 171

八十九字讲述"士"的精神
　　——读孟尝君传 … 176

求签问卜，于事无补
　　——司马季主论卜 … 179

著名刺客的另类解读
　　——豫让论 … 182

书信里的官场现形记
　　——报刘一丈书 … 187

忠臣的自我辩护书

乐毅报燕王书

战国策

昌国君乐毅为燕昭王合五国之兵而攻齐①，下七十余城，尽郡县之以属燕。三城未下②，而燕昭王死。惠王即位，用齐人反间③，疑乐毅，而使骑劫代之将。乐毅奔赵，赵封以为望诸君。齐田单诈骑劫④，卒败燕军，复收七十余城以复齐。

燕王悔，惧赵用乐毅乘燕之敝以伐燕。燕王乃使人让乐毅⑤，且谢之曰："先王举国而委将军，将军为燕破齐，报先王之仇，天下莫不振动，寡人岂敢一日而忘将军之功哉？会先王弃群臣，寡人新即位，左右误寡人⑥。寡人之使骑劫代将军，为将军久暴露于外，故召将军且休计事。将军过听，以与寡人有隙，遂捐燕而归赵⑦。将军自为计则可矣，而亦何以报先王之所以遇将军之意乎？"

望诸君乃使人献书报燕王曰："臣不佞⑧，不能奉承先王之教，以顺左右之心，恐抵斧质之罪⑨，以伤先王之明，而又害于足下之义⑩，故遁逃奔赵。自负以不肖之罪，故不敢为辞说。今王使使者数之罪，臣恐侍御者

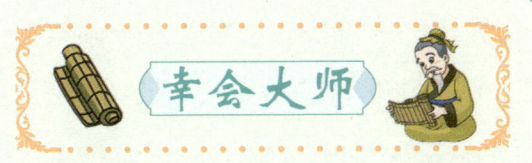

幸会大师

乐毅，字永霸，生卒年不详，战国中后期燕国名将，杰出的军事家，中山灵寿（今河北灵寿西北）人。他是魏将乐羊的后代，辅佐燕昭王振兴燕国，拜上将军，封昌国君。前284年，乐毅率领燕、赵、韩、魏、楚五国联军攻打齐国，一举攻占齐国七十余城，几乎使齐灭国。后因燕昭王去世，受到燕惠王的猜忌而功败垂成，逃到赵国。于是，便有了这封《乐毅报燕王书》。

之不察先王之所以畜幸臣之理⑪，而又不白于臣之所以事先王之心，故敢书以对。

"臣闻贤圣之君，不以禄私其亲，功多者授之；不以官随其爱，能当者处之。故察能而授官者，成功之君也；论行而结交者，立名之士也。臣以所学者观之，先王之举错，有高世之心，故假节于魏王⑫，而以身得察于燕。先王过举，擢之乎宾客之中⑬，而立之乎群臣之上，不谋于父兄，而使臣为亚卿⑭。臣自以为奉令承教，可以幸无罪矣，故受命而不辞。

"先王命之曰：'我有积怨深怒于齐，不量轻弱，而欲以齐为事。'臣对曰：'夫齐，霸国之余教而骤胜之遗事也，闲于甲兵，习于战攻。王若欲伐之，则必举天下而图之。举天下而图之，莫径于结赵矣。且又淮北、宋地，楚、魏之所同愿也，赵若许约，楚、赵、宋尽力，四国攻之，齐可大破也。'先王曰：'善！'臣乃口受令，具符节，南使臣于赵。顾反命，起兵随而攻齐。以天之道、先王之灵，河北之地，随先王举而有之于济上。济上之军，奉令击齐，大胜之。轻卒锐兵，长驱至国。齐王逃遁走莒，仅以身免。珠玉财宝，车甲珍器，尽收入燕。大吕陈于元英，故鼎反乎历室⑮，齐器设于宁台。蓟丘之植，植于汶篁⑯。自五伯以来，功未有及先王者也。先王以为顺于其志，以臣为不顿命⑰，故裂地而封之，使之得比乎小国诸侯。臣不佞，自以为奉令承教，可以幸无罪矣，故受命而弗辞。

　　"臣闻贤明之君，功立而不废，故著于春秋；蚤知之士⑱，名成而不毁，故称于后世。若先王之报怨雪耻，夷万乘之强国，收八百岁之蓄积⑲，及至弃群臣之日，遗令诏后嗣之余义。执政任事之臣，所以能循法令、顺庶孽者⑳，施及萌隶㉑，皆可以教于后世。臣闻善作者，不必善成㉒，善始者，不必善终。昔者伍子胥说听乎阖闾，故吴王远迹至于郢㉓。夫差弗是也，赐之鸱夷而浮之江㉔。故吴王夫差不悟先论之可以立功㉕，故沉子胥而弗悔。子胥不蚤见主之不同量，故入江而不改。

　　"夫免身全功，以明先王之迹者，臣之上计也。离毁辱之非㉖，堕先王之名者㉗，臣之所大恐也。临不测之罪，以幸为利者，义之所不敢出也。

　　"臣闻古之君子交绝不出恶声；忠臣之去也，不洁其名。臣虽不佞，数奉教于君子矣。恐侍御者之亲左右之说，而不察疏远之行也，故敢以书报，唯君之留意焉。"

经典注释

①五国之兵：赵、楚、韩、燕、魏五国联军。②三城：指齐国的聊城、莒、即墨三城，都在今山东省。③用齐人反间：齐将田单放出谣言，说乐毅想反叛燕国，自己做齐王，燕惠王信以为真。④田单：战国时齐国大将，屡立战功，封安平君，被齐襄王任为国相。⑤让：责备。⑥左右误寡人：指燕惠王左右亲近的人造谣。⑦过听：误信流言。隟：嫌疑。捐：抛弃。⑧不佞：没有才智。谦词。⑨奉承：秉承，领受。左右：书信中对对方的尊称，不直接称对方，只称呼对方的左右执事者。抵：遭受。斧质：刀斧与砧板，杀人的刑具。⑩足下：对对方的尊称。古时用于称呼尊者，后代只用于同辈。⑪侍御者：侍候国君的人，实指惠王。畜幸：畜养宠信。⑫假节：凭借符节。节，外交使臣所持的身份凭证。⑬擢：提拔。⑭亚卿：官名，地位仅次于上卿。⑮故鼎：指齐国掠夺的燕鼎，复归燕国。⑯蓟丘：燕

国都城,今北京市西南地区。汶篁:齐国汶水边的竹田。⑰不顿命:不辱使命。⑱蚤:通"早"。⑲八百岁:从姜太公建国到这次战争约八百年。⑳庶孽:妾生的儿子。㉑施:延续、普及。萌隶:指百姓。㉒善作者:善于开创事业的人。善成:善于守业。㉓远迹:在远处留下足迹,指长途伐楚。㉔鸱夷:皮革制的口袋。㉕先论:预见。㉖离:通"罹",遭受。㉗堕:败坏。

译文也很美

昌国君乐毅,替燕昭王联合五国的军队攻打齐国,连下七十多座城池,都划归燕国。还有三座城邑未攻下,燕昭王就去世了。燕惠王继位,中了齐人的反间计,怀疑乐毅,派骑劫代替他。乐毅逃到赵国,赵王封他为望诸君。齐国大将田单用计骗了骑劫,打败燕军,收复七十多座城邑,恢复了齐国的领土。

燕王后悔了,又怕赵国任用乐毅,乘燕国战败之机来攻燕,便派人去责备乐毅,又向乐毅表歉意,说:"先王把整个燕国托付将军,将军为燕攻破了齐国,为先王报了仇,天下人莫不震动,寡人怎敢有一刻忘记将军的功勋啊!不幸先王抛弃群臣而去,寡人刚刚继位,手下人蒙骗了寡人。不过,寡人派骑劫代替将军,只是因为将军长久在野外作战,所以调将军回国稍作休养,共商国是。将军却误信流言,和寡人有了隔阂,抛弃燕国而投奔赵国。为将军自己打算,固然可以;但是又怎样报答先王对将军的恩情呢?"

望诸君乐毅便派人进献书信,回答惠王说:"臣不才,不能奉承先王的遗命,顺从大王您的心意,恐怕回来受到刀斧之刑,以致损害先王知人之明的英名,又使您亏于君臣之义,只得投奔赵国。自己甘愿承担不贤的罪名,也不愿表白。现在大王派人来数说臣的罪过,恐怕大王不能体会先王重用臣的理由,也不明白臣所以事奉先王的心意,才敢写信答复大王。

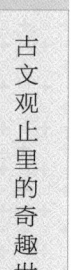

"臣听说，贤圣的君主，不把爵禄私赏给自己的亲人，只有立功多的才授予；不把官职随便授予自己宠幸的人，只有才能相当的才任命。所以，考察才能而授官，是成就功业的君主；根据德行而结交，是树立名声的贤士。臣以所学的知识来观察，觉得先王处理国事高于世俗的理想，因此借用魏王的使节，得以到燕国亲自考察。先王对臣很看重，从宾客中选拔出来，安置在群臣之上，不与王室的长辈商量，便任命臣为亚卿。臣自以为能够奉行命令、秉承教导，可以侥幸免于罪过，也就毫不辞让地接受了任命。

"先王命令臣，说：'我跟齐国积累了深仇大恨，哪怕国小力微，也想报齐国之仇。'臣回答说：'齐国本来有霸主的传统，打过多次胜仗，熟悉军事，长于攻战。大王如果要伐齐，必须发动天下的兵力来对付它。要发动天下的兵力，最好是先同赵国结盟。还有淮北，本是宋国的土地，被齐国独吞了，楚魏两国都想得一份。赵如果赞同，约同楚魏尽力帮助，以四国的力量进攻，就可大破齐国了。'先王说：'好！'臣便接受命令，准备符节，南下出使赵国。很快回国复命，发兵攻齐。顺应上天之道，倚仗先王的声威，黄河以北的齐国土地，都随着先王进兵济上而为燕国所有了，济水上的燕军，奉令出击，大获全胜。士卒轻装，武器锐利，长驱直入，攻占齐都。齐王逃奔至莒，幸免一死。所有的珠玉财宝，车甲珍器，归燕国所有。大吕黄钟陈列在元英殿上，燕国的宝鼎又运回历室殿，齐国的宝器都摆设在燕国的宁台。原来树立在蓟丘的燕国旗帜，插到齐国汶水两岸的竹田。自从五霸以来，没有谁的功勋能赶上先王。先王很惬意，认为臣没有贻误他的命令，所以裂土以封，使臣得比于小国诸侯。臣不才，自信能够奉行命令，秉承教导，可以侥幸免于罪过，因此毫不推辞而接受了封爵。

"臣听说，贤明的君主，建立了功业就不让它废弃，所以才能记载于史册；有远见的贤士，成名之后决不让它败坏，所以为后世称赞。像先王这样报仇雪恨，征服了万辆兵车的强国，没收它八百年的积蓄，直到逝世那天，还留下叮嘱嗣君的遗训，使执政任事的官员能遵循法令，安抚亲疏上下，推及百姓奴隶，这都是能够教育后世的啊。臣听说，善于创造不一定善于完成，善始不一定善终。从前，伍子胥说动了阖闾，因此吴王能够远征到楚国的郢都；夫差却不信伍子胥的预见能够立功，因此把伍子胥溺死江中而不悔；伍子胥不能预见新旧两主的气量不同，因此直到被投入江中还不改变他的怨愤。

"所以，我脱身免祸，保伐齐的大功，用以表明先王的业绩，这是臣的上策。遭受诋毁和侮辱的错误处置，毁害先王的美名，这是臣最大的恐惧。面临着不测之罪，却又助赵攻燕，妄图私利，我决不干这不义之事。

"臣听说，古代的君子，和朋友断绝交往，也决不说对方的坏话；忠臣含冤离开本国，也不为自己表白。臣虽然不才，也曾多次受过君子的教诲，只是恐怕大王轻信部下的谗言，却不体谅被疏远的人的行为。因此冒昧回信说明，希望您多加考虑。"

鉴赏文心

本文选自《战国策·燕策》，是一篇书信。历史背景是燕昭王重用乐毅伐齐，战果斐然。燕惠王即位时，中了齐国田单的反间计，派骑劫取代乐毅。乐毅逃亡赵国，受到礼遇。而骑劫大败，失去了乐毅的战果，燕惠王十分后悔，又害怕乐毅帮助赵国对燕国不利，发信责备乐毅。本文主体部分即为乐毅的回信，既解释自己去赵国的理由，又抒发忧愤之情，表明忠贞心迹。

燕惠王来信，既责备乐毅出逃行为，又解释并无加害乐毅之意，最后更是抬出先王的帽子，质问乐毅受到先王礼遇，又该拿什么回报。这一质问显得理由充足，可以说是来势汹汹了。而乐毅的应对，并未直指燕惠王用人

不当,只知夺权的过失,首先承认自己弃燕从赵的罪过,更就事论事,论说先王与己身君臣相和的情境,以对比手法,明褒昭王贤明,暗贬惠王狭隘无能,更加凸显回信的高妙之处,言辞委婉曲折,格调忠贞高洁。

具体来看,乐毅分两层来回应燕惠王的质问。先是写明先王知遇他,以燕国与齐国有深仇大恨的现况拜托,而乐毅也率军向齐国复仇,报效先王,在道义上已无可指摘。进而写"善始者不必善终"两句,是在先王知遇之外,面向燕惠王的回应。此处所谓"善始者",即是写燕昭王善于发现任用人才,"不必善终"则是暗讽燕惠王的昏聩。这两句采用对比手法,颇见乐毅的愤慨之意,其后更引伍子胥典故与己身境遇对比,是以点明自己出逃赵国的行为,实在是出于保留先王的功绩,而同时自己也并不会帮助赵国讨伐燕国,所以秉持了曾经作为燕臣的道义。

信末乐毅更进一步自比为君子忠臣,所以引述典故而不点破,正是不直接批评燕惠王,负罪奔逃赵国,正是含冤也不申告,最后更以担忧燕惠王受到奸臣蒙蔽作为结尾,暗藏对其的规劝之意,衬出乐毅虽远在江湖之外,仍不忘君臣道义的一片忠贞。

本文主要特点在于写出了君臣知遇相和的理想境界,全文句句不离先王,忠义动人,是为诸葛亮《出师表》一篇的先声。《古文观止》编者说本文"志其书辞,情致委曲,犹存忠厚之遗,其品望固在战国之上",这一评价超脱了《战国策》本身的杂糅交汇,是在称赞本文写出高尚的德行,富有教化的意味。

古文的智慧

常言道:话有三说,巧说为妙。现实生活中,一句话说得好不好,往往关系到一件事的成败,甚至影响一个人的命运。乐毅可谓是语言的艺术家,给燕惠王回信时动之以情、晓之以理,既全人之名,又保己之身,堪称完美。

大秦第一模范公文

谏逐客书

秦·李斯

秦宗室大臣皆言秦王曰:"诸侯人来事秦者,大抵为其主游间于秦耳,请一切逐客。"李斯议亦在逐中。

斯乃上书曰:"臣闻吏议逐客,窃以为过矣。

"昔穆公求士①,西取由余于戎②,东得百里奚于宛,迎蹇叔于宋,求丕豹、公孙支于晋③。此五子者,不产于秦,而穆公用之,并国二十,遂霸西戎。孝公用商鞅之法④,移风易俗,民以殷盛,国以富强,百姓乐用,诸侯亲服,获楚、魏之师,举地千里,至今治强。惠王用张仪之计⑤,拔三川之地,西并巴、蜀,北收上郡,南取汉中,包九夷,制鄢、郢,东据城皋之险⑥,割膏腴之壤,遂散六国之从,使之西面事秦,功施到今。昭王得范雎,废穰侯,逐华阳,强公室,杜私门,蚕食诸侯,使秦成帝业。此四君者,皆以客之功。由此观之,客何负于秦哉?向使四君却客而不内,疏士而不用,是使国无富利之实,而秦无强大之名也。

"今陛下致昆山之玉⑦,有随、和之宝,垂明月之珠,服太阿之剑,乘纤离之马,建翠凤之旗,树灵鼍之鼓⑧。此数宝者,秦不生一焉,而陛下说之,何也?必秦国之所生然后可,则是夜光之璧不饰朝廷,犀象之器不为玩好,郑、魏之女不充后宫,而骏马駃騠不实外厩⑨,江南金锡不为用,西蜀丹青不为采。所以饰后宫、充下陈、娱心意、说耳目者,必出于秦然后可,则是宛珠之簪、傅玑之珥、阿缟之衣、锦绣之饰,不进于前,而随俗雅化、佳冶窈窕赵女不立于侧也。夫击瓮叩缶,弹筝搏髀⑩,而歌呼呜呜、快耳目者,真秦之声也;郑、卫、桑间、《韶》、《虞》、《武》、《象》者,异国之乐也。今弃击瓮而就郑卫,退弹筝而取韶、虞，若是者何也？快意当前，适观而已矣。今取人则不然。不问可否，不论曲直，非秦者去，为客者逐。然则是所重者在乎色、乐、珠、玉，而所轻者在乎人民也。此非所以跨海内、制诸侯之术也！

"臣闻地广者粟多，国大者人众，兵强则士勇。是以泰山不让土壤，故能成其大；河海不择细流，故能就其深；王者不却众庶，故能明其德。是以地无四方，民无异国，四时充美，鬼神降福，此五帝、三王之所以无敌也。今乃弃黔首以资敌国，却宾客以业诸侯，使天下之士退而不敢西向，裹足不入秦，此所谓'藉寇兵而赍盗粮'者也。

"夫物不产于秦，可宝者多；士不产于秦，而愿忠者众。今逐客以资敌国，损民以益仇，内自虚而外树怨于诸侯，求国之无危，不可得也！"

秦王乃除逐客之令，复李斯官。

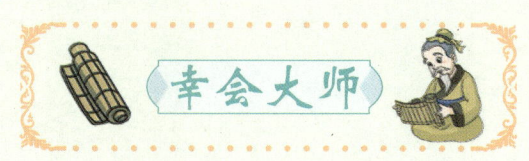

幸会大师

李斯，字通古，战国末期楚国上蔡（今河南上蔡西南）人，官居秦国丞相。李斯可以说是中国历史上建树最多、对后世影响最大的治世能臣，他力促秦王嬴政灭六国、成帝业，废分封制，统一中央集权，统一文字、货币、度量衡，两千年封建帝制从这里开始。然而，李斯其人身居高位，却立场不定，最终被奸人赵高所害，含恨而死。

经典注释

①穆公：春秋秦君，姓嬴，名任好。②由余：春秋晋人。于戎：戎王命出使秦国，为秦穆公所用。献策攻戎，开境千里，使穆公称霸。③丕豹：春秋晋人，父丕郑为晋惠公所杀，因奔秦，穆公用为大夫。公孙支：秦人，游晋，后归秦，穆公用为大夫。荐孟明于穆公，为人所称。④孝公：战国秦君，名渠梁。⑤惠王：秦孝公之子，

名驷。⑥城皋：在今河南荥阳。⑦昆山：昆冈，出宝玉，在于阗（今属新疆）。⑧太阿：春秋时楚王命欧冶子、干将铸龙渊、太阿、工布三把宝剑。纤离：良马名。翠凤：用翡翠羽毛做成凤形装饰的旗子。灵鼍（tuó）之鼓：用扬子鳄皮制成的鼓。⑨駃騠（jué tí）：北狄良马。⑩搏髀（bì）：拍大腿打拍子。

译文也很美

秦国的宗室大臣都对秦王说："从各诸侯国来侍奉秦国的人，大都是为他们的君主游说和离间秦国的，请把外来的客卿一律驱逐出境。"李斯也在驱逐计划之中。

李斯于是上书秦王说："臣听说官吏在议论赶走客卿，我认为这么做是错误的。"

"从前穆公求取士子，西面在西戎那里得到由余，东面在宛地得到百里奚，从宋国迎接蹇叔，从晋国求得丕豹、公孙支。这五个人不生在秦国，穆公任用他们，吞并了二十个部落，得以在西戎称霸。孝公用商鞅变法，移风易俗，百姓富裕兴盛，国家因此富强。百姓乐于听命，诸侯国亲近服从。俘虏了楚魏的军队，开拓千里疆土，直到现在国家治理强盛。惠王用张仪的计划，攻取了三川的地方，向西并吞巴蜀；向北取得上郡；向南占有汉中，包举众多夷族，控制楚国旧都鄢及现国都郢；向东占据成皋的险要地区，割据富腴的田地。于是瓦解了六国的合纵，使他们向西臣服秦国，功效一直延续到今天。昭王得到范雎，废去了穰侯，赶走了华阳君，加强了王权，杜绝了豪门势力，侵占了诸侯国，使秦国建成了帝王大业。这四位君主，都依靠客卿的功劳。从这些看来，客卿有什么对不起秦国啊？假使四位君主辞退客卿不接纳，疏远士子不任用，这会使得国家没有富裕的根源，秦国没有强大的声望。

"现在大王得到昆冈的宝玉，有宝贵的随侯珠和氏璧，挂着明月

珠，佩着太阿剑，驾着纤离马，竖立着翠凤旗，架起了鼍皮鼓。这几样宝物，秦国一样都不出产，王上却喜欢它们，为什么？如果一定要秦国出产的才能用，那么夜光璧不能装饰朝廷，犀牛角、象牙制的器物不能玩，郑魏的美女不能充实后宫，駃騠好马不能充实宫外的马棚，江南的金锡不能用，西蜀的丹青不能作为色彩。如果用来装饰后宫、充实妃列、娱乐心意满足耳目的，一定要秦国生产的才能用，那么嵌着宛珠的簪子、配上珠玑的耳饰、东阿丝织的衣服、锦绣的修饰品都不能用，而化俗为雅、艳丽美好的赵女也不会立在旁边。敲着瓦甕瓦器、弹着筝、拍着大腿呜呜而唱以满足视听的，是真正秦国的音乐；郑、卫、桑间的民间音乐、《韶》、《虞》、《武》、《象》的朝廷乐舞，都是别国的音乐。现在抛弃击瓮接近郑卫的音乐，不用弹筝而用韶、虞的雅乐，这是为什么？要使情意酣畅于眼前以适合观赏罢了。现在录用人才却不这样，不问可不可用，不论是非，不是秦国人就去掉，是客卿就赶走，那么所看重的在于女色音乐、珠宝、玉器，所看轻的在于人民，这不是跨越海内、制服诸侯的方法！

"臣听说土地广大的粮多，国家大的人多，军队强盛的战士勇敢。因此，泰山不推掉泥土，所以能够成就它的大；黄河和大海不拒绝细流，所以能够成就它的深广；王者不拒绝众民，所以能够宣扬他的德教。因此，土地不论四方，百姓不分国别，四季充实美好，鬼神来降福，这是五帝、三王之所以无敌的原因。现在却抛弃人民来帮助敌国，辞退宾客去为诸侯建功立业，使得天下的士子后退而不敢向西，停步不进秦国，这就是所说的'把武器借给敌寇，把粮食送给盗贼'。

"东西不产在秦国而可以作为宝物的多；士子不生在秦国而愿意效忠的多。现在赶走客卿来帮助敌国，减少百姓来增强敌国的力量，对内使自己虚弱，对外在诸侯国建立怨仇，要想国家没有危险，是不可能的。"

秦王于是废除逐客令，恢复了李斯的官职。

本文由秦相李斯所作，题名中的"书"并非指书信，而是指李斯上书秦王嬴政的奏章这么一种特殊的公文文体。文章历史背景为秦王嬴政十年（前237），与秦国接壤的小国韩国恐惧秦国国力强盛，定计派名叫郑国的水利工程师前往秦国，游说秦王兴建关中水利，意图消耗秦国国力。然而这一阴谋被发觉，秦国宗室大臣劝说秦王驱逐策士，李斯也在驱逐之列，他便写了《谏逐客书》，劝说秦王若要统一天下，必须广纳人才。

本文是一篇论证说理文章。全文围绕秦王统一天下的核心目标，采用正反论证结合的手法，立意高远，论据充沛，富有气势。

分析本文的逻辑结构，首先是引述四位秦国贤君，重用客卿使国富民强的事实，以历史事例正面立论，指出重用客卿并未对秦国有害，说明逐客行为的错误。接下来，作者着眼现实，指出秦王的珍爱器物，美女金玉皆出自异国，以物喻人，从侧面论证秦王逐客不当。进一步以秦王重视异国之乐而忽视异国之才的事实，点出秦王的错误在于不招纳贤才即是不重视人民。在一系列足够的烘托之后，作者重返正面论证，以秦国富强，天下霸业着眼，使用排比论证方式正面指出广纳贤才，富国强民的重要性。文末则继续回到反面总结，阐明逐客行为会导致国家危困，实际是以人才壮大敌人。这样反复正反陈述的论证手法，显得有理有据，说服力强。

在本文论证理据结合，气势充沛的特色之外，具体的行文手法亦有很多可圈可点之处，如列举论据，多用排比铺陈，显得字句挥洒，文采斐然；具体引论，则使用多种比喻，生动形象，平易晓畅；从整体词句来看，显得句式整洁，音节铿锵，已有汉赋雏形。因此，本文在风格多元的先秦散文与铺张扬厉的汉赋之间，具有承上启下的效用。

云中谁寄锦书来

本文从国家利害着眼,高屋建瓴,又能动之以情理,富有说服力,是古代公文写作的名篇。李斯凭借这一篇上书,使得秦王嬴政收回成命,再度予其重任,终于壮实国力,最终统一六国。可见其眼光之高远,策论之精妙。

古文的智慧

李斯凭借一封书信就改变了一项国家政策,可见,他在下笔之前早已琢磨透了秦王的心思,知道问题的症结在哪儿,然后对症下药,一击必中。行文如此,为人处世亦如此,善于抓住问题的关键,有的放矢,方能事半功倍、游刃有余。

给一位将死朋友的回信
报任安书

西汉·司马迁

太史公牛马走司马迁再拜言①,少卿足下:曩者辱赐书②,教以慎于接物,推贤进士为务。意气勤勤恳恳,若望仆不相师,而用流俗人之言。仆非敢如此也。仆虽罢驽,亦尝侧闻长者之遗风矣。顾自以为身残处秽,动而见尤,欲益反损,是以独抑郁而谁与语。谚曰:"谁为为之?孰令听之③?"盖钟子期死,伯牙终身不复鼓琴。何则?士为知己者用,女为说己者容。若仆大质已亏缺矣,虽才怀随、和,行若由、夷,终不可以为荣,适足以见笑而自点耳④。书辞宜答,会东从上来,又迫贱事,相见日浅,卒卒无须臾之间得竭志意。今少卿抱不测之罪,涉旬月,迫季冬,仆又薄从上雍，恐卒然不可为讳⑤。是仆终已不得舒愤懑以晓左右，则长逝者魂魄私恨无穷。请略陈固陋。阙然久不报，幸勿为过。

仆闻之：修身者，智之符也；爱施者，仁之端也；取予者，义之表也；耻辱者，勇之决也；立名者，行之极也。士有此五者，然后可以托于世，而列于君子之林矣。故祸莫憯于欲利⑥，悲莫痛于伤心，行莫丑于辱先，诟莫大于宫刑。刑余之人，无所比数，非一世也，所从来远矣。昔卫灵公与雍渠同载，孔子适陈；商鞅因景监见，赵良寒心；同子参乘⑦，袁丝变色⑧，自古而耻之。夫中材之人，事有关于宦竖，莫不伤气，而况于慷慨之士乎！如今朝廷虽乏人，奈何令刀锯之余荐天下之豪俊哉！仆赖先人绪业，得待罪辇毂下，二十余年矣⑨。所以自惟，上之，不能纳忠效信，有奇策材力之誉，自结明主；次之，又不能拾遗补阙，招贤进能，显岩穴之士；外之，不能备行伍，攻城野战，有斩将搴旗之功⑩；下之，不能积日累劳，取尊官厚禄，以为宗族交游光宠。四者无一遂，苟合取容，无所短长之效，可见于此矣。向者，仆亦尝厕下大夫之列⑪，陪奉外廷末议，不以此时引纲维，尽思虑，今已亏形为扫除之隶⑫，在阘茸之中⑬，乃欲仰首伸眉，论列是非，不亦轻朝廷、羞当世之士耶？嗟乎！嗟乎！如仆尚何言哉！尚何言哉！

且事本末未易明也。仆少负不羁之才，长无乡曲之誉，主上幸以先人之故，使得奏薄伎，出入周卫之中。仆以为戴盆何以望天⑭，故绝宾客之知，亡室家之业，日夜思竭其不肖之才力，务一心营职，以求亲媚于主上。而事乃有大谬不然者。

夫仆与李陵俱居门下⑮，素非能相善也，趋舍异路⑯，未尝衔杯酒、接殷勤之余欢。然仆观其为人，自守奇士，事亲孝，与士信，临财廉，取与义，分别有让，恭俭下人，常思奋不顾身以殉国家之急。其素所蓄积也，仆以为有国士之风。夫人臣出万死不顾一生之计，赴公家之难，斯已奇矣。今举事一不当，而全躯保妻子之臣随而媒孽其短⑰，仆诚私心痛之。且李陵提步卒不满五千，深践戎马之地，足历王庭，垂饵虎口，横挑强

胡，仰亿万之师，与单于连战十有余日，所杀过当，虏救死扶伤不给。旃裘之君长咸震怖⑱，乃悉征其左右贤王，举引弓之人，一国共攻而围之。转斗千里，矢尽道穷，救兵不至，士卒死伤如积。然陵一呼劳军，士无不起，躬自流涕，沫血饮泣⑲，更张空弮⑳，冒白刃，北向争死敌者。

陵未没时，使有来报，汉公卿王侯皆奉觞上寿。后数日，陵败书闻，主上为之食不甘味，听朝不怡。大臣忧惧，不知所出。仆窃不自料其卑贱，见主上惨怆怛悼㉑，诚欲效其款款之愚。以为李陵素与士大夫绝甘分少，能得人之死力，虽古之名将，不能过也。身虽陷败，彼观其意，且欲得其当而报于汉。事已无可奈何，其所摧败，功亦足以暴于天下矣。仆怀欲陈之，而未有路，适会召问，即以此指推言陵之功，欲以广主上之意，塞睚眦之辞。未能尽明，明主不晓，以为仆沮贰师，而为李陵游说，遂下于理。拳拳之忠，终不能自列，因为诬上，卒从吏议。家贫，货赂不足以自赎，交游莫救视，左右亲近不为一言。身非木石，独与法吏为伍，深幽囹圄之中，谁可告诉者！此真少卿所亲见，仆行事岂不然乎？李陵既生降，聩其家声，而仆又佴之蚕室㉒，重为天下观笑。悲夫！悲夫！事未易一二为俗人言也。

仆之先非有剖符、丹书之功，文、史、星、历，近乎卜、祝之间，固主上所戏弄，倡优所畜，流俗之所轻也。假令仆伏法受诛，若九牛亡一毛，与蝼蚁何以异？而世俗又不与能死节者次比，特以为智穷罪极、不能自免、卒就死耳。何也？素所自树立使然也。人固有一死，死或重于泰山，或轻于鸿毛，用之所趣异也。太上不辱先，其次不辱身，其次不辱理色，其次不辱辞令，其次诎体受辱，其次易服受辱，其次关木索、被箠楚受辱，其次剔毛发、婴金铁受辱，其次毁肌肤、断支体受辱，最下腐刑极矣！传曰："刑不上大夫。"此言士节不可不勉励也。猛虎在深山，百兽震恐，及在槛阱之中，摇尾而求食，积威约之渐也。故士有画地为牢，势不可入；削木为吏，议不可对，定计于鲜也。今交手足，受木索，暴肌肤，受榜箠，幽于圜墙之中，当此之时，见狱吏则头抢地，视徒隶则心惕息。何者？积威约之势也。及以至是，言不辱者，所谓强颜耳，曷足贵乎！

且西伯，伯也，拘于羑里；李斯，相也，具于五刑；淮阴，王也，受械于陈；彭越、张敖，南面称孤，系狱抵罪；绛侯诛诸吕，权倾五伯，囚于请室；魏其，大将也，衣赭衣，关三木；季布为朱家钳奴；灌夫受辱于居室，此人皆身至王侯将相，声闻邻国，及罪至罔加，不能引决自裁。在尘埃之中，古今一体，安在其不辱也？由此言之，勇怯，势也；强弱，形也。审矣，何足怪乎？夫人不能早自裁绳墨之外㉓，以稍陵迟，至于鞭箠之间，乃欲引节，斯不亦远乎！古人所以重施刑于大夫者，殆为此也。夫人情莫不贪生恶死，念父母，顾妻子，至激于义理者不然，乃有所不得已也。今仆不幸早失父母，无兄弟之亲，独身孤立，少卿视仆于妻子何如哉？且勇者不必死节，怯夫慕义，何处不勉焉！仆虽怯懦欲苟活，亦颇识去就之分矣，何至自沉溺缧绁之辱哉！且夫臧获婢妾犹能引决，况仆之不得已乎！所以隐忍苟活，幽于粪土之中而不辞者，恨私心有所不尽，鄙陋没世而文采不表于后世也。

古者富贵而名磨灭，不可胜记，唯倜傥非常之人称焉。盖文王拘而演《周易》；仲尼厄而作《春秋》；屈原放逐，乃赋《离骚》；左丘失明，厥有《国语》；孙子膑脚，兵法修列；不韦迁蜀，世传《吕览》；韩非囚秦，《说难》、《孤愤》；《诗》三百篇，大底贤圣发愤之所为作也。此人皆意有所郁结，不得通其道，故述往事，思来者。乃如左丘无目，孙子断足，终不可用，退而论书策以舒其愤，思垂空文以自见。仆窃不逊，近自托于无能之辞，网罗天下放失旧闻，略考其事，综其终始，稽其成败兴坏之纪，上计轩辕，下至于兹，为十表、本纪十二、书八章、世家三十、列传七十，凡百三十篇。亦欲以究天人之际，通古今之变，成一家之言。草创未就，会遭此祸，惜其不成，是以就极刑而无愠色。仆诚已著此书，藏之名山，传之其人、通邑大都，则仆偿前辱之责，虽万被戮，岂有悔哉！然此可为智者道，难为俗人言也。

且负下未易居，下流多谤议。仆以口语遇遭此祸，重为乡党所戮笑，

云中谁寄锦书来

以污辱先人，亦何面目复上父母之丘墓乎？虽累百世，垢弥甚耳！是以肠一日而九回，居则忽忽若有所亡，出则不知其所往。每念斯耻，汗未尝不发背沾衣也！身直为闺阁之臣㉔，宁得自引深藏岩穴邪？故且从俗浮沉，与时俯仰，以通其狂惑。今少卿乃教以推贤进士，无乃与仆私心刺谬乎？今虽欲自彫琢㉕，曼辞以自饰，无益。于俗不信，适足取辱耳。要之，死日然后是非乃定。书不能悉意，略陈固陋。谨再拜。

经典注释

①牛马走：这是作者的谦称。②曩（nǎng）者：先前。辱：指给自己写信对对方来说是一种耻辱，这是一种谦虚的说法。③"谚曰"两句：第一个"为"读wèi，介词，替；第二个"为"读wéi，动词，做。谁为，为谁。孰令，令谁。两者都是宾语前置句式。④点：黑点，这里用作动词，玷污。⑤不可为讳：死的委婉说法。⑥憯（cǎn）：同"惨"。⑦同子：司马迁为讳父名，故称赵谈为同子。赵谈，汉时宦官。⑧袁丝：袁盎，别号丝，一说是字，汉文帝时的大臣。⑨待罪：做官的谦逊说法。辇毂（niǎn gǔ）下：京城的代称。辇，皇帝的车驾。⑩搴（qiān）：拔取。⑪厕：掺杂其间。⑫扫除之隶：地位低下的人，谦词。⑬闒（tà）茸：卑贱。这里用作名词，代指地位卑贱的人。⑭戴盆何以望天：戴盆不得望天，望天就不能戴盆，谓事不可兼顾。这可能是当时谚语。此处指自己专心于公务，无暇他顾。⑮俱居门下：李陵初官侍中，司马迁初官郎中，同属"侍中曹"（官署名，后改"门下"），所以这样说。⑯趋舍：进退，这里指志趣，志向。⑰媒蘖（niè）：也作"媒"，酿酒的酵母。蘖，用以酿酒的酒曲。这里用作动词，是扩大的意思。⑱旃（zhān）裘：匈奴人穿的衣服，这里指匈奴。⑲沬（huì）血饮泣：血流满面，和泪入口。⑳弮（quān）：弩弓。㉑惨怆怛（dá）悼：都指悲痛哀伤。㉒佴：是"耻"字。蚕室：受宫刑的人怕风寒，因此要住在严

密而温暖的房间里，就像养蚕的房间一样，故称"蚕室"。㉓绳墨：工匠用以取直的工具，喻指法律，法律制裁。㉔闺阁（gé）之臣：指宦官。闺、阁，都是宫中的小门，二字连文，即指宫禁。㉕彫琢：妆饰。这里指用推贤进士的行为掩盖自己的耻辱。

译文也很美

　　太史公像牛马般被驱使的奴仆司马迁再拜陈说。少卿足下：以前承蒙您屈辱地给我写信，教我要顺应时世来待人接物，把推荐贤人当作自己应当做的事。信中情意诚恳而真挚，好像在抱怨我不听从您的指教，却遵行世俗之人的话。我是不敢这样做的呀！我虽然愚笨无能，但也曾从旁听说品德高尚的人遗留下来的风尚。只是自以为身体残缺、地位卑贱，一行动就受到指责，想对事情有所补益却反把事情搞坏，所以才独自愁闷，无人诉说。谚语说："为谁做呢？又让谁来听呢？"钟子期死后，伯牙终身不再弹琴。为什么呢？因为士人只为了解自己的人效力，女子只为喜欢自己的人打扮。至于我身体已经残缺，即使怀有像随侯珠、和氏璧那样可贵的才华，行为又像许由、伯夷那样高洁，终究不能引以为荣，恰恰会使人感到可笑以致自取侮辱。本该及时答复您的来信，但正碰上我跟从皇上东巡归来，又被低贱的琐事缠身，彼此相见的时间很短，忙忙碌碌没有片刻的空闲可以详尽地说明我的心意。现在，您背着不堪设想的罪名。过一个月，就接近冬末了，我又要跟从皇上到雍地去了。担心您会突然遭到不幸，那样我就永远不能把满腔悲愤向您诉说让您了解，而您在天之灵也一定会抱恨无穷的。请让我简略地陈述一些偏狭、浅陋的意见。隔了这么长时间不给您回信，希望您不要责备。

　　我曾听说：增加自身的修养是智慧的象征；乐于施舍是仁义的开端；获取和给予恰当是守义的标志；如何对待耻辱是判断勇敢与否的标准；建立功名是品行的最高准则。士人具备了这五种品德，然后可以立身处世，跻身于君子的行列。所以，祸害没有比贪图私利更悲惨的了，悲哀没有比伤心更痛苦的了，行为没有比使祖先受辱更可恶的了，而耻辱没有比遭受宫刑更严重的了。受过宫刑的人，没有人肯和他们相提并论。不仅当今之世如此，历史上也从来如此。从前，卫灵公和雍渠同车，孔子就离开卫国去了陈国；商鞅靠景监被秦孝公召见，赵良就因此而恐惧担心；赵谈做汉文帝的参乘，袁盎就勃然大怒，自古以来就是耻于跟这种人为伍的。中等才能的人，只要事情同宦官有关，没有不感到耻辱的，更何况慷慨激昂之士呢？如今朝廷虽然缺乏人才，又怎么会让受过刑罚的人来推荐天下的英雄豪杰呢？我依靠父亲的遗业，才得以在京城做官，至今已二十多年了。所以我常想：对上，不能献纳自己的忠信，获得有奇策和才能的声誉，从而取得皇上的信任；其次，又不能为皇上拾掇遗漏、弥补缺失、招纳贤才、引进能人和隐居之士；对外，不能参加军队，攻打城池，作战野外，

建立斩杀敌将、拔取敌旗的功勋；对下，不能累积功劳，获取高官厚禄，以此为宗族和朋友增光。这四条没有一条成功，不过是苟且迎合皇上的心意以容身，没有什么成就，也就由此可见了。过去，我也曾置身于士大夫的行列，侍奉于外廷，发表一些微不足道的议论。不在那时申张国家的法度，竭尽智谋，到现在形体已经残缺，成为地位低下的人，身处卑贱地位的行列之中，却要昂首扬眉，评论谁是谁非，不是也太轻视朝廷、羞辱当今的士人了吗？唉！唉！像我这样的人，还说什么呢？还说什么呢？

而且事情的原委是不容易搞清楚的。我少年时自恃才质高远，但长大后并没有在故乡获得好名声。幸亏皇上因为我祖先的缘故，使我得以奉献微薄的才能，出入于宫廷。我认为头上顶着盆子怎么能够望见天空呢？所以谢绝宾客的交往，把家庭的私事放在一边，日日夜夜思考竭尽自己微薄的才干和能力，一心一意地恪尽职守，以求得皇上的亲近和喜爱。但是，事情却远远不是这样。

我与李陵同在侍中曹任职，平时没有很深的交情。各走各的路，未曾在一起喝过一杯酒以互相表示诚挚的情谊。然而，我观察李陵的为人，的确是一个能自守节操的奇士，他侍奉父母很孝顺，与士人交往守信用，处理钱财廉洁奉公，获取和给予都符合礼义。懂得名分和差别而谦让有礼，恭敬节俭，待人谦恭常想奋不顾身地去排解国家的急难。他这些长期养成的好品德，我认为有国士的风貌。一个大臣出于宁肯万死而不求一生的意念，去解救国家的危难，这已经很难得了。现在，他办事一有不妥当，那些只会保全自己和妻儿的大臣就紧跟着夸大他的短处，我实在感到痛心。况且李陵带领不足五千步兵，深入胡地，足迹曾到达单于的王庭，就好像在虎口垂饵诱敌，勇猛地向强悍的匈奴挑战，向居高临下、为数众多的匈奴大军发动进攻，与单于率领的军队接连战斗了十多天，杀伤敌兵超过了自己将士的人数，以致敌寇救死扶伤都顾不上。匈奴的君主都感到震惊，于是调集了左、右贤王全数的军队，征发所有能拉弓射箭的百姓，全国一起进攻、围困李陵。李陵转战数千里，箭矢用尽，无路可走，而援军迟迟不至，死伤的士卒堆积遍地。但只要李陵振臂一呼鼓舞士兵，疲劳的士兵没有不强撑起身体，流着眼泪，以血洗脸，以泪解渴，拉开没有箭的空弓，冒着寒光闪闪的锋刃，争着向北拼命杀敌的。

　　当李陵的军队还没有覆没时，有信使来报捷，朝中的公卿王侯都向皇上祝贺胜利。几天后，李陵兵败的奏章报来，皇上为此食不甘味，上朝听政也闷闷不乐。大臣们担心害怕，想不出什么办法。我个人不度量自己地位的卑贱，见皇上悲伤痛苦，实在想要献上自己诚恳愚昧的意见。我认为李陵对待部下，向来好吃的东西自己不吃，把少量的东西分给大家，因此能赢得别人的拼死效力，即使是古代的名将也比不上他。他虽因兵败而被匈奴俘虏，但看他的用意，是想要寻找一个适当的机会来报效汉朝。事情至此已无可奈何，但他

曾击败强敌，功劳也足以颁布天下了。我心里想陈述给皇上听，却没有机会。正逢皇上召见，我就用这些意思来阐述李陵的功劳，想以此宽舒皇上的胸怀，堵塞那些怨恨李陵的言辞。我没能彻底表达清楚，以致英明的皇上没能了解我的心意，反以为我在诋毁贰师将军，而有意为李陵说好话，于是就把我交给廷尉审判。耿耿忠心，终于无法自我表白，因而指责我欺蒙皇上，皇上终于听从了狱吏的判决。我家境贫困，没有那么多钱财来为自己赎罪，朋友们没有一个来救援，皇上的左右亲信也不为我说一句求情的话。我不是木块、石头，却偏要让我同执法的狱吏一起相处，被关押在监狱里，心中的痛苦可以向谁诉说呢？这些正是您亲眼看到的，我的行为处世难道不是这样吗？李陵已经活着投降了匈奴，败坏了他家族的声誉，而我关在蚕室中蒙受耻辱，深为天下人所耻笑。可悲呀！可悲呀！这些事情不容易对世俗上的人逐一说清。

　　我的先人并没有受赐剖符、丹书那样的功劳，只是掌管文献、历史、天文、历法，几乎与卜官、祝官相似，本是为皇上所戏弄，像乐师、优伶那样被豢养，而为世人所看不起的。假使我受法律的制裁而被杀，如同九牛失去一毛，与死去一只蝼蛄、蚂蚁有什么不同呢？而世俗又不把我和为坚持气节而死的人相提并论，只认为我想不出办法，罪大恶极，实在不能脱罪，终于被杀而已。为什么呢？平素自己立身处世的职业使人们有这样的看法。人总有一死，有的人死得比泰山还重，有的人死得比鸿毛还轻，这是因为他们死的目的有所不同。最好是不使祖先受辱，其次是自己的身体不受辱，其次是不使脸面受辱，其次是不在言辞上受辱，其次是被捆绑而受辱，其次是换上罪人的衣服而受辱，其次是戴刑具、被杖打而受辱；其次是剃毛发、戴铁钳而受辱；其次是毁坏肌肤、截断肢体而受辱；最下等的是宫刑，受辱到了极点！书上记载说："刑罚不能加到大夫身上。"这是说作为士人的节操不可不勉励。猛虎在深山里，足以使百兽震恐，一旦关进陷阱和笼子里，便摇着尾巴向人求食，这是由于威势的逼迫而逐渐造成的状况。所以，有的士人在地上画个圆圈做监牢，他也决不进入；削个木头人做狱吏，他也决不同他对答，而是决计在受辱之前便自杀。如今捆绑了手脚，戴上了刑具，暴露肌肤，被杖打，幽禁在牢狱之中。当这时候，见到狱吏就叩头，看见狱卒就吓得不敢喘气。为什么呢？这是由于威势的逼迫而逐渐造成的状态。已经到了这种地步，却说自己没有受辱，不过是厚着脸皮而已，怎么还值得尊重呢！

况且，西伯是一方诸侯之长，而被拘禁在羑里；李斯是丞相，身受五种刑罚；淮阴侯本是王，却在陈地被拘捕；彭越、张敖都是面向南方称孤道寡的王，却被判罪入狱；绛侯灭掉诸吕，权势超过春秋五霸，却被囚禁在牢狱之中；魏其侯是大将军，却穿上赭色囚衣，戴上木枷、手铐和脚镣；季布剃去头发、戴上项圈自卖给朱家做奴隶；灌夫在居室之中受辱。这些人都是身至王侯将相，名声传播到邻国，直到获罪落入法网，却不能自尽，而被囚禁在肮脏的监狱之中。古今一样，哪里有不受屈辱的呢？由此说来，勇敢、胆怯、坚强、懦弱都是形势所造成的。明白了这个道理，还有什么值得奇怪的呢？一个人不能早在法律制裁之前自尽，因逐渐受挫而颓唐，到了身受杖打的时候，才想为守气节而死，这不也太晚了吗！古人不轻易对大夫施刑的原因，大概就是这个缘故。按人之常情，没有不爱惜生命厌恶死亡，牵挂父母顾念妻子儿女的。至于为义理所激发的人不是这样，因为他们有不得已之处。如今我很不幸，父母早逝，没有兄弟亲人，独自一人活在世上。您看我对妻子儿女的态度怎么样呢？况且勇敢的人不必为名节而死，怯懦的人如果仰慕节义，在什么情况下不能勉励自己呢？我虽然怯懦，想苟且活下来，也稍微懂得舍身取义的道理，何至于心甘情愿地接受刑罚的污辱呢？而且奴仆婢妾尚且能够自杀，何况我处在不得已的情况下呢？我所以暗自忍受着苟且偷生，囚禁在污秽的监狱中而不肯死去，是因为我的心愿还没有实现，如果在耻辱中离开人世，我的文章著述便不能彰显于后世。

　　自古以来，富贵而声名磨灭不传的人，多得无法记载，只有卓越出众的人受到后人的称道。周文王被拘禁而推演出《周易》；孔子处于困境而写成了《春秋》；屈原被放逐，于是创作了《离骚》；左丘明双目失明，而完成了《国语》；孙子膝盖被削，而撰修了《孙膑兵法》；吕不韦贬居蜀地，《吕览》却流传于后世；韩非子在秦国被捕下狱，写出了《说难》《孤愤》；《诗》三百篇，大都是贤人、圣人抒发他们内心的愤懑而作出来的。这些人都是心有抑郁闷结之处，得不到抒发，所以才追述过去的事，而寄希望于将来。就像左丘明双目失明，孙子削去膝盖，再也不能被重用了，于是退隐著书，以此抒发内心的愤懑，期望文章能流传后世，使自己的心意得以表白。近年来，我自不量力，运用拙劣的文辞，搜集天下散失的旧说遗闻，大略地考订其事实，考察其成功、失败、兴起、衰亡的规律。上从黄帝算起，下至于今。写成表十篇，本纪十二篇，书八篇，世家三十篇，列传七十篇，共一百三十篇。也是想用来探究天象和人事的关系，通晓从古到今的变化，而成为一家之言。草稿还没有完成，正好遭逢这起灾祸，我痛惜全书没有完成，所以，受到极残酷的刑罚我也毫无怨言。如果著成这部书，我就把它藏在名山之中，传给能理解我的人，在四通八达的大都市里散播。那时，我就偿还了受屈辱的债，即使受刑被杀一万次，又有什么可后悔的呢！然而这些只可以向有智慧的人去说，难以对世俗的人去讲。

　　再说，背着因罪受刑的恶名的人不容易在世上安身，地位卑贱的人常常被诽谤、议论。我因为多说了几句话就遭到了这次灾祸，深深地被故乡人耻笑，侮辱了祖先，又有什么脸面再到父母的坟前去祭奠呢？即使百代之后，这种侮辱也只会越来越重！所以我天天痛苦至极，闲居时则恍恍惚惚、若有所失，出门则不知要往何处去。每当我想起那种耻辱，冷汗就从背上渗出，浸湿了衣服。我只不过是一个宦官，难道我能够自己引身而退，成为深藏山林岩穴中的隐士吗？所以只好暂且随波逐流，见机行事地活下去，以发泄我内心的愤怒与矛盾。现在少卿您却教我推举贤人，引进才士，不正与我内心的想法相反吗？现在，我即使想要用推贤进士的行为，美妙的言辞为自己粉饰，也无济于事。世俗的人不会相信，只不过自取侮辱罢了。总而言之，到我死之后才能确定谁是谁非。我的信不能尽情表达意思，只是大略地陈述一下我偏狭浅陋的意见。谨再次叩首。

本文写于汉武帝征和二年（前91），是司马迁对任安的回信。司马迁于汉武帝天汉三年（前98）受宫刑下狱后两年，任职中书令，工作与皇帝多有接触，受到宠信。任安因此写信请求司马迁举荐官职。司马迁没有回应，直到任安因罪下狱，生死未卜，才写信回复。司马迁在信中写明了自己因李陵一事上书后获罪的前因后果，并借以写自己受刑苦楚悲愤，与编撰《史记》的缘由。全文感情真挚深邃，哀婉动人，是为理解《史记》相关选文中叹惋世情，忧愤深广风格的重要参照文章。

本文共三千余字，却显得脉络清晰，可见作者布局结构功力。本文虽然是出于推辞任安"举贤进士"目的所作，却层层铺陈，先写明自己曾经受刑，已经是名节身心有所缺失，本就难以荐士，再写自己尽职尽忠，却遭受刑罚。由此展开，说明自己因为上书为李陵辩护，反而获罪的前因后果，备述自己受到宫刑的奇耻大辱，由此探讨自身生死观念，借古之圣贤类比，表明自己隐忍求活，实在是因为自己著述历史的理想难以实现，所以才著书立说，著述《史记》。由此层递推进，抒发情感，凸显己志，待到文章徐徐作结,尘埃落定,才又在最后再三慨叹,委婉回绝了任安的请求。

如此绵延不尽,首尾相和的结构展开,再辅以悲宏慨叹,曲折反复的行文词句,可以说读来令人荡气回肠,叹惋不已。典型如司马迁陈述自己受辱的悲郁之情时,善用排比层递的手法,从先人依次至言语受辱,再由"诎体"(被弯曲身体受到绑缚),到"最下腐刑极矣"(最下等的就是受到宫刑了),连用八个其次,受辱程度先降后升,则作者受刑后一片愤懑悲痛之情,喷薄而出;又如备述自身苟且偷生,全因著述立名时,以七组旁征博引,错落参差的排比,总论古今,展现出一种纵横捭阖,志存高远的气势,又可见本文笔力雄奇之处。以《古文观止》编者评价"其感慨啸歌,大有燕赵烈士之风;忧愁幽思,则又直与《离骚》对垒,文情至此极矣",可以作为本文充沛雄健的艺术感染力的一个总结式参照。

古文的智慧

即便身受摧残,司马迁依然"史"志不渝,怀着满腔悲愤与赤忱将一身才华挥洒于史册,著成千古名著,流芳百世。人一生中难免要经历大风大浪,或许只有奋勇向前、不言退缩的人才能看到最美好的风景,拥有精彩的人生。

司马迁的苦衷

"巫蛊之祸"发生时,任安任护北军使者,太子刘据请求他发兵相助,但任安表面答应,却并不发兵。事件平息后,当汉武帝意识到太子刘据枉死,便要处置与其作对之人,他怀疑任安不发兵是想坐持两端、收渔翁之利,于是判他腰斩之刑。任安致书司马迁,司马迁深知武帝性情,此事已无回旋余地,自己也不想重蹈"李陵之祸"的覆辙,便写这封书信以诉苦衷。

帝国的崛起和消亡
过秦论上

西汉·贾谊

秦孝公据崤、函之固①，拥雍州之地，君臣固守，以窥周室。有席卷天下、包举宇内、囊括四海之意，并吞八荒之心。当是时也，商君佐之，内立法度，务耕织，修守战之具；外连衡而斗诸侯。于是秦人拱手而取西河之外。

孝公既没，惠文、武、昭蒙故业，因遗策，南取汉中，西举巴蜀，东割膏腴之地，收要害之郡。诸侯恐惧，会盟而谋弱秦，不爱珍器、重宝、肥饶之地，以致天下之士，合从缔交，相与为一。当此之时，齐有孟尝，赵有平原，楚有春申，魏有信陵。此四君者，皆明智而忠信，宽厚而爱人，尊贤而重士，约从离横，兼韩、魏、燕、赵、宋、卫、中山之众。于是六国之士，有宁越、徐尚、苏秦、杜赫之属为之谋，齐明、周最、陈轸、召滑、楼缓、翟景、苏厉、乐毅之徒通其意，吴起、孙膑、带佗、儿良、王廖、田忌、廉颇、赵奢之伦制其兵。尝以什倍之地、百万之众，叩关而攻秦。秦人开关而延敌，九国之师遁逃而不敢进。秦无亡矢遗镞之费，而天下诸侯已困矣。于是从散约解，争割地而赂秦。秦有余力而制其弊，追亡逐北，伏尸百万，流血漂橹。因利乘便，宰割天下，分裂河山。强国请服，弱国入朝。施及孝文王、庄襄王，享国之日浅，国家无事。

及至始皇，奋六世之余烈，振长策而御宇内，吞二周而亡诸侯，履至尊而制六合，执敲朴而鞭笞天下②，威振四海。南取百越之地，以为桂林、象郡。百越之君俯首系颈，委命下吏。乃使蒙恬北筑长城而守藩篱，却匈奴七百余里，胡人不敢南下而牧马，士不敢弯弓而报怨。于是废先王之道，燔百家之言，以愚黔首。隳名城，杀豪俊，收天下之兵聚之咸阳，

销锋镝③，铸以为金人十二，以弱天下之民。然后践华为城，因河为池，据亿丈之城，临不测之溪以为固。良将劲弩，守要害之处，信臣精卒，陈利兵而谁何。天下已定，始皇之心，自以为关中之固④，金城千里，子孙帝王万世之业也。始皇既没，余威震于殊俗。

然而陈涉，瓮牖绳枢之子⑤，氓隶之人，而迁徙之徒也，材能不及中庸，非有仲尼、墨翟之贤，陶朱、猗顿之富，蹑足行伍之间，俛起阡陌之中，率罢弊之卒，将数百之众，转而攻秦。斩木为兵，揭竿为旗，天下云集而响应，赢粮而景从，山东豪俊遂并起而亡秦族矣⑥。

且夫天下非小弱也，雍州之地，殽、函之固，自若也；陈涉之位，不尊于齐、楚、燕、赵、韩、魏、宋、卫、中山之君也；锄耰、棘矜⑦，不铦于钩、戟、长铩也⑧；谪戍之众，非抗于九国之师也；深谋远虑，行军用兵之道，非及曩时之士也，然而成败异变，功业相反。试使山东之国与陈涉度长絜大，比权量力，则不可同年而语矣。然秦以区区之地，致万乘之权，招八州而朝同列，百有余年矣。然后以六合为家，殽、函为宫。一夫作难而七庙隳⑨，身死人手，为天下笑者，何也？仁义不施，而攻守之势异也。

经典注释

①殽（yáo）：山名，在今河南洛宁北。函：函谷关，在今河南灵宝。②敲朴：刑具，短的叫"敲"，长的叫"朴"。③锋镝（dí）：刀剑箭之类。这里泛指武器。④关中：函谷关以西，秦岭以北总称"关中"。⑤瓮牖（yǒu）绳枢：瓮牖，以瓮做窗。牖，窗。绳枢，用绳子拴门轴。⑥山东：指崤山以东。⑦耰（yōu）：古时的一种农具，似耙而无齿。棘矜（qín）：用酸枣木做的木棍。⑧铦（xiān）：锋利。铩（shā）：长矛。⑨七庙：天子的宗庙。古制，天子宗庙奉祀七代祖先。

译文也很美

秦孝公依仗崤山、函谷关的险固地势，又拥有雍州的土地，君臣牢牢地固守着疆土，以寻找机会夺取周王朝的政权。他们怀着席卷天下、征服列国、控制四海、吞并八方的雄心。在这个时候，商鞅辅佐他，对内建立法规制度，致力发展农业和纺织业，整治攻守的器械，对外实行连横的策略，使各国诸侯互相争斗。这样，秦国人毫不费力地取得了黄河西岸及其以外的大片土地。

秦孝公死后，惠文王、武王、昭襄王继承他的事业，遵循着既定的策略，向南攻占了汉中，向西夺取了巴蜀，向东占据了肥沃的土地，从北方接收了险要的州郡。诸侯们很害怕，他们结成联盟，图谋削弱秦国，不惜拿珍贵的器物、贵重的财宝、肥沃富饶的土地来招纳天下的才士，缔结合纵盟约，结为一体。在这个时候，齐国有孟尝君，赵国有平原君，楚国有春申君，魏国有信陵君。这四个人，都明智、忠诚、讲信义，宽厚而且爱护百姓，尊重贤者，相约合纵以拆散连横，聚合起韩、魏、燕、赵、宋、卫、中山等国的众多人力。这时，六国的士人当中，有宁越、徐尚、苏秦、杜赫这一类人替他们出谋划策，有齐明、周最、陈轸、召滑、楼缓、翟景、苏厉、乐毅这一伙人为他们互通消息，有吴起、孙膑、带佗、儿良、王廖、田忌、廉颇、赵奢这一批人统帅他们的军队。常常以比秦国大十倍的土地和百万士兵，逼临函谷关来攻打秦国。秦国人开关迎敌，九国军队迟疑徘徊，退的退、逃的逃，不敢前进。秦国没有破费一支箭，一个箭头，天下诸侯就已经陷入困境了。于是，合纵拆散了，盟约瓦解了，诸侯争着割让土地讨好秦国。秦国有余力利用诸侯的困难去制服他们，追逐败逃的敌人，击毙士兵多达百万，流的血把盾牌都漂浮起来了。秦国依靠有利的条件，乘着大好的形势，宰割天下，分裂诸侯的山河。强国请求臣服，弱国到秦国朝拜。延续到孝文王、庄襄王，他们在位的时间短，国家没有重大的战事。

到了秦始皇,他继承六世祖先留下的业绩,挥动长鞭驾驭天下,吞并了东西二周,又灭掉了六国诸侯,登上了至高无上的皇帝宝座,统治了天下四方,用严刑镇压天下百姓,声威震动四海。他向南攻取百越的土地,设置桂林郡和象郡。百越的君主低着头、脖子上系着绳索前来投降,听命于秦朝的下级官吏。于是,又派遣蒙恬在北方修筑长城,以防守边境,把匈奴击退了七百多里。匈奴人不敢再南下放马,他们的士兵也不敢挑起战事报仇。于是,秦始皇完全废除前代君王治国的原则,焚烧诸子百家的著作,以使百姓愚昧无知。又毁坏坚固的名城,杀害六国的豪杰俊才,收集全国的兵器聚集到咸阳,把它们销毁而铸成十二个铜人,以削弱百姓的力量。然后据守华山作为城墙,凭借黄河作为护城河,据守着亿丈高的城,下有深不可测的护城河,以为这样就固若金汤了。又派遣良将手持强劲的弓弩驻守要害之处,派遣忠实的大臣、精锐的士兵,手执锐利的兵器盘问过往的行人。天下已经安定了,在秦始皇的心里,自以为关中地势坚固,犹如千里铜墙铁壁,真是子孙后代称帝立万世不败的基业。秦始皇死后,他的余威还震慑着偏远地区。

然而,陈涉是穷苦人家的子弟、卑贱的农夫、谪罚戍边的士卒;他的才能比不上一般人,没有孔子、墨子的贤能,陶朱公、猗顿的富有;置身于戍卒队伍之间,崛起于行伍之中,率领疲惫散乱的戍卒,统领着数百人的队伍,掉转矛头攻打秦朝。他们斩断树木做兵器,举起竹竿当旗帜,天下人像云彩般会聚,像回声般响应,身背粮食,像影子跟随身体似的跟从陈涉。于是,崤山以东的豪杰英俊就一齐起来消灭秦王朝了。

再说当时秦朝的力量并没有缩小削弱,雍州的土地,崤山和函谷关的险固,仍然和过去一样。陈涉的地位,也不比齐国、楚国、燕国、赵国、韩国、魏国、宋国、卫国、中山国的君主尊贵;他手中的锄头和木棍,并不比钩戟长矛锋利;谪罚守边的士卒,战斗力也超不过九国的军队;深谋远虑,行军用兵的战略战术,又比不上过去六国的谋士。然而，成败的形势却发生了不同的变化，成就的功业正好相反。如果拿崤山以东的诸侯国与陈涉比较一下强弱，较量一下权势和实力，那是不能相提并论的。然而，当初秦国凭借小小的国土和千辆兵车的国力，却取得了其他八州的土地，使原先位处同列的诸侯入秦朝拜，达一百多年之久。此后统一天下为一家所有，把崤山和函谷关当作他的宫墙。谁料一个普通人起来发难，秦朝的宗庙就毁灭了，皇帝也死在别人的手里，被天下人嘲笑，这是什么道理呢？就因为不施行仁义，攻守的形势也就不同了。

鉴赏文心

贾谊作《过秦论》，评析始皇、二世、子婴三位秦王功过，可分上中下三篇。本文选自《昭明文选》，原文只选取上篇，是为过秦论上，也是这三篇中影响最大的一篇。本文纵横捭阖，横跨秦孝公用商鞅变法（前356）时期，秦国国力逐渐强盛，到秦国灭亡时期（前207）一百四十余年历史，旨在讨论秦国何以强大又何以灭亡的原因。并得出"仁义不施而攻守之势异也"（不施行仁政而使得攻守的形势产生了变化）的结论，以劝喻汉文帝以民为本，施行仁政。全文文思充沛，以时间为轴，叙事铺陈，夹杂议论，是一篇政论文名作。

本文虽是一篇说理政论文章，文章主体部分却全在铺陈各类事实，采用以叙代议的手法，论证秦国历史得失。全文论证展开，主要在于四个故作夸张，却充沛有力的对比，以此烘托主题，增强感染力与说服力。这四个对比既包括宏观层面上的秦国前后盛衰对比，与微观层面上的秦与六国的国力强弱对比，以凸显秦立国时，以弱胜强的威猛气势。其后再写六国雄健与陈涉仓促起事对比，与秦国军事余威犹存和陈涉兵力驳杂的对比，更加凸显出秦国败亡之速，全在其失德离心。再由秦国实际因为施政暴虐失国的历史洞见，得出仁政治国的思想。

这样一种叙事主导论证的结构可以说是本文特色，追本溯源，是接近《左传》以史论事，以叙事隐含议论的写作思路。南北朝文学评论家刘勰在《文心雕龙·奏启》中称贾谊的奏疏文章"理既切至，辞亦通畅，可谓识大体矣"（说理既恳切周到，文辞也明白晓畅，可以说是懂得奏章规格了），即可从本文的论证说理手法中得见。

而本文在具体行文之间，则可见一种《战国策》式的铺张豪放的叙事风格，如写六国军势，则备述猛将名士，铺陈排比；写秦灭六国，则语意夸张，想象雄奇。如"据亿丈之城，临不测之溪"等字句，如同一位智谋过人，擅长雄辩的战国策士在纵论古今。这么一种有诗歌吟咏美，有词句音韵美的写作特色，正是后世汉赋铺扬张厉风格的先声。

古文的智慧

一个人在成长之路上难免要遇到各种困难与挫折，正是它们为我们铺就了前进的道路。前事不忘，后事之师，如果不能铭记这些经验教训，我们的成长之路将会变得更加曲折。

说文布道 "入队"有标准

《昭明文选》是中国现存最早的一部文学总集，由梁武帝长子萧统组织编纂，收录了先秦至南朝梁代八百多年间、一百三十余位作者、七百余篇诗文。萧统把我国自先秦以来文史哲不分的现象加以梳理，他认为经史诸子都以立意纪事为本，非辞章之作，只有符合"事出于沉思，义归乎翰藻"标准才能入选，因而《昭明文选》所选的都是善用典故、比喻等辞藻华丽的文章。

陛下，粮食真的很重要

论贵粟疏

西汉·晁错

圣王在上而民不冻饥者，非能耕而食之①，织而衣之也，为开其资财之道也。故尧、禹有九年之水，汤有七年之旱，而国无捐瘠者②，以畜积多而备先具也。今海内为一，土地人民之众不避禹、汤，加以亡天灾数年之水旱，而畜积未及者，何也？地有余利，民有余力，生谷之土未尽垦，山泽之利未尽出也，游食之民未尽归农也。民贫，则奸邪生。贫生于不足，不足生于不农，不农则不地着③，不地著则离乡轻家。民如鸟兽，虽有高城、深池、严法、重刑，犹不能禁也。

夫寒之于衣，不待轻暖；饥之于食，不待甘旨；饥寒至身，不顾廉耻。人情，一日不再食则饥，终岁不制衣则寒。夫腹饥不得食，肤寒不得衣，虽慈母不能保其子，君安能以有其民哉！明主知其然也，故务民于农桑，薄赋敛，广畜积，以实仓廪，备水旱，故民可得而有也。

民者，在上所以牧之。趋利如水走下，四方无择也。夫珠玉金银，饥不可食，寒不可衣，然而众贵之者，以上用之故也。其为物轻微易藏，在于把握，可以周海内而亡饥寒之患。此令臣轻背其主，而民易去其乡，盗贼有所劝，亡逃者得轻资也。粟米布帛，生于地，长于时，聚于力，非可一日成也。数石之重④，中人弗胜，不为奸邪所利，一日弗得而饥寒至。是故明君贵五谷而贱金玉。

今农夫五口之家，其服役者不下二人，其能耕者不过百亩，百亩之收不过百石。春耕，夏耘，秋获，冬藏，伐薪樵，治官府，给徭役。春不得避风尘，夏不得避暑热，秋不得避阴雨，冬不得避寒冻，四时之间无日休息。又私自送往迎来，吊死问疾，养孤长幼在其中⑤。勤苦如此，尚复被

云中谁寄锦书来

水旱之灾，急政暴虐⑥，赋敛不时，朝令而暮改⑦。当其有者半贾而卖，无者取倍称之息⑧，于是有卖田宅、鬻子孙以偿债者矣。而商贾大者积贮倍息，小者坐列贩卖，操其奇赢⑨，日游都市，乘上之急，所卖必倍。故其男不耕耘，女不蚕织，衣必文采，食必粱肉，亡农夫之苦，有阡陌之得。因其富厚，交通王侯，力过吏势，以利相倾，千里游遨，冠盖相望，乘坚策肥⑩，履丝曳缟⑪。此商人所以兼并农人、农人所以流亡者也。今法律贱商人，商人已富贵矣；尊农夫，农夫已贫贱矣。故俗之所贵，主之所贱也；吏之所卑，法之所尊也。上下相反，好恶乖迕⑫，而欲国富法立，不可得也。

方今之务，莫若使民务农而已矣。欲民务农，在于贵粟，贵粟之道，在于使民以粟为赏罚。今募天下入粟县官⑬，得以拜爵，得以除罪。如此，富人有爵，农民有钱，粟有所渫⑭。夫能入粟以受爵，皆有余者也。取于有余，以供上用，则贫民之赋可损，所谓损有余、补不足，令出而民利者也。顺于民心，所补者三：一曰主用足，二曰民赋少，三曰劝农功。今令民有车骑马一匹者⑮，复卒三人。车骑者，天下武备也，故为复卒。神农之教曰："有石城十仞，汤池百步，带甲百万，而亡粟，弗能守也。"以是观之，粟者，王者大用⑯，政之本务。令民入粟受爵至五大夫以上，乃复一人耳，此其与骑马之功相去远矣。爵者，上之所擅，出于口而无穷；粟者，民之所种，生于地而不乏。夫得高爵与免罪，人之所甚欲也。使天下人入粟于边，以受赏免罪，不过三岁，塞下之粟必多矣。

经典注释

①食（sì）之：给……吃。"食"做动词用。②捐瘠：被遗弃和瘦弱的人。③地著（zhuó）：定居一地。④石：重量单位。汉制三十斤为钧，四钧为石。⑤长（zhǎng）：养育。⑥政：同"征"。⑦改：变更标准。⑧倍称之息：加倍的利息。⑨奇（jī）赢：利润。

奇，指余物；赢：指余利。⑩乘坚策肥：乘坚车，策肥马。策，用鞭子驱赶。⑪履丝曳（yè）缟（gǎo）：脚穿丝鞋，身披绸衣。⑫乖迕（wǔ）：相违背。⑬县官：汉代对官府的通称。⑭渫（xiè）：散出。⑮车骑马：指战马。⑯大用：最需要的东西。

译文也很美

在圣明君王的统治下，百姓不挨饿受冻，这并非是因为君王能亲自种粮食给他们吃，织布匹给他们穿，而是由于他能给人民开辟财源。所以尽管唐尧、夏禹之时有过九年的水灾，商汤之时有过七年的旱灾，但那时没有因饿死而被抛弃和饿瘦的人，这是因为贮藏积蓄的东西多，事先早已做好了准备。现在全国统一，土地之大，人口之多，不亚于汤、禹之时，又没有连年的水旱灾害，但积蓄却不如汤、禹之时，这是什么原因呢？原因在于土地还有潜力，百姓还有余力，能长谷物的土地还没全部开垦，山林湖沼的资源尚未完全开发，游手好闲之徒还没全回乡务农。百姓生活贫困了，就会去做邪恶的事。贫困是由于不富足，不富足是由于不务农，不从事农业就不能在一个地方定居下来，不能定居就会离开乡土，轻视家园，像鸟兽一样四处奔散。这样的话，国家即使有高大的城墙，深险的护城河，严厉的法令，残酷的刑罚，还是不能禁止他们。

人在寒冷的时候，不会等有了取暖的皮衣才穿；饥饿的时候，也不会等有了美味才吃；饥寒交迫，就顾不上廉耻了。人之常情是：一天不吃两顿饭就要挨饿，整年不做衣服穿就会受冻。那么，肚子饿了没饭吃，身上冷了无衣穿，即使是慈母也不能留住她的儿子，国君又怎能保有他的百姓呢？贤明的君主懂得这个道理，所以让人民从事农业生产，减轻他们的赋税，大量贮备粮食，以便充实仓库，防备水旱灾荒，因此也就能够拥有人民。

百姓呢，在于君主用什么办法来管理他们，他们追逐利益就像水往低处流一样，不管东南西北。珠玉金银这些东西，饿了不能当饭吃，冷了不能当衣穿；然而人们还是看重它，这是因为君主需要它的缘故。珠玉金银这些物品，轻便小巧，容易收藏，拿在手里，可以周游全国而无饥寒的威胁。这就会使臣子轻易地背弃他的君主，而百姓也会随便离开家乡，盗贼受到了鼓励，犯法逃亡的人有了便于携带的财物。粟米和布帛的原料生在地里，在一定的季节里成长，收获也需要人力，并非短时间内可以成事。几石重的粮食，一般人拿不动它，也不为奸邪的人所贪图；可是这些东西一天得不到就要挨饿受冻。因此，贤明的君主重视五谷而轻视金玉。

现在农人中的五口之家，家里可以参加劳作的不少于两人，能够耕种的土地不超过百亩，百亩的收成，不超过百石。他们春天耕地，夏天耘田，秋天收获，冬天储藏，还得砍木柴，修理官府的房舍，服劳役，春天不能避风尘，夏天不能避暑热，秋天不能避阴雨，冬天不能避寒冻，一年四季，没有一天休息。在生活方面，又要交际往来，吊唁死者，看望病人，抚养孤老，养育幼儿，一切费用都要从农业收入中开支。农民如此辛苦，还要遭受水旱灾害，官府又要急征暴敛，随时摊派，早晨发命令，晚上就要交纳。交赋税的时候，有粮食的人，半价贱卖后缴税；没有粮食的人，只好以加倍的利息借债纳税；于是，就出现了卖田地房屋、卖子孙来还债的事情。而那些商人，大的囤积货物，获取加倍的利息；小的开设店铺，贩卖货物，牟取利润。他们每日都去集市游逛，趁政府急需货物的机会，所卖物品的价格就成倍抬高。所以商人家中男的不必耕地耘田，女的不用养蚕织布，穿的必定是华美的衣服，吃的必定是上等的米和肉；没有农夫的劳苦，却占有农桑的收获。依仗自己富厚的钱财，与王侯结交，势力超过官吏，凭借资产相互倾轧；他们遨游各地，车乘络绎不绝，乘着坚固的车，赶着壮实的马，脚穿丝鞋，身披绸衣。这就是商人兼并农民土地，农民流亡在外的原因。当今虽然法律轻视商人，而商人实际上已经富贵了；法律尊重农民，而农民事实上却已贫贱了。所以一般俗人所看重的，正是君主所轻贱的；一般官吏所鄙视的，正是法律所尊重的。上下相反，好恶颠倒，在这种情况下，要想使国家富裕，法令施行，那是不可能的。

当今的迫切任务，没有比使人民务农更为重要的了。而要想使百姓从事农业，关键在于抬高粮价；抬高粮价的办法，在于让百姓拿粮食来求赏或免罚。现在应该号召天下百姓交粮给政府，纳粮的可以封爵，或赎罪。这样，富人就可以得到爵位，农民就可以得到钱财，粮食就不会囤积进而得到流通。那些能交纳粮食得到爵位的，都是富有产业的人。从富有的人那里得到货物来供政府用，那么贫苦百姓所担负的赋税就可以减轻，这就叫作拿富有的去补不足的，法令一颁布百姓就能够得益。依顺百姓心愿，有三个好处：一是君主需要的东西充足，二是百姓的赋税减少，三是鼓励从事农业生产。按现行法令："民间能输送一匹战马的，就可以免去三个人的兵役。"战马是国家战备所需，所以可以使人免除兵役。神农氏曾教导说："有七八丈高的石砌城墙，有百步之宽贮满沸水的护城河，上百万全副武装的兵士，然而没有粮食，还是守不住的。"这样看来，粮食是君王最需要的

资财,是国家最根本的政务。现在让百姓交粮买爵,封到五大夫以上,才免除一个人的兵役,这与一匹战马的功用相比差得太远了。赐封爵位,是皇上专有的权力,只要一开口,就可以无穷无尽地封给别人;粮食,是百姓种出来的,生长在土地中而不会缺乏。能够封爵与赎罪,是人们十分向往的。假如叫天下百姓都缴纳粮食,用于边塞,以此换取爵位或赎罪,那么不用三年,边地粮食必定会多起来。

鉴赏文心

本文选自《汉书·食货志》,是晁错在汉文帝十二年(前168)上书皇帝的奏疏。当时社会崇尚道家黄老之学,经济实行放任政策,富商兴起,农村日渐凋敝。这份奏疏即针对此情况,提出"贵粟重农"的政策,意图在于重农抑商,鼓励耕作,以充盈国力。

作为一篇政策论说文,本文行文翔实有力,议论有章法。全文以立论,举例论证,结论拓展,可分为三个层面。

第一层为前三段,以前人圣贤言论,多用对比手法先写尧、禹等先王有所蓄积,点出当下国库凋敝之困境,再由底层民众贫困境况,写衣食关乎民心,而民心关乎立国,自下而上,正反论述,指出农业发展的重要性。第三段则以金玉与五谷作为对比,指出五谷重要而金玉轻贱,实则暗指农业与商业孰重孰轻。由此三段,点出"贵粟重农"的主题。

第二层则重在举例论证,补充实例。先写农民困苦情状:没有休息时间,还要应对时不时的赋税,有时难以为继,甚至卖掉田地住宅与自己的子孙用来还债,言辞真实动人。下文又写一段商人豪奢情形,字句陈列,突出商人"无农夫之苦,有阡陌之得"(没有农夫的苦楚,却得到了商业流通的利益),从而兼并农人,使农业凋敝的情形。此番详尽描述里触目惊心的对比,自然而然写出重商抑农的弊病,与前文对先王正道的阐述相合。

第三层则在阐明农业重要性后,既总结前文,又提出具体重农抑商政策，以补充议论，丰富文意。作者主要提出提高粮价，以粮换爵的政策，提出政策后，又补充说明政策利害，在于充实国财，爱惜民力，鼓励耕种三点好处，层次递进，有条不紊。更引神农氏的名言作结，再度暗合前文先王之道，最后再补充以粮资军的具体设施，收束全文，显得逻辑严谨，考虑周全。

本文在老到严密的国策见解之外，具体行文手法亦有可圈可点处。在论证时多次使用对比，如先王与今王，农夫与富商，法令与实际，以突出主题；又以顶真手法写农人贫苦之状，回旋往复，历历在目。字句间更用对偶，如"春耕，夏耘，秋获，冬藏""衣必文采，食必粱肉"等句分写农人商贾，句式整齐，有音韵美。

古文的智慧

在生活中，要想全面认识一个事物，就得拿它多跟同类事物进行对比，有对比才有差异，才能知道问题所在，对症下药，找出改进的方法。所以，我们在学习工作中，要学会寻找参照物，懂得对比，以便更快地发现问题，解决问题，不断进步。

绝望中的抗议信

狱中上梁王书

西汉·邹阳

邹阳从梁孝王游。阳为人有智略，忼慨不苟合，介于羊胜、公孙诡之间。胜等疾阳，恶之孝王。孝王怒，下阳吏，将杀之。阳乃从狱中上书曰：

"臣闻'忠无不报，信不见疑'，臣常以为然，徒虚语耳。昔荆轲慕燕丹之义，白虹贯日①，太子畏之。卫先生为秦画长平之事，太白食昴②，昭王疑之。夫精变天地，而信不谕两主，岂不哀哉！今臣尽忠竭诚，毕议愿知，左右不明，卒从吏讯，为世所疑。是使荆轲、卫先生复起，而燕、秦不寤也！愿大王孰察之。

"昔玉人献宝③，楚王诛之④；李斯竭忠，胡亥极刑。是以箕子阳狂，接舆避世，恐遭此患也。愿大王察玉人、李斯之意，而后楚王、胡亥之听，毋使臣为箕子、接舆所笑。臣闻比干剖心，子胥鸱夷⑤，臣始不信，乃今知之。愿大王孰察，少加怜焉！

"语曰：'有白头如新，倾盖如故。'何则？知与不知也。故樊於期逃秦之燕，藉荆轲首以奉丹事；王奢去齐之魏，临城自刭，以却齐而存魏。夫王奢、樊於期非新于齐、秦而故于燕、魏也，所以去二国死两君者，行合于志，慕义无穷也。是以苏秦不信于天下，为燕尾生；白圭战亡六城，为魏取中山。何则？诚有以相知也。苏秦相燕，人恶之燕王，燕王按剑而怒，食以𫘝𫘨⑥；白圭显于中山，人恶之于魏文侯，文侯赐以夜光之璧。何则？两主二臣，剖心析肝相信，岂移于浮辞哉！

"故女无美恶，入宫见妒；士无贤不肖，入朝见嫉。昔司马喜膑脚于宋，卒相中山；范雎拉胁折齿于魏，卒为应侯。此二人者，皆信必然之画，捐朋党之私，挟孤独之交，故不能自免于嫉妒之人也。是以申徒狄蹈雍之河⑦，徐衍负石入海，不容于世，义不苟取比周于朝，以移主上之心。故百里奚乞食于道路，缪公委之以政；宁戚饭牛车下，桓公任之以国。此二人者，岂素宦于朝，借誉于左右，然后二主用之哉？感于心，合于行，坚如胶漆，昆弟不能离，岂惑于众口哉？故偏听生奸，独任成乱。昔鲁听季孙之说逐孔子，宋任子冉之计囚墨翟。夫以孔、墨之辩，不能自免于谗谀，而二国以危。何则？众口铄金，积毁销骨也。秦用戎人由余而伯中国，齐用越人子臧而强威、宣。此二国岂系于俗，牵于世，系奇偏之浮辞哉？公听并观，垂明当世。故意合则胡越为兄弟，由余、子臧是矣；不合则骨肉为仇敌，朱、象、管、蔡是矣。今人主诚能用齐、秦之明，后宋、鲁之听，则五伯不足侔，而三王易为比。

"是以圣王觉寤，捐子之之心，而不说田常之贤，封比干之后，修孕妇之墓，故功业覆于天下。何则？欲善无厌也。夫晋文亲其仇，强伯诸侯；齐桓用其仇，而一匡天下。何则？慈仁殷勤，诚加于心，不可以虚辞借也。至夫秦用商鞅之法，东弱韩、魏，立强天下，卒车裂之；越用大夫种之谋，禽劲吴而伯中国，遂诛其身。是以孙叔敖三去相而不悔，於陵子仲辞三公为人灌园。今人主诚能去骄傲之心，怀可报之意，披心腹，见情素，堕肝胆，施德厚，终与之穷达，无爱于士，则桀之犬可使吠尧，跖之客可使刺由，何况因万乘之权、假圣王之资乎！然则荆轲湛七族⑧，要离燔妻子，岂足为大王道哉！

"臣闻明月之珠、夜光之璧，以暗投人于道，众莫不按剑相眄者⑨。何则？无因而至前也。蟠木根柢，轮囷离奇⑩，而为万乘器者，以左右先为之容也。故无因而至前，虽出随珠、和璧⑪，只怨结而不见德；有人先游，则枯木朽株，树功而不忘。今夫天下布衣穷居之士，身在贫羸，虽蒙尧、舜之术，挟伊、管之辩，怀龙逢、比干之意，而素无根柢之容，虽竭精神，欲开忠于当世之君，则人主必袭按剑相眄之迹矣。是使布衣之士不得为枯木朽株之资也。是以圣王制世御俗，独化于陶钧之上⑫，而不牵乎卑乱之语，不夺乎众多之口。故秦皇帝任中庶子蒙嘉之言以信荆轲，而

匕首窃发；周文王猎泾、渭，载吕尚归，以王天下。秦信左右而亡，周用乌集而王⑬。何则？以其能越挛拘之语⑭，驰域外之议，独观乎昭旷之道也。今人主沉谄谀之辞，牵帷廧之制⑮，使不羁之士与牛骥同皁⑯，此鲍焦所以愤于世也。

"臣闻盛饰入朝者不以私污义，砥厉名号者不以利伤行。故里名'胜母'，曾子不入；邑号'朝歌'，墨子回车⑰。今欲使天下寥廓之士笼于威重之权，胁于位势之贵，回面污行，以事谄谀之人，而求亲近于左右，则士有伏死堀穴岩薮之中耳⑱，安有尽忠信而趋阙下者哉⑲！"

经典注释

①白虹贯日：古人常以天人感应的说法解释罕见的天文、气象现象。此指荆轲的精诚感动了上天。②太白：金星。③玉人：指楚人下和。④诛：这里作惩罚解。⑤鸱夷：马皮制的袋。⑥骐骥：良马名。⑦雍：同"灉"，古代黄河的支流。⑧湛（chén）：通"沉"。湛七族：灭七族。⑨眄（miǎn）：斜视。⑩轮囷：屈曲貌。⑪随珠：明月之珠。春秋时随国之侯救活了一条受伤的大蛇，后来大蛇衔来一颗明珠报答他的恩惠，后世称为随珠。⑫陶钧：制陶器所用的转轮。比喻造就、创建。⑬乌集：乌指赤乌，相传周之兴有赤乌之瑞。⑭挛拘之语：卷舌聱牙的话，喻姜尚说的羌族口音的话。⑮帷：床帐，喻指妃妾。廧：同"墙"。指宫墙，喻指近臣。⑯皁：同"槽"。⑰墨子回车：墨子主张"非乐"，不愿进入以"朝歌"为名的城邑。⑱堀：同"窟"。薮：草泽。⑲阙下：宫阙之下，喻指君王。

译文也很美

邹阳侍奉梁孝王，他为人聪明而有谋略，志向远大，不与流俗苟合，和羊胜、公孙诡同为梁孝王门客。羊胜等人嫉恨他，在孝王面前

说他的坏话。孝王因此而恼怒,把他交给了狱吏,将要杀他。于是,邹阳从狱中上书梁孝王,写道:

"臣听说'忠心不会得不到报答,诚实不会遭到怀疑',臣曾经以为是这样,却只不过是空话罢了。从前,荆轲仰慕燕太子丹的义气,以致感动上天出现了白虹横贯太阳的景象,太子丹却不放心他。卫先生为秦国策划趁长平之战灭赵的计划,上天呈现太白星进入昴宿的吉相,秦昭王却怀疑他。精诚使天地出现了变异,忠信却得不到两位主子的理解,难道不可悲吗?现在臣尽忠竭诚,说出全部见解希望你了解,大王左右的人却不明白,结果使我遭到狱吏的审讯,被世人怀疑,这是让荆轲、卫先生重生,而燕太子丹、秦昭王仍然不觉悟啊!希望大王深思明察。

"从前卞和献宝,楚王砍掉他的脚;李斯尽忠,秦二世处他以极刑。因此箕子装疯,接舆隐居,是怕遭受这类祸害啊。希望大王看清卞和、李斯的本心,置楚王、秦二世的偏听于脑后,不要使臣被箕子、接舆笑话。臣听得比干被开膛剖心,伍子胥死后被裹在皮囊里扔进钱塘

江，臣原先不相信，今天才清楚了。希望大王深思明察，稍加怜惜！

"俗话说：'有相处到老还是陌生的，也有停车交谈一见如故的。'为什么？关键在于理解和不理解啊。所以樊於期从秦国逃到燕国，把自己的头交给荆轲来帮助太子丹的事业；王奢离开齐国投奔魏国，亲上城楼自杀来退齐军以保存魏。王奢、樊於期并非对齐、秦陌生而与燕、魏有久远的关系，他们离开前两个国家，为后两个国君效死，是因为行为与志向相合，他们赤诚地仰慕义气，因此，苏秦不被天下各国信任，却为燕国守信而亡；白圭为中山国作战连失六城，到了魏国却能为魏攻取中山国。为什么？确实是因为有了君臣间的相知啊。苏秦做燕相时，有人向燕王说他坏话，燕王按着剑发怒，赐贵重的马肉给苏秦吃。白圭攻取中山国后很显贵，有人向魏文侯说他的坏话，魏文侯赐给白圭夜光璧。为什么？两个君主两个臣子，互相敞开心扉、肝胆相照，岂能被不实之辞所改变呢！

"所以女子无论美不美，一旦进了宫都会遭到嫉妒；士无论贤不贤，一旦入朝都会遭到排挤。从前司马喜在宋国受膑刑，后来到中山国做了相；范雎在魏国被打断了肋骨、敲掉了牙齿，后来到秦国却被封为应侯。这两个人，都自信一定会成功，丢弃拉帮结派的私情，依仗单枪匹马的交往，所以不可避免会受到别人的嫉妒。因此，申徒狄自沉雍水而死，徐衍背负石头跳进大海，他们与世俗不相容，坚持操守而不肯苟且结伙在朝中改变君主的主意。所以百里奚在路上讨饭，秦穆公把国政托付给他；宁戚在车下喂牛，齐桓公委任他治国。这两个人，难道是向来在朝廷里做官，靠了左右亲信说好话，然后两位君主才重用他们的吗？心相感应，行动相符合，牢如胶漆，兄弟都不能离间他们，难道众人的嘴就能迷惑他们吗？所以偏听会产生奸邪，独断独行会造成祸患混乱。从前鲁国听信了季孙的坏话赶走了孔子，宋国采用了子冉的诡计囚禁了墨翟。凭孔子、墨翟的口才，还免不了受到谗言谀语的中伤，而鲁、宋两国则陷于危险的境地。为什么？众人的嘴足以使金子熔化，积年累月的诽谤足以使骨骸销蚀啊。秦国任用了戎人由余而称霸于中原，齐国用了越人子臧而威王、宣王两代强盛一时。这两个国家难道受俗见的束缚，被世人所牵制，为奇邪偏颇的不实之辞所左右吗？听各种意见，看各个方面，为当时留下一个明智的榜样。所以心意相合就是吴越也可以视为兄弟，由余、子臧就是例子；心意不合就是亲骨肉也可以成为仇敌，丹朱、象、管叔、蔡叔就是例子。现在人主如果真能采取齐国、秦国的明智立场，置宋国、鲁国的偏听偏信于脑后，那么五霸将难以相比，三王也是容易做到的啊。

"因此圣明的君王能够省悟，抛弃子之那种'忠心'，不喜欢田常那种'贤能'，像周武王那样封赏比干的后人，为遭纣王残害的孕妇修墓，所以功业才覆盖天下。为什么？行善的愿望从不以为这样就够了。晋文公亲近往日的仇人，终于称霸于诸侯；齐桓公任用过去的敌对者，从而成就一匡天下的霸业。为什么？慈善仁爱情意恳切，确确实实放在心上，是不能用虚假的言辞来替代的。至于秦国采用商鞅的变法，东边削弱韩、魏，顿时强盛于天下，结果却把商鞅五马分尸了。越王采用大夫文种的策略，征服了强劲的吴国而称霸于中原，最后却逼迫大夫文种自杀了。因此，孙叔敖三次从楚国离开相位也不后悔，於陵的子仲推掉三公的聘任去为人浇灌菜园。当今的君主真要能够去掉骄傲之心，怀着令人愿意报效的诚意，袒露心胸，现出真情，披肝沥胆，厚施恩德，始终与人同甘苦，待人无所吝惜，那么夏桀的狗也可叫它冲着尧狂吠，盗跖的部下也可以叫他去行刺许由，何况凭着君主的权势，借着圣王的地位呢！这样，那么荆轲灭七族，要离烧死妻子儿女，难道还值得对大王细说吗？

"臣子听说明月珠、夜光璧，在路上暗中投掷给人，人们没有不按着剑柄斜看的。为什么？是因为无缘无故来到面前啊。弯木头、老树根，屈曲得怪模怪样，倒能够成为君主的用具，是靠了君主身边的人先给它粉饰一番呀。所以无依无靠来到面前，即使献出随侯珠、和氏璧，也只能遭忌结怨而不会受到好报；有人先说好话，那枯木朽枝

云中谁寄锦书来

也会立下功勋而令人难忘。当今天下平民出身、家境贫穷的士人，即使胸中藏着尧、舜的方略，拥有伊尹、管仲的辩才，怀着关龙逢、比干的忠诚，可是从来没有老树根那种粉饰，虽然尽心竭力，想要向当世的君主打开一片忠贞之心，那么君主一定会蹈袭按着剑柄斜看的态度来对待他们。这就使平民出身的士人连枯木朽株的待遇也得不到了啊。因此，圣明的君主统治世俗，要有主见像独自在转盘上制造陶器一样，而不被讨好奉承的话牵着鼻子走，不因众说纷纭而改变主张。所以秦始皇听信了中庶子蒙嘉的话，因而相信了荆轲，而暗藏的匕首终于出现了；周文王出猎于泾水渭水之间，得到吕尚同车而回，从而取得了天下。秦王轻信左右而灭亡，周文王因为赤乌降临而成王。为什么？因为文王能跨越卷舌鳌牙的羌族语言，吸收朝廷以外的议论见解，独自看到光明正大的道理。当今君主陷在阿谀奉承的包围之中，受到妃妾近侍的牵制，使思想不受陈规拘束的人才与牛马同槽，这就是鲍焦所以愤世嫉俗的原因。

"臣听说穿戴着华美服饰进入朝廷的人不会以私心去玷污节操，修身立命的人不为私利去败坏德行。所以里闾以'胜母'为名，曾子就不肯进入；都邑以'朝歌'为名，墨子就回车而避。现在要使天下有远大气度的人才受到威重权势的囚禁，受到尊位显贵的胁迫，转过脸去自坏操行，来侍奉进谗阿谀的小人，而求得亲近君主的机会，那么，士人只有隐伏在山洞草泽之中老死罢了，哪会有竭尽忠信投奔君主的人呢！"

本文选自《汉书·贾邹枚路传》，是一篇记载直率谏臣的人物传记。本文选取了邹阳遭人陷害后，在狱中上书梁孝王的自辩段落。全文以"忠无不报，信无见疑"（忠诚的人不会得不到回报，诚实守信的人不会被人猜疑）着眼，旁征博引，引喻类比，劝诫梁孝王要君臣互信，不可听信谗言。全文不卑不亢，只在抒发自己的一片忠贞心意，可谓言辞恳切，用意委婉。

全文虽然辞章繁复，但其间脉络与举例用意，围绕君臣关系这一核心问题，仍可以梳理为三个部分。

第一部分是围绕自己"忠而获罪，信而见疑"（虽然忠诚却受到怀疑，背上罪名）的遭遇，列举荆轲等同样遭遇者叹惋自身，又列举出玉人与楚王，李斯与胡亥等众多君疑臣忠的例子，再列举出苏秦等获得君王信任的例子，步步递进，以映衬手法，委婉劝说梁王。

第二部分陈明忠臣不为君王所知的缘由在于怀才不遇，而若君王愿意见用良臣，则需给予信任。本部分多举君臣互信相得的正面事例，如荆轲、要离舍命为君，以及君臣失信的悲剧事例，如商鞅、文种获罪身死，以体现出正反事例照应论证的效果。

第三部分则直接论述，说明君王若不能明察，则朋党谗人环绕，士人寒心，不可为君王尽忠。本部分用例，多为铺陈直叙，亦用正反论证，如以文王姜尚相和称王一事映衬

> **众口铄金，积毁销骨也。**

秦王听谗遇刺一事。这些论证举例用言往复，反复陈述，实际全在于陈明忠信，劝诫君王这一核心主题。

本文可以说是举例论证艺术的集大成者，全文引述古往今来四十余例，有正面直叙，反面映衬，侧面烘托，具体述说手法有铺陈，有诘问，有反复，有譬喻。文章内容丰富，手法多元，琳琅满目，令人目不暇接，但也要求读者需熟悉文中引用的诸多历史典故，才能深入体会其中比物联类的巧妙之处。

古文的智慧

尽管在现实生活中，我们处事不能太死板，需要灵活，但这并不代表我们就没有原则、没有道德底线。处事的过程需要灵活的方法，但为人一生则需要有所坚守，不能因一点外力因素就改变自己的初衷，只有这样，我们才能拥有高尚的灵魂和强大的人格魅力。

谏言需要微妙的技巧

上书谏猎

西汉·司马相如

相如从上至长杨猎。是时天子方好自击熊豕，驰逐埜兽。相如因上疏谏曰：

"臣闻物有同类而殊能者，故力称乌获，捷言庆忌，勇期贲、育①。臣之愚，窃以为人诚有之，兽亦宜然。今陛下好陵阻险②，射猛兽，卒然遇逸材之兽，骇不存之地③，犯属车之清尘④，舆不及还辕⑤，人不暇施巧，虽有乌获、逢蒙之技不得用⑥，枯木朽株尽为难矣。是胡、越起于毂下，而羌、夷接轸也，岂不殆哉？虽万全而无患，然本非天子之所宜近也。

"且夫清道而后行⑦，中路而驰，犹时有衔橛之变⑧，况乎涉丰草，骋丘墟，前有利兽之乐，而内无存变之意，其为害也不亦难矣！夫轻万乘之重，不以为安，乐出万有一危之涂以为娱，臣窃为陛下不取。

"盖明者远见于未萌，而知者避危于无形，祸固多藏于隐微，而发于人之所忽者也。故鄙谚曰：'家累千金，坐不垂堂⑨。'此言虽小，可以喻大。臣愿陛下留意幸察。"

经典注释

①贲、育：孟贲和夏育，都是战国时著名勇士。②陵：登。阻险：这里用作名词，险要之地。③骇不存之地："骇于不存之地"。骇，此指受惊。④属车之清尘：不敢直言皇帝，故以"属车之清尘"指代。清尘，车马腾起的尘土，言"清"，是一种美化的说法。⑤还辕：掉转车头。这里指躲避。⑥逢（páng）蒙：古代善射者，相传曾向后羿学习射箭。⑦清道：古代帝王高官出行，要驱逐路上行人，叫"清道"。⑧衔橛（jué）之变：车马发生意外。衔，马嚼子。橛，车的钩心。⑨垂堂：靠近屋檐下。因檐瓦落下易伤人，故比喻险地。

译文也很美

司马相如曾跟随皇上到长杨宫一带打猎。那时天子正喜好亲自射猎熊和野猪，驱车追逐野兽。相如为此上书规劝，说：

"我听说同一族类的事物也有能力变得不一样，所以力气要数乌获，敏捷要算庆忌，勇敢就轮到孟贲、夏育。臣下愚蠢，自认为人确实有这种情况，兽类也应该是这样。现在陛下喜欢登险峻难行之处，射猎猛兽，要是突然遇到特别凶猛的野兽，它们在没有藏身之地的地方惊慌起来，扑到您随从车辆扬起的灰尘之中，车子来不及掉头，人来不及施展技艺，即使有乌获、逢蒙的技术也用不上，枯树朽枝全都成了障碍。这就像胡人、越人从车轮下蹿出，羌人、夷人紧跟在车子后面，岂不很危险！即使一切都安全不会有危险，但这类事本来就不是皇上应该接触的啊。

"况且清道之后行驶，车在大路中间奔驰，尚且不时会出现拉断了马嚼子、滑出了车钩心之类的事故。何况在茂密的草丛里穿行，在丘陵野外奔驰，前面有贪求野兽的快乐在引诱，心里却没有应付突发变故的准备，这样造成灾祸也就难以预料了。轻视皇帝的尊贵以这些

云中谁寄锦书来

事为安乐，乐于外出到可能发生意外事故的道路上去寻找乐趣，臣以为陛下不该这样做。

"聪明的人在事故尚未发生时就能预见到，智慧的人在危险还未露头时就能避开它，灾祸本来就多藏在隐蔽细微之处，而暴发在人们疏忽大意的时候。所以俗话说：'家里积聚了千金，就不坐在屋檐底下。'说的虽是小事，却可以引申出大道理。臣希望陛下留意明察。"

鉴赏文心

本文是司马相如随汉武帝在长杨宫打猎后，上书劝谏皇帝不要进行狩猎的奏章，文章题名源自《昭明文选》。

历来臣子进谏，多选择委婉曲折的方式，以期有所成效，如本书选文《触龙说赵太后》《邹忌讽齐王纳谏》等。本文同样是一篇委婉进言的典型文章，虽是劝谏汉武帝停止打猎，却不直言君王贪图玩乐，游猎失德，只是一意渲染狩猎行为本身的危险，从天子安危角度出发，设身处地为天子着想，由参与狩猎壮士类比危险野兽，由狩猎环境危险，易发生意外到引用民谚印证，设喻类比，手法多元，曲意委婉。

本文具体谏言部分可分三层。第一层以古代壮士与野兽凶猛作为类比，又以野兽与蛮夷叛军作类比，写出野兽冲撞御驾的危险情状，由此表明狩猎行为本身的危险性。第二层则从狩猎周边环境出发，写狩猎中纵情奔驰可能引发的事故危害，以此侧面印证，补充前文。第三层则反复提点皇帝"万乘之重""家累千金"的尊贵身份，以皇帝身份尊贵，反衬他不宜危险行事，既作颂圣之语，又隐含规劝之意，可谓正反结合，富有情理。也难怪汉武帝读罢此文，大为满意，口称"善"。

司马相如作为一代汉赋大家，虽是写这么一封基于臣属视角的上疏，行文词句之间，仍然处处得见汉赋韵味。如写古代猛士"力称乌获，捷言庆忌，勇期贲、育"（乌获、庆忌等均为古时大力士）可见汉赋句式错落有致，用典巧妙，文辞藻饰的特色；如劝诫君王"明者远见于未萌，而知者避危于无形"。可见汉赋声律协调，词句排偶的写法；又如对战车在草上奔驰这种具体狩猎情形的描写，可见汉赋有善写情境，借景抒情的特质。

本文短小精练，形如辞赋，用意深远，章法开阖有度，是为奏疏文中的名篇。

古文的智慧

古人云：祸患常积于忽微，而智勇多困于所溺。在现实生活中，很多事情的成败与否，都与对细节的处理有着至关重要的作用，正所谓细节决定成败。所以，养成注重细节的处事习惯，将会铸造你无量的前途。

一位"叛国者"的自白书

答苏武书

西汉·李陵

子卿足下：

勤宣令德，策名清时①，荣问休畅，幸甚，幸甚！远托异国，昔人所悲，望风怀想，能不依依！昔者不遗，远辱还答，慰诲勤勤，有逾骨肉，陵虽不敏，能不慨然！

自从初降，以至今日，身之贫困，独坐愁苦。终日无睹，但见异类。韦鞲毳幕，以御风雨；膻肉酪浆，以充饥渴；举目言笑，谁与为欢？胡地

玄冰，边土惨裂，但闻悲风萧条之声。凉秋九月，塞外草衰，夜不能寐。侧耳远听，胡笳互动，牧马悲鸣，吟啸成群，边声四起。晨坐听之，不觉泪下。嗟乎，子卿！陵独何心，能不悲哉！

与子别后，益复无聊。上念老母，临年被戮②；妻子无辜，并为鲸鲵③。身负国恩，为世所悲，子归受荣，我留受辱，命也何如！身出礼义之乡，而入无知之俗，违弃君亲之恩，长为蛮夷之域，伤已！令先君之嗣，更成戎狄之族，又自悲矣！功大罪小，不蒙明察，孤负陵心区区之意。每一念至，忽然忘生。陵不难刺心以自明，刎颈以见志，顾国家于我已矣，杀身无益，适足增羞，故每攘臂忍辱④，辄复苟活。左右之人，见陵如此，以为不入耳之欢，来相劝勉。异方之乐，祇令人悲，增忉怛耳⑤。

嗟乎，子卿！人之相知，贵相知心。前书仓卒未尽所怀，故复略而言之。昔先帝授陵步卒五千，出征绝域，五将失道，陵独遇战。而裹万里之粮⑥，帅徒步之师，出天汉之外，入强胡之域，以五千之众，对十万之军，策疲乏之兵，当新羁之马。然犹斩将搴旗，追奔逐北，灭迹扫尘，斩其枭帅，使三军之士视死如归。陵也不才，希当大任，意谓此时，功难堪矣。

匈奴既败，举国兴师，更练精兵，强逾十万，单于临阵，亲自合围。客主之形，既不相如；步马之势，又甚悬绝。疲兵再战，一以当千，然犹扶乘创痛，决命争首。死伤积野，余不满百，而皆扶病，不任干戈。然陵振臂一呼，创病皆起，举刃指虏，胡马奔走；兵尽矢穷，人无尺铁，犹复徒首奋呼，争为先登。当此时也，天地为陵震怒，战士为陵饮血。单于谓陵不可复得，便欲引还，而贼臣教之，遂使复战，故陵不免耳。

昔高皇帝以三十万众，困于平城。当此之时，猛将如云，谋臣如雨，然犹七日不食，仅乃得免。况当陵者，岂易为力哉？而执事者云云，苟怨陵以不死。然陵不死，罪也。子卿视陵，岂偷生之士而惜死之人哉？宁有背君亲、捐妻子，而反为利者乎？然陵不死，有所为也。故欲如前书之言，报恩于国主耳。诚以虚死不如立节，灭名不如报德也。昔范蠡不殉会稽之耻，曹沫不死三败之辱，卒复勾践之仇，报鲁国之羞。区区之心，窃慕此耳。何图志未立而怨已成，计未从而骨肉受刑，此陵所以仰天椎心而泣血也！

足下又云："汉与功臣不薄。"子为汉臣，安得不云尔乎！昔萧、樊囚絷，韩、彭菹醢，晁错受戮，周、魏见辜。其余佐命立功之士，贾谊、亚夫之徒，皆信命世之才，抱将相之具，而受小人之谗，并受祸败之辱，卒使怀才受谤，能不得展。彼二子之遐举，谁不为之痛心哉！陵先将军，功略盖天地，义勇冠三军，徒失贵臣之意，到身绝域之表⑦。此功臣义士所以负戟而长叹者也，何谓"不薄"哉？

且足下昔以单车之使，适万乘之虏，遭时不遇，至于伏剑不顾，流离辛苦，几死朔北之野。丁年奉使，皓首而归，老母终堂，生妻去帷，此天下所希闻、古今所未有也。蛮貊之人尚犹嘉子之节⑧，况为天下之主乎？陵谓足下当享茅土之荐⑨，受千乘之赏，闻子之归，赐不过二百万，位不过典属国⑩，无尺土之封，加子之勤；而妨功害能之臣尽为万户侯，亲戚贪佞之类悉为廊庙宰⑪。子尚如此，陵复何望哉？

且汉厚诛陵以不死，薄赏子以守节，欲使远听之臣望风驰命，此实难矣，所以每顾而不悔者也。陵虽孤恩，汉亦负德。昔人有言："虽忠不烈，视死如归。"陵诚能安，而主岂复能眷眷乎？男儿生以不成名，死则葬蛮夷中，谁复能屈身稽颡⑫，还向北阙，使刀笔之吏弄其文墨耶！愿足下勿复望陵。

嗟乎，子卿！夫复何言？相去万里，人绝路殊。生为别世之人，死为异域之鬼，长与足下，生死辞矣！幸谢故人，勉事圣君。足下胤子无恙⑬，勿以为念。努力自爱。时因北风，复惠德音。李陵顿首。

经典注释

①策名：古代官吏都将自己的姓名写在官府的简策上，称"策名"。这里是做官的意思。②临年：达到一定的年龄，这里指已到老年。③鲸鲵（ní）：鲸鱼雄性曰鲸，雌性曰鲵。④攘臂：捋袖出臂，

表示振奋或愤怒的样子。攘，捋起。⑤忉怛（dāo dá）：悲痛。⑥万里之粮：指繁重的军需。⑦刭（jǐng）：用刀割脖子。⑧蛮貊（mò）：泛指少数民族。这里指匈奴。貊，古时对东北少数民族的称呼。⑨茅土之荐：指赐土地、封诸侯。⑩典属国：官名，掌管少数民族事务，位在三公之下。⑪廊庙宰：朝廷重臣。廊庙，殿四周的廊和太庙，是帝王与大臣议事的地方，因此用"廊庙"代指朝廷。⑫稽颡（sǎng）：古代一种跪拜礼。⑬胤（yìn）子：儿子。

译文也很美

子卿足下：

您辛勤地宣扬美德，在政治清明的时代做官，美名广泛地流传，实在值得庆幸，值得庆幸！我远远地寄居异国，这是前人所悲痛的。遥望南方，怀念故人，怎能不满含深情呢？以前承蒙您不弃，老远地给我写回信，恳切地安慰和教诲，简直超过了骨肉亲人。我虽然愚笨，又怎能不感慨万分？

自从投降以来，一直到今天，身处困境，一人独坐，愁闷苦恼。整天看不见别的，只见异族人。我戴不惯皮臂套，住不惯毡帐幕，但也只能用它们来挡风遮雨；我吃不惯羊肉，喝不惯乳浆，也只能用它们来充饥解渴。举目四望，我能同谁一起谈笑、欢乐呢？所看到的只是胡地厚厚的坚冰，边塞上冻裂的土地，所听到的只是悲惨凄凉的风声。深秋九月，塞外草木凋零，夜里不能入睡，侧着耳朵往远处听，胡笳声此起彼伏，牧马悲哀地嘶叫，胡笳声、马叫声交织成一片，从边塞的四面响起。清晨坐起来听着，就不知不觉地流下了眼泪。唉，子卿！我难道是铁石心肠，怎能不悲痛呢！

跟您分别之后，更加感到无所寄托。上念老母，临到老年还被杀戮；妻子儿女有什么罪过，也一起惨遭杀害；我自己辜负了国家的恩德，被世人所悲叹。您回国得到荣誉，我留在这里蒙受羞辱，这就是命，我又能怎么样呢？我出身于讲究礼义的国家，却进入了蒙昧无知的地方；背弃了国君和双亲的恩德，终生生活在蛮夷的区域，真是伤心极了！让先父的后代变成了戎狄的族人，想到这些就更加暗自悲痛！我功大罪小，却没有得到公正的评价，辜负了我微小的心意。每想到这里，就立刻不想活了。我如果以刺心来表白自己，以自刎来显示真心，都是不难做到的。只是国家对我已经恩断义绝，自杀并没有益处，只会增加羞辱。因此，我每每愤慨地忍受侮辱时，却又常常苟且地活下去。周围的人看见我这个样子，就说些不中听的话来劝慰我。但异国的欢乐，只能令我悲哀，增加忧伤罢了！

云中谁寄锦书来

唉，子卿啊！人的相互理解，以相互知心为贵。上次的信写得匆忙，心里的话没有说完，所以再简略地说一说。当初先帝交给我五千步兵，出征极远的地方。五位大将都迷了路，只有我的部队遇上敌人，进行战斗。我带着远行万里的粮草，率领徒步作战的队伍，走出我大汉统辖地区，进入了胡人区域，用五千士兵，对付十万大军，指挥疲乏的战士，抵挡刚刚出营的马队。但是仍然能斩将拔旗，追逐败逃的敌人，并且肃清残余的敌人，杀死敌方勇猛的将帅，使得我们三军将士视死如归。我的能力有限，很少担当这样重大的任务，我想这时的功勋是难以再超越的了。

匈奴战败之后，全国出动，重新挑选精兵，超过十万人。单于临阵亲自指挥，从四面包围。我军与敌军的形势既不相当，步兵和骑兵的力量对比又非常悬殊。疲劳的士兵连续作战，一个人要抵挡上千人，但是还带伤忍痛，拼死争先。野地上堆满了死伤的人，剩下不到一百个人，而且还都带着伤痛，不能拿起兵器作战。但是当我举起胳臂一呼，伤病士兵又都振奋起来，举着刀直奔敌虏，杀得匈奴骑兵赶快逃跑。就是到了武器用光，箭支射完，手无寸铁，还光着头高呼杀敌，争先恐后地往上冲。在这个时候，天地为我愤怒，战士为我饮泣！单于认为李陵是再也捉不住了，便准备退兵回去。但是叛汉贼臣教他们继续进攻，于是，又继续开战，因此我终究不能免于被俘。

以前高皇帝率领三十万大军，被匈奴围困在平城。那时，军中猛将如云，谋臣如雨，然而还是七天吃不上东西，只不过勉强脱身而已。何况像我遇到的这种情况，难道就容易施展力量吗？而当权者却议论纷纷，一味怨责我未能以死殉国。不过我未以死殉国，确是罪过。但您看我难道是贪生怕死的小人吗？又哪里会是背离国君和双亲、抛弃妻子和儿女，却为自己求私利的人呢？既然如此，那么，我之所以不死，是因为想有所作为。本来是想如前一封信上所说的那样，向皇上报恩啊。实在因为白白地死去不如树立名节，身死名灭不如报答恩德。当初范蠡不因会稽山之耻而殉国，曹沬不因三战三败之辱而自杀。最终，范蠡为越王勾践报了仇，曹沬为鲁国雪了耻。我一点赤诚心意，就是暗自景仰他们的作为。哪里料到志向没有实现，怨恨却已经形成；计划尚未实行，亲人已遭到了杀戮，这就是我面对苍天椎心泣血的原因啊！

您又说道："汉朝给功臣的待遇并不薄。"您是汉朝之臣，怎能不说这种话呢！可是，当初萧何、樊哙被拘捕囚禁，韩信、彭越被剁成肉酱，晁错被杀，周勃、魏其侯被判罪。其余辅助汉室立下功劳的人士，如贾谊、周亚夫等人，都确实是当时杰出的人才，具备担任将相的能力，却遭受小人的诽谤，而蒙受灾祸和失败的羞辱。最终使有才之人遭到诋毁，才能无法施展。他们二人的遭遇，谁不为之痛心呢？我已故的祖父李广，其功绩谋略覆盖天地，忠义勇气称雄全军，只是因为不屑迎合当朝权贵的心意，结果在边远的疆场自杀身亡。这就是功臣义士手持兵刃叹息不止的原因。怎么能说不薄呢？

您当初凭着单车出使到拥有强兵的敌国，逢上恶劣的时局，竟至伏剑自刎也不在乎；颠沛流离，含辛茹苦，几乎死在北方的荒野。壮年时奉命出使，白发苍苍了才回到家乡，老母在家中亡故，妻子也改嫁离去。这是天下很少听到的，从古到今所没有的遭遇。异族未开化的人，尚且还称赞您的节气，何况是天下的君主呢？我认为您应当享受分封诸侯的待遇，得到千乘之国的赏赐。可听说您回国后，赏赐不过二百万，封官不过典属国之职，并没有一尺土地的封赏，来奖励您对国家的忠诚。而那些破坏功业、陷害人才的朝臣，都封了万户侯；皇亲国戚中贪污谄媚之流，都成了朝廷的高官。您尚且如此，我还有什么希望呢？

像这样，汉朝因为我未能死节而大施杀戮，您坚贞守节又只给予微薄的奖赏，要想叫远方的臣民急切地投奔效命，实在是难以办到，这就是我常常想到这事却不觉得后悔的原因。我虽然辜负了汉朝的恩情，汉朝也负了我的功德。前人说过这样的话："有忠诚之心，即使不曾死节，也能做到视死如归。"但如果我真安心死节，皇上就能对我有眷顾之情吗？男子汉活着不能成就英名，死了就让他埋葬在异族的土地里吧。谁还能再弯腰叩头，回到汉廷，听凭那帮狱吏舞文弄墨、随意发落？希望您不要再盼着我归汉了。

唉，子卿！还说什么话呢？相隔万里之遥，相互来往断绝，人生道路也迥然相异。活着是另一世间的人，死后是另一地域的鬼魂。我与您生死都不得相见了。请代我向老朋友们致意，希望他们努力侍奉圣明的君主。您的儿子很好，不要挂念。愿您努力爱惜自己，更盼您时常依托北风的方便不断来信教导。李陵叩首。

鉴赏文心

本文缘起汉昭帝始元六年（前81），作为匈奴俘虏的苏武，因两国和亲，终于归国。苏武回国后，写信替汉昭帝召李陵归汉，此文就是李陵

对苏武的回信。李陵在信中历述自己出征匈奴，转战千里，最终被俘的经过，又写汉朝历代功臣与自身家族的遭遇，并以苏武自身事例为比，斥责汉朝对待功臣不公，表明自己拒绝归国的意愿。

全文围绕自身被俘的遭遇展开，层次推进。首先答谢苏武写信探访之谊，而又话锋一变，讲述自己心态"能不慨然"（难道能不愤慨吗），承接下文对自身遭遇的叙述。二段以四字短句为主，陈述自己远在异邦风餐露宿的生活，而穷困凄苦之情诉诸笔端，自然引出下文因受降匈奴，自己家族惨遭刑戮的悲剧。

四、五、六三段做进一步补充，备述自己征战异国，被迫受降一事。这三段铺陈，先直叙自己以弱胜强之功绩，再写寡不敌众之悲壮，再以汉高祖兵败，范蠡、曹沫虽曾兵败却不忘复仇雪耻等诸多事例，托出自己虽心怀家国，却无人认同的悲状，更显心中怨愤。

后七到九段，则从多角度出发，痛诉汉朝负恩寡德，以表明自己的态度。本部分先引前朝功臣名将鸟尽弓藏以及祖父名将李广的悲剧；再写朝廷对苏武赏赐寡淡的事实，并以苏武与自身对比，如此层叠铺叙，两相对比的行文笔法，显得句句血泪，富有说服力。最后自然抛出"愿足下勿复望陵"这一不愿归汉的肺腑之言。

通观全文，以自身遭遇着眼，展开文章布局，写尽故人之思，家国之情，而句句不离悲郁的氛围烘托，可见李陵身为名将，身不由己，只能客死他国的无奈与怨愤。

本文是否为李陵所写，历来极具争议，唐史学家刘知己认为本文言辞宏壮而比较艳丽流靡，不太像西汉时期的作品，北宋文学家苏轼更认为本文是齐梁时期文人对司马迁《报任安书》的仿作。而明清学者多认为本文感情真挚，应为李陵所作，如《古文观止》编者的评价："一以自白心事，一以咎汉负

> 男儿生以不成名，死则葬蛮夷中，谁复能屈身稽颡，还向北阙，使刀笔之吏弄其文墨耶！愿足下勿复望陵。

功。文情感愤壮烈。"特选撰入文，以期教化之用。梳理有关本文作者的此番争议，既为溯源本文，也由此对本文的艺术特色与感情诉求做深入的探讨与阐明。

古文的智慧

每个人一生中都会有几个好朋友，那是我们以真诚和信任换来的，朋友之间最重要的即是真诚和对彼此的信任，这会带给我们无穷的快乐与幸福感。所以，珍惜自己的好朋友，用真诚去爱护他们，彼此给予信任，互相扶持。这样，我们的人生之路会越走越宽。

云中谁寄锦书来

莫论人非才是处世良方

马援诫兄子严敦书

东汉·马援

援兄子严、敦①并喜讥议，而通轻侠客。援前在交趾②，还书诫之曰：

"吾欲汝曹闻人过失如闻父母之名，耳可得闻，口不可得言也。好议论人长短，妄是非正法，此吾所大恶也，宁死不愿闻子孙有此行也。汝曹知吾恶之甚矣，所以复言者，施衿结缡③，申父母之戒，欲使汝曹不忘之耳。

"龙伯高敦厚周慎，口无择言，谦约节俭，廉公有威，吾爱之重之，愿汝曹效之。杜季良豪侠好义，忧人之忧，乐人之乐，清浊无所失，父丧致客，数郡毕至。吾爱之重之，不愿汝曹效也。效伯高不得，犹为谨敕之士，所谓刻鹄不成尚类鹜者也④；效季良不得，陷为天下轻薄子，所谓画虎不成反类狗者也。讫今季良尚未可知⑤，郡将下车辄切齿，州郡以为言，吾常为寒心，是以不愿子孙效也。"

经典注释

①援：马援，东汉初扶风茂陵（今陕西兴平东北）人，字文渊。新莽末，为新城大尹，后跟随刘秀，任伏波将军。②交趾：郡名，治所在今越南河内西北。③衿（jīn）：佩带。缡（lí）：佩巾。④鹄（hú）：天鹅。鹜（wù）：家鸭。⑤讫：通"迄"。

译文也很美

马援的侄儿马严、马敦都好讥笑和议论人事，而且结交那些轻浮的侠客。马援以前在交趾时，写信回来告诫他们说：

"我希望你们听到别人的过失，就像听到父母的名字一样，只可耳朵听，不可口中说。好议论别人的长短，任意褒贬国家的政治法令，这是我最厌恶的。我宁可死，也不愿听到自己的子孙有这种行为。你们知道我对这种行为厌恶极了，之所以再向你们提起，正好像女儿出嫁时，父母亲手给她结上带子，系上佩巾，并且再三叮嘱她到夫家不可出差错那样，想教你们牢牢记住罢了。

"龙伯高为人朴实厚道，办事周密谨慎，口无恶言，谦逊而又节俭，廉洁奉公而又有威严。我喜爱他，尊重他，希望你们学习他。杜季良为人豪放任侠，很重义气，忧愁别人所忧愁的，喜欢别人所喜欢的，人不论贵贱贤愚，他都善于相处而不失礼数，父亲出丧时邀请宾客，几郡的人都赶来了。我喜爱他，尊重他，却不希望你们学习他。学龙伯高不成，还可以做一个谨慎严肃的人，也就是所谓"刻鹄不成尚类鹜"；学杜季良不成，就会堕落成世上的轻薄子弟，那正是所谓"画虎不成反类狗"了。到今天杜季良究竟如何还不可知，郡守一上任便对他表示切齿痛恨，州郡官员把这情况告诉过我，我常替他寒心，所以不希望我的子孙学习他。"

  本文选自《后汉书·马援传》，是东汉光武时期名将马援所写家书，劝诫其侄不要议论是非，惹人妒恨。全文情理结合，议论晓畅，可谓循循善诱，是一篇家书名作。

  全文可分为三段，第一段讲述写信理由，即马援的两个侄子仗着叔父威势，喜好议论是非，结交轻薄之徒。当时马援正率军远征交趾，仍不忘从百忙军务中抽身写信教导后辈，可见其长者风范。

  第二段以他人过失与父母之名的类比写起，直接告诫后辈：一者不可议论他人优劣，二者不可随意评议时政。此后则更表明决心，申明自己作为长辈的认真态度，再以女儿出嫁，母亲反复叮咛的情景设喻，以说明自己谆谆告诫之情。

  第三段则举时人作为例子，以说明自己期望后辈日常效法的合适对象，使得长辈的一片告诫之心更为具体周到。马援先举忠厚谨慎的龙伯高为例，再举豪放重义的杜季良为例，告诫后辈要谦虚谨慎，适当学习他人。此处运用"刻鹄不成尚类鹜""画虎不成反类狗"这两个生动的民谚比喻，说明要学习效法厚德谨严的高士，而不是成为轻薄无德的俗人。这固然是身为长辈向好的殷切期望，也是设身处地，期望子侄在东汉风云诡谲的政治环境之下，能够学得保全自身的肺腑之言。

  本文作为劝诫之文，尤显感情真挚，主要在于语气词的使用。如对侄子称呼"汝曹"而非按照惯例对晚辈直呼其名，显出一种日常亲切感。提及具体要求则只言"愿"与"不愿"，语义颇显委婉。在字句末尾多用"矣""耳""者也"等语气词，更显音韵绵长，用意深远。

  大抵长辈劝诫文字，多如前文《左传》选文中触龙所言"父母之爱子，

则为之计深远"，如刘备告诫其子"勿以恶小而为之，勿以善小而不为"，诸葛亮《诫子书》写"静以修身，俭以养德"，皆为家训名篇，其间长辈关怀的殷殷深意，可与此文相应比照。

古文的智慧

行动是通往梦想的必要道路，作为有梦想的一代，知行合一、脚踏实地、不骄不躁，认真严谨地对待学习、工作和其他事物等应当是我们成长的主旋律，如此方能逐渐实现美好梦想。

一首忧君报国的正气歌

前出师表

三国·诸葛亮

臣亮言：先帝创业未半而中道崩殂。今天下三分，益州疲敝，此诚危急存亡之秋也。然侍卫之臣不懈于内，忠志之士忘身于外者，盖追先帝之殊遇，欲报之于陛下也。诚宜开张圣听，以光先帝遗德，恢宏志士之气，不宜妄自菲薄，引喻失义，以塞忠谏之路也。宫中府中，俱为一体，陟罚臧否①，不宜异同。若有作奸犯科及为忠善者，宜付有司论其刑赏，以昭陛下平明之治，不宜偏私，使内外异法也。

侍中、侍郎郭攸之、费祎、董允等，此皆良实，志虑忠纯，是以先帝简拔以遗陛下。愚以为宫中之事，事无大小，悉以咨之，然后施行，必能裨补阙漏②，有所广益。将军向宠，性行淑均，晓畅军事，试用于昔日，先帝称之曰能,是以众议举宠以为督。愚以为营中之事,事无大小,悉以咨之,必能使行阵和穆③,优劣得所也。亲贤臣,远小人,此先汉所以兴隆也;亲小人,远贤臣,此后汉所以倾颓也。先帝在时,每与臣论此事,未尝不叹息痛恨于桓、灵也。侍中、尚书、长史、参军④,此悉贞亮死节之臣也,愿陛下亲之信之,则汉室之隆,可计日而待也。

　　臣本布衣,躬耕于南阳,苟全性命于乱世,不求闻达于诸侯。先帝不以臣卑鄙,猥自枉屈⑤,三顾臣于草庐之中,谘臣以当世之事,由是感激,遂许先帝以驱驰。后值倾覆,受任于败军之际,奉命于危难之间,尔来二十有一年矣。先帝知臣谨慎,故临崩寄臣以大事也。受命以来,夙夜忧叹,恐托付不效,以伤先帝之明,故五月渡泸⑥,深入不毛。今南方已定,兵甲已足,当奖帅三军,北定中原,庶竭驽钝⑦,攘除奸凶,兴复汉室,还于旧都。此臣之所以报先帝,而忠陛下之职分也。至于斟酌损益,进尽忠言,则攸之、祎、允之任也。愿陛下托臣以讨贼兴复之效,不效,则治臣之罪,以告先帝之灵。若无兴德之言,则责攸之、祎、允之咎,以彰其慢。陛下亦宜自谋,以咨诹善道,察纳雅言,深追先帝遗诏,臣不胜受恩感激。今当远离,临表涕泣,不知所云。

经典注释

　　①陟(zhì)罚臧(zāng)否(pǐ):奖赏善惩罚恶。陟,奖赏,提升。臧否,善恶,这里是动词,评定人物的好坏。②裨(bì):增益、补助。③行(háng)阵:这里指军队。④侍中:指郭攸之、费祎。尚书:协助皇帝处理政务的官吏。这里指陈震。长(zhǎng)史:汉丞相及三公(太尉、司徒、司空)府均设长史,为三公辅佐。这里指张裔。参军:丞相府主管军务的佐官。这里指蒋琬。⑤猥(wěi)自:使自己降低身份。猥,卑下。这里是谦词。⑥泸:泸水,即金沙江。⑦驽(nú)钝:比喻自己才能平庸,谦词。

译文也很美

臣诸葛亮上表进言：先帝开创功业还没有完成一半，就中途去世了。现在天下已经形成了三个国家鼎立的局势，益州地区人力物力疲惫困乏，这实在是危急存亡的重要时刻。然而侍奉护卫的臣子在宫廷内从不懈怠，忠诚坚贞的将士在外奋不顾身，这都是因为怀念先帝对他们非同一般的赏识，所以想对陛下报答。陛下实在应该广泛听取群臣的意见，来光大先帝留下的美德，弘扬志士的气节，不应该随便看轻自己，不要在言谈训谕时说不恰当的话，以致堵塞忠臣进谏的道路。宫廷的近臣与府中的官吏是一个整体，奖惩功过，评定好坏，不应该有差别。如果有人为非作歹或触犯法令，或是有尽忠为善的人，都应该交给主管的官吏来评定是罚还是赏，来表明陛下公正贤明的治理方针，不应该有所偏袒，使得皇宫中和府中的法度有所不同。

侍中郭攸之、费祎、黄门侍郎董允等都是善良诚实、意志忠贞纯正之人，所以先帝选拔出来留给陛下任用。臣下认为宫廷中事，无论大小，都征求他们的意见，然后再施行，必定能够补救欠缺疏漏的地方，扩大效益。向宠将军品性善良公正，精通军事，当初曾被试用过，先帝称赞他有才干，因此群臣推举他做中部督。臣下认为军队里的事务，都征求他的意见，一定能使军队协调齐心，处置合宜，各得其所。亲近贤良的臣子，疏远奸佞小人，是前汉所以兴旺强盛的原因；亲近小人，疏远贤良的臣子，是后汉所以衰败覆灭的原因。先帝在世的时候，每当和臣下议论到这件事，没有一次不对桓、灵二帝的作为表示痛恨而发出叹息。侍中（郭攸之、费祎）尚书令（陈震）、长史（张裔）、参军（蒋琬），都是坚贞坦诚、能以死报国的臣子，希望陛下亲近他们，信任他们，那么汉朝的兴旺就指日可待了。

我本来是个平民，在南阳以耕种为生，只求在乱世中保全性命，不想去向诸侯谋求高官厚禄和显赫的名声。先帝却不认为臣下卑俗浅陋，甘受耻辱，亲自屈就，三顾茅庐，向我询问关于当时天下大势的意见，因此臣下深为感激，就答应为先帝奔走效劳。后来，遇上战败，就在这军事失利的时候臣下接受了委托，在危急艰难的时刻接受了使命。如今算来已经有二十一个年头了。先帝知道臣下处事谨慎，所以在临终的时候把国家大事托付给我。自从接受遗命以来，臣下日夜忧虑叹息，唯恐对所托付的事情做不出成效，以致损害先帝的英明。所以五月渡过泸水，深入荒芜之地。现在南方已经平定，武器装备已经非常充足，应当鼓励和率领全军北上平定中原，臣下希望能竭尽自己低劣的能力，铲除邪恶凶残的敌人，复兴汉室，使长安、洛阳仍旧成为大汉王朝的国都。这就是臣下用来报答先帝，并向陛下效忠的职责和本分。至于权衡国家政事的利弊兴衰，竭力进献忠言，那就是郭攸之、费祎、董允的责任了。希望陛下把讨伐奸贼复兴汉室的任务交给臣下，如果没有成效，就请治臣以重罪，以告慰先帝的英灵。如果没有发扬盛德的建议，就责备郭攸之、费祎、董允等人的疏忽怠慢，以揭示他们的过失。陛下自己也应该考虑谋划，征求治理国家的好办法，明察并采纳群臣有益的言论，深深记住先帝的遗训，那样臣下便是受陛下大恩而感激不尽了。现在臣下即将辞别远行，对着奏书不禁流下眼泪，都不知说了些什么。

鉴赏文心

本文初载于《三国志·诸葛亮传》，是蜀汉建兴五年（227），诸葛亮准备北伐曹魏时向蜀国后主刘禅写的奏疏，后来在《昭明文选》中名为《出师表》。所谓表，是大臣上书国君，以表示自己政治诉求与愿望的文章体裁。本文又称《前出师表》，以与一年后另一封奏疏《后出师表》作为区别。全文既劝勉后主刘禅要任用良才，勤勉政事，又引用与先主刘备君臣相合旧事，表明自身忠义之情，以及北上伐魏的决心。

本文风格诚恳晓畅，结构简要明确，可分为三层。第一层为前三段，主题是出征之前对后主刘禅的谆谆告诫。细分又可分成三层，先陈述天下大势，指出当前"危急存亡"的形势，而凸显忠义旧臣稳定大局的作用，从而劝说后主广开言路，听取各方意见。第二层以"宫中"与"府中"两相对应，指出政事要注重公平，赏罚分明，以取信于众的道理，第三层则是更为详尽立足实际对人才取用的建议，是为劝诫的核心部分。既推荐了一批忠厚良才以供任用，又援引史实，以两汉兴衰的根源作为对比，告诫后主要亲贤远佞。其恳切情理，溢于言表。

第二层则主要回顾自己受先主刘备知遇之恩，从"苟全性命于乱世"（希望在乱世中得以苟活）的一介布衣到成为"奉命于危难之间"（在危难时接受使命）的股肱之臣，这二十余年南征北战的历史，既回顾开创基业之艰难，以作为对后主刘禅的勉励，也是回顾君臣之情，以抒发自己报国忠义。言语之间，辞令畅达，质朴情深。一句"尔来二十有一年矣"（如今算来已经有二十一年了）轻描淡写之间，尤见君臣情义。

第三层以前文备述先帝忠义为引，陈述准备万全的北伐形势，最后更是反复叮嘱，期望后主刘禅勤

> 亲贤臣，远小人，此先汉所以兴隆也；亲小人，远贤臣，此后汉所以倾颓也。

政爱民。全文意在写明出师，实际主旨依然在于规劝君王勤勉政事。

全文计六百余字，却十三次提到"先帝"，六次提到"陛下"，可见诸葛亮对先君刘备感念忠诚与对后主刘禅的谆谆关怀。本文虽为一篇官方奏疏，却显得言辞凝练，感情动人，其间体现出的高风亮节，家国忠义，可谓彪炳千秋，尤为历代文人墨客吟咏感念。

云中谁寄锦书来

古文的智慧

诸葛亮尽忠竭诚劝诫后主刘禅"亲贤臣，远小人"，除了让他在治国理政方面要用贤良之人外，更是在劝诫他生活中也要与贤良之人交往。这对今天的我们而言同样有着非常宝贵的警诫意义，与聪明、正直的人交往，你将获得无穷的智慧，帮助你更好地成长。所以，多交诤友，远离损友。

北伐的宣言书

后出师表

三国·诸葛亮

先帝虑汉、贼不两立，王业不偏安，故托臣以讨贼也。以先帝之明，量臣之才，固知臣伐贼，才弱敌强也，然不伐贼，王业亦亡，惟坐而待亡，孰与伐之？是故托臣而弗疑也。臣受命之日，寝不安席，食不甘味。思惟北征①，宜先入南②，故五月渡泸，深入不毛，并日而食。臣非不自惜也，顾王业不可偏安于蜀都，故冒危难以奉先帝之遗意，而议者谓为非计③。今贼适疲于西，又务于东，兵法乘劳，此进趋之时也。谨陈其事如左：

高帝明并日月，谋臣渊深，然涉险被创，危然后安。今陛下未及高帝，谋臣不如良、平，而欲以长策取胜，坐定天下，此臣之未解一也。刘繇、王朗各据州郡，论安言计，动引圣人，群疑满腹，众难塞胸。今岁不战，明年不征，使孙策坐大，遂并江东，此臣之未解二也。曹操智计殊绝于人，其用兵也，仿佛孙、吴。然困于南阳，险于乌巢，危于祁连，逼于黎阳，几败北山，殆死潼关，然后伪定一时尔，况臣才弱，而欲以不危而定之，此臣之未解三也。曹操五攻昌霸不下，四越巢湖不成，任用李服而李服图之，委任夏侯而夏侯败亡。先帝每称操为能，犹有此失，况臣驽下，何能必胜？此臣之未解四也。自臣到汉中，中间期年耳，然丧赵云、阳群、马玉、阎芝、丁立、白寿、刘郃、邓铜等及曲长、屯将七十余人，突将、无前、賨、叟、青、羌散骑、武骑一千余人④，此皆数十年之内所纠合四方之精锐，非一州之所有；若复数年，则损三分之二也，当何以图敌？此臣之未解五也。今民穷兵疲，而事不可息，事不可息，则住与行劳费正等，而不及早图之，欲以一州之地与贼持久，此臣之未解六也。

夫难平者，事也。昔先帝败军于楚⑤，当此时，曹操拊手⑥，谓天下已定。然后先帝东连吴、越，西取巴、蜀，举兵北征，夏侯授首，此操之失计而汉事将成也。然后吴更违盟，关羽毁败，秭归蹉跌，曹丕称帝。凡事如是，难可逆料。臣鞠躬尽瘁，死而后已，至于成败利钝，非臣之明所能逆睹也⑦。

经典注释

①惟：这里是思量的意思。②南：指益州南部诸郡。③议者：蜀汉朝廷中议论朝政的官吏。这里指对北伐曹魏有意见的官吏。非计：并非上计。④賨（cóng）叟、青羌（qiāng）：都是西南少数民族的名称。这里指当时蜀汉军中少数民族的将士。⑤败军于楚：指建安

十三年（208），曹操大军南下，刘备败于当阳（今属湖北）长坂。⑥拊（fǔ）手：拍手。这里指拍手称快。⑦逆睹：预见。

译文也很美

先帝担忧蜀汉与魏贼不能共存，汉室的王业不能偏安于益州之地，所以临终时把讨贼的责任托付给臣下。以先帝的英明，衡量我的才能，固然知道由臣下来伐贼，臣下的才能薄弱敌人却很强大。但是不去伐贼，王业早晚也是要灭亡的。与其坐以待毙，如何去讨伐他们呢！因此，先帝把这件事托付给臣下而毫不迟疑。臣下自从受命以来，每天总是睡不安稳，吃东西也不知香甜。考虑到要进行北伐，就应该先平定益州南部诸郡。所以臣下在五月渡过泸水，深入不生草木不长五谷的地方，两天只吃一天的粮食。臣下并不是不爱惜自己，只是想到王业不能偏安于蜀地一角，所以冒着危险和艰难来实现先帝的遗志。但是议论朝政的人却认为北征不是上策。现在魏军既在西方疲于奔命，又在东边进行战争，按照兵法，应当趁敌人疲劳的时候去攻击，而现在正是进攻的最好时机。现在臣下恭敬地把这方面的意见陈述如下：

高祖皇帝的英明可以和日月相比，他的谋臣知识渊博，计谋深远，但是他也曾历经艰难，身受创伤，这才转危为安。现在，陛下您不如高帝，谋臣也不如张良、陈平，却要用长期相持的战略来取胜，要安安稳稳地坐在这里平定天下，这是臣下所不能理解的第一点。刘繇与王朗，两人各自占有州郡，他们好议论安危，高谈计谋，动不动就引用古代圣贤的话。但大家却满腹狐疑，胸中充满疑虑，今年不打仗，明年还不出战，致使孙策安然地一天比一天强大起来，最终吞并了江东地区，这是臣所不能理解的第二点。曹操的智谋策略超群绝伦，他用兵打仗，好像战国著名的军事家孙膑和吴起一样高明。但他曾经在南阳被困，在乌巢遇险，在祁连山遭难，受逼迫于黎阳，几乎在北山惨败，差一点儿在潼关阵亡，后来才僭称国号于一时，更何况臣才能薄弱，却又想不经历危难而去平定天下，这是臣所不能理解的第三点。曹操五次围攻昌霸没有成功，四次越过巢湖伐吴不成，任用李服，而李服图谋杀害他，委任夏侯渊，夏侯渊却失败被杀。先帝常常称赞曹操很有才干，他尚且经历了这么多的失败，何况臣的才能低劣，怎能保证一定胜利呢？这是臣所不能理解的第四点。自从臣驻军汉中，已经一周年了，这期间就丧失了赵云、阳群、马玉、阎芝、丁立、白寿、刘郃、邓铜等以及曲长、屯将七十多人，还丧失了突将、无前、賨叟、青羌散骑、武骑等一千多人，这些都是数十年之内从四面八方聚集起来的精锐部队，并非一州一郡所能拥有的；如果再过几年，就会损失三分之二，还怎样去对付敌人呢？这是臣不能理解的第五点。现在百姓贫穷士兵疲劳，但战争不可能停止，战争不停息，防守和出击所消耗的劳力费用正好相等。如果不趁此时去出击敌人，却想拿益州一地来和敌人长久相持，这是臣下所不能理解的第六点。

要说最难预测的，那就是战事。过去先帝兵败于楚地，那时候曹操拍手称快，以为天下已经平定了。然而这之后先帝东面与孙吴联合，西面取得了巴蜀之地，出兵北伐，杀掉了夏侯渊，这是曹操失策，看来复兴汉室的大业快要成功了。但后来孙吴又违背盟约，关羽战败被杀，先帝又在秭归遭到挫败，而曹丕就此废汉称帝。一切事情都是这样，很难预料。臣下只有竭尽全力，到死方休罢了。至于伐魏兴汉究竟是成功还是失败，是顺利还是困难，那就不是臣下的智力所能预见的了。

鉴赏文心

本文写于蜀汉建兴六年（228）冬，初载于裴松之引自《汉晋春秋》，为《三国志》作的注。本文虽然不见于陈寿的《三国志》正史与《诸葛亮集》，却与《前出师表》忠烈气势一脉相承，同有骈散结合的汉赋风格，一般认为是诸葛亮所作。本文历史背景为当年秋天，吴将陆逊大败入侵魏军，诸葛亮欲趁机攻魏。朝中大臣因为一年前北伐失败，多有争议。诸葛亮特上此表，表明"汉贼不两立"（蜀汉与魏势不两立）的态度，并列举事例，指出不能仅在蜀地当偏安朝廷，宜主动出击，以期复兴汉室大业。

全文可分为三层。第一层以先帝托付伐魏一事立论，明确北伐决心，而后既列举北伐战事的各项准备，又指出魏国战事失利的征讨良机，得出"兵法乘劳，此进趋之时也"这一结论。

第二层则以"六未解"逐次批驳争议：先追溯汉高祖刘邦征讨天下历经危难的历史，说明决不能"坐定""取胜"；又写刘繇、王朗贪图安逸，坐看东吴兴盛的现实教训，说明"不战"只会使得敌人壮大；写曹操智计过人，依然屡遭困厄，说明成事须历经危险；再写曹操虽才能过人，却依然多有失误，说明不敢言求必胜，须小心谨慎；由此回顾众将兵卒日趋衰亡的现状，说明及早作战的必要性；再推论到蜀国的财政民力，实为以弱图强，不可打持久战，必须先发制人。这"六未解"以史实为依托，以现实为力证，布局严谨，层次递进，论证有力，可称全文的核心部分。

第三层则再度回顾自己跟随先帝复兴汉室以来的戎马战事，得出战况多变，现实不可预料的感慨。从而自己面对微茫前事，唯有"鞠躬尽力，死而后已"（兢兢业业竭尽心力，直到死为止），一腔忠肝义胆，尽付与刘氏蜀汉一国，此为全文气势层叠的拔高点，凸显了一代名相的气节风骨，足以昭彰后世，名垂千古。

清代黄式之评价《出师表》："《前表》悲壮，《后表》衰飒；《前表》意周而辞简，《后表》意窘而辞繁。"可谓中肯之词，大抵本篇写作，既有前战失败的阴影，又意在批驳朝中反对声音，显得用意稳健，陈述繁杂，更有一种英雄迟暮的沉郁悲剧气氛萦绕，令人感怀。

古文的智慧

或许你时常见到有人因一件事拿不定主意而慌乱无助，那多是因为他们不能坚持自己的立场，缺乏自信，缺乏判断。我们在成长过程中，要注意培养自己对事物的认知能力，进而提升自己独立判断的能力，只有这样，我们才能逐渐获得自信，拥有更优秀的品格。

说文布道
鞠躬尽瘁，死而后已

诸葛亮博学广智，有经天纬地之才，于乱世之中幸遇明主刘备，为报知遇之恩，倾尽满腔热血，志在匡扶汉室，辅佐刘备在成都建立蜀汉政权，官拜丞相，主持朝政，勤勉谨慎，事无巨细。先后联吴抗曹，改善与西南各族的关系，加强屯田积极备战，前后五次北伐中原皆无功而返。他忠君勤政，内外兼顾，几乎以一己之力撑起蜀汉国祚，可惜生不逢时，无法逆天改命，终因积劳成疾，于蜀汉建兴十二年（234）病逝，享年五十四岁。

忠孝外表下的君臣博弈

陈情表

西晋·李密

臣密言：臣以险衅①，夙遭闵凶②。生孩六月，慈父见背；行年四岁，舅夺母志。祖母刘，愍臣孤弱，躬亲抚养。臣少多疾病，九岁不行，零丁孤苦，至于成立。既无叔伯，终鲜兄弟，门衰祚薄③，晚有儿息。外无期功强近之亲④，内无应门五尺之童，茕茕孑立，形影相吊。而刘夙婴疾病，常在床蓐，臣侍汤药，未曾废离。

逮奉圣朝，沐浴清化。前太守臣逵，察臣孝廉；后刺史臣荣，举臣秀才。臣以供养无主，辞不赴命。诏书特下，拜臣郎中，寻蒙国恩，除臣洗马⑤。猥以微贱，当侍东宫，非臣陨首所能上报。臣具以表闻，辞不就职。诏书切峻，责臣逋慢⑥；郡县逼迫，催臣上道；州司临门，急于星火。臣欲奉诏奔驰，则以刘病日笃；欲苟顺私情，则告诉不许。臣之进退，实为狼狈。

伏惟圣朝以孝治天下，凡在故老，犹蒙矜育，况臣孤苦，特为尤甚。且臣少事伪朝，历职郎署，本图宦达，不矜名节。今臣亡国贱俘，至微至陋，过蒙拔擢，宠命优渥⑦，岂敢盘桓，有所希冀？但以刘日薄西山，气息奄奄，人命危浅，朝不虑夕。臣无祖母，无以至今日；祖母无臣，无以终余年。母孙二人，更相为命，是以区区不能废远。臣密今年四十有四，祖母刘今年九十有六，是臣尽节于陛下之日长，报刘之日短也。乌鸟私情⑧，愿乞终养。

臣之辛苦，非独蜀之人士及二州牧伯所见明知，皇天后土，实所共鉴。愿陛下矜愍愚诚，听臣微志。庶刘侥幸，卒保余年，臣生当陨首，死当结草⑨。臣不胜犬马怖惧之情，谨拜表以闻。

经典注释

①险衅（xìn）：灾难祸患，指命运不济。衅，罪过。②夙：早时，此指幼年时。闵（mǐn）凶：忧患凶险。闵，通"悯"，指可忧患的事（多指疾病死丧）。③祚（zuò）：福分。④期（jī）：服丧一年。功：服丧九个月叫"大功"，服丧五个月叫"小功"。期、功均指近门亲属。⑤洗（xiǎn）马：太子的侍从官，掌图籍，祭奠先圣先师，讲经，太子出行则为先驱。⑥逋（bū）：逃脱。⑦优渥（wò）：优厚。⑧乌鸟私情：相传乌鸦能反哺其母，人们常用来比喻子女对父母的孝顺敬养。⑨结草：代指报恩。

译文也很美

臣李密上言：我因为命运坎坷，从小便遭遇不幸。刚生下来六个月，父亲就去世了；到了四岁，舅父强迫母亲改变了守节的心愿。祖母刘氏哀怜我孤单病弱，亲自抚养我。我小时候经常生病，九岁还不能走路，孤苦伶仃，直到长大成人。既没有叔伯，又没有兄弟。门庭衰微，没有福泽，年纪很大时才有儿子。外面没有近亲，家里没有可以照应门户的僮仆，孤单无依靠，只有和自己的影子做伴。而祖母刘氏多年疾病缠身，时常卧床不起，我侍奉汤药，不曾间断和离开过。

到了晋朝建立，我沐浴着清明的政治教化。从前的太守逵考察推举我为孝廉；后来刺史荣又荐举我为秀才。我因祖母无人供养，都表示辞谢，没有遵命。陛下特地下达诏书，任命我为郎中。不久又蒙国家的恩典，授职为太子洗马。以我这样微贱之人，担当侍奉太子的官职，这不是牺牲生命所能报答的大恩。我把自己的苦衷上表奏闻，表示辞谢，不能就职。现在诏书又下，言辞急切而严峻，责备我有意回避和怠慢；郡县官府，层层逼迫，催我上路；州司官员登门催促，像流星的火光一样急速。我想奉命迅速赶路，但祖母的病一天比一天加重；想暂时迁就自己的私情，向长官申诉，又得不到允许。我的处境实在是进退两难，狼狈不堪。

我想圣朝是以孝道来治理天下的，凡是年老而有功德的旧臣，尚且受到怜惜抚育，何况我孤单贫苦，更是不同寻常。再说我年轻的时候曾经做过蜀汉的郎官，本来希望能够得到更为显达的官职，并不夸耀名节。而我现在是卑贱的俘虏，极其渺小和浅陋，得到过分的提拔，而且恩命十分优厚，怎敢徘徊观望而有什么非分的企求呢！只因为祖母刘氏已像将要落山的太阳一样，奄奄一息，生命垂危，已经处于朝不保夕的境地。我如果没有祖母抚养，就不可能活到今天；祖母如果没有我的照顾，也不能够安度她的晚年。我们祖孙二人，相依为命，正是由于这种出自内心的感情使我不能弃养而远离祖母。我今年四十四岁，祖母今年九十六岁，这样看来，我效忠于陛下的日子还很长，但报答祖母刘氏的日子已很短暂了。我怀着像乌鸦反哺一样的私情，希望陛下能够准许我为祖母养老送终的请求。

我的苦衷不仅是蜀中人士和益州、梁州的长官亲眼所见的，连天地神明也都看得清清楚楚。祈望陛下能怜惜我愚昧至诚的心意，同意我实现这点微小的愿望，或许祖母刘氏能够侥幸保全她的余年。我活着愿意为陛下献出生命，死后也愿意像结草老人那样来报答陛下的恩惠。我怀着像犬马在主人面前那种不胜恐惧的心情，恭敬地上表奏报陛下。

本文选自《昭明文选》，作于晋武帝泰始三年（267）。当时晋武帝征召李密入朝为官，李密因为祖母年高无人照看，上书写此表推辞。所谓"陈情"，即是陈述祖母亲情的意思。本文以忠孝不能两全为主旨，言辞诚恳，用情深切，是为抒情文章中的杰作。晋武帝读后甚为感动，赞叹道"士之有名，不虚然哉"（李密的声名确实不是虚名啊），特收回成命，赐李密奴婢二人，又命地方官详加照顾其祖母。

通览全文，可分为四段，都是以"陈情"二字为核心展开。

第一段写自身早年命运艰难，又遭遇父死母嫁的成长历程。自己受祖母抚养成人，又反哺照顾祖母。如此述明与祖母两相依存，难舍难分的亲情，为后文做铺垫。

第二段则主要写自己的为难之情。作者对外深受赏识，前有州郡推举为良才，后有皇帝征召，诏书"切峻"两字，写出十万火急的情势。既然作者如此受重视，则不得不对国家有尽忠感恩之情；对内则又面临祖母日趋病重的现实，不得不放弃就职，继续照顾祖母，可以说是忠孝难以两全，只能详尽描述，以求皇帝能够理解。

由此两段背景铺陈，作者则在第三段直接恳请皇帝，先由朝廷以孝治天下的宗旨出发，既写明自己已经受到朝廷的恩赐，向皇帝陈明感恩之情，又再度陈述自己的困苦情境，希望能够向皇帝求情，照顾祖母安度晚年。这一番说辞可谓是从忠孝两难的处境中，点明了自己力图忠孝两全的期望，显得态度诚恳，言辞自然动人。

第四段作者则以忠孝大义为基础，再三陈情表忠，企求皇帝的同情。先备述自己无论生死，都将为朝廷尽忠的一片热诚，又从与祖母相依的亲情出发，次第陈述，忠孝相和，以尽孝而后尽忠的忠君感恩之情作结，首尾呼

应，情理交融。

本文虽为诉情上书的官方文章，却尤见骈散结合，精微细腻的文字之美，是为汉末至魏晋时期，文章风格由散至骈转变的突出呈现。本文诉情表忠，多用散文口吻，显得真实自然，铺陈事实前因后果，则用四六骈文，句式整齐，文辞清丽，颇见文章气势。

古文的智慧

仁孝是我们中华民族的传统美德，也是我们修身养德的必备课。对长辈尽孝，是报答他们的养育之恩，代代传承，能让我们收获幸福美满的家庭。所以，对待长辈要及时行孝，从身边点点滴滴的小事做起，将仁孝之道发扬光大。

居安思危是领导者的责任

谏太宗十思疏

唐·魏徵

臣闻求木之长者，必固其根本；欲流之远者，必浚其泉源；思国之安者，必积其德义。源不深而望流之远，根不固而求木之长，德不厚而思国之安，臣虽下愚，知其不可，而况于明哲乎！人君当神器之重，居域中之大①，不念居安思危，戒奢以俭，斯亦伐根以求木茂，塞源而欲流长也。

凡昔元首，承天景命②，善始者实繁，克终者盖寡。岂取之易、守之难乎？盖在殷忧必竭诚以待下，既得志则纵情以傲物。竭诚则吴越为一体，傲物则骨肉为行路。虽董之以严刑③，振之以威怒，终苟免而不怀

仁，貌恭而不心服。怨不在大，可畏惟人④。载舟覆舟，所宜深慎。

诚能见可欲⑤则思知足以自戒，将有作则思知止以安人，念高危则思谦冲而自牧，惧满盈则思江海下百川⑥，乐盘游⑦则思三驱以为度⑧，忧懈怠则思慎始而敬终，虑壅蔽则思虚心以纳下，惧谗邪则思正身以黜恶，恩所加则思无因喜以谬赏，罚所及则思无以怒而滥刑。总此十思，宏兹九得，简能而任之，择善而从之，则智者尽其谋，勇者竭其力，仁者播其惠，信者效其忠。文武并用，垂拱而治⑨。何必劳神苦思，代百司之职役哉！

经典注释

①域中：天地之间。②景：大。③董：监督，督责。④人：民，唐朝时避太宗讳而改为"人"，指百姓。⑤可欲：自己喜爱的东西。⑥下：容纳的意思。⑦盘游：娱乐游逸。这里指打猎。⑧三驱：《易经》："王以三驱。"指狩猎有度，不过分捕杀。三驱，网三面，留一面。另一说，打猎以一年三次为限度。⑨垂拱而治：天子垂衣拱手（不亲自处理政务），就能治理好天下。

译文也很美

我听说要使树木生长，就一定要加固它的根本；要使河水流得长远，就一定要深挖它的源头；要使国家长治久安，就一定要积聚自己的道德仁义。水源不深却希望水流得长远，根不牢固却希望树木生长得高大，道德不深厚却盼望国家安定，我虽然十分愚钝，也知道那是不可能的，更何况圣明聪慧的人呢！国君担当着帝王的重任，处于天地间至高无上的地位，不能居安思危，戒除奢侈而力行节俭，这也就像砍断树根却要求树木长得高大、堵塞源头却希望水流得长远一样。

历代所有的国君承受上天的重大使命，开始做得好的确实很多，但是能够坚持到底的却很少。难道是取得天下容易而守住天下很难吗？大概是他们在忧患深重的时候，必然尽心尽意对待下属，一旦得志，便放纵感情，傲视他人。如果以诚相待，那么即使像吴、越那样敌对的国家也能团结一致；傲视他人，那么骨肉至亲也会疏远得像路人一样。即使用严酷的刑罚加以督责，用威严的气势加以镇压，结果只能使人们苟且地免遭刑罚，却不会使他们怀念国君的恩德，表面上态度恭敬，可是并不心悦诚服。怨恨不在大小，可怕的只是百姓的力量。百姓像水一样，可以载船，也可以翻船，这是需要特别谨慎去对待的。

　　果真能够做到看见自己喜爱的东西，就想到知足，以此来警诫自己；将要大兴土木，就想到要适可而止，以便使百姓安宁；考虑到地位高随时会有危险，就想到要谦虚，并加强自我修养；害怕自己骄傲自满，就想到要像江海一样甘居百川的下游，容纳一切；喜欢打猎游乐，就想到国君每年打猎三次的规矩；担心意志懈怠，就想到做事要始终谨慎；担心言路闭塞，就想到要虚心地接受臣下的意见；害怕谗佞奸邪，就想到要正心修身，斥退邪恶之人；施恩行赏时，就想到不要因为一时高兴而赏赐不当；施行刑罚时，就想到不要因为正在恼怒而滥用刑罚。要完全做到这十个方面，发扬九种美德。选拔有才能的人而任用，选择正确的意见而采用。那么，聪明的人就能竭尽他的智慧，勇敢的人就会竭尽他的气力，仁义的人就会发扬他的美德，诚实的人就会奉献他的忠心。文臣武将都得到任用，就可以垂衣拱手无为而治了。何必一定要国君来劳神苦思，代行百官的职责呢！

鉴赏文心

本文选自《全唐文》。所谓"疏"，是一种古代臣子向皇帝进言的奏章文体。本文写于贞观十一年（638），当时唐太宗李世民励精图治，见国力日盛，便沉迷游乐，渐起骄矜之心。于是，魏徵上书直谏，希望李世民能居安思危，有所警醒。

全文可分为三层。虽是纯然的忠臣进谏之语，依然显出立论言策，步步为进的严谨格局。第一层高屋建瓴，开篇即用树木生长与泉水长流这两个简要显明的譬喻烘托比照国家安定，指出安定的关键在于积累德行。而后以三个反面论证再度比照，加深印象，再从容托出人君应当如何如何，最后再以反例的譬喻作结。可以说正反论证，交织呼应，显示出作者周密细腻的论证技巧。

第二层继续围绕"德行"的问题，以纵论古今的举例论证，进一步论说如何保持国家长治久安。本段核心论点在于：失德多由于"克终者盖寡"（能够从一而终者实在是稀少），不能始终保持谦虚诚恳的治国之心。陈明论点后，作者以事物兴亡的历史规律展开对比论证，并依然以正反论证与前文手法呼应，议论说理滴水不漏，说明立德要务，在于"竭诚""深慎"。

第三层经由两部分烘托层递，终于呈现出具体的建议"十思"。这十思从立德、审行、政务、人事等多个角度出发，排比陈列，由君王自身推自庙堂事务，可谓用意深切，面面俱到。此后再用四个排比，由朝廷中智、勇、仁、信四种能臣竭力尽忠的表现，写出君王贯彻十思后达成的一种垂拱而治，清平政治的理想情境。本段论说字句虽连续使用排比展开，却以长短字句交插，音节铿锵，平整而不呆板，用词精要而不俗艳，尤见感染力与说服力。

> 求木之长者，必固其根本；欲流之远者，必浚其泉源。

本文不同于之前多篇进谏类选文，其曲意婉转，侧面点写的进谏技巧，颇具一种言辞直接、切中要害的特色。全篇谏语不卑不亢，态度中正，言辞又富有文采，笔意畅达，气势充沛，可见魏徵一代谏臣风骨与胆识智慧。

云中谁寄锦书来

古文的智慧

孟子云：生于忧患，死于安乐。居安思危是一种积极的、实用的生活意识，它能让我们时刻保持清醒的头脑和向上的斗志。尽管当下社会和平安定，各行各业飞速发展，但作为年轻一代的我们仍要有居安思危的意识，以不断努力、不懈奋斗。

有种文字像匕首

为徐敬业讨武曌檄

唐·骆宾王

伪临朝武氏者，性非和顺，地实寒微①。昔充太宗下陈②，曾以更衣入侍③。洎乎晚节④，秽乱春宫⑤。潜隐先帝之私，阴图后房之嬖。入门见嫉，蛾眉不肯让人；掩袖工谗，狐媚偏能惑主。践元后于翚翟⑥，陷吾君于聚麀⑦。加以虺蜴为心，豺狼成性，近狎邪僻，残害忠良，杀姊屠兄，弑君鸩母。人神之所同嫉，天地之所不容。犹复包藏祸心，窥窃

　　神器。君之爱子，幽之于别宫；贼之宗盟，委之以重任。呜呼！霍子孟之不作，朱虚侯之已亡。燕啄皇孙，知汉祚之将尽；龙漦帝后，识夏庭之遽衰。

　　敬业，皇唐旧臣，公侯冢子⑧。奉先君之成业，荷本朝之厚恩。宋微子之兴悲，良有以也；袁君山之流涕，岂徒然哉！是用气愤风云，志安社稷。因天下之失望，顺宇内之推心，爰举义旗，以清妖孽。南连百越，北尽三河，铁骑成群，玉轴相接⑨。海陵红粟，仓储之积靡穷；江浦黄旗，匡复之功何远。班声动而北风起，剑气冲而南斗平。喑呜则山岳崩颓，叱咤则风云变色。以此制敌，何敌不摧！以此图功，何功不克！

　　公等或居汉地，或叶周亲⑩，或膺重寄于话言⑪，或受顾命于宣室。言犹在耳，忠岂忘心！一抔之土未干，六尺之孤何托⑫？倘能转祸为福，送往事居，共立勤王之勋，无废大君之命，凡诸爵赏，同指山河。若其眷恋穷城⑬，徘徊歧路，坐昧先几之兆⑭，必贻后至之诛。请看今日之域中，竟是谁家之天下！

经典注释

　　①地：指家庭、家族的社会地位。②下陈：这里指武则天曾充当过唐太宗的才人。③更衣：这里借以说明武则天以不光彩的手段得到唐太宗的宠幸。④洎（jì）：及，到。⑤春宫：亦称东宫，是太子居住的地方，后人常借指太子。⑥翚翟（huī dì）：用美丽鸟羽织成的衣服，指皇后的礼服。⑦聚麀（yōu）：多匹牡鹿共有一匹牝鹿。麀，母鹿。这句意谓武则天原是唐太宗的姬妾，现在当上高宗的皇后，使高宗乱伦。⑧冢子：嫡长子。⑨玉轴：战车的美称。⑩周亲：指身份地位都是皇家的宗室或姻亲。⑪膺（yīng）：承受。⑫一抔（póu）之土：这里借指皇帝的陵墓。六尺之孤：指继承皇位的新君。⑬穷城：指孤立无援的城邑。⑭昧：不分明。

译文也很美

　　非法把持朝政的武氏，不是一个温和善良之辈，而且出身卑下。当初是太宗皇帝的姬妾，曾借更衣的机会而得以侍奉左右。到后来，不顾伦常与太子（唐高宗李治）关系暧昧。隐瞒先帝曾对她的宠幸，谋求取得在宫中专宠的地位。选入宫里的妃嫔美女都遭到她的嫉妒，一个都不放过；她偏偏善于卖弄风情，像狐狸精那样迷住了皇上。终于穿着华丽的礼服，登上皇后的宝座，把君王推到乱伦的丑恶境地。加上一副毒蛇般的心肠，凶残成性，亲近奸佞，残害忠良，杀戮兄姊，谋杀君王，毒死母亲。这种人为天神凡人所痛恨，为天地所不容。她还包藏祸心，图谋夺取帝位。皇上的爱子，被幽禁在冷宫里；而她的亲属党羽，却委派以重要的职位。唉！霍光这样忠贞的重臣，再也不见出现；刘章那样强悍的宗室也已消亡了。"燕啄皇孙"歌谣的出现，人们知道汉朝的皇统将要穷尽；"龙漦帝后"标志着夏后氏王朝快要衰亡。

　　敬业是大唐的老臣下，是王公贵族的长子，奉行的是先帝留下的训示，承受着本朝的优厚恩典。宋微子为故国的覆灭而悲哀，确实是有他的原因；桓谭为失去爵禄而流泪，难道是毫无道理的吗！因此，我愤然而起干一番事业，目的是为了安定大唐的江山。依随着天下

的失望情绪，顺应着举国推仰的心愿，于是，高举正义之旗，发誓要扫除害人的妖物。南至偏远的百越，北到中原的三河，铁骑成群，战车相连。海陵的粟米多得发酵变红，仓库里的储存真是无穷无尽；大江之滨旌旗飘扬，光复大唐的伟大功业还会遥远吗！战马在北风中嘶鸣，宝剑之气直冲向天上的星斗。战士的怒吼使得山岳崩塌，云天变色。拿这来对付敌人，还有什么敌人不能打垮；拿这来攻击城池，还有什么城池不能占领！

诸位或者是世代蒙受国家的封爵，或者是皇室的姻亲，或者是负有重任的将军，或者是接受先帝遗命的大臣。先帝的话音好像还在耳边，你们的忠诚怎能忘却？先帝的坟土尚未干透，我们的幼主却不知被贬到哪里去了！如果能转变当前的祸难成为福祉，好好地送走死去的旧主和服侍当今的皇上，共同建立匡救王室的功勋，不至于废弃先皇的遗命，那么各种封爵赏赐，一定如同泰山黄河那般牢固长久。如果留恋目前的既得利益，在关键时刻犹豫不决，看不清事先的征兆，就一定会招致严厉的惩罚。请看明白今天的世界，到底是谁家的天下。

鉴赏文心

本文是一篇檄文。所谓檄，是古代一类具有官方色彩的公告文书，多用于传递命令，征讨揭发罪行，以获得政治正当性。本文写于公元684年，武则天修改年号为光宅，欲改朝称帝，于是，徐敬业以前太子名义，在扬州起兵声讨武则天。当时骆宾王身为其幕僚，特写此文号召天下起兵讨武。

本文目的明显，结构明确，可分为三部分。

第一部分开篇立言，以陈明武氏罪行，为起兵确立政治与道德正当性。本段以四字短句为基础，层次递进，步步紧逼，所写罪行亦由微及重。作者写武氏罪行可分为两层，第一层是对武氏道德品行的人身攻击，备言其出身卑微，心思狠毒；第二层则从人伦败坏的角度出发，写武氏"杀姊屠兄，弑君鸩母"的恶行罪状，更用汉代赵飞燕，周朝褒姒的历史典故，与武氏类比，指出其动摇社稷，败亡国家的危害。本段出于贬斥敌人的目的，用词严厉，极尽夸张丑化，可见作者雄沛笔力。

第二部分则回溯起兵目的，陈明军势，以壮军威。先写徐敬业出身为功臣之后，颇具威望，此番出兵，是与宋微子启、汉袁君山这样的忠良处于相同的爱国立场，再由此写义军声势浩大，士气高昂。本段多用夸张笔法，显得感情充沛，气势豪迈，如"班声动而北风起，剑气冲而南斗平"等句，以突出义军的不可战胜，实有一种振奋气概。

第三部分突出本文主旨，号召天下志士共同起兵，共同讨伐武后。本段陈述目的，颇有章法：先动之以忠君爱国的旧情，再承诺以封爵分地的实际利益，而后亦对摇摆不定者有"必贻后至之诛"（在以后招致严厉的惩罚）这样的威胁。如此恩威并重，文笔态度逐次强硬，终于以"请看今日之域中，竟是谁家之天下"这样掷地有声的宣言作结，全面表现心怀家国的悲愤与匡扶君室的坚决。

本文全篇以四六骈文成句，词句铿锵有力，风格慷慨激昂，言辞犀利，是檄文这一功能性明显的文体中的首推作品，传言武则天读到本文后深深折服，竟失言惊呼："宰相之过也。人有如此才，而使之流落不偶乎！"（让这样的人才流落，是宰相的过错）可见本文慑人气势。

古文的智慧

生活中绝大多数人都不喜欢说话啰唆、抓不住重点、没有逻辑的人，这样的人在学习和工作中效率也不会太高。而与人沟通说话简练、有条有理、思路清晰，这些都是可以通过学习和锻炼获得的。所以，我们在平时的学习和工作中要多注意提升自己的表达能力，这样做事才会有事半功倍的效果。

战争是血肉的磨盘

吊古战场文

唐·李华

浩浩乎平沙无垠，敻不见人①。河水萦带，群山纠纷。黯兮惨悴，风悲日曛②。蓬断草枯，凛若霜晨。鸟飞不下，兽铤亡群③。亭长告余曰："此古战场也，常覆三军。往往鬼哭，天阴则闻。"伤心哉！秦欤？汉欤？将近代欤？

吾闻夫齐、魏徭戍，荆、韩召募。万里奔走，连年暴露。沙草晨牧，河冰夜渡。地阔天长，不知归路。寄身锋刃，腷臆谁诉④？秦、汉而还，多事四夷，中州耗斁⑤，无世无之。古称戎、夏，不抗王师。文教失宣，武臣用奇。奇兵有异于仁义，王道迂阔而莫为。呜呼噫嘻！

吾想夫北风振漠，胡兵伺便，主将骄敌，期门受战⑥。野竖旄旗，川回组练⑦。法重心骇，威尊命贱。利镞穿骨，惊沙入面。主客相搏，山川震眩。声析江河，势崩雷电。至若穷阴凝闭⑧，凛冽海隅⑨，积雪没胫，坚冰在须，鸷鸟休巢，征马踟蹰，缯纩无温⑩，堕指裂肤。当此苦寒，天假强胡。凭陵杀气⑪，以相剪屠。径截辎重，横攻士卒。都尉新降，将军覆没。尸填巨港之岸，血满长城之窟。无贵无贱，同为枯骨。可胜言哉⑫！鼓衰兮力尽，矢竭兮弦绝，白刃交兮宝刀折，两军蹙兮生死决⑬。降矣哉？终身夷狄。战矣哉？骨暴沙砾。鸟无声兮山寂寂，夜正长兮风淅淅。魂魄结兮天沉沉，鬼神聚兮云幂幂。日光寒兮草短，月色苦兮霜白。伤心惨目，有如是耶？

吾闻之：牧用赵卒，大破林胡，开地千里，遁逃匈奴。汉倾天下，财殚力痡。任人而已，其在多乎？周逐猃狁，北至太原，既城朔方，全师而还。饮至策勋，和乐且闲，穆穆棣棣，君臣之间。秦起长城，竟海为关，荼毒生灵，万里朱殷⑭。汉击匈奴，虽得阴山，枕骸遍野，功不补患。

苍苍蒸民，谁无父母？提携捧负，畏其不寿。谁无兄弟？如足如手？谁无夫妇，如宾如友？生也何恩？杀之何咎？其存其没，家莫闻知。人或有言，将信将疑，悁悁心目，寤寐见之。布奠倾觞，哭望天涯。天地为愁，草木凄悲。吊祭不至，精魂何依？必有凶年，人其流离。呜呼噫嘻！时邪？命邪？从古如斯。为之奈何？守在四夷。

经典注释

①夐（xiòng）：远。②曛：赤黄色，形容日色昏暗。③铤（tǐng）：疾走的样子。④腷（bì）臆：心情苦闷。⑤耗斁（dù）：损耗败坏。⑥期门：军营的大门。⑦组练："组甲被练"，战士的衣甲服装。此代指战士。⑧穷阴：犹穷冬，极寒之时。⑨海隅：西北极远之地。海，瀚海，在蒙古高原东北；一说指今内蒙古自治区之呼伦贝尔湖。⑩缯纩（zēng kuàng）：缯，丝织品的总称。纩，丝绵。古代尚无棉花，絮衣都用丝绵。⑪凭陵：凭借，倚仗。⑫胜（shēng）：尽。⑬蹙（cù）：迫近，接近。⑭殷（yān）：赤黑色。

译文也很美

辽阔的无边无际的旷野啊,极目远望看不到人影。河水像一条带子弯曲萦绕,远处无数的山峰重叠错乱。一片阴暗凄凉的景象,寒风悲啸,日色昏黄,蓬蒿断落,野草萎枯,寒气凛冽有如降霜的冬晨。鸟儿飞过也不肯落下,离群的野兽奔窜而过。亭长告诉我说:"这儿就是古代的战场,曾经覆没全军。时常有鬼哭的声音,每逢阴天就会听到。"真令人伤心啊!这是秦朝、汉朝,还是前朝的事情呢?

我听说战国时期,齐魏征集壮丁服役,楚韩募集兵员备战。士兵们奔走万里边疆,年复一年暴露在外,早晨寻找沙漠中的水草放牧,夜晚穿涉结冰的河流。地远天长,不知道哪里是归家的道路。性命寄托于刀枪之间,苦闷的心情向谁倾诉?自从秦汉以来,四方边境上战争频繁,中原地区的损耗破坏,也无时不有。古时称说,外夷中夏,都不和帝王的军队为敌;后来不再宣扬礼乐教化,武将们就使用奇兵诡计。奇兵不符合仁义道德,王道被认为迂腐不切实际,谁也不去实行。唉,哎呀!

我想象北风震撼着沙漠,胡兵乘机来袭,主将骄傲轻敌,敌兵已到营门才仓促接战。原野上竖起各种战旗,河谷地奔驰着全副武装的士兵。严厉的军法使人心惊胆战,当官的威重权大,士兵的性命微贱。锋利的箭镞穿透骨头,飞扬的沙粒直扑人面。敌我两军激烈搏斗,山川也被震得头昏眼花。声势之大,足以使江河分裂,雷电奔掣。何况正值极冬,空气凝结,天地闭塞,寒气凛冽的瀚海边上,积雪陷没小腿,坚冰冻住胡须。凶猛的鸷鸟躲在巢里休息,惯战的军马也徘徊

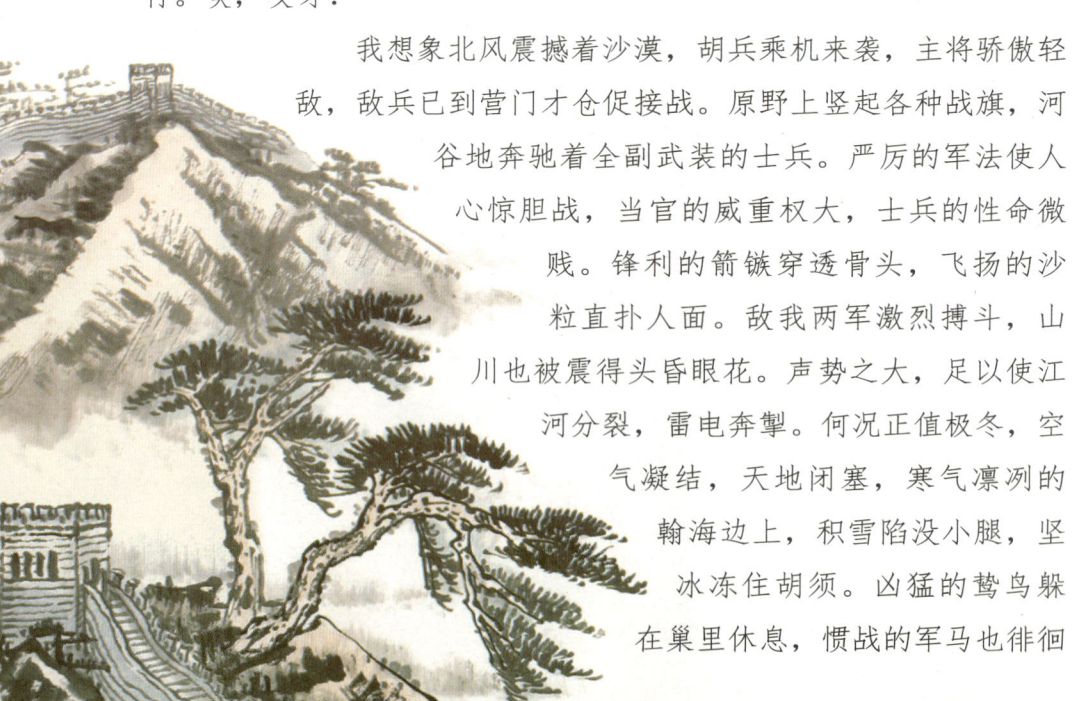

不前。棉衣毫无暖气，人冻得手指掉落，肌肤开裂。在这苦寒之际，老天假借强大的胡兵之手，凭仗寒冬肃杀之气，来斩伐屠戮我们的士兵，半途中截取军用物资，拦腰冲断士兵队伍。都尉刚刚投降，将军又复战死。尸体僵仆在大港沿岸，鲜血淌满了长城下的窟穴。无论高贵或是卑贱，同样成为枯骨。说不完的凄惨哟！鼓声微弱啊，战士已经精疲力竭；箭已射尽啊，弓弦也断绝。白刃相交肉搏啊，宝刀已折断；两军迫近啊，以生死相决。投降吧，终生将沦于异族；战斗吧，尸骨将暴露于沙砾！鸟儿无声啊群山沉寂，漫漫长夜啊悲风淅淅，阴魂凝结啊天色昏暗，鬼神聚集啊阴云厚积。日光惨淡啊映照着短草，月色凄凉啊笼罩着白霜。人间还有像这样令人伤心惨淡的景况吗？

　　我听说过，李牧统率赵国的士兵，大破林胡的入侵，开辟疆土千里，匈奴望风远逃。而汉朝倾全国之力和匈奴作战，反而民穷财尽，国力削弱。关键是任人得当，哪在于兵多呢！周朝驱逐猃狁，一直追到太原，在北方筑城防御，而后全军得胜回京，在宗庙举行祭祀和饮宴，记功授爵，大家和睦愉快而又安适。君臣之间，端庄和蔼，恭敬有礼。而秦朝修筑长城，直到海边都建起关塞，残害了无数的人民，鲜血把万里大地染成了赤黑；汉朝出兵攻击匈奴，虽然占领了阴山，但阵亡将士骸骨遍野，互相枕藉，实在是得不偿失。

　　苍天所生众多的人民，谁没有父母？从小拉扯带领，抱着背着，唯恐他们夭折。谁没有亲如手足的兄弟？谁没有相敬如宾的妻子？他们活着受过什么恩惠？又犯了什么罪过而遭杀害？他们的生死存亡，家中无从知道。即使听到有人传讯，也是疑信参半。整日忧愁郁闷，夜间音容入梦。不得已只好陈列祭品，酹酒祭奠，望远痛哭，天地为之忧愁，草木也含悲伤。这样不明不白的吊祭，不能为死者在天之灵所感知，他们的精魂归依何处呢？何况战争之后，一定会出现灾荒，人民难免流离失所。唉，哎呀！这是时势造成，还是命运招致呢？从古以来就是如此！怎样才能避免战争呢？只有使四方民族为天子守卫疆土。

鉴赏文心

本文作于唐天宝十一载（752），是作者李华以监察御史的身份出使朔方，途经古战场有感而发的作品。作者写古战场的肃杀萧然，追忆古时战争惨烈，以抒发自己厌战反战的情感，更是借古讽今，隐约表达出对唐玄宗好大喜功，穷兵黩武的不满，可见作者儒家仁政思想。

全文可分为三部分，第一部分点出写作目的，先写作者经过古战场时，太阳暗淡、风沙凄迷的所见所闻，以展示古战场的凄凉与悲壮，烘托战争的残酷。再以当地亭长一语佐证，追溯古战场年代。自然由古代战场引出历代战争，转写征战艰难困苦，耗资巨大的问题，并指出战争实际上"异于仁义"的本质，托出本文反战的主旨。

第二部分由实景入想象，全力描述古战场上的惨烈战况，以史实例证，得出战争功绩不足以弥补祸患的结论，以渲染气氛，侧面印证主题。作者想象战事，以时间展开步步为进，有"野竖旌旗，川回组练"这样引而未发的两军对峙，到"利镞穿骨，惊沙入面"这样惊心动魄的军阵掩杀，也有因为

说文布道
28字里的最美春天

在诗人辈出的唐朝，李华并不出名，但他作过一首诗，仅仅28字便描绘出了最美的春天：

春行即兴
宜阳城下草萋萋，涧水东流复向西。
芳树无人花自落，春山一路鸟空啼。

或许你怎么也想不到，笔下尽是苍凉悲壮、肃杀萧然的古战场的李华，心中也会有如此明媚静好的春天，不禁令人赞叹。

敌军强大，天气严寒而导致战事不利，层层败退的情状。其后是写出战后刀剑折断，军队败亡，以一幅"日光寒兮草短，月色苦兮霜白"的古战场凄凉景观，为本段惨烈战争的描写画上句号，可见战争的残酷无情。其后则引述史实，由秦汉匈奴连篇累牍的战争史指出战争消耗国力，损伤民众，不能有所获益。

文末为第三部分，是作者哀古悲叹之情的抒发，旨在徘徊质问，吊祭亡魂。此番吊祭，连用五个问句，显得情感汹涌澎湃，感念战争无辜牺牲者，再到对天下百姓命运的悲叹。最后，则以典出《左传》的"守在四夷（与周边各民族和平相处）"作为结语，暗和先古王道，再度呼吁统治者实行仁义，自然使四方"蛮夷"顺服，避免战祸，展现出一种儒家王道的思想。

本文虽然通篇用韵，文辞典丽，以骈文手法行文，却多以各类语气词承接文意，拓展结构，尤见用情诚恳质朴，而写战场残酷，用词凄切，更不见骈文浮艳风格。

古文的智慧

古往今来，战争带给人们的苦难远远大于

利益,只有和平才能为我们营造美好的生活。生在当下这个时代,我们要懂得珍惜这份来之不易的和平,更要知道战争的危害,努力学习科学知识来壮大自己,以备将来贡献于社会建设,为和平贡献自己的一份力量。

修一个安贫乐道的房间

陋室铭

唐·刘禹锡

山不在高,有仙则名;水不在深,有龙则灵。斯是陋室,唯吾德馨。苔痕上阶绿,草色入帘青。谈笑有鸿儒①,往来无白丁②。可以调素琴,阅金经③。无丝竹之乱耳,无案牍之劳形。南阳诸葛庐④,西蜀子云亭⑤。孔子云:"何陋之有?"

经典注释

①鸿儒:学识渊博的学者。②白丁:无官职的平民。这里指没有文化的人。③金经:《金刚经》。④南阳:地名,今湖北襄阳西。⑤西蜀:指四川成都。子云:扬雄,字子云,成都人,西汉辞赋家。

译文也很美

山不在于它的高低,有神仙居住便会出名;水不在于它的深浅,有蛟龙潜藏就会有灵气。小屋虽然简陋,但我的道德高尚却远近传闻。苔痕布满阶石，一片碧绿；草色映入帘帷，满室青新。博学之士，在这里谈笑风生，浅薄无识之徒不会到这里来。可以随心弹奏无雕绘的朴素之琴，可以潜心阅读佛经。没有嘈杂的音乐扰乱听觉，没有官府的文书劳神伤身。如同南阳诸葛亮的茅庐，又如西蜀的子云亭。正如孔子所说："这有什么简陋的呢？"

本文是一篇短小精悍的铭文，所谓"铭"，最初是指刻在器物或石碑上的文字，既可用于自我警示，又能记载功德，后来演化为一种韵文文体。本文是一篇既描述赞颂作者的住处"陋室"，又隐含自勉之意的文章。作者刘禹锡一生刚正不阿，虽然屡遭贬斥，却仍然孤绝傲岸。此文正是其精神气骨的写照。

本文题名"陋室铭"，却用了托物言志、以物喻人的手法，显得意蕴深长。文章着眼全在"斯是陋室，惟吾德馨"（这是一座简陋的房子，只是住在房子里的我品德好就感觉不到简陋了）一句，开篇"山不在高……水不在深"两句，用比兴手法，又隐作对比。以山水写高士，以高士作自比，则从容托出自身的"德馨"。

其后数句从陋室景观、来往宾客、日常生活三个方面展开写陋室，虽然都是简要的点写，却在字句之间，精心雕琢，可谓窥一斑而见全豹。几句读来，既有山水相和，清雅景观，又有往来谈笑风生的雅士高徒。而对日常生活悠然自得的描写，更显示出作者精神生活的丰足。虽然题名写作"陋室"，实则处处洋溢着一种超越物质生活的富有，与文末那句"何陋之有"的结语隐为对照。最后"南阳诸葛庐，西蜀子云亭"两句，更是引古照今，将自己的陋室与诸葛亮和扬雄的住所相对比，尤见作者的一片匠心。诸葛亮与扬雄不但曾是品行高洁的隐士，亦是怀有治国经略的良才。由此处更可窥得作者怀有济世情怀。

本文虽不足百字,却字句顿挫,音韵畅达,更有比兴、类比、对偶多种手法,文风灵动,颇显出作者精微深刻的写作技巧。如"苔痕上阶绿,草色入帘青"两句,对仗工整,词句雅致,用"上""入"两字以拟人写物,再以"绿""青"两颜色倒装点染,可见本文字句精微之妙。

古文的智慧

其实生活对每个人都是公平的,尽管物质条件有差别,但每个人的成长都是要靠自己的努力和智慧才能完成的,物质条件的短缺并不能阻碍一个人努力走向成功,恰恰相反,它也可以成为一个人努力奋斗的动力。所以,我们要把努力的重点放在自身发展上,努力学习、奋斗,为将来实现自我的人生价值而奠定坚实的基础。

自荐的艺术

与韩荆州书

唐·李白

白闻天下谈士相聚而言曰:"生不用封万户侯,但愿一识韩荆州。"何令人之景慕一至于此!岂不以周公之风,躬吐握之事①,使海内豪俊,奔走而归之,一登龙门②,则声价十倍!所以龙蟠凤逸之士③,皆欲收名定价于君侯。君侯不以富贵而骄之、寒贱而忽之,则三千之中有毛遂,使白得颖脱而出,即其人焉。

白,陇西布衣,流落楚、汉。十五好剑术,遍干诸侯;三十成文章,历抵卿相。虽长不满七尺,而心雄万夫。皆王公大人许与气义。此畴曩心迹④,安敢不尽于君侯哉?君侯制作侔神明,德行动天地,笔参造化,学究天人。幸愿开张心颜,不以长揖见拒。必若接之以高宴,纵之以清谈,请日试万言,倚马可待⑤。今天下以君侯为文章之司命,人物之权衡,一经品题,便作佳士。而今君侯何惜阶前盈尺之地,不使白扬眉吐气、激昂青云耶?

昔王子师为豫州,未下车即辟荀慈明,既下车又辟孔文举。山涛作冀州,甄拔三十余人,或为侍中、尚书,先代所美。而君侯亦一荐严协律,入为秘书郎,中间崔宗之、房习祖、黎昕、许莹之徒,或以才名见知,或以清白见赏。白每观其衔恩抚躬,忠义奋发,白以此感激,知君侯推赤心于诸贤之腹中,所以不归他人而愿委身国士。倘急难有用,敢效微躯。

且人非尧舜,谁能尽善?白谟猷筹画⑥,安能自矜?至于制作,积成卷轴,则欲尘秽视听,恐雕虫小技,不合大人。若赐观刍荛⑦,请给纸笔,兼之书人,然后退扫闲轩,缮写呈上。庶青萍、结绿,长价于薛、卞之门。幸推下流,大开奖饰,唯君侯图之。

经典注释

①吐握:吐哺握发。《史记·鲁周公世家》记载,周公"一沐三捉发,一饭三吐哺,起以待士,犹恐失天下之贤人"。②登龙门:《后汉书·李膺传》记载,李膺声名很高,当时士人能得到他接纳的,都叫"登龙门"。③龙蟠凤逸:比喻有才能的人。④畴曩:往昔。⑤倚马可待:典出《世说新语·文学》。东晋桓温北征,要袁宏立即起草一份文告,袁宏倚在马前,手不停笔,一

口气写了七页。后来常用此比喻才思敏捷。⑥谟猷（mó yóu）：谋划。⑦刍荛（ráo）：割草打柴的人，多指草野之民。

译文也很美

我听到天下善言谈的人相聚时议论说："此生宁愿不封万户侯，但愿认识一下韩荆州。"您怎么会令人景仰到这样的程度？还不是因为您身体力行周公的尊贤重士、"三握""三吐"的作风，才使天下的豪杰才俊之士，都愿趋赴于您的门下，犹如鲤鱼一旦跃上龙门，就可成龙，身价陡增。所以，胸怀才智的英杰之士，都想获得您的品题与评价。您既不以自己地位的尊贵而傲视他们，也不以他们寒贱的出身而轻视他们，在您的三千门客之中，必然会有毛遂，如果能给我显露才华的机会，我就是您的毛遂了。

我是陇西的一个平民，流落在楚汉一带。十五岁爱好剑术，曾到处干谒过地方官；三十岁文章有成，又屡次投拜公卿。身长虽不满七尺，而雄心在万夫之上。王公大臣一致称许我的节操和义气。这些我素日的抱负与行事，怎敢不向您尽情吐露呢？您的著述可比神明，德行感动天地，文笔之妙可与造化比美，学识之深探究了大自然与人类社会的奥秘。但愿您能心情愉快，不拒绝我谒见您的诚心。如若能在您的筵席之上，容我高谈纵论，请测试我的文章，万言之篇，也可以倚马而成。如今，天下人把您看作文章的主宰，评价人物的标准，一经您的鉴定，就成了优秀人才。您又何必爱惜台阶前边那一尺之地，不给我进见机会，不让我扬眉吐气，振奋于青云之上呢？

过去，王允到豫州做刺史，尚未到任，就征用了荀爽，到任后又聘用了孔融。山涛任冀州刺史，选择提拔了三十多人，有的被任命为侍中，有的被任命为尚书，这些都受到了前人的赞美。您也曾推荐过严武做秘书郎，又引荐过崔宗之、房习祖、黎昕、许莹等人。他们有的以才华出众为您所知，有的以品格清高为您赏识。我常常看到他们

发自内心的感恩戴德的话,并为之奋发不已。我深受感动,也因此知道您是如何对他们推心置腹以赤诚相待了,因而不去依附他人,而把自己委托给您,您如有什么急难需要,我愿以微躯为您效劳。

况且,人不都是尧舜,谁能做到尽善尽美?在运筹策划方面,我哪敢自恃,至于制作诗文,则已积累成卷轴,很想打扰您,请您过目。只恐这些雕章琢句的小玩意,不合乎您的趣味。如若您愿意赏阅草野之人的这些文章,请赐给纸笔和抄手,我将退而洒扫静室,誊清奉上。以便这些诗赋像青萍宝剑和结绿宝石一样,能够在薛烛、卞和的门下增添身价。但愿君侯推恩于身处下位之人,大开嘉奖鼓励之门,请君侯加以考虑!

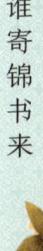

云中谁寄锦书来

鉴赏文心

本文写于唐开元二十二年(734),当时李白三十四岁,正值壮年,虽有文名,却不受重视,适逢路过襄阳,便向喜爱举荐人才的荆州长史韩朝宗上书自荐。本文虽是一篇有所谋求的干谒文章,却显得飞扬豪迈,可见一代诗仙卓尔不群的风采。

本文可分为三部分,主题为称赞韩朝宗和表现自己的才干。本文开篇即飞扬排宕,以"生不用封万户侯,但愿一识韩荆州"这一世人称赞的言语表现自己对韩朝宗的仰慕之情,其后旁引周公、李膺等爱才高士为佐证,显出韩朝宗举贤任能的声名。再引述毛遂自荐的典故,既称赞主人,又自比为毛遂,一片请求引荐的心意悄然浮现。

第二部分虽为人物履历志趣

的平常介绍，却已得见豪放超脱的文章气质。本段介绍有陇西李氏的显赫出身，又有四处游历，受到诸侯卿相推重的经历，而"虽长不满七尺，而心雄万夫"一句，一收一放间，豪迈大气，可见李白不卑不亢的气概。

第三部分先称颂韩朝宗，再备述自己的才干，请求赏识试用。称颂韩朝宗的四句话，笔意夸张，用词豪健，气势上已不同于一般的称颂之语。而下文写自身，却不见乞求态度，反而更进一步，要求"请口试万言，倚马可待"（请用万字的文章测试我，倚靠着即将出征的战马写文章，很快就可以写完），其间一种"天生我材必有用"的自信，跃于纸上。再与前文称赞之语对比，实际上作者是把自己放在与韩朝宗的对等位置上，表现出主客相知的期求。难怪《古文观止》编者称赞李白态度"绝不作一分寒乞态，殊觉豪气逼人"。

此后，作者列举事例，两相比照，既有王允、山涛等举荐贤良的慧眼高士，也有荀爽、孔融等受到举荐的人才。由此旁征博引的历史旧事，含蓄述明自己"委身国士"的心愿。最后，再请求荐，更是未献文章，却先"请给纸笔，兼之书人"（请给我纸笔和抄写文章的人手），显出诗人式的豪放不羁，洒脱自在。

本文虽然用意世俗，却姿态十足，格调气势高拔。具体文辞也不若时文骈俪浮艳的特点，显得行文洒脱流转，用典贴切自然，可见李白清新俊逸的诗文特点。

古文的智慧

或许李白是很多人心中的偶像，不仅仅因为他横溢的才华，更因为他那份不羁的自信。"自信人生二百年，会当击水三千里"，每个人都是一个独立而特别的存在，而充分的自信能让他的人生更加焕发光彩，拥有强大的人格魅力。所以，我们在成长中要学会树立自信，去迎接精彩的人生。

> 儒学于我是道统，也是旗帜

原道

唐·韩愈

博爱之谓仁，行而宜之之谓义①，由是而之焉之谓道，足乎己无待于外之谓德。仁与义为定名，道与德为虚位。故道有君子小人，而德有凶有吉。老子之小仁义，非毁之也，其见者小也。坐井而观天，曰"天小"者，非天小也。彼以煦煦为仁②，孑孑为义③，其小之也则宜。其所谓道，道其所道，非吾所谓道也；其所谓德，德其所德，非吾所谓德也。凡吾所谓道德云者，合仁与义言之也，天下之公言也。老子之所谓道德云者，去仁与义言之也，一人之私言也。

周道衰，孔子没，火于秦，黄、老于汉，佛于晋、魏、梁、隋之间。其言道德仁义者，不入于杨，则入于墨，不入于老，则入于佛。入于彼，必出于此。入者主之，出者奴之；入者附之，出者污之④。噫！后之人其欲闻仁义道德之说，孰从而听之？老者曰："孔子，吾师之弟子也。"佛者曰："孔子，吾师之弟子也。"为孔子者，习闻其说，乐其诞而自小也，亦曰："吾师亦尝师之云尔⑤。"不惟举之于其口，而又笔之于其书。噫！后之人虽欲闻仁义道德之说，其孰从而求之？甚矣！人之好怪也！不求其端，不讯其末，惟怪之欲闻。

古之为民者四⑥，今之为民者六⑦，古之教者处其一，今之教者处其三。农之家一，而食粟之家六，工之家一，而用器之家六；贾之家一，而资焉之家六⑧。奈之何民不穷且盗也！

古之时，人之害多矣。有圣人者立，然后教之以相生相养之道，为之君，为之师。驱其虫蛇禽兽，而处之中土。寒然后为之衣，饥然后为之食。木处而颠，土处而病也，然后为之宫室⑨。为之工以赡其器用，为之

贾以通其有无，为之医药以济其夭死，为之葬埋、祭祀以长其恩爱，为之礼以次其先后，为之乐以宣其湮郁⑩，为之政以率其怠倦，为之刑以锄其强梗⑪。相欺也，为之符玺、斗斛、权衡以信之，相夺也，为之城郭、甲兵以守之。害至而为之备，患生而为之防。今其言曰："圣人不死，大盗不止；剖斗折衡，而民不争。"呜呼！其亦不思而已矣！如古之无圣人，人之类灭久矣。何也？无羽毛鳞介以居寒热也，无爪牙以争食也。

是故君者，出令者也；臣者，行君之令而致之民者也；民者，出粟米麻丝、作器皿、通货财以事其上者也。君不出令，则失其所以为君；臣不行君之令而致之民，则失其所以为臣；民不出粟米麻丝、作器皿、通货财以事其上，则诛。今其法曰："必弃而君臣，去而父子，禁而相生相养之道。"以求其所谓"清净"、"寂灭"者。呜呼！其亦幸而出于三代之后⑫，不见黜于禹、汤、文、武、周公、孔子也。其亦不幸而不出于三代之前，不见正于禹、汤、文、武、周公、孔子也。

帝之与王，其号虽殊，其所以为圣一也。夏葛而冬裘，渴饮而饥食，其事虽殊，其所以为智一也。今其言曰："曷不为太古之无事？"是亦责冬之裘者曰："曷不为葛之之易也？"责饥之食者曰："曷不为饮之之易也？"传曰："古之欲明明德于天下者，先治其国；欲治其国者，先齐其家；欲齐其家者，先修其身；欲修其身者，先正其心。欲正其心者，先诚其意。"然则古之所谓正心而诚意者，将以有为也。今也欲治其心，而外天下国家，灭其天常⑬，子焉而不父其父，臣焉而不君其君，民焉而不事其事。孔子之作《春秋》也，诸侯用夷礼则夷之⑭，进于中国则中国之⑮。经曰："夷狄之有君，不如诸夏之亡。"《诗》曰："戎狄是膺，荆舒是惩。"今也举夷狄之法，而加之先王之教之上，几何其不胥而为夷也⑯！

夫所谓先王之教者，何也？博爱之谓仁，行而宜之之谓义，由是而之焉之谓道，足乎己无待于外之谓德。其文，《诗》、《书》、《易》、《春秋》；其法，礼、乐、刑、政；其民，士、农、工、贾；其位，君臣、父子、师友、宾主、昆弟、夫妇；其服，麻、丝；其居，宫、室；其食，粟米、果蔬、鱼肉。其为道易明，而其为教易行也。是故以之为己，则顺而祥；以之为人，则爱而公；以之为心，则和而平；以之为天下国家，无所处而不当。是故生则得其情，死则尽其常。效焉而天神假，庙焉而人鬼飨[17]。曰："斯道也，何道也？"曰："斯吾所谓道也，非向所谓老与佛之道也。尧以是传之舜，舜以是传之禹，禹以是传之汤，汤以是传之文、武、周公，文、武、周公传之孔子，孔子传之孟轲，轲之死，不得其传焉。荀与扬也，择焉而不精，语焉而不详。由周公而上，上而为君，故其事行；由周公而下，下而为臣，故其说长。"然则如之何而可也？曰："不塞不流，不止不行。人其人，火其书，庐其居[18]，明先王之道以道之，鳏寡孤独废疾者有养也[19]。其亦庶乎其可也[20]。"

经典注释

①宜：合宜。②煦煦：和蔼的样子。这里指小恩小惠。③孑孑（jié）：琐屑细小的样子。④污：污蔑，诋毁。⑤云尔：语助词，相当于"等等"。⑥四：指士、农、工、商四类。⑦六：指士、农、工、商，加上和尚、道士。⑧资：依靠。焉：代词，指做生意。⑨宫室：泛指房屋。⑩宣：宣泄。湮（yān）郁：郁闷。⑪强梗：强暴之徒。⑫三代：指夏、商、周三朝。⑬天常：天性。⑭夷：中国古代汉族对其他民族的通称。⑮进：同化。⑯几何：差不多。胥：沦落。⑰庙：祭祖。⑱庐：这里作动词。其

居：指佛寺、道观。⑲鳏（guān）：老而无妻。独：老而无子。⑳庶乎：差不多、大概。

译文也很美

　　博爱叫作"仁"，恰当地去实现"仁"就是"义"，沿着"仁义"之路前进便为"道"，使自己具备完美的修养，而不去依靠外界的力量就是"德"。仁和义是意义确定的名词，道和德是意义不确定的名词，所以道有君子之道和小人之道，而德有吉德和凶德。老子轻视仁义，并不是诋毁仁义，而是由于他的观念狭小。好比坐在井里看天的人，说"天很小"，其实天并不小。老子把小恩小惠认为仁，把谨小慎微认为义，他轻视仁义就是很自然的了。老子所说的道，是把他观念里的道当作道，不是我所说的道。他所说的德，是把他观念里的德当作德，不是我所说的德。凡是我所说的道德，都是结合仁和义说的，是天下的公论。老子所说的道德，是抛开了仁和义说的，只是他个人的说法。

　　自从周道衰落，孔子去世以后，秦始皇焚烧诗书，黄老学说盛行于汉代，佛教盛行于晋、魏、梁、隋之间。那时谈论道德仁义的人，不归入杨朱学派，就归入墨翟学派；不归入道学，就归入佛学。归入了哪一家，必然轻视另外一家。尊崇所归入的学派，就贬低所反对的学派；依附归入的学派，就污蔑反对的学派。唉！后世的人想知道仁义道德的学说，到底听从谁的呢？道家说："孔子是我们老师的学生。"佛家也说："孔子是我们老师的学生。"研究孔学的人，听惯了他们的话，乐于接受他们的荒诞言论而轻视自己，也说"我们的老师曾向他们学习"这一类话，不仅在口头说，而且又把它写在书上。唉！后世的人即使要想知道关于仁义道德的学说，又该向谁去请教呢？人们喜欢听怪诞的言论真是太过分了！他们不探求事情的起源，不考察事情的结果，只喜欢听怪诞的言论。

古代的人只有四类，今天的人有了六类。古代负有教育人的任务的，只占四类中的一类，今天却有三类。务农的一家，要供应六家的粮食；务工的一家，要供应六家的器用；经商的一家，依靠他服务的有六家。又怎么能使人民不因穷困而去偷盗呢？

古时候，人们的灾害很多。有圣人出来，才教给人们以相生相养的生活方法，做他们的君王或老师。驱走那些蛇虫禽兽，把人们安顿在中原。天冷就教他们做衣裳，饿了就教他们种庄稼。栖息在树木上容易掉下来，住在洞穴里容易生病，于是，就教导他们建造房屋。又教导他们做工匠，供应人们的生活用具；教导他们经营商业，调剂货物的供应；发明医药，以拯救那些生命垂危的人；制定埋葬祭祀的制度，以增进人与人之间的恩爱感情；制定礼节，以分别尊卑秩序；制作音乐，以宣泄人们心中的郁闷；制定政令，以督促那些怠惰懒散的人；制定刑罚，以铲除那些强暴之徒。因为有人弄虚作假，于是又制作符节、印玺、斗斛、秤尺，作为凭信。因为有争夺抢劫的事，于是设置了城池、盔甲、兵器来守卫家国。总之，灾害来了就设法防备；祸患将要发生，就及早预防。如今道家却说："如果圣人不死，大盗就不会停止；只要砸烂斗斛、折断秤尺，人民就不会争夺了。"唉！这都是没有经过思考的话罢了！如果古代没有圣人，人类早就灭亡了。为什么呢？因为人们没有羽毛鳞甲以适应严寒酷暑，也没有强硬的爪牙来夺取食物。

因此说，君王是发布命令的；臣子是执行君王的命令并且实施到百姓身上的；百姓是生产粮食、丝麻，制作器物，交流商品，来供奉在上统治的人的。君王不发布命令，就丧失了作为君王的权力；臣子不执行君王的命令、不实施到百姓身上，就失去了作为臣子的职责；百姓不生产粮食、丝麻、制作器物、交流商品来供应在上统治的人，就应该受到惩罚。如今佛家却说，一定要抛弃你们的君臣关系，消除你们的父子关系，禁止你们相生相养的办法，以便追求那些所谓清

净寂灭的境界。唉！他们也幸而出生在三代之后，没有被夏禹、商汤、周文王、周武王、周公、孔子所贬斥。他们又不幸而没有出生在三代以前，没有受到夏禹、商汤、周文王、周武王、周公、孔子的教导。

五帝与三王，他们的名号虽然不同，但他们之所以成为圣人的原因是相同的。夏天穿葛衣，冬天穿皮衣，渴了要喝水，饿了要吃饭，这些事情虽然各不相同，但它们同样是人类的智慧。如今道家却说："为什么不实行远古的无为而治呢？"这就好像怪人们在冬天穿皮衣："为什么你不穿简便的葛衣呢？"或者怪人们饿了要吃饭："为什么不光喝水，岂不简单得多！"《礼记》说："在古代，想要发扬他的光辉道德于天下的人，一定要先治理好他的国家；要治理好他的国家，一定要先整顿好他的家庭；要整顿好他的家庭，必须先进行自身的修养；要进行自我修养，必须先端正自己的思想；要端正自己的思想，必须先使自己具有诚意。"可见古人所谓正心和诚意，都是为了要有所作为。如今那些修心养性的人，却想抛开天下国家，灭绝天性，做儿子的不把他的父亲当作父亲，做臣子的不把他的君上当作君上，做百姓的不做他们该做的事。孔子作《春秋》，对采用夷狄礼俗的诸侯，就把他们列入夷狄；对采用中原礼俗的诸侯，就承认他们是中国人。《论语》说："夷狄虽然有君主，还不如中国的没有君主。"《诗经》说："夷狄应当攻击，荆舒应当惩罚。"如今，却尊崇夷礼之法，把它抬高到先王的政教之上，那么我们不是全都要沦为夷狄了！

我所说的先王的政教是什么呢？就是博爱即称之为仁，合乎仁的行为即称为义，从仁义再向前进就是道，自身具有而不依赖外界的叫作德。讲仁义道德的书有《诗经》《尚书》《易经》和《春秋》；体现仁义道德的法式就是礼仪、音乐、刑法、政令；它们教育的人民是士、农、工、商，它们的伦理次序是君臣、父子、师友、宾主、兄弟、夫妇；它们的衣服是麻布丝绸；它们的居处是房屋；它们的食物是粮食、瓜果、蔬菜、鱼肉。它们作为理论是很容易明白的，它们作为教育是很容易推行的。所以，用它们来教育自己，就能和顺吉祥；用它们来对待别人，就能做到博爱公正；用它们来修养内心，就能平和而宁静；用它们来治理天下国家，就没有不适当的地方。因此，人活着就能感受到人与人之间的情谊，死了就是结束了自然的常态。祭天则天神降临，祭祖则祖先的灵魂来享用。有人问："你这个道，是什么道呀？"我说："这是我所说的道，不是刚才所说的道家和佛家的道。这个道是从尧传给舜，舜传给禹，禹传给汤，汤传给文王、武王、周公，文王、武王、周公传给孔子，孔子传给孟轲，孟轲死后，没有继承的人。只有荀卿和扬雄，从中选取过一些但选得不精，论述过一些但并不全面。从周公以上，继承的都是在上做君王的，所以儒道能够实行；从周公以下，继承的都是在下做臣子的，所以他们的学说能够流传。"那么，怎么办才能使儒道获得实行呢？我以为："不堵塞佛老之道，儒道就不得流传；不禁止佛老之道，儒道就不能推行。必须把和尚、道士还俗为民，烧掉佛经道书，把佛寺、道观变成平民的住宅。发扬先王之道作为治理天下的标准，使鳏寡孤独、残疾以及长年患病的人得到照料。这样做大约也就可以了！"

鉴赏文心

　　唐贞元十二年，时值唐德宗的生日，德宗下圣旨命令司封郎中徐岱等和僧人鉴虚、道士郗维素等人一起商议研讨三教，并让人在山西五台山古寺庙设立万僧供，供养来自各地的僧人。此外，德宗亲自驾临译场（翻译佛教经籍的地方），和僧人畅谈经文，并下诏称禅宗第七祖是菏泽神会。由此，佛学道学在当时的重视程度可见一斑。韩愈的《原道》正写于此时。

原道，就是追寻探讨"道"的本源含义。在文中，韩愈反对道教清静无为之道与佛家的涅槃寂灭之道，从儒家的角度阐述了对"道"的理解，提出了道统论，即儒家学术、思想传承的脉络和系统，并以挽救儒家道统为己任。

全文可以分为四部分，即道德定义、佛老误国、古今之争、先王之道。一、二段追溯本源，重新阐释了仁义道德的含义，用仁义重新定义道德，区别于佛道两家的道德定义，认为儒家的道德是对仁义二字的践行和守护，而不是空中楼阁。第三段从国家的经济和百姓的生活这一角度批判了佛道大肆蔓延的破坏性，严重危害社稷。第四到六段讲了美好社会的标准以及礼乐制度，连用十几个"为之"写出"博爱""爱人"的具体表现，古时圣人所做的一切都是为了黎民百姓。第七段用大篇幅介绍了先王之道，即广泛地去爱所有人，将爱扩展至众生就叫仁，将之付诸行动并且符合礼乐制度就叫义，根据"仁义"去生活的形式方法就叫道。如何做到呢？文章的结尾提出，只要恢复并弘扬儒家传道系统，罢黜一切佛老，就可以做到了。

但忠言逆耳，想要当政者纳谏之，谈何容易？韩愈的文章结构严谨，论点鲜明，谏言总是一语中的，切中要害。他说话总是直言直语，元和十四年因上书《论佛骨表》惹怒唐宪宗而被贬潮州。然而，这一切终究遮掩不住韩愈作为"唐宋八大家"之首的锋芒！

古文的智慧

时代永远是保持发展的趋势，先进淘汰落后，这是历史发展的必然规律。某个时代的产物到了新的时代并非完全适用，所以，我们要学会分析辨别，取其精华，去其糟粕，从旧的东西中挖掘出适合新时代的东西，这才是"继往开来"的正确方法，不管是学习、工作还是生活，皆是如此。

毁谤的诞生

原毁

唐·韩愈

古之君子①，其责己也重以周②，其待人也轻以约。重以周，故不怠；轻以约，故人乐为善。闻古之人有舜者，其为人也，仁义人也。求其所以为舜者，责于己曰："彼，人也；予，人也。彼能是，而我乃不能是③！"早夜以思，去其不如舜者，就其如舜者④。闻古之人有周公者，其为人也，多才与艺人也。求其所以为周公者，责于己曰："彼，人也；予，人也。彼能是，而我乃不能是！"早夜以思，去其不如周公者，就其如周公者。舜，大圣人也，后世无及焉；周公，大圣人也，后世无及焉。是人也⑤，乃曰："不如舜，不如周公，吾之病也。"是不亦责于身者重以周乎？其于人也，曰："彼人也，能有是，是足为良人矣；能善是，是足为艺人矣⑥。"取其一，不责其二；即其新，不究其旧。恐恐然惟惧其人之不得为善之利。一善，易修也；一艺，易能也。其于人也，乃曰："能有是，是亦足矣。"曰："能善是，是亦足矣。"不亦待于人者轻以约乎？

今之君子则不然。其责人也详，其待己也廉⑦。详，故人难于为善，廉，故自取也少。己未有善，曰："我善是，是亦足矣。"己未有能，曰："我能是，是亦足矣。"外以欺于人，内以欺于心，未少有得而止矣⑧。不亦待其身者已廉乎⑨？其于人也，曰："彼虽能是，其人不足称也。彼虽善是，其用不足称也⑩。"举其一，不计其十；究其旧，不图其新。恐恐然惟惧其人之有闻⑪也。是不亦责于人者已详乎？夫是之谓不以众人待其身，而以圣人望于人⑫，吾未见其尊己也。

虽然⑬，为是者，有本有原，怠与忌之谓也。怠者不能修，而忌者畏人修。吾尝试之矣⑭。尝试语于众曰⑮："某良士，某良士。"其应者，必

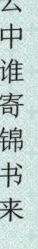

其人之与也[16]，不然，则其所疏远不与同其利者也，不然，则其畏也[17]。不若是，强者必怒于言，懦者必怒于色矣。又尝语于众曰："某非良士，某非良士。"其不应者，必其人之与也，不然，则其所疏远不与同其利者也，不然，则其畏也。不若是，强者必说于言，懦者必说于色矣。是故事修而谤兴[18]，德高而毁来。呜呼！士之处此世，而望名誉之光[19]、道德之行，难已！

将有作于上者，得吾说而存之，其国家可几而理欤[20]！

经典注释

①君子：指旧时贵族阶级士大夫。②责：要求。③彼：指舜。予：同"余"，我。④去：离开，抛弃。就：走向，择取。⑤是人：指上古之君子。⑥良人：善良的人。艺人：有才艺的人。⑦详：周备，全面。廉：狭窄，范围小。⑧少：稍微。⑨已：太。⑩用：作用，指才能。⑪闻：名声，声望。⑫众人：一般人。望：期待，要求。⑬虽然：虽然这样。⑭尝：曾经。⑮语：告诉。⑯应：响应，附和。与：党与，朋友。⑰畏：畏惧。指害怕他的人。⑱修：善，美好。⑲光：光大，昭著。⑳有作于上：在上位有所作为。存：记住。几：庶几，差不多。理：治理。

译文也很美

古时候的君子，他对自己的要求严格而全面，他对待别人宽容又简约。严格而全面，所以不怠惰；宽容又简约，所以人家都乐意做好事。听说古代的圣人舜，他的为人，是个仁义的人。探究舜所以成为圣人的道理，就责备自己说："他是个人，我也是个人，他能这样，我却不能这样！"早晚都在思考，改掉那不如舜的行为，去做那符合舜的德行的事。听说古代的圣人周公，他的为人，是个多才多艺的人。探究他所以成为圣人的道理，就责备自己说："他是个人，我也是个人，他能这样，我却不能这样！"早晚都在思考，改掉那不如周公的，去做那符合周公的。舜，是大圣人，后代没有能比得上他的；周公，是大圣人，后代没有能比得上他的。这些人却说："比不上舜，比不上周公，是我的缺点。"这不就是对自身要求严格而且全面吗？他对待别人，说道："那个人啊，能有这点，这就够得上是良善的人了；能擅长这个，就算得上是有才能的人了。"肯定他一个方面，而不苛求他别的方面；论他今天的表现，而不计较他的过去。小心谨慎地只恐怕别人得不到做好事应得的表扬。一件好事是容易做到的，一种技能是容易学得的，他对待别人，却说："能有这样，这就够了。"又说："能擅长这个，这就够了。"岂不是要求别人宽容又简约吗？

现在的君子可不同，他责备别人周详，他要求自己简少。周详，所以人家难以做好事；简少，所以自己进步就少。自己没有什么优点，却说："我有这优点，这就够了。"自己没有什么才能，却说："我有这本领，这就够了。"对外欺骗别人，对己欺骗良心，还没有多少收获就止步不前，岂不是要求自身太少了吗？他们要求别人，说："他虽然能做这个，但他的人品不值得赞美。他虽然擅长这个，但他的才用不值得称道。"举出他一方面的欠缺不考虑他多方面的长处；只追究他的既往，不考虑他的今天。心中惶惶不安只怕别人有好的名声。岂不是责求别人太完美了吗？这就叫不用常人的标准要求自身，却用圣人的标准希望别人，我看不出他是在尊重自己。

尽管如此，这样做是有他的根源的，那就是所说的怠惰和忌妒。怠惰的人不能自我修养，而忌妒的人害怕

别人修身。我不止一次地试验过，曾经对大家说："某人是贤良的人，某人是贤良的人。"那随声附和的，一定是他的同伙，否则就是和他疏远没有相同利益的人，否则，就是畏惧他的人。不然的话，强横的定会厉声反对，软弱的定会满脸不高兴。我又曾经试着对大家说："某人不是贤良的人，某人不是贤良的人。"那不随声附和的人，一定是他的同伙，否则，就是和他疏远没有相同利益的，否则就是畏惧他的人。不这样的话，强横的定会连声赞同，软弱的定会喜形于色。因此，事业成功诽谤便随之产生，德望高了恶言就接踵而来。唉！读书人生活在当今世界上，而希求名誉的光大、德行的推广，太难了！

入仕为政的人想有所作为，听取我的说法记在心中，那国家差不多就可以治理好了！

鉴赏文心

《原毁》是韩愈系列论文"五原"（《原性》《原道》《原毁》《原人》《原鬼》）之一。"毁"就是诽谤、诋毁，"原"就是推究、探求。《原毁》，顾名思义，是探讨、推究诋毁与诽谤产生的根本原因。韩愈所在的中唐，朝中贵族和科举入仕官员彼此排斥打压，妒贤嫉能，对他人要求十全十美、毫无缺点，对自己则务求宽容，一般读书人之间也会相互攻讦。品德卓越、才能突出者常常会遭遇诋毁。"事修而谤兴，德高而毁来"的怪乱现象丛生。韩愈为德才兼备之士鸣不平，写下了议论文《原毁》，意在希望统治者关注这一坏风气，并采取适当的措施改变之。

韩愈的议论文具有结构严谨、逻辑缜密的特点，本文从责己和待人两个方面立论，分析了士大夫间的毁谤之风，认为毁谤的根本原因是"怠"与"忌"，即怠懈的人不能加强自我修养，好忌妒的人害怕别人修养。

从内容结构上看主要分为四部分，即古之君子责己待人的态度，今之君子责己待人的态度,揭示毁谤的社会根源及危害以及写作意图。先从正面入手,肯定古之君子的做法"其责己也重以周,其待人也轻以约",说明一个人该如何要求自己和对待他人,然后与今之君子截然相反的态度和做法"其责人也详,其待己也廉"进行对比,最后,指出毁的根源是"怠与忌"及其社会危害性,直接道出写作意图希望当政者警醒之。

本文在写作手法上,对比和对偶的运用很突出。文章通篇将古今君子进行对比,比较他们对人对己的态度的不同,而在描述两者表现时,他们责己待人的态度又自成一组对比,而"某良士,某良士""某非良士,某非良士"一正一反的试探性语言相对比,在议论性文字上加以描写性的语言,从而更生动形象地揭露了今之君子之间的毁谤风气,也使之更尖锐明了。"其责己也重以周,其待人也轻以约""去其不如周公者,就其如周公者""其责人也详,其待己也廉"等对偶手法的运用,使文章表意凝练,音韵和谐,气势铿锵,表达效果显著增强。

《原毁》语言浅显易懂,叙述之巧妙在文中也可窥一二。例如,文中在阐释颜渊、孟子等人的意见时,没有引经据典,与一般议论文中的叙述有很大不同,这也是新颖之处。

韩愈的《原毁》可与皮日休的《原谤》对比看,皮日休继承了韩愈的创作风格,但在内容上却反其意而用之,锋芒比韩愈更尖锐,批判的意味也更强烈。

古文的智慧

毁谤这种行为历来为人们所不齿,它不仅会伤害到别人的自尊,更会降低自己的人格魅力,可谓损人不利己。我们要做一个高尚的人,就要追求高尚的人生品质,做事光明磊落,对自己的言行负责,摒弃毁谤、污蔑这类负面的行为,并远离这类小人。

千里马的错误使用方式

杂说四

唐·韩愈

世有伯乐①,然后有千里马。千里马常有,而伯乐不常有,故虽有名马,只辱于奴隶人之手,骈死于槽枥之间②,不以千里称也。

马之千里者,一食或尽粟一石,食马者不知其能千里而食也。是马也,虽有千里之能,食不饱,力不足,才美不外见,且欲与常马等不可得,安求其能千里也!

策之不以其道,食之不能尽其材,鸣之而不能通其意,执策而临之曰:"天下无马。"呜呼!其真无马邪?其真不知马也!

经典注释

①伯乐:姓孙名阳,字伯乐,春秋秦穆公时人,善于相马。
②骈(pián):两马并列驾车。

译文也很美

世上有了伯乐,然后才能发现千里马。千里马经常有,可是伯乐却不常有。因此,虽然有骏马良驹,也只是辱没在凡夫俗子的手里,一个接一个地死于马槽之间,不能因日行千里而出名。

日行千里的马,一顿有时能把一石小米全吃掉。养马的人不知道它能日行千里,所以不把它当作千里马来喂养。这样的马,虽然有日行千里的能力,但由于吃不饱,力气不足,因而能力与特长不能表现出来。这样,想要它同普通的马一样尚且做不到,又怎么能要求它日行千里呢？

　　不能用正确的方法驾驭它，不能以满足它食量的食物饲养它，不能理解它嘶鸣的意思，却拿着鞭子面对它说："天下没有好马！"唉！天下真的没有好马吗？是天下无人能真正识别好马罢了！

　　伯乐相马的故事流传甚久，在历代散文中，写马的文章以韩愈的《杂说四》最为著名。相传伯乐是春秋时秦人，喜好给马看相，特别擅长识别千里马。韩愈曾多次引用伯乐典故，回顾其一生，身为唐代散文巨匠，却一生命运坎坷，就不难理解他对伯乐相马之事的钟情了。

　　短文共三段。第一段提出本文中心论点"世有伯乐，然后有千里马"，并写了千里马被埋没的原因——"伯乐不常有"。第二段写千里马的特点及其才能不能尽情施展的原因，能日行千里、一顿能吃下十斗粮食的千里马因为被用对待平常马匹的方式来喂养，必然会导致"食不饱，力不足，才美不外见"。第三段以"真无马"与"真不知马"进行对比，深刻嘲讽了喂马者。全文每段最后一句均用"也"字结尾，感情各有侧重，引人深思。

　　这篇议论性的小短文才一百多字，文中提到"千里马"有15次，却没有啰唆之嫌，且各具不同的表达效果。有直接称呼，正面提到千里马的，如"然后有千里马""千里马常有"这样的表述严肃而又正式；有隐藏不漏，婉转地表达的，如"不以千里称也""马之千里者"等，没有直接称呼千里马，但用意却很明了；更有用代词称呼的，既简洁又含蓄，如"是马也""安求其能千里也""策之不以其道，食之不能尽其材，鸣之而不能通其意，执策而临之"等，句中的"是""其""之"等代词，都代指千里马。

　　世人皆知伯乐相马，千里马并不因是否有伯乐而千里之能就丧失。韩愈却别出心裁，提出先有伯乐然后才有千里马之说，这都与他的经历相关。年轻时的韩愈多次上书表达希望得到重用之意，但均被冷落。因此，才会不平则鸣也！

古文的智慧

一个人拥有超越常人的才华是值得赞美的事，但未必所有怀才者都能有一展抱负的机会，还需要看人生际遇。所以，当我们身处困境的时候不要气馁，俗话说"是金子总会发光"，要懂得"君子藏器于身待时而动"，保持自己进取的心态，静心等待施展才华的时机。

师生相处的学问

师说

唐·韩愈

古之学者必有师。师者，所以传道、受业、解惑也①。人非生而知之者，孰能无惑？惑而不从师，其为惑也，终不解矣。

生乎吾前，其闻道也，固先乎吾，吾从而师之；生乎吾后，其闻道也，亦先乎吾，吾从而师之。吾师道也，夫庸知其年之先后生于吾乎？是故无贵无贱，无长无少，道之所存，师之所存也。

嗟乎！师道之不传也久矣，欲人之无惑也难矣。古之圣人，其出人也远矣，犹且从师而问焉；今之众人，其下圣人也亦远矣，而耻学于师。是故圣益圣，愚益愚。圣人之所以为圣，愚人之所以为愚，其皆出于此乎？

爱其子，择师而教之；于其身也，则耻师焉，惑矣！彼童子之师，授之书而习其句读者也，非吾所谓传其道、解其惑者也。句读之不知②，惑之不解，或师焉，或不焉，小学而大遗，吾未见其明也。

巫医、乐师、百工之人，不耻相师；士大夫之族，曰师、曰弟子云者，则群聚而笑之。问之，则曰："彼与彼年相若也，道相似也。位卑则足羞，官盛则近谀。"呜呼！师道之不复，可知矣。巫医、乐师、百工之人，君子不齿，今其智乃反不能及，其可怪也欤！

圣人无常师。孔子师郯子、苌弘、师襄、老聃。郯子之徒，其贤不及孔子。孔子曰："三人行，则必有我师。"是故弟子不必不如师，师不必贤于弟子，闻道有先后，术业有专攻，如是而已。

李氏子蟠，年十七，好古文③，六艺经传皆通习之，不拘于时，学于余。余嘉其能行古道，作《师说》以贻之。

经典注释

①道：指儒家之道。②句读（dòu）：指古文文辞休止和停顿处。语意完整处为"句"，语意未尽，而诵读时须略作停顿处为"读"。③古文：秦、汉时代的文章。

译文也很美

古时求学之人必定有老师。老师，就是传授道理、授予专业知识、解答疑难问题的人。人不是生下来就懂道理、有知识的，谁能够没有疑难问题呢？有疑难问题却不请教老师，那始终都不会明白。

出生比我早的人，他懂得道理自然比我早，我向他学习；出生比我晚的人，他懂得道理要是比我早，我也向他学习。我学习的是道理，何必管他出生在我之前还是在我之后呢？因此，不论地位高贵低贱，不论年龄大小，道理在哪里，老师也就在哪里。

唉！从师求学的风尚失传已经很久了，想要人没有疑难问题是不可能的。古代的圣人远远超过一般人，尚且拜人为师，向人请教；现在的一般人，他们远远不如圣人了，却把从师求学当作羞耻。因此，圣人更加圣明，愚人更加愚昧。圣人之所以成为圣人，愚人之所以成

为愚人，大概都是由于这个原因吧？

人们疼爱自己的子女，选择好的老师来教他们；可是对自己，却把从师学习当作羞耻，这真是太糊涂了。那儿童的老师是教儿童读书、学习断句的人，不是我所说的传授道理、解除疑难问题的人。不懂断句，有疑难问题不能解决，对前者倒从师求学，对后者反而不愿从师求学，小事学习了，大事却丢掉了，我看不出他明白事理的地方。

巫医、乐师、各种工匠不以从师求学为羞耻；而士大夫这类人，一旦有以"老师"和"弟子"相称的，就聚在一起嘲笑人家。问他们为什么这样，他们就说："他们年纪差不多，学问也差不多。称地位低的人为老师则极为可耻，称地位高的人为老师则有谄媚的嫌疑。"唉！从师求学的风尚不能得到恢复，从这里就可以知道了。巫医、乐师、各种工匠，这些人受到士大夫们的鄙视。如今，士大夫们的明智程度反而不如他们，这不是很值得奇怪的吗！

圣人没有固定的老师。孔子曾以郯子、苌弘、师襄、老聃为师。像郯子这类人，他们的贤能都比不上孔子。孔子说："几个人一起走，其中必定有能做我的老师的人。"由此可见，学生未必就不如老师，老师未必就比学生贤能，懂得道理有早有晚，学问技艺各有专长，如此而已。

李家有子名叫蟠，十七岁上下，喜欢古文，六经的经文和传文都学习过了，不受世俗的约束，向我学习。我赞许他能够遵循古人从师的途径，写这篇《师说》来赠予他。

鉴赏文心

"说"是一种文体，属于议论文性质。"师说"一词，意思是说一说关于跟从老师学习的那些事。写《师说》时，韩愈三十五岁，正在长安任国子监博士，是国子监中分管教学的一名官员。国子监作为独立的教育行政机构，是当时的最高学府，培养国家需要的各种人才，本应是从师学习的风气很浓郁的地方，但是当时士大夫之间却将从师学习看成是一种耻辱。针对这样的恶劣风气，他不顾世俗的看法和嘲讽，选择了受他人耻笑的事情，广泛招收很多学生，自己做老师来教他们，一时间遭遇到流俗之辈的聚众嘲弄，遂作《师说》匡正歪风。

　　文章内容可分为三部分。第一到二段总论跟从老师学习的必要性和选择老师的标准。首句旗帜鲜明地提出了中心论点"古之学者必有师"，把古时候求学的人有所成就归因为跟从老师学习，并在第二段提出择师的标准"道之所存，师之所存也"，以真理为师，而不论高低贵贱长幼，这样的观点在当时很有进步意义。第三到五段通过正面和反面的对比，论证了跟从老师学习的重要性，接续上文对师道的论述。用三组对比："今之众人"和"古之圣人"，"于其子"和"于其身"，"百工之人"和"士大夫之族"，写了古今不同的认识，及对从师而学的不同做法和导致的不同结果，毫不留情地批判了当时士大夫以跟从老师为学而耻的不良风气。第六到七段通过举例，运用具体事例来进一步阐述什么样的人可以作为老师的道理，以及写作本文的缘由。

　　韩愈笔下的"师"并不专指国子监的教师和一般私塾的启蒙老师，而是广泛意义上的、在当今社会上能"传道授业解惑"的人。在论证方式上先立后破再立，在正反对比中将基本观点阐释得明白清楚。语言极具特色，既有对偶句，又有散句，显得交错纷杂，别有情致。而对比和顶真修辞手法的运用，则显得前后密切连接，语势流畅，逻辑事理有机地联系在一起，既生动又不显呆板。

古文的智慧

　　能为人师，必定有过人之处，但并不代表他各方面都过人。谦虚而好学是一个优秀之人必备的品质，能为他人解惑，但也能看到自己的不足，虚心求教于他人，只有这样我们才能不断获得智慧，更全面地提升自己的综合素养。

满把辛酸泪，一片干谒情

进学解

唐·韩愈

国子先生晨入太学①，招诸生立馆下，诲之曰："业精于勤，荒于嬉，行成于思，毁于随。方今圣贤相逢，治具毕张②，拔去凶邪，登崇俊良。占小善者率以录，名一艺者无不庸。爬罗剔抉③，刮垢磨光。盖有幸而获选，孰云多而不扬。诸生业患不能精，无患有司之不明，行患不能成，无患有司之不公。"

言未既，有笑于列者曰："先生欺余哉！弟子事先生，于兹有年矣。先生口不绝吟于六艺之文，手不停披于百家之编，纪事者必提其要，纂言者必钩其玄。贪多务得，细大不捐。焚膏油以继晷，恒兀兀以穷年。先生之业，可谓勤矣。觝排异端④，攘斥佛老，补苴罅漏⑤，张皇幽眇，寻坠绪之茫茫，独旁搜而远绍，障百川而东之，回狂澜于既倒，先生之于儒，可谓劳矣。沈浸醲郁，含英咀华⑥，作为文章，其书满家。上规姚姒，浑浑无涯，周诰殷盘，佶屈聱牙，《春秋》谨严，《左氏》浮夸，《易》奇而法，《诗》正而葩，下逮《庄》、《骚》，太史所录，子云、相如，同工异曲，先生之于文，可谓闳其中而肆其外矣。少始知学，勇于敢为，长通于方，左右具宜。先生之于为人，可谓成矣。然而公不见信于人，私不见助于友，跋前踬后⁷，动辄得咎。暂为御史，遂窜南夷。三年博士，冗不见治。命与仇谋，取败几时。冬暖而儿号寒，年丰而妻啼饥，头童齿豁，竟死何裨？不知虑此，反教人为？"

先生曰："吁！子来前！夫大木为杗，细木为桷，欂栌、侏儒，椳、闑扂、楔⑧，各得其宜，施以成室者，匠氏之工也。玉札、丹砂、赤箭、青芝、牛溲、马勃、败鼓之皮⑨，俱收并蓄，待用无遗者，医师之良也。登明选公，杂进巧拙，纡余为妍，卓荦为杰，校短量长，惟器是适者，宰相之方也。昔者孟轲好辩，孔道以明，辙环天下，卒老于行。荀卿守正，大论是弘，逃谗于楚，废死兰陵。是二儒者，吐辞为经，举足为法，绝类离伦，优入圣域，其遇于世何如也？今先生学虽勤而不由其统，言虽多而不要其中，文虽奇而不济于用，行虽修而不显于众。犹且月费俸钱，岁縻廪粟，子不知耕，妇不知织；乘马从徒，安坐而食，踵常途之役役，窥陈编以盗窃；然而圣主不加诛，宰臣不见斥，非其幸欤！动而得谤，名亦随之。投闲置散，乃分之宜。若夫商财贿之有亡，计班资之崇庳，忘己量之所称，指前人之瑕疵，是所谓诘匠氏之不以杙为楹，而訾医师以昌阳引年，欲进其豨苓也。"

经典注释

①国子先生：韩愈自称，当时他任国子博士。②治具：治理的工具，主要指法令。③爬：爬梳，整理。抉（jué）：选择。④异端：儒家称儒家以外的学说、学派为异端。⑤苴（jū）：鞋底中垫的草，这里做动词用，是填补的意思。罅（xià）：裂缝。⑥英、华：都是花的意思，这里指文章中的精华。⑦跋（bá）：踩。踬：跌掉。⑧杗（máng）：屋梁。桷（jué）：屋椽。欂栌（bó lú）：斗

拱，柱顶上承托栋梁的方木。侏儒：梁上短柱。椳（wēi）：门枢臼。闑（niè）：门中央所竖的短木，在两扇门相交处。扂（diàn）：门闩之类。楔（xiē）：门两旁长木柱。⑨玉札：地榆。丹砂：朱砂。赤箭：天麻。青芝：龙兰。以上四种都是名贵药材。牛溲：牛尿，这里指车前草。马勃：马屁菌。以上两种及"败鼓之皮"都是贱价药材。

译文也很美

　　国子先生早上走进太学，召集学生们站立在学舍下面，教导他们说："学业的精进在于勤奋，而荒废却因游荡玩乐；德行的成就在于思考，而败坏由于因循随便。当前圣君与贤臣相遇合，法制健全。拔除凶恶奸邪的人，晋升英俊善良的人。具有微小优点的都已录取，称有一技之长的无不任用。搜罗人才，加以甄别、教育、培养，对他们刮去污垢，磨炼得闪闪发光。大概只有侥幸才得以选上的，谁说多才多艺会不被高举呢？诸位学生只怕学业不能精进，不要怕主管部门官吏看不清；只怕德行不能有所成就，不要怕主管部门官吏不公正。"

　　话没有说完，有人在行列里笑道："先生在欺骗我们吧？我们这些学生侍奉先生您，到现在已经好几年了。先生嘴里不断地诵读六经的文章，两手不停地翻着诸子百家的书籍。对记事之文一定提取它的要点，对言论之篇一定探索它深奥的旨意。不知满足地多方面学习，力求有所收获，大的小的都不舍弃。点上灯烛夜以继日，经常这样刻苦用功，一年到头不休息。先生从事学业可以说很勤奋了。抵制、批驳异端邪说，排斥佛教与道家，弥补儒学的缺漏，发扬光大精深微妙的义理。寻找渺茫失落的古代圣人之道的传统，独自广泛钻研并继承它们。指点异端学说就像防堵纵横奔流的各条川河，引导它们东注大海；挽救儒家学说就像挽回那狂涛怒澜，尽管它们已经倾倒泛滥。先生您对儒家，可以说是很有功劳了。心神沉浸在意味浓郁醇厚的书籍里，仔细地品尝咀嚼其中的精英华彩，写作起文章来，书卷堆满了屋室。向上取法虞、夏时代的典章，深远博大而无边无际，周代的诰书和殷代的《盘庚》艰涩拗口十分难懂，《春秋》的语言精练准确，《左传》的文辞铺张夸饰；《易经》变化奇妙而有法则，《诗经》思想端正而辞采华美；往下一直到《庄子》《离骚》，太史公的记录，扬雄、司马相如的创作，同样巧妙而曲调各异。先生的文章可以说是内容宏大而外表气势奔放、波澜壮阔。先生少年时代就懂得勤于学习，敢作敢为，长大之后通达道理，处理各种事情，左的右的，无不合宜。先生的为人，可以说是很有成就了。可是在公务方面不能被人们信任，在私事上得不到朋友的帮助。进退都有困难，动一动便惹祸获罪。刚当上御史就被贬到南方边远地区。做了三年博士，职务闲散表现不出治理的成绩。您的命运与敌仇一样，不时遭受失败。在冬天气候还算暖和的日子里，您的儿女们已为缺衣少穿而哭着喊冷；年成丰收时您的夫人却仍为食粮不足而抱怨饥饿。您自己的头顶秃了，牙齿缺了，这样一直到死，有什么好处呢？不知道想想这些，倒反过来教训别人做什么呢？"

国子先生说："唉，你到前面来啊！要知道那些大的木材做屋梁，小的木材做瓦椽，做斗拱、短椽的，做枢臼、门橛、门闩、门柱的，都量材使用，各适其宜而建成房屋，这是工匠的技巧啊。地榆、朱砂、天麻、龙芝，车前草、马屁菌，坏鼓的皮，收集齐备，等到用的时候就不会有遗缺的，这是医师的高明啊。提拔人才，公正贤明，选用人才，态度公正。灵巧的人和朴质的人都得招纳，有的人因谦和而美好，有的人因豪放而杰出，比较各人的短处，衡量各人的长处，按照他们的才能品格分配适当的职务，这是宰相的职责。从前孟轲爱好辩论，孔子之道得以阐明，他游历的车迹遍布天下，最后在奔走中老去。荀子恪守正道，发扬光大宏伟的理论，因为逃避谗言到了楚国，还是丢官而死在兰陵。这两位大儒，说出话来成为经典，一举一动成为法则，远远超越常人，优异到进入圣人的境界，可是他们在世上的遭遇是怎样呢？现在你们的先生学习虽然勤奋却不能顺乎道统，言论虽然不少却不切合要旨，文章虽然写得出奇却无益于实用，行为虽然有修养却并没有突出于一般人的表现，尚且每月浪费国家的俸钱，每年消耗仓库里的粮食；儿子不懂得耕地，妻子不懂得织布；出门乘着车马，后面跟着仆人，安安稳稳地坐着吃饭，局促地按常规行事，眼光狭窄地在旧书里盗窃陈言，东抄西袭。然而圣明的君主不加处罚，也没有被宰相大臣所斥逐，岂不是幸运么？有所举动就遭到毁谤，名誉也跟着受到影响。被放置在闲散的位置上，实在是恰如其分的。至于计算俸禄的有无，计较品级的高低，忘记了自己有多大才能、多少分量、能和什么相称，指摘官长上司的缺点，这就等于人们所说的责问工匠为什么不用小木桩做柱子，批评医师用菖蒲延年益寿，却想引进他的猪苓去替代它一样。"

鉴赏文心

本文是杂说，夹叙夹议。文题中的"进"是指在学问或者品行等方面有进步，"学"包括两方面，既指学业和事业，又指道德和品行，"解"是辩解、议论、分析，是古代的一种论说文文体。"进学解"就是指对进德修业等方面问题的辨别分析。

韩愈认为要想在学问或德行方面有所进步，只有勤奋和思考这两条途径，如此才能到达学业精湛、德行有成。文章假托自己对学生进行教导和告诫，鼓励学生努力在学业和品行方面取得进步，学生提出质疑后，韩愈进行解释。文章反复强调学生要发奋学习、提升德行修养，不需要考虑有关部门公平与否、透明与否、被重用与否的问题，既委婉地抒发了自己空有才学不被重用的苦闷之情，也暗含对当政者不能以才德任用人、选拔人才不公开透明的嘲讽。

全文可以分为三部分。第一部分写国子先生对学生的训话。修德进业的标准是"业精""行成"，即文章开篇提出的一个观点"业精于勤，荒于嬉，行成于思，毁于随"。第二段虚构一名学生向先生诘问、发难。面对先生的训话，学生进行了强有力的反驳，以先生自身为例，完全推翻了先生的观点。先生勤奋、刻苦、博学、精益求精、持之以恒，可谓业精行成的楷模，却不被当政者所重用。进退两难，不是有司之不明不公，还能是什么呢？第三段写先生极力责备自己，以自嘲的口吻辩解。先用木匠因材选木、医生兼收各类药材，引出下文宰相是量才录用，极言孟子荀子两位古代圣贤却不能得到重用，自己品德才华远远比不上他们却被任用，被投闲置散也是应该的。借古人说自己，含蓄地表达郁闷之情罢了。

本文语言上除了反语的运用，最大的亮点就是留下了很多流传至今的成语。有直接引用的，如"含英咀华""细大不捐"等；有被后人演化而成的，如"力挽狂澜""焚膏继晷"等；也有化用典故的，如"各得其宜"等。一千余字的文章，成语竟有二十多个，真可谓语言大师！

这样一位才学品行皆高的韩愈，再次被贬做国子监博士时，自然心有愤恨，借文发挥，写《进学解》抒发不遇之感。

> 业精于勤，荒于嬉，行成于思，毁于随。

古文的智慧

"业精于勤，荒于嬉，行成于思，毁于随"，在学业上多下一些功夫，逐渐积累，熟能生巧，慢慢便有大成。而在德行方面，要多思考，多反省自身，"扬长避短"，如此才能不断进步，逐渐达到自己理想的人生境界。

云中谁寄锦书来

论劝人的尺度

送董邵南序

唐·韩愈

燕、赵古称多感慨悲歌之士①。董生举进士②，连不得志于有司③，怀抱利器④，郁郁适兹土，吾知其必有合也。董生勉乎哉！

夫以子之不遇时，苟慕义强仁者，皆爱惜焉⑤，矧燕赵之士出乎其性者哉⑥？然吾尝闻风俗与化移易，吾恶知其今不异于古所云邪？聊以吾子之行卜之也。董生勉乎哉！

吾因子有所感矣。为我吊望诸君之墓，而观于其市，复有昔时屠狗者乎？为我谢曰："明天子在上，可以出而仕矣！"

①燕赵：战国时，燕国位于今河北北部、辽宁西部一带；赵国位于今山西北部、河北西部一带。②董生：指董邵南。③有司：古代设官分职，各有专司。这里指主持进士考试的礼部官。④利器：比喻杰出的才能。⑤强：勉力。⑥矧（shěn）：况且。

自古就说燕、赵一带有很多慷慨激昂的豪侠义士。董生考进士，接连几次都未被主考官录取，怀抱杰出的才能，心情抑郁地要到那个地方去。我知道董生此行一定会有所遇合，董生，努力吧！

像你这样不遇于时，如果是仰慕而勉力实行仁义的人，都会同情怜惜你的。何况燕、赵一带的豪侠之士奉行仁义是出于他们的本性呢！然而，我曾听说风俗是随着教化而改变的，我哪能料想现在比起古时候所说的没有什么两样呢？姑且以你此行去证实吧。董生，努力吧！

　　我因为你的此行而产生了一些感想。请你为我到望诸君乐毅的墓前去凭吊一番，并且到那里的街市上看看，还有过去的屠狗者那样的豪侠义士吗？替我向他们殷勤致意："圣明天子在上执政，可以出来任职效忠了！"

　　董邵南是个孝顺父母又勤奋好学的读书人，在去长安参加进士考试之前，一直在农村谋生活。贞元年间的考试结果很不如人意，由于在京城一再落榜，所以就想出游河北谋求机遇。当时河北三镇割据一方，违抗朝廷的命令，大招天下人才来增加藩镇实力，从而反对朝廷。作为董邵南的朋友韩愈，在临别赠序中无法明确反对他去河北，只好委婉道之。

　　全文一百多字，分为三段。第一段以古代燕赵多为慷慨悲歌侠义之人聚集之地起笔，勉励朋友好好努力，此番前去，定能遇到合得来的人。第二段笔锋一转，道出风俗会随着时代的发展而变化，此时的河北是否仍和古代的燕赵一样呢？暗含对朋友不能与那里的

最美古文 古文观止里的奇趣世界

人合得来的担心。第三段总写送别友人的感慨，表面上写因董邵南去河北而想到古代燕赵侠义之士的感想，其实是暗示朋友不要去河北。

为何韩愈会反对呢？安史之乱后，河北各大小节度使，因为掌握了军权而心生异心，成为割据一方的小朝廷。当时的统治者对他们一筹莫展，毫无办法。韩愈反对割据一方的藩镇，因为藩镇的存在破坏了唐王朝的统一，使百姓流离失所。而董邵南此番去河北，必然会受到河北藩王的款待，他也必然会侍奉于河北这些藩镇，所以韩愈的反对是有其深切含义的。

本篇赠序虽然篇幅短小，但是文章写得跌宕起伏，所含用意一层比一层深，一转二转三转，转折手法的运用让文章显得更含蓄。由于赠序不能明说反对友人前去的话语，所以只能用委婉的手法将真实意图透露在文章中。无论是古与今，还是合与不合，在交错和反复咏叹中，有种九曲回肠的意蕴之美。

古文的智慧

古人云：君子怀才，用之有道。如果一个人拥有某种才能而没有施展之处，切不可"病急乱投医"，一定要学会静心等待时机。如果用错了地方，就相当于把宝物放错了地方，即便是金子也很难发挥光芒。学会等待合适的时机，也是一种很有价值的自我修养。

荒唐莫过于盲从

桐叶封弟辨

唐·柳宗元

古之传者有言：成王以桐叶与小弱弟戏①，曰："以封汝。"周公入贺。王曰："戏也。"周公曰："天子不可戏。"乃封小弱弟于唐。

吾意不然。王之弟当封邪，周公宜以时言于王，不待其戏而贺以成之也；不当封邪，周公乃成其不中之戏②，以地以人与小弱弟者为之主，其得为圣乎？且周公以王之言不可苟焉而已③，必从而成之邪？设有不幸，王以桐叶戏妇、寺，亦将举而从之乎④？凡王者之德，在行之何若。设未得其当，虽十易之不为病⑤，要于其当，不可使易也，而况以其戏乎！若戏而必行之，是周公教王遂过也⑥。

吾意周公辅成王，宜以道⑦，从容优乐⑧，要归之大中而已⑨，必不逢其失而为之辞⑩。又不当束缚之，驰骤之⑪，使若牛马然，急则败矣。且家人父子尚不能以此自克，况号为君臣者邪？是直小丈夫缺缺者之事⑫，非周公所宜用，故不可信。

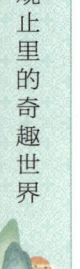

或曰：封唐叔⑬，史佚成之。

经典注释

①小弱弟：指周成王之弟叔虞。②不中之戏：不适当的游戏。③苟：轻率，随便。④举：指君主的行动。⑤病：弊病。⑥遂：成。⑦道：指思想和行为的规范。⑧从容：此指举止言行。⑨大中：指适当的道理和方法，不偏于极端。⑩辞：解释，掩饰。⑪驰骤：指被迫奔跑。⑫缺缺（quē）：耍小聪明的样子。⑬唐叔：叔虞。

译文也很美

古书上记载说：周成王拿削成珪形的桐树叶跟小弟弟开玩笑，说："把它封给你。"周公进去表示祝贺。成王说："我是开玩笑的。"周公说："天子不可以开玩笑。"于是，成王把唐地封给了小弟弟。

我认为事情不会是这样的，成王的弟弟应该受封的话，周公就应当及时向成王说，不应该等到他开玩笑时才用祝贺的方式来促成它；不应该受封的话，周公竟促成了他那不合适的玩笑，把土地和百姓给予了小弟弟，让他做了君主，周公这样做能算是圣人吗？况且周公只是认为君王说话不能随便罢了，难道一定得要遵从办成这件事吗？假设有这样不幸的事，成王把削成珪形的桐树叶跟妇人和太监开玩笑，周公也会提出来照办吗？凡是帝王的德行，在于他的行为怎么样。假设他做得不恰当，即使多次改变它也不算是缺点，关键在于是不是恰当，恰当就使它不能更改，何况是用它来开玩笑的呢！假若开玩笑的话也一定要照办，这就是周公在教成王铸成过错啊！

我想周公辅佐成王，应当拿不偏不倚的道理去引导他，使他的举止行动包括玩笑作乐都要符合"中庸"之道就行了，必定不会去逢迎他的过失，为他巧言辩解。又不应该管束成王太严，使他终日忙碌不停，对他像牛马那样，管束太紧太严就要坏事。况且在一家人中父子之间，还不能用这种方法来自我约束，何况名分上是君臣关系呢！这只是小孩子耍小聪明做的事，不是周公应该采用的方法，所以这种说法不能相信。

有的史书记载说："封唐叔的事，是史佚促成的。"

鉴赏文心

根据《吕氏春秋》载：西周初年，周成王和叔虞是兄弟，幼时常在一起玩耍。有一天，成王和弟弟在花园中玩。玩得兴起时，成王把树上的一片桐叶做成玉珪的样子，对弟弟说："我用玉珪赏赐你封地。"叔虞就跪在地上接过玉珪，学着臣子们的样子，说："谢主隆恩。"后来周公旦听说了，就在上朝时提醒成王此事，以"君无戏言"谏之。成王就将唐作为封地，赏给了叔虞。后世称其为"唐叔虞"。

后人将桐叶封弟的故事作为"君无戏言"的一个典型事例加以宣扬。但柳宗元却不以为然，写了这篇《桐叶封弟辨》。辨，是一种辨析事物真伪并加以判断的论说类文体，主要是旗帜鲜明地反驳一个错误的论点。本文题意为辨一辨"桐叶封弟"故事的是与非、真与伪。

全文共四段，可以分为三部分。第一部分，简要概括"桐叶封弟"的故事由来，引出要批驳的话题。第二部分直接申明自己的态度——认为此事有误，君主无论是言论还是行为准则当以事情的成效来判定，而不应当不计后果地盲目顺从"君无戏言"的言论。第三部分以周公作为圣贤之人的角度辩论，认为如此贤能之人是不可能去催促成王盲目封地的。由此，无论是为君还是为臣，此事的真实性均难以成立。

可见，柳宗元主张君主行事不应盲目地服从既定的准则，如"君无戏言"，在任何情形下，都应保持清醒的头脑。从事情的实际效果来决定自己的言行。世人一直将"桐叶封弟"作为"君无戏言"最强有力的例证,但作者却反其意而行之。在当今社会,这样冷静的分析,尤为值得深思!

古文的智慧

人们常说"君无戏言""言出必行"来表明自己的决心,但有时因为对事物认知的偏颇,难免会遇到"食言"的尴尬局面。这就启示我们,在为人处世时,确定弄清楚一件事之后再下承诺,以避免不必要的麻烦。

暴政比蛇毒更可怕

捕蛇者说

唐·柳宗元

永州之野产异蛇,黑质而白章,触草木尽死,以啮人①,无御之者。然得而腊之以为饵②,可以已大风、挛踠、瘘、疠③,去死肌,杀三虫④。其始,太医以王命聚之,岁赋其二,募有能捕之者,当其租入,永之人争奔走焉。

有蒋氏者,专其利三世矣。问之,则曰:"吾祖死于是,吾父死于是,今吾嗣为之十二年,几死者数矣⑤。"言之,貌若甚戚者。

余悲之,且曰:"若毒之乎?余将告于莅事者⑥,更若役,复若赋,则何如?"蒋氏大戚,汪然出涕曰:"君将哀而生之乎?则吾斯役之不幸,未若复吾赋不幸之甚也。向吾不为斯役,则久已病矣。自吾氏三世居是乡,积于今六十岁矣,而乡邻之生日蹙,殚其地之出,竭其庐之入,号呼而转徙，饥渴而顿踣⁷，触风雨，犯寒暑，呼嘘毒疠，往往而死者相藉也。曩与吾祖居者⁸，今其室十无一焉；与吾父居者，今其室十无二三焉；与吾居十二年者，今其室十无四五焉，非死则徙尔，而吾以捕蛇独存。悍吏之来吾乡，叫嚣乎东西，隳突乎南北⁹，哗然而骇者，虽鸡狗不得宁焉。吾恂恂而起¹⁰，视其缶¹¹，而吾蛇尚存，则弛然而卧。谨食之，时而献焉。退而甘食其土之有，以尽吾齿¹²。盖一岁之犯死者二焉，其余则熙熙而乐，岂若吾乡邻之旦旦有是哉¹³！今虽死乎此，比吾乡邻之死则已后矣，又安敢毒邪？"

余闻而愈悲。孔子曰："苛政猛于虎也。"吾尝疑乎是，今以蒋氏观之，犹信。呜呼！孰知赋敛之毒，有甚是蛇者乎！故为之说，以俟夫观人风者得焉⁴。

经典注释

①啮（niè）：咬。②腊（xī）：干肉，这里做动词，风干的意思。③挛踠：手足弯曲不能伸直的病。瘘（lòu）：颈项肿疮。疠（lì）：恶疮。④三虫：泛指人体内使人致病的寄生虫。古时道家认为脑、胸、腹分有"三尸虫"。⑤数（shuò）：多次。⑥莅（lì）事者：管事的人。此指地方官。⑦顿踣（bó）：困顿跌倒。这里指因穷困而死。

⑧囊（nǎng）：从前。⑨隳（huī）突：这里是骚扰的意思。隳，破坏。突，冲撞。⑩恂恂（xún）：小心谨慎的样子。⑪缶（fǒu）：小口大腹的瓦罐。⑫尽吾齿：终我天年。齿，年龄。⑬是：指死亡的危险。⑭人风：民风，民间情况。唐代避唐太宗李世民的名讳，以"人"代"民"。

译文也很美

永州的郊野出产一种奇异的蛇，它黑色的皮上有白色的花纹，接触到草木，草木全都枯死；咬到人，没有医治的办法。但是捉到它杀死风干做成药饵，却可以治愈麻风、肢体僵曲、颈部脓肿、毒疮，除去坏死的肌肉，杀死危害人体的寄生虫。起初，太医奉皇帝的命令征集这种毒蛇，每年征收两次。招募能捕这种蛇的人，可以用蛇充抵他应交纳的赋税，永州的人都争着去干这件差事。

有一个姓蒋的，享有捕蛇免租的好处已经有三代了。我问起他，他说："我祖父死在捕蛇这件差事上，我父亲死在捕蛇这件差事上，如今我继承祖业干这差事已经十二年，有好几次也差点被蛇咬到。"言语之间流露出很悲伤的神色。

我很同情他，就说："你怨恨这差事吗？我准备去告诉掌管这事的官吏，让他更换你的差事，恢复你的赋税，你认为怎么样？"

蒋氏一听更加伤心，他眼泪汪汪地说："你是哀怜我，想让我活下去吗？可是我干这差事的不幸，远比不上恢复我纳税的痛苦那样厉害呀。假使过去我不干捕蛇的差事，那早就困苦不堪了。自从我家祖孙三代住在此地以来，算到现在已经六十年了，而乡邻们的生活却一天比一天困难，他们拿出地里的全部产物，交出家里的一切收入，哭号着四处迁徙，因饥渴劳累而倒在地上死掉，一路上被风吹雨淋，冒严寒酷暑，呼吸着瘟疫的毒气，常常是死尸一个压着一个。从前和我祖父同居一村的人，现在十家中剩下的不到一家了；和我父亲同居一村的人，现在十家中剩下的不到两三家了；和我一起住了十二年的，如今十家中剩下的也不到四五家了。不是死了，就是搬走了，而我却因为捕蛇才独自活下来。那凶悍的差役来到我们村里时，到处吵闹，冲撞骚扰，吓得人们乱喊乱叫，连鸡狗也不得安宁。我提心吊胆起来，看看那装蛇的瓦罐子，见我捕的蛇还在里面，就放心地躺下了。我小心地喂养蛇，到规定交纳的时间就交上去。回家后就怡然自得地享用自己田地里出产的东西，这样来安度余年。大约一年之中冒生命危险的时候只有两次，其他的时候都过着心情舒畅的生活，哪会像我的乡邻们那样天天都面临死亡的威胁呢！我现在即使死在捕蛇上面，比起我那些死去的乡邻已算是晚得多了，又怎么敢怨恨这差事呢！"

我听了更加难过。孔子曾经说过："暴政比老虎更加凶恶啊。"我曾经怀疑这句话，现在拿姓蒋一家的遭遇来看，才相信了。唉！谁知道横征暴敛对百姓的毒害比毒蛇更厉害呢！因此，我写了这篇文章，留给那些考察民情风俗的官吏，让他们从中得到所需要的东西。

鉴赏文心

唐顺宗时期，唐朝的国势日渐衰微。柳宗元怀着济天下苍生的抱负，参与了永贞革新运动，但最终失败，后被贬为永州司马。在永州的十年，他虽然在仕途上是失败的，但是从没有放弃用自己的才能去造福人民。在永州任上，他深入民间，积极了解民生疾苦，《捕蛇者说》就是写于此时。

说，是一种议论或者叙事的文体。捕蛇者说，就是讲述捕蛇人的事情。本文既是夹叙夹议的文体，又是

最美古文 古文观止里的奇趣世界

一篇寓言体散文，以散文的形式，讲述带有讽刺意味的事。通过讲述捕蛇者的事情来揭露当时社会在苛捐重税下永州百姓家破人亡的现状。

文章可以分为三部分。第一部分写永州奇异之蛇的剧毒、独特的医学疗效和永州百姓争着捕蛇的缘由。运用对比和衬托的手法，暗示赋税对百姓的毒害远远比蛇的剧毒还要厉害。第二部分概括描述蒋家三代人以捕蛇为生的悲惨遭遇，以及作者向捕蛇人提出更换差役恢复赋税的建议。三个死字道出捕蛇者之"利"的背后，是无言的心酸、无限的痛苦和生命的代价。第三部分总写在统治者苛捐重税之下，永州哀鸿遍野、民不聊生的悲惨现实，说明苛捐杂税的毒害比毒蛇之害更厉害、更可怕。

在文末，作者忍不住由"苛政猛于虎"而推出"苛政猛于蛇"这一结论，用"蛇毒"衬托"赋毒"。然而作者身为贬谪之人，人微言轻，位卑权小，无能为力，只能寄希望于后来考察民风的官员了。读来如鲠在喉又无法言语。

对比和衬托是本文突出的表现手法。用毒蛇之害衬托重赋之害，用乡邻六十年的遭遇变迁与蒋家捕蛇独自存活的现状做对比，更揭露了当时"孰知赋敛之毒有甚是蛇者乎"这社会现实的残酷性。

本文结构严谨，层次清晰，由异蛇引出异事，由异事导出异理，作者的"一片悯时深思、忧民至意"穿行于字里行间。

古文的智慧

世间的一切事物都在不停地变化，新事物代替旧事物，世界才得以不断地发展更新。我们的生活也是，不能始终保持一种状态，或重复一件事，要懂得思变，不断创新，开辟新的途径，这样才能不断进步，才不会被时代抛弃，进而越来越好。

抱歉，我拒绝圆谎

心术

北宋·苏洵

为将之道，当先治心①。泰山崩于前而色不变，麋鹿兴于左而目不瞬②，然后可以制利害，可以待敌。

凡兵上义③，不义，虽利勿动。非一动之为利害，而他日将有所不可措手足也。夫惟义可以怒士，士以义怒，可与百战。

凡战之道：未战养其财，将战养其力，既战养其气，既胜养其心。谨烽燧，严斥堠④，使耕者无所顾忌，所以养其财；丰犒而优游之，所以养其力；小胜益急，小挫益厉，所以养其气；用人不尽其所欲为，所以养其心。故士常蓄其怒、怀其欲而不尽。怒不尽则有余勇，欲不尽则有余贪。故虽并天下，而士不厌兵，此黄帝之所以七十战而兵不殆也。不养其心，一战而胜，不可用矣。

凡将欲智而严，凡士欲愚。智则不可测，严则不可犯，故士皆委己而听命，夫安得不愚？夫惟士愚，而后可与之皆死。

凡兵之动，知敌之主，知敌之将，而后可以动于险。邓艾缒兵于蜀中，非刘禅之庸，则百万之师可以坐缚，彼固有所侮而动也。故古之贤将，能以兵尝敌，而又以敌自尝，故去就可以决。

凡主将之道，知理而后可以举兵，知势而后可以加兵，知节而后可以用兵。知理则不屈，知势则不沮，知节则不穷。见小利不动，见小患不避，小利小患，不足以辱吾技也，夫然后有以支大利大患⑤。夫惟养技而自爱者，无敌于天下。故一忍可以支百勇，一静可以制百动。

兵有长短，敌我一也。敢问："吾之所长，吾出而用之，彼将不与吾校；吾之所短，吾蔽而置之，彼将强与吾角⑥，奈何？"曰："吾之所短，吾抗而暴之，使之疑而却；吾之所长，吾阴而养之，使之狎而堕其中，此用长短之术也。"

善用兵者，使之无所顾、有所恃。无所顾，则知死之不足惜；有所恃，则知不至于必败。尺箠当猛虎⑦，奋呼而操击；徒手遇蜥蜴，变色而却步；人之情也。知此者，可以将矣。袒裼而案剑⑧，则乌获不敢逼；冠胄衣甲⑨，据兵而寝，则童子弯弓杀之矣。故善用兵者以形固，夫能以形固，则力有余矣。

经典注释

①治心：指军事素质的锻炼，思想修养的培育。②麋鹿：兽名，俗称"四不象"。左：旁边。瞬：眨眼。③上：通"尚"，崇尚。义：道义，正义。④斥堠（hòu）：也作斥候，古代瞭望敌情的土堡。⑤支：衡量，这里是对付、应付的意思。⑥角：较量。⑦箠：木棍。⑧袒裼：赤膊露体。⑨冠胄衣甲：戴着头盔穿着铠甲。

译文也很美

做将领的方法，首先应当培养心智胆略。即使泰山在眼前崩塌，

也能做到面不改色，即使是麋鹿突然从身边经过，也能做到不眨一下眼睛，只有这样才能把握住战争形势的要害，以对付敌人。

大凡用兵，要崇尚道义，如果不合道义，即使有利于我，也不轻易出兵。这并不是因为一动会决定成败利害，而是怕将来会造成手足无措的被动局面。只有正义才能激励士卒，而士卒一旦为正义所激励，就可以百战不殆。

一切战争的方法是：在战争前准备好充分的财物，临战时养精蓄锐，在战争中激发士兵士气，胜利后保持斗志。认真做好烽火传报的事情，进行严密的侦察瞭望，使农民能安心耕种而无后顾之忧，以此来积蓄财力；给予士兵丰厚的犒赏，使他们得以休整，以此使士卒精力充沛；打了小胜仗，要越发振作精神，受到小挫折，更要给予鼓励，以此来保持士气；用人不要完全满足他的要求，以此来维持他的斗志。因此，要让士兵经常保持旺盛的斗志，有所需求但不能让其完全得到满足。斗志旺盛就有充分的勇气，欲望不能完全满足就常有所追求。所以，即使吞并了天下，士兵仍然不厌战，这就是黄帝经历七十余战后士兵仍然毫不懈怠的原因。如果不保持斗志，只要打了一场胜仗，这支军队就不能再用了。

凡是将帅，应该使他们足智多谋而又严厉，而士兵则应该使他们愚昧。足智多谋就能使人猜测不透，有威严就能使人感到凛然而不可冒犯，因此士兵都能不顾自己的安危而服从命令，怎么能不使他们愚昧呢？只有士兵愚昧了，才能够和将帅同生共死。

大凡出兵作战，要了解敌方主帅、将领的情况，然后才能采取一些冒险的策略。邓艾带兵用绳索翻越悬崖峭壁，偷袭蜀国，如果不是刘禅昏庸，那么，即使百万大军也会束手被擒，而邓艾确实是因为小看蜀国，才敢于如此用兵的。所以古代明智的将领，既能用自己的兵力去试探敌方的虚实，又能根据敌方的强弱正确估计自己的力量。因此，才能够做出正确的决断。

大凡担任主将的方法，在于掌握规律后才可以兴兵，了解各种形

云中谁寄锦书来

势后才可以用兵，懂得节制自己后才可以指挥作战。通晓事理就不会屈服，了解形势就不会沮丧，懂得节制就不会陷于困境。见到小利不盲动，见到小害不躲避，这些小利小害不值得施展自己的本领。这样，才能应付大利大害。只有善于练成各种本领并懂得保存自己力量的人，才能无敌于天下。所以忍耐一时，就可以获得百倍的勇敢；冷静一下，就可以控制百次的盲动。

每个军队都有长处和短处，这在敌方和我方是一样的。如果有人问："我方的长处，我施展出来了，可是敌方不和我较量；我方的短处，我掩蔽起来了，敌方却偏要和我较量，怎么办？"回答是："我方的短处，我故意把它暴露出来，使敌方产生疑心而不敢轻举妄动；我方的长处，我暗中保持，使敌方大意轻敌而落入我的计谋。这就是运用长处和短处的方法。"

善于用兵的人，应当使士卒无所顾念，而又有所依仗。无所顾念，就是知道战死是不值得顾惜的；有所依仗，就是知道不会到必败的地步。手中即使只有一尺的棍子，遇上了猛虎，也要大声呼喊，拿起木棍去搏击；如果空着两手，即使遇上蜥蜴，也会吓得变了脸色而退却。这是人之常情。明白这个道理，就可以做将领了。如果袒胸露臂，手持利剑，那么，就算是乌获那样的大力士，也不敢逼近；如果戴着头盔，披着衣甲，抱着武器睡觉，那么，小孩子也能弯弓射箭把他杀死。所以善于用兵的人，能利用各种条件巩固自己的力量。如果能利用各种条件巩固自己的力量，那么他的战斗力就会无穷无尽了。

苏洵所生活的年代，北宋势弱，以贿赂政策向契丹西夏求和，国力损耗甚大。苏洵出于国家内外交困的形势，研习兵法，写成军事策略专著《权术》十篇，本文即为其中之一。全文以"为将之道，当先治心"为主旨，既讲将领心理素质，御下待上之道，也有临阵机变的智识谋略，所以题名称为"心术"。本文作为论辩文章，广征博引，气势充沛，颇见战国时期纵横策士的智略才干。

> 吾之所长，吾出而用之，彼将不与吾校；吾之所短，吾蔽而置之，彼将强与吾角。

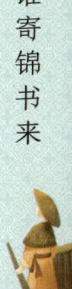

本文结构分明，每节自成文意，从用将、练兵、军阵作战三个层面，逐节展开论述。文章首先指出主帅统率三军，坐镇大局的关键地位，讲将领自身需磨砺心智，培养胆识，将将领心境放在首位来展开论证。

第二层讲用兵养兵的道理，以彰显两军作战中兵士的中坚地位。本层论说养兵，先托出士气在行军作战时的重要性，讲需师出有名，以战争的"正义"为名激励士气。下文再从士兵军饷后勤、训练战力、战时士气、战后养兵四个层面，条分缕析，依次梳理，自战前至战后，无所不包，可见议论翔实与思路周到。

第三层主要从具体作战方略展开论证，既从将领与兵士各自视角出发，讨论其战斗时应如何决策，也有具体面对军阵，谋划军事行动的种种细节。如果主将能有智慧且用兵严谨，知己知彼，兵士能够听从命令，效力死战，自然会旗开得胜。对战争具体行动，苏洵则提出了要把握情报，需以长击短和激发士气，谨慎用兵，把握形势这两条相辅相成的方略。本层论述，是在前两层分论的铺垫之间，将主将、兵士、战场这三种要素有机整合，最后得出在残酷紧张的战事之中，如能遵循前述种种方略，"则力有余矣"这样综合性质的结论。

苏洵的策论文章，欧阳修称其"博辩宏伟"，有着纵横捭阖，思路明晰，理据十足的特点。本文即突出呈现了苏洵策论的这些风格。全文自上而下，由将士至军阵，不徐不疾，娓娓道来。《古文观止》编者认为本文"段落鲜明，井井有序"，可称苏洵论说文章的代表之作。

　　古时候带兵打仗，其实跟我们日常的学习是有相通之处的。一支军队能充分发挥自己的优势，弥补自己的劣势，就会有很大的胜率。而学习也是，把自己擅长的学科发挥到极致，同时弥补自己的"短板"学科，这样才能提升自己的综合实力，就能轻松取得优异的成绩。

名将的自我修养

留侯论

北宋·苏轼

　　古之所谓豪杰之士，必有过人之节，人情有所不能忍者。匹夫见辱，拔剑而起，挺身而斗，此不足为勇也。天下有大勇者，卒然临之而不惊，无故加之而不怒，此其所挟持者甚大，而其志甚远也。

　　夫子房受书于圯上之老人也①，其事甚怪。然亦安知其非秦之世有隐君子者，出而试之？观其所以微见其意者，皆圣贤相与警戒之义，而世不察，以为鬼物，亦已过矣。且其意不在书。当韩之亡、秦之方盛也，以刀锯鼎镬待天下之士，其平居无事夷灭者不可胜数。虽有贲、育②，无所获施。夫持法太急者，其锋不可犯，而其势未可乘。子房不忍忿忿之心，以匹夫之力，而逞于一击之间。当此之时，子房之不死者，其间不能容发，盖亦危矣。千金之子，不死于盗贼。何哉？其身可爱，而盗贼之不足以死也。子房以盖世之才，不为伊尹、太公之谋，而特出于荆轲、聂政之计，以侥幸于不死，此圯上老人所为深惜者也。是故倨傲鲜腆而深折之③，彼其能有所忍也，然后可以就大事。故曰："孺子可教也。"

楚庄王伐郑，郑伯肉袒牵羊以迎。庄王曰："其主能下人，必能信用其民矣。"遂舍之。句践之困于会稽，而归臣妾于吴者，三年而不倦。且夫有报人之志，而不能下人者，是匹夫之刚也。夫老人者，以为子房才有余，而忧其度量之不足，故深折其少年刚锐之气，使之忍小忿而就大谋。何则？非有平生之素，卒然相遇于草野之间，而命以仆妾之役，油然而不怪者，此固秦皇之所不能惊，而项籍之所不能怒也。

观夫高祖之所以胜、项籍之所以败者，在能忍与不能忍之间而已矣。项籍唯不能忍，是以百战百胜而轻用其锋；高祖忍之，养其全锋而待其敝，此子房教之也。当淮阴破齐而欲自王，高祖发怒，见于词色。由是观之，犹有刚强不能忍之气，非子房其谁全之？

太史公疑子房以为魁梧奇伟，而其状貌乃如妇人女子，不称其志气。呜呼！此其所以为子房欤！

云中谁寄锦书来

经典注释

①子房：张良字子房。汉初封为留侯。圯（yí）上之老人：黄石公。②贲、育：指孟贲、夏育，古代勇士。③鲜腆：无礼。

译文也很美

古代所说的豪杰之士，必定有超过一般人的节操，以及一般人在感情上所不能忍受的气度。普通人一旦受侮辱，就会拔出宝剑站起来，挺身去跟对方拼斗，但这算不上是勇敢。世上堪称大勇的人，突然面临意外而不惊慌，无故受到侮辱而不愤怒，这是因为他的抱负很大，而他的志向又很远。

张良从桥上老人那里获得了兵书，这事很奇怪。然而怎么知道这位老人不是秦朝时隐居的高士出来考验他？看那老人用以含蓄地表达他的意见的方式，都是圣人、贤人相互警诫的道理。世人不加细察，以为他是鬼怪，也太过分了。而且，老人的用意并不在那本兵书上。当韩国灭亡，秦国正强大的时候，用刀、锯、鼎、镬迫害天下的士人，那些安分守己、毫无罪过而被杀害的人，数都数不清。即使有孟贲、夏育那样的勇士，也没有地方可以施展。一个执法非常严厉的政权，它的锋芒不可触犯，而当它处于末路时才有可乘之机。但张良却控制不住内心的愤恨，凭一个普通人的力量，想呈强一击来达到目的。当时，张良虽然没有被杀死，但实在是已经处于死亡的边缘，真是太危险了。富贵人家的子弟，不会死在盗贼手里，为什么呢？因为他的身体宝贵，不值得死在盗贼手里。张良有超过世人的才能，不做伊尹、周公那样安邦定国的打算，却只用荆轲、聂政那样行刺的办法。由于侥幸才得以不死，这是桥上那位老人为他深感惋惜的。因此，

老人故意用傲慢无礼的行为深深地折服他，使他能有忍耐之心，然后才可以做成伟大的事业。所以说："年轻人可以加以教导。"

楚庄王出兵攻打郑国，郑襄公袒露身体牵着羊去迎接。楚庄王说："郑国的国君能够这样屈己尊人，必定能够获得人民的信任。"于是，就放弃了进攻郑国。越王勾践被吴国军队围困在会稽山，就投降吴国，做吴王的奴仆，三年没有丝毫厌倦。如果只有报仇的志向，而不屈己尊人，那不过是一个普通人的心志。那位老人认为张良才能有余，就是担心他的度量不足，所以就深深地折服他青年人刚强锐利之气，使他能够忍住小的愤怒而去完成远大的计划。为什么这样呢？老人和张良从来不相识，在野外突然相遇，却命他做奴仆、婢妾做的事，而张良高高兴兴地做，并不埋怨，这样秦始皇自然不能使他惊怕，而项羽也不能使他发怒了。

要论汉高祖所以取胜，项羽所以失败的原因，就在于能够忍

耐与不能忍耐罢了。项羽正因为不能忍耐，所以虽然百战百胜却轻易消耗了兵力，汉高祖能够忍耐，保存全部兵力等待项羽的衰亡，这是张良指教他的。在韩信破了齐，想使自己做齐王时，汉高祖大怒，怒气显露在言辞和脸色上。由此看来，他还有刚强而不能忍耐的盛气，除了张良，又有谁能成全他呢？

　　太史公原以为张良高大魁梧，但实际上他的身材、相貌竟像少妇、少女，和他的志向、气概并不相称。唉，这就是张良之所以为张良的原因吧！

鉴赏文心

　　本文是苏轼在宋仁宗嘉祐六年（1061）为准备制科考试（古时为选拔"非常之才"，不定期举办的特殊考试）所做的二十五篇《进论》其中的一篇。留侯即辅佐汉高祖刘邦建立汉朝，与萧何、韩信并称"汉初三杰"的张良。本文将《史记·留侯世家》中记载张良受圯上老人赠兵书，继而辅佐刘邦建立汉朝这一奇特的历史轶闻巧加阐释，以论证英雄人物需以隐忍成事，实有大勇的道理，是一篇别出心裁的史论文章。

　　文章首段即开门见山，以对"豪杰之士"的定义发端，将其与普通易冲动的匹夫作为对比，论证"隐忍"的重要性，是为全文论证主线。段末以"天下有大勇者，卒然临之而不惊，无故加之而不怒"作结，将勇敢与隐忍这两种看似矛盾的品质辩证统一，可见文意精深。下文展开主题，引出圯上老人赠书的历史轶闻，写以老人实为隐者，并非"鬼物"，而且赠书一事也大有深意，"且其意不在书"。文章论点曲折变化，跌宕起伏。

第三段再引用张良年轻时行刺秦王这一血气方刚的"不能忍"行为，以千金之子自爱的事例衬托，再从容比照，指出老者赠书，故意折辱张良，实则是爱惜良才，以磨砺其心境。本段这种正反衬托论证，既与首段豪杰与匹夫的对比论说对应，又与前文老者身份行为的翻案相和，可见本文丝丝入扣的论证与精妙布局。

前文既然已经论证良才需要隐忍的必要性，后文自然旨在说明隐忍成效，以前后呼应，加深文意，凸显主题。本部分论说，先呈递郑伯、勾践以隐忍成事的历史论据，再与老者教导张良需"忍小忿而就大谋"联立，引出后来张良以一介谋臣，影响楚汉相争的历史事例：项羽因不能隐忍，"轻用其锋"损耗实力而败亡，刘邦听从张良教导，则以隐忍拉拢韩信，最终获胜。由此依据张良生平，做一番对比论证，增强文章说服力。文末再写一笔张良貌若妇人的轶事，彰显其外柔内刚的品格，也颇见文章兴味。

本文作为史论文章，以张良隐忍为轴，既有其波澜起伏的生平点染，也有纵横捭阖，随手撷来的历史论说，颇见苏轼策论文章主题新奇，汪洋恣肆的独特风格。

古文的智慧

有人说：如果一个人能很好地控制自己的情绪，那么他就已经奔跑在成功的路上了。这与"小不忍则乱大谋"是同一个道理，情绪的失控往往会使人做出不理智的事，造成无法挽回的损失。所以，我们要学会控制自己的情绪，时刻记着"先解决问题，再处理情绪"这条法则，才能在学习生活中事半功倍。

小不忍则乱大谋

贾谊论

北宋·苏轼

非才之难，所以自用者实难①。惜乎！贾生，王者之佐，而不能自用其才也。

夫君子之所取者远，则必有所待；所就者大，则必有所忍。古之贤人，皆负可致之才，而卒不能行其万一者，未必皆其时君之罪，或者其自取也。

愚观贾生之论，如其所言，虽三代何以远过？得君如汉文，犹且以不用死。然则是天下无尧、舜，终不可有所为耶？仲尼圣人，历试于天下，苟非大无道之国，皆欲勉强扶持，庶几一日得行其道。将之荆，先之以冉有，申之以子夏。君子之欲得其君，如此其勤也。孟子去齐，三宿而后出昼，犹曰："王其庶几召我。"君子之不忍弃其君，如此其厚也。公孙丑问曰："夫子何为不豫②？"孟子曰："方今天下，舍我其谁哉？而吾何为不豫？"君子之爱其身，如此其至也。夫如此而不用，然后知天下果不足与有为，而可以无憾矣。若贾生者，非汉文之不能用生，生之不能用汉文也。

夫绛侯亲握天子玺而授之文帝，灌婴连兵数十万，以决刘吕之雌雄，又皆高帝之旧将，此其君臣相得之分③，岂特父子骨肉手足哉？贾生，洛阳之少年，欲使其一朝之间，尽弃其旧而谋其新，亦已难矣。为贾生者，上得其君，下得其大臣，如绛、灌之属，优游浸渍，而深交之，使天子不疑，大臣不忌，然后举天下而唯吾之所欲为，不过十年，可以得志。安有立谈之间，而遽为人"痛哭"哉？观其过湘为赋以吊屈原，萦纡郁闷④，趯然有远举之志⑤，其后以自伤哭泣，至于夭绝，是亦不善处穷者也。夫谋之一不见用，则安知终不复用也？不知默默以待其变，而自残至此。呜呼！贾生志大而量小，才有余而识不足也。

古之人，有高世之才，必有遗俗之累⑥。是故非聪明睿智不惑之主，则不能全其用。古今称苻坚得王猛于草茅之中，一朝尽斥去其旧臣，而与之谋。彼其匹夫略有天下之半⑦，其以此哉！愚深悲生之志，故备论之。亦使人君得如贾生之臣，则知其有狷介之操⑧，一不见用，则忧伤病沮，不能复振，而为贾生者，亦谨其所发哉！

经典注释

①自用：发挥自己的才能。②豫：快乐。③分（fèn）：情分。④萦纡：曲折纠缠。⑤趯（tì）然：形容神情激荡的样子。⑥遗俗：脱俗。⑦略：占有。⑧狷（juàn）介：洁身自好，不同流合污。

译文也很美

不是才能难得，而是将才能施展出来实在困难。可惜啊！贾谊是能够辅佐帝王的人才，却未能施展他自己的才能。

君子要想达到长远的目标，则一定要耐心等待；要想成就伟大的功业，则一定要能够隐忍。古代的贤能之士，都有建功立业的才能，但有些人最终未能施展其才能的万分之一，这不一定都是当时君王的过错，有的也许是他们自己造成的。

我看贾谊的政论，如果照他所说的去做，即使是夏、商、周三代的成就又怎能远远地超过它？他遇到像汉文帝这样的明君，尚且因未尽才能而郁郁死去。这样的话，如果天下没有尧、舜那样的圣君，就终生不能有所作为了吗？孔子是圣人，曾周游天下，只要不是极端无道的国家，他都想努力扶助，希望终有一天能实现他的政治主张。将要到楚国时，先派冉有去表达自己的意向，再派子夏去进一步说明。君子要想得到国君的了解，就应该有这样的殷切。孟子离开齐国时，在昼地住了三夜才走，还说："齐宣王或许会召回我的。"君子不忍心别离他的国君，情意是如此深厚。公孙丑问孟子说："先生为什么不高兴？"孟子回答："当今天下，除了我还有谁能担当治国大任呢？我为什么要不高兴？"君子爱惜自己是如此周全。如果做到了这样，还是得不到任用，那么就应当知道世界上果真已没有一个可以共图大业的君主了，也就没有什么可遗憾的了。像贾谊这样的人，不是汉文帝不重用他，而是贾谊不能利用汉文帝来施展自己的政治才能啊。

周勃曾亲自手持天子的印玺献给汉文帝，灌婴曾联合数十万兵力，决定了吕、刘两家胜败的命运，他们又都是汉高祖的旧部，他们这种君臣知遇的深厚情分，岂止是父子骨肉之间的感情所能比拟呢？贾谊不过是洛阳的一个年轻人，想要使汉文帝在一朝一夕之间全部放弃旧制而另图新政，也太难了。作为贾谊本人，应该向上取得皇帝的信任，向下取得大臣的支持，对周勃、灌婴之类的大臣，要从容地结交他们，与他们慢慢加深感情，使得天子不怀疑，大臣不猜忌，这样，整个国家才会按我的主张去行事。不出十年，就可以实现自己的政治理想。怎么能还没有说话就突然对人痛哭申诉起来呢？看他路过湘江时所作的凭吊屈原的赋，心绪郁结，十分愤懑，大有远走高飞、退隐之意。后来，最终因为经常感伤哭泣以至于过早死去，他正是个不善于处理逆境的人。谋略一次不被采用，怎么就知道永远不再被采用呢？不懂得默默地等待形势的变化，而自我伤害到这种地步。唉！贾谊真是志向远大而气量狭小，才力有余而见识不足呀。

古人如果有超凡脱俗的才能，必然会因不合时宜而陷入困境，因此，如果不是遇到英明睿智、不受蒙蔽的君主，就不能充分发挥他们的作用。古人和今人都称道苻坚能从平民之中起用王猛，并在很短的时间内放弃原来的大臣，而只与王猛商讨军国大事。苻坚那样一个平常的人，竟能占据一半天下，道

理就在于此吧。我很悲叹贾谊的抱负未能实现，所以对此加以详尽评论，同时也想让君主明白：如果得到了像贾谊这样的臣子，就应当了解这类人有孤傲不合流俗的性格，一旦不被重用，就会沮丧颓废，不能再振作起来。而像贾谊这类人，也应该谨慎地发泄自己的情感啊！

本文与上一篇选文《留侯论》同为苏轼所作二十五篇《进论》之一，是苏轼史论作品的代表。全文感叹贾谊身怀良才，不能受到重用，最终英年早逝的遭遇，却不同于司马迁《史记》以来认为贾谊怀才不遇，是由于文帝昏庸的定论，提出贾谊实乃自身谋划失策，不能成为顶尖的人才这一富有新意的见解，思路独特，论证有力，是一篇翻案文章。全文引古鉴今，论据翔实，视角多元而文风多变，颇见苏轼论说文章之才华。

全文结构同样与《留侯论》相似，首段开篇立目，下文分层详叙，再另起名目作结，可分为四部分。

第一部分从人才"自用者实难"（展示自己的才能实在非常困难）的实际出发，一句"惜乎"的叹惋引出文章主角贾谊"不能自用其才"（不能施展自己的才能）的经历，由此生发叹惜感情，再提出古今君子达成理想，发挥才干必须有所待、有所忍的观点，呼应前文贾生经历，也是为后文论证做铺垫。

第二部分承接前文人才自用的论证说理，却不着重议论贾谊，而是引出孔孟这样知名的圣贤，与君王之间任用者和受命者的关系经历，看似与主题无关，实则是由孔孟不能为帝王所用，隐喻类比，再度细化，托出贾生不能自用，是与当时汉文帝任用人才问题相关。本部分论述，主要详写孔孟，以衬托君臣关系，而略写贾谊这一论证主线，是为多元的论述视角呈现。

第三部分继续递进说理，从贾谊自身所作所为出发，将贾谊当时面对绛侯、灌婴等开国老臣的政治阻碍，条分缕析。先以铺陈夸张手法，备述老臣与文帝情谊深厚，关系密切，可与第二部分君臣论述呼应，待到写贾谊，则以一句"洛阳之少年"的精到略写作结,再由此写贾谊面对之困境,政治失意之理所当然,失意后悲郁的不当心境,和对贾谊"不善处穷"(不善于处在逆境之中)的批评,均由此一番对比,从容展开,显得观点鲜明,论证有力。

最后部分则笔意一转,援引苻坚、王猛君臣相和一事,再度转换论述视角,批评文帝不能善用人才,既是提醒君主应善于用人,又借此表达对贾谊的哀婉同情之意。纵观全文,自人才不能自我施展才能出发,论说君臣相和之道,又以君应善用臣作结,可谓议论自如,浑融一体。

古文的智慧

胡适主张做学问要"大胆地假设,小心地论证",这句话放在我们的学习生活中同样适用,对我们擅长的领域,可以大胆地去做,去发现更深层次的知识,进而获得智慧。对陌生的事物,也要尝试着去认识它,这样才能很好地拓宽视野,帮助我们更好地成长。

逃避责任,苦果自尝

晁错论

北宋·苏轼

天下之患,最不可为者,名为治平无事,而其实有不测之忧。坐观其变,而不为之所,则恐至于不可救。起而强为之,则天下狃于治平之安,而不吾信。惟仁人君子豪杰之士,为能出身为天下犯大难,以求成大功。此固非勉强期月之间,而苟以求名之所能也。天下治平,无故而发大难之端，吾发之，吾能收之，然后有辞于天下。事至而循循焉欲去之，使他人任其责，则天下之祸，必集于我。

昔者晁错尽忠为汉，谋弱山东之诸侯。山东诸侯并起，以诛错为名。而天子不之察，以错为之说。天下悲错之以忠而受祸，不知错有以取之也。

古之立大事者，不惟有超世之才，亦必有坚忍不拔之志。昔禹之治水，凿龙门，决大河，而放之海。方其功之未成也，盖亦有溃冒冲突可畏之患，惟能前知其当然，事至不惧，而徐为之图，是以得至于成功。夫以七国之强，而骤削之，其为变，岂足怪哉？错不于此时捐其身，为天下当大难之冲而制吴楚之命，乃为自全之计，欲使天子自将而己居守。且夫发七国之难者，谁乎？己欲求其名，安所逃其患？以自将之至危，与居守之至安，己为难首，择其至安，而遗天子以其至危，此忠臣义士所以愤怨而不平者也。当此之时，虽无袁盎①，错亦未免于祸。何者？己欲居守，而使人主自将。以情而言，天子固已难之矣，而重违其议，是以袁盎之说得行于其间。使吴、楚反，错以身任其危，日夜淬砺②，东向而待之，使不至于累其君，则天子将恃之以为无恐。虽有百盎，可得而间哉？

嗟夫！世之君子欲求非常之功，则无务为自全之计。使错自将而讨吴、楚，未必无功。惟其欲自固其身，而天子不悦，奸臣得以乘其隙。错之所以自全者，乃其所以自祸欤？

经典注释

①袁盎：历任齐相、吴相，因与吴王濞有关系，经晁错告发，被废为庶人。七国反叛时，他建议景帝杀晁错。②淬砺：磨炼。

译文也很美

天下的祸患，最难解决的是表面上太平无事，实际上却隐藏着难以预料的隐患。如果坐视祸患的发展而不加以处置，那就可能到达不可收拾的地步。如果起来硬性加以解决，天下人又会因为习惯于太平的安乐而不相信我的看法。只有仁人君子豪杰之士，才能挺身而出，为天下冒最大的危难，以求成就不世的功业。这当然不是在一两个月的短时间内勉强行事、苟且求名的人所能办到的。

天下太平，平白无故地引起大危难的事端。我引发它，我又能解除它，这就能够振振有词地说服天下人。如果事到临头，自己却胆怯地想避开，让别人承担它的责任，那么天下的祸患，必定会集中在我一个人身上。

从前晁错忠心耿耿，为汉朝谋划削弱山东各诸侯国的势力。山东诸侯一齐起兵，以杀晁错（清君侧）为名。而皇帝不加明察，以杀晁错作为说服诸侯退兵的理由。天下人同情晁错因为忠于汉朝而遭受杀身之祸，不知道晁错有自取其祸的原因。

古代建立大功业的人，不仅有超越当世的杰出才能，而且一定要有坚忍不拔的意志。从前大禹治水，凿开龙门，疏通黄河，放河水入海。当他尚未成功的时候，当然也会有洪水溃决漫溢、横冲直撞的可怕忧患。正因为事先能预料到它必然会有这种情况，事到临头就不会畏惧，而能从容地想办法对付，因此得以大功告成。试想像吴楚七国那样的强藩，突然要削弱他们的势力，发生大变乱难道值得奇怪吗？晁错不在这个关键时刻豁出自己的性命，为天下担当这场大危难的冲要，而置吴楚七国于死地，反而想出自我保全的办法，想让皇帝亲自率领军队迎战而自己留守京城。况且引发七国之乱危难的究竟是谁呢？自己想要获得削藩的美名，又怎能逃避它所带来的祸患？以亲自率领军队迎战这种最大的危险，跟留守京城这种最大的安全做比较选择，自己明明是发难的祸首，却选择了最安全的差使，而把最危险的任务推给了皇帝，这正是忠臣义士愤怨不平的缘故。这种时候，即使没有进谗的袁盎，晁错也难以免除祸患。为什么呢？自己想安居留守，而让皇帝亲自带兵作战，从情理上说，皇帝本来就已经很难接受了，因此心里很反感他的削藩建议。这样，袁盎的谗言，才能乘机生效。假如吴楚七国反叛时，晁错亲自担当最危险的任务，日夜整练军队，厉兵秣马，面对东面的敌人，严阵以待，使危险的局势不至于牵累皇帝，那么景帝一定会依仗晁错而无所畏惧。这样，即使有一百个袁盎，又怎能挑拨晁错和景帝的关系呢？

唉！世上的君子如果想建立不平凡的功业，那就不要专门致力保全自己的办法。假如晁错亲自率领军队讨伐吴楚，未必不能建功。正因为他想保全自身，而使皇帝不安心，奸臣才能乘这个空子挑拨离间。这样说来，晁错用来自我保全的办法，岂不正是他自取其祸的原因吗？

鉴赏文心

本文是一篇史论文章，主要议论晁错受汉景帝信任，上书削藩，却引发刘氏宗亲作乱，最终因谗言被杀一事。世人多叹息晁错虽然忠诚，却因小人谗言被杀。苏轼却以翻案文章思路，由晁错对当时政治形势估计不足出发，得出其削藩言论，实乃鲁莽进言，又不能对言论的后果负责，亲自带兵出征，"所以自祸欤"（正是他身死的原因啊）的论断。文章思路精奇，观点发人深省。

文首两段，先由天下承平情势隐藏祸患，及豪杰人物出于消除灾祸，可以挺身而出的展开，看似泛泛之论，实则句句从"晁错论"题目着眼，呼应后文，有所隐指。所谓"不测之忧"，指汉初皇权分散，诸侯割据的隐患，"起而强为之"指晁错贸然上书引发叛乱一事，而后文写引发灾难后需有放有收，才能"有辞于天下"（对天下负责），再以对比手法，指出若不能负责，则灾祸必归于己身。其实也是暗写晁错上书后，不能承担责任，终于身死名裂的结局，是用虚实相生的手法起笔，增添文章论说的兴味。

第三段中，作者由抽象虚写脱出，寥寥几笔实写，叙述晁错身死始末，再写出"不知错有以取之也"（不知道有些原因是晁错自己造成的）这一翻案文章的主旨，文章气势为之一紧。其后作一段大禹治水的侧面论述，以人才需从容镇定才能避免祸患的结论，与晁错失败结局进行对比，正反论说，充实文意，节奏舒缓，娓娓道来，显示出本文张弛有度的文章节奏。

下文论证晁错何以咎由自取，是文章重点。作者此处以诸侯叛乱始末为轴，连用三个设问，使得文章气势，层层高拔，论证观点，逐次有力。"其为变，岂足怪哉"（七国叛乱，难道值得奇怪吗）点出晁错的决策失误，在于提议仓促鲁莽；"且夫发七国之难者，谁乎"（再者，挑起七国叛乱的又是谁呢）写他引发叛乱后又不能承担责任，陷天子于危局；"错亦未免于祸。何者"（晁错也不能避免杀身之祸，又是为什么呢）则阐明晁错引发小人谗言以口实，冤屈身死，实乃不可避免。这三个论点层次递进，相互呼应，呈现出无可批驳的气势。

文末作者提出晁错主动讨伐，或可保全自身的假设，再重复其咎由自取的论断，最终由磅礴议论变为抒情慨叹，颇见作者惋惜之情。本文与前述选文《留侯论》《贾谊论》写作时间相近，同有纵论古今的文章旨趣，是苏轼史论类文章的代表。

古文的智慧

评判一个人品质如何，并不能仅仅看他的能力有多强，更重要的是要看他的责任心有多强，有多大的担当，是否能善始善终。一个有担当的人是高尚的，因为他敢于对自己的选择负责，也能对他人负责。相反，如果没有担当，只会成为众人眼中的懦夫。

天下归秦的地缘解读

六国论

北宋·苏辙

尝读六国世家，窃怪天下之诸侯，以五倍之地、十倍之众，发愤西向，以攻山西千里之秦①，而不免于灭亡。常为之深思远虑，以为必有可以自安之计。盖未尝不咎其当时之士②，虑患之疏而见利之浅，且不知天下之势也。

夫秦之所与诸侯争天下者，不在齐、楚、燕、赵也，而在韩、魏之郊③；诸侯之所与秦争天下者，不在齐、楚、燕、赵也，而在韩、魏之野。秦之有韩、魏，譬如人之有腹心之疾也。韩、魏塞秦之冲，而蔽山东之诸侯④，故夫天下之所重者，莫如韩、魏也。昔者范雎用于秦而收韩，商鞅用于秦而收魏。昭王未得韩、魏之心，而出兵以攻齐之刚、寿⑤，而范雎以为忧，然则秦之所忌者可见矣。

秦之用兵于燕、赵，秦之危事也。越韩过魏而攻人之国都，燕、赵拒之于前，而韩、魏乘之于后，此危道也。而秦之攻燕、赵，未尝有韩、魏之忧，则韩、魏之附秦故也。夫韩、魏诸侯之障，而使秦人得出入于其间，此岂知天下之势耶？委区区之韩、魏，以当虎狼之秦，彼安得不折而入于秦哉？韩、魏折而入于秦，然后秦人得通其兵于东诸侯，而使天下遍受其祸。

夫韩、魏不能独当秦，而天下之诸侯藉之以蔽其西，故莫如厚韩亲魏以摈秦。秦人不敢逾韩、魏以窥齐、楚、燕、赵之国，而齐、楚、燕、赵之国，因得以自完于其间矣。以四无事之国，佐当寇之韩、魏，使韩、魏无东顾之忧，而为天下出身以当秦兵。以二国委秦，而四国休息于内，以阴助其急，若此可以应夫无穷，彼秦者将何为哉？不知出此，而乃贪疆场尺寸之利，背盟败约，以自相屠灭。秦兵未出，而天下诸侯已自困矣。至于秦人得伺其隙，以取其国，可不悲哉！

经典注释

①山西：指崤山以西。②咎：责怪。③郊：这里的"郊"与下文的"野"都是指国土。④冲：要道。⑤刚：地名，今山东兖州附近，战国时属齐国。寿：寿张，今山东东平县北，战国时属齐国。

译文也很美

我曾经阅读《史记》中的六国世家，让我感到奇怪的是，天下的诸侯凭借着五倍于秦的土地、十倍于秦的人口，努力向西攻打崤山以西方圆千里的秦国，最后自己却不能免于灭亡。我常常为这件事陷入沉思，认为一定会有能使六国保全的方法。因此，未尝不责怪当时的策士们，对祸患的考虑太疏忽，对利害的见识太浅薄，并且不懂得天下的大势。

秦国同诸侯争夺天下的要害地区，不在齐、楚、燕、赵，而在韩、魏的土地。各诸侯国同秦国争夺天下的重要地区，同样不在齐、楚、燕、赵，而在韩、魏的土地。韩、魏的存在，对秦国来说就好像人有心腹之患。韩、魏两国阻塞着秦国东出的要道，掩护着崤山以东的各诸侯

国,所以对天下各国来说,掩护作用没有比韩、魏两国更重要的了。当初范雎被秦国任用后,便主张笼络韩国;商鞅被秦国任用后,就主张笼络魏国。秦昭王没有得到韩、魏的真心臣服,就出兵进攻齐国的刚、寿等地,范雎为此而担忧,这就可以看出秦国所顾忌的是什么了。

秦国对燕、赵用兵,这对秦国来说是很危险的事。因为秦国要越过韩国、穿过魏国去攻打别国的都城,燕、赵在前面抵抗,而韩、魏乘机在他后面袭击,这是危险的用兵方法。然而,秦国在进攻燕、赵之时,却不曾担忧韩、魏从后面袭击,那是因为韩、魏已归附了秦国的缘故。韩、魏是各诸侯国的屏障,却让秦人在那里来来往往,这难道是了解天下大势的表现吗?放弃小小的韩、魏两国,反而让他们去抵挡如狼似虎的秦国,他们怎么能不归附秦国呢?韩、魏两国归附秦国,这以后秦国的军队就能畅通无阻地向东方的诸侯国进军了,从而使天下到处遭受战祸。

韩、魏两国不能单独抵挡秦国,而天下的诸侯国却需要他们来作为自己西部的屏障,所以不如厚待韩、魏以使他们抵抗秦国。秦人不敢越过韩、魏两国来攻打齐、楚、燕、赵四国,那么齐、楚、燕、赵四国就能凭借这种局势从中得以保全自己了。四个没有战事的国家,去帮助面对敌寇的韩、魏两国,使韩、魏没有后顾之忧,他们就能为天下诸国挺身抵挡秦兵。让韩、魏两国去抵挡秦国,而四国在内地休养生息,在暗中帮助解决韩、魏的急难,像这样就可以一直应付到底,那秦国还能有什么作为呢?不懂得采用这样的策略,却贪图边境上尺寸土地的小利,互相背叛,破坏盟约,甚至自相残杀。秦国军队尚未出动,而天下各国自己已经精疲力竭了,以致秦人有机可乘,来攻取他们的国家,这能不令人感到悲哀吗!

本文是一篇历史策论类文章,主题是探讨六国被秦所灭的原因,在于不

能认清地理形势，共同联合抗秦，又从此种结论出发，为六国出谋划策，以彰显作者精当的策论才干。

全文共计四段，均条理分明，观点突出。第一段从自己读史的疑惑谈起，讲六国以强敌弱却不能取胜，实在是因为"不知天下之势"（不知道天下的形势）。

第二段则先谈地理形势，指出韩、魏在战国相争中的重要地理战略位置。本段论述，既有将韩、魏比拟成秦的"腹心之疾"这样的精妙譬喻，也有引用秦国历代名臣范雎、商鞅等对韩、魏两国的看重，可谓论证手法多元，严谨有理。

下一段既已申明各国地势的重要性，论证又有所变化，分别从秦与六国的视角，以当时事例决策，深入分析。作者先假设秦攻燕、赵，韩、魏夹攻的危险形势，再写六国放任秦国在韩、魏通行的历史事实，便与前文六国"不知天下之势"作为呼应，又从其余四国视角出发，批判四国抛弃韩、魏，使其不得不屈服强秦的行动。这一番批判评析，可谓从宏观历史维度，高屋建瓴。

尾段作者则进一步思考，为其余四国提出"厚韩亲魏以摈秦"（与韩魏两国联合交好，以抵御秦国）的计策，又阐明三层计策层层联立的优势：其一在于守住战略要地，使四国得到安宁；其二在于四国既然平安，便可以帮助韩魏；其三是韩魏得到帮助，便可以全力抵挡秦国。三层计策若能推动，便有能够持续不断抵御秦国的预期。如此一番历史虚论，大有战国纵横策士的风采。最后，再次批驳六国之间自相残杀、使秦乘虚而入的历史，首尾照应，使文章浑然一体。

"六国论"这个题目，苏氏父子三人均有同名文章：苏洵写六国败亡"弊在赂秦"，实际是讽刺北宋以岁币求和契丹与西夏的绥靖政策；苏轼从人才任用的视角写六国因为得士而能长存，秦朝因为失却人心而败亡，可谓观点精奇；苏辙以地理形势出发，凸显韩、魏在抗秦中的重要性。其余四国不能联合这两国，最终招致灭亡。观点虽然中规中矩，行文却旁征博引，娓娓道来，颇见苏辙写作"汪洋淡泊"的特点，是一篇策论文章佳作。

古文的智慧

六国之所以接连覆灭，是因为他们不善于运用自己的优势、不懂得团结，可以说是他们自己把自己逼上了绝路。这就启示我们，无论是在学习还是工作中，一定要懂得善于发挥自己的优势，弥补自己的劣势，这样才能全面发展，临危不乱。

一封华丽的自荐信

上枢密韩太尉书

北宋·苏辙

太尉执事①：辙生好为文，思之至深。以为文者气之所形②，然文不可以学而能，气可以养而致。孟子曰："吾善养吾浩然之气③。"今观其文章，宽厚宏博④，充乎天地之间，称其气之小大。太史公行天下，周览四海名山大川，与燕、赵间豪俊交游，故其文疏荡⑤，颇有奇气⑥。此二子者，岂尝执笔学为如此之文哉？其气充乎其中而溢乎其貌⑦，动乎其言而见乎其文⑧，而不自知也。

辙生年十有九年矣。其居家所与游者，不过其邻里乡党之人⑨；所见不过数百里之间，无高山大野可登览以自广⑩；百氏之书，虽无所不读，然皆古人之陈迹，不足以激发其志气。恐遂汩没⑪，故决然舍去⑫，求天下奇闻壮观，以知天地之广大。过秦、汉之故都，恣观终南、嵩、华之高⑬，北顾黄河之奔流，慨然想见古之豪杰。至京师，仰观天子宫阙之壮，与仓廪府库、城池苑囿之富且大也，而后知天下之巨丽⑭。见翰林欧阳公，听其议论之宏辩，观其容貌之秀伟，与其门人贤士大夫游，而后知天下之文章聚乎此也。太尉以才略冠天下，天下之所恃以无忧，四夷之所惮以不敢发，入则周公、召公，出则方叔、召虎。而辙也未之见焉⑮。

且夫人之学也，不志其大，虽多而何为？辙之来也，于山见终南、嵩、华之高，于水见黄河之大且深，于人见欧阳公，而犹以为未见太尉也。故愿得观贤人之光耀⑯，闻一言以自壮，然后可以尽天下之大观而无憾者矣。

辙年少，未能通习吏事。向之来⑰，非有取于斗升之禄⑱，偶然得之，非其所乐。然幸得赐归待选，使得优游数年之间，将以益治其文，且学为政。太尉苟以为可教而辱教之⑲，又幸矣！

经典注释

①执事：不直接称对方，而称"执事"，表示敬称对方，可译为"您"或"阁下"。②文者气之所形：文章是由气形成的。③浩然之气：正大刚直的气质。④宽厚宏博：宽大厚重、宏伟博大。⑤疏荡：洒脱而不拘束。⑥奇气：奇特的气概。⑦气充乎其中：精神气质充满在他们的胸中。溢乎其貌：洋溢在他们的外表。⑧动乎其言：反映在他们的言辞里。见乎其文：表现在他们的文章中。⑨乡党：乡里。⑩自广：扩大自己的视野。⑪遂汩没：因而埋没。⑫决然舍去：毅然离开。⑬恣观：尽情观赏。⑭而：可是。⑮焉：啊。⑯光

耀：风采。⑰向：先前。⑱斗升之禄：微薄的俸禄。⑲苟：如果。辱教之：屈尊教导我。

译文也很美

太尉阁下：苏辙生性喜好写文章，对此有一定的思考。我认为文章是气的外在体现，但文章不仅仅靠学习就能写好，气却可以通过培养而获得。孟子说："我善于培养我的浩然之气。"现在看他的文章，雄宏博大，充斥于天地之间，同他浩然之气的大小相当。司马迁走遍天下，游览四海名山大川，与燕、赵之地的英豪俊杰交友，所以他的文章疏放不羁，颇有奇伟之气。这两个人难道曾经专心学写这种文章吗？这是因为他们的气充斥在内心而流露到外表，发于言语而成为文章，自己却并没有觉察到。

苏辙出生已经十九年了。我在家时所交往的不过是邻居同乡这些人；所看到的，不过是几百里之内的景物，没有高山旷野可以登临观览以开阔自己的心胸；诸子百家的书，虽然无所不读，但那些都是古人的东西，不能激发我的志气，我担心就此而被埋没，所以断然离开家乡，去寻求天下的奇闻壮观，以便了解天地的广大。我经过秦、汉时的故都，尽情观览终南山、嵩山、华山的高峻，向北眺望黄河奔腾的急流，深有感慨地想起了古代的英雄豪杰。到了京城，抬头看到天子宫殿的壮丽，以及粮仓、府库、城池、苑囿的富庶而且巨大，这才知道天下的广阔富丽。见到翰林学士欧阳公，聆听了他宏大雄辩的议论，看到了他秀美奇伟的容貌，同他的学生贤士大夫交游，这才知道天下的文章都汇聚在这里。太尉以雄才大略称冠天下，全国人依靠您而安居乐业，四方异族国家惧怕您而不敢侵犯，在朝廷之内像周公、召公一样辅君有方，领兵出征像方叔、召虎一样御敌立功。可是我至今还未见过您的面呢。

况且一个人的学习，如果不是志向远大，即使学了很多又有什么用呢？苏辙此行对于山，看到了终南山、嵩山、华山的高峻；对于水，看到了黄河的深广；对于人，看到了欧阳公；可是仍以没有见到您而深感遗憾。所以希望能够一睹贤人的风采，就是听到您的一句话也足以激发我的雄心壮志，这样就可以说是看遍了天下的奇观而不会再有什么遗憾了。

苏辙年纪很轻，还没能够通晓做官的事情。先前来京应试，并不是为了谋取微薄的俸禄，偶然得到了它，也不是自己所喜欢的。然而有幸得到恩赐还乡，等待吏部的选用，使我能够有几年空闲的时间，将用来更好地研习文章，并且学习从政之道。太尉假如认为我还可以教诲而屈尊教导我的话，那我就更感到幸运了。

本文写于嘉祐二年（1057），时年十九岁的苏辙与其兄苏轼二人同榜进士及第。早在一年前，苏氏兄弟二人便随同其父苏洵拜访欧阳修，颇受赏识。此篇上书，则是为拜见时任枢密使的武将名臣韩琦所写。因枢密使掌管全国军事，与秦朝官制三公中"太尉"一职类似，所以称为韩太尉。

这类自荐文章，一般多用意奉承，又有自我标榜意味。但要想超越常文，流传后世，则须有精妙之处，显出作者不卑不亢，文才精妙。如前边李白《与韩荆州书》，以飞扬高拔的格调独树一帜。本文则从学习文章之道入笔，引述孟子养气与司马迁壮游天下事例，步步递进至今人欧阳修，再托出求见愿望，笔意独到，章法超脱。

本文可分前后两层。前一层主要阐明自己善于蓄养文章气势的写作理

念。作者先举孟子"吾善养吾浩然之气"（我擅长蓄养我浩大正直的气势）为理论依据，又举司马迁壮游山河，文章有奇气为历史依据，再由此生发，依次铺陈自己如何"养气"的历程，其实也是对自己生平履历的梳理与展示。下文则写自己为求激发志气，在各地游历，终于来到京城，开阔眼界，又见到翰林欧阳修，与其门人交往。这一番梳理，与前文司马迁隐为呼应，从山川壮阔到人事文章，又以拜见欧阳修烘托下文求见韩太尉一事。

后一层则承接前文自身介绍，先盛赞韩太尉才略过人，影响深远，又将前文追求天下奇闻壮观的目的与今日"犹以为未见太尉也"（仍然认为没有见到太尉您是一件憾事）做对比。求见韩太尉，并非谋求官职，只为"观贤人之光耀，闻一言以自壮"（见一见贤人您的风采，听到您的一言一语来激发自己的壮志）。如此一番层递对比，足见作者姿态之足，用意之委婉。后文便徐徐收尾，重归谦逊有礼的笔法，以常见套语表明自己求见韩太尉的意愿。可见本文一张一收，抑扬顿挫的行文章法。

纵观全文，虽是写干谒之事，却从养气广识的角度出发，以司马迁行走见闻的史实为比照，化干谒谄媚的写作目的为年轻士人风华正茂的人间行旅文章，可以说是布局雄奇，气势飞扬。本文正如作者称赞太史公司马迁一般，文章"疏荡"（疏放豪迈）、"颇有奇气"。

古文的智慧

与人交往、沟通要讲究效率。在生活中，与人交往是很平常的事情，但有时也要讲究方式，尤其是在说话方面，要懂得对方的关注点，力求把话说到对方的心坎里去，这样才能更快找到彼此的共同话题，提升交流的效率，也能更方便自己获得需要的信息或知识。

写给文坛偶像的感谢信

寄欧阳舍人书

北宋·曾巩

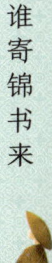

去秋人还，蒙赐书及所撰先大父墓碑铭，反复观诵，感与惭并。

夫铭、志之著于世①，义近于史，而亦有与史异者。盖史之于善恶无所不书，而铭者，盖古之人有功德、材行、志义之美者，惧后世之不知，则必铭而见之，或纳于庙，或存于墓，一也。苟其人之恶，则于铭乎何有？此其所以与史异也。其辞之作，所以使死者无有所憾，生者得致其严。而善人喜于见传，则勇于自立；恶人无有所纪，则以愧而惧；至于通材达识、义烈节士，嘉言善状，皆见于篇，则足为后法。警劝之道，非近乎史，其将安近？

及世之衰，为人之子孙者，一欲褒扬其亲而不本乎理。故虽恶人，皆务勒铭②以夸后世。立言者，既莫之拒而不为，又以其子孙之请也，书其恶焉，则人情之所不得，于是乎铭始不实。后之作铭者当观其人，苟托之非人，则书之非公与是，则不足以行世而传后。故千百年来，公卿大夫至于里巷之士莫不有铭，而传者盖少，其故非他，托之非人，书之非公与是故也。

然则孰为其人而能尽公与是欤？非畜道德而能文章者无以为也。盖有道德者之于恶人则不受而铭之，于众人则能辨焉。而人之行，有情善而迹非，有意奸而外淑，有善恶相悬而不可以实指，有实大于名，有名侈于实。犹之用人，非畜道德者，恶能辨之不惑，议之不徇？不惑不徇，则公且是矣。而其辞之不工，则世犹不传，于是又在其文章兼胜焉。故曰非畜道德而能文章者无以为也，岂非然哉？

然畜道德而能文章者，虽或并世而有，亦或数十年或一二百年而有

之。其传之难如此，其遇之难又如此。若先生之道德文章，固所谓数百年而有者也。先祖之言行卓卓，幸遇而得铭其公与是，其传世行后无疑也。而世之学者，每观传记所书古人之事，至其所可感，则往往蠢然不知涕之流落也③，况其子孙也哉？况巩也哉？其追晞祖德而思所以传之之繇④，则知先生推一赐于巩而及其三世。其感与报，宜若何而图之？抑又思若巩之浅薄滞拙而先生进之，先祖之屯蹶否塞以死而先生显之⑤，则世之魁闳豪杰⑥，不世出之士，其谁不愿进于门？潜遁幽抑之士，其谁不有望于世？善谁不为？而恶谁不愧以惧？为人之父祖者，孰不欲教其子孙？为人之子孙者，孰不欲宠荣其父祖？此数美者，一归于先生。

既拜赐之辱，且敢进其所以然。所谕世族之次，敢不承教而加详焉？愧甚不宣。

经典注释

①铭、志：碑铭与墓志。铭用韵文，志用散文。②皆务勒铭：都致力刻立碑铭。③蠢（xì）然：伤痛的样子。④晞（xī）：仰慕。⑤屯蹶否塞：不得志，不顺利。蹶，颠仆，引申为挫败。屯、否，是《易经》的卦名。塞，困厄。⑥魁闳（hóng）：俊伟。

译文也很美

去年秋天，我派去的人回来，承蒙您写信并为先祖父撰写墓志铭。我反复读诵，真是感慨与惭愧并存。

说到铭志之所以能够著称于后世，是因为它的意义与史传相接近，但也有与史传不相同的地方。因为史传不论善恶都一一加以记载，而碑铭呢，大概是古代功德显著、才能出众、德行高尚的人，唯恐世人不知，所以一定要立碑刻铭来显扬他，有的放在庙中，有的放在墓前,但其用意是一样的。如果墓中人为恶人,那么又有什么好铭刻的呢?这就是碑铭与史传所不同的地方。撰写铭文,为的是使死者没有什么可遗憾的,生者又能借此表达自己的尊敬之情。行善之人喜欢自己的善行善言流传后世,所以就发奋有所建树;恶人没有什么可记述的,就会感到惭愧和恐惧。至于博学多才、见识广博之人,忠义英烈、节操高尚之士,他们的美言善行都能一一表现在碑铭里,这就足以成为后人学习的楷模。铭文警世劝诫的作用,不与史传相近,又与什么相近呢?

到了世风衰微的时候,为人子孙的,一味只要褒扬他们死去的亲人而不顾事理。所以即使是恶人,也都一定要立碑刻铭,用来向后人夸耀。撰写铭文的人既不能推辞不作,又因为死者子孙的一再请求,如果直书死者的恶行,于人情上过不去,这样铭文就开始出现不实之词。后代想要给死者作碑铭的人,应当观察一下死者的为人。如果请托的人不得当,那么他写的铭文必定会不公正、不正确,就不能流传于世,传之于后代。所以千百年来,尽管上自公卿大夫下至里巷小民死后都有碑铭,但流传于世的很少。这里没有别的原因,正是请托了不适当的人,撰写的铭文不公正、不正确的缘故。

照这样说来,怎样的人才能做到完全公正与正确呢?不是道德高尚、文章高明的人是做不到的。因为道德高尚的人对恶人是不会接受请托而为其撰写铭文的,对一般的人也会加以分辨。而人的品行,有内心善良而行为不见得好的,有内心奸恶而外表善良的,有善行恶行相差悬殊而很难确指的,有本质大于名望的,有名过其实的。好比用人,如果不是道德高尚的人怎么能辨别清楚而不被迷惑,怎么能议论公允而不徇私情?能不受迷惑、不徇私情,就是公正和实事求是。但如果铭文的辞藻不精美,那么依然不能流传于世,于是就要求他的文章也好。所以说不是道德高尚而又工于文章的人是不能写碑志铭文的,难道不是这样吗?

然而道德高尚而又善做文章

云中谁寄锦书来

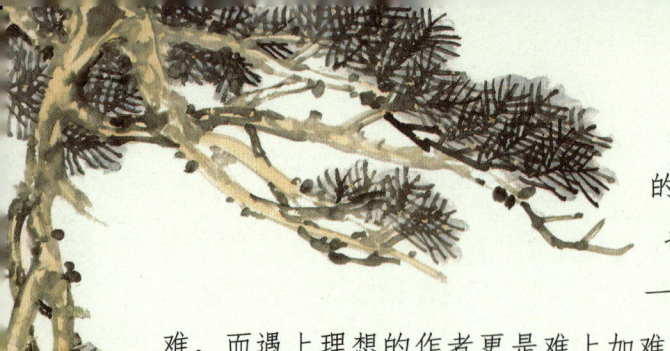

的人，虽然有时会同时出现，但也许几十年甚至一两百年才出一个，因此铭文的流传是如此之难，而遇上理想的作者更是难上加难。像先生的德望和文章，真正算得上是几百年才有。我先祖的言行高尚，有幸遇上先生为其撰写公正而又正确的碑铭，它流传当代及后世是毫无疑问的。世上的学者，每每阅读传记所记载的古人事迹的时候，看到感人之处，就常常激动得不知不觉地流下了眼泪，何况是死者的子孙呢？又何况是我曾巩呢？我追怀先祖的德行而想到碑铭所以能传之后世的原因，就知道先生赐一篇碑铭的恩泽将会恩及我家祖孙三代。感激与报答之情，我应该怎样来表达呢？我又进一步想到像我这样学识浅薄、才能庸俗的人，先生还提拔鼓励我，像我先祖这样命运多舛、穷愁潦倒而死的人，先生还写了碑铭来显扬他，那么世上那些俊伟豪杰、超绝非凡之士，谁不愿意拜在您的门下？那些潜居山林、穷居退隐之士，谁不希望名声传播于世？好事谁不想做，而做恶事谁不感到羞愧恐惧？当父亲、祖父的，谁不想教育好自己的子孙？做子孙的，谁不想使自己的父祖荣耀显扬？这种种美德，应当归功于先生。

　　我荣幸地得到了您的恩赐，并且冒昧地向您陈述自己所以感激的缘由。来信所论及的我的家族世系，我怎敢不听从您的教诲而加以研究审读呢？惭愧之至，书不尽意。

鉴赏文心

　　欧阳舍人指"唐宋八大家"之一的文学家欧阳修，庆历六年（1046），他应曾巩邀请，为其先祖曾致尧撰写墓志铭。本文即是第二年曾巩的答谢信。全信从墓志铭的功用要求出发，引申到墓志铭作者的品行文才，由此赞扬欧阳修的道德文章，再表达对其的感谢之情。全文层次递进，笔风详尽，感情真诚，可见曾巩作为"唐宋八大家"之一淳厚中正的文风。

本文按照《古文观止》编者评论，最大的特点是"纡徐百折，转入幽深"，指一种细细密密、抽丝剥茧的文章写作风格，可见作者绵延委婉的布局章法功力。文首简要介绍写信背景后，并未直接表示感谢，而是先谈起墓志铭和史传文学的意义对比，并得出墓志铭"警劝之道，非近乎史，其将安近"（铭文劝诫警世的作用，不与史传相近，那么又会与什么相近呢）的结论。进而由墓志铭本身谈及其写作，又分为两个观点，其一是碑志既然如同史传文学，自然要求公正严谨，记载真实；其二是碑志既然有如此高的要求，更应该以道德高尚、文章水准为条件，慎重筛选作者。那么这样的作者在当世最有资格的是谁呢？自然从容托出这封信所要感谢的欧阳修来。尾段则进一步表现对欧阳修的赞美与致谢，总结文意，突出主题。

本文在此种抽丝剥茧、细致入微的结构之外，在作者对墓志铭功用的讨论与各处言谈之间，也得见曾巩对道德与文章轻重之辩，对世道人心，道德教化的种种看法。如讲对墓志铭作者要求一段，先讲作者道德要求，再讲文采对墓志铭写作的作用，道德与文章的轻重缓急不言而明。又如尾段感谢欧阳修时，将自家先祖的遭遇推及天下不曾为士人所知的豪杰人士和退隐山

林、才华受到掩藏的人士，再提出这些人才"谁不愿意拜到欧阳修门下呢"的观点。如此种种，可见作者曾巩深受儒家义理的影响。

古文的智慧

古人云：人无信不立。在社会生活中，彼此信任是人与人之间最基本的交往法则，没有信任，就很难进行交流，更难说合作。对个人而言，给予对方信任也是一种良好的品质，这能让对方感受到你的真诚，从而也给予你信任，如此才能更高效地交流，达到共赢。

八十九字讲述"士"的精神

读孟尝君传

北宋·王安石

世皆称孟尝君能得士，士以故归之，而卒赖其力以脱于虎豹之秦。

嗟乎！孟尝君特鸡鸣狗盗之雄耳①，岂足以言得士？不然，擅齐之强②，得一士焉，宜可以南面而制秦③，尚何取鸡鸣狗盗之力哉？夫鸡鸣狗盗之出其门，此士之所以不至也。

经典注释

①特：不过。②擅：拥有。③宜：应该。南面：面向南，古代以面向南为尊，南面有称王的意思。

译文也很美

世上的人都称赞孟尝君善于收揽士人，士人因此都归附到他的门下。而孟尝君也最终依靠他们的力量，逃离了像虎豹一样凶恶的秦国。

唉！孟尝君只不过是鸡鸣狗盗之徒的首领罢了，怎么能称得上善于招揽士人呢？如果不是这样，凭借齐国强大的国力，得到一个贤士，就应该南面称王而使秦国臣服，还用得着借助这些鸡鸣狗盗之人的技能吗？鸡鸣狗盗之徒出入他的门下，这正是真正的士人不去他那里的原因啊！

鉴赏文心

本文是王安石读《史记·孟尝君列传》的一篇读后感。全文只有八十九字，文意却起承转合，抑扬顿挫，将世人仰慕的"战国四君子"之一的孟尝君贬为"鸡鸣狗盗之雄"，开一代驳论文章之先河。可见宋人写作文章时所秉持的求真存疑的历史反思精神。

孟尝君名田文，是战国时的齐相。他喜爱招揽门客的事迹在本书选文《冯谖客孟尝君》中有部分陈述。当时战国贵族阶级多有招揽门客以壮声势、巩固统治地位的喜好。司马迁在《孟尝君列传》的结尾，借薛地人的口吻说"孟尝君招致天下任侠奸人入薛中，盖六万余家矣"，并以"世之传孟尝君好客自喜，名不虚矣"（世间传说孟尝君因为喜好供养客卿而沾沾自喜，的确名不虚传）这句话作为对孟尝君的评价。这固然是称赞言论，"好客自喜"四字却也隐含有对孟尝君好大喜功的贬斥意味。

王安石则在司马迁文章基础上，以秦亡六国的历史事实对孟尝君的行为逐次批驳。历代文评家称誉此文结构层次多用"起承转合"四字，可见全文四层清晰的论证结构。"起"为首句，以世人口吻称赞孟尝君能够"得士"（获得人才），而又能因此从暴秦的囚禁追杀中脱逃，可见确实是这些人才的功劳，承接前文论断。

下文却笔锋一转，以"嗟乎"发语，写明孟尝君从秦国逃跑时所用手段，其实在于依仗手下"鸡鸣狗盗"等种种不光彩的行动，并非一般意义上所谓高士良才。而前文所谓孟尝君"得士"，不过是司马迁所谓"任侠奸人"，则以反问"岂足以言得士"(这怎么能叫获得人才呢)否定前文。下文再做论据补充，假定孟尝君真得到如齐国先贤管仲、晏子一般的国士，足以富国强兵，也就不必受亡国灾厄，勉强逃脱了。最后，以孟尝君门客良莠不齐，所以不能得到真正士人作结，进一步延伸反面论证，指明孟尝君不能得士的本质，可见本文一波三折的精妙论述。

古文的智慧

古代君子的称呼是对一个人的品行最高的评价，但要做一个君子，也要遵守非常严格的规矩。现代人当然没有那么多的规矩要守，但一些做人的基本原则还是要有，比如，为人正直，品行要端正，做事光明磊落，绝不能做一些偷鸡摸狗的事，以免损坏个人形象，甚至误入歧途。

说文布道：鸡鸣狗盗，孟尝非贤

孟尝君奉齐王之命出使秦国，秦王以孟尝君贤良为由委任他为秦国相国。但秦国大臣进言，说孟尝君虽贤良，可终究是齐国王室，担任秦相未免危及秦国安危。秦王于是免去孟尝君相国职位，并监禁他。恰巧，孟尝君门下有两个门人，一个善于偷盗，一个能学鸡叫，两人各显其能帮助孟尝君逃出秦国，"鸡鸣狗盗"由此而来。但因为这种欺骗盗窃的手段为世人所不齿，所以孟尝君的贤名也因此受到世人的质疑。

求签问卜，于事无补

司马季主论卜

明·刘基

东陵侯既废，过司马季主而卜焉。

季主曰："君侯何卜也？"东陵侯曰："久卧者思起，久蛰者思启，久懑者思嚏。吾闻之，蓄极则泄，闷极则达，热极则风，壅极则通。一冬一春，靡屈不伸，一起一伏，无往不复。仆窃有疑，愿受教焉。"季主曰："若是，则君侯已喻之矣，又何卜为？"东陵侯曰："仆未究其奥也，愿先生卒教之。"

季主乃言曰："呜呼！天道何亲？惟德之亲。鬼神何灵？因人而灵。夫蓍①，枯草也，龟，枯骨也，物也。人，灵于物者也，何不自听而听于物乎？且君侯何不思昔者也？有昔者必有今日。是故碎瓦颓垣，昔日之歌楼舞馆也；荒榛断梗，昔日之琼蕤玉树也②；露蛩风蝉，昔日之凤笙龙笛也；鬼燐萤火，昔日之金釭华烛也③；秋荼春荠，昔日之象白驼峰也④；丹枫白荻，昔日之蜀锦齐纨也⑤。昔日之所无，今日有之不为过；昔日之所有，今日无之不为不足。是故一昼一夜，华开者谢。一秋一春，物故者新。激湍之下，必有深潭；高丘之下，必有浚谷⑥。君侯亦知之矣，何以卜为？"

经典注释

①蓍：古代用来占卜的一种草本植物，也叫蓍草。②蕤（ruí）：草木花下垂的样子。③釭（gāng）：灯盏。④象白：大象的脂肪，肥肉。⑤齐纨（wán）：山东出产的白细绢，是名贵的丝织品。⑥浚（jùn）谷：深谷。

译文也很美

东陵侯失去爵位以后,到司马季主那里去占卜。

司马季主说:"您想占卜什么呢?"东陵侯说:"长期躺卧的人想站起来,长期蛰伏的人想要出去透气,长久积闷的人想要开畅旷达。我听说,积存到极点就要外泄,闭塞到极点就要畅达,闷热到极点就要起风,堵塞到极点就要贯通。有冬天,就有春天,没有屈而不伸的;有一起就有一伏,没有去而不返的。我自认为有些疑惑,想要听听你的指教。"司马季主说:"如果是这样的话,您其实已经明白了,何必还要占卜呢?"东陵侯说:"我还没有完全深入了解它的奥妙呢!希望先生能清楚地教导我!"

司马季主于是说道:"唉!天道和什么人亲近呢?只亲近有德行的人;鬼神靠什么灵验呢?根据人的信仰不同。占卜用的蓍草,不过是枯草,占卜用的龟甲不过是朽骨,都是没有知觉的东西。人比无知的东西更有灵性,为什么不相信自己而要相信无知的东西呢?况且您为什么不想一想过去呢?有过去就必然有今天。所以现在那些碎瓦、塌墙,曾经是歌楼舞馆;那些长满野草的树丛、折断的树枝草茎,曾经是美好的花木;那些哀鸣的蟋蟀、风中的鸣蝉,曾经是凤笙龙笛;那些野外的鬼火、微弱的光亮,曾经是过去的金灯华烛;那些秋天的苦菜、春天的荠菜,曾经是象的脂肪、骆驼的峰;那些红色的枫叶、白色的荻草,曾经是过去四川的彩锦和山东的白绢。过去所没有的,今天有了不算过分;过去所有的,今天没有了也不能算不足。所以经过一天一夜,盛开的花朵凋谢了;经过一秋一春,陈旧的东西变新了。激流旋涡下面,一定会有深潭;高峻的山峰下面,必定会有深谷。您已经知道这些道理了,何必还要占卜呢?"

　　本文选自《郁离子》，是刘基在元末时，见政治环境污浊，弃官归隐后写的寓言体政论散文集的一篇。本文带有典型的寓言体散文特质，隐喻微指，暗藏深意，写秦时东陵侯失位后开悟一事，也对当时政治动荡不安，达官贵人失势的情况有所反映。

　　本文文意及写作手法类似于本书选文屈原《卜居》，可作为参考。文中所述的东陵侯与擅长占卜的司马季主，确有其人，而两人论卜算卦一事，当为作者虚构的故事，以描摹出主客问答的情境，从而论说观点。

　　全文依主客问答的层次可分为两层。第一层是东陵侯被废位后，虽然悟道，却依然向司马季主问卜，以求彻悟。东陵侯以自身遭遇悟出了"蓄极则泄，闷极则达"（积蓄过多就要宣泄，沉闷到了极点就要开畅旷达）这一所谓物极必反的道理，更以"一起一伏，无往不复"（有起就会有落，没有去了又不会反复的）这种循环式的论调作结，可见道家老子提出二元循环往复的理念。这与传说中东陵侯在秦亡后沦为平民，却在长安城东边种瓜扬名，这一"塞翁失马，焉知非福"式的戏剧情节可作为呼应。

　　第二层写司马季主的回应，是承接东陵侯历史兴衰、循环往复的论点，再做拔高与宣发。司马季主肯定了东陵侯一番自然盈亏的道理，却指出天道鬼神的命理观念，是与道德和个人修为息息相关的，从而突出了人事可为，重在修德的观念。"何不自听而听于物乎"（为什么不相信自己而听命于外物呢）一句即表现出积极上进，务求修德修身，以超越命运的情怀。其后作者又用六个排比，以有过去就会有今天的因果观念作为主题，将昔日繁盛富贵的景观，与今朝荒芜凋敝的情境加以对照，再度阐释东陵侯万物兴衰往复的论点，将其拓展成人事兴衰循环，实则归于因果的结论。本层论说，与前文东陵侯观点形成循环往复而又升华的论证结构，共同呈现出慨叹世事盛衰，人间祸福的主题。

本文虽为寓言式的散文，但行文章法却尤见辞赋特质。文章两层结构，前后呼应，章法严谨。语言修辞手法多元，有设问排比，有对偶映衬，特别是司马季主今昔对比一段，字句铺陈，颇见骈俪之美。

古文的智慧

凡事有因必有果，比如，你没有吃早餐，那么整个上午你会感觉精神不足，影响学习和工作的效率。同样，在人生道路上，有多少努力将来就会有多少回报，而好逸恶劳者，将来必定要承受相应的麻烦和痛苦。所以，保持努力，保持向上，人生才会越来越好。

著名刺客的另类解读

豫让论

明·方孝孺

士君子立身事主，既名知己，则当竭尽智谋，忠告善道，销患于未形，保治于未然，俾身全而主安。生为名臣，死为上鬼，垂光百世，照耀简策，斯为美也。苟遇知己，不能扶危于未乱之先，而乃捐躯殒命于既败之后，钓名沽誉①，眩世炫俗，由君子观之，皆所不取也。

盖尝因而论之。豫让臣事智伯，及赵襄子杀智伯，让为之报仇，声名烈烈，虽愚夫愚妇，莫不知其为忠臣义士也。呜呼！让之死固忠矣，惜乎处死之道有未忠者存焉。何也？观其漆身吞炭，谓其友曰："凡吾所为者极难，将以愧天下后世之为人臣而怀二心者也。"谓非忠可乎？及观斩衣三跃，襄子责以不死于中行氏而独死于智伯，让应曰："中行氏以众人待我，我故以众人报之。智伯以国士待我，我故以国士报之。"即此而论，让有余憾矣。段规之事韩康，任章之事魏献，未闻以国士待之也，而规也、章也，力劝其主从智伯之请，与之地以骄其志②，而速其亡也。郄疵之事智伯，亦未尝以国士待之也，而疵能察韩、魏之情以谏智伯，虽不用其言以至灭亡，而疵之智谋忠告，已无愧于心也。

让既自谓智伯待以国士矣，国士，济国之士也。当伯请地无厌之日，纵欲荒暴之时，为让者，正宜陈力就列，谆谆然而告之曰："诸侯大夫，各安分地，无相侵夺，古之制也。今无故而取地于人，人不与，而吾之忿心必生；与之，则吾之骄心以起。忿必争，争必败，骄必傲，傲必亡。"谆切恳至，谏不从，再谏之；再谏不从，三谏之；三谏不从，移其伏剑之死，死于是日。伯虽顽冥不灵，感其至诚，庶几复悟，和韩、魏，释赵围，保全智宗，守其祭祀。若然，则让虽死犹生也，岂不胜于斩衣而死乎？让于此时，曾无一语开悟主心，视伯之危亡犹越人视秦人之肥瘠也。袖手旁观，坐待成败，国士之报曾若是乎？智伯既死，而乃不胜血气之悻悻③，甘自附于刺客之流，何足道哉？何足道哉？

虽然，以国士而论，豫让固不足以当矣。彼朝为仇敌，暮为君臣，觍然而自得者，又让之罪人也。噫！

云中谁寄锦书来

经典注释

①钓名沽誉：以不正当的手法博取名誉。②骄：使动用法，使……骄横。③悻悻：怨恨、失意的样子；刚愎固执的样子。

译文也很美

有道德有学问的人树立了自己的品节和才能，去侍奉君主，既

然称为知己，就应当拿出全部的智慧和计谋，真诚地劝告，巧妙地引导，在祸患还没有显露的时候加以消除，维持住政治上的清明安定，不使社会发生动乱，这样可以使自己保全生命，君主也会平安无事。活着是出名的臣子，死后成为上等的灵魂，美名世世代代流传下去，光辉照耀史册，这才是值得赞美的。如果遇到了知己，不能在没有发生变乱之前拯救危难，却在事情失败之后献出了自己的身躯，故意骗取好的名声，迷惑世人，并夸耀于社会，这在君子看来，都是不可取的。

　　我曾按照这个原则评论过豫让。豫让做智伯的家臣，等到赵襄子杀害了智伯，就去替智伯报仇，他的名声显赫，即使是那些没有知识的平民百姓，也没有一个不知道他是忠臣义士的。唉！豫让的死固然算得上是忠了，只可惜他在如何处理死亡的方式上还存在着不忠的表现。为什么这样说呢？试看，他身上涂满漆，嘴里吞下炭，改变了容貌和声音，对他的朋友说："我所做的这些事情，都是一般人极难做到的，我是想用这种行为来使天下后代做臣子而怀有二心的人感到羞愧啊。"你能说他不忠吗？等看到他连续三次跳起，用剑去斩赵襄子的衣服，赵襄子责备他不为中行氏而死，却单单为智伯而死的时候，豫让回答说："中行氏像对待一般人那样对待我，所以我也就像一般人那样去报答他。智伯像对待国士那样对待我，所以我也就像国士那样去报答他。"就拿这一点来说,豫让的见识是有欠缺的。段规侍奉韩康子,任章侍奉魏献子,并没有听说把他们当作国士来对待,而段规与任章却尽力劝告他们的主人顺从智伯的要求,割让土地给智伯,使他的志气更加骄盛,从而加速他的灭亡。郗疵侍奉智伯,智伯也没有把他当作国士来对待,而郗疵能够察觉韩、魏两家的意图,并对智伯进行规劝。即使智伯没有采纳他的意见以致灭亡,但郗疵的智谋和忠告,已经使他自己于心无愧了。

豫让既然自以为智伯已像对待国士那样对待他了,而所谓国士也就是能解救国家危难的人才。当智伯要求别人割让土地,贪得无厌的时候,放纵情欲,荒废政务,暴虐无道的时候,作为豫让,他正应该贡献才力,尽自己的职责,恳切地劝告智伯说:诸侯和大夫应各自安守着自己统治的土地,不要互相侵吞和掠夺别人的土地,这是自古以来的规矩。现在,无缘无故地向别人索取土地,如果别人不给,那愤恨的心情必然滋生;如果别人给了,那么,骄傲自满的心情将因此而增长。有愤恨,就必然会争斗,有争斗,就必然会失败;一骄横,就必然会傲慢,一傲慢,就必然会灭亡。非常耐心地诚诚恳恳地规劝,如果规劝了不听,就再规劝;再规劝不听,就第三次规劝;如果第三次规劝了仍然不听,那就把伏剑自杀的行动改换到这一天来进行。智伯虽然昏庸和顽固不化,但被他的这种诚意所感动,或许会重新醒悟过来,同韩、魏两家和好,解除对赵地的包围,这样就保全了智氏的祖庙,使他们能按时祭祀,延续不断。假如能够这样,豫让纵然死去了,也和活着一样,岂不比剑斩赵襄子衣服再自杀强得多吗?豫让在这个时刻,竟没有一句话来开导和提醒家主,看着智伯的危难和覆灭就像是越人看着秦人的肥瘦一样。袖手旁观,坐等他的成功或失败,国士对知己的君主的报答难道竟是这样的吗?直到智伯已死,方才愤恨不平,压抑不住感情的冲动,情愿加入刺客一流人的行列,这有什么可以值得称赞的呢?这有什么可以值得称赞的呢?

虽然这样,用国士来衡量,豫让自然是够不上标准的,但同那些

早晨还是仇敌，到晚上就变成君臣，还厚着脸皮自以为得意的人相比，他们又是豫让的罪人了。唉！

　　本文选自《逊志斋集》，是一篇论说文章。豫让是战国时智伯家臣，智伯被赵襄子谋害，而他也因为多次行刺报仇不成，最终自杀。豫让因为忠义，历来为人所颂扬，作者却别出心裁，以否定豫让行为开篇，综合评议，既有褒赞，又有惋惜，最终给予他全面客观的评价。

　　本文开篇即立论，说明有才德之人侍奉主君，应当竭尽智谋，"忠告善道"（诚恳而巧妙地劝诫），防患于未然，才是真正的忠义之道。作者由此延伸，提出一般情况下在失败之后捐躯殒命，是不可取的观点，为下文评论豫让行为做铺垫。

　　其后文章话锋一转，先以世人言语衬托，称赞豫让为智伯报仇的行为，是忠诚的体现，又说豫让有令人惋惜的地方，以此进一步深入展开。作者论证分析豫让的不足之处，在于不能成为前文所述的、能够进谏避祸的忠义之臣，通过劝谏阻止智伯贪婪索求他国土地的行为。

　　本段运用举例和对比综合的论证方法，既从谋害智伯的韩康、魏献的视角出发，讲其手下谋臣如何进言加速智伯灭亡，又以同为谋臣的视角，举郄疵进谏智伯的例子，正反两层对比，指出豫让作为真正的忠义之臣，应该在智伯尚在时就举言进谏，使其规避灾祸，而等到智伯身死，作为一名刺客去复仇，实在是"不胜血气之悻悻"（压抑不住自己愤怒的血气），并不能避免智伯败亡，就结果而言，确实不值得称道。文末作者再度承接前文，以一些反复无常的小人为对比，再度表彰豫让，虽然不足以称为国士，忠义依然远胜常人。

　　本文议论章法有理，行文张弛有度，评论豫让，褒贬并称，层次具体，视角多元，可见作者审视历史人物的洞见。文章更由此生发，深入论证了何为"忠义"的根本问题，可见作者对朝臣行事，应当防微杜渐的政治观点。

生活中的每件事、每个人都不只有一面，也不只有好坏，不同境况下也会有不同的结论。豫让在他所处的那个年代可以"捐躯于既败"，是大义之举，但随着时代的变迁，这种精神难免要被世人摒弃。我们也一样，要与时俱进，跟随时代的步伐，懂得权衡利弊而后做出选择，如此才能立于不败之地。

书信里的官场现形记

报刘一丈书

明·宗臣

数千里外，得长者时赐一书，以慰长想，即亦甚幸矣；何至更辱馈遗①，则不才益将何以报焉？书中情意甚殷，即长者之不忘老父，知老父之念长者深也。

至以"上下相孚②，才德称位"语不才，则不才有深感焉。夫才德不称，固自知之矣。至于不孚之病，则尤不才为甚。

且今之所谓孚者何哉？日夕策马，候权者之门，门者故不入，则甘言媚词作妇人状，袖金以私之。即门者持刺入③，而主人又不即出见，立厩中仆马之间，恶气袭衣袖，即饥寒毒热不可忍，不去也。抵暮，则前所受赠金者出，报客曰："相公倦，谢客矣，客请明日来。"即明日又不敢

不来。夜披衣坐，闻鸡鸣即起盥栉④，走马推门，门者怒曰："为谁？"则曰："昨日之客来。"则又怒曰："何客之勤也！岂有相公此时出见客乎？"客心耻之，强忍而与言曰："亡奈何矣，姑容我入。"门者又得所赠金，则起而入之。又立向所立厩中。幸主者出，南面召见，则惊走匍匐阶下。主者曰："进！"则再拜，故迟不起，起则上所上寿金。主者故不受，则固请，主者故固不受，则又固请，然后命吏纳之，则又再拜，又故迟不起，起则五六揖始出。出揖门者曰："官人幸顾我⑤，他日来，幸无阻我也！"门者答揖，大喜，奔出。马上遇所交识，即扬鞭语曰："适自相公家来，相公厚我！厚我！"且虚言状。即所交识亦心畏相公厚之矣。相公又稍稍语人曰："某也贤，某也贤。"闻者亦心计交赞之。此世所谓上下相孚也。长者谓仆能之乎？

前所谓权门者，自岁时伏腊一刺之外⑥，即经年不往也。间道经其门，则亦掩耳闭目，跃马疾走过之，若有所追逐者。斯则仆之褊衷⑦。以此长不见悦于长吏，仆则愈益不顾也。每大言曰："人生有命，吾惟守分而已。"长者闻之，得无厌其为迂乎？

经典注释

①馈（kuì）遗（wèi）：赠送。②孚（fú）：信任。③刺：谒见时用的名片。④盥栉（zhì）：洗脸梳头。⑤官人：对守门人的敬称。⑥岁时伏腊：指一年中的年节日。岁时，一年四季的春夏秋冬叫岁时。伏腊，指夏天的伏日和冬天的腊日。⑦褊（biǎn）衷：狭隘的心胸。

译文也很美

在数千里以外时常得到您老人家的来信，安慰我的长久想念，这已经十分幸运了。竟然还承蒙您赠送礼物，那么我更该用什么来报答呢？您在信中表达的情意十分恳切，说明您没有忘记我的老父亲，从而也可以知道老父亲是很深切地想念您老人家的。

至于信中以"上下要互相信任，才能和品德要与职位相符合"的话教导我，正是我所亲身感受到的。我的才能和品德与职位不相符，本来我就知道的。至于不能做到上下相互信任的弊病，在我的身上表现得更厉害。

且看当今社会上所说的上下信任是怎么一回事呢？当他从早到晚骑马去权贵人家的门口恭候的时候，守门的人故意为难不肯让他进去，他就用甜言媚语装作妇人的姿态，把袖里藏着的金钱偷偷地塞给守门人。守门人拿着名帖进去之后，而主人又不立即出来接见，他就站在马棚里，夹杂在仆人和马匹之间，臭气熏着衣服，即使是饥饿寒冷或闷热得无法忍受，也不肯离去。一直到傍晚，那个先前曾经接受金钱的守门人出来对他说："相公疲劳了，谢绝会客，客人请明天再来吧。"到了第二天，他又不敢不来。晚上他披衣坐等，一听到鸡叫就起来洗脸梳头，骑着马跑到相府门口，守门人发怒地说："是谁？"他便回答说："昨天的客人又来了。"守门人又怒气冲冲地说："你这个客人倒来得这样勤！难道相公能在这个时候出来会客吗？"客人心里感到受辱，只有勉强忍耐着对守门人说："没有办法！姑且让我进去吧！"守门人再次得到他送的一笔钱，才起身放他进去。他又站在原来站过的马棚里。幸好主人出来了，在客厅上朝南坐着，召他进去见面，他就慌慌张张地跑上去，拜伏在台阶下。主人说："进来！"他便拜了又拜，故意迟迟不起来，起来后就献上进见的金银。主人故意不接受，他就一再请求收下；主人故意坚决不接受，他就再三请求。然后主人叫手下人把东西收起来，他便拜了又拜，故意迟迟不起，起来后又作了五六个揖才出来。出来他就对

守门人作揖说："多亏老爷关照我！下次再来，希望不要阻拦我！"守门人向他回礼，他就十分高兴地跑出来。他骑在马上碰到相识的朋友，就扬起马鞭得意扬扬地对人说："我刚从相府出来，相公待我很好，很好！"并且虚假地叙述受到接待的情况。因此，与他相识的朋友，也从心里敬畏他能得到相公的优待。相公又偶尔对别人说："某人好，某人好。"听到这些话的人也都在心里盘算着并且一齐称赞他。这就是世上所说的"上下信任"，您老人家说我能这样做吗？

对前面所说的权贵人家，我除了过年过节例如伏日、腊日投一个名帖外，就整年不去。有时经过他的门前，我也是捂着耳朵，闭着眼睛，鞭策着马匹飞快地跑过去，就像后面有人追逐似的。这就是我狭隘的心怀，因此，经常不受长官欢迎，而我则更加不顾这一切了。我常常发表高谈阔论："人生遭际都是由命运决定的，我只是守自己的本分罢了！"您老人家听了我的这番话，或许不会嫌我过于迂腐吧？

鉴赏文心

本文是一篇书信。刘一丈是宗臣父亲的世交长辈，两家关系亲厚，所以这封给刘一丈的信吐露心声，直言不讳。本文揭露当时严嵩父子专权时期，求谒者卑躬屈膝，权贵者气焰熏天，甚至守门者作威作福的丑态，是一篇讥刺时事的名文，也颇见作者不愿同流合污的气骨。

全文可分为三部分。第一部分是普通的应酬答谢言语。感激长辈关怀与馈赠。同时援引长辈来信中"上下相孚，才德称位"（上下要相互信任，才能和德行要与职位相称）这一对自己的勉励，从而由此展开，为后文讥嘲官场所谓"上下相互信任"的情态做铺垫。

第二部分通过门客两次求见达官的情节，以辛辣讽刺式的笔法，形象描述了官场众人沆瀣一气，上骄下媚的黑暗政治生态。本段写拜见权贵经过，依照时间顺序，写第一次拜谒，门客谄媚卑微，甚至与牛马同槽。而守门人气焰嚣张，狐假虎威，巧立名目勒索门客。权贵则甚至不曾露面，尤显傲慢。等到第二次拜谒，守门人依然敲诈勒索，而门客越发卑下，等到承蒙召见，则故作丑态，暗中行贿。而权贵亦扭捏作态，摆出一副清廉公正，主客相知的面貌，实则贪污受贿，一分不少。等到会见完毕，门客得意扬扬，四处炫耀，大呼"相公厚我，厚我"（相公待我非常好！非常好），语气栩栩如生，又与前文卑下的媚态做一对比。而听者也多加吹捧，由此得见当时官场的庸俗不堪。

第三部分回到自身。前文既写权贵官场情态，则前后呼应，说明自己与这些人保持距离，实在是因为自己姿态分明，不愿同流合污，"吾惟守分而已"（我只是安分守己罢了），便又与前文谄媚门客两相对比，更显示出自己持身高洁的傲骨。

本文摹人状事，多用白描手法下笔，而以夸张轻扬的手法写上下逢迎的官场。展现出辛辣的讽刺特色。写求见门客与守门人之间从冲突到勾结，多用言语及动作描写，如"袖金以私之"（把袖里藏着的金钱私下偷偷塞给守门人）、"即门者持刺入"（守门人拿着名帖进去），可见行贿受贿的丑态。写高位权贵虽然着墨不多，却笔笔传神，如"故不受"（故意不接受）、"故固不受"（故意坚决不接受）两次假意推辞贿赂，仅仅以一个极为精当的"固"字，就点写出了权贵的虚伪与贪婪。

古文的智慧

古人云：近朱者赤，近墨者黑。一个人的成长与他所处的环境有着直接的关系，孟母三迁为的就是要给孟子一个良好的成长环境，而从小与市井混混处在一起的孩子，即便他天资聪颖恐怕也会荒废掉。所以，我们在交朋友时，要以品德高尚者为友，以举止文雅者为友，见贤思齐，扬长避短，这样我们才会越来越优秀。

文字编辑：韩　飞
封面设计：段　瑶
版式设计：罗　雷
　　　　　张大伟
美术编辑：张大伟
图片提供：视觉中国